"东线文库"总策划 王鼎杰

TO THE GATES OF STALINGRAD

斯大林格勒

—— 三部曲 ★ 苏德战争1942.4—1942.8 ——

兵临城下
第一部
上册
1

[美] 戴维·M.格兰茨　　[美] 乔纳森·M.豪斯　著

小小冰人　译

台海出版社

TO THE GATES OF STALINGRAD: THE STALINGRAD TRILOGY V. 1: SOVIET-GERMAN COMBAT OPERATIONS, APRIL-AUGUST 1942 (MODERN WAR STUDIES) by DAVID M. GLANTZ WITH JONATHAN M. HOUSE
Copyright:2009 by the University Press of Kansas
This edition arranged with UNIVERSITY PRESS OF KANSAS through Big Apple Agency, Inc., Labuan, Malaysia.Simplified Chinese edition copyright:2016 ChongQing Zven Culture communication Co., Ltd. All rights reserved.

版贸核渝字（2015）第203号

图书在版编目（CIP）数据

斯大林格勒三部曲. 第一部, 兵临城下 /（美）戴维·
M.格兰茨,（美）乔纳森·M.豪斯著；小小冰人译. --
北京：台海出版社, 2016.8（2025.2重印）
　　书名原文: To the Gates of Stalingrad:Soviet-German Combat Operations,April-August 1942;The Stalingrad Trilogy,VolumeI
　　ISBN 978-7-5168-1151-1

　　Ⅰ.①斯… Ⅱ.①戴…②乔…③小… Ⅲ.①斯大林
格勒保卫战(1942-1943)-史料 Ⅳ.①E512.9

中国版本图书馆CIP数据核字(2016)第199900号

斯大林格勒三部曲. 第一部，兵临城下

著　　者：[美]戴维·M.格兰茨　[美]乔纳森·M.豪斯　　译　者：小小冰人

责任编辑：刘　峰　　　　　　　　　策划制作：指文文化
视觉设计：杨静思　　　　　　　　　责任印制：蔡　旭

出版发行：台海出版社
地　　址：北京市东城区景山东街20号　　　邮政编码：100009
电　　话：010 - 64041652（发行，邮购）
传　　真：010 - 84045799（总编室）
网　　址：www.taimeng.org.cn/thcbs/default.htm
E - mail：thcbs@126.com

经　　销：全国各地新华书店
印　　刷：重庆长虹印务有限公司
本书如有破损、缺页、装订错误，请与本社联系调换

开　　本：787mm×1092mm　　　1/16
字　　数：682千　　　　　　　　　印　张：43
版　　次：2016年10月第1版　　　印　次：2025年2月第2次印刷
书　　号：ISBN 978-7-5168-1151-1

定　　价：149.80 元

"东线文库"总序

泛舟漫长的人类战争史长河，极目四望，迄今为止，尚未有哪场陆战能在规模上超过二战时期的苏德战争。这场战争挟装甲革命与重工业革命之双重风潮，以德、苏两大军事体系20年军改成果为孤注，以二战东线战场名扬后世。强强相撞，伏尸千里；猛士名将，层出不穷。在核恐怖强行关闭大国全面战争之门70年后的今天，回首望去，后人难免惊为绝唱。在面对那一串串数字和一页页档案时，甚至不免有传说时代巨灵互斫之苍茫。其与今人之距离，似有千年之遥，而非短短的七十春秋。

但是，如果我们记得，即便是在核武器称雄的时代，热战也并未绝迹，常规军事力量依然是大国达成政治诉求的重要手段；而苏德战争的胜利者苏联，又正是冷战的主角之一，直到今天，苏系武器和苏式战法的影响仍具有全球意义。我们就会发现，这场战争又距离我们是如此之近。

要知道这场战争究竟离我们有多近，恰恰要先能望远——通过对战争史和军事学说发展史的长程回顾，来看清苏德战争的重大意义。

正如俾斯麦所言："愚人执着于自己的体验，我则师法他者的经验。"任何一个人、一个组织的直接体验总是有限的，但如能将别人的间接经验转化为自己的直接体验，方是智者之所为。更高明的智者又不仅仅满足于经验的积累，而是能够突破经验主义的局限，通过学说创新形成理论体系，从而在经验和逻辑、事实与推理之间建立强互动，实现真正的以史为鉴和鉴往知来。

无怪乎杜普伊会说："军事历史之所以对军事科学的发展至关重要，是因为军事科学不像大多数其他学科那样，可在实验室里验证它们的理论和假说。军事试验的种种形式，如野战演习、对抗演习和实兵检验等，都永远不会再现战争的基本成分：致命环境下对死亡的恐惧感。此类种种试验无疑是非常有益的，但是，这种益处也只能是在一定程度上的。"[1]但这绝不等于说战争无法研究，只能在战争中学战争。突破的关键即在于如何发挥好战争史研究的作用。所以杜普伊接着强调："像天文学一样，军事科学也是一门观测科学。正如天文学家把天体作为实验室（研究对象），而军人的真正的实验室则永远是军事历史。"[2]

　　从这个角度上讲，苏德战争无疑是一个巨型实验室，而且是一个直接当下，具有重大特殊意义的实验室。

　　回顾战争史册，不难发现，受技术手段的局限，战场的范围长期局限在指挥官的目力范围之内。故而，在这个时期，战争行为大致可以简化为两个层级，一为战略（strategy），一为战术（tactic）。

　　战术是赢得战斗的方法，战略则是赢得战争的方法。战之术可以直接构成战之略的实施手段。一般而言，战争规模越有限，战争结局越由战斗决定，战略与战术的边界便越模糊，甚至可以出现"一战定乾坤"的戏剧性结局。这又进一步引发出战局和会战两个概念。

　　所谓战局，就是英语中的Campaign，俄语的кампания，德语的Feldzug。Campaign的词源是campus，也就是营地。因为在罗马时代，受当时的技术条件限制，军队每年会有一个固定的季节性休战期，是为宿营时期。这样就可以很清晰地划分出以年度为单位的"战局"。相对不同的是德语Feldzug的词根有拖、拉、移动的意思，对弈中指移动棋子。已隐约可见机动战的独特传统。但三方对战局的理解、使用并无本质不同。

　　而会战（英语中的Battle，俄语的Битва，德语的Schlacht）则是战斗的放大。换言之，在早期西方军事学说体系中，战略对应战局，战术对应战斗，而"会战"则是战略与战术的交汇地带，战局与战斗的中间产物。在早期冷兵器战争时代，会战较为简单，很多时候就是一个放大的战术行动和缩小的战略行动。但是，随着技术的变革，社会结构、动员体系、战争规模的巨变，会战组织越来越复杂，越来越专业，逐渐成为一个独立于战略和战术之外的层级。拿破仑的战争艺术，归根结底其实就是会战的艺术。

　　但是，拿破仑并未发展出一套会战学说，也没有形成与之相表里的军事制度和军事教育体系，反而过于依赖自己的个人天赋，从而最终走向不归路。得风气之先的是普鲁士军队的改革派三杰（沙恩霍斯特、格奈瑟瑙、克劳塞维茨），收功者则是促成德意志统一的老毛奇。普德军事体系的发展壮大，正是研究透彻了拿破仑又超越了拿破仑，在战略和战术之间增加了一个新层级——Operation，从根本上改变了军事指挥和军事学术研究范式。所谓

"Operation"，本有操作、经营、（外科）手术等多层含义，其实就是战略实施中的落实性操作，是因为战术已经无法直接构成战略的实施手段而增加的新环节。换言之，在德军军事体系中，Operation 是一个独立的、高度专业化的军事行动层级。

与之相表里，普德军事系统又形成了现代参谋制度，重新定义了参谋，并形成了以参谋军官为核心的现代军官团，和以参谋教育为核心的现代军校体系。总参谋部其实是一个集研究、教育、指挥为一体的复合结构。参谋总长管理陆军大学，而陆军大学的核心课程即为战争史研究，同时负责将相关研究兵棋化、实战化、条令化。这种新式参谋主要解决的就是 Operation Level 的问题，这与高级统帅思考战略问题，基层军官、士官思考战术问题正相等同。

普法战争后，普鲁士式总参谋部制度迅速在全球范围内扩散，举凡英法俄美意日等列强俱乐部成员国，无不效法。但是，这个制度的深层驱动力——Operation Level 的形成和相应学说创新，则长期为德军秘而不宣，即便是其亲传弟子，如保加利亚，如土耳其，如日本，均未得其门径窍奥，其敌手如法，如英，如俄，如美，亦均茫然不知其所以然。

最早领悟到德军作战层级独创性和重要性的军队，正是一战后涅槃重生的苏联红军。

苏军对德语的 Operation 进行了音译，是为 Операция，也就是日后中苏合作时期经苏联顾问之手传给我军的"战役"概念。换言之，所谓战役学，其实就是苏军版的 Operation 学说。而美军要到冷战期间才明白这一点，并正式修改其军事学说，在 Strategy 和 Tactic 之间增设 Operation 这个新层级。

与此同时，英美体系虽然在战役学层次反应迟钝，却看到了德、苏没有看到的另一个层次的变化——战争的巨变不仅发生在传统的战略、战术之间，更发生在战略之上。

随着战争本身的专业性日趋强化，军人集团在战争中的发言权无形中也被强化，而文官和文人战略家对战争的介入和管控力逐渐弱化。但正如克劳塞维茨强调指出的那样，战争是政治的延续[3]。因而，战争只是手段，不是目的。无论军事技术如何变化，这一个根本点不会变化。但现代战争的发展却导致了手段高于目的的客观现实，终于在一战中造成了莫大的灾难。战争的胜利不等于政治的胜利这一基本事实，迫使战争的胜利者开始反思固有战争理论的局限性，逐渐形成了"大战略"（Grand Strategy）的观念，这就在英美体系中形成了大战略（又称国家战略、总体战略、高级战略）、分类战略（包括军事战略、经济战略、外交战略、文化战略等）、战术的三级划分。大战略不再像传统战略那样执着于打赢战争，而是追求战争背后的终极目标——政治目的。因为此种战略在国家最高决策层面运作，所以美国学界又将大战略称为国家战略。用美国国防部的定义来说明，即："国家战略是平时和战时在使用武装力量的同时，发展和运用国家的政治、经济和心理力量，以实现国家目标的艺术和科学。"

冷战初期，美国以中央情报局、国家安全委员会、民营战略智库（如兰德公司）、常青藤联盟高校人才库相呼应的制度创新，其实就是建立在大战略学说领先基础上的国家安全体系创新[4]。而德军和苏军受传统"战略—战局"概念的束缚，均未看清这一层变化，故而在宏观战略指导上屡屡失误，只能仰赖希特勒、斯大林这样的战略怪才，以杰出个体的天赋弥补学说和制度的不足，等于又回到了拿破仑困境之中。

从这个角度上看二战，苏德战争可以说是两个走在战役学说创新前列的军事体系之间的超级碰撞。同为一战失败者的德、苏，都面对一战式的堑壕难题，且都嗅到了新时代的空气。德国的闪电战与苏军的大纵深战役，其实是两国改革派精英在同一场技术革命面前，对同一个问题所做出的不同解答。正是这种军事学说的得风气之先，令两国陆军在军改道路上走在列强前列。二战期间两国彗星撞地球般的碰撞，更进一步强化了胜利者的兼容并蓄。冷战期间，苏军的陆战体系建设，始终以这个伟大胜利为基石，不断深化。

在这个基础上再看冷战，就会发现，其对抗实质是美式三级体系（大战略、战略、战术）与苏式三级体系（战略、战役、战术）的对抗。胜负关键在于谁能先吸取对方之所长，弥补己方之所短。结果，苏联未能实现大战略的突破，建立独立自主的大战略学说、制度、教育体系。美国却在学科化的战略学、国际政治学和战争史研究的基础上，建立了自己的 Operation Level，并借力新一轮技术变革，对苏军进行创造性的再反制。这个连环反制竞争链条，一直延续到今天。虽然苏军已被清扫出局，但这种反制的殷鉴得失却不会消失，值得所有国家的军人和战史研究者注目。而美国借助遏制、接触战略，最终兵不血刃地从内部搞垮苏联，亦非偶然。

正是这种独特的历史地位，决定了东线史的独特重要性，东线研究本身也因而成为另一部波澜壮阔的历史。

可以说，苏军对苏德战争最具切肤之痛，在战争期间就不断总结经验教训。二战后，这个传统被继承下来，形成了独特的苏军式研究。与此同时，美国在二战刚刚结束之际就开始利用其掌握的资料和德军将领，进行针对苏军的研究。众多德军名将被要求撰写关于东线作战的报告[5]。但是，无论是苏军的研究还是美军的研究，都是内部进行的闭门式研究。这些成果，要到很久之后，才能公之于世。而世人能够看到的苏德战争著述，则是另一个景象。

二战结束后的最初 15 年，是宣传品与回忆录互争雄长的 15 年。作为胜利者的苏联，以君临天下的优越感，刊行了一大批带有鲜明宣传色彩的出版物[6]。与之相对应，以古德里安、曼施坦因等亲身参与东线鏖战的德国军人为代表的另一个群体，则以回忆录的形式展开反击[7]。这些书籍因为是失败者痛定思痛的作品，著述者本人的军事素养和文笔俱佳，故而产生了远胜过苏联宣传史书的影响力，以至于很多世人竟将之视为信史。直到德国档案资料的不断披露，后人才逐渐意识到，这些名将回忆录因成书年代的特殊性，几乎只能依赖回忆者的主观记忆，而无法与精密的战史资料互相印证。同时，受大环境的影响，这些身为楚囚的德军将领大多谋求：一，尽量撇清自己的战争责任；二，推卸战败责任（最常用的手法就是将所有重大军事行动的败因统统归纳为希特勒的瞎指挥）；三，宣传自身价值（难免因之贬低苏联和苏军）。而这几个私心又迎合了美国的需求：一，尽快将西德纳入美国领导的反苏防务体系之中，故而必须让希特勒充分地去当替罪羊，以尽快假释相关军事人才；二，要尽量抹黑苏联和苏军，以治疗当时弥漫在北约体系内的苏联陆军恐惧症；三，通过揭批纳粹政体的危害性，间接突显美国制度的优越性。

此后朱可夫等苏军将领在后斯大林时代刊行的回忆录，一方面固然是苏联内部政治生态变化的产物，但另一方面也未尝不可说是对前述德系著述的回击。然而，德系回忆录的问题同样存在于苏系回忆录之中。两相对比，虽有互相校正之效，但分歧、疑问更多，几乎可以说是此亦一是非、彼亦一是非，俨然是在讲两场时空悬隔的战争。

结果就是，苏德战争的早期成果，因其严重的时代局限性，而未能形成真正的学术性突破，反而为后人的研究设置了大量障碍。

进入 20 世纪 60 年代，虽然各国关于东线的研究越来越多，出版物汗牛充栋，但摘取桂冠的仍然是当年的当事人一方。幸存的纳粹党要员保罗·卡尔·施密特（Paul Karl Schmidt）化名保罗·卡雷尔（Paul Carell），在已有研究的基础上，大量使用德方资料，并对苏联出版物进行了尽量全面的搜集使用，更对德国方面的幸存当事人进行了广泛的口述历史采访，在 1964 年、1970 年相继刊行了德军视角下的重量级东线战史力作——《东进：1941—1943 年的苏德战争》和《焦土：1943—1944 年的苏德战争》[8]。

进入 20 世纪 70 年代后，研究趋势开始发生分化。北约方面可以获得的德方档案资料越来越多，苏方亦可通过若干渠道获得相关资料。但是，苏联在公布己方史料时却依然如故，仅对内进行有限度的档案资料公布。换言之，苏联的研究者较之于北约各国的研究者，掌握的史料更为全面。但是，苏联方面却没有产生重量级的作品，已经开始出现军事学说的滞后与体制限制的短板。

结果，在这个十年内，最优秀的苏德战争著作之名被英国军人学者西顿（Albert Seaton）的《苏德战争》摘取[9]。此时西方阵营的二战研究、希特勒研究和德军研究均取得重大突破，在这个整体水涨的背景下，苏德战争研究自然随之船高。而西顿作为英军中公认的苏军及德军研究权威，本身即带有知己知彼的学术优势，同时又大力挖掘了德国方面的档案史料，从而得以对整个苏德战争进行全新的考订与解读。

继之而起者则有西方学者约翰·埃里克森（John Ericsson）与厄尔·齐姆克（Earl F. Ziemke）。

和西顿一样，埃里克森（1929 年 4 月 17 日—2002 年 2 月 10 日）也曾在英军中服役。不同之处则在于：

其一，埃里克森的研究主要是在退役后完成。他先是进入剑桥大学圣约翰学院深造，1956 年苏伊士运河危机爆发后作为苏格兰边民团的一名预备军官被重新征召入役。危机结束后，埃里克森重启研究工作，1958 年进入圣安德鲁大学担任讲师，开始研究苏联武装力量。1962 年，埃里克森首部著作《苏联统帅部：1918—1941 年》出版，同年在曼彻斯特大学出任高级讲师。1967 年进入爱丁堡大学高级防务研究所任职，1969 年成为教授，研究重心逐渐转向苏德战争。

其二，埃里克森得益于两大阵营关系的缓和，能够初步接触苏军资料，并借助和苏联同行的交流，校正之前过度依赖德方档案导致的缺失。而苏联方面的战史研究也取得了较大的进展，足以为这种校正提供参照系，而不像五六十年代时那样只能提供半宣传品性质的承旨之作。同时，埃里克森对轴心国阵营的史料挖掘也更全面、细致，远远超过了之前的同行。关于这一点，只要看一看其著述后面所附录的史料列目，即可看出苏德战争研究的史料学演进轨迹。

埃里克森为研究苏德战争，还曾专程前往波兰，拜会了苏军元帅罗科索夫斯基。这个非同凡响的努力成果，就是名动天下的"两条路"。

所谓"两条路"，就是 1975 年刊行的《通往斯大林格勒之路》与 1982 年刊行的《通往柏林之路》[10]。正是靠了这两部力作，以及大量苏军研究专著[11]，埃里克森在 1988—1996 年间成为爱丁堡大学防务研究中心主任。

厄尔·齐姆克（1922 年 12 月 16 日—2007 年 10 月 15 日）则兼有西顿和埃里克森的身影。出生于威斯康星州的齐姆克虽然在二战中参加的是对日作战，受的也是日语训练，却在冷战期间华丽转型，成为响当当的德军和苏军研究权威。曾在硫磺岛作战中因伤获得紫心勋章的齐姆克，战后先是在天津驻扎，随后复员回国，通过军人权利法案接受高等教育，1951 年在威斯康星大学获得学位。1951—1955 年，他在哥伦比亚的应用社会研究所工作，1955—1967 年进入美国陆军军史局成为一名官方历史学家，1967—1977 年在佐治亚大学担任全职教授。其所著《柏林战役》《苏维埃压路机》《从斯大林格勒到柏林》《从莫斯科到斯大林格勒》《德军东线北方战区作战报告，1940—1945 年》《红军，1918—1941 年：从世界革命的先锋到美国的盟友》等书[12]，对苏德战争、德军研究和苏军研究均做出了里程碑般的贡献，与埃里克森堪称双峰并峙、二水分流。

当《通往柏林之路》刊行之时，全球苏德战争研究界人士无人敢想，仅仅数年之后，苏联和华约集团便不复存在。苏联档案开始爆炸性公布，苏德战争研究也开始进入一个前人无法想象的加速发展时代，甚至可以说是一个在剧烈地震、风暴中震荡前行的时代。在海量苏联史料的冲击下，传统研究纷纷土崩瓦解，军事界和史学界的诸多铁案、定论也纷纷根基动摇。埃里克森与齐姆克的著作虽然经受住了新史料的检验，但却未能再进一步形成新方法的再突破。更多的学者则汲汲于立足新史料，急求转型。连保罗·卡雷尔也奋余勇，在去世三年前的1993年刊行了《斯大林格勒：第6集团军的覆灭》。奈何宝刀已老，时过境迁，难以再掀起新的时代波澜了。

事实证明，机遇永远只向有准备、有行动力的人微笑，一如胜利天平总是倾斜于能率先看到明天的一方。风起云涌之间，新的王者在震荡中登顶，这位王者就是美国著名苏军研究权威——戴维·格兰茨（David Glantz）。

作为一名参加过越战的美军基层军官，格兰茨堪称兼具实战经验和学术积淀。1965年，格兰茨以少尉军衔进入美国陆军野战炮兵服役，并被部署到越南平隆省的美国陆军第2军的"火力支援与协调单元"（Fire Support Coordination Element，FSCE，相当于军属野战炮兵的指挥机构）。1969年，格兰茨返回美国，在陆军军事学院教授战争史课程。1973年7月1日，美军在陆军训练与条令司令部下开设陆军战斗研究中心（Combat Studies Institute，CSI），格兰茨开始参与该中心的苏军研究项目。1977—1979年他出任美国驻欧陆军司令部情报参谋办公室主任。1979年成为美国陆军战斗研究所首席研究员。1983年接掌美国陆军战争学院（United States Army War College）陆战中心苏联陆军作战研究处（Office of Soviet Army Operations at the Center for Land Warfare）。1986年，格兰茨返回利文沃思堡，组建并领导外国军事研究办公室（Foreign Military Studies Office，FMSO）。在这漫长的研究过程中，格兰茨不仅与美军的苏军研究同步前进，而且组织翻译了大量苏军史料和苏方战役研究成果[13]。

1993年，年过半百的格兰茨以上校军衔退役。两年后，格兰茨刊行了里程碑著作《巨人的碰撞》[14]。这部苏德战争新史，系格兰茨与另一位美国军人学者乔纳森·M.豪斯（Jonathan M. House）合著，以美军的苏军研究为基石，兼顾苏方新史料，气势恢宏地重构了苏德战争的宏观景象。就在很多人将这本书看作格兰茨一生事功的收山之作的时候，格兰茨却老当益壮，让全球同行惊讶地发现，这本书根本不是终点线，而是格兰茨真正开始斩将搴旗、攻城略地的起跑线：

1998 年刊行《泥足巨人：苏德战争前夕的苏联军队》[15]《哈尔科夫：1942 年东线军事灾难的剖析》[16]。

1999 年刊行《朱可夫最大的败仗：红军 1942 年"火星"行动的惨败》[17]《库尔斯克会战》[18]。

2001 年刊行《巴巴罗萨：1941 年希特勒入侵俄罗斯》[19]《列宁格勒之围 1941—1944，900 天的恐怖》[20]。

2002 年刊行《列宁格勒会战：1941—1944》[21]。

2003 年刊行《斯大林格勒会战之前：巴巴罗萨，希特勒对俄罗斯的入侵》[22]《八月风暴：苏军在满洲的战略攻势》[23]《八月风暴：苏联在满洲的作战与战术行动》[24]。

2004 年与马克·里克曼斯波尔（Marc J. Rikmenspoel）刊行《屠戮之屋：东线战场手册》[25]。

2005 年刊行《巨人重生：大战中的苏联军队》[26]。

2006 年刊行《席卷巴尔干的红色风暴：1944 年春苏军对罗马尼亚的攻势》[27]。

2009 年开始刊行《斯大林格勒三部曲·第一部：兵临城下》[28] 和《斯大林格勒三部曲·第二部：决战》[29]。

2010 年刊行《巴巴罗萨脱轨：斯摩棱斯克交战（1941 年 7 月 10 日—9 月 10 日）·第一卷》[30]。

2011 年刊行《斯大林格勒之后：红军的冬季攻势》[31]。

2012 年刊行《巴巴罗萨脱轨：斯摩棱斯克交战（1941 年 7 月 10 日—9 月 10 日）·第二卷》[32]。

2014 年刊行《巴巴罗萨脱轨：斯摩棱斯克交战（1941 年 7 月 10 日—9 月 10 日）·第三卷》[33]《斯大林格勒三部曲·第三部：终局》[34]。

2015 年刊行《巴巴罗萨脱轨：斯摩棱斯克交战（地图集）·第四卷》[35]。

2016 年刊行《白俄罗斯会战：红军被遗忘的战役 1943 年 10 月—1944 年 4 月》[36]。

这一连串著述列表，不仅数量惊人，质量亦惊人。盖格兰茨之苏德战史研究，除前述立足美军对苏研究成果、充分吸收新史料及前人研究成果这两大优势之外[37]，还有第三个重要优势，即立足战役层级，竭力从德军和苏军双方的军事学说视角，双管齐下，珠联璧合地对苏德战争中的重大战役进行深度还原。

其中，《泥足巨人》与《巨人重生》二书尤其值得国人注目。因为这两部著作不仅正本清源地再现了苏联红军的发展历程，而且将这个历程放在学说构造、国家建设、军事转型的大框架内进行了深入检讨，对我国今日的军事改革和军事转型研究均具有无可替代的重大意义。

严谨的史学研究和实战导向的军事研究在这里实现了完美结合。观其书，不仅可以重新认识那段历史，而且可以对美军专家眼中的苏军和东线战史背后的美军学术思想进行双向感悟。而格兰茨旋风业已在多个国家掀起重重波澜。闻风而起者越来越多，整个苏德战争研究正在进入新一轮的水涨阶段。

如道格拉斯·纳什（Douglas Nash）的《地狱之门：切尔卡瑟战役1944.1—1944.2》（2002）[38]，小乔治·尼佩（George Nipe Jr.）的《在乌克兰的抉择：1943 年夏季东线德国装甲作战》（1996）[39]、《最后的胜利》（2000）[40] 以及《鲜血·钢铁·神话：武装党卫队第2装甲军与通往普罗霍罗夫卡之路》（2013）[41] 均深得作战研究之精髓，且能兼顾史学研究之严谨，从而将老话题写出新境界。

此外，旅居柏林多年的新西兰青年学者戴维·斯塔勒（David Stahel）于 2009 年刊行的《"巴巴罗萨"与德国在东线的失败》[42]，以及美国杜普伊研究所所长、阿登战役与库尔斯克战役模拟数据库的项目负责人克里斯托弗·劳伦斯（Christopher A. Lawrence）2015 年刊行的《库尔斯克：普罗霍罗夫卡之战》[43]，均堪称卓尔不群，又开新径。前者在格兰茨等人研究的基础上，重新回到德国视角，探讨了巴巴罗萨作战的复杂决策过程。整书约40% 的内容是围绕决策与部署写作的，揭示了德国最高统帅部与参谋本部等各部门的战略、作战观念差异，以及战前一系列战术、技术、后勤条件对实战的影响，对"巴巴罗萨"作战——这一人类历史上最宏大的地面作战行动进行了精密的手术解剖。后者则将杜普伊父子的定量分析战史法这一独门秘籍发扬到极致，以 1662 页的篇幅和大量清晰、独特的态势图，深入厘清了普罗霍罗夫卡之战的地理、兵力、技战术和战役部署，堪称兼顾宏观、中观、微观的全景式经典研究。曾在英军中服役的高级军医普里特·巴塔（Prit Buttar）同样以半百之年作老当益壮之后发先至，近年来异军突起，先后刊行了《普鲁士战场：苏德战争 1944—1945》（2010）、《巨人之间：第二次世界大战中的波罗的海战事》（2013）、《帝国的碰撞：1914 年东线战争》（2014）、《日耳曼优先：1915 年东线战场》（2015）、《俄罗斯的残息：1916—1917 年的东线战场》（2016）[44]。这一系列著作兼顾了战争的中观与微观层面，既有战役层级的专业剖析，又能兼顾具体人、事、物的栩栩如生。且从二战东线研究追溯到一战东线研究，溯本追源，深入浅出，是近年来不可多得的佳作。

行文及此，不得不再特别指明一点：现代学术著述，重在"详人之所略，略人之所详"。绝不可因为看了后出杰作，就将之前的里程碑著作束之高阁。尤其对中国这样的后发国家而言，更不能限在"第六个包子"的思维误区中。所谓后发优势，无外乎是能更好地以史为鉴，以别人的筚路蓝缕为我们的经验教训。故而，发展是可以超越性布局的，研究却不能偷懒。最多是随着研究的深入，实现阅读、写作的加速度，这是可取的。但怀着投机取巧的心态，误以为后出者为胜，从而满足于只吃最后一个包子，结果必然是欲速不达，求新而不得新。

反观我国的苏德战史研究，恰处于此种状态。不仅新方法使用不多，新史料译介有限，即便是经典著述，亦乏人问津。更值得忧虑之处在于，基础学科不被重视，军事学说研究和严肃的战争史研究长期得不到非军事院校的重视，以致连很多基本概念都没有弄清。

以前述战局、战役、会战为例：

汉语	战局	战役	会战
英语	Campaign	Operation	Battle
俄语	кампания	Операция	Битва
德语	Feldzug	Operation	Schlacht

比如科贝特的经典著作 *The Campaign of Trafalgar*[45]，就用了 "Campaign" 而非 "Battle"，原因就在于这本书包含了战略层级的博弈，而且占据了相当重要的篇幅。这其实也正是科贝特极其自负的一点，即真正超越了具体海战的束缚，居高临下又细致入微地再现了特拉法尔加之战的前因后果，波澜壮阔。故而，严格来说，这本书应该译作 "特拉法尔加战局"。

我国军事学术界自晚清以来就不甚重视严肃的战争史研究和精准的学说体系建立。国民党军队及其后身——今日的台军，长期只有一个 "会战" 概念，后来虽然引入了 Operation 层级，但真正能领悟其实质者甚少[46]，而且翻译为 "作战"，过于具象，又易于引发误解。相反，大陆方面的军事学术界用 "战役" 来翻译苏军的 Операция，胜于台军用 "作战" 翻译 Operation。因为战役的 "役" 也正如战略、战术之 "略" 与 "术"，带有抽象性，不会造成过于具象的刻板误解，而且战略、战役、战术的表述也更贯通流畅。但是，在对 "战役" 进行定义时，却长期没有立足战争史演变的实践，甚至形成如下翻译：

汉语	作战、行动	战役	会战
英语	Operation	Campaign Operation Battle	Battle Operation
俄语	—	Операция кампания	Битва
德语	Operation	Feldzug Operation	Schlacht Operation

但是，所谓 "会战" 是一个仅存在于国—台军的正规军语中的概念。在我军的严格军事学术用语中，并无此一概念。所以才会有 "淮海战役" 与 "徐蚌会战" 的不同表述。实质是长期以来用 "战役" 一词涵盖了 Campaign、Operation 和 Battle 三个概念，又没有认清苏俄军事体系中的 Операция 和英德军语中的 Operation 实为同一概念。其中虽有小异，实具大同。而且，这个概念虽然包含具体行动，却并非局限于此，而是一个抽象军事学说体系中的层级概念。而这个问题的校正、解决又绝非一个语言问题、翻译问题，而是一个思维问题、学说体系建设问题。

正因为国内对苏德战争的理解长期满足于宣传品、回忆录层级的此亦一是非、彼亦一是非，各种对苏军（其实也包括了对德军）的盲目崇拜和无知攻击才会同时并进、甚嚣尘上。

　　因此之故，近数年来，我多次向多个出版大社建议，出版一套"东线文库"，遴选经典，集中推出，以助力于中国战史研究发展和军事学术范式转型。其意义当不限于苏德战史研究和二战史研究范畴。然应之者众，行之者寡。直到今年六月中旬，因缘巧合认识了指文公司的罗应中，始知指文公司继推出卡雷尔的《东进：1941—1943 年的苏德战争》《焦土：1943—1944 年的苏德战争》，巴塔的《普鲁士战场：苏德战争 1944—1945》和劳斯、霍特的回忆录《装甲司令：艾哈德·劳斯大将东线回忆录》《装甲作战：赫尔曼·霍特与"巴巴罗萨"行动中的第 3 装甲集群》之后，在其组织下，小小冰人等国内二战史资深翻译名家们，已经开始紧锣密鼓地翻译埃里克森的"两条路"，并以众筹方式推进格兰茨《斯大林格勒》三部曲之翻译。经过一番沟通，罗先生对"东线文库"提案深以为然，乃断然调整部署，决定启动这一经典战史译介计划，并与我方团队强强联合，以鄙人为总策划，共促盛举，以飨华语读者。罗先生并嘱我撰一总序，以为这一系列的译介工作开宗明义。对此，本人自责无旁贷，且深感与有荣焉。

　　是为序。

　　*王鼎杰，知名战略、战史学者，主张从世界史的角度看中国，从大战略的视野看历史。著有《复盘甲午：重走近代中日对抗十五局》《李鸿章时代》《当天朝遭遇帝国：大战略视野下的鸦片战争》。现居北京，从事智库工作，致力于战略思维传播和战争史研究范式革新。

1. ［美］T. N. 杜普伊，《把握战争——军事历史与作战理论》，北京：军事科学出版社，2001。第2页。

2. 同上。

3. ［德］克劳塞维茨，《战争论》，第1册，北京：商务印书馆，1995。第43—44页。

4. 这就是为什么很多优秀制度被一些后发国家移植后往往不见成效，甚至有反作用的根源。其原因并非文化的水土不服，而是忽视了制度背后的学说创新。

5. 战争结束后美国陆军战史部（Historical Division of the U. S. Army）即成立德国作战史分部［Operational History（German）Section］，监督被停德军将领，包括蔡茨勒、劳斯、霍特等人，撰写东线作战的回忆录，劳斯与霍特将军均以"装甲作战"（Panzer Operation）为主标题的回忆录即诞生于这一时期。可参见：［奥］艾哈德·劳斯著，［美］史蒂文·H. 牛顿编译，邓敏译、赵国星审校，《装甲司令：艾哈德·劳斯大将东线回忆录》，北京：中国长安出版社，2015年11月第一版。［德］赫尔曼·霍特著，赵国星译，《装甲作战:赫尔曼·霍特大将战争回忆录》，北京：中国长安出版社，2016年3月第一版。

6. 如国内在五六十年代译介的《苏联伟大卫国战争史》《苏联伟大卫国战争简史》《斯大林的军事科学与苏联伟大卫国战争》《苏军在伟大卫国战争中的辉煌胜利》等等。

7. 此类著作包括古德里安的自传《闪击英雄》、曼施坦因的自传《失去的胜利》、梅林津所写的《坦克战》、蒂佩尔斯基希的《第二次世界大战史》等等。

8. Paul Carell, Hitler Moves East, 1941–1943, New York: Little, Brown; First Edition edition, 1964; Paul Carell, Scorched Earth, London: Harrap; First Edition edition, 1970.

9. Albert Seaton, The Russo–German War 1941–1945, Praeger Publishers; First Edition edition, 1971.

10. John Ericsson, The Road to Stalingrad: Stalin's war with Germany (Harper&Row,1975); John Ericsson, The Road to Berlin: Continuing the History of Stalin's War With Germany (Westview,1983).

11. John Ericsson,The Soviet High Command 1918–1941: A Military–Political History (Macmillan,1962); Panslavism (Historical Association, 1964); The Military–Technical Revolution (Pall Mall, 1966); Soviet Military Power (Royal United Services Institute, 1976); Soviet Military Power and Performance (Archon, 1979); The Soviet Ground Forces: An Operational Assessment (Westview Pr, 1986); Barbarossa: The Axis and the Allies (Edinburgh, 1994); The Eastern Front in Photographs: From Barbarossa to Stalingrad and Berlin (Carlton, 2001).

12. Earl F. Ziemke, Battle for Berlin: End of the Third Reich (Ballantine Books, 1972); The Soviet Juggernaut (Time Life, 1980); Stalingrad to Berlin: The German Defeat in the East (Military Bookshop, 1986); Moscow to Stalingrad: Decision in the East (Hippocrene, 1989); German Northern Theatre Of Operations 1940–45 (Naval & Military, 2003); The Red Army, 1918–1941: From Vanguard of World Revolution to US Ally (Frank Cass, 2004).

13. 这些翻译成果包括：Soviet Documents on the Use of War Experience, I, II, III (Routledge,1997); The Battle for Kursk 1943: The Soviet General Staff Study (Frank Cass,1999); Belorussia 1944: TheSoviet General Staff Study (Routledge, 2004); The Battle for L'vov: The Soviet General Staff Study (Routledge,2007); Battle for the Ukraine: The Korsun'–Shevchenkovskii Operation (Routledge, 2007).

14. David M. Glantz &Jonathan M. House, When Titans Clashed: How the Red Army Stopped Hitler, University Press of Kansas; First Edition edition, 1995.

15. David M. Glantz, Stumbling Colossus: The Red Army on the Eve of World War (Kansas, 1998).

16. David M. Glantz, Kharkov 1942: Anatomy of a Military Disaster (Sarpedon, 1998).

17. David M. Glantz, Zhukov's Greatest Defeat: The Red Army's Epic Disaster in Operation Mars (Kansas, 1999).

18. David M. Glantz & Jonathan M House, The Battle of Kursk (Kansas, 1999).

19. David M. Glantz, Barbarossa: Hitler's Invasion of Russia 1941 (Stroud, 2001).

20. David M. Glantz, The Siege of Leningrad, 1941−1944: 900 Days of Terror (Brown, 2001).

21. David M. Glantz, The Battle for Leningrad, 1941−1944 (Kansas，2002).

22. David M. Glantz, Before Stalingrad: Barbarossa, Hitler's Invasion of Russia 1941 (Tempus, 2003).

23. David M. Glantz, The Soviet Strategic Offensive in Manchuria, 1945: August Storm (Routledge，2003).

24. David M. Glantz, The Soviet Operational and Tactical Combat in Manchuria, 1945: August Storm (Routledge, 2003).

25. David M. Glantz & Marc J. Rikmenspoel, Slaughterhouse: The Handbook of the Eastern Front (Aberjona, 2004).

26. David M. Glantz, Colossus Reborn: The Red Army at War, 1941−1943 (Kansas, 2005).

27. David M. Glantz, Red Storm Over the Balkans: The Failed Soviet Invasion of Romania, Spring 1944 (Kansas, 2006).

28. David M. Glantz &Jonathan M. House, To the Gates of Stalingrad: Soviet−German Combat Operations, April−August 1942 (Kansas, 2009).

29. David M. Glantz &Jonathan M. House, Armageddon in Stalingrad: September−November 1942 (Kansas, 2009).

30. David M. Glantz, Barbarossa Derailed: The Battle for Smolensk,Volume 1, 10 July−10 September 1941 (Helion&Company, 2010).

31. David M. Glantz, After Stalingrad: The Red Army's Winter Offensive 1942−1943 (Helion&Company, 2011).

32. David M. Glantz, Barbarossa Derailed: The Battle for Smolensk,Volume 2, 10 July−10 September 1941 (Helion&Company, 2012).

33. David M. Glantz, Barbarossa Derailed: The Battle for Smolensk,Volume 3, 10 July−10 September 1941 (Helion&Company, 2014).

34. David M. Glantz&Jonathan M. House, Endgame at Stalingrad: December 1942−February 1943 (Kansas, 2014).

35. David M. Glantz, Barbarossa Derailed: The Battle for Smolensk,Volume 4, Atlas (Helion&Company, 2015).

36. David M. Glantz&Mary Elizabeth Glantz, The Battle for Belorussia: The Red Army's Forgotten Campaign of October 1943− April 1944 (Kansas, 2016).

37. 格兰茨的研究基石中，很重要的一块就是马尔科姆·马金托什（Malcolm Mackintosh）的研究成果。之所以正文中未将之与西顿等人并列，是因为马金托什主要研究苏军和苏联政策、外交，而没有进行专门的苏德战争研究。但其学术地位及对格兰茨的影响是不容忽视的。

38. Douglas Nash, Hell's Gate: The Battle of the Cherkassy Pocket, January−February 1944 (RZM, 2002).

39. George Nipe Jr. , Decision in the Ukraine: German Panzer Operations on the Eastern Front, Summer 1943 (Stackpole, 1996).

40. George Nipe Jr. , Last Victory in Russia: The SS-Panzerkorps and Manstein's Kharkov Counteroffensive, February-March 1943 (Schiffer, 2000).

41. George Nipe Jr. , Blood, Steel, and Myth: The Ⅱ. SS-Panzer-Korps and the Road to Prochorowka (RZM, 2013).

42. David Stahel, Operation Barbarossa and Germany's Defeat in the East (Cambridge, 2009).

43. Christopher A. Lawrence, Kursk: The Battle of Prokhorovka (Aberdeen, 2015).

44. 普里特·巴塔先生的主要作品包括: Prit Buttar, Battleground Prussia: The Assault on Germany's Eastern Front 1944-45 (Ospery, 2010); Between Giants: The Battle of the Baltics in World WarⅡ (Ospery, 2013); Collision of Empires: The War on the Eastern Front in 1914 (Ospery, 2014); Germany Ascendant: The Eastern Front 1915 (Ospery, 2015); Russia's Last Gasp, The Eastern Front, 1916-1917 (Ospery, 2016).

45. Julian Stafford Corbett, The Campaign of Trafalgar (Ulan Press, 2012).

46. 参阅: 滕昕云, 《闪击战——迷思与真相》, 台北: 老战友工作室/军事文粹部, 2003。该书算是华语著作中第一部从德军视角强调"作战层级"重要性的著作。

前言

    无论在战时还是在回顾历史的时候，斯大林格勒战役都吸引了千百万人的注意力。这场战役已成为苏德战争残酷的象征，实际上，它也代表着第二次世界大战。历史记述、小说和电影自然将目光集中于斯大林格勒这座与苏联独裁者同名的城市，为争夺几平方公里满目疮痍的城市废墟，数十万军民丧生于此。

    对于斯大林格勒战役，已有数种语言的数百万文字加以阐述，读者的第一个问题很可能是：这本书里有没有新内容？或者说，市场上为何需要另一本"斯大林格勒著作"？对这些问题的回答是：实际上，这场战役在许多方面被忽视或被误解；因此，出于诸多原因，推出一部新作合情合理。

    首先，这套"三部曲"意图提供一部全面的战役史，包括德军整个1942年的作战行动以及苏军对此的应对，这场战役从1942年5月一直持续到1943年3月。与普遍观点截然不同的是，这场战役最初的目标并非斯大林格勒；事实上，德军起初的作战命令只是稍稍提及了这座城市。甚至在斯大林格勒争夺战引起全世界的关注后，德国人依然坚持夺取高加索油田是他们的原定目标。这个目标耗费了大批兵力和物资，导致进攻斯大林格勒的部队缺乏战斗力，无法攻克并守住这座城市。只有从整体上审视这场战役，才能在正确的背景下理解斯大林格勒争夺战。

    其次，现有的著作侧重于斯大林格勒的战斗，并未详细研究发生在德国第6集团军进军斯大林格勒途中复杂、艰巨的战斗，以及其侧翼接连不断的激战，特别是在高加索、沃罗涅日和勒热夫地区的战斗。对整场战役的结果至关重要的是，这些看似无关紧要的外围作战削弱了德国军队的力量和资源，为1942年11月斯大林格勒地区的战役高潮提供了必要的背景。另外，正如本书将证明的那样，德国第6集团军尚未到达市区，其实力儿乎已被苏军耗尽。

第三点，在斯大林格勒城内，战斗的进程与大多数旧著的描述明显不同。这在很大程度上是因为缺乏详细的作战记录。冷战，再加上俄国人对诸事保密的天性，导致苏联方面可用的资料寥寥无儿，这种状况一直持续到20世纪90年代。因此，大多数历史学家不得不依赖苏军第62集团军司令员瓦西里·伊万诺维奇·崔可夫的回忆录，斯大林格勒保卫战主要由他的部队执行。崔可夫的回忆录出版于20世纪60年代，尽管很详细，也很可靠，但他完全没有查阅或引用关于这场战役的苏联官方记录。他的回忆录主要依靠记忆和当时通常不太准确的情报报告，因此，崔可夫在描述德国第6集团军和苏联第62集团军的位置、编成和作战行动时犯下一些严重的错误，这些错误也延续至随后出现的大多数历史著作。西方的资料同样很少，一方面是因为苏军1943年缴获了德国第6集团军的相关记录，俘虏了那些战役亲历者，另一方面是因为两年后战争结束时德国突然出现的混乱状况。德国方面的经典著作主要出自瓦尔特·格利茨、保罗·卡雷尔和另一些作者，尽管付梓前付出极大的努力，但大多与崔可夫的回忆录一样，很容易犯错。

相比之下，本书使用了两组额外资料，远远超出传统的记述。首先，我们对比了交战双方的每日官方记录，大量使用了第一手文件。呈交给莫斯科的内务人民委员部的记录，对战斗持独立、通常是批评的态度，此前从未被使用过。另外还有苏军第62集团军及其辖内许多师和旅的记录。其次，过去65年中出现了大批苏联方面的回忆录和德国方面的师史，为这场战役以往的观点增添了更加丰富的内容。自上世纪80年代以来，德国历史学家们推出一部关于这场战役的官方史，这部杰出的著作提供了前所未闻的许多细节和细微差别。最后一点，新一代俄国历史学家摆脱了前苏联时期的限制和陈词滥调，从多个方面对这场战役做了全新、详细而又坦诚的阐述。

由此产生的叙述太过详尽、细致，无法轻易收录在单卷本中。故此，我们采用的办法是，前两卷追随德军的攻势，从发起进攻到1942年11月最终的筋疲力尽和僵持阶段。剩下的部分是第三卷的主题，集中于苏联红军1942年11月19日发起反击、1943年2月初收复斯大林格勒以及1943年冬末德军以机动作战暂时恢复其防线。

　　基于这些新资料，本书提供了前所未有的细节、新的观点、解释以及对斯大林格勒战役的评价，取代了过去一切历史记述。书中描述的德军进攻和苏军防御，与我们对1942年战役的传统认识截然不同。

　　如此庞大的研究工作必然要对许多个人和机构提供的支持表示感谢。在这方面，我们要特别鸣谢詹森·马克，既是为了他个人提供的慷慨帮助，也是为了他在澳大利亚悉尼"跳跃骑士"出版社推出的关于斯大林格勒战术性突破的著作。另外还有英国的迈克尔·琼斯，他是《斯大林格勒：红军是如何获得胜利的》一书的作者，这部著作对战斗中的苏军指挥员和士兵的心理做了深刻的研究，他慷慨拿出自己收集的资料，为我们提供了许多苏联档案文件。威廉·麦克罗登，毕生致力于编写详细、明确的德军战时作战序列，与我们分享了他的大量研究成果。

　　最后，我们还要感谢宾夕法尼亚州卡莱尔军事历史研究所、堪萨斯州利文沃思堡联合兵种学术图书馆、乔治亚州巴恩斯维尔戈登学院高塔图书馆工作人员提供的堪称奇迹的帮助。一如既往，我们衷心感谢玛丽·安·格兰茨为编辑这份手稿发挥的重要作用。

戴维·M. 格兰茨
宾夕法尼亚州卡莱尔

乔纳森·M. 豪斯
堪萨斯州利文沃思

图例

杰斯纳特河 奥卡河 莫克沙河 乌里扬诺夫斯克

奥卡河 顿河 苏拉河 古比雪夫

图拉 沃纳河 坦波夫 奔萨

奥廖尔 霍皮奥尔河 伏尔加河

谢伊姆河 库尔斯克 沃罗涅日 萨拉托夫

斯内姆河 沃尔昌斯克 博古恰尔 博德于泽蒙河 乌拉尔河

哈尔科夫 奥斯科尔河 顿河

克列缅丘格 米列罗沃 卡拉奇

第聂伯罗彼得罗夫斯克 阿尔捷莫夫斯克 斯大林格勒

第聂伯河 扎波罗热 斯大林诺 齐姆良斯卡亚

塔甘罗格 罗斯托夫 萨尔河 科捷利尼科沃

马里乌波尔 亚速海 奇吉尔 乌塔 阿斯特拉罕

斯捷普诺伊 佩夏诺耶

刻赤 塔曼 库班河 斯塔夫罗波尔 布琼诺夫斯克

克拉斯诺达尔 迈科普

新罗西斯克 莫兹多克

图阿普谢 基斯洛沃茨克 捷列克河

黑海 苏呼米 奥尔忠尼启则 格罗兹尼 里海

图例（人口）
● 50—100 万人
◉ 10—50 万人
○ 少于 10 万
— 主铁路线

巴统 库拉河 第比利斯

乔鲁赫河 巴库

100   100   200 千米

1942 年 4 月—11 月的作战地域

CONTENTS 目录

MAP 地图目录

MAP 地图目录

沿着苏哈亚韦列伊卡河
1942 年 7 月 23 日

德国人从三个方向逼近A.I.利久科夫少将。他迫切地想要挡住他们，这是挽救他半面受围的坦克第2军的唯一办法。

就在三周前，利久科夫还是坦克第5集团军司令员，这是苏军首次尝试组建大规模机械化部队，一个坦克集团军相当于德国的一个装甲军。[1]苏联最高统帅部[①]已将坦克第5集团军的实力加强至641辆坦克，并命令该集团军向南突击，攻入德军新攻势的侧翼，设法切断德国第48装甲军，该军辖下的师刚刚攻占苏联南部城市沃罗涅日。[2]顿河河畔的重要城市沃罗涅日迅速成为双方争夺的焦点，因为对向东冲往斯大林格勒和向南杀向高加索的德军来说，沃罗涅日构成了北面的一个天然"倚靠"。苏联独裁者约瑟夫·斯大林认为，利久科夫面对的仅仅是德军的一个装甲师，他期盼坦克第5集团军抢在艰难前行的德军步兵师提供增援前，砍断德军装甲部队过度前伸的矛头。

可是，所有的一切从一开始就出了岔子。指挥大规模机械化部队作战需要经验，但具备这种能力的苏军指挥员和参谋人员寥寥无几。利久科夫的集团军司令部成立仅有六周，麾下的3个坦克军（每个军相当于一个德军装甲师）4

---

① 译注：该机构1941年6月23日成立，最初称为"统帅部大本营"，铁木辛哥任主席；1941年7月，斯大林任主席，改称"总统帅部大本营"；8月8日，斯大林被任命为最高统帅，该机构改称"最高统帅部大本营"；为简化起见，本书译为"苏联最高统帅部"或"苏军最高统帅部"。

月份刚刚组建。俄国人缺乏在战斗中协调3个坦克旅的能力，更别说3个坦克军了。这支部队没有作为一个坚实的整体发起进攻，相反，7月6日—10日，3个军到达战场后零零碎碎地投入了战斗。另外，红军士兵发现，他们面对的是拥有300辆坦克的2个德军装甲师，并且德军能迅速获得数个步兵师的增援。德国人掌握的绝对空中优势也使利久科夫的任务雪上加霜。

上级没有为利久科夫提供任何形式的帮助。一如既往，最高统帅部试图全面掌控这场战斗，派出携带着具体指令的高级将领（包括红军坦克部队负责人）亲自监督利久科夫的作战行动。与此同时，指挥坦克第5集团军的方面军（或称之为苏联的集团军群）发生了一连串扑朔迷离的变更。最高统帅部频频批评利久科夫及其下属的行动，而他们不过是在执行布良斯克方面军连续变更的三位司令员[①]的命令而已。

尽管遇到这些烦心事，利久科夫还是吸引了德国人的注意力，并迫使对方调集大批兵力和飞机掩护自己的北翼。可斯大林对这些成功视而不见，7月15日，他下令解散坦克第5集团军司令部，并把利久科夫降为坦克军军长。

痛苦并未就此结束。面对莫斯科不断施加的压力，布良斯克方面军继续对德军实施反突击，截至7月20日，德军步兵师已构设起一道坚固的防线，并获得第9装甲师的加强，以掩护他们的北翼。7月21日—22日，红军发起的反击进展甚微，投入进攻的部队（包括1个步兵师和利久科夫坦克第2军辖下的2个先遣坦克旅）很快陷入德军步兵和装甲部队从三个方向发起的合围。

从各方面来看，亚历山大·伊里奇·利久科夫都是一位能干、勇敢的指挥员，由于1941年在莫斯科保卫战期间的杰出表现，他成为第一批获得"苏联英雄"称号的人员之一[②]，当时他在西方面军第20集团军担任A.A.弗拉索夫中将的副手[③]。可是，经历了1942年盛夏三周的失利后，利久科夫已濒临绝境。负责指挥反突击的布良斯克方面军特别战役集群司令员N.E.奇比索夫中

---

① 译注：布良斯克方面军三位司令员分别是切列维琴科上将（1941年12月—1942年4月）、戈利科夫中将（1942年4—7月）、罗科索夫斯基中将（1942年7—9月）。

② 译注：利久科夫1941年8月5日获得"苏联英雄"称号，但这个荣誉称号1934年便已确定，此处应为"苏德战争爆发后的第一批"。

③ 译注：本书中所称的"副手"，基本上可以理解为副司令员、副军长、副师长等职务。

将命令他找到深陷敌后的2个坦克旅，并率领他们突围。7月23日上午9点，利久科夫和他的政委登上一辆KV重型坦克，亲自指挥这辆坦克驶离设在大韦列伊卡（Bol'shaia Vereika）的军部向南而去，跨过苏哈亚韦列伊卡河（Sukhaia Vereika），设法突破德军步兵和装甲部队的封锁，挽救他的2个旅。就在距离德军阵地不远列比亚日村（Lebiazh'e）南面的一片树林，188.5高地西面数百米处，利久科夫的坦克被一门反坦克炮打得动弹不得。停滞不前的坦克引来德军火力，利久科夫命令车组人员弃车。他们跳出舱盖时，驾驶员被机枪火力射伤，无线电操作员阵亡。利久科夫逃出坦克，旋即被炮火击毙。[3]

　　坦克第5集团军及其辖下各军、各旅混乱、缺乏协调的作战行动似乎证实了德国人对苏军指挥和领导能力的轻视。但是，苏军反复发起的这种反突击在德国人到达斯大林格勒前拖缓、削弱了对方。利久科夫投入自杀式冲锋后不到4个月，生还下来的苏军坦克指挥员们便证明，他们完全有能力对付他们的德国同行。

缩写：除了具体列出的特定缩写外，常用的缩写如下：

JSMS：Journal of Slavic Military Studies（《斯拉夫军事研究》杂志）

TsAMO：Tsentral'nyi arkhiv Ministerstva Oborony（国防部中央档案馆）

TsPA UML：Tsentral'nyi partiinyi arkhiv Instituta Marksizma-Leninizma（马列主义研究院中央党务档案馆）

VIZh：Voenno-istoricheskii zhurnal（《军事历史》杂志）

VV：Voennyi vestnik（军事通报）

4

注释

1. 对坦克第5集团军和苏军在沃罗涅日发起反击的详细说明，可参阅戴维·M. 格兰茨的《1941—1945年，苏德战争中被遗忘的战役》第三册，《夏季战役》（1942年5月12日—11月18日）（宾夕法尼亚州卡莱尔：自费出版，1999年），第11—84页；以及《前线画刊》（*Frontovaia illiustratsiia*，莫斯科：KM战略出版社）2002年第6期，马克西姆·科洛米耶茨和亚历山大·斯米尔诺夫的《1942年6月28日—7月23日，顿河大弯曲部之战》（*Boi v izluchine Dona, 28 iiunia-23 iiulia 1942 goda*）一文。

2. 为避免混淆，在战役和战术文件及相关地图中，德国军队通常用罗马数字XXXX而非常规的XL标注其番号为40—49的集团军或装甲军。因此，他们用XXXXIII，而非XLIII，用XXXXVIII，而非XLVIII。本书接受并沿用了德军的这种做法。

3. M.E.卡图科夫在《主要突击的矛头》（*Na ostrie glavnovo udara*，莫斯科：军事出版社，1976年）一书第163—164页提供了利久科夫阵亡情况的常规叙述。卡图科夫时任坦克第1军军长，为利久科夫的坦克第2军提供支援。据卡图科夫说，他军里的侦察兵找到了利久科夫的遗体，并在7月25日以军礼将其安葬于苏哈亚韦列伊卡河附近的村落。可是，这份记述现在看来纯属杜撰。查阅坦克第1军、第2军、布良斯克方面军以及德军各参战军、师的记录后，I.Iu.斯德维日科夫在《利久科夫将军是如何阵亡的，他被安葬于何处？》（*Kak pogib i gde pokhoronen general liziukov?*）一文中重新阐述了利久科夫将军阵亡的真实情况，这篇文章刊登在《军事历史档案》（*Voenno-istoricheskii arkhiv*）2006年第9期（总第81期）第149—165页，以及2006年第10期（总第82期）第39—56页。据斯德维日科夫说，卡图科夫等人炮制了利久科夫阵亡情况的虚假叙述以及7月25日这个错误日期，以缓解斯大林的担心。利久科夫昔日的上司弗拉索夫1942年7月向德军投降（弗拉索夫时任突击第2集团军司令员），他后来同德国人合作，组建起俄罗斯解放军（ROA），斯大林担心利久科夫这位坦克第2军军长也叛逃到德国人一方。斯德维日科夫的潜心研究表明，利久科夫的确在战斗中阵亡，而不是一个叛徒。

第一章
德国军队

7月23日利久科夫将军阵亡时，苏联红军已同德国军队战斗了13个月。1941年6月，德军发起"巴巴罗萨"行动突袭苏联时，其作战能力正趋于巅峰。152个师（包括19个装甲师和15个摩托化步兵师）迅速攻入苏联境内，力图合围苏联红军。德国空军只用两天便掌握了空中优势，支援装甲部队向前推进，并不断侵扰苏军的一切反措施。在一连串庞大的合围战中（明斯克、斯摩棱斯克、乌曼、基辅、维亚济马、梅利托波尔和其他地区），近200万红军士兵落入德国人手中。没用三个月，德国及其盟友的军队就推进1200多公里，攻占了苏联许多人口和工业中心，包围了列宁格勒，并威胁到莫斯科和罗斯托夫（Rostov）。

德国人发起进攻时，适逢苏联红军最糟糕的时刻。[1]苏联军官团被四年政治清洗"斩首"；战争爆发伊始，许多苏军指挥员刚刚从西伯利亚劳改营获释，另一些人已被清除出武装部队。幸免于难的军官，能力和经验都很有限，指挥部队力不从心，战斗结果可想而知。对经验丰富的德军来说，死板的苏联红军成了手到擒来的猎物。另外，尽管苏军拥有庞大的机械化和空军力量，但这些部队缺乏能为他们提供充足燃料、弹药和零配件的后勤体系，他们配备的是老旧、过时的装备，而那些新式武器，他们尚未学会熟练操作。最后一点，斯大林不顾一切力图延缓这场即将爆发的战争，他禁止部队采取防御性措施，导致苏军还没来得及从驻地部署至野战阵地便被德国人俘获。

尽管拥有这些优势，德国人也没能赢得胜利，因为他们低估了任务的庞大程度和对手的动员能力。幅员辽阔的欧洲俄罗斯使德军后勤和维修体系承受了巨大的压力。苏联简陋的交通运输网进一步加剧了这种压力，其铁路轨距比德国铁路更宽。而那些土路每逢下雨便沦为泥沼，燃料和车辆零配件的消耗速度是预计的3倍。德军越向前推进，为进攻部队提供再补给的任务就越加困难。

大量艰巨的后勤问题令德国军队深受妨碍，自1941年7月中旬起，德军的攻势演变成一连串即兴冲刺，他们通常在10天左右的时间里推进110—130公里，然后暂停7—10天，以便实施必要的重组，并为突击部队补充燃料和弹药。除了红军发起的反击不可避免迟滞了德军的进攻节奏，以及恼人的恶劣气候外，后勤的制约也主宰了德军的进军步伐，导致他们无法在"巴巴罗萨"行动中赢得胜利。

漫长而又原始的交通线意味着德军机械化部队经常将步行前进的步兵和依靠马匹拖曳的炮兵远远甩在身后。每次包围苏军时，德军装甲部队都无法彻底困住对方，他们得等己方步兵赶来支援。在此期间，那些无可替代的苏军指挥员和参谋人员，经常能率领成千上万名部下逃出德军防御虚弱的包围圈，加入当地游击队或返回己方防线。

这些苏军的逃脱加剧了德军遭遇失败的第二方面因素。发动入侵时，德军情报部门估计苏联红军大约有200个师，可没过6周，他们就统计出至少360个苏军师。[2]苏联组建庞大新部队（尽管这些部队的训练和装备都很糟糕）的杰出能力使德军歼灭红军主力的企图成为无法实现的白日梦。德国人沮丧地发现，每当他们消灭一群苏军士兵，另一群不知道从哪里冒出来的守卫者便会继续战斗。

这些苏军师并非被动防御，而是抓住一切机会发起反击。通常情况下，红军作战行动的协调性很差，只有德军前线部队知道对方发起了反击，德军军官甚至无法分辨苏军局部反击与计划中的反冲击（甚至是反突击）之间的差别。尽管如此，这些反击还是让德军在技术装备和兵力方面付出了高昂的代价。截至1941年8月13日，仅仅7周的战斗便让德军伤亡389924人，占其作战兵力的11.4%。[3]与他们的对手不同，德国人严重缺乏替代这些士兵的补充兵。

到1941年11月底，这种损失，再加上路程和后勤问题的挑战，导致过度拉伸、疲惫不堪的德国军队停下了脚步，他们在罗斯托夫遭遇败绩，止步于列宁格勒郊外和距离莫斯科不远处。12月5日，苏军最高统帅部对莫斯科郊外的德军先遣部队发起一连串反击，其力度越来越强，终于在12月中旬演变成一场正面反攻。德军士兵在冰天雪地里被冻得半死，万万没有料到他们认为已被击败的敌人会突然发起进攻，结果在1942年1月初被红军杀得大败。对初步胜利兴奋不已的约瑟夫·斯大林和红军最具能力的战地指挥员格奥尔吉·康斯坦丁诺维奇·朱可夫将军，将这场反击扩大为一场全面攻势，沿着波罗的海到黑海近2500公里的整条战线发起。

面对这场危机，阿道夫·希特勒严禁后撤，命令遭受损失的德国军队原地据守。一些为强化防御而率部后退的德军将领被解除职务。尽管希特勒率性而为（他的决定近乎荒谬），可事实证明，原地据守是最好的做法。红军取得了来之不易的胜利，但这支饱受摧残的军队缺乏歼灭德军的能力。在一连串持续至1942年4月的混战中，苏军重创德军，并将对方驱离莫斯科，但没能取得任何决定性突破以达到他们的目标——斯摩棱斯克。春季的雨期和泥泞（rasputitsa）到来时，德国军队依然存在，从地图上看去，战线更像一团错综复杂的棉纱而非一条直线。从北方的列宁格勒到南方的哈尔科夫地区，德军和苏军的一连串突出部向东或向西伸入对方防区。因此，德军发起新攻势前，必须消灭这些突出部（参见地图1）。

德军的恢复

战斗平息下来，双方都已筋疲力尽。苏联红军有能力恢复自身的实力，但德国军队再也没能彻底弥补1941年遭受的损失。

截至1942年1月31日，德国陆军在东线伤亡917985人，空军伤亡18098人，这些数字还不包括芬兰、罗马尼亚、匈牙利等盟国的伤亡。[4]物资缺乏的问题几乎同样严重。"巴巴罗萨"行动最初的7个月里，德国人损失了41000辆卡车和207000匹马，当时，火炮的移动和大多数步兵师的后勤单位主要依靠马匹。损失的火炮、反坦克炮和迫击炮超过13600门，德国空军也损失了4903架飞机。[5]到1942年3月底，东线德军的实力已从1941年6月的300多万人

地图 1 1942 年 4 月 1 日苏德战场的态势

下降至250来万人，外加3300辆坦克和突击炮。[6]经历了列宁格勒、莫斯科和罗斯托夫的失利，以及1941—1942年严酷的冬季后，东线德军的162个师只有8个完整无损；16个装甲师只剩下140辆尚能使用的坦克，相当于1个齐装满员的装甲师。[7]

整个二战期间，德国受原材料短缺的限制几乎与敌军作战行动造成的影响同样严重。早在1941年11月，德国人便开始熔铸教堂的大钟和生产纺织品的滚筒，以获得制造电线和炮弹弹壳所需要的铜。对其他原材料的需求，特别是石油，经常主宰德国的战略方针，这种现实使德军在斯大林格勒受到重创。如果没有那些原材料，德国军工业就难以弥补德军损失的武器和车辆。

但是，恢复东线德军实力需要的不仅仅是原材料。1941年12月，282300人（包括大批从事军工生产的工人）接到兵役通知。国防经济与军备局负责人格奥尔格·托马斯将军劝说希特勒，德国必须将其剩余资源用于补充损失的装备，不能像独裁者惯做的那样，组建新的部队并提供武器装备。1942年1月10日，希特勒下令改组军备部，优先生产野战武器，然后是机械化装备和反坦克炮。[8]一个月后，德国军备部长在空难中丧生，希特勒任命他最喜爱的设计师阿尔贝特·施佩尔出任军备与军需部长[①]。虽然德国经济仍分成不同的领域，但施佩尔在各竞争机构和公司间展开协商斡旋，从而增加了产量，并节约了稀缺的原材料。[9]

可是，虽然托马斯和施佩尔竭尽全力，东线德军还是无法彻底恢复到1941年6月的实力。简单来说，希特勒这个政治家对要求德国民众实施全面经济动员犹豫不决。相反，德国1941—1942年间尝试了多种不够彻底的措施。为弥补损失的车辆，11月和12月间，德国人花大力气在西欧和中欧被占领地区征用民用卡车。可是，这些车辆中的四分之三因缺乏零部件和冬季恶劣的气候而无法行驶，就连那些运抵前线的卡车也给维修和机动增添了难题，因为各单位面对的是令人眼花缭乱的各种车辆。

德国官方不得不按照一套严格的优先等级分配其稀缺的补充兵和装备。

---

① 译注：1943年9月2日，军备与军需部更名为"军备与战时生产部"。

装甲部队、摩托化部队和武装党卫队这些精锐部队排在最前面，可这些部队也无法恢复1941年的实力。"南方"集团军群（德军的下一场攻势将由他们发起）辖内，机械化部队被认为达到编制力量的85%；但在遥远的北方，每个装甲师得到的坦克只够装备1个营，而不是去年的2—3个营。就连位于南方的第1装甲集团军辖下的某些装甲师也是如此。步兵师获得资源分配的情况更加糟糕。"北方"和"中央"集团军群，75个师中的69个，从9个步兵营下降为6个，炮兵力量也从每个连4门火炮削减为3门。这些步兵师还不得不勉强应对马匹和车辆的大幅度减少，这使他们抗击敌军进攻时在部署兵力方面遇到困难。[10]

令问题更加复杂的是，大多数东线师并未撤至后方休整并接受补充，而是在继续坚守防线的同时实施自我整编。因此，发动1942年夏季攻势前，标准德军师的战斗力明显低于1941年。唯一的例外是德国空军，1942年夏季战役开始时，其实力（东线拥有2635架战机）基本上与1941年（2770架）相同，尽管这个数字隐藏了机组人员质量的下降。[11]

在技术方面，德军的武器与1941年基本相同。装甲部队的主力坦克是三号和四号中型坦克，而二号轻型坦克1942年几乎彻底退役。就像许多德军装甲师1941年时不得不凑合使用外国坦克那样，一些新组建的装甲师在1942年也只能将就着混合使用德制坦克和缴获的坦克。1942年3月初，德国工厂生产出四号坦克的F2型，这款新型坦克配备75毫米口径长身管主炮，具有更强的装甲侵彻力。但德军当年夏季恢复攻势时，这款新型坦克尚不多见。[12]新型50毫米反坦克炮开始大批量下线，意图取代性能严重不足的37毫米反坦克炮，但在普通步兵部队里，这款新型反坦克炮并不多。因此，德军坦克和反坦克炮的装甲侵彻力，从技术上说仍低于苏军配备的T-34/76中型坦克（这款坦克配有一门76.2毫米口径的主炮）。不过，几乎所有德军指挥官都认为，出色的战术和训练能够弥补兵力和火力的不足。

卫星国军队

德国人更相信自己的能力，而不是其盟国军队的战斗力。但就像昔日的拿破仑·波拿巴，希特勒不得不依靠卫星国军队覆盖欧洲俄罗斯的广袤领土。1941

年发动侵苏战争时，这一点已成为事实，德国人越向前推进，必须加以防御的战线就越宽。计划中的1942年夏季攻势，轴心国军队将朝黑海东北部海岸推进，并进入高加索地区，这将进一步扩大战线，因此，他们需要更多的兵力。

占领西欧，并在东线大规模攻势中不断遭受损失的德国军队被拉伸到极致，德国的盟友成为额外兵员的唯一来源。北面的芬兰军队战斗力很强，积极性也很高，但其他卫星国军队却并非如此。在强大的外交压力下，这些军队为1942年的战役增加到52个师——27个罗马尼亚师（每个师的规模相当于德军的一个旅）、13个匈牙利师、9个意大利师、2个斯洛伐克师和西班牙"蓝色"师。[13]出于政治和民族自豪感这些显而易见的原因，各卫星国政府坚持要求由他们自己的军长和集团军司令指挥这些部队。尽管德国人向卫星国军队司令部派出联络官和通信小组，但他们不得不采用说服和外交手段来确保这些军队的合作。

这些部队里，接受过机械化和机动作战训练，并拥有相应装备的单位寥寥无几，而机械化和机动作战决定了东线的大多数战斗。1941年8月，一股苏军伏兵在敖德萨附近重创了一个罗马尼亚装甲师，该师已过时的坦克再也没能得到补充。[14]意大利的2个摩托化师配备的战车装甲太薄、动力不足，而这些技术问题已在北非战场暴露无遗。其他卫星国师都是轻装备的骑兵和步兵单位，更适合清剿苏联游击队，确保后方区域的安全，而不是在前线抗击红军坦克部队。虽然德国人派出颇具战斗力的反坦克连支援他们很有勇气的盟友，可也无法弥补对方炮兵和反坦克火力整体不足的状况。

这些盟友的确很有勇气。虽然他们的德国主子经常发表些轻视的言论，但卫星国军队里有许多勇敢的人，至少有一些能胜任的士兵。他们中的一些人是狂热的法西斯信徒，之所以被派至东线，部分原因是他们在国内造成的破坏性影响。其他人对法西斯主义兴趣不大，但普遍认为苏联的共产主义威胁到了他们的社会。就连经常受上司虐待的罗马尼亚士兵也展现出他们的战斗意愿，前提是获得重武器的有力支援。因此，苏军1942年末发起反攻时，战场情况使抵抗变得几乎毫无可能性。一旦冬季气候和战局变得对轴心国不利，大批卫星国士兵便认为死在冰天雪地里毫无意义，他们抛弃了这种可疑的荣誉，这一点完全可以理解。

战略态势

1941年入侵苏联前,阿道夫·希特勒已占领西欧,只剩英国独自抵抗纳粹德国。但一年后,希特勒发现自己正同世界上两个最大的工业强国(美国和苏联)作战,而且是在两条不同的战线上。因此,德军最高统帅部筹划1942年东线新攻势时,不得不考虑其他战区的需求。尽管美国刚刚开始动员,但希特勒无法摆脱这样一种担心:在美国人的援助下,英国有可能对挪威或法国发起规模有限的入侵,以缓解苏联人承受的压力。1942年3月28日,在商讨东线即将发起的战役的军事会议上,希特勒坚持要求几支重要部队留守西线,其中包括德国空军的"赫尔曼·戈林"伞兵装甲师和3个重建的装甲师。他还关注为埃尔温·隆美尔元帅的非洲军提供补给的问题。这位独裁者预见到这样一种可能性,这些补给问题可能要求德军对英国人控制的马耳他岛发起一场大规模进攻,该岛横跨意大利与北非之间的海上航线。[15]

当然,德国1942年春季的战略态势并非全然不利。美国的突然参战使德国潜艇部队获得了前所未有的机会,他们得以进入美国海域对商船队发动袭击。希特勒完全有理由期待这些U艇取得的胜利将破坏英国和美国的经济,并延缓美国军队部署至欧洲。但这场被扩大的战争极为复杂,U艇、北非、西欧的作战行动都需要资源,这使德国做出决策的难度远远超过1941年。

即便在东线,其他几个选择也与希特勒关注的高加索地区形成竞争。北方,被围困的列宁格勒深具诱惑力,夺取这座伟大的城市(她是布尔什维克革命的发源地),不仅能让德国人获得政治和心理影响力,还能使德军同该地区的芬兰军队会合,并缩短他们的防线。幸运的话,在北方发起的攻势有可能切断苏联的北极海港,减少盟国根据《租借法案》运入苏联的物资。另外,沿着北部和中央战线,特别是列宁格勒东南方的柳班(Liuban)地域和莫斯科西面的维亚济马(Viaz'ma)地域,位于德军后方、困住苏军部队的庞大包围圈需要加以消灭。而伸入苏军防线的德军突出部必须予以加强,这样一来,德军据点便能重新连成一条连贯的防线,再次以较少的兵力构成强大的防御。

哈尔科夫南面,德军情报部门发现一股敌军集结在哈尔科夫南部战线和北顿涅茨河向西弯曲处。这个突出部是苏军1942年1—2月巴尔文科沃(Barvenkovo)—洛佐瓦亚(Lozovaia)进攻战役的残留物,被称作伊久姆

（Izium）或巴尔文科沃突出部。德国人怀疑（这种怀疑是正确的），他们的对手打算利用洛佐瓦亚登陆场和北顿涅茨河畔的伊久姆，以及在哈尔科夫东面、北顿涅茨河西岸夺取的一座小型登陆场为基础，发起一场晚春攻势，重新夺回乌克兰。因此，德军发起任何新攻势前，先消灭该突出部和盘踞其中的苏军部队是较为保险的做法。德国人策划的这场初步进攻称为"弗里德里库斯"行动；1942年5月12日，没等他们展开该行动，苏联红军就率先发起了预料中的进攻。

最后一点，德国人向更遥远的东面推进前，必须先肃清克里木半岛。岛上的塞瓦斯托波尔要塞1941年间击退了德军的所有进攻，目前对德国人构成多种威胁。通过塞瓦斯托波尔的海军基地，红军黑海舰队可以对德军即将沿黑海东岸发起的新攻势实施骚扰。另外，克里木犹如一艘静止的航空母舰，红空军可以利用岛上的机场对罗马尼亚重要的普洛耶什蒂（Ploiesti）油田发起打击。[16]

塞瓦斯托波尔并非克里木岛上的唯一危险。1941年12月26日，外高加索方面军辖下的第51和第44集团军在克里木东端的刻赤半岛（Kerch）发起一场大规模两栖登陆，让德国人惊讶而又狼狈。1月份，埃里希·冯·曼施泰因将军率领德国和罗马尼亚部队混编而成的第11集团军遏制了苏军的进攻，但没有足够的力量肃清对方的登陆场。这股集结起来的苏军和塞瓦斯托波尔守军一样，构成一种持续的威胁，德军必须在夏季战役发起前将其歼灭。为此，曼施泰因策划了"猎鸨"行动，打算在1942年5月肃清克里木。第11集团军获得德国军火库里最庞大的攻城武器的支援：一批榴弹炮和口径高达800毫米的迫击炮。德国人预计，在空军的配合下，这些大炮将在几天内攻破塞瓦斯托波尔的防御。

"蓝色"方案

列宁格勒、维亚济马、伊久姆和克里木仅仅是德军1942年主要目标的"热身运动"或附属行动，德军的主要目标是高加索，最重要的是那里的两座油田——较小的一座位于迈科普（Maikop），大的一座集中在巴库（Baku）周围，现在被称为阿塞拜疆。这两座油田出产的石油约占苏联石油总产量的

80%，一旦丢失，会沉重打击红军的防御努力。更重要的是，缺乏石油是对德国经济和战争机器最大的一个限制。早在1941年10月，德国国防军对石油的需求已无法获得满足，为完成"巴巴罗萨"行动，他们只能向罗马尼亚人索取更多的石油。到1942年，由于缺乏燃料，德国和意大利的水面舰队几乎已停止行动，潜艇部队仍在战斗，但他们的物资补给也减少了一半。因此，希特勒和他的军事行动策划者们开始将高加索油田视为主要问题的解决方案。[17]

对德国而言，控制高加索地区还意味着另一些好处。除了石油，该地区煤、泥煤、锰和其他原材料的储量也很丰富。另外，高加索是通往中东的天然通道；夺取高加索将堵住《租借法案》援助莫斯科的另一条重要渠道——经伊朗进入苏联这条路。某些德国人甚至幻想从高加索地区向南推进，以一场庞大的夹击与隆美尔的非洲军会合，从而夺取中东地区巨大石油储量的控制权。

出于这些原因，高加索以及伏尔加河畔的斯大林格勒，自1940年7月希特勒开始策划入侵苏联起，一直是德国战略思想的组成部分。[18]1941年10月，苏联的顽强抵抗迫使德国陆军总司令部（OKH）的策划者们将这场作战行动的日期推延至1942年。1941—1942年艰难的冬季期间，希特勒多次提及这个话题，并命令专业的山地部队做好准备，尽快在来年春季穿越高加索山区。[19]

冬季战役停顿下来后，下一场战役的计划终于定稿。[20]1942年3月29日，陆军总参谋长弗朗茨·哈尔德大将向希特勒呈交了OKH拟定的夏季战役草案。这份草案最初的标题是"齐格弗里德"方案，后被改为"蓝色"方案，显然是因为"巴巴罗萨"行动的失败使得再度引用神话人物的名字似乎是一种令人尴尬的狂妄。希特勒对哈尔德的草案做了详尽评述后，国防军最高统帅部（OKW）指挥参谋部参谋长阿尔弗雷德·约德尔将军对草案进行了修改，一周后再次呈交希特勒①。

哈尔德拟制、约德尔修改的这份计划是德国参谋体系的典型产物：它确定了下级指挥部门在作战行动和职责方面的总概念，但把执行战役的决策权留给战地指挥官，特别是"南方"集团军群司令——陆军元帅费多尔·冯·博

---

① 译注：OKW的指挥参谋部几次易名，最初是"指挥参谋部"，1939年11月更名为"国防军指挥局"，1940年8月又改为"国防军指挥参谋部"。注意，约德尔的参谋长职务，与德国陆军总参谋长这个职务是两码事。

克。然而，冬季战役的经历使希特勒对自己的指挥能力信心大增，并对属下那些职业军人的才能产生了深深的怀疑。因此，他坚持要求约德尔在计划中添加执行战役的具体指令，结果，这份计划成了作战命令、军事战略和如意算盘的混合物。

1942年4月5日签发的第41号元首令认为，一年的战争耗尽了苏联的力量，德军继续前进并夺取高加索油田将使红军发生崩溃：

> 在俄国的冬季会战行将结束。由于东线官兵表现得特别顽强并具有牺牲精神，德军已取得防御战的巨大胜利。
> 敌人在人员和物资方面的损失极为严重。在这个冬季，敌人在扩大所谓初期战果的努力中，已使其准备用于后续作战的预备队主力受到很大消耗。
> 一俟天气和地形条件具备，德军指挥官和部队的优势必将再次赢得行动的主动权，并迫使敌人就范。[21]

不过，这份训令也默认了一个事实：1941年的"巴巴罗萨"行动证明，单凭一场战役不可能彻底打垮苏联。实际上，希特勒最大的希望是歼灭斯大林的军队，与共产党政权的残余力量保持距离，把他们逼向东面的乌拉尔山脉。1942年战役的既定目标是"最终歼灭苏军残存的有生力量，尽可能多地夺取苏联重要的军事–经济中心"。[22]为此，元首打算"投入德国国防军和盟友可供使用的一切力量"，但同时"无论如何应保障欧洲西部和北部占领区，特别是海岸的安全"。[23]希特勒设想了另外一系列合围战，但他强调，这些包围圈必须严密封锁，绝不能让俄国人逃脱后再度投入战斗。

这份训令论述了东线各地区的战事，先提及在列宁格勒南部重新发起进攻（"北极光"行动），以歼灭去年冬季被包围在德军战线后方的苏军部队；然后是中央地区，以一系列有限的进攻拉直战线；最后谈到歼灭盘踞在克里木和伊久姆的苏军，准备对高加索地区发起一场全面攻势。待这些行动完成后，德军才会展开夏季战役的主要行动：先征服苏联南部和高加索地区，然后夺取列宁格勒。

德军作战行动涉及的范围如此之大，交通线又是如此脆弱，以至于南方

地图 2 根据 1942 年 4 月 5 日签发的第 41 号元首令拟定的蓝色方案

的主要作战行动不得不分阶段实施，后来被称为"蓝色1号"、"蓝色2号"等（参见地图2）。另外，希特勒想以有限、低风险的行动发起夏季战役，以恢复德军已发生动摇的信心。尽管他希望详化作战计划，但作战阶段的表述仍有些笼统；后来，德军战地指挥官才给各参战部队下达了具体任务。因此，下述文字将对原计划含糊的概要加以详述。[24]

"蓝色1号"行动以"从奥廖尔以南地域朝沃罗涅日方向发起一场合围或突

破"开始。从库尔斯克和别尔哥罗德地域发动进攻,装甲和机械化部队组成的两支铁钳(北面部队的实力应强于南面的部队)将朝正东方推进,夺取顿河东面的沃罗涅日。在两支铁钳身后,部分后续步兵师应迅速在奥廖尔至沃罗涅日之间"建立一条稳固的防线"。[25]这一阶段的目标是沿主要突击方向的北翼构设一道从奥廖尔至沃罗涅日的强大防线,包围并歼灭沃罗涅日以西的所有苏军。

"蓝色2号"行动期间,装甲和机械化部队将"从沃罗涅日向南,沿顿河继续其攻势,以其左翼支援大致从哈尔科夫地域向东发起的第二场突击"。[26]因此,德军装甲和机械化部队肃清沃罗涅日以西地域的苏军后,将从沃罗涅日向南推进,进军方向与顿河相平行,但位于该河南岸,以便在米列罗沃(Millerovo)附近与从伊久姆周围发起进攻的德军第二股突击力量会合。德军将再次沿顿河构设强大的防御工事,掩护主要突击方向的左翼,而第二个包围圈将进一步消灭苏联守军。

从米列罗沃起,"蓝色3号"行动要求德军沿顿河南岸继续向东推进,然后在伏尔加河畔的斯大林格勒附近跨过顿河。在这里,前进中的德军将与另一股平行推进的部队再度会合,后者从位于阿尔乔莫夫斯克(Artemovsk)与塔甘罗格(Taganrog)之间的德军南翼出发,夺取北顿涅茨河上的桥梁,以及重要的交通枢纽罗斯托夫和顿河上的桥梁,并继续向东前进。这场行动将使德军占领顿涅茨河流域(顿巴斯)宝贵的工业区。德军的计划并不太看重斯大林格勒,从后来发生的情况看,这一点颇具讽刺意味,夺取斯大林格勒当然是件好事,但对整个战役并不太重要:

> 此次作战的第三次突击应这样实施:向顿河下游突击的部队,应在斯大林格勒地域,与另一支从塔甘罗格—阿尔乔莫夫斯克地域出发,在顿河下游与伏罗希洛夫格勒之间渡过顿涅茨河向东推进的部队会合。最后,这些部队必须同朝斯大林格勒推进的装甲集团军建立联系……
>
> 无论如何必须力争到达斯大林格勒市,至少应将其置于我重型火炮杀伤范围内,使之无法被(俄国人)用作工业和交通中心。[27]

第41号元首令还给德国空军和海军分配了支援任务,并要求在战役准备阶段绝对保密。为此，德国人发起"克里姆林宫"行动，这个欺骗方案旨在让苏联人相信，德军新攻势的目标是莫斯科。[28]

"蓝色4号"行动是进入高加索地区，第41号元首令的引言部分有所提及，但没有做出详细说明："目前应把所有可动用的兵力集中至战线南段的主要作战方向上，以歼灭顿河以西的敌人，然后占领高加索产油区和穿越高加索山脉的通道。"[29]

此时，德国人对这场战役的策划工作已进行了几个月，德军参谋人员非常清楚希特勒的意图。装甲和机械化部队将率先发起进攻，但高耸的高加索山脉不在此范围内，那里将由德军山地部队负责夺取。高加索石油旅是一支由10000多名士兵组成的专业单位，他们等着进入油田，并尽快恢复石油生产。德军先遣部队迅速向南推进的同时，获得反坦克炮兵连加强的卫星国军队将在几个德军机动师的配合下，掩护轴心国军队不断延伸的左翼。

从另一方面说，这样一场攻势在作战和后勤面临的挑战比德军以往经历的任何一场战役都艰巨。从库尔斯克到格罗兹尼（Groznyi）的直线或空中距离为760公里，而计划中的各个包围圈意味着这场推进的总路程超过1000公里。为掌控这场庞大的行动，希特勒预料，在战役进行期间的某个时刻，必须将博克的"南方"集团军群分成两个独立群体。4月14日，筹备这一分割时，他指示OKH组建一个新的集团军群司令部，由陆军元帅威廉·李斯特领导，这位元帅在1941年征服并占领了巴尔干地区。[30]

希特勒认为，执行"蓝色"方案需要组建两个集团军群，这种观点强调了作战计划中最严重的潜在缺陷。就在一年多前策划"巴巴罗萨"行动时，德军策划者们已认识到沿每个战略进攻方向部署一个集团军群的必要性。由于入侵苏联存在三个战略方向——西北方向（列宁格勒）、西方向（莫斯科）和西南方向（基辅），德军策划者们投入三个集团军群（"北方"集团军群、"中央"集团军群和"南方"集团军群）沿相应方向执行作战行动。但希特勒的"蓝色"方案要求"南方"集团军群沿至少两个战略方向展开行动，第一个方向是冲向沃罗涅日和斯大林格勒，第二个方向是深入高加索地区。希特勒明白这是个难题，但他没有足够的兵力组建一个全新的集团军群，"蓝色"行动发起后，他干脆决定（事实证明，这是一个虚伪的"决定"）把"南方"集团军群分为A集团军群和B集团军群。

除了被证明是虚伪外，这个战场权宜之策也没能认识到，投入"蓝色"行动的部队实际上是沿三个战略方向展开行动——沃罗涅日方向、斯大林格勒方向和高加索方向。尽管希特勒预料到德国国防军有可能过度拉伸，但他没想到这种过度拉伸会严重到何等程度。最后，等他明白过来，一切已为时太晚，他很不情愿地做出决定，以卫星国军队填补并掩护第三个战略方向。[31]

轴心国军队的部署

1942年4月初，250万德军士兵据守在东线，并获得轴心盟友近100万军队的补充，被编入"北方"、"中央"和"南方"三个集团军群和一个独立集团军内（参见图表1）。

除了250万德军士兵，轴心国4月初在东线还有约45万名芬兰士兵，44万名罗马尼亚、匈牙利和意大利士兵。不过，由于指定参加夏季战役的卫星国军队中的大多数直到4月底才向东部署，因此，这些部队只有一小部分可在夏末前参与作战行动。

在此期间，3月至6月，从其他集团军群和西线抽调的部队使"南方"集团军群（包括第11集团军在内）的实力加强到71个德国师，包括46个步兵师、4个猎兵师、2个山地师、7个摩托化师（5个陆军师和2个武装党卫队师）、9个装甲师和3个保安师，外加1个武装党卫队步兵旅（参见图表6）。另外，22个匈牙利、罗马尼亚、意大利和斯洛伐克师已到达前线或后方区域，再加上轴心盟友答应提供的另外一些师，博克集团军群的总实力将有90多个师。除了近100万德军士兵这股自身的力量外，"南方"集团军群还将获得30万罗马尼亚、匈牙利和意大利士兵的加强。[32]至于重要的装甲力量，尽管博克的集团军群按照编制表应该拥有1900辆坦克，但几乎每个装甲师都不满编，致使这个数字下降为1700辆坦克和突击炮，其中包括300辆过时的二号坦克和指挥坦克①。

---

① 译注：指挥坦克需要搭载电台等设备以便于指挥战斗，因而在有限的空间内很难安装主炮，通常是装一门假炮欺骗敌人。

图表 1：1942 年 4 月，东线的轴心国军队（集团军、军，快速师、旅）

拉普兰集团军（山地兵上将爱德华·迪特尔）
　　挪威山地军
　　第36山地军
　　芬兰第3军

芬兰集团军
　　"马塞尔卡"集群
　　"奥格涅茨"集群
　　"卡累利阿"集群

"北方"集团军群（格奥尔格·冯·屈希勒尔大将）
　　第18集团军（骑兵上将格奥尔格·林德曼）
　　　第1军（第20摩托化步兵师、党卫队"警察"摩托化步兵师）
　　　第26军
　　　第28军
　　　第50军
　　　预备队——第12装甲师
　　第16集团军（恩斯特·布施大将）
　　　第2军（党卫队"骷髅"摩托化步兵师）
　　　第10军（第18摩托化步兵师）
　　　第39摩托化军（第8装甲师）
　　集团军群后方地区司令部

"中央"集团军群（陆军元帅京特·冯·克鲁格）
　　第9集团军（瓦尔特·莫德尔大将）
　　　第6军（第7装甲师）
　　　第23军（第1装甲师）
　　　第27军
　　　第41摩托化军（第2装甲师、第36摩托化步兵师）
　　　第46摩托化军（第14摩托化步兵师、党卫队"帝国"摩托化步兵师）
　　　第56摩托化军（第6装甲师）
　　第3装甲集团军（格奥尔格-汉斯·莱因哈特大将）
　　　第59军
　　第4装甲集团军（步兵上将里夏德·鲁夫，5月份起为赫尔曼·霍特大将）
　　　第5军（第5装甲师、第3摩托化步兵师）
　　　第7军
　　　第9军
　　　第20军（第20装甲师）
　　第4集团军（步兵上将戈特哈德·海因里希）
　　　第12军
　　　第13军
　　　第43军
　　　第40摩托化军（第19装甲师）
　　第2装甲集团军（鲁道夫·施密特大将）

第35军（第29摩托化步兵师）
第53军（第17装甲师、第25摩托化步兵师）
第24摩托化军（第4、第18装甲师）
第47摩托化军（第4装甲师一部）
集团军群预备队——第10、第11装甲师
集团军群后方地区司令部

"南方"集团军群（陆军元帅费多尔·冯·博克）
第2集团军（马克西米利安·冯·魏克斯大将）
第55军（党卫队第1摩托化旅）
第48摩托化军（第9装甲师、第16摩托化步兵师）
第6集团军（装甲兵上将弗里德里希·保卢斯）
第8军
第17军（第3装甲师）
第29军
第51军
第17集团军（赫尔曼·霍特大将，6月后为里夏德·鲁夫大将；1942年4—5月，与第1装甲集团军合编为"克莱斯特"集团军级集群）
第4军
第44军
第52军
第1装甲集团军（埃瓦尔德·冯·克莱斯特大将）
第49山地军，"马肯森"集群（第3摩托化军）（第14摩托化步兵师）
第14摩托化军（第13、第16装甲师，党卫队第1"希特勒警卫旗队"摩托化步兵师，党卫队第5"维京"摩托化步兵师，斯洛伐克快速师）
意大利快速军
罗马尼亚骑兵军
预备队——第16、第60摩托化步兵师
第11集团军（埃里希·冯·曼施泰因大将）
第30军
第42军
第54军
罗马尼亚山地军
预备队——第22装甲师
集团军群后方地区司令部
OKH预备队——第23装甲师

罗马尼亚第3集团军（陆军上将彼得·杜米特雷斯库）（沿黑海岸提供掩护至1942年7月）（罗马尼亚第4军1942年5月投入战斗）

匈牙利第2集团军（古斯塔夫·亚尼大将）（1942年4月部署至东线）
第3军
第4军
第7军

德军指挥官

博克和李斯特也许可以担任希特勒的集团军群司令，但元首仍负责全面指挥。希特勒作为德国的统治者，在近10年的时间里逐渐掌握了政府和军队高层所有重要职位——国家元首、政府首脑、国防军最高统帅，1941年12月后，他又亲自出任德国陆军总司令。1942年战役期间，希特勒甚至接掌了（在名义上）一个集团军群的指挥权。[33]如希特勒希望的那样，他对这些职位的占据，限制了专业参谋人员和指挥官相互协调的能力；他们发现遵照德军赫赫有名的"任务导向指挥体系"（auftragstaktik）行事越来越困难，该体系只负责确立一个总体任务和目标，允许下级单位灵活执行这一意图。早在1940年1月，希特勒便下达了一份长期有效的训令，要求各集团军司令只关注本职目标，不必同相邻的指挥机构协调并探寻大局。[34]与参谋人员多次发生争执后，1942年9月，希特勒解除了陆军总参谋长弗朗茨·哈尔德的职务，以更年轻、更狂热、（大概）更顺从的人——步兵上将库尔特·蔡茨勒代替。[35]

虽然OKH名义上负责德军东线战事，但所有重大决策都由元首大本营做出，希特勒的大本营原先设在东普鲁士的"狼穴"，1942年7月16日迁至乌克兰西部文尼察（Vinnitsa）附近的"狼人"。在"狼人"，希特勒中午召开一次大型会议，午夜举行一次小范围会议，他觉得有必要时，便对作战行动做出干预。虽然这些营地的结构不同，但留给参谋人员的空间都很有限，因此，无论是在东普鲁士（全体参谋人员）还是在乌克兰（部分参谋人员），OKH人员都不得不住在其他地方。

许多人认为，在战争的这一阶段，希特勒是一个毫无理性的狂热分子，对一切专业军事建议置之不理，但这是对希特勒过于简单化的描述。1942年夏季，大多数德军高级指挥官依然忠于希特勒，尽管他们在从事战争的问题上与其的分歧越来越多。反过来，希特勒也依赖他的军事助手，虽然他越来越觉得高级将领们传统的独立性妨碍了他的意愿。德国情报部门的评估支持他的看法：苏联人已穷途末路。虽然没有明确指出这一点，但这是哈尔德、约德尔及其下属拟制的"蓝色"方案的出发点。

即便独裁者希特勒不听从下属的建议，他的决定也经常被证明是正确的，就像1941—1942年冬季严令部队原地坚守那样。当然，这种成功也令他更加相信，原地坚守总是解决危机的最佳方案，这一信念将使德军在斯大林格勒付出高昂的代价。尽管如此，可对所有德军指挥官来说，推卸责任、把1942年的每一次失败归咎于他们的元首实在是太方便了。高级指挥官中，怀疑这场即将发起的攻势能否取得胜利的人寥寥无几，他们同希特勒的分歧主要在于如何实现这种胜利。

希特勒选择执行"蓝色"行动的集团军群司令都是久经沙场的将领。他们当中最具经验的是费多尔·冯·博克，作为集团军群司令，博克已在东线征战了一年。莫里茨·阿尔布雷希特·弗朗茨·弗里德里希·费多尔·冯·博克出生于1880年，他的父亲由于在普法战争中表现英勇而被授予贵族头衔。在步兵单位和总参谋部任职后，1926年博克迅速晋升为第4步兵团团长，1929年担任第1骑兵师师长，1931年任第2步兵师师长，1938年指挥第8集团军，随后出任"北方"集团军群司令，率领该集团军群参加了1939年的波兰战役。"巴巴罗萨"战役期间，希特勒将率先冲向莫斯科的荣誉授予博克的"中央"集团军群，博克以不懈的热情执行了这项任务。1942年1月，经历了莫斯科的失败后，希特勒委派博克指挥"南方"集团军群（后改称B集团军群），准备向斯大林格勒发起决定性进军。[36]

希特勒挑选西格蒙德·威廉·李斯特在"蓝色"行动中指挥A集团军群，这位陆军元帅出生于1880年，1912年毕业于总参学院。作为一名参加过第一次世界大战的老兵，他在波兰战役期间指挥第14集团军，随后又在法国战役（1940年5—6月）和巴尔干战役（1941年4月）中指挥第12集团军。整个1941年及1942年初，他一直在巴尔干地区担任东南战区总司令。"蓝色1号"行动临近尾声，"蓝色2号"行动发起前，李斯特受领了攻入高加索地区的任务。[37]

斯大林格勒战役期间，德国集团军群司令的职务以令人眼花缭乱的频率发生着变更，但在低一级的集团军层面上，一位空军指挥官（里希特霍芬）和六位地面部队指挥官（霍特、曼施泰因、克莱斯特、保卢斯以及影响度较低的魏克斯和鲁夫）发挥着重要的作用。

男爵沃尔弗拉姆·冯·里希特霍芬大将指挥的是第8航空军，这支高优先级空军部队扮演着救火队的角色，1941—1942年间在东线为德军地面部队提供空中支援，出色的指挥能力使他在1942年6月升任第4航空队司令。里希特霍芬出生于1895年，漫长的职业生涯可追溯至第一次世界大战，那时候，他在他著名的堂兄"红男爵"曼弗雷德·冯·里希特霍芬的战斗机中队服役。西班牙内战中，德国空军对格尔尼卡镇臭名昭著的空袭使他的职业生涯受到玷污。整个1942年战役期间，里希特霍芬经常沮丧且急躁。尤其令他不满的是，陆军指挥官过度依赖他的飞机炸开苏军的一切抵抗；在他看来，这种任务使空军沦为地面推进的配角，导致德国空军无法发挥空中力量的最大潜力。[38]

赫尔曼·霍特大将是德国军队里最具经验的装甲部队战术家之一。他出生于1885年，30年代指挥过第17步兵团和第18步兵师，1940年法国战役期间，他指挥着第15摩托化军。德军1941年遭遇的危机导致大批指挥官被解职，但与许多同僚不同，霍特得以幸免。1941年"巴巴罗萨"行动期间，这位矮小，甚至有些干瘪的军人率领着第3装甲集群，随后又指挥第17集团军。1942年5月，他出任第4装甲集团军司令，在这个职位上参与了"蓝色"行动初期的推进，后来又发起徒劳的努力，试图救出被困在斯大林格勒的德军。[39]

1942年战役开始时，弗里茨–埃里希·冯·曼施泰因大将在克里木率领第11集团军，战役结束时，他已被擢升为陆军元帅，指挥着临时组建的"顿河"集团军群，并在1942—1943年冬季将红军击退。埃里希·冯·莱温斯基出生于1887年，但很快改为继父的名字——曼施泰因。作为一名前皇家近卫军士兵和总参军官，他以纪律严明和恼人的个性而著称；他也是德国军队里最出色的策划者之一，并对自己的能力毫不谦虚。这份自信，再加上对希特勒的政策抱以极大的热情，使他得以迅速升迁[①]，1920年指挥第5步兵团，1938年任第18步兵师师长，1941年指挥第56摩托化军，后荣升集团军司令，1942年出任集团军群司令。[40]

如果说曼施泰因在军队里有一个旗鼓相当的对手，那可能就是帅气、优雅的埃瓦尔德·保罗·路德维希·冯·克莱斯特大将。1881年，他出生于普鲁士一个历史悠久的贵族和军人世家，是一名坚定的保皇派，也是个虔诚的基督徒，从不掩饰他对纳粹主义的厌恶。克莱斯特30年代初指挥过第9步兵团和第2骑兵师，1935年出任第8军军长。尽管这位老骑兵的态度导致希特勒政权1938年解除了他的职务，但战争爆发后，他被召回现役。他展现出对机动作战的精湛把握，波兰战役期间，他指挥第14集团军辖下的第22军；西方战役中[②]，他率领"克莱斯特"装甲集群；1941—1942年"巴巴罗萨"战役期间，他指挥着第1装甲集群（第1装甲集团军）。1942年5月，他率领该集团军协助挫败了苏军在哈尔科夫发起的攻势。当年11月，苏军的铁钳紧紧困住斯大林格勒，位于包围圈南面的德军几乎被切断。曼施泰因竭力挽救被围困的部队时，克莱斯特率领A集团军群成功撤出高加索，这场杰出的防御作战为他赢得了元帅权杖。[41]

由于在斯大林格勒的悲剧中扮演的角色，弗里德里希·威廉·恩斯特·保卢斯在德国军事史上成了一个有争议的人物。[42]他出生于1890年，是一个小公务员的儿子，也是德意志帝国时代的产物——来自中产阶层、渴望融入军队上层的一个聪明的工作狂。1912年，保卢斯娶了一位罗马尼亚贵族妇女，从而获得准贵族地位。身材高挑、瘦削、着装一丝不苟的保卢斯看上去就是一名典型的军官。1918年他已晋升为上尉，并担任过营级和团级参谋。两次世界大战之间，保卢斯寻求着德国总参谋部军官的标准职业生涯，但两次中断，并被派至野战部队任职。第一次，他负责指挥一个步兵连，与埃尔温·隆美尔同属一个团。1934—1935年，保卢斯中校担任第3摩托化运输营营长，对德国新组建的装甲部队而言，这就是装甲侦察营的原型。此后，他恢复了自己的正常作用，1935年任装甲部队参谋长，1938年任第16摩托化军参谋长，1939年出任"第4集团军群司令部"参谋长。

1939年筹备入侵波兰时，保卢斯上校担任第10集团军参谋长，指挥该集团军的是瓦尔特·赖歇瑙。赖歇瑙很早就皈依了纳粹主义，职业生涯正处在飞黄腾达期。保卢斯有条不紊的参谋工作是对赖歇瑙诸事亲力亲为的独断领导风格的完美补充，结果，赖歇瑙将军成了保卢斯的靠山。1940年的战役结束后，保卢斯的职业生涯迈上了新台阶，在哈尔德手下担任第一军需长（陆军总参谋部副总参谋长）。在这个职位上，保卢斯起草了"巴巴罗萨"行动的最初计划，尽管他后来声称对这场战役的结果深感怀疑。[43]

优雅、含蓄的保卢斯从来不愿同粗鲁、更为强势的人发生争执，例如希特勒和赖歇瑙，但他承认，这样的领导者深具能力，而他们也对这位一丝不苟的下属付出的忠诚服务赞誉有加。鉴于希特勒需要听话、能忠实履行自己命令

---

① 译注：事实是，曼施泰因1938年从总参第一军需长的高级职务被贬为第18步兵师师长。
② 译注：德国将法国战役称为"西方战役"。

的下属，故此，弗里德里希·保卢斯在新战役中担任主角也是顺理成章的。1942年1月5日，从未指挥过营级以上部队的保卢斯晋升为装甲兵上将，并担任第6集团军司令，而该集团军是"蓝色"行动的矛头之一。

此时的赖歇瑙是保卢斯的顶头上司，"南方"集团军群司令。毫无疑问，赖歇瑙把这场即将发起的战役视为他们过去关系的延续，他亲自在前线指挥，而他的门徒以一贯的彻底执行"蓝色"行动。可是，保卢斯获得任命没过几天，他的庇护人经历了俄国的极度严寒后意外身亡。接替赖歇瑙的是费多尔·冯·博克这位老派贵族，他的专业判断经常使他同希特勒发生争执。以后，保卢斯只能靠自己了。[44]

马克西米利安·冯·魏克斯男爵，战争第一年担任第2集团军司令，"蓝色"行动初期任"魏克斯"集团军级集群司令，是这些集团军司令中最年长的一位。魏克斯出生于1881年，与许多德军装甲部队指挥官一样，从骑兵开始了自己的戎马生涯，1928年，他升任第18骑兵团团长。30年代初期，魏克斯担任了一段时间高级参谋职务，由于直言不讳地批评军队不该卷入政治，他落了个坏名声。1933年，魏克斯少将担任第3骑兵师师长，调入装甲部队后，1935年，他成为第1装甲师师长。此后，他指挥第13军参加了1939年的波兰战役和1940年的西方战役，1941年的巴尔干战役中，他指挥第2集团军。尽管参加"巴巴罗萨"行动较晚，但魏克斯的第2集团军1941年9月在基辅为包围、歼灭红军西南方面军发挥了重要作用，从而赢得了赞誉。在此期间，魏克斯极具想象力地将88毫米高射炮用于地面作战，故而获得了"高射炮将军"的美誉。1941年11月下旬，魏克斯因病离开他的部队，但1942年①12月中旬重新回到第2集团军，刚好赶上遏制红军的冬季攻势。[45]

这群高级将领中，资历最浅的是第17集团军司令，步兵上将里夏德·鲁夫。他出生于1893年，30年代担任过军级和集团军级参谋职务，1939年的波兰战役和1940年的法国战役期间，他负责指挥第5军（以及斯图加特的第五军区）。"巴巴罗萨"战役初期，"中央"集团军群戏剧性地攻向明斯克时，鲁夫第5军的步兵们在格罗德诺（Grodno）附近的激战中独力挫败了苏军机械化军发起的两次反击。后来，他又为歼灭被围于斯摩棱斯克地域的苏军部队做出贡献。为表彰这些功勋，希特勒于1942年1月委派鲁夫指挥"中央"集团军群辖下的第4装甲集团军。当年6月，鲁夫改任第17集团军司令。"蓝色"行动发起后不久，鲁夫会发现，他率领着第17集团军深深进入广袤的高加索山区。[46]

　　尽管集团军层面的指挥稳定性对德军赢得"蓝色"行动的胜利至关重要，但更重要的是装甲部队的军和师一级，正如"巴巴罗萨"行动证明的那样，装甲部队为德国陆军提供了几乎所有的攻击力，并确定了其战略和战役范围——他们所能达到的最终深度。简单地说，除少数例外，德国集团军群和集团军可到达的范围，与所属的装甲军以及装甲军辖下的装甲师和摩托化师的作战纵深密切相关；他们可以前出至这些装甲部队到达的地域，但无法继续向前。因此，除了后勤方面的限制，"蓝色"行动能否获得成功，直接依赖于装甲军的作战效能，或者说，取决于各装甲军军长的指挥智慧和领导才干，这里指的是七位经验丰富的装甲兵将领：维特斯海姆、朗格曼、施图默、施韦彭堡、肯普夫、马肯森和基希纳，他们分别是第14、第24、第40、第48、第3和第57装甲军[2]军长。

　　与所有装甲军军长一样，在"蓝色"行动中担任第14装甲军军长的步兵上将古斯塔夫·安东·冯·维特斯海姆，他的显赫声望源自他在"巴巴罗萨"行动中的出色表现，当时，第1装甲集群向东发起艰难而又令人印象深刻的进军，直扑基辅，维特斯海姆的装甲军冲在最前面。维特斯海姆出生于1884年，军旅生涯初期是一名步兵军官，1936—1938年间他指挥着第29步兵师（摩托化），该师被公认为陆军中最优秀的快速师之一，维特斯海姆本人也赢得了"全军首屈一指的机械化作战专家"的美誉。1938年捷克危机期间，维特斯海姆升任第14军（摩托化）军长，并率领该军参加了从1939年波兰战役到"巴巴罗萨"行动的战事，其间还在西线担任过德军参谋长。尽管维特斯海姆在"巴巴罗萨"行动期间和"蓝色"行动的前两个月中展现出自己作为一名装甲军军长的出色才华，但希特勒没有将他擢升为集团军司令，可能是因为他曾公开质疑过元首的西线作战计划。希特勒一直对维特斯海姆

---

　① 译注：应为1941年。
　② 原注：1942年夏初，德军将其摩托化军改为装甲军。

的可靠性心存怀疑，最终在1942年9月解除了他的职务，取而代之的是第16装甲师师长汉斯·胡贝将军。[47]

"蓝色"行动期间的第24装甲军军长，装甲兵上将维利巴尔德·冯·朗格曼·翁德·埃伦坎普男爵，也是"巴巴罗萨"战役中出现的一颗新星。他出生于1890年，从骑兵部队转入装甲部队后，朗格曼迅速获得擢升，1940年的西方战役中，他在汉斯·古德里安第49军麾下指挥著名的第29摩托化师[①]，"巴巴罗萨"行动中，他指挥着第24摩托化军辖下的第4装甲师。战役期间，他的装甲师充当古德里安第2装甲集群的先头部队，迅速冲向斯摩棱斯克，该集群随后在基辅和布良斯克展开壮观的合围。1941年的出色表现使朗格曼1942年1月升为第24摩托化（装甲）军军长，1942年10月2日，他阵亡于斯大林格勒史诗般的争夺战中[②]。

"蓝色"行动的前三周，担任第40装甲军军长的是装甲兵上将格奥尔格·施图默，与维特斯海姆和朗格曼一样，他也是一位才华出众、经验丰富的指挥官。出生于1886年的施图默最初是一名炮兵，1938年升为第2轻步兵师师长，次年，该师改编为第7装甲师，施图默率领该装甲师在波兰战役中表现出色。将第7装甲师的指挥权交给埃尔温·隆美尔将军后，施图默在1940年的西方战役中担任第40摩托化军军长。1941年夏季，他的摩托化军作为"中央"集团军群第9集团军的先头部队，在斯摩棱斯克北面迅速推进，当年秋季的"台风"行动中，该军充当第4装甲集群的先锋，艰难而又徒劳地冲向莫斯科。"蓝色"行动中，施图默的装甲军将担任保卢斯第6集团军的先头部队，直扑沃罗涅日。可是，由于赖歇尔事件（关于这场严重的泄密事件，参阅第三章），施图默于1942年7月21日被撤职，并被送交军事法庭。但施图默并未就此失宠，当年9月，元首命令他接替患病的隆美尔，出任非洲装甲集团军司令。[48]

赖歇尔事件后，1942年7月21日，装甲兵上将莱奥·迪特里希·弗朗茨·盖尔·冯·施韦彭堡接替施图默出任第40装甲军军长，事实证明，他比维

---

① 译注：法国战役打响时，海因茨·古德里安指挥的是第19军，6月1日以该军军部为基础组成"古德里安"集群，辖第39军和第41军，而第29摩托化师当时隶属于第39军。

② 译注：1942年10月3日，朗格曼视察顿河中游前线，突遭苏军士兵攻击，被一颗手榴弹炸死。

特斯海姆、朗格曼、施图默这些同僚幸运得多。施韦彭堡出生于1886年，最初是一名骑兵，1931—1933年，他指挥着第14骑兵团，1933—1937年，他在布鲁塞尔、伦敦和布拉格担任军事武官，据说他在那些地方替阿勃维尔（反间谍机构）从事了有效的工作。调入装甲部队后，施韦彭堡在1939年的波兰战役中指挥第3装甲师，1940年的西方战役中指挥第24军；1940年11月，第24军实现摩托化后，施韦彭堡率领该军在"巴巴罗萨"战役初期参加了古德里安第2装甲集群的迅猛推进。作为一名战地指挥官，施韦彭堡以"勇猛"著称。在1941年9月的基辅合围战，10月和11月古德里安对莫斯科以南图拉地域的突击，施韦彭堡都立下了赫赫战功。

　　返回德国稍事休整后，1942年6月，施韦彭堡返回东线，在"蓝色"行动中指挥第1装甲集团军辖下的第3装甲军直至7月21日，随后接替施图默出任第4装甲集团军辖下第40装甲军军长一职。他率领该军冲向罗斯托夫东面的顿河，并作为第1装甲集团军的先锋深入高加索地区，1942年9月，施韦彭堡遭遇不幸，元首对A集团军群在高加索的表现深感不满，对指挥层做出调整，施韦彭堡也被解除了职务。[49]

　　这群装甲部队高级将领中，最杰出一位的可能是"蓝色"行动期间指挥第48装甲军的装甲兵上将维尔纳·肯普夫，他最终成为集团军司令。出生于1886年的肯普夫最初是一名步兵军官，30年代末期转入装甲部队，1937年担任第4装甲旅旅长，1939年波兰战役期间，该旅改编为"肯普夫"装甲师。1940年的西方战役中，肯普夫负责指挥第6装甲师，"巴巴罗萨"战役中，他指挥第48摩托化军。西方战役期间，肯普夫的装甲师担任第41摩托化军的先头部队迅速跨过马斯河；"巴巴罗萨"战役中，他率领的第48摩托化军在基辅合围战中为第1装甲集群担任先锋；当年秋季的"台风"行动和苏联红军发起1941—1942年冬季攻势的艰难时刻，他这个军成为"中央"集团军群与"南方"集团军群之间的关键力量。"蓝色"行动中，在霍特第4装甲集团军麾下，肯普夫的装甲军带领"魏克斯"集团军级集群冲向顿河，并担任装甲集团军的先锋，与第1装甲集团军平行推进，一路杀向罗斯托夫以东的顿河下游，最终冲向斯大林格勒地区的伏尔加河西岸。[50]

　　骑兵上将埃伯哈德·冯·马肯森的杰出才干与肯普夫旗鼓相当。1942年7

月21日，他接替施韦彭堡出任第3装甲军军长，率领该军参加了1942年夏季和秋季的战事，战役末期，他接替克莱斯特出任第1装甲集团军司令。马肯森出生于1889年，1939年8月担任铁路部门总指挥，随后被任命为李斯特将军派驻维也纳的"第5集团军群司令部"参谋长，1939和1941年的波兰和巴尔干战役中，他先后担任第14和第12集团军参谋长。"巴巴罗萨"战役中，他在第1装甲集群辖下任第3摩托化军军长，他的部队率先到达基辅郊外，随后在乌曼和基辅合围战以及第1装甲集团军穿越顿巴斯地区直奔罗斯托夫的行动中发挥了重要作用。"蓝色"行动中，他继续率领这支更名为第3装甲军的部队，一路杀至奥尔忠尼启则（Ordzhonikidze）郊外，随后被迫后撤；马肯森最终接替克莱斯特，担任第1装甲集团军司令。[51]

参与"蓝色"行动的六位装甲兵将领中，最不为人所知的是第57装甲军军长，装甲兵上将弗里德里希·基希纳。基希纳出生于1885年，最初也是一名骑兵，30年代指挥过第1步兵团和第1步兵旅，转入装甲部队后，1939年出任第1装甲师师长。1940年的西方战役中，他率领第19军辖下的第1装甲师赢得了卓著的声誉，"巴巴罗萨"战役的夏季阶段，他的师作为"北方"集团军群第41摩托化军的先头部队，迅速冲向列宁格勒郊区。1941年11月，基希纳被擢升为第57军军长，1942年6月，该军改编为装甲军，基希纳率领A集团军群辖下的这个军深入高加索地区，试图在艰难的山地实施高机动性坦克战，获得的战果相当有限。[52]

如果说"南方"集团军群和A、B集团军群在"蓝色"行动中能否取得胜利取决于辖下的集团军和装甲集团军如何有效地展开行动，那么，这些集团军的胜利则取决于辖内各装甲师和摩托化师的战斗力。"蓝色"行动的胜利在很大程度上依靠德国陆军最主要的战术家，以及"南方"集团军群各装甲师和摩托化师师长们的智慧和才干。6月28日及之后，这群装甲精英如下：

第3装甲师——装甲兵上将赫尔曼·布赖特①；1942年10月1日起，弗朗茨·韦斯特霍芬中将②。

第9装甲师——约翰内斯·贝斯勒中将③；1942年7月27日起，海因里希-赫尔曼·冯·许尔森少将④；1942年8月4日起，瓦尔特·舍勒中将⑤。

第11装甲师——装甲兵上将赫尔曼·巴尔克[6]。

第13装甲师——装甲兵上将特劳戈特·赫尔[7]；1942年11月1日起，赫尔穆特·冯·德尔·舍瓦勒雷中将[8]。

第14装甲师——装甲兵上将弗里德里希·屈恩[9]；1942年7月1日起，费迪南德·海姆少将；1942年11月1日起，男爵汉斯·冯·法尔肯施泰因中将[10]。

第16装甲师——汉斯-瓦伦丁·胡贝少将[11]；1942年9月15日起，京特·冯·安格恩中将[12]。

第22装甲师——威廉·冯·阿佩尔中将[13]；10月7日起，赫尔穆特·冯·德尔·舍瓦勒雷中将[14]；1942年11月1日，埃伯哈德·罗特中将[15]。

第23装甲师——男爵威廉·汉斯·冯·博伊内布格-伦斯费尔德中将[16]；1942年7月20日起，埃尔温·马克少将；1942年8月26日起，男爵威廉·汉斯·冯·博伊内布格-伦斯费尔德中将。

第24装甲师——装甲兵上将布鲁诺·冯·豪恩席尔德[17]；1942年9月12日起，阿尔诺·冯·伦斯基中将[18]。

第3摩托化师——赫尔穆特·施勒默尔中将[19]。

第16摩托化师——装甲兵上将西格弗里德·亨里齐[20]。

---

① 译注：此时的布赖特是少将，1942年11月晋升为中将，1943年3月晋升为装甲兵上将。
② 译注：此时的韦斯特霍芬是少将，1943年4月晋升中将。
③ 译注：此时的贝斯勒是少将，1944年2月晋升中将。
④ 译注：此时的许尔森是上校，1943年5月晋升少将。
⑤ 译注：此时的舍勒是少将，1943年1月晋升中将。
⑥ 译注：此时的巴尔克是上校，1942年8月晋升少将，1943年1月晋升中将，1943年11月晋升装甲兵上将。
⑦ 译注：此时的赫尔是少将，1942年12月晋升中将，1943年9月晋升装甲兵上将。
⑧ 译注：此时的舍瓦勒雷是少将，1943年5月晋升中将。
⑨ 译注：此时的屈恩是少将，1942年7月晋升中将，1943年4月晋升装甲兵上将。
⑩ 译注：此时的法尔肯施泰因是上校，1943年4月晋升少将，1943年11月晋升中将。
⑪ 译注：此时的胡贝是中将，1942年10月晋升装甲兵上将，1944年4月晋升大将。
⑫ 译注：此时的安格恩是少将，1943年1月晋升中将。
⑬ 译注：此时的阿佩尔是少将，1943年4月晋升中将。
⑭ 译注：见前注。
⑮ 译注：此时的罗特是上校，1943年3月晋升少将，1944年3月晋升中将。
⑯ 译注：此时的博伊内布格-伦斯费尔德是少将，1942年11月晋升中将。
⑰ 译注：此时的豪恩席尔德是少将，1944年1月晋升中将，这是他的最终军衔，而非装甲兵上将。
⑱ 译注：此时的伦斯基是少将，1943年1月晋升中将。
⑲ 译注：此时的施勒默尔是少将，1942年12月晋升中将。
⑳ 译注：此时的亨里齐是中将，1943年1月晋升为装甲兵上将。

第29摩托化师——马克斯·弗雷梅赖少将；1942年9月28日起，汉斯-格奥尔格·莱泽少将[①]。

第60摩托化师——奥托·科勒曼中将[②]；11月起，汉斯-阿道夫·冯·阿伦施托尔夫少将[③]。

"大德意志"摩托化师——步兵上将瓦尔特·赫恩莱因[④]。

武装党卫队第5"维京"摩托化师——武装党卫队中将费利克斯·施泰纳。

武装党卫队第1"阿道夫·希特勒警卫旗队"摩托化师——武装党卫队中将约瑟夫·"泽普"·迪特里希。

与苏联红军中的对手不同，这群装甲精英个个都是经验丰富的将领，都曾在1939年的波兰战役、1940年的西方战役和"巴巴罗萨"行动中成功指挥过团级或师级部队。这些德军将领充满进攻精神，对1939—1941年间德军装甲集群和摩托化军指挥官实施的闪电战深具信心，他们也很清楚在广袤的东线——一片令人望而却步的战区——展开行动所面临的独特情况和挑战，事实证明，东线的军事行动远比诞生闪电战的西线困难得多。

这群熟练的德军装甲部队指挥官在"蓝色"行动中大多（如果不是全部的话）表现出色，他们当中活下来的人，要么继续指挥师级部队，要么升为军长，还有的成为集团军司令。这些将领中，尽管大多数人的生平一直默默无闻，但也有几位声名鹊起。例如，整个"蓝色"行动期间指挥第3装甲师的赫尔曼·布赖特，出生于1892年，1939年波兰战役期间任第36装甲团团长，1940年西方战役中，他指挥第5装甲师辖下的第5装甲旅[⑤]，1941年10月出任第3装甲师师长，率领该师在布良斯克、奥廖尔和图拉地域的战斗中赢得了荣誉。布赖特指挥第3装甲师参与了整个"蓝色"行动。[53]

这群装甲部队指挥官中，最著名的是赫尔曼·巴尔克，可能也是同辈将领中最具能力者之一。他出生于1893年，第一次世界大战中指挥过一个骑兵连；20年代和30年代担任过营级指挥官；1940年西方战役期间，他指挥第1装甲师辖下的第1步兵团[⑥]；1941年的巴尔干战役，他担任第2装甲师第2装甲团团长[⑦]。"巴巴罗萨"战役期间，他被调至OKH从事了一段时间的参谋工作。1942年5月，巴尔克出任第11装甲师师长，率领该师参加"蓝色"行动，他的装甲师在沃罗涅日与红军坦克第5集团军展开激战，随后被调往北面，加入"中央"集团军群。[54]

　　另一位值得一提的将领是汉斯·胡贝，尽管没能在这场战争中生还下来，但他同样立下过赫赫战功，特别是1942年9月接替维特斯海姆将军出任第14装甲军军长后。胡贝出生于1890年，在第一次世界大战中失去了右臂，尽管身有残疾，但他还是在1939年升任第3步兵师师长，1940年又出任第16装甲师师长。1941年夏季，胡贝的第16装甲师作为第1装甲集群的先头部队冲入乌克兰，并在当年8月和9月为装甲集群的乌曼和基辅合围战发挥了重要作用，1941年10月和11月，该师参加了哈尔科夫和罗斯托夫争夺战。"蓝色"行动期间，1942年8月，第16装甲师带领第6集团军发起激动人心但却无比艰难的推进，跨过顿河，冲向斯大林格勒北面的伏尔加河，当年9月，希特勒任命胡贝为第14装甲军军长。[55]

　　装甲兵上将特劳戈特·赫尔也出生于1890年，1939年波兰战役期间，他指挥第25步兵师的第13步兵团[⑧]，1940年的西方战役中，他指挥第66步兵团（摩托化）。"巴巴罗萨"战役期间，他先是担任第13步兵旅旅长，随后指挥第3摩托化军辖下的第13装甲师，1941年夏季和秋季参与了第1装甲集群向基辅和罗斯托夫的推进。"蓝色"行动中，他的师再次担任第3装甲军的先锋，深入高加索地区的捷列克河（Terek），赫尔在战斗中负伤，被迫离开自己的部队。[56]

　　另一些人，例如装甲兵上将费迪南德·海姆[⑨]，招致希特勒的怒火，最终被解除了职务。海姆出生于1895年，是一位参加过第一次世界大战的老兵。二

---

①译注：此时的莱泽是上校，1942年11月晋升少将。

②译注：科勒曼1942年7月晋升少将，1943年7月晋升中将。

③译注：此时的阿伦施托尔夫是上校，1943年1月晋升少将。

④译注：此时的赫恩莱因是少将，1943年1月晋升中将，1944年11月被擢升为步兵上将。

⑤译注：该旅隶属第4装甲师。

⑥译注：巴尔克指挥的并非第1步兵团Infanterie-Regiment 1，该团隶属第1步兵师；他指挥的是Schützen-Regiment 1，这个兵种是快速部队，基本上配属给装甲师，1942年改称"装甲掷弹兵"。

⑦译注：第2装甲团隶属第1装甲师；巴尔克担任的是第3装甲团团长，随后任第2装甲旅旅长。

⑧译注：第13步兵团出过许多有名的将领，例如汉斯·施密特·里夏德·鲁夫等；但赫尔指挥的并非该团，而是"第13步兵补充团"，隶属第13步兵师。

⑨译注：他的最终军衔是中将，而非装甲兵上将。

第6集团军司令装甲兵上将弗里德里希·保卢斯，正同他的属下商讨态势

装甲兵上将维尔纳·肯普夫

第1装甲集群①司令埃瓦尔德·冯·克莱斯特大将

① 译注：该集群1941年10月已更名为第1装甲集团军。

1942 年 8 月 22 日，第 4 航空队司令男爵沃尔弗拉姆·冯·里希特霍芬大将，与第 16 装甲师师长装甲兵上将汉斯－瓦伦丁·胡贝[①]观察德国空军的轰炸行动

———————————

① 译注：此时的胡贝是中将。

"中央"集团军群司令陆军元帅费多尔·冯·博克①　　　第3装甲集群司令赫尔曼·霍特大将②

战爆发前，他在第19军任职，战争初期，他服役于装甲部队③。"蓝色"行动期间，海姆官运亨通，1942年7月出任第14装甲师师长，1942年12月1日晋升为第48装甲军军长。可是，由于海姆的装甲军未能预见到并击败红军1942年11月19日在斯大林格勒西北方发起的反击，希特勒草率地解除了他的职务。[57]由于赖歇尔事件，希特勒还解除了第23装甲师师长汉斯·冯·博伊内布格-伦斯费尔德的指挥权，但1942年8月，希特勒又恢复了他的职务。[58]

　　"蓝色"行动中，最著名的摩托化师师长是瓦尔特·赫恩莱因将军，他出生于1893年，1937年任第69步兵团团长④，1939年任第80步兵团团长。1940年升为上校，他在"巴巴罗萨"行动中指挥"大德意志"步兵团，随后在"蓝色"行动中指挥实力强大的"大德意志"摩托化步兵师，当年夏末，

---

①译注：此时的博克是"南方"集团军群司令。
②译注：已于1942年5月出任第4装甲集团军司令。
③译注：1939—1940年间，海姆任第16军参谋长，1940年9月—1942年5月任第6集团军参谋长，其间还在装甲兵学校和快速部队学校任职。
④译注：应为第69步兵团第1营营长。

OKH把他的师调往北面，加入"中央"集团军群。[59]

德军士兵

　　德军士兵，和他们的指挥官一样，是旧职业军人与新狂热分子的混合体。经过三年的连续胜利，1941—1942年的冬季战役使德国陆军的经验、信心和装备严重受挫。就连阿道夫·希特勒也意识到这一点，策划"蓝色"方案时，他要求制订的第一场战役必须确保轻松获胜，从而恢复部队的信心。

　　1942年春季，为满足前线对补充兵的迫切需求，各步兵师接收到的新兵只受过两个月训练。[60]一支以训练充分、战术技能娴熟而自豪的军队，现在不得不同缺乏训练的新兵和实力不足的单位打交道。这是一个致命漩涡的开始，并将在战争剩下的岁月里持续：与经验丰富的老兵相比，缺乏经验、训练不足的新兵更容易在战斗中阵亡，这就加剧了对补充兵的需求，并迫使训练基地不断缩短训练周期，更快地将新兵送上前线。

　　士兵的更替率居高不下，其结果是大批更加年轻的德国人涌入军队，也促成了早在1941年便已存在的趋势——德国军队的纳粹化。除个别例外（例如赖歇瑙），大多数德军高级将领仍是第一次世界大战和魏玛共和国保守、职业化军队的产物。可是，纳粹政权下成长起来的下级军官和普通士兵越来越多，在他们身上经常反映出纳粹的态度。[61]无论将领们的看法如何，下级单位的许多德国人接受了元首的种族理论，将他们的对手视为野蛮的劣等人种。这种观点促使德军士兵以极大的勇气奋战到底，因为他们更害怕被俘，而非阵亡。但这种信仰结构有其更为阴暗的一面。在这片远离德国、陌生而又可怕的土地上，德国士兵对苏联百姓和战俘一向麻木不仁，不时犯下暴行。

　　1942年的德军士兵可能比他们的苏联对手更加能干，但是，鉴于1941年的经历，双方都不需要别人告诫他们这场你死我活的战争的残酷性。

38

注释

1. 关于苏联红军1941年的状况，可参阅戴维·M.格兰茨的《泥足巨人：苏德战争前夕的苏联军队》（劳伦斯：堪萨斯大学出版社，1998年），特别是第26—41页、第258—260页；以及戴维·M.格兰茨的《巨人重生：大战中的苏联军队》（劳伦斯：堪萨斯大学出版社，2005年），特别是第135—369页。

2. 弗朗茨·哈尔德的《哈尔德战时日记（1939—1942年）》（加利福尼亚州诺瓦托：要塞出版社，1988年），第506页。

3. 同上，第521页。

4. 克劳斯·莱因哈特的《莫斯科——转折点：1941—1942年冬季，希特勒在战略上的失败》，卡尔·基南译（英国，牛津&罗得岛州，普罗维登斯：牛津大学出版社，1992年），第367—368页。关于德国国防军恢复实力的这番探讨主要源自莱因哈特的著作。

5. 同上，第369—370页。这个数字包括4262门反坦克炮、5990门迫击炮、1942门榴弹炮和1411门步兵炮。

6. 戴维·M.格兰茨和乔纳森·M.豪斯的《巨人的碰撞：红军是如何阻止希特勒的》（劳伦斯：堪萨斯大学出版社，1995年），第301页；以及（尽管较老）厄尔·F.齐姆克扎麦格纳·E.鲍尔的《从莫斯科到斯大林格勒》（华盛顿特区：美国陆军，军事历史中心，1987年），第294页。

7. 乔治·E.布劳的《德国对苏战争：策划和行动，1941—1942年》，陆军部手册，No：20-261a（华盛顿特区：陆军部，1955年），第120页。

8. 莱因哈特的《莫斯科——转折点》，第381—387页。

9. 阿尔贝特·施佩尔的《第三帝国内幕》，理查德、克拉拉·温斯顿译（纽约：麦克米伦出版社，1970年），第193—220页。关于德国空军的损失和重建，参阅威廉姆森·穆雷的《德国空军》（巴尔的摩：航海和航空出版社，1985年），第92—106页。

10. 齐姆克和鲍尔的《从莫斯科到斯大林格勒》第177、第293—295页，哈尔德的《哈尔德战时日记（1939—1942年）》第613—615页，以及蒂莫西·A.雷的《坚守：二战期间德军在东线的防御学说，战前至1943年》（堪萨斯州利文沃思堡：作战研究协会，1986年），第112—113页。

11. 霍斯特·布格、维尔纳·拉恩、莱因哈德·施通普夫和贝恩德·韦格纳的《德国与第二次世界大战，第6卷：全球大战》（埃尔德·奥泽斯、约翰·布朗约翰、帕特里夏·克兰普顿和路易斯·威斯莫特译，英国牛津：克拉伦登出版社，2001年），第965页，表明德国空军1942年6月20日达到其实力的巅峰。而较早的数据来自齐姆克和鲍尔的《从莫斯科到斯大林格勒》第296页，以及穆雷的《德国空军》第112—119页，他们认为夏季战役开始时，德国空军在东线拥有2750架战机。

12. 瓦尔特·J.施皮尔格尔和乌韦·费斯特的《四号坦克：德军装甲部队的主力》（伯克利：费斯特出版社，1968年），第5页。关于德军坦克更大的问题，可参阅理查德·L.迪纳多的《德军装甲部队》（康涅狄格州韦斯特波特：格林伍德出版社，1997年），第15—17页。对德国坦克更加彻底的研究，可参阅托马斯·L.延茨的《装甲部队》（宾夕法尼亚州阿特格伦：希弗出版社，1996年）。

13. 布劳的《德国对苏战争：策划和行动，1941—1942年》第131页。

14. 亚历山大·斯塔蒂耶夫的《武装力量中的丑小鸭：罗马尼亚装甲部队，1919—1941年》，《斯拉夫军事研究》杂志（以下简称JSMS），1999年6月第2册，总第12期：第225—240页。关于罗马尼亚军队准备不足的情况，参阅这位作者的《一支军队沦为"仅仅是个负担"时：罗马尼亚的国防政策和战略，1918—1941年》，*JSMS*，2000年6月第2册，总第13期：第67—85页。关于罗马尼亚军队的详情，可参阅马克·阿克斯沃西、科尔内尔·斯卡费什和克里斯蒂安·克拉丘诺尤的《第三轴心第四盟友：欧战中的罗马尼亚军队，1941—1945年》（伦敦：兵器和铠甲出版社，1995年），特别是第43—73页。

15. 哈尔德的《哈尔德战时日记（1939—1942年）》第611—612页，以及齐姆克和鲍尔的《从莫斯科到斯大林格勒》第291—291页。

16. 乔尔·S.A.海沃德《止步于斯大林格勒：德国空军和希特勒在东线的失败（1942—1943年）》（劳伦斯：堪萨斯大学出版社，1998年），第4、第9页。

17. 同上，第2—11页、第19—20页，出色探讨了德国的石油问题。

18. 这一事实的证据是，1941年9月和10月，德国空军对整个高加索地区和斯大林格勒实施广泛侦察，利用航拍照片在地图上标注出这两个地区的主要目标，并添加上新设计的坐标方格方案。参见本三部曲的第二部。

19. 布劳的《德国对苏战争：策划和行动，1941—1942年》第109—118页。

20. 关于"蓝色"方案，参见布劳的《德国对苏战争：策划和行动，1941—1942年》第121—124页；以及保罗·卡雷尔的《斯大林格勒：德国第6集团军的败亡》，戴维·约翰斯顿译（宾夕法尼亚州阿特格伦：希弗出版社，1993年），第14—23页。

21. 关于第41号元首令的全文，可参阅《伟大卫国战争军事和历史资料集》（*Sbornik voenno-istoricheskikh materialov Velikoi Otechestvennoi voiny*，莫斯科：军事出版社，1960年），第18册，第257—262页。这是苏联总参谋部军事科学院的军事历史部主持出版的丛书，以下简称为*SVIMVOV*，并附以册数和页数。

22. 同上。另可参阅休·R.特雷弗−罗珀（主编）的《从闪电战到失败：希特勒的战争指令，1939—1945年》（纽约，芝加哥：霍尔特、莱因哈特＆温斯顿出版社，1964年），第117页。

23. *SVIMVOV*，第18册第259页。

24. 这番分析基于*SVIMVOV*，第18册第119页；布劳的《德国对苏战争：策划和行动，1941—1942年》第122—123页；以及齐姆克和鲍尔的《从莫斯科到斯大林格勒》第289—290页。

25. *SVIMVOV*，第18册，第259页。

26. 同上。

27. 同上，以及特雷弗−罗珀的《从闪电战到失败：希特勒的战争指令，1939—1945年》第119页。

28. 对"克里姆林宫"行动的描述以及与这场欺骗行动相关的德国文件，可参阅《"克里姆林宫"行动》一文，《军事历史杂志》（*VIZh*）1961年第8期，第9—90页。

29. *SVIMVOV*，第18册第258页。

30. 齐姆克和鲍尔的《从莫斯科到斯大林格勒》第322页。

31. 对这种困境的探讨，可参阅戴维·M.格兰茨的《中欧和东欧，地形对军事行动的战略和战术影响》（宾夕法尼亚州卡莱尔：自费出版，1998年）。

32. 参见布格等人的《德国与第二次世界大战，第6卷：全球大战》第962页。

33. 杰弗里·朱克斯《希特勒的斯大林格勒决策》（伯克利：加州大学出版社，1985年），第7页。

34. 瓦尔特·格尔利茨的《保卢斯与斯大林格勒：陆军元帅弗里德里希·保卢斯传》，R.H.史蒂文斯译

（纽约：城堡出版社，1963年），第42页。

35 弗朗茨·哈尔德的《哈尔德战时日记》第669—671页。

36. 关于博克，可参阅《骑士铁十字勋章获得者，费多尔·冯·博克》一文，来自"德国陆军将领"网站：http://balsi.de/Homepage-Generale/Heer/Heer-Startseite.htm；以及康斯坦丁·扎列斯基的《德国国防军：陆军和最高统帅部》（Vermacht: Sukhoputnye voiska i Verkhovnoe komandovanie，莫斯科：亚乌扎出版社，2005年），第55—56页。1942年7月，希特勒解除他B集团军群司令的职务后，博克退出现役。这位陆军元帅和他的妻子及女儿死于1945年5月，当时，他们乘坐的车辆被一架英国战斗轰炸机击毁。

37. 关于李斯特，参阅"德国陆军将领"网站的《骑士铁十字勋章获得者，威廉·李斯特》一文，以及康斯坦丁·扎列斯基的《德国国防军：陆军和最高统帅部》第273—275页。

38. 关于里希特霍芬，参阅海沃德的《止步于斯大林格勒：德国空军和希特勒在东线的失败（1942—1943年）》，特别是第70—73页；以及赫尔穆特·海贝尔和戴维·M. 格兰茨的《希特勒和他的将领：军事会议，1942—1945年》（纽约：英尼格玛出版社，2002年），第829页。在斯大林格勒战役期间指挥第4航空队后，1943年2月17日，里希特霍芬被擢升为元帅，1943年6月—1944年8月在意大利指挥第2航空队。由于脑疾的折磨，他于1944年8月接受了脑部手术，1945年7月12日死于术后并发症。

39. 关于霍特，参阅海贝尔和格兰茨的《希特勒和他的将领》第938页；以及康斯坦丁·扎列斯基的《德国国防军：陆军和最高统帅部》第151—153页。"蓝色"行动后，霍特率领第4装甲集团军参加了库尔斯克战役，随后撤至第聂伯河后方。1943年12月10日被解除职务后，霍特一直赋闲，直到战争结束前不久才被任命为"埃尔茨山守军司令"。他在纽伦堡被判处15年有期徒刑，1954年获得假释，1979年去世。

40. 参阅理查德·卡弗在康瑞利·伯内特（主编）的《希特勒的将领》（纽约：格鲁夫·韦登费尔德出版社，1989年）一书中的文章，第221—246页；"德国陆军将领"网站的《双剑饰获得者埃里希·冯·曼施泰因》一文；以及康斯坦丁·扎列斯基的《德国国防军：陆军和最高统帅部》第284—287页。曼施泰因本人的回忆录《失去的胜利》，安东尼·G.鲍威尔译（芝加哥：亨利·莱格尼里出版社，1958年），第261—386页，他将斯大林格勒的一切失败归咎于希特勒。1942年至1944年3月，指挥"顿河"和"南方"集团军群期间，曼施泰因策划了顿巴斯地区和哈尔科夫的反击战，从而在斯大林格勒的灾难后恢复了德军在俄国南部的战略防御，1943年7月，库尔斯克战役（堡垒作战）失利。此后，他试图采用"弹性"机动防御遏止红军在乌克兰的攻势，直至1944年3月30日被希特勒解除职务。战争结束后，曼施泰因被捕入狱，英国法庭判处他18年有期徒刑，1952年获得假释，1973年去世。许多人认为曼施泰因是二战期间德军最杰出的高级将领。关于曼施泰因涉及的战争犯罪，可参阅马塞尔·斯坦因的《陆军元帅冯·曼施泰因：双面人/肖像》（英国，索利哈尔：氦核出版社，2007年）。

41. 小塞缪尔·W.米查姆在《希特勒的将领》一书中的文章，第249—263页；海贝尔和格兰茨的《希特勒和他的将领》第896—897页；以及康斯坦丁·扎列斯基的《德国国防军：陆军和最高统帅部》第240—242页。德军在斯大林格勒失败后，克莱斯特一直指挥着第1装甲集团军[①]，直到1944年3月31日被希特勒解职，随后退役。1944年7月发生刺杀希特勒的事件后，克莱斯特被盖世太保逮捕，但无罪释放。战争结束后，他被盟军逮捕，后移交苏联当局，1954年在战俘营内去世，据报告，他死于营养不良。

42. 这番叙述主要基于格尔利茨颇具同情的传记《保卢斯与斯大林格勒》，另可参阅塞缪尔·米查姆在康瑞利·伯内特（主编）的《希特勒的将领》一书第361—373页的分析，"德国陆军将领"网站的《橡叶饰获得者，弗里德里希·保卢斯》一文，以及康斯坦丁·扎列斯基的《德国国防军：陆军和最高统帅部》第325—327页。

43. 格尔利茨的《保卢斯与斯大林格勒》第21—28、第35页。

44. 在斯大林格勒被俘后，保卢斯起初拒绝参加德国军官的自由德国联盟，这个组织是在苏联的支持下组建而成，替苏联人开展宣传工作。但1944年8月，发生刺杀希特勒的7·20事件和保卢斯的儿子在意大利阵亡后，他加入了这个组织，开始发表旨在推翻希特勒政权的广播讲话。纽伦堡审判后，保卢斯被囚禁在苏联，1953年获释后返回东德，1957年因癌症去世。

45. 关于魏克斯，参见康斯坦丁·扎列斯基的《德国国防军：陆军和最高统帅部》第81—83页。德军在斯大林格勒失利后，魏克斯指挥B集团军群直至1943年2月14日，该集团军群被撤编，交由OKW控制并部署至西线，最终于1943年7月撤销。1943年8月—1944年10月，魏克斯在巴尔干地区指挥F集团军群，在此期间，他的部队被多次指控对当地游击队和平民犯有暴行。1945年1月，希特勒拒绝任命魏克斯担任"维斯瓦河"集团军群司令，并于当年3月撤销了F集团军群，魏克斯退役。战争结束后，魏克斯被战争罪行法庭逮捕并遭到囚禁，1947年由于健康状况恶化获释，他去世于1954年。

46. 关于鲁夫，可参阅"德国陆军将领"网站的《骑士铁十字勋章获得者，里夏德·鲁夫》一文，以及康斯坦丁·扎列斯基的《德国国防军：陆军和最高统帅部》第374—375页。斯大林格勒战役后，鲁夫指挥第17集团军直至1943年6月退出现役，转入预备役。鲁夫去世于1967年。

47. 关于维特斯海姆，参阅康斯坦丁·扎列斯基的《德国国防军：陆军和最高统帅部》第100页。被解除职务后，维特斯海姆一直未被起用。战争结束前，他在"人民冲锋队"里担任一名普通士兵。

48. 关于施图默，可参阅"德国陆军将领"网站的《骑士铁十字勋章获得者，格奥尔格·施图默》一文，以及康斯坦丁·扎列斯基的《德国国防军：陆军和最高统帅部》第530页。1942年10月，施图默死于抗击英国第8集团军的阿拉曼战役。[2]

49. 关于施韦彭堡，可参阅"德国陆军将领"网站的《骑士铁十字勋章获得者，帝国男爵莱奥·盖尔·冯·施韦彭堡》一文，以及康斯坦丁·扎列斯基的《德国国防军：陆军和最高统帅部》第496—497页。1943年8月至1944年6月，施韦彭堡在西线指挥第58装甲军和西线装甲集群，希特勒随后任命他为德国装甲部队总监。战后，经过审讯和监禁，施韦彭堡1947年获得假释，1974年去世。

50. 关于肯普夫，可参阅海贝尔和格兰茨的《希特勒和他的将领》第860页，"德国陆军将领"网站的《橡叶饰获得者，维尔纳·肯普夫》一文，以及康斯坦丁·扎列斯基的《德国国防军：陆军和最高统帅部》第232—233页。斯大林格勒战役期间指挥第48装甲军后，肯普夫在1943年的哈尔科夫和库尔斯克战役中指挥"肯普夫"集团军级支队，1943年该支队更名为第8集团军，肯普夫后来担任过"东部海岸防御总监"和"孚日山总司令"等职务，1944年12月列入OKW预备役。肯普夫在战争中生还下来，去世于1964年。

51. 关于马肯森，可参阅海贝尔和格兰茨的《希特勒和他的将领》第873—874页，"德国陆军将领"网站的《橡叶饰获得者，埃伯哈德·冯·马肯森》一文，以及康斯坦丁·扎列斯基的《德国国防军：陆军

---

① 译注：1942年底，克莱斯特出任A集团军群司令，第1装甲集团军司令一职由马肯森接任。
② 译注：施图默在战斗中死于心脏病发作。

和最高统帅部》第281—282页。1943年大多数时间里，马肯森一直指挥着第1装甲集团军。与"南方"集团军群司令曼施泰因一起，马肯森出色地策划了集团军群1943年2月在顿巴斯地区的反击战，以及当年7月库尔斯克战役期间，集团军群向普罗霍罗夫卡命运多舛的进攻。德军在库尔斯克失利，撤向第聂伯河时，希特勒将马肯森调至西线，在意大利指挥新组建的第14集团军，马肯森在意大利半岛实施了熟练的防御，差一点挫败盟军在安齐奥的两栖登陆。1944年6月，被装甲兵上将约阿希姆·莱梅尔森接替后，马肯森退役。1945年，他受到盟国战争罪行法庭的逮捕和拘禁，1952年获释。马肯森去世于1969年。

52. 关于基希纳，可参阅海贝尔和格兰茨的《希特勒和他的将领》第1075—1076页；以及康斯坦丁·扎列斯基的《德国国防军：陆军和最高统帅部》第238—239页。基希纳一直没能晋升为集团军司令，部分原因是1942年12月他的装甲军没能突入斯大林格勒救出被围的德军。除了几次短暂的间隔，基希纳一直指挥着第57装甲军，直至战争结束。战后的战争罪行审判未对基希纳做出指控，他去世于1960年。

53. 关于布赖特更多的情况，可参阅海贝尔和格兰茨的《希特勒和他的将领》第1064页，"德国陆军将领"网站的《双剑饰获得者，赫尔曼·布赖特》一文，以及康斯坦丁·扎列斯基的《德国国防军：陆军和最高统帅部》第63—64页。"蓝色"行动结束后，1943年1—10月，布赖特指挥第3装甲军参加了库尔斯克战役的高潮和向第聂伯河凄惨的后撤，除了短暂的间隔，布赖特一直指挥着该军，直至战争结束。战争最后两年里，布赖特的装甲军参加了1944年2月救援被包围在切尔卡瑟的2个军、1944年4月第1装甲集团军逃离卡缅涅茨-波多利斯克包围圈，以及1944和1945年在罗马尼亚、匈牙利、奥地利的拉锯战这些作战行动。战争结束后，布赖特受到审判和短暂监禁，1947年获释。他去世于1964年。

54. 关于巴尔克，可参阅海贝尔和格兰茨的《希特勒和他的将领》第1074—1075页，"德国陆军将领"网站的《钻石饰获得者，赫尔曼·巴尔克》一文，以及康斯坦丁·扎列斯基的《德国国防军：陆军和最高统帅部》第35—37页。德军在斯大林格勒失败后，英勇奋战的巴尔克第11装甲师立下赫赫战功，1942年12月击退红军沿奇尔河发起的反击，1943年2月和3月在顿巴斯和哈尔科夫地区为遏止红军雄心勃勃的冬季攻势发挥了重要作用。巴尔克被公认为杰出的坦克战专家，1943年3—8月，他出任赫赫有名的"大德意志"摩托化师师长，率领该师参加了库尔斯克战役；1943年末和1944年，他先后担任过第14、第40和第48装甲军军长；1944年末和1945年，在巴尔干地区和匈牙利激烈而又复杂的战斗中，他分别指挥过第4装甲集团军、G集团军群和"巴尔克"集团军级集群。战争结束后，巴尔克两次入狱，最终在1948年获释。他去世于1982年。

55. 关于胡贝，可参阅海贝尔和格兰茨的《希特勒和他的将领》第798页，"德国陆军将领"网站的《钻石饰获得者，汉斯-瓦伦丁·胡贝》一文，以及康斯坦丁·扎列斯基的《德国国防军：陆军和最高统帅部》第478—479页。1943年1月乘飞机逃出斯大林格勒包围圈后，胡贝再次出任新组建的第14装甲军军长一职，并在西西里担任"胡贝集群"司令，1943年11月重返东线，担任第1装甲集团军司令。1944年初，胡贝率领"南方"集团军群麾下的装甲集团军在乌克兰展开殊死战斗，当年4月，他带领第1装甲集团军逃出卡缅涅茨-波多利斯克包围圈。具有讽刺意味的是，4月21日，赶往贝希特斯加登元首大本营途中，胡贝因飞机失事而丧生，希特勒本来将擢升他为新设立的"北乌克兰"集团军群司令。[①]

56. 参阅康斯坦丁·扎列斯基的《德国国防军：陆军和最高统帅部》第470—471页。赫尔在奥尔忠尼启则的战斗中身负重伤，伤愈后，他在1943年的意大利战役中指挥第76装甲军，1944年出任第14集团军司令。1944年末，赫尔再次负伤，伤愈后出任第10集团军司令，直至战争结束。战后，经过短暂监禁，赫尔于1948年获释，1976年去世。

57. 关于海姆，可参阅"德国陆军将领"网站的《骑士铁十字勋章获得者，费迪南德·海姆》一文。与许多师级和军级指挥官不同，海姆在战争中生还下来，他去世于1977年。

58. 尽管许多资料指出博伊内布格−伦斯费尔德没有恢复第23装甲师师长的职务，但"轴心资料手册—德国陆军"（http://www.axishistory.com/index.php?id=30）表明，希特勒8月26日恢复了他的师长职务，博伊内布格−伦斯费尔德指挥该师至1942年12月26日。关于这个说法，可参阅威廉·克克的《高加索和石油：1942—1943年高加索地区的苏德战事》，约瑟夫·G.威尔士译（温尼伯：J.J.费多罗维奇出版社，1995年），第236页，书中确认，1942年11月11日，博伊内布格−伦斯费尔德仍是第23装甲师师长。

59. 关于赫恩莱因，可参阅海贝尔和格兰茨的《希特勒和他的将领》第763页。1942年剩下的时间以及整个1943年，赫恩莱因一直指挥着"大德意志"师，并在库尔斯克战役中发挥了重要作用，1944年大多数时间里，该师仍由赫恩莱因指挥[2]。此后，赫恩莱因又指挥过第82军和第27军，直至战争结束。

60. 蒂莫西·A.雷的《坚守：二战期间德军在东线的防御学说，战前至1943年》第113页。

61. 奥马尔·巴托夫的《东线，1941—1945年：德国军队和战争的野蛮化》（纽约：圣马丁出版社，1986年），第51、第66页以及其他各处。

---

① 译注：胡贝实际上到达了贝希特斯加登，元首亲自为他颁发骑士铁十字勋章的钻石饰，并擢升他为大将；胡贝急于返回柏林，当晚乘飞机离开，结果飞机失事。伊恩·克肖的书中记载，希特勒打算任命胡贝为陆军总司令，而希特勒的空军副官冯·贝洛也在回忆录中持相同说法，但据胡贝的副官冯·施瓦嫩费尔德少校回忆，陆军人事局局长鲁道夫·施蒙特中将同胡贝谈起他的任命，将派胡贝出任"南乌克兰"集团军群司令。

② 译注：1943年上半年，"大德意志"装甲掷弹兵师由巴尔克指挥；1944年2月1日起由曼陀菲尔指挥。

第二章
苏联红军

1941—1942年的漫长冬季结束时，约瑟夫·维萨里奥诺维奇·斯大林和阿道夫·希特勒对战事得出类似但又相互矛盾的结论。两位独裁者都对自己的军事判断力充满信心，坚信自己顽强防御的严格命令挽救了自己的军队。他们都认为对方在苟延残喘，如果冬季战役期间再加把力，本可以迅速、果断地结束这场战争。因此，斯大林和希特勒一样，大大高估了对方恢复实力所需要的时间。事实证明对手有能力在1942年5月重新发起进攻行动时，两人都对此大感惊讶。

重建红军

当年春季，德军竭力恢复其现有部队之际，苏联红军创造了一个更大的奇迹，从无到有地建立起全新的部队，几乎是在战争中自我重生。[1]

1941年夏末，敌人入侵和征服的压力粉碎了红军战前繁琐、效率低下的组织结构。红军对此的应对是，组建规模更小、结构更简单的部队，并以最少的装备对其加以武装。[2]1941年新组建的部队大多是步兵师和旅（或小师），前者拥有6000—10000名配备步枪和机枪的士兵，并获得少量大炮和榴弹炮的支援，后者只有4000—5000人，火炮数量也更少。师级部队的作战兵力通常为2500—5000人，但只有1000柄"刺刀"（战斗兵）的情况很常见。[3]虽然战前组建的大规模机械化军和坦克师有一些得以生存下来，但苏联制造的新坦克都被用于组建结构简单的坦克旅。1941年8月，每个旅配备93辆坦克，当年9月，降为67辆，12月又削减为46辆，并配以最低限度的维修保障人员。这些坦克旅组建得很快，但在1941—1942年令人绝望的冬季战役中，他们被消灭得也很快。这些坦克旅的作用是为装备不足的步兵提供直接支援，而不是作为一股独立力量投入战斗。

在这些战斗中，苏军骑兵部队的战果参差不齐。马匹可以在沼泽、积雪、冰块、燃料短缺这些影响机械化部队机动的恶劣条件下行动。由于骑兵兵团更容易组建，而坦克又供不应求，因而苏军在战争前8个月投入了15个骑兵军，每个军辖2—3个骑兵师，依靠这些部队实施纵深机动。例如，1942年1—5月间，帕维尔·A.别洛夫少将他的近卫骑兵第1军和几个独立坦克营临时组建成一个"骑兵–机械化"集群，并率领这股游击队似的力量活动在莫斯科西南面、德军防线后方400公里处。[4]但这种翻山越岭的游击行动并不等同于战场上的机动作战。像别洛夫的骑兵部队，配备的最重型武器是50毫米迫击炮，缺乏足以打垮德军步兵师的战斗力，哪怕这些师的实力已遭到严重消耗。

因此，斯大林及其将领们确信，他们需要规模更大、更具战斗力的机械化部队来抗击德国人。幸运的是，苏联的军事工业能胜任装备这些部队的挑战。1941年，苏联的军火产量急剧下降，这是因为他们将大批工厂整体拆迁后运往东部，以免落入德国人手中。尽管遭遇到战争的混乱和深冬施工的困难，这些工厂还是于1942年初在乌拉尔山脉以东地区重新建立起来，并以惊人的速度生产出大批武器装备。1—5月，3000架飞机、4500辆坦克、14000门大炮和成千上万的其他武器走下生产线。[5]另外，1941年末，《租借法案》提供的数量有限的武器装备从英国和美国运抵苏联；四驱卡车深受欢迎，它们可以为快速部队运送补给物资，特别是这些部队远离铁路线时。[6]苏联的原材料和军火绝非无穷无尽，但一个不争的事实是，红军在战争第二年配备的武器远远优于1941年的装备。

红军汽车和装甲坦克部部长，坦克兵中将雅科夫·尼古拉耶维奇·费多连科，为新组建的机械化部队提供了大批装备。1942年3月31日，费多连科建立起红军最初的4个战时坦克军，实际上就是师级规模的诸兵种合成机械化部队。很快，坦克军源源不断地出现，当年4月又组建了9个，5月份出现6个，就这样，截至12月，红军共拥有28个坦克军。[7]起初，这些坦克军缺乏专业设备和必要的后勤与技术支援。最初的4个坦克军，每个军辖2个坦克旅、1个摩托化步兵旅（用卡车搭载步兵）和最低限度的维修保障单位，总实力为5603人和

100辆坦克。不断增长的坦克产量和初期获得的经验促使费多连科为坦克军增添了第三个旅和另外一些单位；7月份时，一个典型的坦克军编有3个坦克旅（每个旅53辆坦克）和1个摩托化步兵旅，外加摩托车侦察营、迫击炮营、多管火箭发射器营（著名的"喀秋莎"）和高射炮营，1个战斗工兵连、1个运输连和2个机动维修单位为这些部队提供支援。这些坦克军的定员从7200人至7600人、146辆至180辆坦克（30—65辆重型坦克、46—56辆中型坦克、70辆轻型坦克）不等，但他们依然缺乏专业设备，例如电台、抢修车等。[8]

1942年春季和夏季，新坦克军的作战表现欠佳，这是因为他们的实力太弱，无法实施持续作战。因此，费多连科在1942年9月开始组建另一种部队——机械化军，用卡车搭载步兵，加强火炮和反坦克炮的支援，而不是以坦克为主。这些机械化军有三种基本类型，可以在更多样化的地形上展开行动。从理论上说，这些机械化军以3个机械化旅为核心，每个旅配备1个坦克团（39辆中型坦克）和用卡车搭载的步兵，另一种类型是配备1—2个坦克旅，第三种类型则是配备1—2个独立坦克团，其他支援单位与坦克军相同。[9]按照编制，这三种机械化军分别拥有175辆、224辆或204辆坦克。

这种机械化军在编制上完全等同于德军装甲师；规模较小的坦克军则需要更多的步兵和炮兵来守卫他们取得的战果，但不管怎样，两种新编制都使红军获得了过去缺乏的战斗力。

1942年5月25日，负责组建、部署新兵团和部队的苏联国防人民委员部（NKO）[①]采取了另一个合乎逻辑的措施，组建两个实验性兵团，番号分别为坦克第3、第5集团军。另外2个坦克集团军（坦克第1和第4集团军）在7月初组建，这些部队立即投入战斗。从理论上说，一个坦克集团军的规模相当于一个德国装甲军，这使红军首次获得了发起大规模机械化作战行动的能力。但由于苏军坦克力量尚不成熟，坦克集团军辖下单位五花八门和指挥员缺乏经验的情况无法避免。尽管存在许多变化，但苏军1942年的坦克集团军通常辖2—3个坦克军、1个独立坦克旅、1个（或多个）步兵师，外加炮兵和支援单位。[10]有时

---

①　译注：注意不要与简称GKO的国防委员会混淆，GKO是苏联武装力量和国防体系的最高决策机构，最高统帅部是GKO的军事指挥机关。

候，坦克集团军还编有骑兵军或骑兵师。步兵单位的任务是达成突破，再由坦克单位对突破加以扩大，但1942年的坦克集团军辖下各单位在机动性和装甲防护方面水平不一，很难作为一股协调一致的力量投入战斗。

斯大林1937—1941年对其军官团展开大清洗前，红军已制定出一个复杂的理论，以便在战役和战术层面展开机动灵活的机械化作战。1941年与德军装甲部队的对抗，是对这一理论的严峻考验，并让缺乏经验的苏军指挥员获得了更多关于坦克战性质的惨痛教训。因此，从理论上说，红军懂得有效使用新组建的机械化兵团所需要的技术。

然而，一个根本性困难依然存在。NKO可以找到组建坦克军和坦克集团军的士兵及装备，苏联的军事理论家也可以提供一套合适的战役、战术理念，但他们缺乏经验丰富的指挥员和技术人员来遵照相关理念操纵坦克机械化部队。1941年生还下来的苏军坦克旅旅长中，表现成熟的人已在次年春季升任军级指挥员。但指挥坦克集团军的工作更加复杂，红军找不到经验丰富的指挥员。他们同样无法培养通信人员、后勤人员、参谋策划人员以及在战场上实现指挥员决心所需要的其他专业人员。利久科夫在沃罗涅日的悲剧证明，红军坦克部队尚未做好以大规模机械化作战抗击德国对手的准备。事实上，许多高级别的常规指挥部，例如重型步兵军、集团军和方面军，对作战行动中集结、补给和指挥辖内部队同样缺乏经验；机械化作战所需要的速度不过是加剧了这一弱点而已。

与德国陆军一样，一整套严格的优先补给制度确保了机械化部队，普通步兵单位沦为最低优先级。除了少数倍受青睐的师被授予"近卫军"称号，苏军1942年的步兵部队与前一年相比几乎没有任何变化。春季的平静中，苏军步兵师接收到寥寥无几的大炮，还有些伤愈归队的老兵，但大体而言，步兵师的作战能力比1941年稍有些提高。虽然各个师的实力相差很大，可如果幸运的话，1942年时，一个步兵师可拥有7000名士兵外加有限的重装备。

在武器装备方面，新生产的45毫米反坦克炮能更有效抗击德军坦克。但苏联的坦克设计和他们的德国同行一样，几乎与去年完全相同，这就意味着红军保持着坦克方面的技术优势。苏联工程师们竭力简化现有的设计，以便在不影响性能的前提下提高产量——他们取得了巨大的成功。因此，1942年的情形同1941年一样，与德制三号和四号坦克相比，T-34中型坦克拥有更好的装甲防护和更好的武器（一门76.2毫米高速主炮）。T–34坦克仍留有严重的设计问题，特别是炮塔的布局、炮瞄的质量以及电台的缺乏，但它在恶劣气候下的行动能力以及最小的维护量使它成为一款强大的武器。[11]KV–1重型坦克采用了与T–34相同的主炮，但装甲更厚，除了德军著名的88毫米高射炮，其他武器几乎对它无能为力。但KV–1也有设计问题，车组人员深受妨碍，另外，制造KV–1坦克需要耗费大量原料和生产工时。因此，费多连科将精力集中在提高T–34的产量上。苏联军工业还源源不断地生产出数千辆配备20毫米火炮的T–60轻型坦克。这种坦克可用于侦察行动，但装甲防护和火力都不足，遭遇德军坦克时毫无胜算。事实上，苏联之所以继续生产这种过时的轻型坦克，只是因为它们不需要一个专门的坦克组装厂，利用轻型卡车和汽车装配线便能轻而易举生产出这些坦克。实施大规模生产的类似考虑促使苏联人继续按照现有的设计制造大炮和反坦克炮，而不是转产威力更大的型号。

战略争论

军事情报领域长期面临的一个问题是，应更重视敌人的能力还是已知或预测的敌人的意图。一名情报分析员通过分析敌兵力和部署的准确情况，可以判断出敌人有能力采取的各种行动。但如果分析人员无法确定，甚至误判敌人的意图，那么，这种对敌人能力的了解是不够的。相比之下，分析人员很容易自欺欺人地认为自己掌握了敌人的意图，从而忽略了关于敌人能力方面的相反证据。

这个理论问题恰恰是苏联1942年遭受失败的核心。受到去年冬季绝望战事的迷惑，斯大林和他的下属们确信，德军下一轮攻势的主要目标是夺取莫斯科，在南方有可能发起一场辅助攻势。苏军情报部门的分析人员和指挥员们计算，敌中央战线可以调集70个师攻向东面的莫斯科；这些分析人员和指挥员忽略了这样一种可能性：这些德军师可以调转方向，向南发起进攻。[12]因此，保卫莫斯科在兵器、兵团、部队以及修建防线和防御工事方面获得了绝对优先权。具有讽刺意味的是，这群虔诚的马克思主义者理应相信一切权力的基础在于掌握生产资料，可他们却将注意力集中到守卫政治首都，忽略了被他们对手看中的苏联东南部地区的经济价值。

1942年3月，隆隆炮声沉寂下来时，苏联高层开始策划下一轮攻势。斯大林认为，经过冬季战役，胜利已近在咫尺，因而希望待他的部队恢复些实力、春季泥泞变干后就立即发起一场新的总攻。这位独裁者的下属们竭力劝阻，特别是他的总参谋长鲍里斯·米哈伊洛维奇·沙波什尼科夫，副总参谋长亚历山大·米哈伊洛维奇·华西列夫斯基，以及前任总参谋长、列宁格勒和莫斯科的胜利者格奥尔吉·康斯坦丁诺维奇·朱可夫。尽管如此，苏联的战略还是被弄得杂乱无章。[13]

红军总参谋长，60岁的苏联元帅鲍里斯·沙波什尼科夫是一位颇具学者风度的绅士，第一次世界大战期间，他在沙皇军队担任过参谋军官，1918年加入红军后，成为公认的总参谋部之父。沙波什尼科夫是一名熟练的总参军官，一个杰出的理论家，也是一位颇具造诣的军事历史学家，他"谨守着上一代军官的准则，某种他的同辈中不太常见的东西"。[14]沙波什尼科夫的正派、自主、坦率和他在理论方面的权威同样为人熟知，20年代，他协助创建了现代化红军，20年代和30年代指挥过列宁格勒、莫斯科和伏尔加河沿岸军区。他的理论著作《军队的大脑》为创建红军总参谋部做出重大贡献，这本书是他在1927—1929年间完成的。他充沛的精力、"顶级军事指挥员，其博学、专业技能和智力无与伦比"的美誉以及他对骑兵的热爱，使他在30年代末期的大清洗中幸免于难，1937年春季出任红军总参谋长，1940年8月担任副国防人民委员。[15]

沙波什尼科夫没有什么意识形态（直到1939年他才加入共产党）。关于苏联国防战略，他经常与斯大林唱反调，包括战前的防御计划，可他还是幸免于难，可能是因为斯大林尊重他毫无威胁性的坦率。最能说明沙波什尼科夫与斯大林之间奇特关系的是，斯大林以教名和父名称呼别人的情况很罕见，但沙波什尼科夫是其中之一①。

由于苏芬战争失利，沙波什尼科夫失去了斯大林的信任，1940年初被解除总参谋长职务，但1941年7月，斯大林再次任命他为红军总参谋长。此后，他将总参谋部改造成一个将赢得战争胜利的机构。沙波什尼科夫始终对斯大林发挥着一种温和的影响，他的影响力最终促使这位苏联领导人尊重总参谋部在

---

①译注：在俄国，以教名或父名称呼对方是一种尊敬的表示。

战争努力中的领导地位。更加重要的是，在沙波什尼科夫的帮助下，华西列夫斯基和N.F.瓦图京迅速升至领导岗位。1942年春季，一场严重的呼吸道疾病，再加上操劳过度，渐渐损害了沙波什尼科夫的健康。5月10日，他不得不退居二线，出任总参军事学院院长。在此期间，他竭力劝说斯大林，过早发动攻势深具危险。沙波什尼科夫确信，一旦春季化冻结束，德国人将发起新的攻势；就像去年那样，苏军必须等这种威胁扩展至己方防线后再展开反突击。

　　现年47岁的亚历山大·米哈伊洛维奇·华西列夫斯基上将（他是沙波什尼科夫的副手，兼任总参作战部部长，也是沙波什尼科夫精心挑选出来的继任者）支持总参谋长的观点，哪怕这会引起斯大林的不满。华西列夫斯基是深受斯大林信任的为数不多的军人之一，部分原因是1941年莫斯科保卫战期间，政府内的大多数人撤离该城，而作为重要参谋人员的华西列夫斯基却留在城内。华西列夫斯基可能是最高统帅部最具能力的成员，仅次于最受斯大林信赖的朱可夫将军。作为一名前步兵军官，他并不是斯大林骑兵集团的"嫡系"（俄国内战期间，骑兵第1集团军这些"嫡系"与斯大林颇有渊源），升迁靠的是自己的功劳，1937年总从参军事学院毕业后，他进入红军总参谋部。在此之前，他曾在1920年的苏波战争中指挥过一个步兵团，20年代，他还指挥过步兵第48师的另一个团。

　　四年时间里，华西列夫斯基从上校升至上将，并成为沙波什尼科夫最青睐的红军总参谋长继承人。在沙波什尼科夫的帮助下，华西列夫斯基1940年5月成为总参作战部副部长，苏德战争爆发前，他在这个岗位上为红军加强防御和动员计划发挥了重要作用。德国人发动入侵后，1941年8月，斯大林任命华西列夫斯基为副总参谋长兼作战部长。1941和1942年，除了帮助策划红军重大作战行动，华西列夫斯基还成为斯大林的麻烦解决者，曾多次担任最高统帅部代表。例如，1941年10月，在维亚济马和布良斯克遭遇惨败后，红军在他的协助下，恢复了莫斯科以西的防御；1942年4月和5月，他负责协调西北方面军，试图肃清杰米扬斯克（Demiansk）突出部的德军。

　　尽管华西列夫斯基无法彻底劝阻斯大林发动春季攻势，但他提供的明智建议很可能是斯大林1942年6月批准他出任总参谋长的原因，当年10月，他又成为副国防人民委员。[16]因此，华西列夫斯基将在1942年夏季和秋季的战役中发挥重要作用，为最高统帅部制定军事策略以抗击德军朝斯大林格勒的推进。

另外，他也将成为1942年11月和12月红军在该地区发起反攻并取得胜利最重要的策划者之一。

格奥尔吉·康斯坦丁诺维奇·朱可夫大将被公认为1941年秋季列宁格勒和莫斯科的救星，现年45岁的他，1942年春季前已成为斯大林最青睐的将领。[17]俄国内战期间和之后，朱可夫在红军骑兵部队服役，成为斯大林"骑兵集团"的下级成员，先后指挥过骑兵团、骑兵旅和骑兵第4师。1939年8月，他指挥第1集团军级集群（第57特别军扩编而成）在哈拉哈河战役中击败了狂妄的日本关东军部队。为表彰朱可夫的杰出战绩，斯大林授予他"苏联英雄"称号，1940年6月任命他为基辅特别军区司令员，朱可夫在这个岗位上干到1941年1月，随后担任苏联第一副国防人民委员兼总参谋长[①]。

作为斯大林战时最高统帅部的初始成员，朱可夫协调了西南方面军在战争第一周试图发起的反突击。1941年8月和9月，他负责指挥预备队方面军，当年9月和10月，他又指挥列宁格勒方面军，1941年10月至1942年8月，他指挥着西方面军，在此期间，他还负责西方向总指挥部（1942年2—5月）。作为一名指挥员，朱可夫1941年9月在列宁格勒，10月和11月在莫斯科的顽强防御为他赢得了持久的声誉。1941年12月至1942年4月，他策划并执行了红军在莫斯科地区发起的反击；尽管他专心致志（通常都很无情）地指挥着战役，他的部队挽救了斯大林的首都，但没能实现最高统帅部雄心勃勃的战略目标。

1942年夏季，希特勒执行"蓝色"行动的军队横扫苏联南部时，朱可夫的西方面军发起一次次反突击，试图将德军的注意力和兵力从他们在南方的首要目标吸引过来。斯大林1942年8月任命朱可夫为"最高副统帅"时，适逢德军"蓝色"行动的高潮，朱可夫将为策划红军在斯大林格勒（"天王星"行动）和勒热夫地域（"火星"行动）发起的战略反攻发挥重要作用，在此期间，他负责协调他的西方面军和相邻的加里宁方面军。[18]

斯大林和他的主要参谋人员商讨1942年春季的军事战略时，朱可夫完全明白，沙波什尼科夫和华西列夫斯基的主张是明智的。但朱可夫是个天性好斗的人，也很乐意拍主子的马屁。据朱可夫本人回忆，他曾告诫过太多局部攻势会分散苏军实力。尽管做出这种否认，但私下里支持斯大林在全面防御的前提下考虑有限的进攻行动，这完全符合朱可夫的性格。事实上，就连朱可夫也承认自己可能犯了错，他主张在更北面的勒热夫—维亚济马地域发起一场有限的攻势，他认为那里是德国人进攻莫斯科的屯兵场。[19]

这场战略争论的结果被证明是灾难性的。斯大林在3月初的初步指导方案中将接下来的攻势称为"积极的战略防御"，但从南面的克里木到北面的列宁格勒，这份方案拟定了至少六场局部攻势。[20]

最高统帅部继续策划进攻战役时，下级指挥员们对斯大林明显的倾向做出响应，纷纷拟制出进攻计划。这些战地指挥员肯定知道自己部队的局限性，但对斯大林提出的攻势，他们提交了过于乐观的评估。其中最积极的是西南方向总指挥部——斯大林1941年7月10日设立的三个高级指挥部之一[②]，也是连接方面军与最高统帅部的中间机构。1941—1942年，辖西南方面军和南方面军的西南方向总指挥部，由苏联元帅谢苗·康斯坦丁诺维奇·铁木辛哥领导，他是一名干劲十足的老兵，但他在俄国内战中获得的经验难以应对机械化闪电战的挑战。

1941年，K.E.伏罗希洛夫元帅和S.M.布琼尼元帅分别担任西北和西南方向总指挥部总司令，与他们相比，铁木辛哥的能力更强，运气也稍好些。但他的功绩与伏罗希洛夫不同，在30年代对红军军官团的恶性清洗中，铁木辛哥并未发挥积极作用，也没有像伏罗希洛夫和其他人那样对斯大林百般奉迎。[21]第一次世界大战期间，铁木辛哥作为沙皇军队的一名列兵开始了他的军旅生涯，1918年加入红军。内战期间，在保卫察里津（后来的斯大林格勒）的战斗中他指挥着一个骑兵团[③]，在那里结识了负责守卫该城的斯大林。斯大林当时是一名政治委员，而铁木辛哥1919—1920年间指挥过独立骑兵第2旅和布琼尼著名的骑兵第1集团军辖下的骑兵第6、第4师，在俄国南部同白军进行过激烈的战斗。内战结束后，他在20年代末期指挥骑兵第3军，1933年任白俄罗斯军区副司令员，1937—1939年，他先后指挥过北高加索军区、哈尔科夫军区和基辅特别军区，1939年9月入侵波兰东部时指挥乌克兰方面军。铁木辛哥的声望在芬兰战役期间急剧飙升，1939年末，红军在芬兰人手中遭遇到令人尴尬的失败后，他率领西北方面军成功突破曼

---

① 译注：朱可夫当时担任的是苏联副国防人民委员，1942年8月才出任苏联第一副国防人民委员。
② 译注：另外两个是西北方向总指挥部和西方向总指挥部。
③ 译注：克里木革命第1团。

纳海姆防线，在没有遭受更多失败的情况下结束了这场战争。

徒劳无获的芬兰战争结束后，45岁的铁木辛哥被任命为苏联国防人民委员，从1940年5月至苏德战争爆发，他组织并开展了对红军的大规模军事改革，但没能取得成功。战争爆发后，斯大林1941年6月23日任命铁木辛哥为最高统帅部大本营成员，6月30日派他担任西方面军司令员，7月10日又委任他为西方向总指挥部司令员，同时保留第一副国防委员的职务①。

沉着冷静的铁木辛哥几乎束手无策地看着一路挺进的德军部队在前10天的战斗中肢解、消灭了西方面军靠前部署的3个集团军。7月初，德军跨过第聂伯河时，铁木辛哥身兼三职：西方向总指挥部司令员、西方面军司令员和新组建的中央方面军司令员②。尽管无法阻止德军朝斯摩棱斯克推进，但7月中旬，他策划并实施了一场重大反击，迫使希特勒7月30日停止了向莫斯科的进攻，尽管只是暂时的。8月下旬和9月初，铁木辛哥的部队对德军在斯摩棱斯克地域的防御连续发起进攻，促使希特勒将他的主攻方向转至南面的基辅。尽管朱可夫一再催促，但斯大林犹豫再三才撤销了铁木辛哥的西方向总指挥部，并把他派往南方接替布琼尼，在基辅门前恢复西南方向总指挥部的秩序。

虽然铁木辛哥对西南方面军1941年9月在基辅遭遇的毁灭性损失负有责任，但整个1941年秋季和1941—1942年冬季，他仍指挥着西南方向总指挥部和重新组建的西南方面军。1941年11月和12月在罗斯托夫地域，1942年1月在伊久姆地域，铁木辛哥一次次组织起重大反击。除了将德军驱离罗斯托夫，这些行动还在哈尔科夫以南、北顿涅茨河西岸的德军防线上制造了一个巨大的突出部。[22]斯大林和铁木辛哥认为1942年的春季攻势应当从这片地区发起，设法利用德军的弱点，或至少将德军的一些装甲师吸引过来——大多数苏军将领都认为，德军装甲师正在集结，准备攻向莫斯科。

为贯彻斯大林的指导方案，1942年3月初，铁木辛哥召开西南方向总指挥部（和西南方面军）军事委员会会议，与会人员是他的主要助手。[23]这些人当中有几个注定会声名远扬：西南方向总指挥部（和西南方面军）政治委员N.S.赫鲁晓夫；西南方面军参谋长P.I.博金中将；I.Kh.巴格拉米扬中将，此时的他身兼二职，既是铁木辛哥西南方向总指挥部参谋长，又在博金手下担任作战部长。

尼基塔·谢尔盖耶维奇·赫鲁晓夫是乌克兰人，1918年参加共产党，俄国内战期间担任军事委员，1935年他已成为莫斯科党委第一书记③，大清洗后，他在1938年出任乌克兰共产党中央委员会第一书记。1941年7月初，47岁的赫鲁晓夫以这个身份成为西南方向总指挥部军事委员会委员，当年6月和7月初，沿边境线部署的西南方面军多次遭遇失败，8月和9月又在乌曼和基辅遭到毁灭性合围，但赫鲁晓夫幸免于难。经历了这些考验，名誉毫发无损的赫鲁晓夫脱颖而出，1941年11—12月，他和铁木辛哥着手恢复西南方向总指挥部的防御，并在1941—1942年冬季攻势中赢得了胜利。

尽管赫鲁晓夫是一名政委（这个职务令许多红军指挥员既害怕又鄙视），但他朴实的语言、出众的能力以及与部下同甘共苦的作风赢得了许多红军士兵勉强的尊重。尽管赫鲁晓夫有时候会表现出冷酷无情的一面，但他百折不挠的干劲、出色的组织能力和鼓舞人心的技巧得到斯大林的欣赏，随着战争的继续，他越来越倚重这位"乌克兰政委"显而易见的才干。

铁木辛哥的参谋长是45岁的伊万·赫里斯托福罗维奇·巴格拉米扬中将，红军高级将领中，亚美尼亚人只有两个，巴格拉米扬是其中之一。[24]第一次世界大战期间，他在沙皇军队担任士官，1920年加入红军，俄国内战期间，他帮助布尔什维克稳固了亚美尼亚和格鲁吉亚的政权。20年代和30年代，他在亚美尼亚步兵师里指挥一个骑兵团，1934年他毕业于伏龙芝军事学院，1938年毕业于总参军事学院，随后留院4年担任教官。[25]与朱可夫或叶廖缅科这些斯大林"骑兵集团"里的著名人物相比，巴格拉米扬的职业成就黯然失色，但在朱可夫的帮助下④，巴格拉米扬1940年初被任命为基辅特别军区第12集团军作战处处长，3个月后，他又出任军区作战部副部长⑤。战争爆发后不久，巴格拉米扬成为西南方面军副参谋长兼作战部部长，他在这个职位上经历了边境战斗及撤往基辅的灾难。

1941年9月，巴格拉米扬赢得了名声，当时，新上任的西南方向总指挥部

---

① 译注：应为副国防委员。
② 译注：中央方面军由西方面军分编而成，但司令员不是铁木辛哥，而是库兹涅佐夫上将。
③ 译注：准确地说是莫斯科州委第一书记和莫斯科市委第一书记。
④ 译注：巴格拉米扬和朱可夫是列宁格勒高级骑兵学校的同学，同班的还有叶廖缅科、罗科索夫斯基、罗曼年科、奇斯佳科夫等人。
⑤ 译注：应为军区副参谋长兼作战部部长。

司令员铁木辛哥派他去西南方面军，命令该方面军将部队撤离基辅，以免被德国人合围。尽管随后陷入基辅包围圈，但巴格拉米扬率领他的工作人员设法突出重围。铁木辛哥让他继续担任作战部部长，1941年12月，又任命他为西南方向总指挥部参谋长，当年秋季，巴格拉米扬帮助恢复了西南方向总指挥部的防御，并策划了1941年11月和12月在罗斯托夫，1942年1月在伊久姆以西巴尔文科沃—洛佐瓦亚的成功反击。[26]

由于铁木辛哥身兼二职，既是西南方向总指挥部司令员，又是该指挥部辖下的西南方面军司令员，故此，西南方面军参谋长帕维尔·伊万诺维奇·博金中将也出席了3月初的策划会，这位经验丰富的参谋人员曾担任过第9集团军参谋长。与许多同事一样，42岁的博金是一位参加过俄国内战的老兵，还是伏龙芝军事学院和总参军事学院的双料毕业生。按照他的策划，第9集团军在夏季和秋季的防御作战中发挥了重要作用，博金赢得了声誉，故此，铁木辛哥1941年10月任命他为西南方向总指挥部和西南方面军的参谋长（12月，他把前一个职位让给巴格拉米扬）。博金在新岗位上干得很出色，先后策划了1941年11月和12月的罗斯托夫反击战以及1942年1月的巴尔文科沃—洛佐瓦亚攻势。

无论是真的相信还是出于政治投机，与会人员一致同意铁木辛哥"在哈尔科夫地区发起一场攻势的前景极为诱人"的看法。巴格拉米扬为这场建议中的行动拟制了一份计划，3月20日呈交铁木辛哥召开的方面军司令员会议。[27]在这场会议上，巴格拉米扬对发起进攻的结果充满信心，尽管铁木辛哥的部队依然缺乏装备和兵力。赫鲁晓夫强调指出，这个计划是斯大林亲自下达的命令，因此，必须确保取得胜利。[28]最后，与会的指挥员们一致同意了该计划。对"一致同意"最宽厚的解释是，这些指挥员相信，哈尔科夫战役肯定是最高统帅部更大的作战计划的组成部分，按照苏联的惯例，这个大计划暂时对他们保密。

3月20日的会议促使西南方向总指挥部向最高统帅部发出一系列乐观的报告。例如，3月22日，铁木辛哥、赫鲁晓夫和巴格拉米扬上报了他们对春夏季战役的整体评估。报告中认为，德军部队在隆冬的恶劣条件下变得分散、零碎，这种状况将持续至春季。战争这一阶段，苏联军事情报机构对德军作战序列和能力的评估极不准确，更别说对方的作战意图了。报告中还指出，3500名德军坦克兵集结在后方的波尔塔瓦（Poltava），准备接收新战车，铁木辛哥坚持认为，没有迹象表明德军加强了前线。因此，3月22日的报告中指出，为阻止德军对莫斯科发起进攻，西南方向总指挥部辖内的部队应实施一系列细微调整，待春季化冻结束后，发起一场大规模反突击，向西推进240公里，前出至第聂伯河中段。回想起来，苏军糟糕的准备状况似乎使这份乐观的评估变得更加离奇。令人惊讶的是，在这份建议发起进攻的报告中，铁木辛哥指出，他的步兵师拥有的步枪数量仅为规定编制的51.2%，机枪数量不到24%。[29]

这份评估鼓舞了苏联独裁者的进攻倾向。西南方向总指挥部的三位领导人被召至莫斯科，1942年3月27日，他们向斯大林和沙波什尼科夫介绍了进攻计划。苏军的当务之急是保卫首都，尽管斯大林希望对哈尔科夫发起一场进攻，但他不愿为满足铁木辛哥增派援兵的要求而削弱莫斯科的防御力量。于是，西南方向总指挥部军事委员会不断修订他们的计划，每次都比前一次更加温和，最终同他们的最高统帅达成一致。[30]

与此同时，苏联其他地区也准备发起规模较小的攻势。4月9日，最高统帅部命令列宁格勒方面军和沃尔霍夫方面军做好进攻准备，以挽救突击第2集团军，自1月份以来，该集团军一直被包围在列宁格勒以南。[31]4月20日，莫斯科指示布良斯克方面军，策划一场沿库尔斯克—利戈夫方向的进攻，以掩护铁木辛哥的哈尔科夫攻势。[32]次日，又一道命令要求克里木方面军继续设法突出刻赤半岛登陆场，并挽救被困于塞瓦斯托波尔的部队。[33]4月22日，西北方面军接到命令，要求他们再次设法消灭被困于杰米扬斯克附近、德国"北方"集团军群第16集团军辖下的第2军；华西列夫斯基亲自赶去监督准备工作。[34]最后是位于遥远北方的卡累利阿方面军，他们打算将芬兰军队赶回1940年的边境线。[35]

这些进攻行动都应在4月下旬或5月份发起，但哈尔科夫战役仍是重中之重。斯大林显然认为这些分布广泛的进攻行动将使过度扩张的德国人遭到难以承受的压力。可是，正如最高统帅部里的职业军人们担心的那样，1942年5月的有限攻势白白耗费了苏军的力量，这些部队本来可以用于遏制德军即将发起的攻势。

哈尔科夫计划

经过反复讨论和修改，铁木辛哥4月10日签发了规模缩减，但依然雄心勃勃的作战计划。[36]战略欺骗和部队调动的准备期结束后，西南方面军将对哈尔科夫发起两场进攻。东北面，V.N.戈尔多夫少将的第21集团军和D.I.里亚贝舍夫中将重新组建并重新部署的第28集团军集结起辖下的步兵师，他们将在数个坦克旅的支援下发起一场次要突击，从哈尔科夫东北方的旧萨尔托夫（Staryi Saltov）冲出北顿涅茨河西岸的登陆场。南面，A.M.戈罗德尼扬斯基中将的第6集团军和一个特别组建的"骑兵–步兵"集群（该集群以其指挥员的名字命名为"博布金"集团军级战役集群，L.V.博布金少将是西南方面军负责骑兵部队的副司令员）将从哈尔科夫以南和伊久姆以西的巴尔文科沃登陆场发起主要突击。"博布金"集群的核心力量是亚历山大·阿列克谢耶维奇·诺斯科夫少将的骑兵第6军。当年11月，苏军发动反击，突破轴心国仆从军的防御，包围了斯大林格勒。值得一提的是，早在5月份，苏军便精心策划了从旧萨尔托夫发起进攻，以突破装备低劣的匈牙利第108轻步兵师的防线。

步兵突击的目的是打开突破口，再由红军新组建的快速部队扩大战果。北面，V.D.克留乔金少将的近卫骑兵第3军将在一个坦克旅的支援下向西突击，然后转向南面的哈尔科夫。南面，两支新组建的机械化部队——G.I.库兹明少将的坦克第21军和E.G.普希金少将的坦克第23军——将冲向哈尔科夫并越过该城，切断德军交通线，而"博布金"集群的骑兵军负责堵住德军从西面调来的援兵进入哈尔科夫地域。

沙波什尼科夫和华西列夫斯基对该方案感到不安，但铁木辛哥说服斯大林批准了这份计划。这场攻势的最低目标是缩短战线，削弱德军即将对莫斯科发起的进攻，但铁木辛哥和斯大林显然期望获得更大的战果。不过，铁木辛哥这位上了些年纪的元帅并未完全丧失理性。[①]例如，西南方面军第38集团军司令员K.S.莫斯卡连科中将劝说铁木辛哥，缺乏训练、经验不足的第28集团军很难在没有帮助的情况下承担起北面的进攻行动；于是，铁木辛哥调整了计划，以莫斯卡连科更具经验的集团军掩护第28集团军的侧翼。[37]尽管如此，哈尔科夫进攻战役仍是一场毫无必要的冒险，红军抢在德军发动夏季攻势前投入新组建的部队，使这些部队丧失了几周宝贵的训练时间。

---

① 译注：1895年出生的铁木辛哥与华西列夫斯基同龄，比朱可夫大一岁，正值壮年。

兵力部署

就在斯大林同他的方向总指挥部和方面军司令员们策划进攻行动时，NKO全力开展动员工作，从1941年12月1日到1942年5月1日，拥有314个师和96个旅、近900万士兵的苏联武装力量扩充至1100万人，编为426个师和148个旅，外加9325辆坦克、107795门大炮和迫击炮，1544具多管火箭炮、14967架作战飞机（9297架可用）、364029部车辆（269993辆卡车）和1275323匹马（参见图表2）。[38]此时，苏联红军的兵力已近900万（男女士兵），其中500万人分配到各方面军辖下的野战集团军或最高统帅部预备队。[39]

在斯大林看来，他手上强大有力的军队已优于轴心国部署在东线的军力，据估计，对方的实力是310个师、650万兵力（580万德军）和5600架飞机。[40]另外，至关重要的南方战线上（大多数攻势将在那里展开），红军的坦克力量已增加到3000辆，而德军可投入战斗的坦克和突击炮约为3300辆。[41]

尽管表面实力雄厚，但前10个月的战斗中，人员方面的极度混乱使红军深受其害。例如，红军投入的兵力达到550万时，他们自1941年6月22日以来遭受的损失已超过600万，其中350万人阵亡、被俘或失踪，250万人负伤或生病。这种损失骇人听闻，但1942年第一季度，NKO的动员措施已设法将陆军的月平均作战兵力从1941年的300万增加到420万。可是，居高不下的流动率不仅对人员造成不利影响，还妨碍到部队的训练，尽管从血腥激战中生还下来的士兵和指挥员无疑会成为经验丰富的军人。

截至1942年5月1日，红军的野战部队、最高统帅部预备队和编为大股兵团的陆军非作战力量，共计12个方面军、10个军区、4支舰队、63个诸兵种合成集团军、1个防空集团军、5个工兵集团军、7支区舰队和2个战役集群。总的说来，这些大股兵团包含一系列令人眼花缭乱、代表各军种（陆军、空军和海军）和各兵种（步兵、炮兵、防空兵、工兵、装甲坦克和机械化兵等）的小股兵团、部队和分队（参见图表3）。

从战略和战役角度看，这些力量中最重要的是红军野战（作战）部队和最高统帅部预备队的组成部分（参见图表4）。

红军的野战部队隶属于10个方面军、52个集团军和2个战役集群，部署在从北极至黑海的漫长战线上（参见图表5）。

由于红军在1941—1942年的冬季攻势投入了大批预备力量，故而到1942年春季，最高统帅部预备队的实力相对较弱。截至5月1日，最高统帅部预备队包括预备队第1集团军和第58集团军（分别辖2个和5个步兵师）、近卫骑兵第2军的4个骑兵师、坦克第2军的3个坦克旅和1个摩托化步兵旅，以及3个步兵师和14个步兵旅、9个独立雪橇营、11个独立装甲列车营、5个炮兵团、5个反坦克炮兵团、3个迫击炮团、5个近卫迫击炮团、3个航空兵旅和33个航空兵团。[42]

图表 2：1942 年 5 月 1 日，苏联武装力量的实力

兵力和武器装备	作战	最高统帅部预备队	非作战	总计
人员	5677915	218276	5040440	10936631
武器				
大炮/迫击炮	71476	2591	33728	107795
火箭炮	1339	53	152	1544
坦克				
重型	660	47	237	944
中型	1291	88	577	1956
轻型	2025	42	4299	6366
特种	44	–	15	59
总计	4020	177	5128	9325
战机				
歼击机（可用）	3468（2009）	93（82）	4073（2785）	7634（4876）
强击机（可用）	331（218）	95（87）	127（69）	553（374）
轰炸机（可用）	1170（696）	59（56）	3590（2257）	4819（3009）
侦察机（可用）	544（220）	–	1417（818）	1961（1038）
总计	5513（3143）	247（225）	9207（5929）	14967（9297）
汽车运输				
汽车	239227	3765	121037	364029
（卡车）	（179971）	（3072）	（86950）	（269993）
拖车	22250	214	17443	39907
马匹	751399	49261	474663	1275323

※ 资料来源：N.I. 尼科弗洛夫等人主编的《伟大卫国战争，1941—1945 年：作战部队》（Velikaia Otechestvennaia voina 1941–1945 gg.: Deistvuiushchaia armiia，莫斯科：勇气出版社和库奇科沃原野出版社，2005 年），第 541—542 页和第 546—547 页。

图表 3：1942 年 5 月 1 日，苏联武装力量作战编成

部队类型	作战	最高统帅部 预备队	非作战	总计
方面军	10	—	2	12
军区	—	—	10	10
集团军				
诸兵种合成集团军	52	2	9	63
防空集团军	1	—	—	1
工兵集团军	5	—	—	5
战役集群	2	—	—	2
防空区	—	—	2	2
舰队	3	—	1	4
区舰队	3	—	4	7
军				
步兵军	6	—	5	11
骑兵军	9	1	4	14
空降兵军	1	—	9	10
坦克军	10	1	3	14
防空军	—	—	1	1
航空兵军	2	—	1	3
军级防空地域	2	—	—	2
航空兵集群	16	—	—	16
中队	2	—	—	2
师				
步兵师	313	10	103	426
坦克歼击师	—	—	1	1
骑兵师	32	4	24	60
坦克师	—	—	2	2
摩托化步兵师	4	—	2	6
防空师	2	—	—	2
航空兵师	22	—	11	33
师级防空地域	11	—	2	13
旅				
步兵旅	95	14	39	148
坦克歼击旅	—	—	21	21
滑雪旅	9	—	—	9
空降兵旅	5	—	31	36
海军步兵旅	11	—	2	13
坦克旅	85	3	103	191

摩托化步兵旅	7	1	9	17
炮兵旅	1	—	1	2
反坦克炮兵旅	1	—	1	2
工程兵旅	1	—	—	1
工兵旅	30	—	2	32
防空旅	2	—	—	2
航空兵旅	5	3	4	12
战舰和快艇	11	—	9	20
旅级防空地域	3	—	11	14
筑垒地域	17	—	35	52
独立团				
独立步兵团	6	—	6	12
独立海军步兵团	6	—	—	6
独立骑兵团	2	—	3	5
独立摩托化步兵团	1	—	2	3
独立摩托车团	3	—	4	7
独立炮兵团	161	5	147	313
独立反坦克炮兵团	91	5	33	129
独立迫击炮团	21	3	33	57
独立火箭炮团	38	5	13	56
独立高射炮团	57	—	22	79
独立高射机枪团	7	—	2	9
独立工程兵团	1	—	—	1
独立舟桥团	—	—	2	2
独立航空兵团	343	17	234	594
独立营（中队）				
独立步兵营	8	—	6	14
独立滑雪营	107	—	—	107
独立海军步兵营	15	—	7	22
独立空降兵突击营	1	—	1	2
独立坦克营	49	—	21	70
独立摩托车营	3	—	3	6
独立机枪营	1	—	6	7
独立机枪–炮兵营	7	—	1	8
独立炮兵营	37	—	34	71
独立反坦克炮兵营	9	—	—	9
独立迫击炮营	12	—	3	15
独立火箭炮营	44	—	6	50
独立高射炮营	275	—	70	345

独立高射机枪营	4	—	—	4
独立雪橇营	24	9	16	49
独立装甲车营	1	—	—	1
独立装甲列车营	28	11	23	62
独立工程兵营	143		20	163
独立工兵营	93		5	98
独立舟桥营	63	—	12	75
独立航空兵营	22	—	34	56
独立战舰和快艇	108	—	63	109

※ 资料来源：N.I. 尼科弗洛夫等人主编的《伟大卫国战争，1941—1945 年：作战部队》（Velikaia Otechestvennaia voina 1941-1945 gg.: Deistvuiushchaia armiia，莫斯科：勇气出版社和库奇科沃原野出版社，2005 年），第 544—545 页。

图表 4：1942 年 5 月 1 日，红军野战部队和最高统帅部预备队编成

步兵、空降兵 和骑兵部队	6个步兵军、343个步兵师、113个步兵旅、9个滑雪旅、1个空降兵军、5个空降兵旅、11个海军步兵旅、6个独立步兵团、6个独立海军步兵团、17个筑垒地域、10个骑兵军、36个骑兵师、2个独立骑兵团、8个独立步兵营、107个独立滑雪营、15个独立海军步兵营、1个独立机枪营
坦克和 机械化部队	11个坦克军、88个坦克旅、8个摩托化步兵旅、1个摩托化步兵团、3个摩托车团、49个独立坦克营、3个独立摩托营、1个独立装甲车营、33个雪橇营、28个独立装甲列车营
最高统帅部预备队、 集团军和军级炮兵	2个军级防空地域、2个防空师、11个师级防空地域、1个炮兵旅、2个防空炮兵旅、166个炮兵团、96个反坦克炮兵团、24个迫击炮团、43个近卫迫击炮团（喀秋莎）、57个防空炮兵团、7个高射机枪团、37个独立炮兵营、9个独立反坦克炮兵营、12个独立迫击炮营、44个独立近卫迫击炮营、275个独立高射炮营、4个独立高射机枪营
工兵部队	1个工程兵旅、30个工兵旅、1个工程兵团、143个独立工程兵营、93个独立工兵营、63个独立舟桥营
空军	2个航空兵军、16个航空兵集群、22个航空兵师、8个航空兵旅，360个歼击、轰炸、强击（对地支援）航空兵团、22个独立航空兵中队

※ 资料来源：N.I. 尼科弗洛夫等人主编的《伟大卫国战争：作战部队（1941—1945 年）》（Velikaia Otechestvennaia voina 1941-1945 gg.: Deistvuiushchaia armiia，莫斯科：勇气出版社和库奇科沃原野出版社，2005 年），第 544—545 页；以及《苏联军队作战编成 第 2 部分（1942 年 1—12 月）》[Boevoi sostav Sovetskoi armii, Chast' 2（Ianvar'-dekabr'1942 goda），莫斯科：军事出版社，1966 年]，第 60—73 页。总参谋部军事科学院编制。

图表 5：1942 年 5 月 1 日，红军的部署（由北至南部署的方面军、集团军和战役集群）

卡累利阿方面军（V.A.弗罗洛夫中将）
　　第14集团军（V.I.谢尔巴科少将）
　　第19集团军（I.S.莫罗佐夫少将）
　　第26集团军（N.N.尼基申少将）
　　第32集团军（S.G.特罗菲缅科少将）
独立第7集团军（F.D.戈列连科中将）
列宁格勒方面军（M.S.霍津中将）
　　列宁格勒军队集群
　　　　第23集团军（A.I.切列帕诺夫少将）
　　滨海战役集群
　　　　第42集团军（I.F.尼古拉耶夫少将）
　　　　第55集团军（V.P.斯维里多夫炮兵少将）
　　涅瓦河战役集群
　　沃尔霍夫军队集群
　　　　第8集团军（F.I.斯塔里科夫少将）[①]
　　　　第54集团军（A.V.苏霍姆林少将）
　　　　第4集团军（P.I.利亚平少将）
　　　　第59集团军（I.T.科罗夫尼科夫少将）
　　　　突击第2集团军（A.A.弗拉索夫中将）
　　　　第52集团军（V.F.雅科夫列夫中将）
西北方面军（P.A.库罗奇金上将）[②]
　　第11集团军（V.I.莫罗佐夫中将）
　　第34集团军（N.E.别尔扎林少将）
　　突击第1集团军（V.I.库兹涅佐夫中将）
　　第53集团军（A.S.克谢诺丰托夫少将）
加里宁方面军（I.S.科涅夫上将）
　　突击第3集团军（M.A.普尔卡耶夫中将）
　　突击第4集团军（V.V.库拉索夫少将）
　　第22集团军（V.A.尤什克维奇少将）
　　第30集团军（D.D.列柳申科中将）[③]
　　第39集团军（I.I.马斯连尼科夫中将）
　　第29集团军（V.I.什韦佐夫少将）
　　第31集团军（V.S.波列诺夫少将）
西方面军（G.K.朱可夫大将）
　　第20集团军（M.A.列伊捷尔中将）
　　第5集团军（I.I.费久宁斯基少将）
　　第33集团军（K.A.梅列茨科夫大将）
　　第43集团军（K.D.戈卢别夫少将）
　　第49集团军（I.G.扎哈尔金中将）
　　第50集团军（I.V.博尔金中将）
　　第10集团军（V.S.波波夫少将）
　　第16集团军（K.K.罗科索夫斯基中将）
　　工兵第1集团军（V.V.科萨列夫上校；1942年5月26日—8月，N.P.巴拉诺夫少将）
布良斯克方面军（F.I.戈利科夫中将）
　　第61集团军（M.M.波波夫中将）
　　第3集团军（F.F.日马琴科少将）
　　第13集团军（N.P.普霍夫少将）
　　第48集团军（G.A.哈柳津少将）
　　第40集团军（M.A.帕尔谢戈夫炮兵中将）

工兵第6集团军（M.I.切尔内赫上校；1942年5月17日—6月14日，A.G.安德烈耶夫上校）

西南方面军（苏联元帅S.K.铁木辛哥）
第21集团军（V.N.戈尔多夫少将）
第28集团军（D.I.里亚贝舍夫中将）
第38集团军（K.S.莫斯卡连科炮兵少将）
第6集团军（A.M.戈罗德尼扬斯基中将）
工兵第7集团军（I.E.普鲁斯上校）

南方面军（R.Ia.马利诺夫斯基中将）
第57集团军（K.P.波德拉斯中将）
第9集团军（F.M.哈里东诺夫少将）
第37集团军（A.I.洛帕京中将）
第12集团军（A.A.格列奇科少将）
第18集团军（F.V.卡姆科夫少将）[4]
第56集团军（V.V.齐加诺夫少将）
工兵第8集团军（A.S.贡多罗夫工程兵中将）

克里木方面军（D.T.科兹洛夫中将）
第47集团军（K.S.科尔加诺夫少将）
第51集团军（V.N.利沃夫中将）
第44集团军（S.I.切尔尼亚克中将）[5]

滨海集团军（塞瓦斯托波尔）（I.E.彼得罗夫少将）（隶属北高加索方向总指挥部）

莫斯科防区（NKVD中将P.A.阿尔捷米耶夫）[6]
工兵第3集团军（I.N.布雷兹诺夫上校）

最高统帅部突击航空兵第1集群
最高统帅部突击航空兵第2集群
最高统帅部突击航空兵第3集群
最高统帅部突击航空兵第4集群
最高统帅部突击航空兵第5集群
最高统帅部突击航空兵第6集群
最高统帅部突击航空兵第7集群
最高统帅部突击航空兵第8集群
最高统帅部突击航空兵第15集群
最高统帅部突击航空兵第16集群

※ 资料来源：《苏联军队作战编成 第 2 部分（1942 年 1—12 月）》第 60—73 页；《伟大卫国战争，集团军指挥员，军事人物志》（*Velikaia Otechestvennaia. Komandarmy. Voennyi bibliographicheskii slovar*, 莫斯科：军事历史研究所，俄罗斯联邦国防部，库奇科沃原野出版社，2005 年）；以及戴维·M. 格兰茨的《红军指挥员第一册：方向总指挥部、方面军、集团军、军区、防御地域和快速军指挥员（1941—1945 年）》（宾夕法尼亚州卡莱尔：自费出版，2002 年）。

---

① 译注：应为中将。
② 译注：应为中将。
③ 译注：应为少将。
④ 译注：应为中将。
⑤ 译注：应为少将。
⑥ 译注：NKVD指的是苏联内务部所辖的内卫部队；另外，阿尔捷米耶夫1942年1月已晋升为上将。

　　由于最高统帅部计划在5月份发起进攻行动，随后将迎来德军发起的大规模夏季攻势，因此，苏联的当务之急是动员新锐力量组建预备队。可是，这项工作直到1942年5月才被认真执行。

红军的领导能力

　　四年的战争过程中，作为军事统帅的希特勒和斯大林逐渐交换了他们的角色。正如第一章描述的那样，德国独裁者起初允许他的将领们运用自己的专业判断，但到1944—1945年，他逐渐加紧了控制，要求战地指挥官们不折不扣地执行他的命令。斯大林的情况与之相反，起初，他对他的属下既不信任，也毫无信心，但随着时间的推移，他逐渐意识到，可以允许他们以更大的灵活性和主动性做出决策。在这方面，1942年是个转折点。夏季战役开始时，希特勒正寻求全面掌控军队，但尚未解除高级顾问和名义上独立的指挥官的职务。而斯大林发起进攻行动前也没有理会沙波什尼科夫、华西列夫斯基这些人的建议，但见到自己的自信和偏爱进攻的态度导致的结果后，他从1942年秋季开始对红军指挥员们越来越有信心。为获得斯大林的信任并改变他的想法，红军在5—8月的灾难性战斗中付出了惨痛的代价。

　　斯大林的高级将领，大多已出现在本章前面的叙述中——高效而又理智的总参谋长华西列夫斯基、坚定而又好战的"麻烦解决者"朱可夫、过气但具有政治动机的战地指挥员铁木辛哥。凭借勇气、能力和政治灵活性，赫鲁晓夫这位将来的苏共总书记将在夏季的惨败中得以生还，并在斯大林格勒继续担任重要的政治官员。另一些苏军将领来而复去，为阻止德军进行了几周殊死搏斗后，他们中的许多人被解除了职务。但有些将领平安度过这场风暴，并在1942年秋季取得更大的成就，还有些人在夏季的屠杀中成为冉冉上升的新星。

　　除了西南方面军司令员铁木辛哥，1942年春夏季，负责对付挺进中的德国军队的苏军主要将领还有布良斯克方面军司令员F.I.戈利科夫中将、南方面军司令员R.Ia.马利诺夫斯基中将和克里木方面军司令员D.T.科兹洛夫中将。菲利普·伊万诺维奇·戈利科夫，1942年4月接掌布良斯克方面军时42岁，是一位参加过俄国内战的老兵，20年代任政治军官，并担任过师级和军区级政委，30年代初中期，他指挥过步兵团、步兵师和机械化旅。逃过军队大清洗的罗网后，1937年，政治上可靠的戈利科夫出任机械化第45军军长；1938年捷克危机期间，他在基辅特别军区担任"文尼察"集团军级集群司令员；1939年的波兰战役中，他在乌克兰方面军指挥第6集团军。在1940年6月4日著名的"大晋升"中[①]，戈利科夫获得中将军衔，随着大清洗的幸存者纷纷得到将星，戈利科夫成为红军总参谋部副总参谋长，并兼任总参情报总局（GRU）局长，直至1941年6月战争爆发。苏德战争爆发并未影响戈利科夫的职业生涯，1941年4月和5月，他曾提醒斯大林，德国即将发起入侵，可没人理会他的警告。[43]

　　"巴巴罗萨"入侵开始后，斯大林派戈利科夫作为他的私人代表前往英国和美国，这位将军在那里奠定了苏联日后同西方盟国合作的微妙基础。当年10月，顺利完成这一使命返回苏联后，戈利科夫出任预备队第10集团军司令员，并奉命在莫斯科反攻期间率领该集团军击败图拉地域的古德里安第2装甲集团军。为表彰戈利科夫对莫斯科保卫战取得胜利做出的贡献，斯大林任命他为突击第4集团军司令员。1942年2—4月，戈利科夫率领该集团军冲向斯摩棱斯克，并取得显著进展。斯大林希望戈利科夫能在1942年夏季再现1941年末在莫斯科城下的不俗表现，因而于1942年4月擢升他为布良斯克方面军司令员。[44]

　　比戈利科夫小两岁[②]的罗季翁·雅科夫列维奇·马利诺夫斯基在1941年12月升为方面军司令员，斯大林任命这位43岁的将军出任南方面军司令员。与戈利科夫不同，1914年第一次世界大战伊始，马利诺夫斯基便开始了他的军旅生涯，先是在派往法国的俄国远征军中担任机枪小组组长，随后又在法国陆军第1摩洛哥师的一个"外籍兵团"里服役。1919年取道远东返回俄国后，马利诺夫斯基参加了俄国内战，这场骨肉相残的战争结束后，他先后担任过排级和营级指挥员，30年代中期，马利诺夫斯基指挥骑兵第3军[③]。西班牙内战期间，马利诺夫斯基远赴海外，为共和党人而战，并获得列宁勋章和红旗勋章。在伏龙芝军事学院短暂任教后，斯大林1940年6月擢升他为少将，1941年3月派他去基辅特别军区指挥步兵第48军，没过多久，德军发起"巴巴罗

---

　　① 译注：1940年5月7日，苏联最高苏维埃决定重新实行军衔制，G.I.库利克、总参谋长B.M.沙波什尼科夫和国防人民委员S.K.铁木辛哥被授予苏联元帅军衔；1940年6月4日，根据苏联人民委员的命令，新军衔授予982名将军。
　　② 译注：应为"大两岁"。
　　③ 译注：马利诺夫斯基担任骑兵第3军参谋长，军长是谢苗·铁木辛哥。

苏联国防委员会主席、苏联武装力量最高统帅约瑟
夫·维萨里奥诺维奇·斯大林

苏联武装力量最高副统帅、西方面军司令员格
奥尔吉·康斯坦丁诺维奇·朱可夫

红军总参谋长、苏联元帅鲍里斯·米哈伊洛维奇·沙
波什尼科夫

红军副总参谋长亚历山大·米哈伊洛维奇·华
西列夫斯基上将

"萨"行动。由于他的军在乌克兰艰巨的战斗中表现出色,马利诺夫斯基得以迅速升迁,1941年8—12月,他出任第6集团军司令员,从1941年12月到"蓝色"行动开始,他负责指挥南方面军。这段时间里,他的方面军成功扩大了11月在罗斯托夫击败克莱斯特第1装甲集团军的战果,将德军逼向西面的米乌斯河(Mius)和顿巴斯地区,并在基辅以南跨过北顿涅茨河。[45]

　　三位方面军司令员中,最年轻的是德米特里·季莫费耶维奇·科兹洛夫,1941年8月指挥外高加索方面军时年仅44岁。[①]第一次世界大战和俄国内战期间,科兹洛夫是一名士官,20年代先后担任过营长和团长,在中亚地区打击过巴斯马奇匪帮,并毕业于"射击"高级步兵学校和伏龙芝军事学院。30年代指挥过步兵团和步兵第44师,在伏龙芝军事学院任教后,科兹洛夫终于在1939—1940年的苏芬战争中指挥一个步兵军。1940年6月"大晋升"时,他被擢升为中将。科兹洛夫未来的军旅生涯在1941年得以牢固确立,当年1—6月,他出任外高加索军区司令员。德国发起"巴巴罗萨"行动后,8月,科兹洛夫负责指挥外高加索方面军,1942年1月接掌克里木方面军。作为一名方面军司令员,科兹洛夫在战争初期紧张的6个月里守卫着苏联与土耳其和伊朗接壤的南部边境,策划并巧妙执行了1942年12月的刻赤—费奥多西亚进攻战役,这场大规模两栖登陆战将德国第11集团军的部队逐离克里木东端的刻赤半岛。[46]

　　尽管斯大林掌握着负责遏制预计中德军1942年夏季攻势大潮的方面军司令员,但承受德军凌厉打击的是方面军麾下的15位集团军司令员,其中包括布良斯克方面军辖内的第13集团军司令员N.P.普霍夫少将和第40集团军司令员M.A.帕尔谢戈夫炮兵中将,西南方面军辖内的第21集团军司令员V.N.戈尔多夫少将、第38集团军司令员K.S.莫斯卡连科炮兵少将、第28集团军司令员D.I.里亚贝舍夫中将和第6集团军司令员A.M.戈罗德尼扬斯基中将,南方面军辖内的第57集团军司令员K.P.波德拉斯中将、第37集团军司令员A.I.洛帕京中将、第9集团军司令员F.M.哈里东诺夫少将、第12集团军司令员A.A.格列奇科少将、第18集团军司令员F.V.卡姆科夫少将和第56集团军司令员V.V.齐加诺

---

① 译注:科兹洛夫出生于1896年,戈利科夫出生于1900年,马利诺夫斯基出生于1898年,科兹洛夫是最年长的一位。

夫少将，克里木方面军辖内的第47集团军司令员K.S.科尔加诺夫少将、第51集团军司令员V.N.利沃夫中将和第44集团军司令员S.I.切尔尼亚克中将。

除了格列奇科和波德拉斯是在1941年8月和11月得到擢升，其他将领都是1940年6月"大晋升"的获益者。[47]尽管这些将领在1942年春季前的作战表现都算可靠，但德军"蓝色"行动结束后，他们当中只剩下6位仍在担任集团军司令员，另外9位在1942年春季和夏季的战役中遭遇不同程度的不幸，其中3位在"蓝色"行动发起前的战斗中阵亡，另外4位在"蓝色"行动中因表现不佳被降为军长和师长，剩下的2位被斯大林认为不适合担任战地指挥员。

布良斯克方面军第13集团军司令员N.P.普霍夫和第40集团军司令员M.A.帕尔谢戈夫，战争爆发前几乎没有什么指挥经验。尼古拉·帕夫洛维奇·普霍夫出生于1895年，参加过第一次世界大战和俄国内战，1918年加入红军。1926年，普霍夫毕业于"射击"高级步兵学校，1935年毕业于机械化和摩托化军事学院。20年代，他指挥过一个步兵团，并在高级步兵学校任教。调至红军羽翼未丰的机械化部队后，他在1932年成为红军装甲坦克部副处长，1935年任教于红军机械化和摩托化军事学院，1938年担任哈尔科夫装甲坦克学校校长，30年代期间，他还担任过红军军事管理学院[①]教员和军需学院教务部长。1941年8月28日，普霍夫被派去指挥第38集团军辖下的步兵第304师，1942年1月，这位46岁的将军出任布良斯克方面军第13集团军司令员。[48]

米哈伊尔·阿尔乔梅维奇·帕尔谢戈夫出生于1899年，第一次世界大战和俄国内战期间是一名普通的炮兵，两次世界大战期间指挥过炮兵连、营、团和师。1921—1922年他在塔什干炮兵学校、1936年在伏龙芝军事学院、1948年在伏罗希洛夫总参军事学院接受军事教育。1939年，他被派至列宁格勒军区担任炮兵主任，苏芬战争期间任第7集团军炮兵主任，由于在策划和实施突破芬兰人强大的曼纳海姆防线的行动中发挥的作用，帕尔谢戈夫成为"苏联英雄"，并获得著名的列宁勋章。"巴巴罗萨"战役期间，担任西南方面军炮兵主任的帕尔谢戈夫在悲惨的边境作战和随后的基辅、顿巴斯地区的战斗中生还下来。但他的声誉很快得到恢复，1941年12月西南方面军在叶列茨（Elets）地域发起胜利反击期间，帕尔谢戈夫担任方面军炮兵主任。1942年1月的巴尔文科沃—洛佐瓦亚战役中，他担任西南方向总指挥部炮兵主任，在这场战役中，西南方面军和南方面军的部队夺取了哈尔科夫以南、北顿涅茨河对岸的巴尔文科沃登陆场。为表彰帕尔谢戈夫的出色表现，1942年3月，最高统帅部任命他为布良斯克方面军第40集团军司令员。[49]

与布良斯克方面军的同僚相比，西南方面军1942年春季的四名集团军司令员具有更加丰富的指挥经验。1941年10月，44岁的瓦里西·尼古拉耶维奇·戈尔多夫出任第21集团军司令员，他也是一名参加过第一次世界大战和俄国内战的老兵，20年代，他在蒙古人民军任顾问，并担任过步兵团副团长。1932年从伏龙芝军事学院毕业后，戈尔多夫先后担任过红军训练局、莫斯科步兵学校、步兵师（他还短暂地担任过师长）、加里宁军区和伏尔加河沿岸军区参谋长。德国发动入侵后没过几周，最高统帅部组建起中央方面军，当年7月，戈尔多夫出任该方面军辖下的第21集团军参谋长，8月初任司令员，8月下旬，第21集团军转隶布良斯克方面军，他不再担任司令员职务。但这让戈尔多夫避免了有可能阵亡或被俘的厄运，因为1941年9月，第21集团军在基辅战役中被包围，几乎全军覆没。这场惨败后，最高统帅部1941年10月任命戈尔多夫为西南方面军新组建的第21集团军司令员，1941—1942年冬季战役期间，他一直担任这个职务。[50]

1942年2月，48岁的德米特里·伊万诺维奇·里亚贝舍夫出任布良斯克方面军[②]第28集团军司令员，他是一位比戈尔多夫更具经验的指挥员。里亚贝舍夫也是一位参加过第一次世界大战和俄国内战的老兵，曾在著名的骑兵第1集团军服役，20年代在北高加索军区和土耳其斯坦军区指挥过骑兵旅。他后来毕业于伏龙芝军事学院，30年代指挥过顿河哥萨克骑兵第13师和同样著名的骑兵第1军。1940年7月，里亚贝舍夫被派至基辅特别军区担任机械化第8军军长，德国发动入侵后，他的军在西南方面军发起的布罗德（Brody）、杜布诺（Dubno）反击战中表现出色，可以说是战争期间规模最大的坦克战之一。机械化第8军在边境交战中损失惨重，1941年7月中旬，最高统帅部将该军编入新组建的第38集团军，里亚贝舍夫任集团军司令员，当年8月，他晋升为

---

① 译注：红军军事经济学院。
② 译注：应为西南方面军。

南方面军司令员。但他的命运随后发生了剧烈波动，1941年秋季，德国"南方"集团军群迫使里亚贝舍夫的方面军放弃顿河河曲部，斯大林解除了他的职务，派他担任最高统帅部预备队第57集团军司令员。由于里亚贝舍夫率领的该集团军在红军1941—1942年冬季战役中表现出色，1942年2月病愈后，最高统帅部任命他为第28集团军司令员。[51]

39岁的基里尔·谢苗诺维奇·莫斯卡连科是一名经验丰富的将领，1942年3月，最高统帅部派他担任第38集团军司令员。他在一场场灾难中生还下来，成为红军最负盛名的战时集团军司令员之一。莫斯卡连科是一名骑兵，也是一名炮兵，1920年加入红军，作为一名列兵参加了俄国内战。20年代，接受炮兵学校培训后，他在骑兵第1集团军的"琼加"骑兵第6师担任过连长和营长。接下来的10年，他在远东指挥过特别骑兵第1师，在一个骑兵师内指挥过炮兵团，还在基辅特别军区担任过机械化第2军的步兵团团长，当时，红军组建了4个机械化军。1939年6月，莫斯卡连科从著名的捷尔任斯基军政学院毕业，1939—1940年的苏芬战争期间，他在著名的"彼列科普"步兵第51师任炮兵主任，1940年春季入侵罗马尼亚比萨拉比亚的行动中，他担任步兵第35军炮兵主任，1940和1941年，他在敖德萨军区担任机械化第2军炮兵主任。

由于莫斯卡连科在机械化部队和炮兵方面具有丰富的经验，1941年5月，NKO把他派至基辅特别军区担任摩托化反坦克炮兵第1旅旅长（红军当时拥有10个这样的旅），为新组建的机械化军提供反坦克火力支援。尽管"巴巴罗萨"行动令莫斯卡连科的反坦克旅措手不及并付出惨重的代价，但他们还是拖缓了德国人的推进，据称该旅在战争最初的2个月里击毁大批德军坦克。1941年9月，莫斯卡连科出任第5集团军步兵第15军军长，他的军在基辅包围圈内全军覆没，死里逃生的莫斯卡连科随后率领第13集团军的"骑兵–机械化"集群参加了1941年12月的叶列茨反击战。红军1941—1942年冬季攻势期间，莫斯卡连科率领西南方面军辖下的第6集团军①参加了巴尔文科沃—洛佐瓦亚进攻战役并取得部分胜利，1942年2月，他担任骑兵第6军军长，当年3月晋升为第38集团军司令员。[52]

---

① 译注：莫斯卡连科任副司令员。

西南方面军四位集团军司令员中的最后一位将领是阿夫克先季·米哈伊洛维奇·戈罗德尼扬斯基，1941年12月出任第6集团军司令员时年仅42岁。参加第一次世界大战和俄国内战时，戈罗德尼扬斯基是一名步兵军官，1919年，他毕业于奥廖尔步兵学校，1924年毕业于"射击"高级步兵学校。20年代和30年代，他先后担任过连长、营长和团长。1940年10月，他被派至远东方面军红旗第2集团军，担任步兵第129师师长。1941年秋季，戈罗德尼扬斯基的步兵师调至西部，在西方面军辖下第19和第16集团军的指挥下参加了维捷布斯克和斯摩棱斯克周围混乱的战斗，勉强逃脱了被包围并被歼灭于斯摩棱斯克的厄运。8月下旬，戈罗德尼扬斯基负责指挥布良斯克方面军第13集团军，当年8月和9月，他率领该集团军与古德里安的第2装甲集群展开激烈但却徒劳的苦战。当年10月逃出古德里安装甲部队在布良斯克构成的包围圈后，戈罗德尼扬斯基协助西南方面军在叶列茨发起一场成功的反突击。当年12月，他被任命为第6集团军司令员，西南方面军1942年1—2月的巴尔文科沃—洛佐瓦亚进攻战役中，戈罗德尼扬斯基和他的集团军表现出色，这场进攻战役使第6集团军和南方面军辖下的另外3个集团军占据了巴尔文科沃登陆场，1942年5月，这个庞大的突出部向西伸出，跨过北顿涅茨河，插入德军设在哈尔科夫以南的防线。[53]

南方面军1942年5月1日时的6名集团军司令员，除了齐加诺夫，其他人的指挥经验并不比西南方面军的同僚逊色。这些高级将领中最具经验的要算库兹马·彼得罗维奇·波德拉斯，1942年2月，48岁的他被任命为第57集团军司令员。波德拉斯在第一次世界大战中是一名普通士兵，俄国内战期间成为下级军官，1925年毕业于"射击"高级步兵学校，1930年又从伏龙芝军事学院毕业，20年代和30年代，他先后担任过步兵团长、师长和军长。1938年，他率领远东方面军红旗独立第1集团军在哈桑湖（Lake Khasan）与日军展开激战。1938年末，波德拉斯调至西部，担任基辅特别军区副司令员，他没能逃脱斯大林的大清洗，1939年被NKVD（Narodnyi Kommissariat Vnutrennikh Del），内务人民委员部，也就是"秘密警察"逮捕。与身陷囹圄的大多数人相比，波德拉斯更幸运些，他于1940年8月获释，并被任命为基辅特别军区步兵总监。德国发动"巴巴罗萨"行动2个月后，"中央"集团军群在斯摩棱斯克地区进展缓慢，促使希特勒命令古德里安的第2装甲集群冲向南面的基辅，斯大林任命波德拉斯指挥西南方面军新组建的第40集团军，以该集团军阻截古德里安向南方的推进。尽管没能完成这个不可能完成的任务，但波德拉斯在"巴巴罗萨"战役剩下的时间里继续指挥第40集团军，1941年后期，他的部队协助阻止了德军在库尔斯克地域发动的攻势，作为奖励，波德拉斯1942年2月被任命为第57集团军司令员。[54]

尽管指挥经验远不及波德拉斯，但43岁的费奥多尔·米哈伊洛维奇·哈里东诺夫1941年9月便已担任第9集团军司令员。他1919年加入红军，作为一名普通士兵参加了俄国内战，1931年，哈里东诺夫毕业于"射击"高级步兵学校，先后担任过步兵第17师和步兵第57军参谋长，随后出任莫斯科军区作训部长，1931年他指挥过一个步兵团，战争爆发前，哈里东诺夫指挥着空降兵第2军。"巴巴罗萨"战役最初的几个月里，哈里东诺夫担任南方面军第一副参谋长，随后又出任参谋长[①]，当年9月，他被任命为第9集团军司令员。尽管哈里东诺夫缺乏指挥经验，但当年10月，他的集团军逃出德国第1装甲集群在梅利托波尔（Melitopol'）设下的包围圈，并在1941年11月和12月为南方面军在罗斯托夫取得的胜利发挥了重要作用，1942年1月和2月的巴尔文科沃—洛佐瓦亚进攻战役中，该集团军表现出色，并进入巴尔文科沃登陆场。[55]

安东·伊万诺维奇·洛帕京曾是一名骑兵，1941年10月，45岁的他出任第37集团军司令员。他是一位参加过第一次世界大战的老兵，1918年加入红军。俄国内战期间，他在骑兵第1集团军担任中队长，1925年毕业于列宁格勒骑兵学校指挥员培训班，20年代末期担任某骑兵团属学校校长，1931年11月任骑兵团团长，1937年成为精锐第6骑兵师师长。斯大林发动大清洗后，洛帕京迅速得到升迁。1938年，他在骑兵指挥员培训班讲授骑兵战术，1939年7月出任外贝加尔方面军骑兵总监。1940年11月，他在基辅特别军区任步兵第31军军长，在这个职位上，他迎来了苏德战争的爆发。由于他的军是第5集团军的第二梯队，故而在边境交战中逃脱了被歼灭的厄运，1941年夏季，步兵第31军协助拖缓了德国"南方"集团军群的前进步伐，但当年9月，该军在基辅

---

① 译注：哈里东诺夫没有担任过南方面军参谋长职务。

遭到包围，全军覆没。洛帕京幸运地逃出包围圈，并被任命为第37集团军司令员，1941年10月，该集团军担任南方面军预备队。1941年11—12月，洛帕京的集团军充当南方面军的先锋，对克莱斯特第1装甲集团军发起反突击，这场反击使苏军重新夺回罗斯托夫，并迫使克莱斯特退守米乌斯河防线。由于在罗斯托夫战役中表现出色，洛帕京获得列宁勋章，红军1941—1942年冬季攻势期间，他率领第37集团军进入顿巴斯东部地区。[56]

1942年春季，西南方面军的集团军司令员里最年轻的当属安德烈·安东诺维奇·格列奇科，1942年4月出任第12集团军司令员时年仅38岁。1919年，格列奇科是红军中的一名列兵，俄国内战期间服役于骑兵第1集团军骑兵第11师，成为指挥员后，1926年在骑兵学校、1936年在伏龙芝军事学院、1941年在总参学院完成了他的军事教育。20年代，格列奇科指挥过骑兵排和骑兵中队，30年代在莫斯科军区任独立骑兵第1旅旅长，1939年苏联入侵波兰东部时，他被任命为白俄罗斯特别军区独立骑兵师参谋长。"巴巴罗萨"战役开始时，格列奇科在总参谋部任参谋，最初几个月的战事使红军高级指挥员损失惨重，当年7月，格列奇科被派至南方面军，出任骑兵第34师师长。格列奇科指挥该师直至1942年3月，经常跟随F.V.卡姆科夫将军著名的骑兵第5军一同行动，在此期间，他参加了1941年9月的克列缅丘格（Kremenchug）防御战、1941年10月的哈尔科夫保卫战和1941年秋季顿巴斯北部地区的战斗。由于他在1941—1942年冬季战役中表现出色，南方面军派他指挥一个特别战役集群，1942年4月，他出任第12集团军司令员。[57]

1942年春季，南方面军第18集团军的司令员是费多尔·瓦西里耶维奇·卡姆科夫，由于率领骑兵第5军在1941年夏季和秋季的战斗中表现出色，1941年11月，43岁的卡姆科夫被擢升为集团军司令员。作为一名彻头彻尾的骑兵，卡姆科夫在沙皇军队里经历了第一次世界大战，1918年加入红军，内战期间担任过骑兵团副团长。1920和1924年从列宁格勒骑兵学校毕业后，卡姆科夫指挥骑兵第58团，1931年在骑兵第6师担任骑兵第34团团长，1937年，他在著名的骑兵第3军指挥骑兵第7师。调入红军新组建的机械化部队后，1940年6月，卡姆科夫任机械化第6军摩托化第29师师长，当年7月，他在基辅特别军区任骑兵第2军军长，1941年3月至6月份战争爆发，他指挥着骑兵第5

军。德国入侵苏联后，卡姆科夫的骑兵军在第6集团军麾下投入混乱的边境交战，在第26集团军辖内参加了基辅以南的激战，该军率先发起反突击，严重扰乱了"南方"集团军群向基辅的推进。1941年9月灾难性的基辅包围战期间和之后，卡姆科夫的骑兵军没能将克莱斯特的第1装甲集群遏止在克列缅丘格登陆场。但该军在10月份的哈尔科夫保卫战中表现出色，并为阻止"南方"集团军群的推进发挥了重要作用，卡姆科夫为此获得列宁勋章。他被誉为"英勇的斗士"，为表彰他名副其实的表现，最高统帅部1941年11月擢升他为南方面军第18集团军司令员，卡姆科夫率领该集团军参加了顿巴斯、罗斯托夫战役以及方面军随后发起的1941—1942年冬季大反攻。[58]

1942年5月，南方面军最缺乏指挥经验的集团军司令员是维克托·维克托罗维奇·齐加诺夫，尽管他在军旅生涯初期是一名骑兵，后来又从事后勤工作，但1941年11月，45岁的他还是晋升为第56集团军司令员。齐加诺夫在第一次世界大战期间是一名骑兵中尉，1918年加入红军，俄国内战结束时，他在白俄罗斯担任某突击骑兵旅参谋长。两次世界大战之间，齐加诺夫在西部军区和白俄罗斯军区[①]先后担任过团、旅、师、军、方面军级参谋人员，1933年毕业于伏龙芝军事学院，还在红军各院校任教。1941年6月苏德战争爆发后，齐加诺夫8—9月担任西南方向总指挥部副参谋长（主管后勤），9月下旬和10月，他指挥第38集团军参加了不成功的哈尔科夫保卫战。但当年11月，他的集团军协助阻止了德军的推进，于是，最高统帅部派他担任南方面军第56集团军司令员，齐加诺夫率领该集团军参加了方面军1941—1942年冬季发起的胜利反攻。[59]

有一个例外，1941年[②]5月1日在克里木担任集团军司令员的四名将领，没等德军发起"蓝色"行动，便眼睁睁地看着自己的职业生涯走向毁灭。公平地说，这些将领遭遇失败，部分原因是他们作为集团军司令员缺乏指挥经验、表现不佳，但更主要的原因是斯大林臭名昭著的亲信梅赫利斯的横加干涉。这些命运多舛的指挥员中第一个遭殃的是康斯坦丁·斯捷潘诺维奇·科尔加诺夫。1942年2月，46岁的他被任命为克里木方面军第47集团军司令员。第一次世界大战期间，科尔加诺夫是一名士官，俄国内战中，他担任过连长和营长。1933年毕业于伏龙芝军事学院，1938年5月出任步兵第75师师长，1939年1月晋升为步兵第17军军长，1940年在红军作战训练局任处长，1941年在总参情报总局任科长。他与情报总局局长戈利科夫的关系可能是他后来被任命为集团军司令员的重要原因。"巴巴罗萨"战役打响的几个月后，1941年10月，最高统帅部将科尔加诺夫派至戈利科夫的预备队第10集团军担任副司令员。该集团军在1941年12月的莫斯科反击战和1941—1942年冬季大反攻中表现出色，这使科尔加诺夫1942年2月被任命为第47集团军司令员。[60]

弗拉基米尔·尼古拉耶维奇·利沃夫是科尔加诺夫在克里木方面军的同僚，1941年12月，44岁的利沃夫出任第51集团军司令员。第一次世界大战中，他是沙皇军队的一名士官，1918年加入红军。内战期间，利沃夫担任过连长和营长，1924年毕业于工农红军军事学院（RKKA Academy）[③]，1931年毕业于"射击"高级步兵学校。1924年，利沃夫担任步兵第32师副师长，1925年在中国军队里任顾问，1926年任步兵师副师长，30年代先后担任过步兵第3、第46和第37师师长。1937年，利沃夫出任外高加索军区参谋长，1930年[④]在伏龙芝军事学院担任教员，1940年1—6月任波罗的海沿岸特别军区副司令员，1940年7月19日至苏德战争爆发后的2个月，任外高加索军区副司令员。德军1941年9月入侵克里木前不久，利沃夫负责指挥外高加索方面军辖下外高加索军区的部队，当年12月，外高加索方面军成功实施了刻赤—费奥多西亚两栖登陆战，利沃夫在这场战役中指挥着第51集团军。[61]

这些将领中的最后一位是斯捷潘·伊万诺维奇·切尔尼亚克，1942年2月被任命为第44集团军司令员时年仅40岁。切尔尼亚克1940年已是中将，还是"苏联英雄"，他的职业生涯开始于第一次世界大战，1917年1月，他是沙皇军队的一名列兵。1917年11月，切尔尼亚克加入赤卫队，参加了俄国革命，1918年3月加入红军，内战期间成为一名排长。1921年，他在独立"巴什基尔"旅步兵第2团担任机枪班长，后来在步兵第37师步兵第111团先后担任排长、连长和营长，1930年，他毕业于"射击"高级步兵学校。1934年，切尔尼亚克在莫斯科军区指挥"独立领土"步兵第26团，1935年在著名的"莫斯科无产阶级"步兵第1师担任步兵第2团团长，1936年，他自愿投身西班牙内战，担任共和国政府军事顾问。1937年末，切尔尼亚克返回莫斯科，1938年9月，他被任命为莫斯科摩托化步兵第1师副师长，1939—1940年苏芬战争期间，他指挥西北方面军第13集团军辖下的步兵第136师，由于该师在突破曼纳海姆防线的行动中发挥的作用，他被授予"苏联英雄"称号。1940年4月，切尔尼亚克出任外高加索军区步兵第3军军长，1941年，他在军长任上毕业于伏罗希洛夫总参学院。

"巴巴罗萨"战役爆发后没多久，切尔尼亚克回到步兵第3军的指挥岗位，1941年7月，他的军改编为第46集团军，最高统帅部任命他为集团军司令员。切尔尼亚克指挥该集团军5个月后，1941年12月，外高加索方面军司令员科兹洛夫将军把他派至塞瓦斯托波尔，由他指挥被德国第11集团军围困的独立滨海集团军。但塞瓦斯托波尔防御地域司令员奥克佳布里斯基海军中将反对临阵换将，最高统帅部同意了，先任命切尔尼亚克为副司令员，1942年2月8日，任命他为克里木方面军第44集团军司令员。[62]

伊万·叶菲莫维奇·彼得罗夫显然比他的同僚们更加幸运，1941年10月，45岁的彼得罗夫出任独立滨海集团军司令员，不知何故，他设法摆脱了其他集团军司令员遭遇的不幸，尽管只是勉强而已。第一次世界大战期间，彼得罗夫是一名士官，1918年加入红军并参加了内战，20年代和30年代，他先后指挥过骑兵中队、骑兵团和独立步兵旅，并在中亚军区任"土耳其斯坦"山地步兵第1师师长，率部参加了镇压巴斯马奇匪帮的战斗。1926和1931年，彼得罗夫毕业于指挥人员进修班。1940年6月，他晋升为少将，并在中亚军区担任步兵第194师师长，1941年3月被任命为在该军区机械化第27军军长。1941年7月，最高统帅部将他的机械化军西调至沃罗涅日和斯摩棱斯克地域，并把该军改编为坦克第104师、坦克第105师和摩托化第106师，彼得罗夫被调至敖德萨地区，指挥一个独立骑兵师和著名的"夏伯阳"步兵第25师。

1941年秋季，挺进中的德国和罗马尼亚军队包围并围攻敖德萨时，最高统帅部10月5日派彼得罗夫指挥独立滨海集团军，命令他不惜一切代价据守该城。彼得罗夫熟练地组织起城市防御，甚至对围困该城的罗马尼亚军队发起反突击，从而扩大了城市的防御圈。10月下旬，最高统帅部将彼得罗夫较为完整的集团军撤入克里木，彼得罗夫及时组织起塞瓦斯托波尔的防御，以挫败曼施泰因11月和12月发起突击、夺取塞瓦斯托波尔的企图。1942年春季，彼得罗夫的集团军仍顽强地抗击着敌人，几乎成了德军的眼中钉。与他的同僚们不同，此时的彼得罗夫作为一名具有钢铁般意志的出色组织者，已赢得卓著的声誉。[63]

如果说德国军队1942年春夏季的攻势能否获得成功在很大程度上取决于各装甲军、各装甲师、各摩托化师以及各位指挥官的表现，那么，对苏联红军来说同样如此。根据1941年战事得出的惨痛教训，斯大林、最高统帅部成员以及各方面军司令员们非常清楚，1942年春季的德军更具经验，如果他们发起预计中的夏季攻势，要想战胜对方，在很大程度上取决于红军羽翼未丰的坦克部队的战斗力，也就是说，取决于红军3个坦克集团军和16个坦克和机械化军的作战表现，1942年整个春季、夏季和秋季，这些部队将投入苏联南部的战斗。往深里说，红军能否获胜还取决于指挥坦克集团军的3位将领以及指挥坦克、机械化军的29位将军和上校（这些指挥员更加完整的履历可参阅附录）的指挥能力和战术智慧。如无特别指出，下述这些军长都是坦克兵将军：

坦克第1军——米哈伊尔·叶菲莫维奇·卡图科夫少将；1942年9月19日起，瓦西里·瓦西里耶维奇·布特科夫上校（1942年5月3日晋升为少将）。

坦克第2军——谢苗·彼得罗维奇·马尔采夫上校；1942年6月10日起，伊万·加夫里诺维奇·拉扎列夫少将；1942年7月15日起，亚历山大·伊里奇·利久科夫少将；1942年7月23日起，安德烈·格里戈里耶维奇·克拉夫钦科上校（1942年7月21日晋升为少将）；1942年9月14日起，阿布拉姆·马特维耶维奇·哈辛少将。

坦克第4军——瓦西里·亚历山德罗维奇·米舒林少将；1942年9月18日起，安德烈·格里戈里耶维奇·克拉夫钦科少将。

坦克第7军——帕维尔·阿列克谢耶维奇·罗特米斯特罗夫上校（1942年7月21日晋升为少将）。

坦克第11军——阿列克谢·费奥多罗维奇·波波夫少将；1942年7月22日起，伊万·加夫里诺维奇·拉扎列夫少将。

坦克第13军——彼得·叶夫多基莫维奇·舒罗夫少将；1942年7月17日起，特罗菲姆·伊万诺维奇·塔纳希申上校。

坦克第14军（1942年9月30日改编为机械化第6军）——尼古拉·尼古拉耶维奇·拉德科维奇上校（1942年5月13日晋升为少将）；1942年9月26日起，谢苗·伊里奇·波格丹诺夫少将。

坦克第16军——米哈伊尔·伊万诺维奇·帕韦尔金少将；1942年9月15日起，阿列克谢·加夫里诺维奇·马斯洛夫技术兵少将。

坦克第17军——尼古拉·弗拉基米罗维奇·费克连科少将；1942年7月2日起，伊万·彼得罗维奇·科尔恰金上校（1942年5月3日晋升为少将）；1942年7月21日起，鲍里斯·谢尔盖耶维奇·巴哈罗夫上校；1942年8月7日起，帕维尔·彼得罗维奇·波卢博亚罗夫上校（1942年11月10日晋升为少将）。

坦克第18军——伊万·丹尼洛维奇·切尔尼亚霍夫斯基上校（1942年5月3日晋升为少将）；1942年7月26日起，伊万·彼得罗维奇·科尔恰金少将；1942年9月11日起，鲍里斯·谢尔盖耶维奇·巴哈罗夫上校（1942年10月14日晋升为少将）。

坦克第21军——格里戈里·伊万诺维奇·库兹明少将。

坦克第22军（1942年11月2日改编为机械化第5军）——亚历山大·亚历山德罗维奇·沙姆申上校（1942年5月13日晋升为少将）；1942年11月2日起，米哈伊尔·瓦西里耶维奇·沃尔科夫少将。

坦克第23军——叶菲姆·格里戈里耶维奇·普希金少将；1942年6月5日起，阿布拉姆·马特维耶维奇·哈辛上校（1942年7月21日晋升为少将）；1942年8月30日起，阿列克谢·费奥多罗维奇·波波夫少将；1942年10月16日起，瓦西里·瓦西里耶维奇·科舍列夫中校。

坦克第24军——瓦西里·米哈伊洛维奇·巴达诺夫少将。

坦克第25军——彼得·彼得罗维奇·巴甫洛夫少将。

坦克第28军（1942年10月10日改编为机械化第4军）——格奥尔吉·谢苗诺维奇·罗金上校（1942年8月4日晋升为少将）；1942年10月11日起，瓦西里·季莫费耶维奇·沃利斯基少将。

坦克第1集团军——基里尔·谢苗诺维奇·莫斯卡连科炮兵少将。

坦克第4集团军——瓦西里·德米特里耶维奇·克留琴金少将

坦克第5集团军——亚历山大·伊里奇·利久科夫少将。

这群指挥员几乎无一例外比他们的德国同行年轻8—10岁，因而从整体上看，德军指挥官更具经验，特别是在高强度作战行动中。事实上，这种经验差距代表着最严峻的挑战，如果斯大林和他的战地指挥员们希望在1942年春夏季赢得胜利，就必须克服这一点。尽管这种差距存在于各级指挥层，但最突出的是在战役层面，也就是装甲军这一级，对红军而言，就是坦克集团军这一级，苏联最高统帅部夏季组建了这些集团军以抗击德国装甲军。例如，1942年5月1日担任装甲军军长的7名德军将领，平均年龄比指挥坦克集团军的3位苏联对手大13岁，从个人角度看，这种差距甚至高达18岁。起作用的不仅是他们的年龄，还同希特勒的侵略有关，7名摩托化（装甲）军军长中的5名经历过1941年整个"巴巴罗萨"战役，3人曾在1940年的西方战役中指挥过摩托化军或步兵军，1人曾在1939年的波兰战役中指挥过军级部队，还有2人在西方战役和"巴巴罗萨"行动中指挥过装甲师或摩托化步兵师。因此，这7位将领都曾转战波兰、法国和苏联。

相比之下，1942年指挥坦克集团军的3名红军将领（利久科夫、莫斯卡连科和克留琴金），在"巴巴罗萨"战役前指挥过坦克、机械化旅或骑兵师，只有两人具有作战经验：克留琴金，1939年9月入侵波兰东部期间指挥过骑兵师；莫斯卡连科，1939—1940年苏芬战争期间担任过步兵师炮兵主任。"巴巴罗萨"战役中，这3名将领接受了战火的洗礼，利久科夫指挥过坦克师和摩托化步兵师；莫斯卡连科指挥过反坦克炮兵旅和步兵军；克留琴金指挥过骑兵师和骑兵军。"巴巴罗萨"战役期间，在最悲惨的情况下实施防御或发起反击后，这3位指挥员在1941—1942年冬季战役中成为军长，1942年春季和夏季，晋升为集团军或坦克集团军司令员。

战术层面同样存在指挥和作战经验问题，所谓战术层面，对德军来说就是装甲师和摩托化师一级，红军则是坦克军和机械化军。1942年5月1日在"南方"集团军群麾下指挥装甲师或摩托化师的30名德军将领，年龄比他们的苏联同行大5—10岁，都是些经验丰富的战地指挥官。1939—1940年的波

图表6："蓝色"行动期间，红军坦克、机械化军和坦克集团军指挥员的作战指挥经验

1人（马斯洛夫）——"巴巴罗萨"战役之前和期间，指挥过机械化军。

1人（帕韦尔金）——"巴巴罗萨"战役之前和期间，指挥过机械化旅和机械化军。

1人（拉扎列夫）——"巴巴罗萨"战役前指挥过坦克旅和机械化军，"巴巴罗萨"战役期间指挥过机械化军和步兵集团军。

1人（费克连科）——"巴巴罗萨"战役前指挥过摩托化装甲车旅、坦克师和机械化军，"巴巴罗萨"战役期间指挥过机械化军和步兵集团军。

1人（布特科夫）——"巴巴罗萨"战役前担任机械化旅和坦克师参谋长，"巴巴罗萨"战役期间担任机械化军副军长。

1人（克拉夫钦科）——"巴巴罗萨"战役前担任摩托化步兵师和坦克师参谋长，"巴巴罗萨"战役期间担任机械化军参谋长和坦克旅长。

10人（卡图科夫、米舒林、科尔恰金、巴哈罗夫、巴达诺夫、波波夫、切尔尼亚霍夫斯基、巴甫洛夫、罗金和波格丹诺夫）——"巴巴罗萨"战役前指挥过坦克师、坦克或机械化旅、团或营，"巴巴罗萨"战役期间指挥坦克师或坦克旅。

1人（库兹明）——"巴巴罗萨"战役前指挥过坦克师，"巴巴罗萨"战役期间指挥坦克师和坦克旅。

1人（普希金）——"巴巴罗萨"战役之前和期间，指挥过坦克师。

6人（舒罗夫、塔纳希申、拉德科维奇、哈辛、罗特米斯特罗夫和沃利斯基）——"巴巴罗萨"战役之前和期间，只指挥过坦克或机械化旅、团、营。

1人（沙姆申）——"巴巴罗萨"战役之前和期间，担任过坦克旅和坦克师参谋长。

4人（波卢博亚罗夫、科舍列夫、马尔采夫和沃尔科夫）——1942年出任坦克军军长前，没有作战指挥经验。

图表7："蓝色"行动期间和之后，红军坦克和机械化军及坦克集团军指挥员的命运

2人（罗特米斯特罗夫和莫斯卡连科）——苏联国防部副部长

1人（切尔尼亚霍夫斯基）——方面军司令员

6人（卡图科夫、罗特米斯特罗夫、波格丹诺夫、沃利斯基、克拉夫钦科和巴达诺夫）——坦克集团军司令员

2人（莫斯卡连科和克留琴金）——集团军司令员

14人（布特科夫、米舒林、帕韦尔金、马斯洛夫、巴哈罗夫、波卢博亚罗夫、塔纳希申、拉德科维奇、沙姆申、普希金、波波夫、巴甫洛夫、拉扎列夫和罗金）——坦克军军长

3人（科尔恰金、哈辛和沃尔科夫）——机械化军军长

3人（罗特米斯特罗夫、波格丹诺夫和波卢博亚罗夫）——装甲坦克兵元帅[①]

1人（莫斯卡连科）——苏联元帅

1人（切尔尼亚霍夫斯基）——大将

4人（卡图科夫、克拉夫钦科、沃利斯基和布特科夫）——坦克兵上将

12人（米舒林、帕韦尔金、费克连科、科尔恰金、巴达诺夫、塔纳希申、拉德科维奇、普希金、拉扎列夫、罗金、克留琴金和沃尔科夫）——坦克兵中将

3人（费克连科、马尔采夫和科舍列夫）——没有继续担任指挥职务

3人（库兹明、利久科夫和舒罗夫）——"蓝色"行动之前或期间阵亡

4人（普希金、塔纳希申、巴达诺夫和切尔尼亚霍夫斯基）——1943—1945年间阵亡[②]

1人（巴甫洛夫）——战俘，1943—1945年

---

① 译注：还应加上卡图科夫。
② 译注：巴达诺夫没有在战斗中阵亡，他去世于1971年，此处应为巴哈罗夫的笔误。

兰和西方战役中，他们曾指挥过装甲师（团）或摩托化师（团）；"巴巴罗萨"行动和1941—1942年冬季战役中，他们指挥过装甲或摩托化师。另一方面（参见图表6），1942年5月1日指挥红军坦克军或即将在1942年夏季和秋季率领坦克军、机械化军或坦克集团军的29名苏联将军（或上校），作战经验远远不足，他们接掌作战指挥权时，所处的形势远不及德国同行有利。

从作战经历方面看，米舒林和帕韦尔金曾在1938和1939年的哈桑湖或哈拉哈河战役中指挥坦克旅打击过日本军队；费克连科在同一场战役中指挥过第57特别军；卡图科夫和克留琴金曾在1939年9月入侵波兰的行动中指挥过部队；克拉夫钦科和罗特米斯特罗夫参加过苏芬战争，前者担任参谋，后者指挥一个坦克营。1941年夏季，红军机械化部队遭到德军猛烈打击后，NKO被迫解散了机械化军，改编坦克师，并组建新的坦克旅，马斯洛夫、费克连科和拉扎列夫指挥集团军（尽管很短暂）；普希金、波波夫、切尔尼亚霍夫斯基和沃尔科夫指挥坦克或步兵师；卡图科夫、米舒林、克拉夫钦科、科尔恰金、巴哈罗夫、巴达诺夫、塔纳希申、拉德科维奇、库兹明、沙姆申、哈辛和罗金，在1941年秋季和1941—1942年冬季指挥坦克旅或摩托化步兵旅；波格丹诺夫指挥莫扎伊斯克（Mozhaisk）筑垒地域。另外10名指挥员不是担任各级参谋长就是在非作战单位担任指挥或参谋工作，直到1942年接掌坦克或机械化军军长职务。

回顾起来，尽管这32名苏军坦克指挥员严重缺乏经验，可对那些幸免于难的指挥员来说，红军1942年的作战行动确实是一场严酷但却卓有成效的培训。虽然库兹明、利久科夫和舒罗夫将军在这些战役中过早阵亡（库兹明阵亡于哈尔科夫战役，利久科夫和舒罗夫在"蓝色"行动初始阶段身亡），但其他人从战火中脱颖而出，不仅获得卓著的声誉，还得到更高的军衔和更加重要的职务（参见图表7）。

"蓝色"行动和斯大林格勒战役期间最著名的红军将领直到夏末才出现，特别是斯大林格勒争夺战之前和期间，以及德军深入高加索地区的作战行动最高潮之际。这些将领大多指挥着新组建的方面军、集团军或最高统帅部为阻止德军推进而组建并投入战场的快速化军。在他们当中，最重要的是负责守卫斯大林格勒的叶廖缅科、崔可夫和舒米洛夫将军；而朱可夫、瓦图京和罗科索夫斯基，再加上叶廖缅科和华西列夫斯基，共同成为红军发起戏剧性反攻并取得最终胜利的主设计师。但不管怎样，无论是在1942年春季和夏季战役中生还还是阵亡，为红军的最终胜利铺平了道路的正是这些在苏联南部指挥着方面军、集团军和坦克军的将军和上校。

苏军士兵

德军士兵的平均训练水平有所下降，红军士兵的训练水准却有所上升。尽管仍有成千上万名苏军士兵毫无必要阵亡于1942年夏季，但这些伤亡使生还下来的士兵和指挥员获得越来越多的经验和能力。[64]

与纳粹政权相比，共产党政权对其青年人的灌输至少要长10年，苏联历史倾向于颂扬红军士兵的社会主义精神。但从字里行间体会，除了对政委和斯大林的恐惧，驱使普通苏军士兵奋战的显然是"对战友的忠诚"和"保家卫国"这些更为传统的动机。实际上，从1941年起，苏联政府有意识地将自己等同于抗击侵略者的俄罗斯祖国，这种定位最终赢得了单凭马克思主义无法激励的忠诚。当然，军官团（主要是大俄罗斯人）与苏联各地各少数民族之间也存在误解和摩擦。[65]事实上，某些民族提供了大批武装辅助人员支持德国人，或者像乌克兰人那样，以游击队的形式抗击俄国人和德国人。但总的说来，社会主义国家的大多数人表现出团结一致的精神，并下定决心要将可憎的侵略者驱逐出去。

另外，保家卫国的殊死斗争意味着妇女和男人都要承担战争的重负。女运输机驾驶员、女战斗机驾驶员、女空中观察员、女高射炮手、女总机员、女电话员、女报务员、女医生和女护士在现实和政府宣传中都很突出；一些女性甚至进入其他军事专业领域，例如女狙击手和女坦克驾驶员。[66]与男性同行们一样，这些妇女展现出俄罗斯人的传统能力，在异常激烈的战斗中忍受着难以想象的艰难困苦。

1. 西南方向总指挥部司令员、西南方面军司令员，苏联元帅谢苗·康斯坦丁诺维奇·铁木辛哥
2. 布良斯克方面军司令员菲利普·伊万诺维奇·戈利科夫中将
3. 南方面军司令员罗季翁·雅科夫列维奇·马利诺夫斯基中将
4. 北高加索方向总指挥部司令员、北高加索方面军司令员，苏联元帅谢苗·米哈伊洛维奇·布琼尼
5. 斯大林格勒方面军司令员瓦里西·尼古拉耶维奇·戈尔多夫中将
6. 沃罗涅日方面军司令员尼古拉·费多罗维奇·瓦图京中将

东南方面军、斯大林格勒方面军司令员安德烈·伊万诺维奇·叶廖缅科上将

布良斯克方面军、顿河方面军司令员康斯坦丁·康斯坦丁诺维奇·罗科索夫斯基中将

外高加索方面军司令员伊万·弗拉基米罗维奇·秋列涅夫大将

注释

1. 关于重建苏联军队的完整描述，可参阅格兰茨的《巨人重生》第135—369页。

2. 苏联人将各类师和旅称为兵团（soedinenii），各类团称为"部队"（chasti），团以下的单位，例如营、连和排，被认为是"分队"（podrozdelenii）。

3. 关于步兵师和步兵旅的作战力量，可参阅格兰茨的《巨人重生》第180—184页、第201—206页。

4. 帕维尔·A.别洛夫的《我们的背后就是莫斯科》（Za nami Moskva，莫斯科：军事出版社，1963年）；戴维·M.格兰茨的《苏联空降兵史》（伦敦：弗兰克·卡斯出版社，1994年），第104—227页，详细描述了别洛夫的骑兵军与空降兵第4军的联合行动；以及《关于运用作战经验的苏联文件，第3册：1941和1942年的军事行动》，哈罗德·S.奥伦斯坦译（伦敦：弗兰克·卡斯出版社，1993年），第27—61页。

5. Iu.P.巴比奇和A.G.巴耶尔的《伟大卫国战争中，苏联军备和地面部队编制的发展》（Razvitie vooruzheniia i organitzatsii Sovetskikh sukhoputnykh voist v gody Velikoi Otechestvennoi voiny，莫斯科：伏龙芝军事学院，1990年），第42—43页。

6. 参见亚历山大·希尔的《英国"租借"的坦克与莫斯科战役，1941年11—12月：研究报告》，JSMS，2006年6月第2册，总第19期，第289—294页。截至1941年12月31日，英国提供给红军361辆坦克，主要是"玛蒂尔达"和"瓦伦丁"型。这些坦克为苏联军工业1941年下半年生产的2819辆T-34和KV坦克提供了补充。

7. 关于费多连科组建坦克军的详情，可参阅格兰茨的《巨人重生》第218—236页。

8. 参阅O.A.洛西科的《伟大卫国战争中，苏联坦克部队的组建和作战使用》（StroiteVstvo i boevoe primenenie Sovetskikh tankovykh voisk v gody Velikoi Otechestvennoi voiny，莫斯科：军事出版社，1979年）。

9. 巴比奇和巴耶尔的《伟大卫国战争中，苏联军备和地面部队编制的发展》第44—45页，格兰茨的《巨人重生》第228页。

10. 格兰茨的《巨人重生》第230—231页。

11. 史蒂夫·扎洛加和彼得·萨森的《T-34/76中型坦克，1941—1945年》（伦敦：鱼鹰/芦苇出版社，1994年），特别参阅第17—23页。

12. 戴维·M.格兰茨的《二战期间，情报在苏联军事战略中的作用》（加利福尼亚州诺瓦托：要塞出版社，1990年），第42—48页。

13. 关于战略争论，可参阅S.M.什捷缅科的《战争年代的总参谋部（1941—1945年）》第一册，罗伯特·达格利什译（莫斯科：军事出版社，1985年），第60—72页；戴维·M. 格兰茨的《哈尔科夫，1942年：对一场军事灾难的剖析》（纽约，罗克维尔中心：萨耳珀冬出版社，1998年），第21—30页；以及V.A.佐洛塔廖夫主编的《最高统帅部大本营：1942年的文献资料》（Stavka VGK: Dokumenty i materialy 1942），刊登在《俄罗斯档案：伟大卫国战争》（Russkii arkhiv: Velikaia Otechestvennaia），16（5-2）（莫斯科：特拉出版社，1996年），第146—199页。以下简称为佐洛塔廖夫的《最高统帅部1942》，并附以相应的页数。

14. 哈罗德·舒克曼主编的《斯大林的将领》（伦敦：韦登费尔德＆尼科尔森出版社，1993年）一书第229页奥列格·勒热舍夫斯基的《鲍里斯·米哈伊洛维奇·沙波什尼科夫》，以及N.I.尼科弗洛夫等人主编的《伟大卫国战争，1941—1945年：作战部队》（*Velikaia Otechestvennaia voina 1941-1945 gg.: Deistvuiushchaia armiia*，莫斯科：勇气出版社和库奇科沃原野出版社，2005年），第300—301页。心脏病发作后，沙波什尼科夫只担任副国防人民委员直至1943年6月，随后出任总参军事学院院长直至1945年3月去世。

15. 同上，第221页。

16. 除了华西列夫斯基的回忆录《毕生的事业》（*Delo vsei zhizni*，莫斯科：政治书籍出版社，1983年），还可参阅舒克曼《斯大林的将领》一书中，杰弗里·朱克斯撰写的《亚历山大·米哈伊洛维奇·华西列夫斯基》，第275--285页；以及尼科弗洛夫的《伟大卫国战争，1941—1945年》，第288—291页。作为苏军总参谋长和副国防人民委员，华西列夫斯基负责策划并监督了斯大林格勒反击战（"天王星"行动）、1942—1943年冬季攻势，库尔斯克战役及随后的1943年夏季攻势，1944年初对乌克兰和克里木的进攻以及1944年夏季的白俄罗斯战役（"巴格拉季昂"战役）。1945年2月，白俄罗斯第3方面军司令员切尔尼亚霍夫斯基大将阵亡，华西列夫斯基接替他的指挥工作，并完成了作战行动，此后，斯大林任命他为最高副统帅和最高统帅部成员。[1]华西列夫斯基职业生涯的巅峰是出任远东苏军总司令，这个职务相当于战区司令员，他精心策划了1945年8—9月歼灭日本关东军的满洲攻势。战争结束后，华西列夫斯基1949年出任苏联武装力量部部长，1953年担任苏联国防部第一副部长，1956年他主动辞去这个职务。尽管他由于身体状况不佳处于半退休状态，但他在50年代末期苏军改组的过程中发挥了重要作用。华西列夫斯基1957年退役，去世于1977年。

17. 关于朱可夫的传记非常多；另可参阅尼科弗洛夫的《伟大卫国战争，1941—1945年》第293—296页。朱可夫在红军重大攻势中多次担任最高统帅部代表，包括1943年2月在列宁格勒地区针对德国"北方"集团军群的"北极星"行动、1943年夏季的库尔斯克战役、1943—1944年冬季乌克兰的战事，1944年3月，乌克兰第1方面军司令员瓦图京死于乌克兰游击队之手，朱可夫接替他指挥该方面军。1944年夏季，他协助策划并监督了白俄罗斯战役；1945年，作为白俄罗斯第1方面军司令员，他率领部队穿过波兰，歼灭了盘踞在波美拉尼亚的德军；当年4—5月，对柏林发起最终突击。战争结束后，朱可夫担任苏军驻德军队集群总司令，1946年出任武装力量部部长兼陆军总司令；1946—1953年，他被"流放"，任敖德萨和乌拉尔军区司令员。斯大林1953年去世后，朱可夫获准返回莫斯科，1957年出任苏联国防部长[2]，负责组建核武器时代的苏联武装力量。1960—1964年，N.S.赫鲁晓夫担任苏联领导人期间，朱可夫积极参与政治事务。他在60年代退役，去世于1974年。

18. 苏联1964年后出版的许多书籍也承认朱可夫策划了斯大林格勒反击战，而此前的许多书籍将此归功于华西列夫斯基和叶廖缅科。当然，作为最高副统帅的朱可夫的确在最高统帅部所有战略策划中发挥了极大的作用。关于策划这场反击的历史性论争，可参阅本三部曲的第三册。

19. G.朱可夫的《回忆与思考》第2册（莫斯科：进步出版社，1985年），第72—73页。

20. A.M.华西列夫斯基的《毕生的事业》第183—185页。这些攻势将在克里木、哈尔科夫、利戈夫—库尔斯克、斯摩棱斯克方向、杰米扬斯克、列宁格勒地区发起。

---

① 译注：斯大林任命华西列夫斯基为白俄罗斯第3方面军司令员的同时便提升他为最高统帅部成员，但华西列夫斯基并不是最高副统帅。

② 译注：朱可夫担任国防部长的日期为1955年2月—1957年10月。

21. 参阅舒克曼《斯大林的将领》一书第239—253页维克托·安菲洛夫撰写的《谢苗·康斯坦丁诺维奇·铁木辛哥》，以及《苏联军事百科全书》（八卷本，*Sovetskaia Voennaia Entsiklopediia v vos'mi tomakh*）第8册第43—44页的《谢苗·康斯坦丁诺维奇·铁木辛哥》，此后简称*SVE*，并附以相应的册数和页数。另可在尼科弗洛夫的《伟大卫国战争，1941—1945年》第282—284页参阅铁木辛哥的最新生平。德军"蓝色"行动后期，1942年10月，斯大林将斯大林格勒方面军司令员铁木辛哥调去担任西北方面军司令员。1943年初，他的方面军肃清了德军盘踞的杰米扬斯克突出部，但没能完成更加宏大的攻势——击败"北方"集团军群（"北极星"行动），当年3月，斯大林解除了他方面军司令员的职务，但仍派他担任最高统帅部代表。铁木辛哥在列宁格勒地区担任最高统帅部代表到1943年11月，1944年初被派至波罗的海地区，1944年8—9月被派至巴尔干地区。战争结束后，1946—1960年，铁木辛哥先后担任巴拉诺维奇军区司令员、南乌拉尔军区司令员、白俄罗斯军区司令员。斯大林这位老兵于1960年退役，1970年去世。

22. 巴尔文科沃—洛佐瓦亚进攻战役（1942年1月18日—31日）期间，西南方面军和南方面军的第6、第9、第57和第37集团军在哈尔科夫以南的北顿涅茨河西岸夺得一个巨大的突出部，以此作为后续攻势的跳板。

23. 在方向总指挥部、方面军和集团军级司令部层面，协助司令员的是"三驾马车"的组织结构，军事委员会由司令员、他的政委和参谋长组成。

24. 另一位是A.Kh.巴巴贾尼扬，担任过坦克旅旅长和坦克军军长。

25. 参阅M.M.科兹洛夫主编的《1941—1945年，伟大卫国战争：百科全书》（*Velikaia Otechestvennaia voina 1941-1945: Entsiklopediia*，莫斯科：苏联百科全书出版社，1985年），第73页，此后简称为《科兹洛夫》（*VOV*）；以及I.N.罗季奥诺夫主编的《军事百科全书》（八卷本，*Voennaia entsiklopediia v vos'mi tomakh*，莫斯科：军事出版社，1997年），第1册第337—338页，此后简称为*VE*，并附以相应的册数和页数。

26. 尼科弗洛夫的《伟大卫国战争，1941—1945年》第304—306页。经历了哈尔科夫的灾难后，斯大林任命巴格拉米扬担任西方面军第16集团军司令员，德军"蓝色"行动期间，他一直指挥着该集团军，该集团军改编为近卫第11集团军，在1943年7—8月的奥廖尔反击战中表现出色。1943年11月，巴格拉米扬擢升为波罗的海沿岸第1方面军司令员。1943—1944年冬季，他率领该方面军试图击败盘踞在白俄罗斯的德国"中央"集团军群，但没能获得成功。1944年夏季，他的部队终于打垮了德军在白俄罗斯的防御，并于秋季解放里加。柯尼斯堡战役中，巴格拉米扬指挥"泽姆兰"军队集群，并兼任白俄罗斯第3方面军副司令员。战争结束后，巴格拉米扬任波罗的海沿岸军区司令员至1954年，由于他同赫鲁晓夫的战时关系，1955年成为国防部副部长，1956年任伏罗希洛夫总参学院院长，1958年任国防部副部长兼武装力量后勤部长。巴格拉米扬1968年退役，撰写了出色的战时回忆录，他去世于1982年。

27. 格兰茨的《哈尔科夫，1942年：对一场军事灾难的剖析》第24—26页。

28. K.S.莫斯卡连科的《在西南方向上》（*Na iugo-zapadnom napravlenii*，莫斯科：科学出版社，1969年）第176—177页。

29. 西南方向总指挥部3月22日的评估报告可参阅格兰茨《哈尔科夫，1942年：对一场军事灾难的剖析》中的附录，第252—255页。

30. I.Kh.巴格拉米扬的《我们这样走向胜利》（*Tak shli my k pobeda*，莫斯科：军事出版社，1977年），第54—67页。

31. 佐洛塔廖夫的《最高统帅部1942》第152页。

32. 同上，第171—172页。

33. 同上，第173—174页。

34. 同上，第174页。

35. 关于苏军1942年夏季和秋季攻势的策划工作，可参阅A.N.格里列夫的《1942年夏秋季战役的一些策划特点》（*Nekotorye osobennosti planirovaniia letne-osennei kampanii 1942 goda*），*VIZh*，第9期（1991年9月），第4—11页。

36. 关于西南方向总指挥部1942年4月10日的作战计划，可参阅格兰茨《哈尔科夫，1942年：对一场军事灾难的剖析》中的附录3，第256—258页。

37. 同上，第31—32页。

38. 尼科弗洛夫的《伟大卫国战争，1941—1945年》第541—546页，V.A.佐洛塔廖夫主编的《伟大卫国战争 第一册：严酷的考验（1941—1945年）》（*Velikaia Otechestvennaia voina 1941-1945, Kniga 1: Surovye ispytaniia*，莫斯科：科学出版社，1998年），第325页。

39. 1941年12月1日，红军拥有5908辆坦克、57031门大炮/迫击炮、874具多管火箭炮（喀秋莎）、10017架作战飞机（6346架可用）、311555部车辆（235162辆卡车）和1287641匹马。据GKO（国防委员会）1942年3月7日签发的一份指令记录，红军总兵力为9597802人，4663697人在前线、397978人在医院。5月5日签发的一份类似指令指出，红军总兵力为8950000人，5449898人在前线、414400人在医院。参阅马列主义研究院（*TsPA UML*）的苏共中央档案，*fond* [档案集]（简称f）644，*opis* [子集]（简称op）1，*delo* [文件]（简称d）23，*listy* [页数]（简称li）127—129，以及*f. 644, op. 1, d. 33, li. 48—50*。

40. 佐洛塔廖夫的《伟大卫国战争，1941—1945年》第一册第325页。

41. 截至1942年5月1日，轴心国军队在南部战线的装甲力量实际上不到2000辆坦克和突击炮。

42.《苏联军队作战编成 第2部分（1942年1—12月）》第93页。

43. 关于戈利科夫发出的准确警告，可参阅《泥足巨人：苏德战争前夕的苏联军队》第241、第244页。

44.《伟大卫国战争，集团军指挥员，军事人物志》第48—50页；德军"蓝色"行动期间，戈利科夫率领布良斯克方面军撤往顿河，1942年8—9月在斯大林格勒西北方的激战中，他指挥近卫第1集团军。当年9—10月，他担任西北方面军[①]副司令员，10月份期间短暂担任总参情报总局局长，1942年10月至1943年3月，他担任沃罗涅日方面军司令员。曼施泰因"南方"集团军群1943年3月的反击粉碎了他的方面军，并形成恶名昭著的库尔斯克突出部后，斯大林解除了戈利科夫的指挥权，把他调回国防部和总参任职直至战争结束。由于斯大林喜欢他认为可靠的将领，1950—1956年，戈利科夫在东德指挥一个机械化集团军，随后担任装甲兵学院院长和苏军总政治部主任，1962年退役。戈利科夫活到80岁，去世于1980年。

45. 同上，第139—141页。"蓝色"行动期间，马利诺夫斯基的方面军几乎全军覆没，但他本人幸免于难。1942年8—10月，他尴尬地指挥着第66集团军在斯大林格勒西北方的科特卢班地域多次发起反击。1942年10月至1943年2月，他担任近卫第2集团军司令员，德军试图救援被困于斯大林格勒的第6集团军时，为阻击德军援兵，马利诺夫斯基的集团军发挥了重要作用。1943年2月，斯大林再次任命马利诺夫斯基为南方面军司令员，当年3月，他改任西南方面军司令员。马利诺夫斯基指挥西南方面军（1943年10月更名为乌克兰第3方面军）和乌克兰第2方面军直至战争结束。由于马利诺夫斯基多次策划、实施了红军在乌克兰和东南欧的重大战役并取得胜利，斯大林派他担任外贝加尔方面军司令员，在1945年8—9月的满洲战役中打击日本关东军。1947—1953年，马利诺夫斯基留在远东担任远东部队总司令，1953—1956年任远东军区司令员。1956年3月，马利诺夫斯基返回莫斯科，出任苏联陆军总司令、国防部第一副部长，1957年10月担任苏联国防部长，在这个职位上一直待到1967年去世。

46.同上，第95—96页。"蓝色"战役期间，曼施泰因的第11集团军发起进攻，打垮了克里木方面军在刻赤的防御，将该方面军的3个集团军逐离半岛，并跨过刻赤海峡到达高加索西部地区的塔曼半岛，科兹洛夫失去了斯大林的宠信。但斯大林知道，他派去的私人代表梅赫利斯应为这场失利承担主要责任，故而在1942年整个夏季继续派科兹洛夫担任第6集团军和预备队第9集团军司令员[2]。1942年8月，预备队第9集团军改编为第24集团军，科兹洛夫仍担任司令员。1942年9月，科兹洛夫率领第24集团军参加了科特卢班地域的血腥激战，在沃罗涅日方面军司令员短暂任职后，他作为最高统帅部代表参加了红军1943年1—3月的奥斯特罗戈日斯克—罗索希进攻战役、沃罗涅日—卡斯托尔诺耶进攻战役和哈尔科夫进攻战役。1943年3月，科兹洛夫的部队在哈尔科夫地区遭遇败绩，他再度失宠。战争剩下的时间里，他一直担任外贝加尔方面军副司令员，并参加了1945年8—9月的满洲战役。战争结束后，他担任外贝加尔军区副司令员。科兹洛夫一直没能重新获得斯大林的宠信，他去世于1967年。

47. I.I.库兹涅佐夫的《将军们的命运：1940—1953年的红军高级指挥员》（*Sud'by general skie: Vysshie komandnye kadry Krasnoi Armii v 1940–1953 gg.* 伊尔库茨克：伊尔库茨克大学出版社，2002年）。

48.《伟大卫国战争，集团军指挥员，军事人物志》第185—186页。与1942年另一些集团军司令员一样，普霍夫指挥着他的集团军直至战争结束，在1943年的库尔斯克战役，1943和1944年乌克兰战役，1944和1945年波兰及进军柏林的战役中，普霍夫表现出色。由于为库尔斯克战役的胜利做出了贡献，普霍夫获得"苏联英雄"称号。战争结束后，普霍夫先后担任了敖德萨军区、北高加索军区、西西伯利亚军区和西伯利亚军区司令员，1957年出任罗马尼亚军队首席顾问，他去世于1958年。

49. 同上，第165—167页。1942年7月，前进中的德军包围并几乎全歼了帕尔谢戈夫的第40集团军，斯大林解除了他的职务，把他派至远东，担任远东方面军炮兵副主任，1945年8—9月的满洲战役期间，他担任远东第2方面军炮兵副主任、主任。战争结束后，帕尔谢戈夫先后在几个军区负责炮兵指挥工作，后来在加里宁炮兵学院担任部门负责人，他去世于1964年。

50. 同上，第51—53页。戈尔多夫指挥第21集团军直至1942年6月，德军"蓝色"行动期间，斯大林派他指挥新组建的斯大林格勒方面军。由于没能阻止德军逼近斯大林格勒，当年8月，斯大林解除了他的职务，由A.I.叶廖缅科接替。1942年10月至1944年4月，戈尔多夫一直指挥着西方面军第33集团军，1944年4月至1945年5月，他在乌克兰第1方面军担任近卫第3集团军司令员。由于该集团军在波兰和柏林战役中的出色表现，戈尔多夫获得"苏联英雄"称号。战争结束后，他担任伏尔加河沿岸军区司令员，直至1947年退役。戈尔多夫随后被逮捕，遭受审讯，并被斯大林的法庭判定犯有叛国罪，于1950年被处决，1956年获得平反。

51. 同上，第202—203页。在1942年5月灾难性的哈尔科夫进攻战役中，里亚贝舍夫受到"指挥不力"的批评，战役结束后，他被解除职务，调回莫斯科待命。1943年参加伏罗希洛夫总参学院的学习后，里亚贝

---

① 译注：应为东南方面军。
② 译注：科兹洛夫被降为少将，并未担任过第6集团军司令员。

舍夫重返战场，先后担任预备队第3集团军司令员、近卫第3集团军副司令员、第3集团军司令员[1]，并短暂担任过近卫第3集团军司令员。1944年1月起，根据他自己的请求，里亚贝舍夫先后在近卫第3集团军、突击第5集团军和第70集团军辖下担任步兵军军长，在这个职位上一直待到战争结束。

52. 同上，第153—155页。"蓝色"行动期间，莫斯卡连科先后指挥过第38集团军、坦克第1集团军、近卫第1集团军和第40集团军，1943年10月起再度指挥第38集团军，直至战争结束。红军在乌克兰、波兰和捷克斯洛伐克取得的许多重大胜利中，莫斯卡连科指挥的集团军表现出色。战争结束后，莫斯卡连科担任集团军司令员至1948年，1948—1953年任莫斯科军区防空部队司令员。斯大林1953年去世后，莫斯卡连科协助赫鲁晓夫挫败了贝利亚NKVD的未遂政变，并出任莫斯科军区司令员；1955年，他被擢升为苏联元帅、国防部副部长。1962年退役后，莫斯卡连科撰写了自己的回忆录，这本书是红军将领战时回忆录中的最佳著作之一。他去世于1985年。

53. 同上，第54—56页。1942年5月下旬，戈罗德尼扬斯基的军旅生涯戛然而止，他在哈尔科夫战役中阵亡。

54. 同上，第174—175页。与戈罗德尼扬斯基一样，1942年5月下旬，波德拉斯在哈尔科夫南面巴尔文科沃—洛佐瓦亚登陆场的激战中阵亡。

55. 同上，第241—242页。哈里东诺夫在1942年5月的哈尔科夫灾难中幸免于难，并在德军"蓝色"行动期间和苏军1942—1943年冬季反攻中继续率领第6集团军。1943年2—3月，曼施泰因率领"南方"集团军群发起反击，将第6集团军包围并基本歼灭在顿巴斯地区，1943年5月，哈里东诺夫病故。

56. 行动初期，前进中的德军歼灭了洛帕京的集团军，最高统帅部随即将他派至铁木辛哥新组建的斯大林格勒方面军，担任第62集团军司令员。7月底和8月初顿河大弯曲部的战斗中，他没能达成斯大林的期望，斯大林格勒方面军新任司令员叶廖缅科解除了他的职务，派崔可夫接替。在莫斯科各种参谋职位上赋闲了一段时间后，洛帕京重返前线，1942年10月至1943年3月，在西北方面军先后担任第34和第11集团军司令员，1943年9月，调到加里宁方面军，担任第20集团军司令员。1943年9月至1944年7月，他在波罗的海沿岸第1方面军辖下的第43集团军任副司令员，随后，他主动请求派他担任一名军长，1945年1—2月，他率领第43集团军辖下的近卫步兵第13军参加了东普鲁士战役，1945年8—9月的满洲战役中，他在外贝加尔方面军指挥独立步兵第2军。战争结束后，洛帕京1947年从伏罗希洛夫总参学院毕业，随后在外贝加尔军区担任近卫第7集团军副司令员，后出任步兵第13军军长和近卫步兵第9军军长。1954年，洛帕京退役。他去世于1965年。

57. 同上，第57—59页。1942年7—8月，格列奇科指挥南方面军的第12集团军撤入北高加索地区。当年9月的新罗西斯克防御战中，他负责指挥第47集团军。由于在保卫高加索的战斗中发挥了重要作用，1943年1—10月，格列奇科担任第56集团军司令员，1943年10月任沃罗涅日方面军副司令员，1943年12月至战争结束，他一直担任近卫第1集团军司令员。在乌克兰、波兰和捷克斯洛伐克的大多数进攻战役中，格列奇科的集团军表现出色。战争结束后，格列奇科平步青云，先后担任过基辅军区司令员、苏联国防部第一副部长，1957年11月出任陆军总司令，1967年担任苏联国防部部长。70年代初，格列奇科退役，1976年去世。

58. 同上，第88—89页。"蓝色"行动初期阶段结束后，卡姆科夫率领第18集团军，在北高加索方面军辖下参加了北高加索地区的防御战，1942年10月，他率领外高加索方面军第47集团军参加了黑海港口和图阿普谢（Tuapse）海军基地保卫战。1943年1月，卡姆科夫被解除指挥权，并被置于方面军和最高统帅部的控制下，据说是因为他作为集团司令员的表现不尽如人意。1944年2月，卡姆科夫率领着他钟爱的骑兵重返前线，在乌克兰第2方面军担任"骑兵-机械化"集群副司令员，参加了1943年1—2月的科尔孙-舍甫琴柯夫斯基包围战役、1944年春夏季红军在乌克兰戏剧性的突破、1944年8月在罗马尼亚歼灭德国"南乌克兰"集团军群的雅西-基什尼奥夫进攻战役、1944年秋季在匈牙利的德布勒森和布达佩斯进攻战役，表现优异。卡姆科夫重新获得斯大林的宠信，战争结束时，他率领近卫"骑兵-机械化"第1集群辖下著名的近卫哥萨克骑兵第4军，该军在1945年3—4月解放了奥地利和捷克斯洛伐克东南部。战争结束后，卡姆科夫指挥近卫骑兵第4军，在伏龙芝军事学院任教至1946年，指挥近卫骑兵第3军和近卫骑兵第4军至1949年，在北高加索军区副司令员任上结束了自己的军旅生涯。他去世于1951年。

59. 同上，第250页。1942年7月，齐加诺夫被解除职务，在莫斯科军区担任副司令员，负责教育和培训，1944年6月因病去世。

60. 同上，第98—99页。1942年5月，科尔加诺夫的第44集团军[2]在刻赤的灾难中表现拙劣，当年6月，他被降为上校，夏末被派至包良斯克方面军担任副参谋长，9月改任第48集团军副司令员，1943年6月至战争结束，他一直担任步兵第42军军长。尽管科尔加诺夫作为集团军司令员并不成功，但主要原因是斯大林臭名昭著的亲信——派驻克里木方面军的最高统帅部代表梅赫利斯的横加干涉。作为集团军副司令员和军长，科尔加诺夫在1943年的库尔斯克战役和切尔尼戈夫—普里皮亚季进攻战役，以及1944—1945年的白俄罗斯和东普鲁士战役中表现出色。战争结束后，科尔加诺夫任步兵第53军军长，1946年任苏联陆军作战训练局副局长，1948年任罗马尼亚军队顾问，1949年12月担任派驻布加勒斯特的苏联武官，1952年任伏龙芝军事学院副院长直至1964年退役。他去世于1981年。

61. 同上，第133—134页。1942年5月11日，德国第11集团军发动重新夺回刻赤半岛的进攻战役中，德国空军轰炸了第51集团军司令部，利沃夫阵亡。

62. 同上，第255—257页。1942年5月刻赤灾难发生后，切尔尼亚克的军旅生涯急转直下，但整个战争期间，他一直在前线服役。他被降为上校，1942年6—12月，在预备队第10集团军指挥步兵第306师，并在战斗中负伤。伤愈后，1943年4月，他在第39集团军担任近卫步兵第5军副军长；1943年6月，在突击第3集团军担任步兵第32师师长；当年8月，他再次被解除职务，原因是"没有执行突破敌防御的命令"。尽管切尔尼亚克厄运缠身，但1943年10月，NKO恢复了他的指挥权，这次派他去第65集团军担任步兵第162师师长，1943年11月的戈梅利—列奇察进攻战役中，他率领的这个师表现出色，并获得红旗勋章。1944年1月，在白俄罗斯方面军发起的卡林科维奇进攻战役中，切尔尼亚克再次负伤，当年3月伤愈归队后，出任步兵第41师师长，先在第65集团军辖下，战争临近结束前转隶第69集团军，该师在卢布林—布列斯特、维斯瓦河—奥得河以及柏林战役中表现出色。战争结束后，切尔尼亚克先后在几个军区从事参谋工作，直至1958年退役。他是第二次世界大战真正的生还者，去世于1976年，享年78岁。

63. 同上，第172页。塞瓦斯托波尔陷落前不久，彼得罗夫撤离这座要塞。1942年8—10月，他在外高加索方面军担任第44集团军司令员，随后任外高加索方面军黑海军队集群司令员直至1943年5月。1943年5—11月，彼得罗夫出任北高加索方面军司令员。可是，由于他同斯大林的亲信梅赫利斯发生争执，1944

---

① 译注：里亚贝舍夫似乎没担任过这个职务。
② 译注：应为第47集团军。

年3月，他从大将降为上将，并被派至白俄罗斯第2方面军①担任第33集团军司令员。1944年8月至1945年3月，百折不挠的彼得罗夫再次晋升为乌克兰第4方面军司令员。尽管他在喀尔巴阡山战役中表现出色，但由于斯大林委派的政委横加干预，彼得罗夫再度被解职，并被派至乌克兰第1方面军任参谋长直至战争结束。战后，彼得罗夫担任土耳其斯坦军区司令员，斯大林去世后，他调回莫斯科，先后担任苏军第一副总监察长、苏军总训练部部长和陆军第一副总司令。他去世于1958年。

64. 对红军士兵更加详细的描述，可参阅格兰茨的《巨人重生》第536—608页。

65. 关于种族摩擦，可参阅瓦林·T.戈尔特-格伦维克和米哈伊尔·N.苏普伦的《少数民族和北极战线的战事，1939—1945年》，*JSMS*，2000年3月第1册，总第13期，第127—142页。

66. 关于苏联妇女参与战争努力的性质和规模，可参阅格兰茨的《巨人重生》第551—554页。女兵们甚至在莫斯科组建起女子步兵第1旅，并建立了另一个组织，为前线部队培训狙击手。

---

① 译注：应为西方面军。

1942年夏季主要战役发起前，德国国防军和苏联红军已展开一系列战役，旨在为实现战略目标创造有利条件。对希特勒来说，这意味着让他的军队占据发起"蓝色"行动的理想出发阵地；对斯大林而言，这意味着先发制人，尽管规模有限，但进攻行动将破坏并削弱德军的进攻准备。由于1941—1942年冬季的激烈战斗直到1942年4月下旬才消退，双方都不打算按期发动进攻，两位独裁者批准将行动发起日期推延至5月份。更具经验的德国人赢得了这场比赛，率先在克里木发起打击。

"猎鸨"行动：刻赤战役

对德国人来说，肃清克里木半岛是发起夏季攻势的先决条件，这样可以确保自己的右翼，并控制住红军黑海舰队的主要基地。"南方"集团军群第11集团军司令冯·曼施泰因将军必须消灭刻赤半岛（位于克里木东端）上的苏军第44、第47和第51集团军，然后再击败独立滨海集团军，打垮对方在塞瓦斯托波尔要塞的防御。

科兹洛夫将军的克里木方面军，以切尔尼亚克将军的第44集团军、科尔加诺夫将军的第47集团军和利沃夫将军的第51集团军据守刻赤半岛，获得347辆坦克、3577门大炮/迫击炮、400架飞机支援的259622名士兵挤在一片只有18公里宽、75公里深的区域内（参见地图3）。[1]从理论上说，这片区域非常适合防

96

地图 3　刻赤战役（1942 年 5 月 8 日—19 日）

御，因为德国人不得不突破苏军沿半岛颈部构设的工事，然后穿过四道连续的防线才能到达刻赤港。但科兹洛夫的部队（23个步兵师、2个骑兵师、6个步兵旅、4个坦克旅、1个独立步兵团、1个独立坦克团和6个独立坦克营，并获得17个炮兵团和15个独立炮兵营的加强）密集排列，正准备发起进攻——这种进攻准备使他们的自身防御部署得非常糟糕。[2]另外，这些部队的一切补给必须跨越亚速海运抵，这条补给线非常脆弱，很容易被德国空军和小股海军单位切断。

刻赤对双方的重要性显而易见，但苏联人做出了错误的应对。在最高统帅部的一再督促下，科兹洛夫在1月中旬提交了一份计划，打算以他的部队发起一场全面进攻，解救被困于塞瓦斯托波尔的独立滨海集团军。第一场进攻收效甚微，不得不在1月下旬停顿下来，德军就势发起反击，打垮了科兹洛夫的第44集团军，并将刻赤西面的港口城市费奥多西亚（Feodosiia）拿下。恼怒、不耐烦的斯大林终于直接插手干预了。

战争期间，大多数情况下，斯大林这位独裁者通常的做法是派出一名所谓的"最高统帅部代表"，并赋予他全权，监督关键战线上的作战行动。但1月下旬，莫斯科派出两名代表赶至克里木，表面上是检查科兹洛夫的准备工作，以便发起一场决定性进攻，打破德军对塞瓦斯托波尔的围困。实际上，斯大林对他那些将领挥之不去的怀疑促使他派去了一名政治帮凶，而不是一个经验丰富的军人。到1942年，列夫·扎哈洛维奇·梅赫利斯，这位红军总政治部主任兼副总参谋长①，已经因为对军官团的清洗而获得令人生畏的名声。1941年德军节节胜利期间，梅赫利斯把大批战败的苏军指挥员押到临时成立的行刑队面前。在克里木，梅赫利斯作威作福，擅自撤换高级指挥员，扰乱工作关系。更要命的是，他撤销了科兹洛夫经验丰富的参谋长费多尔·伊万诺维奇·托尔布欣少将（未来的苏联元帅）的职务，取而代之的是另一名最高统帅部代表——西南方向总指挥部副参谋长帕维尔·P.韦奇内少将②。[3]

一个平庸的司令员（科兹洛夫），一个霸道、频频插手干预的政委（梅赫利斯）和一个毫无经验的参谋长，事实证明，这种组合对克里木方面军极其

---

① 译注：梅赫利斯没有担任过副总参谋长，而是副国防人民委员。
② 译注：韦奇内是总参谋部派出的代表。

致命。由此产生的混乱，再加上刻赤半岛拥挤而又孤立的阵地，对部队的准备工作造成灾难性影响。随着梅赫利斯和韦奇内对战役和战术计划的各个环节横加干涉，科尔加诺夫第47集团军和利沃夫第51集团军2月27日发动的进攻迅速陷入瘫痪，没过一周便彻底土崩瓦解。4月中旬发起的另一系列进攻也以惨败告终。[4]正如苏联战地记者K.西蒙诺夫后来所写的那样：

> 一切都深陷泥泞。坦克无法前进，大炮困在后方的某处，车辆同样如此；炮弹只能靠人力运往前方。前进中的士兵都懵了。此前或之后，我从未见过这么多人丧生，他们不是在战斗或进攻中阵亡，而是死于系统性炮火打击。无疑，每隔10米就有一名士兵遭遇到这种危险。他们任人宰割，完全不知道自己在做什么。这里既没有散兵坑，也没有狭窄的战壕，什么都没有。一切都发生在这片光秃秃的开阔地和泥泞中，战场的四面八方无遮无掩。倒在泥泞中的人被践踏致死，出于某种原因，这片战场显得格外阴森。[5]

由于这种徒劳无益的战斗，1942年2—4月，克里木方面军的伤亡高达226370人，但他们付出的努力换来的只是挫败。[6]令情况雪上加霜的是科兹洛夫的参谋人员，尽管他们注意到德军正准备发起进攻，却没能识破曼施泰因的欺骗计划。

为打击科兹洛夫密集排列但严重受损的部队，曼施泰因的第11集团军只能腾出2个军的兵力——炮兵上将马克西米利安·冯·弗雷特–皮科的第30军和弗朗茨·马滕克洛特中将[①]的第42军，共计1个装甲师和5个步兵师，提供支援的是训练不足、指挥糟糕的3个罗马尼亚师（2个步兵师、1个骑兵师）。[7]剩下的3个德军步兵师和2个罗马尼亚师勉强够用于保持对塞瓦斯托波尔的围困。总体说来，位于刻赤的苏联守军在兵力、火炮甚至在坦克方面都占有2比1的优势，尽管半岛深窄的形状使科兹洛夫无法将他的全部力量集中到一个地点。[8]

但与强大的敌人相比，曼施泰因也有几个优势。首先，且不说前线士兵的作战能力，单从战争这一阶段策划和协调进攻行动的德军参谋人员来看，他

---

① 译注：马滕克洛特1941年10月1日已被擢升为步兵上将。

们的表现就比其苏联对手更加优秀。其次，希特勒认为，他青睐的将领需要空中力量去弥补有限的地面部队。冯·里希特霍芬大将的第8航空军是德国空军最重要的战术单位，该航空军投入600多架战机，每天出动2000个架次支援地面攻势。欧洲俄罗斯的广袤空间通常会削弱德国空军的效能，但里希特霍芬的飞行员在克里木有限的空间内几乎完全掌握了制空权，并以猛烈的火力支援地面部队的进攻。[9]

第三点，曼施泰因的欺骗计划误导了他的对手。冬季战役期间，克里木方面军的第51集团军占据了刻赤前沿防线，左翼是第47集团军，其右（北）翼前伸了5—6公里。这是个脆弱的突出部，看上去，德国人似乎会以一场有限的进攻砍掉这片弓形地带，并将苏军逼退至海边。曼施泰因抓住这个弱点，利用马腾克洛特虚弱的第42军（该军主要由罗马尼亚部队构成），诱使他的对手相信，北面的突出部将是德军即将发起的进攻的主要目标。实际上，曼施泰因打算在南翼发起一场更加大胆的主要突击。在那里，弗雷特-皮科的第30军将以4个步兵师和1个装甲师，外加德国和罗马尼亚部队混编而成的一支临时性机动部队（被称为"格罗德克"摩托化旅）突破苏军前沿防御。然后，不顾自身敞开的北翼，这些德军将沿半岛的长度迅速推进，抢在苏军组织起有效防御前夺取刻赤港。

在这一背景下，1942年5月8日清晨3点15分，德军隆隆的炮声拉开了"猎鸨"行动的帷幕。[10]除了常规的野战炮兵和近距离空中支援，曼施泰因还投入了多管火箭炮、空军的88毫米高射炮和一些集结起来打破塞瓦斯托波尔防御的重型攻城炮。经过10分钟炮击，炮火向东延伸，德军工兵和步兵开始执行肃清雷区和铁丝网的危险任务，以突破苏军前沿阵地。苏军的大炮和机枪也加入到这场喧嚣中。

炮火的轰鸣掩盖了德军另一场巧妙（尽管有些冒险）的机动。前一天夜里，第436步兵团的4个连划着工兵冲锋舟潜入战线南端对面克里木海的黑暗中。战斗打响后，巴伐利亚第132步兵师的这些士兵立即发动冲锋舟的舷外引擎，直接冲向苏军宽阔的防坦克壕形成的人工水道。这些冲锋舟的出现完全出乎苏军的意料，打乱了他们的防御计划，并从一个意想不到的方向对苏军掩体发起攻击。5月8日中午，"格罗德克"摩托化旅跨过防坦克壕上临时搭设起的桥梁后，随即向东疾进，将苏军第一道防线甩在身后。

5月9日清晨，第22装甲师在北面突破了同一道防线。他们向东推进时，惊讶地发现一个苏军坦克旅正位于集结区，经过一场短暂但却猛烈的交火，德军突击炮和坦克歼灭了这股苏军。

5月9日—10日夜间的大雨将半岛变为一片沼泽，曼施泰因的进军几近停顿。但这个喘息之机无法挽救指挥拙劣的守军。梅赫利斯更关心的似乎是推卸责任，而不是制止溃逃。德军刚一发起进攻，这位政委便发电报给斯大林，要求撤换科兹洛夫，并声称克里木方面军直到最后时刻也没理会他的提醒。事实证明，斯大林对他的心腹和对他的将领同样无情，他在回电中指出：

> 您采取了一种奇怪的、对克里木方面军的事务毫不负责的旁观者立场……您不是一个旁观者，而是最高统帅部的负责代表，应对方面军的一切成败负责，应就地纠正方面军领导上的错误……如果……您不去采取各种措施组织抗击，而只是在一旁消极批评，那您的问题就更为严重。[11]

梅赫利斯被降级，再也没有担任最高统帅部代表，切尔尼亚克和科尔加诺夫将军被解除集团军司令员职务，并被降为上校，第51集团军司令员利沃夫将军在战斗中阵亡。从苏军的角度看，梅赫利斯被贬也许是刻赤惨败唯一的积极成果。一天内（5月15日），德军第170步兵师第213团前进80多公里，到达刻赤港，并于次日占领该城。9月16日和17日，曼施泰因的榴弹炮和里希特霍芬的俯冲轰炸机使被围苏军沦为士气低落、毫无组织的乌合之众。只有少数守军游过半冻的刻赤海峡逃出了包围圈；据德国方面统计，他们抓获17万名俘虏，自身伤亡7588人。[12]这场一边倒的胜利重复了去年的痛苦，证明了德国人对自身能力的信心和他们对苏军作战能力的蔑视。

策划第二次哈尔科夫战役

事实上，苏军对曼施泰因在克里木取得的胜利唯一有影响的行动是铁木辛哥的哈尔科夫攻势，这场进攻在"猎鸨"行动四天后发起。来势汹汹的苏军令德国人深感震惊，里希特霍芬不得不把部分轰炸机调往北面援助守军。但苏军对哈尔科夫的进攻最终被证明是一场与刻赤防御战同样的灾难。

　　从一开始，铁木辛哥和他的属下就严重低估了对手的实力和能力。苏军情报部门在报告中指出，哈尔科夫地区的德军主力是保卢斯将军的第6集团军，辖12个实力不明的步兵师，哈尔科夫附近的德军预备队只有第23装甲师。这份评估在1942年3月可能是准确的，但5月初，第6集团军兵力的数量和质量都有所增加。苏军发起进攻时，保卢斯拥有15个颇具战斗力的步兵师或后方地区保安师，另一个师正从法国赶来，外加第3和第23装甲师以及2个规模稍小的临时战斗群。

　　另外，苏军的评估在很大程度上忽略了位于巴尔文科沃登陆场以南的第1装甲集团军和第17集团军。鉴于苏军指挥员普遍认为希特勒的夏季攻势将再次对准莫斯科，苏军情报人员低估了克莱斯特大将这两个德国集团军的实力，这一点也许可以理解。克莱斯特麾下拥有26个师和5个稍小的战斗群，包括第3摩托化军，第13、第14、第16装甲师，第60摩托化师以及装备精良的党卫队"阿道夫·希特勒警卫旗队"和"维京"摩托化步兵师。尽管这些部队位于苏军作战行动规划区域外，但他们完全可以向北发动反击，攻入铁木辛哥的侧翼。苏军越向西推进，这个漏洞就越大。实际上，红军是闭着眼睛把头塞入狮口。[13]

　　铁木辛哥4月10日下达、4月28日加以修订的作战指令，至少可以说较为复杂，因为他打算以一场钳形攻势将德国第6集团军包围并歼灭在哈尔科夫地区。第一支铁钳由西南方面军第21、第28和第38集团军构成，并获得近卫骑兵第3军的加强，将从哈尔科夫东北方、北顿涅茨河西岸的旧萨尔托夫登陆场冲出。第二支铁钳由西南方面军第6集团军和"博布金"集群（这个临时组建的集群相当于一个野战集团军）组成，并获得2个新组建的坦克军的加强，他们将从哈尔科夫以南、北顿涅茨河西岸的巴尔文科沃登陆场北半部发起进攻。而南方面军第57和第9集团军继续坚守巴尔文科沃登陆场的南半部。

　　哈尔科夫北面，里亚贝舍夫将军的第28集团军执行西南方面军的主要突击——以6个步兵师、4个坦克旅和9个非师属炮兵团突破德军既设防御。莫斯卡连科将军的第38集团军从左侧、戈尔多夫将军的第21集团军从右侧为里亚贝舍夫的集团军提供支援。为迅速达成突破，苏军在每公里正面部署了59.2门大炮/迫击炮，支援步兵的坦克达到每公里12辆。进攻发起的第3天，必须达成足够宽、足够深的突破，以便弗拉基米尔·德里特里耶维奇·克留琴金少将的近卫骑兵第3军（该军由3个骑兵师和1个摩托化步兵旅组成）从哈尔科夫与别尔格罗德（Belgorod）的中间地段穿越。[14]在骑兵部队的带领下，第28集团军随后将转向南面，形成哈尔科夫包围圈的北钳。

与此同时，西南方面军从巴尔文科沃登陆场展开行动的第6集团军，将在司令员戈罗德尼扬斯基将军的率领下，从哈尔科夫以南75公里处发起进攻。获得4个坦克旅和额外14个炮兵团加强的8个步兵师，奉命在进攻发起的4天内向西北方推进30公里，前出至从兹米耶夫（Zmiev）向西南方延伸的一条战线。在这里，库兹明和普希金将军新组建的坦克第21和第23军（每个军的规模相当于一个较小的德军装甲师）将穿越步兵部队，发起包围哈尔科夫的进攻。率领"博布金"集群的是西南方面军负责骑兵部队的副司令员列昂尼德·瓦西里耶维奇·博布金少将，该集群辖2个步兵师、1个坦克旅和诺斯科夫少将的骑兵第6军，他们也将发起突击，掩护第6集团军的左翼。"巴巴罗萨"行动和随后的冬季战役中，亚历山大·阿列克谢耶维奇·诺斯科夫指挥着骑兵第26师，1942年2月出任骑兵第6军军长。[15]

与苏军后期攻势形成鲜明对比的是，哈尔科夫战役期间，大多数可用部队掌握在集团军级司令部手中，预备力量很少。西南方面军司令员铁木辛哥直接控制的部队只有2个步兵师、骑兵第2军的3个师和3个独立坦克营。从某种程度上说，缺乏预备力量反映出苏军的注意力仍集中在莫斯科，大多数战略预备队集结在那里。尽管如此，西南方向总指挥部还是打算投入令人印象深刻的力量，以765300名士兵和923辆坦克对付德国"南方"集团军群的450辆坦克，在这450辆坦克中，只有392辆可用于哈尔科夫战役（参见图表8）。[16]

如果说苏军的计划比较复杂，那么这场进攻的准备和执行可谓一场灾难。战争后期，红军能够解决大股部队重新部署和补给的复杂问题，但在1942年发起如此庞大的攻势，具有这方面经验的苏军参谋人员寥寥无几。这些参谋人员没有为部队的再部署下达详细的书面计划时间表，而是试图以口头指示解决矛盾，这些指示造成的混乱远远多于解决的问题。部队的调动大多需要在夜间进行，以免被德军侦察机发现，但这使问题变得更加困难。整个西南方面军，修建新道路和机场的工作远远落后于计划安排，而德军的空袭还反复炸毁重要的桥梁。

另外，许多受领进攻任务的部队不得不在战线后方横向移动，这种螃蟹似的调动使他们与其他部队正常的东西向补给线发生了冲突。例如，新组建的第28集团军将在北面执行主要突击，该集团军必须掌握最高统帅部预备队的3个师和其他集团军抽调来的3个师的调动。离开原先的阵地前，后3个师的上级单位不得不重新部署，以便将这3个师从指定防御阵地腾出。然后，各个师必须横向调动人员和物资，并占据前沿阵地，这些工作还要同上级和相邻的指挥部协调处理，而师里的参谋人员对这些部门的特点和程序一无所知。[17]

　　苏军最初的计划要求所有指挥部必须在4月初就位，剩下两周时间策划、演练进攻行动。实际上，许多部队直到最后一刻才赶到。斯大林勉强批准了铁木辛哥将进攻行动从5月4日推延至5月12日的请求。可即便这样，部队也没能做好准备。为西南方面军的进攻提供加强的32个非师属炮兵团，到5月11日时，只有17个进入射击阵地。平均起来，这些炮兵部队手上的弹药不足两天的使用量，尽管按照计划他们应该获得5.5天的弹药量。[18]

5月12日—29日，北顿涅茨河的灾难

　　尽管存在这些困难，但苏军的攻势还是令德军措手不及，并取得了可观的初步胜利（参见地图4）。1942年5月12日6点30分起，一个小时的炮火准备和15分钟的空袭落在德国第17军的防线上，位于该军对面的是苏军第28集团军的北突击集群，第38集团军位于其左侧，第21集团军位于其右侧。[19]虽然里亚贝舍夫的第28集团军已最大程度集结起有生力量，但突破德军既设阵地时还是遭遇到极大的困难。位于里亚贝舍夫两翼的集团军更具经验，他们在进攻第一天取得的进展实际上大于第28集团军。例如，一场技术娴熟的炮火准备使莫斯卡连科第38集团军辖下的步兵第226师在5月12日达成10公里突破。尽管中央地段进展缓慢，但两翼取得的成功缓解了主要突击的压力，并迫使德军更早投入其预备队。

　　与此同时，在南面，戈罗德尼扬斯基经验丰富的第6集团军在左翼"博布金"集团军级战役集群的支援下，取得了更大的初步胜利。戈罗德尼扬斯基的部队轻而易举粉碎了只有轻武器的匈牙利第108步兵师和德国第464保安师，这两个师隶属于炮兵上将瓦尔特·海茨的第8军。戈罗德尼扬斯基集团军辖下的骑兵第6军和坦克旅向前冲杀，第一天的战斗结束时，他们已取得15公里进展。斯大林非常高兴，并以铁木辛哥获得的显著胜利对红军总参谋部当初的怀

哈尔科夫战役，1942 年 5 月 12 日—29

25   0   25   50 千米

至利戈夫
36°
至库斯克尔克
38°
新奥斯尔
沃尔斯克利察河
29 军
北顿涅茨河
科罗恰河
至卡斯托尔诺耶
奥斯科尔河
至沃罗涅日
别尔格罗德
21 集
博戈杜霍夫
17 军
沃尔昌斯克
瓦卢伊基
南方集团军群
6 集
利普齐
28 集
近骑 3 集
哈尔科夫
旧萨尔托夫
大布尔卢克
柳博京
50°
38 集
4 航队
丘古耶夫
德武列奇纳亚
梅列法
西南方面军
新沃多拉加
8 军
乌德河
库皮扬斯克
空 17 集
兹米约夫
北顿涅茨河
51 军
坦 21 军
坦 23 军
8 军
安德烈耶夫卡
奥斯科尔河
斯瓦托沃
克拉斯诺格勒
巴拉克列亚
博罗瓦亚
轻拉斯特亚河
骑 6 军
克吉切夫卡
坦 23 军
6 集
57 集
坦 21 军
南方面军
骑 6 军
伊久姆
彼得罗夫斯科耶
9 集
空 4 集
萨赫诺夫希纳
60 摩步师
骑 5 军
红利曼
博布金战役集群
骑 2 军
洛佐瓦亚
巴尔文科沃
16 装师
37 集
骑 5 军
斯拉维扬斯克
萨马拉河
57 集
9 集
44 军
克拉马托尔斯克
4 军
罗 6 军
11 军
14 装师
60 摩步师
巴甫洛格勒
3 摩军
阿尔乔莫夫斯克
克莱斯特集团军级集群
1 装集
17 集
彼得罗巴甫洛夫卡
贝克河
红军村
戈尔洛夫卡
至扎波罗热
36°
至恰普利诺
红军村
至斯大林诺
38°

图例	
5 月 11 日晚的位置	5 月 19 日晚的位置
德军防线	德军进攻，5 月 17 日—29 日
苏军突击	5 月 29 日晚的位置

地图 4 哈尔科夫战役（1942 年 5 月 12 日—29 日）

疑论者大加嘲讽。[20]

保卢斯将军迎来了出任第6集团军司令后的第一场战役，面对苏军强有力的攻势，他表现出可以理解的谨慎，甚至有些紧张。保卢斯打算实施一场纯粹的防御作战，以苏联村落中被绕过的支撑点为"柱坑"，围绕这些柱坑构设起一道"围栏"。但保卢斯的上司，"南方"集团军群司令冯·博克元帅倾向于采取更加积极的措施。苏军发起进攻后没几个小时，博克便告诉OKH的哈尔德，保卢斯的集团军"正为生存而战"。[21]博克批准保卢斯动用第23装甲师、第71步兵师和第113步兵师，这些部队是为德军即将发起的攻势预留的力量。第8航空军至少抽出8个航空大队，从克里木北调至哈尔科夫地区，协助遏制红军大潮，这让里希特霍芬和曼施泰因深感失望。5月13日中午，2个德军装甲师，在步兵和俯冲轰炸机的支援下发起一场大规模反击，冲向位于苏军北路突破左（南）翼的第38集团军。面对德军的猛攻，莫斯卡连科第38集团军辖下的步兵第226师、第81师和第124师撤至大巴布卡河（Bolshaia Babka），并在3个坦克旅的支援下构设起防御阵地。到次日，莫斯卡连科遏制了德军的反突击，但在此过程中，第38集团军遭到重创，已无法继续发起进攻。此后，里亚贝舍夫的第28集团军越向前推进，其左翼就愈加暴露，极易招致德军的反击。与此同时，苏军糟糕的指挥协调工作延误了北路主要突击力量（近卫骑兵第3军）的投入。[22]

南路的突破继续取得更大的战果。截至5月14日晚，也就是进攻发起的第三天，"博布金"集群和戈罗德尼扬斯基的第6集团军已在德军防区达成40公里纵深突破。但拙劣的指挥又一次延误了2个坦克军的推进，他们本该利用这一突破扩大战果。第6集团军的参谋人员认为这些坦克军正紧跟在先头部队身后向前推进，但实际情况是，2个坦克军并未接到离开集结区的指令。战场上方，德军的空中力量越来越强大，这就意味着苏军的2个坦克军要经过几个夜晚的隐蔽行进才能投入战斗。

面对眼前的危机，博克再次要求动用预留给"蓝色"行动的部队，也就是从"克莱斯特"集团军级集群（第1装甲集团军和第17集团军）向北抽调部队，用于守卫哈尔科夫。希特勒不赞成这种抽调，但他批准克莱斯特向北发起一场更大规模的反突击，直插苏军身后。为此，希特勒又从克里木调出更多空军单位，最后是第22装甲师。实际上，克莱斯特发起了"弗里德里库斯"行动的南半部分，德军现有的这个计划旨在切断顿涅茨河西岸的苏军突出部。[23]

1942年5月17日，德军的这场攻势拉开帷幕，适逢铁木辛哥姗姗来迟地投入了库兹明的坦克第21军和普希金的坦克第23军，他们将利用第6集团军打开的突破口，直扑西北方的哈尔科夫。因此，整个南方面军失去了平衡，其注意力和兵力都集中在西北方，就在此时，德军从南面发起了进攻。"克莱斯特"集团军级集群的先头部队是装甲兵上将莱奥·盖尔·冯·施韦彭堡男爵指挥的第3摩托化军[①]，该军由第14、第16装甲师，第60摩托化师、第1山地师、第100猎兵师、罗马尼亚第20步兵师和"巴尔博"独立战斗群组成，共计170辆坦克。"弗里德里库斯"行动的第一天，该军朝北面的巴尔文科沃方向推进了24公里。两天内，11个德军师突破了南方面军第9和第57集团军的防御（巴尔文科沃登陆场内的这2个集团军本应该掩护西南方面军的左翼），深入苏军后方地带。[24]与此同时，保卢斯在北突出部附近横向调动第23装甲师，对突破中的苏军第28集团军的北侧发起另一场打击。此举迫使里亚贝舍夫投入他的主力突击部队（近卫骑兵第3军）遏制德军的反突击，从而有效地消除了铁木辛哥攻势的北钳。

苏军高级指挥员对新出现的这个威胁反应迟钝。5月17日和18日，铁木辛哥和他的参谋人员，包括他的政委赫鲁晓夫，继续专注于他们的进攻行动，并向斯大林保证，南方面军的第9和第57集团军能够挡住德军的反击。刚刚出任红军总参谋长的华西列夫斯基没能说服斯大林召回坦克先遣部队，重新部署他们去对付"克莱斯特"集团军级集群。等到铁木辛哥5月19日晚承认眼前的危险时，只有立即撤离才能挽救进攻哈尔科夫的部队了。但西南方面军事先没有制订实施这种后撤的应急计划；尽管后方堆积着大批补给物资，可前线部队却缺乏燃料和弹药。在这种混乱的情况下，苏军各集团军、军和师指挥部失去了与下属单位的通信联系，已无法掌控部队。到5月23日，第6、第57、第9集团军和"博布金"集群的主力都已被德军包围。5月25日，一场绝望的突围失败了，尽管德军不得不投入第1山地师填补第3摩托化军构成的包围圈上的缺口。

三天后，除了俘虏和死尸，苏军进攻部队已荡然无存。第6和第57集团军被全歼，参与进攻的其他集团军也遭到重创，其中包括许多坦克部队。据官方统计，苏军在这场战役中遭受到可怕的损失：266927人伤亡，其中46314人疏散至医院；207047名士兵在战斗中阵亡、被俘或失踪；另损失652辆坦克、1646门大炮和3278门迫击炮。德国人声称他们抓获239036名俘虏，击毁或缴获1249辆坦克、2026门大炮/迫击炮、540架飞机。[25]阵亡者中包括西南方面军副司令员费奥多尔·雅科夫列维奇·科斯坚科中将、第6集团军司令员戈罗德尼扬斯基将军、第9集团军司令员[②]波德拉斯将军、博布金将军，以及第6和第9集团军儿乎所有的师长。

虽然红军获得大量新的武器装备，但事实证明，苏军指挥员在1942年与去年夏季同样无能。糟糕的参谋工作，缺乏情报和侦察，后勤补给问题，投入新组建的坦克军时犹豫不决，这一切白白浪费了进攻行动原本享有的一切机会。相比之下，德军只损失20000人，不到苏军被俘人数的十分之一。保卢斯将军成了媒体的宠儿，成功的防御行动使他获得骑士铁十字勋章。但与此同时，细心的观察者们，包括保卢斯在内，沮丧地发现原以为奄奄一息的苏联红军所拥有的资源似乎深不见底。[26]

双方的评估，1942年6月

哈尔科夫进攻战役的失利实际上严重削弱了苏军在南方的预备力量。损失近300000名士兵，第6、第9集团军[③]和坦克第21、第23军全军覆没，第28、第38、第57集团军和坦克第22军遭受重创，这些损失严重削弱了西南方向总指挥部的防御。更重要的是，被削弱的防御正位于"南方"集团军群发起"蓝色"行动主要进攻方向的正中央。

斯大林意识到克里木和哈尔科夫的失利会对红军当年夏季的命运造成潜在的灾难性影响，没等战斗结束，他便于5月中旬下达了诸多指令中的第一道，为RVGK（最高统帅部预备队）组建新集团军，以构成一支新的战略预备队（参见图表9）。最高统帅部预备队5月1日时编有2个集团军（预备队第1集团军和

---

① 译注：第3摩托化军于1942年6月21日改编为第3装甲军，军长一直是马肯森，但3月31日—7月20日，军长一职由施韦彭堡担任，故而出现了施韦彭堡指挥该军参加哈尔科夫战役，而在本章第24条注释中，第3摩托化军的作战行动却由马肯森加以概述的情况。也有相关资料表明，施韦彭堡并未担任过该军军长，此处存疑。

② 译注：应为第57集团军司令员。

③ 译注：上文说是第57集团军。

第58集团军）、10个步兵师、14个步兵旅、1个辖4个骑兵师的骑兵军（近卫骑兵第2军）、1个坦克军（坦克第2军）、1个独立坦克旅以及各种支援单位。而到6月1日，最高统帅部预备队的实力增长至1个坦克集团军和7个预备队集团军（坦克第3集团军和预备队第1、第2、第3、第5、第6、第7、第8集团军）、40个步兵师、1个辖3个骑兵师的骑兵军（近卫骑兵第2军）、3个坦克军（坦克第12、第14和第15军）、2个独立坦克旅以及各种支援单位。7月1日前，又有3个预备队集团军和4个坦克军加入其中，使最高统帅部预备队的实力增加到2个坦克集团军和10个预备队集团军（坦克第3、第5集团军，预备队第1、第2、第3、第4、第5、第6、第7、第8、第9、第10集团军）、63个步兵师、1个辖3个骑兵师的骑兵军（近卫骑兵第2军）、7个坦克军（坦克第2、第7、第11、第12、第15、第18、第25军）和5个独立坦克旅，支援单位的数量也得到相应增加。这为斯大林提供了数量充裕（尽管训练不足）的战略预备力量。[27]一道道后续指令将这些集团军部署至整个苏德战线的纵深预备队阵地，但沿西（莫斯科）和西南（沃罗涅日和斯大林格勒）战略方向集结的力量最为庞大。

尽管斯大林新组建的战略预备队看上去实力强大，但许多分配下去的兵团和部队尚处于组建和训练的初期阶段，根本没有做好战斗准备。更要命的是，斯大林依然坚信德军即将对莫斯科发起进攻，因此，他不愿抽调大批部队来满足铁木辛哥在南方的需求。残存、动摇的苏军部队只有不到1个月的时间恢复其编制和士气。与此同时，斯大林撤销了西南方向总指挥部倒霉的参谋长巴格拉米扬的职务，把他派至西方面军担任第16集团军司令员；还严厉批评了铁木辛哥和赫鲁晓夫的指挥不力。（但斯大林显然认识到了自己在这场失败中应承担的责任，因此，他让铁木辛哥继续担任西南方向总指挥部司令员。）这位独裁者警告方向和方面军指挥员，他们必须"以他们的脑袋"确保对哈尔科夫以东奥斯科尔河（Oskol）和北顿涅茨河的防御。[28]

哈尔科夫战役失利后，铁木辛哥和他的军事委员会担心德军会发起一场新的攻势（5月29日，他们估计敌人会在"5—10天后"投入进攻），但斯大林仍将注意力集中在莫斯科方向，他认为德国"中央"集团军群对苏联首都构成了真正的威胁。[29]除了以4个新组建的预备队集团军加强这一方向，斯大林还命令西南方面军"以第21、第28、第38和第9集团军沿沃尔昌斯克

（Volchansk）和巴拉克列亚一线，南面沿北顿涅茨河东岸转入防御，阻止德军从哈尔科夫地区向东发起进攻"。[30]与此同时，斯大林还取消了计划中布良斯克方面军雄心勃勃的进攻行动（对奥廖尔和库尔斯克发起打击，支援西南方面军的哈尔科夫攻势），命令该方面军转入防御。[31]

6月份的第一周结束时，斯大林以7个步兵师、4个独立坦克旅，坦克第4、第13和第24军加强铁木辛哥的方面军，从而使该方面军的实力扩充至30个步兵师、2个步兵旅、5个坦克军、2个骑兵军和8个独立坦克旅。[32]这位独裁者显然认为这股力量足以应对德军在该地区发起的一切进攻。他错了。

刻赤和哈尔科夫战役后，德军的状况喜忧参半。苏军的抵抗明显减弱，"蓝色"行动发起前的战线已缩短。但德国人付出的代价也很大——保卢斯和克莱斯特发起主要突击所依赖的装甲部队在人员和装备方面遭受到严重损失，还丧失了完成训练和准备工作所需要的时间。与此同时，在北方，德国人正设法拉直莫斯科和列宁格勒前方的防线，这需要额外的资源和时间。针对即将发起的进攻行动，德国人全面修改了他们的计划时间表。1942年5月28日，德国陆军总参谋长哈尔德将军向希特勒呈交了数份修订意见。元首原则上同意"南方"集团军群应继续其反击行动，冲向哈尔科夫东北方，占领沃尔昌斯克（Lisichansk）地域。晚些时候，德国人将在南面拉直伊久姆和奥斯科尔河与北顿涅茨河结合部附近的战线。[33]

1942年6月1日，希特勒从位于拉斯滕堡（Rastenburg）的大本营飞赴波尔塔瓦（Poltava），在那里主持召开"南方"集团军群的军事会议。陆军元帅冯·博克和他的3位集团军司令——第1装甲集团军的克莱斯特、第4装甲集团军的霍特和第6集团军的保卢斯——会晤了希特勒和里希特霍芬，以便为即将发起的攻势确定计划。希特勒沉溺于两个目标：消灭苏军部队，夺取高加索油田。根据哈尔德和博克的建议，希特勒制订了修正后的作战计划时间表。6月7日，德国人将对沃尔昌斯克地域（"威廉"行动）和塞瓦斯托波尔要塞（"捕鲟"行动）同时发起进攻。克莱斯特应在5天后投入进攻，消灭伊久姆突出部（"弗里德里库斯Ⅱ号"行动）。这些初步行动将消除克里木的威胁，并使德国人在北顿涅茨河以东地区建立物资储备。这些行动完成后，德国国防军将于6月20日发起"蓝色"行动。[34]

塞瓦斯托波尔，6月7日—30日

对德国人来说，在三周内完成这些行动是一道离谱的命令。持续的降雨使"威廉"行动推迟至6月10日，但曼施泰因在克里木按时发起了他最后的突击（参见地图5）。

塞瓦斯托波尔的苏军防御力量极为强大，正如曼施泰因1941年底指出的那样，无法攻克这座堡垒。现代化混凝土炮台与沙皇时代的旧堡垒相结合，再配以装甲炮塔和精心构设的地下隧道，这些永备防御工事还获得配有雷区和铁丝网的350公里战壕的补充。苏军组织起两条防御带：外围廓位于巴拉克拉瓦（Balaklava）附近，距离港口15—20公里，内围廓距离中心区域大约5公里。塞瓦斯托波尔守军总指挥是黑海舰队司令员菲利普·谢尔盖耶维奇·奥克佳布里斯基海军中将。但大多数要塞守军隶属于彼得罗夫将军的滨海集团

地图 5 塞瓦斯托波尔战役（1942 年 6 月 7 日—7 月 4 日）

军，6月1日时，该集团军编有7个步兵师（步兵第25、第95、第109、第172、第345、第386、第388师）、1个海军陆战旅（第79旅）、2个海军步兵旅（第7和第8旅）、2个海军步兵团（第2和第3团）和2个独立坦克营（第81和第125营），并获得7个炮兵团、2个独立炮兵营和"热列兹尼亚科夫"号装甲列车的加强。[35]总之，106600名苏军士兵在38辆坦克、606门大炮、1061门迫击炮、12具"喀秋莎"火箭炮和1辆装甲列车的支援下守卫着这座要塞。这股力量还获得步兵第138和142旅23500名士兵的加强，最高统帅部通过海路将这2个旅派来增援要塞，第138旅6月12日到达，第142旅6月23日—26日赶到。[36]

彼得罗夫围绕塞瓦斯托波尔组织起四道防区，由南至北排列，如下所示：

第一防区（巴拉克拉瓦至乔尔纳亚河——7.5公里）：步兵第109和第388师；

第二防区（乔尔纳亚河至梅肯济亚——12公里）：步兵第386师，海军步兵第7、第8旅；

第三防区（梅肯济亚至别利别克河——8.5公里）：步兵第25师，海军陆战第79旅，海军步兵第2、第3团；

第四防区（别利别克河至黑海沿岸——6公里）：步兵第95和第172师；

预备队：步兵第345师，步兵第308师的1个团，独立坦克第81和第125营。[37]

在这种情况下，德军惯用的进攻战术（先实施短暂的炮火准备，迫使守军隐蔽，然后由步兵发起突击）不会取得太大战果。因此，曼施泰因策划了一场持续5天的炮击和轰炸，以削弱对方的固定防御阵地并粉碎守军大多数临时野战工事。[38]

除了里希特霍芬麾下的600架战机，曼施泰因拥有167000名士兵，80辆坦克和突击炮，1300门大炮和迫击炮（苏联方面认为是2045门），这些力量被编入7个德军师和2个罗马尼亚师内。塞瓦斯托波尔的德军包括骑兵上将埃里克·汉森的第54军，辖第132、第22、第50、第24步兵师；炮兵上将马克西米利安·冯·弗雷特-皮科的第30军，辖罗马尼亚山地军的第18步兵师和第1山地师，以及德国第72、第170步兵师和第28猎兵师。至于装甲力量的支援，曼施泰因的第11集团军只有第22装甲师的第3营（约30辆三号坦克），该师主力已被调至顿巴斯地区，另外还有第190、第197和第249突击炮大队，约50辆配备75毫米主炮的突击炮。最后，德国第42军编成内的第46步兵师和罗马尼亚第7军辖下的第10、第19步兵师和第8骑兵旅掩护曼施泰因的后方地域；罗马尼亚第4山地师担任他的预备队。[39]

曼施泰因的大炮由Harko 306（第306高级炮兵指挥部）——第11集团军的炮兵司令部——负责部署。最重要的是"多拉"，这是一门800毫米口径的列车炮，炮弹重达7吨，可以穿透24英尺的混凝土。另外，Harko 306还有3门533毫米[①]口径的"卡尔"攻城臼炮和6门420毫米口径的"伽玛"，前者发射的每发炮弹重达1.5吨，后者则为1吨。这些庞大的武器无疑会造成巨大的破坏，但这种火炮的数量很少，其射击速率和准确度相对较低。因此，对德军的进攻而言，同样需要口径较小的火炮。尤为重要的是，德国空军掌握着克里木的制空权，这使里希特霍芬可以将大多数高射炮师用于地面支援。1942年，德国空军的88毫米高射炮已成为传奇性的"坦克杀手"。塞瓦斯托波尔的事实证明，这种高速火炮在穿透装甲据点和较小的炮台方面同样有效。但里希特霍芬强烈的空军独立意识使他坚持要求这些火炮必须集中使用，并由空军军官加以指挥，而不是暂借给Harko 306。这个决定在战役期间不可避免造成了一些紧张和误解。[40]

经过5天的猛烈轰炸和炮击（主要针对城市防御）和1个小时的密集炮火准备（主要针对塞瓦斯托波尔的各座炮台）后，1942年6月7日3点50分，第11集团军的步兵和工兵部队发起突击。[41]德军的主攻位于北部，汉森将军的第54军以4个师和1个加强步兵团对苏军海军陆战第79旅和步兵第172师发起进攻，打击恰好落在第3和第4防区的结合部。罗马尼亚山地军受领的任务是在战线中央地段提供支援，而弗雷特–皮科将军的第30军位于南部。不幸的是，辖3个师的第30军在肃清刻赤战役余波时发生延误，结果，第54军不得不独自发起进攻。德军突击队的一名士兵做出如下描述：

> 进攻时刻到来了，部队以一种猛烈的节奏冲下山坡，穿过山谷，冲上另

---

① 译注：600毫米

一侧……各个连、各个排和各个战斗群穿过蓝灰色的硝烟和厚厚的尘埃，一个接一个向前冲去……穿越茂密的灌木丛时，速度有所减慢。在这里，各战斗群和各个排无法保持联系。布尔什维克分子躲在无数的洞中，等我们过去后，他们便从后方发起袭击……

一片小小的洼地突然出现了敌人的一个机枪阵地。遭到我们的火力打击后，三个俄国人高举双手走了出来。我们慢慢靠近时，仍躲在掩体内的另外两个俄国人用机枪朝我们射击。其中的一个被击毙。我们通过后，另一个家伙跳了起来，从后面朝我们开火。这就是布尔什维克的战斗方式。地面上布满地雷。我身边的一名连长被地雷的爆炸掀入空中，落地后居然毫发无损，但不是每个人都如此好运。[42]

经过3天激战，6月7日发起的初步进攻以一场血腥的失利而告终。希特勒坚持要在"蓝色"行动准备期间赢得快速机动战的胜利，他建议博克，"捕鲟"行动也许不得不暂停。博克考虑了几天，倾向于接受这个建议，因为第8航空军继续在塞瓦斯托波尔作战，意味着这些战机支援主要进攻行动的部署会太晚。[43]

但是，随着第30军6月10日投入战斗，曼施泰因的部队得以坚持下去。此后，塞瓦斯托波尔成为斯大林格勒的一个先兆，一个个小股战斗群为争夺残垣断壁展开艰巨的白刃战。为加固阵地，守军使用了一切可用的东西，甚至包括战友们的尸体。德国人的火焰喷射器、炸药包和手榴弹造成的杀戮难以形容，但红军海陆军士兵顽强奋战至最后一息。6月13日的12个小时战斗中，德军第22步兵师第16团2个营里的军官非死即伤，只剩下一名预备中尉指挥着对"斯大林"堡垒废墟的突击。战斗结束时，本应由上校指挥的第16步兵团由一名中尉率领，而这种情况并不仅仅发生在这一个团。[44]

1942年6月13日，德军达成第一个突破，第54军攻克"马克西姆·高尔基Ⅰ号"炮台（第30号炮台），这座庞大的工事是外围廓北端的基石。德军大口径火炮早已将这座堡垒的炮塔打哑，但守军顽强奋战，只剩下少数伤员后才停止抵抗。为弥补德军同样严重的损失，"南方"集团军群给第11集团军派去1个团，并批准该集团军用2个实力耗尽的团与留守刻赤的1个师的强有力单位对调。血腥的激战继续向前缓缓延伸。战斗打响10天后，6月17日，德国人终于攻克了外围廓北端另外6座炮台，逼向谢韦尔纳亚湾（Severnaia Bay），这条长而窄的水道恰好将塞瓦斯托波尔与北部防御隔开。但第54军不得不在这里停顿下来，等待另外2个军达成类似的进展，并在东面和南面到达相应的战线。[45] 6月18日晨，实力严重耗损的德军第22步兵师勉强遏制了苏军发起的一场旅级规模的反冲击。此后，德国人逐一消灭被他们绕过的抵抗基点，而只能通过潜艇获得物资补给的苏联守军渐渐耗尽了弹药、食物和饮水。[46]尽管如此，苏军最高统帅部还是派出2个步兵旅增援守军。

最后的突击再次证明了曼施泰因承担风险的能力。6月29日凌晨1点，第22和第24步兵师的士兵利用工兵冲锋舟悄悄渡过谢韦尔纳亚湾，以突袭的方式夺取了塞瓦斯托波尔的发电厂。一个小时后，第30军为突击萨蓬高地（Sapun Heights）发起炮火准备，这是塞瓦斯托波尔东南方主要的地形障碍。德军的新攻势非常成功，6月30日，奥克佳布里斯基海军中将说服最高统帅部批准守军疏散。接下来的4个夜晚，苏军重要的参谋人员和指挥员乘船逃离，要塞里剩下的人员继续实施抵抗。在某些情况下，政治军官自杀身亡，他们炸毁阵地，试图与进攻者同归于尽。[47]

据德国方面统计，曼施泰因的部队抓获97000名俘虏，缴获631门大炮和26辆坦克。[48]苏联方面的记录声称，1941年10月31日至1942年7月2日，塞瓦斯托波尔防御地区损失200000名士兵，其中156880人阵亡、负伤或失踪，守卫要塞期间还损失了95000人（被俘）、622门大炮、758门迫击炮和26辆坦克。[49]尽管守军表现得非常英勇，但苏军获得的唯一好处是：德军俯冲轰炸机和其他稀缺资源暂时无法调至主要作战方向。为表彰这场顽强的防御，苏联政府授予整座城市列宁勋章，而德国为这场战役的所有参与者颁发了特制的克里木盾章，佩戴在他们的左衣袖上。1942年7月1日，赢得克里木战役胜利的埃里希·冯·曼施泰因晋升为陆军元帅。

"威廉"行动，6月10日—15日

塞瓦斯托波尔陷落时，德军作战行动的重点已转至北面和东面，特别是哈尔科夫以东地区，"南方"集团军群（现在更名为B集团军群）在"蓝色"行动的第一阶段迅速向东推进。可是，博克集团军群发起雄心勃勃的夏季攻势前，第6集团军和第1装甲集团军必须执行两场初期战役，从而夺取有利地形，以此作为执行希特勒1942年夏季攻势的出发阵地。因此，当年6月，就在曼施泰因逼迫塞瓦斯托波尔守军就范之际，这2个集团军分别发起"威廉"行动和"弗里德里库斯Ⅱ号"行动。

地图6　"威廉"行动（6月10日—15日）

在"威廉"行动中，冯·博克打算将保卢斯的第6集团军投入两场进攻：首先消灭西南方面军编成内已发生动摇的第21和第28集团军占据的登陆场，这座登陆场位于沃尔昌斯克和旧萨尔托夫以西，北顿涅茨河西岸；与此同时，第6集团军还要突破苏军第38集团军的防御，德军在丘古耶夫（Chuguev）东南方的北顿涅茨河东岸有一座登陆场，而苏军第38集团军就在这座登陆场对面（参见地图6）。[50]一旦第6集团军将苏军逐出登陆场，并以两股铁钳向前推进，其编成内的部队将夺取沃尔昌斯克，并在该镇南面跨过北顿涅茨河，向东赶往奥利霍瓦特卡地域（Olkhovatka）。

作为第6集团军司令，保卢斯预期的"威廉"行动是一场两翼包围，以海茨第8军辖下的4个步兵师（第336、第113、第305、第79师）向东突击，穿过沃尔昌斯克，摧毁苏军登陆场，然后转向东南方，穿过白科洛杰济（Belyi Kolodez）赶往奥利霍瓦特卡地域。与此同时，瓦尔特·冯·赛德利茨–库尔茨巴赫将军第51军辖下的3个步兵师（第297、第71、第44师），将在施韦彭堡第3摩托化军（该军为此次战役转隶第6集团军）4个快速师（第14、第16、第22装甲师和第60摩托化步兵师）的率领下，沿布尔卢克河（Burluk）西岸朝东北方攻击前进。他们受领的任务是在奥利霍瓦特卡南面20公里处的大布尔卢克（Velikie Burluk）附近与第8军会合。虽然"威廉"行动只是一场50多公里的浅近推进，但如果取得成功，将重创西南方面军的第21、第28和第38集团军，从而彻底瓦解铁木辛哥在奥斯科尔河前方的防御。

戈尔多夫的第21集团军、里亚贝舍夫的第28集团军和莫斯卡连科的第38集团军确实是深具吸引力的目标。尽管这些部队仍在旧萨尔托夫坚守自己的登陆场，并全力牵制北顿涅茨河东岸的德军登陆场，但哈尔科夫战役的失利已彻底动摇这3个集团军，另外，他们尚未获得所需要的补充兵。正如第38集团军战史指出的那样："西南方面军1942年5月的失利使苏联南部的局势急剧恶化。我方力量在这里遭到削弱时，适逢敌人准备发起庞大的夏季攻势，这场攻势企图突破至伏尔加河并进入高加索地区。"[51]

德军发动"威廉"行动前夕，铁木辛哥以戈尔多夫第21集团军编成内的2个步兵师（步兵第76和第293师）守卫旧萨尔托夫登陆场，位于其南翼的是里亚贝舍夫第28集团军第一梯队的5个步兵师（步兵第169、第175、第226、第

滨海集团军司令员伊万·叶菲莫维奇·彼得罗夫少将（中）与他的参谋长 N. I. 克雷洛夫将军、炮兵主任 N. K. 雷日视察塞瓦斯托波尔战场

1942 年 5 月，克里木方面军的士兵们发起反突击

118

1942 年 5 月，刻赤附近的战斗

塞瓦斯托波尔发射阵地中的德军 600 毫米口径"卡尔"臼炮

塞瓦斯托波尔，一发未爆炸的德军 600 毫米迫击炮弹

黑海舰队的舰艇在塞瓦斯托波尔港施放烟幕

塞瓦斯托波尔保卫战中的苏联海军步兵

1942 年 6 月 26 日，黑海舰队的"塔什干"号巡洋舰[①]驶向塞瓦斯托波尔

300师，近卫步兵第13师），这5个步兵师获得4个虚弱的坦克旅和3个步兵师
（步兵第38、第124、第224师）的支援，克留琴金近卫骑兵第3军的3个骑兵师
担任里亚贝舍夫的预备队。令苏军的指挥复杂化的是，第28集团军刚刚以步兵

第124、第226、第300师接防了第38集团军控制的部分登陆场。

　　莫斯卡连科的第38集团军受领了艰巨的任务，以第一梯队的5个步兵师（步兵第277、第278、第199、第304、第81师）守卫从丘古耶夫以东的北顿涅茨河向南延伸60公里直至伊久姆以西的防区，坦克第22军（100多辆坦克）的3个坦克旅和7个独立坦克及摩托化步兵旅为其提供加强，2个步兵师（步兵第162和第242师）充当预备队。莫斯卡连科意识到自己面临的危险，因而将集团军辖下所有反坦克和炮兵单位集中到丘古耶夫东南方，步兵第277和第278师的防区内，并命令坦克第22军军长沙姆申将军"将他的坦克埋入地下，只露出炮塔"，以掩护哈尔科夫—库皮扬斯克（Kupiansk）铁路和公路线——至关重要的坦克突击路线。[52] 莫斯卡连科的担心是有道理的，因为他即将遭到德国第3摩托化军的打击，该军辖4个快速师，拥有430辆坦克，大大超过莫斯卡连科约250辆坦克构成的坦克力量。[53]

　　6月10日清晨，保卢斯第6集团军投入两支"铁钳"，令戈尔多夫、里亚贝舍夫和莫斯卡连科的部下猝不及防。[54] 经过45分钟炮火准备和航空火力突袭，德军清晨4点展开进攻，海茨第8军只用了2天便将戈尔多夫和里亚贝舍夫的部队清除出旧萨尔托夫登陆场，并占领沃尔昌斯克。6月11日日终前，就在第8军辖下第113、第305、第294步兵师到达沃尔昌斯克与布尔卢克河畔的大布尔卢克中途之际，施韦彭堡第3摩托化军麾下的第22、第14、第16装甲师（他们突破莫斯卡连科的防御只用了24小时）正从南面逼近大布尔卢克。里亚贝舍夫的部队和莫斯卡连科的左翼被夹在两支铁钳之间，他们竭力向西[2]冲杀，以赶在陷阱砰然关闭前逃出包围圈。

　　西南方面军过度拉伸的残部无法抗击德军这两股集中突击，德国人刚刚展开进攻，苏军第28集团军便立即向后撤退。但6月11日再次下起雨来，拖缓了第3摩托化军机械化先遣部队的进军步伐，里亚贝舍夫这才得以将其主力撤出逐渐形成的包围圈，并在遥远的后方组织起更有效的防御。第28集团军辖下的坦克第58旅在白科洛杰济附近占据防御阵地，以阻止德军完成其包围圈，坦克

---

① 译注：当时称为"驱逐领舰"。
② 译注：应为"向东"。

第22军编成内的坦克第168旅对德国第3摩托化军左翼发起一场反击，这使位于大布尔卢克以西的第28和第38集团军主力得以逃出德国人即将完成的合围。[55]

尽管连连降雨，但到6月15日黄昏，保卢斯的2个军已逼近他们的预定目标，这场进军构成一条弧线，东面绕过沃尔昌斯克，南面到达奥利霍瓦特卡以西，西南面沿布尔卢克河到达北顿涅茨河上的巴拉克列亚（Balakleia）。此时，保卢斯已将施韦彭堡的第3摩托化军撤至丘古耶夫东南方的集结区短暂休整和补充，并以赛德利茨第51军的步兵师接替该军。据德军报告，"威廉"行动中只抓获24800名苏军战俘，主要来自残破不全的第28集团军，保卢斯的集团军再次证明，包围难以捉摸的苏联对手是多么困难。尽管如此，德军的作战行动还是实现了预期目的：确保第6集团军掌握发起主要突击的出发线。[56]对铁木辛哥来说，情况非常严峻，西南方面军的中央防区正需要全力加强之际，却遭到严重削弱。

苏联最高统帅部对德军的"威廉"行动反应激烈。6月13日，就在德军拓展其进攻时，铁木辛哥、赫鲁晓夫、巴格拉米扬和西南方向总指挥部军事委员会（包括西南方面军军事委员会），通过保密的"博多"电传打字机与斯大林商讨态势。铁木辛哥汇报了德军的进展，并告诉斯大林，他正将舒罗夫将军的坦克第13军部署至奥利霍瓦特卡地域，在那里约有180辆坦克将被纳入克留琴金的骑兵军。铁木辛哥还告诉斯大林，他正在稍后方构设一道新防线，投入的是沙姆申的坦克第22军和从南方面军第57集团军抽调的援兵，两周前，该集团军在巴尔文科沃登陆场遭到包围，几近全军覆没，其残部已转入方面军预备队。斯大林急于了解第28集团军的状况，对此，铁木辛哥回答道，他对该集团军辖下各个师的情况不甚清楚；步兵第169、第75、第300师"遭到重创"，步兵第15师和近卫步兵第13师"基本完好"。[57]斯大林随后答应给铁木辛哥提供2个新锐坦克旅，但没有调拨额外的步兵师，因为"我们目前没有训练好的师"[58]。斯大林严厉批评铁木辛哥对部队指挥不利，随后又补充道："您的坦克比敌人多……最高统帅部建议您在一个地点，例如大布尔卢克地域，集中坦克第22、第23、第13军对敌坦克集群的侧翼发起打击。"[59]结束会谈时，斯大林指出："别害怕德国人——魔鬼并不像人们说的那么凶恶。"[60]

一如既往，这位独裁者似乎对态势的灾难性恶化已见多不怪。因此，他在

6月15日命令布良斯克方面军将米舒林将军的坦克第4军、帕韦尔金将军的坦克第16军和A.I.利久科夫少将新组建的坦克第5集团军分别派至新奥斯科尔（Novyi Oskol）、卡斯托尔诺耶（Kastornoe）和叶夫列莫夫（Efremov）地域，加强西南方面军摇摇欲坠的防御。[61]这3个兵团齐装满员，每个独立坦克军拥有近180辆坦克，坦克集团军有近400辆坦克。[62]两天后，斯大林给铁木辛哥下达了指示：

　　（a）采取一切措施加强您的防御，最大程度埋设反坦克和反步兵地雷，同时要特别尽可能构设多种类型的障碍物，最重要的是防坦克障碍；

　　（b）做好对敌主力集团发起反突击的准备，待您报告您的部队已做好准备后，只有接到最高统帅部的特别指令才能发起反突击。[63]

　　6月20日，斯大林把米舒林的坦克第4军和新锐坦克第91、第159旅交给铁木辛哥指挥，并命令这位方面军司令员"让坦克第13、第23、第24军保持全面备战状态"。当天晚些时候，斯大林指示他的远程航空兵力量对第21与第28集团军的结合部，以及库尔斯克方向发起大规模空袭。[64]当天同斯大林进一步会谈时，铁木辛哥报告了一个惊人的消息，他的部队从一架被击落的德军飞机上缴获了德国"南方"集团军群的作战计划，但斯大林认为缴获的作战指令是敌人作战计划中的"欺骗措施"，并指示他（铁木辛哥）继续做好防御和进攻准备。也许是为哈尔科夫战役失利和当前混乱状况而对铁木辛哥做出的惩处，6月21日，斯大林撤消了西南方向总指挥部，指挥部辖下的部队转隶西南方面军和南方面军，铁木辛哥只指挥西南方面军。此后，这两个方面军直接隶属于最高统帅部，由华西列夫斯基协调他们的作战行动。[65]

"弗里德里库斯"，6月22日—25日

　　没等铁木辛哥和新任最高统帅部协调员与斯大林取得联系，冯·博克便加大赌注，发起了筹备已久的进攻："弗里德里库斯Ⅱ号"行动。[66]这个行动的进展甚至比"威廉"行动更加迅速，其目标是夺取北顿涅茨河上的伊久姆和奥斯科尔河上的库皮扬斯克这两个交通枢纽的控制权。这将使克莱斯特第1装甲集团军与保卢斯第6集团军的战线保持平齐，准备渡过奥斯科尔河发起"蓝色"夏季

攻势（参见地图7）。博克更愿意直接投入"蓝色"行动，或在等待里希特霍芬的俯冲轰炸机从克里木调来期间休整、补充自己的部队。但希特勒坚持认为，应该在等待塞瓦斯托波尔陷落的同时发起"弗里德里库斯Ⅱ号"行动。另外，博克直接推进到新出发线的计划并不符合希特勒的要求，希特勒希望以合围战歼灭红军。[67]总之，执行整个行动的德军高级指挥官心怀不满，内耗严重。

　　"弗里德里库斯Ⅱ号"行动也涉及两股铁钳，北翼是第1装甲集团军第51军的4个步兵师（第297、第71、第44、第62师），并由施韦彭堡第3摩托化军的4个快速师担任先锋，这股力量刚刚从第6集团军转隶"克莱斯特"集团军级集群。这支铁钳将向正东方推进，夺取奥斯科尔河上的库皮扬斯克。与此同

地图7　"弗里德里库斯Ⅱ号"行动（1942年6月22日—25日）

时，第1装甲集团军第44军（炮兵上将马克西米利安·德·安格利斯）的3个步兵师（第97、第101猎兵师和第68步兵师）构成的第二支铁钳将向北推进，在伊久姆以东跨过北顿涅茨河，夺取该城，并与第3摩托化军的装甲部队在库皮扬斯克以南会合。另外，第1装甲集团军第11军（步兵上将卡尔·施特雷克尔）的4个步兵师（德国第384步兵师、第1山地师和罗马尼亚第1、第2山地师）将向东攻击前进，在巴拉克列亚以南跨过北顿涅茨河，这样一来，保卢斯和克莱斯特的联合力量将尽可能在奥斯科尔河以西包围并歼灭苏军第38和第9集团军。在这一阶段，克莱斯特仍把他的装甲和摩托化师留作预备队，以便为后续展开的主要突击保存实力。[68]

位于克莱斯特两股铁钳之间的是莫斯卡连科残缺不全的第38集团军和德米特里·尼基季奇·尼基舍夫少将第9集团军的右翼，第9集团军尽管获得了补充，但尚未从哈尔科夫战役失利的创伤中恢复过来。尼基舍夫过去担任过列宁格勒军区和北方面军参谋长，1941年任第9集团军副司令员，1942年前两个季度，他作为西南方面军筑垒地域负责人，为他的集团军构设了许多战地工事。哈尔科夫战役惨败后，尼基舍夫接替哈里东诺夫担任第9集团军司令员①。[69]目前，莫斯卡连科掌握的兵力包括6个步兵师（步兵第162、第242、第278、第199、第304师以及新锐近卫步兵第9师）和1个坦克歼击师（坦克歼击第1师）②，并获得6个坦克旅和1个摩托化步兵旅的加强，约200辆坦克，另外还有15个最高统帅部预备队炮兵团。执行反坦克任务的坦克歼击第1师（辖坦克歼击第1、第2、第5旅）拥有48门76毫米反坦克炮、36门45毫米反坦克炮、324支反坦克枪和12门37毫米高射机关炮。位于第38集团军后方的是沿奥斯科尔河一线据守固定防御阵地的第52筑垒地域，该筑垒地域除了6个"火炮–机枪"营，还包括工兵第7集团军的工兵第21旅、最高统帅部预备队特种工兵第16旅，除了构设障碍物的装备，第16旅的武器还包括坦克歼击犬（绑缚着炸药的犬类）。[70]

在第38集团军左（南）翼，尼基舍夫的第9集团军以步兵第81、第333师和

---

　　① 译注：接替哈里东诺夫的是科兹洛夫少将，担任了一个月司令员，而尼基舍夫的任期更短，只有一周时间，随后被洛帕京少将接替。

　　② 译注：书中所说的苏军坦克歼击师，并非装备坦克或自行火炮的快速师，而是大量配备反坦克步枪和反坦克炮的步兵师。

F.A.帕尔霍缅科少将骑兵第5军辖下的骑兵第30、第34、第60师,沿伊久姆以西的北顿涅茨河实施防御部署;该集团军编成内的步兵第343、第106师和坦克第12旅据守伊久姆城;步兵第51、第296师、海军步兵第78旅在伊久姆以东沿北顿涅茨河北岸部署。[71]由于红军在5月份哈尔科夫战役期间遭到严重损失,尼基舍夫别无选择,只能将骑兵第5军辖下的各个师作为第一梯队投入部署。该军军长帕尔霍缅科是一位经验丰富的指挥员,1941年7月,西方面军在斯摩棱斯克和第聂伯河苦战期间,他曾指挥过摩托化第20军辖下的摩托化第210师,自1941年12月以来,他一直指挥着骑兵军。[72]尼基舍夫的步兵和坦克力量都很薄弱,他的部队在伊久姆地域自然无法与克莱斯特的突击部队相抗衡。

6月份的雷雨造成多次推延后,德军终于在1942年6月22日4点10分发起进攻,适逢苏德战争爆发一周年。伊久姆突出部的南翼,德国第44军攻向北面的戈罗霍瓦特卡(Gorokhovatka),再次担任主攻的施韦彭堡第3摩托化军冲向东面奥斯科尔河上的库皮扬斯克,随后转身向南,6月24日下午晚些时候与第44军会合。但是,莫斯卡连科和尼基舍夫的大批士兵再次设法向东逃窜,尽管德国第1装甲集团军声称抓获了西南方面军2个集团军的22800名俘虏。[73]

德军的前进速度很快,但并不总是能轻而易举取得胜利。例如6月24日和25日,胡贝将军第16装甲师的摩托化步兵,逼近莫斯科夫卡站(Moskovka)和库皮扬斯克附近的奥斯科尔河时,遭到苏军坚决、有条不紊的抵抗:

士兵们慢慢向前而去,交替实施冲锋并提供火力掩护,进入一片该死的森林。他们试图向东推进2公里,赶往莫斯科夫卡站,但机枪火力对突击群两翼构成了威胁。推进失败了,全营不得不实施隐蔽,等待夜幕降临!然后,装甲掷弹兵和坦克穿过村庄。突然间发生了爆炸,剧烈地闪烁,弹片四散飞射:地雷!无法继续前进,4辆坦克被炸毁。第64装甲掷弹兵团第1营在一条流入莫斯科夫卡的小溪旁设立起警戒线。午夜过去了。一个小时睡眠,一个小时警戒。凌晨2点,第79装甲掷弹兵团第1营和第64装甲掷弹兵团第1营很快发现,敌人的抵抗正在减弱。清晨5点55分,太阳出现,照亮了铁路桥。士兵们小心翼翼地做好进攻准备,将反坦克和工兵单位派往前方。但桥梁多处被炸断。对岸的敌人发现了德军,以猛烈的火力扫射接近地。[74]

第16装甲师的士兵们不知道的是，在库皮扬斯克实施顽强防御的是A.P.别洛博罗多夫少将的近卫步兵第9师，他们还获得近卫坦克第6旅和坦克歼击第1师的加强。作为红军最著名、最出色的步兵师之一，近卫步兵第9师在1941年10—11月的莫斯科保卫战期间赢得了持久的声誉，当时该师的番号是步兵第78师，从远东调来后，协助其他部队阻挡住德国第4装甲集群向莫斯科的推进。该师师长阿法纳西·帕夫兰季耶维奇·别洛博罗多夫将在1942和1943年间指挥近卫步兵第2军，随后出任第39集团军①司令员，直至战争结束。1945年8—9月，他参加了满洲战役②。[75]

库皮扬斯克的战斗持续之际，第38集团军步兵第162、第199、第278、第304师的残部设法向东突围，渡过奥斯科连科新防线的安全处。但对胡贝第16装甲师受挫的士兵们来说幸运的是，友邻的第60摩步师在库皮扬斯克以北夺得一座渡过奥斯科尔河的登陆场，随后，施韦彭堡迅速将他的装甲部队撤入集结区，为"蓝色"行动的主要任务做准备。

"弗里德里库斯Ⅱ号"行动只是加剧了"威廉"行动对铁木辛哥的防御造成的破坏。除了再次重创莫斯卡连科第38集团军外，德军还将尼基舍夫第9集团军辖下3个步兵师的主力包围在伊久姆及该城以西地域，帕尔霍缅科的骑兵第5军损失惨重，最高统帅部不得不在7月15日解散了该军。尽管莫斯卡连科和尼基舍夫的集团军以及为他们提供加强的坦克第22军和骑兵第5军遭到重创，但让铁木辛哥聊以自慰的是，他手上仍有几个可用的坦克军，最高统帅部的注意力集中在苏军坦克力量上，特别是新组建的坦克第5集团军，该集团军位于铁木辛哥方面军的右（北）翼。

赖歇尔事件

在这些序幕战期间，一起奇特的事件对德军1942年夏季攻势的整个计划造成了危害。但如果正确看待这起事件，人们肯定会想起两年前发生过的类似情况。

---

① 译注：应为第43集团军。
② 译注：别洛博罗多夫在满洲战役中担任红旗第1集团军司令员。

　　1940年1月，德国空军的一名联络官乘坐一架轻型飞机从德国西部某处飞赴另一地，途中迷失了方向，被迫降落在中立国比利时。这位联络官携带着德军即将在西线发起进攻的全套计划，这些文件落入比利时人手中（最终被交给英国人和法国人）。此后，希特勒严令各项作战计划必须严格保密，只有主要指挥部能得到计划副本，任何情况下都不允许在靠近前线处用飞机运送作战计划。实际上，关于"蓝色"行动的第41号元首令中明确提及保密规定，这些规定是希特勒在1940年泄密事件发生后下达的。[76]

　　不幸的是，这种预防措施直接违背了德国军官团的作战传统。大多数军官，特别是参谋人员，认为他们需要了解上级和相邻部队的计划，以便实现指挥官的意图并更加明智地执行自己的计划。事实上，这种信息流是德军在战斗中灵活行事并取得胜利的关键，因此，德军指挥官经常违反相关指示，有时候甚至连希特勒强调要保密的信函也不放在眼里。

　　第40摩托化军就发生了这样一起违令事件。军长施图默将军写了一份一页纸的"蓝色1号"行动概要，其中包含第40摩托化军和第4装甲集团军的初始目标。这份概要下发给施图默麾下的几位师长，师长们又把这份文件交给他们的参谋人员，进一步加剧了安全问题，其结果必然是一场泄密。1942年6月19日下午，第23装甲师作战参谋，一个名叫约阿希姆·赖歇尔的总参少校，搭乘一架"鹳"式联络飞机对该师进攻阵地的预定路线实施侦察。赖歇尔随身携带着一份备忘录副本，还有他的地图板，上面标注着军和集团军的作战目标。与1940年发生的情况一样，这架飞机偏离了航线并在敌军防线后方坠毁。飞行员被火烧死，赖歇尔试图逃走，却被闻讯赶到的苏军士兵击毙。[77]一支德军战斗巡逻队赶至事发地点，找到了飞机的残骸和几个坟墓，但没有发现文件。德国人不得不猜测"蓝色"行动计划已落入俄国人手中（完全正确，因为的确如此）。[78]

　　施图默及其参谋长弗朗茨中校、赖歇尔的师长冯·博伊内布格-伦斯费尔德因为这起事件而被撤职（后者只是暂时被撤职）。军事法庭宣布施图默和弗朗茨违反保密规定。许多将领，包括陆军元帅冯·博克、帝国元帅戈林和OKW（国防军最高统帅部）参谋长凯特尔，纷纷为他们求情，并设法平息希特勒合情合理的怒火。最后，施图默及其参谋长被派至北非，施图默将军在阿拉曼战役期间死去。[79]

这起严重泄密事件会造成怎样的损害，取决于双方对此做出的反应。德军指挥官们最终说服希特勒，现在已来不及更改计划，进攻行动将按原计划展开。至于苏联人，大多数高级指挥员认为赖歇尔备忘录是可信的，但斯大林对此不屑一顾，认为这不过是德军诸多可行方案之一。不过，这些关于德军即将在南方发动攻势的不太完整的迹象，并未改变苏联方面认为莫斯科依然是德军夏季攻势主要目标的普遍看法。因此，"南方"集团军群对面的苏军各方面军只获得有限的援兵。[80]

6月20日，铁木辛哥向斯大林报告缴获了赖歇尔携带的作战计划后，这位独裁者的反应是于次日撤销了西南方向总指挥部。但德军随后发起的"弗里德里库斯Ⅱ号"行动分散了他的注意力。德国第1装甲集团军的部队在伊久姆地域粉碎苏军第38、第9集团军时，斯大林调整了他的战地指挥员：以更具经验的第37集团军司令员A.I.洛帕京将军接替尼基舍夫，出任第9集团军司令员；任命南方面军第18集团军副司令员彼得·米哈伊洛维奇·科兹洛夫少将担任第37集团军司令员，科兹洛夫是一位经验丰富的老兵，1941年11月以来参加过该方面军组织的多次战役。[81]也许是因为缴获的文件证明了其准确性，作为一项预防措施，斯大林6月23日从最高统帅部预备队抽调坦克第17军加强布良斯克方面军。[82]此时的布良斯克方面军由戈利科夫将军指挥，辖5个独立坦克军（坦克第1、第3、第4、第16、第17军），编有坦克第2和第11军的坦克第5集团军以及骑兵第8军。

接下来的三天，"弗里德里库斯Ⅱ号"行动不断取得进展，斯大林从布良斯克方面军调出第61集团军以及为其提供加强的坦克第3军，转隶西方面军，并命令北高加索方面军将新锐坦克第14军调拨给铁木辛哥的西南方面军，但两天后，斯大林修改了这道指令，又把这个坦克军交给戈利科夫的方面军。[83]最后，德军6月28日发起"蓝色"行动几个小时后，斯大林又将坦克第24军交给戈利科夫指挥。[84]这使戈利科夫布良斯克方面军的实力增强至7个坦克军，1600多辆坦克，比集结在库尔斯克以东地域的德国第4装甲集团军的733辆坦克和突击炮多出近一倍。此时，西南方面军仍有640多辆坦克，而德国第6集团军只有360辆。尽管斯大林依然坚信德军将沿莫斯科方向发起主攻，但他还是精明地投下了赌注，集结起一股强大的坦克力量应对德军有可能在南方发起的进攻。

前夕

正如希特勒预期的那样，5月和6月的胜利极大地恢复了德军的信心和士气。鉴于苏军参差不齐的作战表现，德国人有理由期待一连串轻而易举的胜利将把他们带往最终目标——高加索油田。德军面临的危险并不在于战场的失利，而是意图中的推进太远、太快、兵力太少。如果试图夺取一切，德国人可能会让所有的一切从他们的手指间溜走，红军会逃脱，并重新投入战斗。但大多数德军参谋人员和指挥官明白，他们的行动受到诸多限制。即便是"南方"集团军群，辖内的各个师也一直没能彻底恢复去年冬季遭受的损失。另外，"蓝色"行动涉及的广阔距离和后勤问题，几乎与去年夏季"巴巴罗萨"行动期间同样严峻。

"威廉"和"弗里德里库斯Ⅱ号"行动再次证明，德国人可以攻城略地并给苏军造成战术失败，但他们似乎无法彻底消灭这个对手。就像英军在美国独立战争期间打击大陆军那样，德国国防军也许能打赢每一场战斗，可只要对手仍存在于战场上，他们就无法赢得这场战争。

苏军指挥员也许会以这种想法自我安慰，但他们对德军即将发起的攻势的结果毫无信心。克里木的陷落、哈尔科夫战役的惨败以及德军在后续行动中轻而易举的胜利增强了苏联人挥之不去的自卑感。除了在刻赤和哈尔科夫两场灾难中损失450000名士兵外，德国第6集团军和第1装甲集团军6月份目标有限的进攻还在西南方向正中央重创西南方面军辖下的第28和第38集团军，并为"南方"集团军群赢得了理想的出发阵地，利用这些阵地，他们将在不久的将来发起一场更为宏大的攻势。

另外一点是，苏军集结在错误的地点。斯大林和华西列夫斯基仍认为德军夏季攻势的主要方向是莫斯科，充分表明这种预期的是，他们把红军最出色的将领朱可夫和10个野战集团军派往西方面军。5月和6月间，铁木辛哥数个集团军遭受的重创加大了苏军兵力部署方面的错误，这种重创迫使守军将训练不足、作战能力低下的部队过早地投入了战斗。对交战双方来说，这将是个漫长、艰难的夏季。

到1942年6月27日，希特勒已在苏联南方集结起一股强大的轴心国力量（相应的作战序列和兵员、坦克力量对比可参阅图表10、11、12）。斯大林谨慎的防范措施能否阻止德国国防军再次赢得壮观的夏季胜利，这一点尚有待观察。

图表8：1942年5月11日，哈尔科夫战役中的坦克力量对比

苏军		德军	
部队	坦克	部队	坦克
北部地区			
第21集团军		第6集团军	
坦克第10旅	26辆（6辆KV、4辆T-34、7辆BT、9辆T-26）	第3装甲师	45辆（5辆二号、34辆三号/50、6辆四号/75）
坦克第478营	22辆（1辆BT、9辆T-26、12辆T-37/38）		
合计	48辆（6辆KV、4辆T-34、8辆BT、18辆T-26、12辆T-37/38）		
第28集团军			
坦克第84营[1]	46辆（10辆KV、20辆T-34、16辆T-60）		
近卫坦克第6旅	43辆（3辆KV、18辆T-34、7辆BT、1辆T-26、12辆T-60、2辆缴获的车辆）	第23装甲师	181辆（34辆二号、112辆三号/50、32辆四号、3辆指挥坦克）
坦克第6旅[2]	46辆（10辆KV、20辆T-34、16辆T-60）		
坦克第90旅	46辆（10辆KV、20辆T-34、16辆T-60）		
合计	181辆（33辆KV、78辆T-34、7辆BT、1辆T-26、60辆T-60和2辆战利品）		
第38集团军（坦克第22军）			
坦克第36旅	47辆（17辆T-60、10辆MK-Ⅱ、20辆MK-Ⅲ）	第194突击炮大队	30辆（三号突击炮）
坦克第13旅	44辆（17辆BT、9辆T-26、18辆MK-Ⅱ）		
坦克第133旅	34辆（22辆T-34、12辆BT）		
合计	125辆（22辆T-34、29辆BT、17辆T-60、9辆T-26、28辆MK-Ⅱ、20辆MK-Ⅲ）		
总计	354辆（39辆KV、104辆T-34、44辆BT、28辆T-26、77辆T-60、12辆T-37/38、28辆MK-Ⅱ、20辆MK-Ⅲ和2辆战利品）	总计	256辆（39辆二号、146辆三号/50、38辆四号、3辆指挥坦克、30辆三号突击炮）

----

① 译注：应为坦克第84旅。
② 译注：应为坦克第57旅。

南部地区				
第6集团军			"克莱斯特"集团军级集群	
坦克第48旅	42辆（10辆KV、16辆T-34、16辆T-60）	第14装甲师	48辆（估计）	
近卫坦克第5旅	38辆（1辆KV、18辆T-34、18辆T-60、1辆三号）			
坦克第38旅	44辆（14辆T-60、30辆MK-Ⅱ）			
坦克第37旅	42辆（15辆T-60、27辆MK-Ⅱ）			
坦克第21军	136辆（20辆KV、38辆T-34、48辆T-60、10辆MK-Ⅱ、20辆MK-Ⅲ）	第16装甲师	97辆（29辆二号、46辆三号、23辆四号）[①]	
（坦克第64旅）	46辆（16辆T-60、10辆MK-Ⅱ、20辆MK-Ⅲ）			
（坦克第98旅）[②]	46辆（10辆KV、20辆T-34、16辆T-60）			
（坦克第199旅）	44辆（10辆KV、18辆T-34、16辆T-60）			
坦克第23军	133辆（58辆T-34、45辆T-60、30辆MK-Ⅲ）			
（坦克第57旅）[③]	44辆（18辆T-34、16辆T-60、10辆MK-Ⅲ）	第60摩托化旅	21辆（估计）	
（坦克第130旅）	43辆（20辆T-34、13辆T-60、10辆MK-Ⅲ）			
（坦克第131旅）	46辆（20辆T-34、16辆T-60、10辆MK-Ⅲ）			
"博布金"集群（坦克第7旅）	40辆（7辆KV、5辆T-34、10辆BT、1辆T-26、17辆T-60）	第160装甲大队	不详	
合计	475辆（38辆KV、135辆T-34、10辆BT、173辆T-60、2辆T-26、67辆MK-Ⅱ、50辆MK-Ⅲ）	合计	166辆	
方面军预备队	94辆（3辆KV、3辆BT、52辆T-60、4辆T-26、1辆T-40、1辆T-37/38、22辆MK-Ⅱ、11辆MK-Ⅲ）[④]			
（坦克第71营）	27辆（1辆BT、2辆T-26、20辆T-60、1辆T-40、1辆T-37/38、1辆MK-Ⅱ、1辆MK-Ⅲ）			
（坦克第132营）	25辆（2辆BT、2辆T-26、20辆T-60、1辆MK-Ⅱ）			
（坦克第92营）	42辆（3辆KV、12辆T-60、20辆MK-Ⅱ、10辆MK-Ⅲ）[⑤]			
合计	923辆（80辆KV、239辆T-34、57辆BT、302辆T-60、33辆T-26、1辆T-40、13辆T-37/38、117辆MK-Ⅱ、81辆MK-Ⅲ、3辆三号）[⑥]	总计	422辆	

第9集团军（南方面军）			
坦克第12旅	10辆（2辆KV、8辆T-34）		
坦克第15旅	0		
坦克第121旅	32辆（2辆KV、8辆T-34、20辆T-60、2辆三号）		
合计	42辆（4辆KV、16辆T-34、20辆T-60、2辆三号）		
总计	965辆（84辆KV、255辆T-34、57辆BT、322辆T-60、33辆T-26、1辆T-40、13辆T-37/38、22辆MK-Ⅱ、11辆MK-Ⅲ）[7]		

※ 资料来源：安德烈·加卢什科和马克西姆·科洛米耶茨在《前线画刊》（1999年）第6期（总第11期）中的《1942年5月的哈尔科夫战役》（*Boi za Kharkovv mae 1942 god*）一文，以及托马斯·L.延茨的《装甲部队：德国坦克部队的组建和作战部署指南大全，1933—1942年》（宾夕法尼亚州阿特格伦：希弗军事史出版社，1996年），第232页。

① 译注：98辆。
② 译注：应为坦克第198旅。
③ 译注：应为坦克第6旅。
④ 译注：总数为97辆。
⑤ 译注：总数45辆
⑥ 译注：926辆。
⑦ 译注：原文如此，MK-Ⅱ和MK-Ⅲ的数字明显不对。

图表 9：最高统帅部预备队（RVGK），1942 年 5 月 1 日—7 月 1 日

集团军	步兵、空降兵和骑兵	炮兵	坦克和机械化部队
1942年5月1日			
预备队 第1集团军	步兵第29、第164师	迫击炮第113、第114团	
第58集团军	近卫步兵第9、第12、第15师；步兵第154、第304师		
独立部队	步兵第196、第211、第309师，步兵第106、第109、第118、第119、第122、第126、第133、第134、第135、第148、第149、第150、第151、第153旅，骑兵第110师，近卫骑兵第2军（近卫骑兵第3、第4师、骑兵第20师）	榴弹炮第135、第399、第1109团，炮兵第151、第753团，反坦克炮兵第438、第468、第507、第543、第612团，近卫迫击炮第33、第43、第44、第49、第50团，迫击炮第151团	坦克第2军（坦克第19、第26旅、摩托化步兵第2旅），坦克第103旅，雪橇第21、第26、第31、第32、第34、第36、第42、第47、第48营，装甲列车第11、第12、第27、第28、第32、第37、第39、第41、第42、第48、第51营
总计： 2个集团军	10个步兵师，14个步兵旅，1个骑兵军，4个骑兵师	5个炮兵团，5个反坦克炮兵团，3个迫击炮团，5个近卫迫击炮团	1个坦克军，3个坦克旅，1个摩步旅，9个雪橇营，11个装甲列车营
1942年6月1日			
预备队 第1集团军	步兵第29、第112、第131、第164、第193、第195、第214师	迫击炮第114团	
预备队 第2集团军	近卫步兵第25师，步兵第100、第111、第237、第303、第312师		
预备队 第3集团军	步兵第107、第141、第159、第161、第167、第206、第219、第232师		
预备队 第5集团军	步兵第153、第197师		
预备队 第6集团军	步兵第174、第181、第184、第196师		
预备队 第7集团军	近卫步兵第9、第15师，步兵第147、第192师		
预备队 第8集团军	步兵第64、第120、第221、第231、第308、第315师		
坦克第3集团军	步兵第154师	轻型炮兵第1172团、近卫迫击炮第62团	坦克第12军（坦克第30、第86、第97旅），坦克第15军（坦克第96、第105、第113旅）

独立部队	步兵第309、第340师，第79筑垒地域，近卫骑兵第2军（近卫骑兵第3、第4师、骑兵第20师）	轻型炮兵第614、第1173、第1189、第1238、第1239、第1240、第1243团，迫击炮第151团，近卫迫击炮第57、第61、第66团；近卫迫击炮第38营	坦克第14军（坦克第138、第139旅），坦克第34、第39、第55、第56旅，装甲列车第28、第29、第47营
总计：7个预备队集团军、2个坦克集团军[1]	40个步兵师、1个筑垒地域、1个骑兵军、3个骑兵师	8个轻型炮兵团、2个迫击炮团、5个近卫迫击炮团、1个近卫迫击炮营	3个坦克军、2个坦克旅[2]、3个装甲列车营
1942年7月1日			
预备队第1集团军（第64集团军）	步兵第18、第29、第112、第131、第164、第214、第229师		
预备队第2集团军	近卫步兵第25师、步兵第52、第100、第111、第237、第303师		
预备队第3集团军（第60集团军）	步兵第107、第159、第161、第167、第193、第195师		
预备队第4集团军	步兵第78、第88、第118、第139、第274、第312师		
预备队第5集团军（第63集团军）	近卫步兵第14师，步兵第1、第127、第153、第197、第203师		
预备队第6集团军（第6集团军）	步兵第99、第141、第174、第206、第219、第232、第309师		
预备队第7集团军（第62集团军）	近卫步兵第33师，步兵第147、第181、第184、第192、第196师		
预备队第8集团军	步兵第64、第120、第221、第231、第308、第315师		
预备队第9集团军	步兵第32、第93、第238、第279、第316师		

① 译注：原文如此。
② 译注：原文如此。

预备队 第10集团军	步兵第133、第180、第207、第292、第299、第306师		
坦克第3集团军	步兵第154师	轻型炮兵第1172团、近卫迫击炮第62团、高射炮第470营	坦克第12军（坦克第30、第86、第97旅、摩托化步兵第13旅），坦克第15军（坦克第96、第105、第113旅、摩托化步兵第17旅），坦克第2、第99、第166、第179旅
坦克第5集团军	步兵第340师	轻型炮兵第611团、近卫迫击炮第66团	坦克第2军（坦克第26、第27、第148旅、摩托化步兵第2旅），坦克第11军（坦克第53、第59、第160旅，摩托化步兵第12旅）、坦克第19旅
独立部队	近卫骑兵第2军（近卫骑兵第3、第4师、骑兵第20师），坦克歼击第6、第7、第8、第10旅	轻型炮兵第1180、第1246、第1247团，迫击炮第151团，近卫迫击炮第72、第74团，重型近卫迫击炮第68、第69、第70团，近卫迫击炮第314、第326营	坦克第7军（近卫坦克第3旅，坦克第62、第87旅，摩托化步兵第7旅），坦克第18军（坦克第110、第180、第181旅、摩托化步兵第18旅），坦克第25军（坦克第111、第162、第175旅，摩托化步兵第16旅），装甲列车第28营
总计：10个预备队集团军、1个坦克集团军①	63个步兵师、4个坦克歼击旅、1个骑兵军、3个骑兵师	5个轻型炮兵团、1个迫击炮团、7个近卫迫击炮团、2个近卫迫击炮营、1个高射炮营	7个坦克军、25个坦克旅②、7个摩步旅、1个装甲列车营

※ 资料来源：《苏联军队作战编成 第2部分（1942年1—12月）》第93、第113、第114页。

① 译注：原文如此。
② 译注：26个。

图表10：1942年6月28日，轴心国军队与苏联红军的作战序列（德国第1装甲集团军和第17集团军为7月7日）（由北至南，集团军群、独立集团军和坦克部队以黑体标明）

轴心国军队

拉普兰集团军（后改称第20山地集团军）（爱德华·迪特尔大将）

芬兰集团军

"北方"集团军群（格奥尔格·冯·屈希勒尔大将）
　　第18集团军
　　第16集团军
　　第11集团军（7月）

"中央"集团军群（陆军元帅京特·冯·克鲁格）
　　第9集团军
　　第3装甲集团军
　　第4集团军
　　第2装甲集团军

"南方"集团军群（陆军元帅费多尔·冯·博克）
"冯·魏克斯"集团军级集群
　　第2集团军（马克西米利安·冯·魏克斯大将）
　　　第55军（步兵上将埃尔温·菲罗）
　　　　第45、第95、第299步兵师；党卫队第1步兵旅
　　　第4装甲集团军（赫尔曼·霍特大将）
　　　第13军（步兵上将埃里希·施特劳贝）
　　　　第82、第385步兵师；**第11装甲师**
　　第24装甲军（装甲兵上将维利巴尔德·冯·朗格曼·翁德·埃伦坎普男爵）
　　　第377步兵师；**第9装甲师**；**第3摩步师**（**第11装甲师**7月4日加入）
　　第48装甲军（装甲兵上将维尔纳·肯普夫）
　　　第24装甲师；**"大德意志"摩步师**（**第16摩步师**7月4日加入）
　　匈牙利第2集团军（古斯塔夫·亚尼大将）
　　　第7军（德国）（炮兵上将恩斯特-埃伯哈德·黑尔）
　　　　第387步兵师；匈牙利第6轻步兵师
　　　匈牙利第3军
　　　　匈牙利第7、第9轻步兵师；**第16摩步师**（德国）
　　预备队：第88、第323、第34、第383步兵师
　　第8航空军（隶属第4航空队）（航空兵上将汉斯·赛德曼）[1]
　　后方地区司令部：匈牙利第105步兵旅；第213保安师

---

[1] 译注：此时的赛德曼是总参上校，1945年才晋升至航空兵上将；1942年7月1日—1943年5月18日指挥第8航空军的是马丁·菲比希中将。

图表10（接上页）

第6集团军（装甲兵上将弗里德里希·保卢斯）

　　第29军（步兵上将汉斯·冯·奥布斯特菲尔德）

　　　第57、第168、第75步兵师

　　第8军（瓦尔特·海茨中将）[①]

　　　第389、第305、第376步兵师

　　第40装甲军（装甲兵上将格奥尔格·施图默）

　　　第100猎师、第336步兵师，**第3和第23装甲师，第29摩步师**

　　第17军（步兵上将卡尔·霍利特）

　　　第113、第79、第294步兵师

　　第51军（炮兵上将瓦尔特·冯·赛德利茨－库尔茨巴赫）

　　　第297、第71、第44、第62、第384步兵师

　　第4航空军（隶属第4航空队）（航空兵上将库尔特·普夫卢格拜尔）

第1装甲集团军（埃瓦尔德·冯·克莱斯特大将）

　　第11军（步兵上将卡尔·施特雷克尔）（及罗马尼亚第6军）

　　　第1山地师；罗马尼亚第1、第4、第20、第2步兵师

　　第3装甲军（装甲兵上将莱奥·盖尔·冯·施韦彭堡男爵）

　　　第16（暂时在第14装甲军辖内）和**第22装甲师，党卫队"希特勒警卫旗队"摩步师**（暂时在OKH南方预备队内）

　　第14装甲军（步兵上将古斯塔夫·冯·维特斯海姆）

　　　第14装甲师，第60摩步师

　　第44军（炮兵上将马克西米利安·德·安格利斯）

　　　第257、第68步兵师，第97、第101猎兵师

　　第4军（步兵上将维克托·冯·施威德勒）

　　　第295、第76、第94、第9步兵师，第444、第454保安师

第17集团军（里夏德·鲁夫大将）

　　第52军（步兵上将欧根·奥特）

　　　第111、第370步兵师

　　意大利远征军（快速军）

　　　第3"快速"师、第9"帕苏比奥"师、第52"都灵"快速步兵师

　　第49山地军（山地兵上将鲁道夫·康拉德）

　　　第198步兵师、第4山地师

　　第57装甲军（装甲兵上将弗里德里希·基希纳）

　　　第13装甲师、党卫队"维京"摩步师，斯洛伐克快速师，第125、第73、第298步兵师

　　预备队：第371步兵师、**党卫队"希特勒警卫旗队"摩步师**（从第3装甲军暂调）

注：截至6月24日，第1装甲集团军和第17集团军的装甲和摩托化力量编成如下：

　　第3装甲军（马肯森集群）辖**第14、第16装甲师**，第22装甲师一部和**第60摩步师**

　　第14装甲军辖**第13装甲师、"维京"和"警卫旗队"摩步师**、斯洛伐克快速师、第73步兵师一部和第125步兵师

　　A集团军群重组其装甲和摩托化力量，"蓝色2号"行动发起前投入**第57装甲军**（维特斯海姆集群）

第3集团军（罗马尼亚）

集团军群预备队：
 第5军（步兵上将威廉·韦策尔）（只有军部）
 意大利第8集团军司令部
  意大利第2军
   意大利第2"斯福塞斯卡"师、第3"拉文纳"师和第5"科塞里亚"师
 匈牙利第4军
  匈牙利第10、第12、第13轻步兵师
 匈牙利第5军军部
 匈牙利第7军
  匈牙利第20、第23轻步兵师

第11集团军（埃里希·冯·曼施泰因大将）
 第42军（步兵上将弗朗茨·马腾克洛特）
  第132步兵师
 第30军（炮兵上将马克西米利安·冯·弗雷特-皮科）
  第72、第170步兵师，第28猎兵师
 第54军（骑兵上将埃里克·汉森）
  第22、第24、第50步兵师，第132步兵师的2个团，罗马尼亚第4山地师
 罗马尼亚山地军（格奥尔基·阿夫拉梅斯库将军）
  罗马尼亚第1山地师、第18步兵师

苏联红军

卡累利阿方面军（V.A. 弗罗洛夫中将）
 第14、第19、第26、第32集团军
独立第7集团军
列宁格勒方面军（L.A.戈沃罗夫上将）[2]
 第23、第42、第55、第8集团军和滨海战役集群
沃尔霍夫方面军（K.A.梅列茨科夫上将）[3]
 第54、第4、第52、第59集团军，突击第2集团军
西北方面军（P.A.库罗奇金上将）[4]
 第11、第34、第53集团军，突击第1集团军
加里宁方面军（I.S.科涅夫上将）
 突击第3、第4集团军，第22、第30、第39、第29、第31集团军
西方面军（G.K.朱可夫上将）[5]

---

 ① 译注：海茵1937年已是炮兵上将。
 ② 译注：此时的戈沃罗夫是炮兵中将。
 ③ 译注：应为大将。
 ④ 译注：此时的库罗奇金是中将。
 ⑤ 译注：应为大将。

图表 10（接上页）

　　第20、第5、第33、第43、第49、第50、第10、第16、第61集团军

布良斯克方面军（F.I.戈利科夫中将）
　　第3集团军（P.P.科尔尊中将）
　　　　步兵第60、第137、第240、第269、第283、第287师，步兵第104、第134旅，**坦克第79、第150旅**
　　第48集团军（G.A.哈柳津少将）
　　　　近卫步兵第6师，步兵第8、第211、第280师，步兵第118、第122旅，骑兵第55师，**坦克第80、第202旅**
　　第13集团军（N.P.普霍夫少将）
　　　　步兵第15、第132、第143、第148、第307师，步兵第109旅，**坦克第129旅**
　　第40集团军（M.A.帕尔谢戈夫炮兵中将）
　　　　步兵第6、第45、第62、第121、第160、第212师，步兵第111、第119、第141旅，**坦克第14、第170旅**
　　坦克第5集团军（A.I.利久科夫少将）
　　　　步兵第340师、**坦克第19旅**
　　　　坦克第2军（I.G.拉扎列夫少将）
　　　　　　坦克第26、第27、第148旅，摩托化步兵第2旅
　　　　坦克第11军（N.N.帕尔克耶维奇少将）
　　　　　　坦克第53、第59、第160旅，摩托化步兵第12旅
　　空军第2集团军（K.N.斯米尔诺夫空军少将）[1]
　　　　歼击航空兵第205、第207、第266师，夜间轰炸航空兵第208师、近程轰炸航空兵第223师，强击航空兵225、第227、第267师[2]
　　工兵第6集团军（A.S.贡多罗夫工程兵中将）
　　　　工兵第17、第18、第19旅
　　方面军直属部队
　　　　近卫步兵第1师、步兵第284师、坦克歼击第2师，坦克第118、第157、第201旅
　　　　坦克第1军（M.E.卡图科夫少将）
　　　　　　近卫坦克第1旅，坦克第49、第89旅，摩托化步兵第1旅
　　　　坦克第4军（V.A.米舒林少将）
　　　　　　坦克第45、第47、第102旅，摩托化步兵第4旅
　　　　坦克第16军（M.I.帕韦尔金少将）
　　　　　　坦克第107、第109、第164旅，摩托化步兵第15旅
　　　　坦克第17军（N.V.费克连科少将）
　　　　　　坦克第66、第67、第174旅，摩托化步兵第31旅
　　　　坦克第24军（V.M.巴达诺夫少将）
　　　　　　近卫坦克第4旅，坦克第54、第130旅，摩托化步兵第24旅
　　　　骑兵第7军（I.M.马纳加罗夫少将）
　　　　　　骑兵第11、第17、第83师
　　　　骑兵第8军（I.F.卢涅夫上校）
　　　　　　骑兵第21、第112师

西南方面军（苏联元帅S.K.铁木辛哥）
　　第21集团军（A.I.丹尼洛夫少将）

步兵第76、第124、第226、第227、第293、第297、第301、第343师，NKVD第8师，**坦克第10旅**、摩托化步兵第1旅、坦克第478营

坦克第13军（P.E.舒罗夫少将）

坦克第85、第167旅，摩托化步兵第20师

第28集团军（D.I.里亚贝舍夫中将）

近卫步兵第13、第15师，步兵第38、第169、第175师，**坦克第65、第90、第91旅**

坦克第23军（A.M.哈辛上校）

近卫坦克第6旅、坦克第114旅、摩托化步兵第9旅

第38集团军（K.S.莫斯卡连科少将）

步兵第162、第199、第242、第277、第278、第304师，**坦克第133、第156、第159、第168旅**，摩托化步兵第22旅、**坦克第92营**

坦克第22军（A.A.沙姆申少将）

坦克第3、第13、第36旅

第9集团军（A.I.洛帕京中将）

步兵第51、第81、第106、第140、第355³、第296、第318、第333师，坦克歼击第18、第19旅，**坦克第12旅，坦克第71、第132营**

骑兵第5军（F.A.帕尔霍缅科少将）

骑兵第30、第34、第60师

第57集团军（D.N.尼基舍夫少将）

辖下没有部队

空军第8集团军（T.T.赫留金空军少将）

歼击航空兵206、第220、第235、第268、第269师，强击航空兵第226、第228师，轰炸航空兵第221、第270师，歼击轰炸航空兵第271、第272师⁴

工兵第7集团军（V.S.科先科少将）

工兵第12、第14、第15、第20、第21旅

方面军直属部队

近卫步兵第9师，步兵第103、第244、第300师，坦克歼击第1师，坦克歼击第11、第13、第15、第17旅

坦克第57、第58、第84、第88、第158、第176旅，摩托化步兵第21旅以及编成内的各坦克营

坦克第14军（N.N.拉德科维奇少将）

坦克第138、第139旅

近卫骑兵第3军（V.D.克留乔金少将）

近卫骑兵第5、第6师，骑兵第32师

第52、第53、第74、第117、第118筑垒地域

① 译注：应为上校。

② 译注：应为第226师。

③ 译注：应为第255师。

④ 译注：作者将后四个师分成BAD和FBAD两类，其实红空军没有"歼击轰炸航空兵师"这一编制，第271和第272师都是轰炸航空兵师。

图表 10（接上页）

南方面军（R.Ia.马利诺夫斯基中将）

第37集团军（P.M.科兹洛夫少将）

步兵第102、第218、第230、第275、第295师，坦克第121旅

第12集团军（A.A.格列奇科少将）

步兵第4、第74、第176、第261、第349师

第18集团军（F.V.卡姆科夫少将）[①]

步兵第216、第353、第383、第395师，**坦克第64旅**

第56集团军（V.V.齐加诺夫少将）

近卫步兵第3军（近卫步兵第2师，海军步兵第68、第76、第81旅）

步兵第30、第31、第339师，步兵第16旅，第70、第158筑垒地域，**坦克第63旅**

第24集团军（I.K.斯米尔诺夫中将）

步兵第73、第228、第335、第341师

空军第4集团军（K.A.韦尔希宁空军少将）

歼击航空兵第216、第217师，歼击轰炸航空兵第218师[②]、轰炸航空兵第219师、强击航空兵第230师

工兵第8集团军（D.I.苏斯林上校）

工兵第10、第11、第23、第24、第25、第26、第28、第29、第30旅

方面军直属部队

步兵第347师，第89、第73筑垒地域，**近卫坦克第5旅，坦克第15、第140旅，坦克第62、第75营**

北高加索方面军（苏联元帅S.M.布琼尼）

第47集团军（G.P.科托夫少将）

近卫步兵第32师、步兵第77师、海军步兵第86旅、步兵第103旅、坦克第126营

第51集团军（A.M.库兹涅佐夫上将）[③]

步兵第91、第138、第156、第157师，骑兵第110、第115师，骑兵第255团，**坦克第40旅**

滨海集团军（I.E.彼得罗夫少将）

步兵第25、第95、第109、第172、第345、第386、第388师，海军步兵第79、第138旅，海军陆战第7、第8旅，**坦克第81、第125营**

空军第5集团军（S.K.戈留诺夫空军中将）

轰炸航空兵第132师，歼击航空兵第236、第237、第265师，强击航空兵第238师

方面军直属部队

步兵第1军（步兵第236、第302师，步兵第113、第139旅）

海军步兵第83、第142、第154旅，**坦克第136、第137旅，坦克第79营**

骑兵第17军（N.Ia.基里琴科少将）（骑兵第12、第13、第15、第116师）

外高加索方面军（I.V.秋列涅夫大将）

第44集团军（A.A.赫里亚谢夫少将）

步兵第223、第414、第416师，步兵第9、第10旅

第46集团军（V.F.谢尔加茨科夫少将）

步兵第3军（山地步兵第9、第20师），步兵第389、第392、第394、第406师，步兵第155旅、骑兵第63师、第51筑垒地域

方面军直属部队

步兵第417师、**坦克第52旅**

最高统帅部预备队

预备队第1集团军
　　步兵第18、第29、第112、第131、第164、第214、第229师
预备队第2集团军
　　近卫步兵第25师，步兵第52、第100、第111、第237、第303师
预备队第3集团军
　　步兵第107、第159、第161、第167、第193、第195师
预备队第4集团军
　　步兵第78、第88、第118、第139、第274、第312师
预备队第5集团军
　　近卫步兵第14师，步兵第1、第127、153、第197、第203师
预备队第6集团军
　　步兵第99、第141、第174、第206、第219、第232、第309师
预备队第7集团军
　　近卫步兵第33师，步兵第147、第181、第184、第192、第196师
预备队第8集团军
　　步兵第64、第126[4]、第221、第231、第308、第315师
预备队第9集团军
　　步兵第32、第93、第238、第279、第316师
预备队第10集团军
　　步兵第133、第180、第207、第292、第299、第306师
坦克第3集团军
　　步兵第154师，坦克第2、第89[5]、**第166、第179旅**
　　坦克第12军（S.I.波格丹诺夫上校）
　　　坦克第30、第86、第97旅，摩托化步兵第13旅
　　坦克第15军（V.A.科普佐夫少将）
　　　坦克第96、第105、第113旅，摩托化步兵第17旅
坦克第7军（P.A.罗特米斯特罗夫上校）
　　近卫坦克第3旅，坦克第62、**第87旅**，摩托化步兵第7旅
坦克第18军（I.D.切尔尼亚霍夫斯基少将）
　　坦克第110、第180、第181旅，摩托化步兵第18旅
坦克第25军（P.P.巴甫洛夫少将）
　　坦克第111、第162、第175旅，摩托化步兵第16旅
近卫骑兵第2军（V.V.克留科夫少将）
　　近卫骑兵第3、第4师，骑兵第20师
坦克歼击第6、第7、第8、第10旅

---

① 译注：应为中将。
② 译注：夜间轰炸航空兵。
③ 译注：应为上校，作者显然弄混了F.I.库兹涅佐夫、V.I.库兹涅佐夫和A.M.库兹涅佐夫。
④ 译注：应为第120师。
⑤ 译注：应为第99旅。

※ 资料来源

轴心国军队：霍斯特·布格、维尔纳·拉恩、莱因哈德·施通普夫、贝恩德·韦格纳的《德国与第二次世界大战》，第六卷《全球战争》，埃瓦尔德·奥泽斯、约翰·布朗约翰、帕特里夏·克兰普顿、路易斯·威尔莫特译（牛津：克拉伦登出版社，2001 年），第 965 页；关于"南方"集团军群 1942 年 6 月 24 日的作战序列及随日期发生的更改，可参阅第 11 集团军作战处制作的"俄国作战日志附件、态势图集（1942 年 6 月 12 日—12 月 31 日）"（"Lagenkarten, Anlage zum KTB Russland, 12 June–31 Dec 1942," AOK 11 la 29585/207, in NAM T–312, Roll 1206）；第 6 集团军作战处第 12 号作战日志态势图集（1942 年 5—7 月），"Ia, Lagenkarten zum KTB 12, May–Jul 1942," AOK 6, 22855/Ia, in NAM T–312, Roll 1446；第 1 装甲集团军（"冯·克莱斯特"集团军级集群）作战处的第 1 装甲集团军态势图集（1942 年 6 月 1 日—29 日），【"Lagenkarten Pz. AOK 1, la (Armee–Gruppe v. Kleist), 1–29 Jun 1942," PzAOK 1,24906/12, in NAM T–313, Roll 35】；第 17 集团军作战处 3 号作战日志第 9 号附件、态势图集（1942 年 5 月 29 日—7 月 30 日），（"Lagenkarten, Anlage 9 zum Kreigstagebuch Nr. 3, AOK 17, Ia., 29 May–30 July 1942," AOK 17, 24411/18, in NAM T–312, Roll 696）。

苏联红军：《苏联军队作战编成 第 2 部分（1942 年 1—12 月）》第 124—128 页和第 134—135 页。这是苏军总参谋部军事科学院出版的资料。

※ 注：

1. 苏军作战序列为 7 月 1 日，"魏克斯"集团军级集群和第 6 集团军的作战序列为 6 月 28 日，第 1 装甲集团军和第 17 集团军为 7 月 7 日。

2. 6 月下旬，OKW 将德国摩托化军改编为装甲军。

图表 11：1942 年 6 月 28 日，轴心国军队与苏联红军的坦克力量对比

轴心国		苏联	
部队	坦克	部队	坦克
"魏克斯"集群（第4装甲集团军）		**布良斯克方面军（第13、第40集团军）**	
第9装甲师	144辆（22辆二号、99辆三号、9辆四号/短、12辆四号/长、2辆指挥坦克）	**坦克第1军**	170辆
		近卫坦克第1旅	
		坦克第49旅	
		坦克第89旅	
第11装甲师	155辆（15辆二号、124辆三号、1辆四号/短、12辆四号/长、3辆指挥坦克）	**坦克第4军**	145辆（29辆KV-1、26辆T-34、30辆T-70、60辆T-60）
		坦克第45旅	59辆（29辆KV-1、4辆T-70、26辆T-60）
		坦克第47旅	38辆（8辆T-34、13辆T-70、17辆T-60）
		坦克第102旅	48辆（18辆T-34、13辆T-70、17辆T-60）
第24装甲师	181辆（32辆二号、110辆三号、20辆四号/短、12辆四号/长、7辆指挥坦克）	**坦克第16军**	181辆（24辆KV-1、88辆T-34、69辆T-60）
		坦克第107旅	51辆（24辆KV-1、27辆T-34）
		坦克第109旅	65辆（44辆T-34、21辆T-60）
		坦克第164旅	65辆（44辆T-34、21辆T-60）
第3摩托化步兵师	54辆（10辆二号、35辆三号、8辆四号/长、1辆指挥坦克）	**坦克第5集团军**（7月6日—17日）	641辆（83辆KV-1、228辆T-34、88辆MK-Ⅱ、242辆T-60）
		坦克第2军	183辆（26辆KV-1、88辆T-34、69辆T-60）
		坦克第26旅	65辆（44辆T-34、21辆T-60）
		坦克第27旅	65辆（44辆T-34、21辆T-60）
		坦克第148旅	53辆（26辆KV-1、27辆T-60）
		坦克第7军	212辆（33辆KV-1、96辆T-34、83辆T-60）
		近卫坦克第3旅	60辆（33辆KV-1、27辆T-60）
		坦克第62旅	65辆（44辆T-34、21辆T-60）
		坦克第87旅	87辆（52辆T-34、35辆T-60）
		坦克第11军	181辆（24辆KV-1、88辆MK-Ⅱ、69辆T-60）
		坦克第53旅	61辆（24辆KV-1、27辆T-60）[①]
		坦克第59旅	65辆（44辆MK-Ⅱ、21辆T-60）
		坦克第160旅	65辆（44辆MK-Ⅱ、21辆T-60）
		坦克第19旅	65辆（44辆T-34、21辆T-60）

① 译注：51辆。

第16摩托化步兵师	54辆（10辆二号、35辆三号、8辆四号/长、1辆指挥坦克）	**坦克第17军**	179辆（23辆KV-1、88辆T-34、68辆T-60）
		坦克第66旅	49辆（23辆KV-1、26辆T-60）
		坦克第67旅	65辆（44辆T-34、21辆T-60）
		坦克第174旅	65辆（44辆T-34、21辆T-60）
"大德意志"摩托化步兵师	45辆（12辆二号、2辆三号、18辆四号/短、12辆四号/长、1辆指挥坦克）	**坦克第24军**	141辆（24辆KV-1、48辆T-34、17辆MK-Ⅲ、52辆T-60）
		近卫坦克第4旅	51辆（24辆KV-1、27辆T-60）
		坦克第54旅	53辆（28辆T-34、25辆T-60）
		坦克第130旅	37辆（20辆T-34、17辆MK-Ⅲ）
		独立坦克旅：13集，坦克第129旅 40集，坦克第14旅 40集，坦克第170旅 坦克第115旅，预备队 坦克第116旅，预备队	200辆（估计）
合计	633辆（101辆二号、405辆三号、48辆四号/短、64辆四号/长、15辆指挥坦克）	**合计**	1657辆
第6集团军		**西南方面军（第21、第28、第38集团军）**	
第3装甲师	162辆（25辆二号、104辆三号、21辆四号/短、12辆四号/长）	**坦克第13军**	163辆（8辆KV-1、51辆T-34、30辆MK-Ⅲ、74辆T-60）
		坦克第167旅	50辆（30辆MK-Ⅲ、20辆T-60）
		坦克第158旅	48辆（8辆KV-1、20辆T-34、20辆T-60）
		坦克第85旅	65辆（31辆T-34、34辆T-60）
第23装甲师	138辆（27辆二号、84辆三号、17辆四号/短、8辆四号/长）[①]	**坦克第23军**	128辆（9辆KV-1、38辆T-34、3辆M-3/中、38辆M-3轻、40辆T-60）
		坦克第6旅	38辆（18辆T-34、20辆T-26）
		坦克第91旅	49辆（9辆KV-1、20辆T-34、20辆T-60）
		坦克第114旅	41辆（3辆M-3/中、38辆M-3轻）
第29摩步师	58辆（12辆二号、36辆三号、8辆四号/长、2辆指挥坦克）	**坦克第22军**	55辆
		坦克第36旅	29辆（5辆KV-1、1辆T-34、1辆MK-Ⅱ、9辆MK-Ⅲ、13辆T-60）
		摩托化步兵第3旅	20辆
		坦克第13旅	6辆

---

① 译注：136辆。

		坦克第14军	
		坦克第138旅	组建中，未投入战斗
		坦克第139旅	
		独立坦克旅	326辆
		21集，坦克第10旅	38辆（3辆KV-1、12辆T-34、7辆BT、5辆T-26、11辆T-60）
		21集，坦克第478营	63辆（2辆BT-7、2辆BT-5、14辆T-26、4辆T-40、41辆T-37/T-38）
		28集，近卫坦克第6旅	28辆（5辆KV-1、7辆T-34、16辆T-60）
		28集，坦克第65旅	47辆（24辆KV-1、23辆T-60）
		28集，坦克第90旅	40辆（7辆KV-1、3辆T-34、15辆T-60、15辆M-3/轻）
		38集，坦克第133旅	0
		38集，坦克第156旅	8辆（2辆KV）
		38集，坦克第159旅	48辆（20辆T-60、28辆MK-Ⅲ）
		38集，坦克第92营	23辆（7辆KV-1、7辆T-60）
		坦克第57旅，方面军属	
		坦克第58旅，方面军属	
		坦克第84旅，方面军属	
		坦克第88旅，方面军属	
		坦克第176旅，方面军属	
合计	358辆（64辆二号、224辆三号、38辆四号/短、30辆四号/长、2辆指挥坦克）	合计	673
第1装甲集团军		南方面军（第9、第37集团军）	
第14装甲师	102辆（14辆二号、60辆三号、20辆四号/短、4辆四号/长、4辆指挥坦克）	9集，坦克第12旅	2辆（2辆T-34）
第16装甲师	100辆（13辆二号、57辆三号、15辆四号/短、12辆四号/长、3辆指挥坦克）	9集，坦克第71营	51辆（20辆BT/T-26、24辆T-60、2辆MK-Ⅱ、5辆MK-Ⅲ）
第22装甲师	176辆（28辆二号、12辆三号、11辆四号/短、11辆四号/长、114辆捷克Pz（38）t）	9集，坦克第132营	11辆（3辆T-34、3辆T-60、1辆MK-Ⅱ、4辆MK-Ⅲ）

第60摩步师	57辆（17辆二号、35辆三号、4辆四号/长、1辆指挥坦克）	37集，坦克第121旅	46辆（8辆KV、18辆T-34、20辆T-60）
合计	435辆（72辆二号、164辆三号、50辆四号/短、27辆四号/长、114辆捷克Pz（38）t、8辆指挥坦克）	合计	110辆（8辆KV、23辆T-34、20辆BT/T-26、47辆T-60、3辆MK-Ⅱ、9辆MK-Ⅲ）
		62个坦克旅	2612辆
		最高统帅部预备队	
		坦克第18军	181辆（24辆KV-1、88辆T-34、69辆T-60）
		坦克第180旅	51辆（24辆KV-1、27辆T-60）
		坦克第181旅	65辆（44辆T-34、21辆T-60）
		坦克第110旅	65辆（44辆T-34、21辆T-60）
		坦克第25军	166辆（103辆T-34、63辆T-60/T-70）
		坦克第111旅	
		坦克第162旅	
		坦克第87旅	
		合计	347辆（24辆KV-1、191辆T-34、132辆T-60/T70）
总计	1635辆（276辆二号、936辆三号、156辆四号/短、121辆四号/长、114辆捷克Pz（38）t、32辆指挥坦克）	**总计**	2959辆

※ 资料来源：马克西姆·科洛米耶茨、亚历山大·斯米尔诺夫的《1942年6月28日至7月23日顿河大弯曲部之战》（*Boi v izluchine Dona, 28 iiunia–23 iiulia 1942 goda*，莫斯科：KM战略出版社，2002年）；托马斯·L·延茨的《装甲部队：德国坦克部队的组建和作战部署指南大全，1933—1942年》（宾夕法尼亚州阿特格伦：希弗军事史出版社，1996年）；V.A. 杰明、R.M. 波图加尔斯基的《坦克突破》（*Tanki vkhodiat v proryv*，莫斯科：军事出版社，1988年），第15页。

※ 注：
"M–3/中"指的是美制M–3"李将军"中型坦克，"M–3轻"指的是美制M–3"斯特亚特将军"轻型坦克；"四号/短"指的是配备75毫米L/24短身管主炮的德制四号坦克，"四号/长"指的是配备75毫米L/4长身管主炮的德制四号坦克。

图表 12：1942 年 6 月 28 日，"蓝色行动"期间双方兵力对比（根据图表 10）

兵力和武器	轴心国	苏联	对比
师和旅	68个德军师（52个步兵师、9个装甲师、7个摩步师）21个卫星国师（8个匈牙利师、7个罗马尼亚师、6个意大利师）	93个师（81个步兵师、12个骑兵师）、9个筑垒地域、90个旅（62个坦克旅、38个步兵旅）①	1:1（德/苏）1.15:1（轴心国/苏联）
人员	125万（德国95万、卫星国30万）	1715000	1:1.8（德/苏）
坦克	共1635辆 1327辆可用（少量二号和指挥坦克）	共2959辆 2300辆可用	1:1.6 1:1.7
大炮/迫击炮	17000门	16500门	1:1
飞机	1640架	758架	2.2:1

※ 注：
1. 德军兵力包括第 11 集团军。
2. 苏军兵力包括布良斯克、西南和南方面军。
3. 计算时，1 个德军师相当于 2 个苏军步兵或骑兵师，或相当于 3 个坦克或步兵旅；1 个卫星国师与 1 个苏军步兵师相当。
4. 德军步兵师包括猎兵师和山地师，但不包括保安师。
5. 德军兵力不包括德国空军。
6. 可用坦克数量减去了二号、指挥坦克、T-60 这些轻型坦克，非作战坦克也未计算在内。

---

① 译注：62+38=？

注释

1. 佐洛塔廖夫主编的《伟大卫国战争 第一册：严酷的考验（1941—1945年）》（*Velikaia Otechestvennaia voina 1941-1945, Kniga 1: Surovye ispytaniia*，莫斯科：科学出版社，1998年），第331页（此后简称为*VOV*）。苏联最高统帅部1月28日组建克里木方面军，其中包括高加索方面军近半数部队，克里木方面军的任务是守卫刻赤半岛并向西进攻，救援被曼施泰因第11集团军围困在塞瓦斯托波尔的独立滨海集团军。关于这些行动的细节，可参阅戴维·M. 格兰茨的《关于克里木战役的作战年表和文件，第一册：1941年9月9日—12月31日》（宾夕法尼亚州卡莱尔：自费出版，2008年）。

2.《苏联军队作战编成 第2部分（1942年1—12月）》第67页。

3. 什捷缅科的《战争年代的总参谋部（1941—1945年）》第一册第69页。韦奇内在战斗中得以生还，调至总参谋部担任战争经验处处长，该处负责收集并出版战时军事行动的诸多研究，以便对红军和未来的苏联军队加以改进。

4. 关于克里木方面军惨败、德军随后发起进攻的详情，可参阅戴维·M.格兰茨《1941—1945年，苏德战争中被遗忘的战役》第二册《冬季战役（1941年12月5日—1942年4月）》（宾夕法尼亚州卡莱尔：自费出版，1999年），第118—154页；A.A.沃尔科夫的《关键的序幕：伟大卫国战争初期阶段未完成的前线攻势》（*Kriticheskii prolog: Nezavershennye frontovye nastupatelnye operatsii pervykh kampanii Velikoi Otechestvennoi voiny*，莫斯科：阿维阿尔出版社，1992年），第128—143页；《关于使用战争经验的苏联文件，第三册：1941—1942年的军事行动》，哈罗德·S.奥伦斯坦译（伦敦：弗兰克·卡斯出版社，1993年），第122—161页；V.V.别沙诺夫的《1942年——"锻炼"》（*God 1942— "Uchebnyi"*，明斯克：丰收出版社，2002年），第130—191页；阿列克谢·伊萨耶夫的《伟大卫国战争中一段短暂的历史：沙波什尼科夫元帅的攻势》（*Kratkii kurs Istorii Velikoi Otechestvennoi voiny: Nastuplenie Marshala Shaposhnikova*，莫斯科：亚乌扎-艾克斯摩出版社，2005年），第276—284页；什捷缅科的《战争年代的总参谋部（1941—1945年）》第一册第68—70页；曼施泰因的《失去的胜利》第233—235页；以及海沃德的《止步于斯大林格勒：德国空军和希特勒在东线的失败（1942—1943年）》第68—85页。

5. B.I.涅夫佐罗夫的《1942年5月：阿克莫奈和叶尼卡列》（*Mai 1942-go: Ak Monai, Enikale*），《军事历史杂志》（*VIZh*），1992年8月第8期第33页。

6. 沃尔科夫的《关键的序幕：伟大卫国战争初期阶段未完成的前线攻势》第131页。

7. 刻赤半岛上的轴心国军队包括第30军的第28猎兵师，第50、第132、第170步兵师和第22装甲师，第42军的第46步兵师（德国）和罗马尼亚第10、第19步兵师及第8骑兵师，隶属于罗马尼亚第7军。

8. 齐姆克和鲍尔的《从莫斯科到斯大林格勒》第262—263页。

9. 海沃德的《止步于斯大林格勒：德国空军和希特勒在东线的失败（1942—1943年）》第68—70和第85页。

10. 德军进攻刻赤的这番描述，主要源自卡雷尔的《斯大林格勒》一书第25—29页。

11. 引自什捷缅科的《战争年代的总参谋部（1941—1945年）》第一册第69—70页。另外可参阅佐洛塔廖夫的《最高统帅部1942》一书第196页、第198—199页，斯大林、最高统帅部、科兹洛夫之间刻薄的电文。

12. 参阅佐洛塔廖夫的《VOV》，第一册第332页；海沃德的《止步于斯大林格勒》第84—85页；以及维尔纳·豪普特的《南方集团军群：德国国防军在苏联（1941—1945年）》，约瑟夫·G.威尔士译（宾夕法尼亚州阿特格伦：希弗出版社，1998年），第112—114页。据官方统计，苏军在刻赤的伤亡总数为176566人，其中162282人阵亡、重伤或失踪（被俘），14284人负伤或生病。科兹洛夫的方面军还损失了347辆坦克、3476门大炮/迫击炮和400架飞机。参阅G.F.克里沃舍夫主编的《揭密：苏联武装力量在战争、作战行动和军事冲突中的损失》（*Grif sekretnosti sniat: Poteri vooruzhennykh sil SSSR v voinakh, boevykh deistviiakh, i voennykh konfliktakh*，莫斯科：军事出版社，1993年），第224页。

13. 戴维·M.格兰茨的《哈尔科夫，1942年：对一场军事灾难的剖析》（纽约，罗克维尔中心：萨耳珀冬出版社，1998年），第42—43页。

14. 克留琴金的生平可参阅本书第五章。

15. 格兰茨的《哈尔科夫，1942年：对一场军事灾难的剖析》第44—48、第51—52页。关于博布金军旅生涯的情况比较粗略，他出生于1894年，1917年加入赤卫队，1918年参加红军，内战期间获得过红旗勋章。博布金1925年毕业于列宁格勒高级骑兵学校，并获得教官I.Kh.巴格拉米扬的好评，认为他是个优秀的骑兵战术家。"巴巴罗萨"战役前和期间，博布金在骑兵部队服役，1942年初出任西南方面军负责骑兵部队的副司令员。诺斯科夫出生于1898年，作为沙皇军队的一名列兵参加了第一次世界大战，1918年加入红军，内战期间在骑兵部队参加了西部和南部战场的战斗。诺斯科夫1932年毕业于布琼尼骑兵学校和红军指挥培训班（KUKS），1941年毕业于伏龙芝军事学院，20年代和30年代在骑兵部队服役，1938年12月至1940年12月在骑兵第9师担任骑兵第52团团长，1940年12月至战争爆发担任步兵第150师副师长。1941年7月，他晋升为第6集团军骑兵第26师师长。1941年夏季，在南方面军辖下，他率领该师撤离乌克兰，当年秋季在西南方面军辖下参加了顿巴斯地区的防御作战。1942年2月，他出任骑兵第6军军长。诺斯科夫在哈尔科夫战役中负伤被俘，战争结束前一直待在德军战俘营。1945年5月从战俘营获救后，NKVD对他加以审查，以确保他对苏联的忠诚。1947年，诺斯科夫从伏罗希洛夫总参学院毕业，担任近卫第5集团军副司令员直至1951年7月，担任近卫机械化第16军军长直至1952年2月，担任步兵第17军和山地步兵第119军军长直至1954年退役。他去世于1960年。更多详情可参阅两卷本的《军级指挥员，军事人物志》（*Komkory. Voennyi hiograficheskii slovar, v 2-kh tomakh*），第74—75页；以及亚历山大·A.马斯洛夫的《被俘的苏军将领：被德国人俘虏的苏军将领的命运（1941—1945年）》（伦敦：弗兰克·卡斯出版社，2001年），第71—73、第95—96页。

16. 别沙诺夫《1942年——"锻炼"》第212—214页。

17. 同上，第51—56页。

18. 同上，第51、第54页。

19. 对这场战役的完整描述，可参阅格兰茨的《哈尔科夫，1942年：对一场军事灾难的剖析》；戴维·M.格兰茨的《地图集和研究：苏军的哈尔科夫攻势（1942年5月12日—29日）》（宾夕法尼亚州卡莱尔：自费出版，1998年）；安德烈·加卢什科和马克西姆·科洛米耶茨刊登在《前线画刊》2000年第6期中的《1942年5月的哈尔科夫战役》一文；别沙诺夫的《1942年——"锻炼"》第220—238页；伊萨耶夫的《伟大卫国战争中一段短暂的历史：沙波什尼科夫元帅的攻势》第321—354页。

20. 朱可夫的《回忆与思考》第2册第75页。

21. 博克的话引自齐姆克和鲍尔的《从莫斯科到斯大林格勒》第273页。

152

22. 安东尼·比弗的《斯大林格勒：决定命运的围攻，1942—1943年》（纽约：维京出版社，1998年），第65页；格兰茨的《哈尔科夫，1942年：对一场军事灾难的剖析》第126—128页；关于德军抽调空军力量，参见海沃德的《止步于斯大林格勒：德国空军和希特勒在东线的失败（1942—1943年）》第82—83页。

23. 哈尔德的《哈尔德战时日记（1939—1942年）》第616—617页，齐姆克和鲍尔的《从莫斯科到斯大林格勒》第275—278页。

24. 第3摩托化军的反击，在艾伯哈德·冯·马肯森的《从布格河到高加索：对苏作战中的第3装甲军（1941—1942年）》（*Vom Bug zum Kaukasus. Das III. Panzerkorps im Feldzug gegen Sowjetrußland 1941/42*，内卡尔格明德：库尔特·福温克尔出版社，1967年）一书中的第68—75页有所概述。

25. 加卢什科和科洛米耶茨的《1942年5月的哈尔科夫战役》第73页；伊萨耶夫的《伟大卫国战争中一段短暂的历史：沙波什尼科夫元帅的攻势》第352—353页。

26. 关于苏军指挥工作的争议，可参阅朱可夫的《回忆与思考》第2册第76—77页；什捷缅科的《战争年代的总参谋部（1941—1945年）》第一册第72—74页；以及齐姆克和鲍尔的《从莫斯科到斯大林格勒》第279—282页。关于保卢斯的应对，可参阅格尔利茨的《保卢斯与斯大林格勒：陆军元帅弗里德里希·保卢斯传》第56页。

27. 组建和部署这些预备力量的相关指令可参阅佐洛塔廖夫《最高统帅部1942》一书的第210—250页。

28. "1942年6月26日，斯大林发给西南方面军军事委员会的信件"，引自格兰茨的《哈尔科夫，1942年：对一场军事灾难的剖析》第225页。

29. 巴格拉米扬的《我们这样走向胜利》（*Tak shli my k pobeda*）第131页。

30. 别沙诺夫的《1942年——"锻炼"》第240页。

31. 关于布良斯克方面军策划的进攻行动的详情，可参阅《1942年夏季，布良斯克和沃罗涅日方面军的部队沿沃罗涅日方向的作战行动》（*Boevye deistviia voisk Brianskogo i Voronezhskogo frontov letom 1942 na Voronezhskom napravlenii*），*SVIMVOV*，第21册。

32. 别沙诺夫的《1942年——"锻炼"》，第240页。

33. 布劳的《德国对苏战争：策划和行动（1941—1942年）》第140页。

34. 同上，第140—141页；比弗的《斯大林格勒：决定性围攻（1942—1943年）》第34页。

35. 《苏联军队作战编成 第3部分》第106页，伊萨耶夫的《伟大卫国战争中一段短暂的历史：沙波什尼科夫元帅的攻势》第288—289页。

36. 别沙诺夫的《1942年——"锻炼"》第192页，伊萨耶夫的《伟大卫国战争中一段短暂的历史：沙波什尼科夫元帅的攻势》第288页。

37. 伊萨耶夫的《伟大卫国战争中一段短暂的历史：沙波什尼科夫元帅的攻势》第289页。

38. 卡雷尔的《斯大林格勒：德国第6集团军的败亡》第38—39页和第44页，海沃德的《止步于斯大林格勒：德国空军和希特勒在东线的失败（1942—1943年）》第90—91页。

39. 亚历克斯·布赫纳的《塞瓦斯托波尔：1942年对世界上最强大的堡垒的进攻》（*Sewastopol: Der Angriff auf die stärkste Festung der Welt 1942*，弗里德贝格：波德聪-帕拉斯出版社，1978年），第109—110页，伊萨耶夫的《伟大卫国战争中一段短暂的历史：沙波什尼科夫元帅的攻势》第

289—290页，别沙诺夫的《1942年——"锻炼"》第195页。

40. 关于塞瓦斯托波尔的攻城炮，可参阅布赫纳的《塞瓦斯托波尔：1942年对世界上最强大的堡垒的进攻》第110—113页，齐姆克和鲍尔的《从莫斯科到斯大林格勒》第309页，海沃德的《止步于斯大林格勒：德国空军和希特勒在东线的失败（1942—1943年）》第91—92页，以及卡雷尔的《斯大林格勒：德国第6集团军的败亡》第43页。在市区忍受这场围城战的居民多达35000人。

41. 关于塞瓦斯托波尔最后一战的详情，可参阅G.I.万涅耶夫、S.L.叶尔马什、I.D.马拉霍夫斯基、S.T.萨赫诺和A.F.赫列诺夫的《塞瓦斯托波尔的英勇防御（1941—1942年）》（*Geroicheskaia ohorona Sevastopolia 1941–1942*，莫斯科：军事出版社，1969年），E.A.伊格纳托维奇的《塞瓦斯托波尔的防空部队》（*Zenitnoe bratstvo Sevastopolia*，基辅：乌克兰政治书籍出版社，1986年），A.杜卡切夫的《通往塞瓦斯托波尔之路》（*Kurs na Sevastopol'*，辛菲罗波尔：塔夫里亚出版社，1974年），S.G.戈尔什科夫的《1941年秋季至1944年春季，在南翼》（*Na luzhnom flange, osen 1941 g.-vesna 1944 g.* 莫斯科：军事出版社，1989年），G.I.万涅耶夫的《伟大卫国战争中的黑海舰队水兵》（*Chernomortsy v Velikoi Otechestvennoi voine*，莫斯科：军事出版社，1978年），《红旗黑海舰队》（*Krasnoznamennyi Chernomorskii Flot*，莫斯科：军事出版社，1987年），*SVIMVOV*，第14册，第88—114页，N.M.扎米亚京、F.D.沃罗比约夫的《保卫塞瓦斯托波尔》（*Oborona Sevastopolia*，莫斯科：军事出版社，1943年），以及布赫纳的《塞瓦斯托波尔：1942年对世界上最强大的堡垒的进攻》。

42. 对第54军进攻行动的这番描述引自豪普特的《南方集团军群》第121页。

43. 齐姆克和鲍尔的《从莫斯科到斯大林格勒》第312页。

44. 参见卡雷尔在《斯大林格勒：德国第6集团军的败亡》一书中第44—49页的生动描述。

45. 齐姆克和鲍尔的《从莫斯科到斯大林格勒》第316—318页。

46. 豪普特的《南方集团军群》第123—124页。

47. 齐姆克和鲍尔的《从莫斯科到斯大林格勒》第319—321页，以及曼施泰因的《失去的胜利》第248—258页。

48. 伊萨耶夫的《伟大卫国战争中一段短暂的历史：沙波什尼科夫元帅的攻势》第302页。

49. 别沙诺夫的《1942年——"锻炼"》第210页。

50. 关于德军"威廉"行动和"弗里德里库斯Ⅱ号"行动的规划地图和文件，可参阅"'Friedericus, 1'，Anlagenmappe 1 zum KTB Nr. 8, PzAOK 1, Ia, 27 Mar–14 May 1942"，PzAOK 1, 25179/3, in NAM T-313, Roll 5.①

51. I.Ia.维罗多夫主编的《为祖国而战：第38集团军在伟大卫国战争中的征途（1941—1945年）》（*V srazheniiakh za Pobedu: Boevoi put' 38-i armii v gody Velikoi Otechestvennoi voyny 1941—1945*，莫斯科：科学出版社，1974年），第120页。坦克第5集团军的指定地点在叶夫列莫夫，沃罗涅日以北200公里处，位于布良斯克方面军后方。坦克第4和第16军的集结区在新奥斯科尔和卡斯托尔诺耶，分

---

① 译注：大致意思是1942年3月27日—5月14日，第1装甲集团军作战处第8号作战日志，附录文件夹1；NAM指的是National Archives Microfilm，国家档案馆微缩胶片，T是微缩胶片的编号，Roll指的是卷数，25179/3指的是该卷中的胶片帧数。

别位于沃罗涅日西南面140公里和西面100公里处。

52. K.S.莫斯卡连科的《在西南方向上》第一册第224页。由于旧萨尔托夫登陆场内空间有限，哈尔科夫战役期间，坦克第22军的几个坦克旅不得不以独立坦克部队的形式参战，以支援第28和第38集团军第一梯队的步兵师。

53. 关于坦克力量对比的详情，可参阅延茨的《装甲部队》第236—239页。

54. 可参阅第6集团军作战处制作的每日态势图"1942年5—7月，第12号作战日志的态势图集"（"Ia, Lagenkarten zum KTB 12, May–Jul 1942" 22855/Ia, in NAM T-312，Roll 1446）。

55. 莫斯卡连科的《在西南方向上》第一册第226—227页。这场反击应该是坦克第22军的全部力量，步兵第162、第278师，坦克第3和第156旅共同发起的一场更大规模反击的组成部分，这些部队由莫斯卡连科的装甲坦克兵主任N.A.诺维科夫少将统一指挥。但由于拙劣的指挥控制，这场反击失败了，进攻部队遭受到严重损失。

56. 齐姆克和鲍尔的《从莫斯科到斯大林格勒》第316页。

57. 可参阅佐洛塔廖夫《最高统帅部1942》一书中第247页的"最高统帅和副总参谋长与西南方向总指挥部专线电话会谈记录"。

58. 同上。

59. 同上。

60. 同上，第249页。

61. 关于利久科夫的生平，参见本书第四章。

62. 同上。

63. 同上，第251页，最高统帅部170454号指令，签发日期为1942年6月17日1点45分。

64. 同上，第255—256页，最高统帅部994068、994069和994070号指令，签发日期均为1942年6月20日22点10分。

65. 同上，第258页，最高统帅部170458号指令，签发日期为1942年6月21日2点35分。

66. "弗里德里库斯"这个名称有几种拼法，Fridericus 和 Friedericus 都被用于德军作战文件。我们在这里使用的是Fridericus，厄尔·齐姆克在他关于苏德战争的开创性著作中使用的也是这种拼法。

67. 齐姆克和鲍尔的《从莫斯科到斯大林格勒》第317—318页；哈尔德的《哈尔德战时日记（1939—1942年）》第623—624页。

68. 参见第6集团军作战处制作的每日态势图"1942年5—7月，第12号作战日志的态势图集"；以及第1装甲集团军（"冯·克莱斯特"集团军级集群）作战处制作的态势图集（1942年6月1日—29日），"Lagenkarten Pz. AOK 1, Ia (Armee-Gruppe v. Kleist), 1–29 Jun 1942," PzAOK 1, 24906/12, in NAM T-313, Roll 35.

69. 尼基舍夫出生于1898年，第一次世界大战期间是一名普通士兵，1917年12月参加赤卫队，1918年加入红军，内战期间担任过营、团级政治军官。他1927年毕业于伏龙芝军事学院，1937年毕业于总参学院，20年代指挥过一个营，30年代指挥过一个团，1939年出任北高加索军区参谋长，1940年1月在西北方面军任第9集团军参谋长。苏芬战争第二阶段期间，尼基舍夫策划并监督该集团军实施了成功的作战行动，第9集团军因而获得红旗勋章，尼基舍夫也于1940年4月接任北高加索军区参谋长职务，1940年8月，他出任空军参谋长，1941年3月担任列宁格勒军区参谋长。"巴巴罗萨"战役期间，尼基舍夫是新组建的北方面军的参谋长，专门负责卡累利阿方向。1942年1月，他被任命为工兵第5集团军第4筑垒地域部部长，当年2月出任西南方面军筑垒地域部部长。1942年6月，为强化西南方面军的防御，NKO任命尼基舍夫为第9集团军副司令员[1]。可参阅《伟大卫国战争，集团军指挥员，军事人物志》第158—159页。

70. 别沙诺夫的《1942年——"锻炼"》第247页，《苏联军队作战编成 第2部分（1942年1—12月）》第106页。1942年6月11日，近卫步兵第9师加入莫斯卡连科的集团军，6月13日，步兵第81师转隶第9集团军，同一天，步兵第277师转入方面军预备队。

71. 《苏联军队作战编成 第2部分（1942年1—12月）》第105页，以及第1装甲集团军情报处制作的敌军态势图集（1942年5月31日至6月28日），"Feindlagenkarten, PzAOK 1, Ic, 31 May-28 Jun 1942," PzAOK 1, 24906/23, in NAM T-313, Roll 37.

72. 帕尔霍缅科出生于1893年，第一次世界大战期间，他在沙皇军队服役，1918年加入红军，内战中指挥过骑兵中队和骑兵团。帕尔霍缅科1924年毕业于塔甘罗格骑兵学校，1929年毕业于骑兵军官培训班，1930年毕业于伏龙芝军事学院，他在20年代指挥过骑兵团，1936年任骑兵第22师师长，1937年的大清洗中，他沦为"人民公敌"被捕入狱。帕尔霍缅科比大多数同僚更加幸运，1940年获得平反，当年春季被任命为骑兵第4师师长，1941年3月出任摩托化第210师师长。苏德战争爆发后，1941年夏季和初秋，他一直率领该摩托化师，7—8月参加了第聂伯河和斯摩棱斯克地域的战斗，当年9月参加了抗击古德里安向南推进直奔基辅的第2装甲集群的战斗。南方面军发起1941—1942年冬季攻势期间，帕尔霍缅科指挥骑兵第1军，1942年7月，他被任命为骑兵第5军军长。7月和8月初，他率领该骑兵军参加了顿巴斯地区的防御作战，8月末，帕尔霍缅科暂时指挥第9集团军，当年秋季，他出任第24集团军副司令员，参加了斯大林格勒地区的防御作战。"蓝色"行动结束后，1943年3月至1944年3月，帕尔霍缅科在远东方面军担任骑兵第18军军长，1944年3月至战争结束，他担任步兵第125军副军长和第70集团军副司令员，参加了白俄罗斯第2方面军的许多次战役，1945年4—5月参加柏林战役，就此结束了他的战时军旅生涯。战争结束后，帕尔霍缅科在中央军队集群（CGF）担任第43集团军副司令员，直到1954年退役，他去世于1962年。更多详情可参阅《伟大卫国战争，集团军指挥员，军事人物志》第168—169页。

73. 齐姆克和鲍尔的《从莫斯科到斯大林格勒》第318—319页。

74. 沃尔夫冈·韦尔滕的《第16装甲师师史（1939—1945年）》（Geschichte der 16. Panzer-Division 1939-1945，弗里德贝格：波德聪-帕拉斯出版社，1958年），第96页。

75. 关于别洛博罗多夫杰出军旅生涯更多的情况，可参阅《伟大卫国战争，集团军指挥员，军事人物志》第22—24页。别洛博罗多夫此后担任过第39集团军和近卫第5集团军司令员，1963—1968年，他的职业生涯达到顶峰，担任莫斯科军区司令员，1968年退役。他撰写的回忆录也是最佳战时回忆录之一，别洛博罗多夫去世于1990年，享年87岁。

76. 特雷弗-罗珀的《从闪电战到失败：希特勒的战争指令（1939—1945年）》第120页。

77. 对赖歇尔事件的最佳诠释无疑是卡雷尔的《斯大林格勒》一书第50—57页。

78. 参见SVIMVOV，第15册第123页。泄密的这份指令（部分）如下：

"威廉"行动结束后——该行动在沃尔昌斯克地域实施，其任务是进抵叶夫列莫夫卡和小米哈伊洛夫

卡这条总战线——第40摩托化军在"蓝色"行动中的后续任务是：第6集团军编成内的第40摩托化军应包围并歼灭别尔格罗德东北方的敌军。该军应在沃尔奇亚河与涅热戈尔河之间突破敌防御，以迅猛的突击在沃洛科诺夫卡和新奥斯科尔地域夺取奥斯科尔河上的登陆场，并将辖内部队转向奥斯科尔河以东的旧奥斯科尔方向，阻止敌人从别尔格罗德东北方地区向东逃窜。

第40摩托化军的主力应夺取沃洛科诺夫卡东北方各制高点，做好向南或东南发起进攻或控制包围圈前端的准备。

相邻的部队：

第4装甲集团军，其主力从库尔斯克地域赶往沃罗涅日，应以部分兵力攻占旧奥斯科尔，第40摩托化军应从这里逼近包围圈前端。

第8军，肃清涅热戈尔河北岸森林中的敌人，在第40摩托化军左侧沿一个更偏向东北的方向攻击前进。

匈牙利第2集团军，向南或东南方前进，肃清被围敌军所在的区域。

79. 卡雷尔的《斯大林格勒》第50—57页；威廉·凯特尔的《为帝国服务》，戴维·欧文译（纽约：斯坦&戴出版社，1966年），第178页。

80. 什捷缅科的《战争年代的总参谋部（1941—1945年）》第一册第80页。

81. 参阅佐洛塔廖夫《最高统帅部1942》一书第262页最高统帅部第170461号指令，签发日期为1942年6月23日2点。P.M.科兹洛夫出生于1893年，是一名参加过第一次世界大战和俄国内战的老兵，1926年毕业于伏龙芝军事学院。20年代和30年代，他指挥过步兵团，担任过第14集团军参谋长，并在总参学院担任过部门领导。1941年6月苏德战争爆发后，科兹洛夫在南方面军担任第56集团军后勤主任。1941年11月至1942年3月，他在该集团军指挥一个战斗群。随后，49岁的他被任命为第18集团军副司令员。1942年6月至1943年8月，科兹洛夫先后指挥过第37、第9和第47集团军，由于指挥不力并使部队遭受到严重伤亡，他被解除职务，担任步兵第77军军长，直到1944年4月17日病故。更多详情可参阅《伟大卫国战争，集团军指挥员，军事人物志》第96—97页。

82. 参见最高统帅部第170462号指令，签发日期为1942年6月25日3点45分，同上，第263页。

83. 参见最高统帅部第994076和170466号指令，签发日期分别为1942年6月26日和6月28日20点20分，同上，第264—265页。

84. 参见最高统帅部第170465号指令，签发日期为1942年6月28日20点25分，同上，第266页。

突击和反突击，"蓝色1号"行动
1942年6月28日—7月12日

B集团军群发起"蓝色1号"行动的区域大致呈矩形，对实施防御的苏军和执行进攻的德军来说，既有有利的一面，也有不利的一面。

作战地域

B集团军群在一片矩形地域发起"蓝色1号"攻势，这片地域从北面的利夫内（Livny）和叶列茨（Elets）向南延伸约300公里，直至罗韦尼基（Roven'ki），从西面的库尔斯克、别尔格罗德和库皮扬斯克向东延伸约230公里，至沃罗涅日河畔的沃罗涅日和顿河畔的新卡利特瓦（Novaia Kalitva）（参见地图8）。位于该矩形四角的分别是库尔斯克（西北）、叶列茨（东北）、库皮扬斯克（西南）和新卡利特瓦（东南）。两大河系——北顿涅茨河及其支流，顿河及其支流——构成了这个矩形的西边和东边。两条河系之间是一片起伏平缓、较为空阔的草原，坑坑洼洼的地面通常覆盖着青草，诸多低矮的隆起处偶尔也有一些小树林，灌木丛遮掩着穿过这片地域的河流和小溪。[1]

尽管北顿涅茨河和顿河的流向大致是由北向南，但诸多支流从这片矩形地域中部斜着流向这个矩形的东边和西边。西半部，由北至南，拉祖姆纳亚河（Razumnaia）、科连河（Koren'）、科罗恰河（Korocha）、涅热戈利河（Nezhegol）、沃尔奇亚河（Volch'ia）和奥斯科尔河朝西南方流入顿涅茨河；东半部，索斯纳河（Sosna）、波图丹河（Potudan）、季哈亚索斯纳河

158

蓝色1号行动作战地域

布良斯克方面军

299 步旅

党1步旅
45 步旅　步148师

2集

13集

利夫内　叶列茨

魏克斯集团军级集群

13军

95步师
385步师　步143师　步109师

索斯纳河

扎顿斯克

4装集

24装军

11步师
82步师　步15师

库尔斯克

88师

48装军

377步师
大德意志师
24步师　步160师

9装师
3摩师　步121师

沃洛沃　捷尔布内

顿河

340步师

16步师 387步师

匈2集

匈7军 匈6轻步师

步45师

季姆

步212师

40集

步141师
坦170旅

奥雷姆河

卡斯托尔诺耶

75筑垒地域

沃罗涅日河

奥博扬 匈9轻步师

步6师

奥博扬 匈9轻步师

戈尔舍奇诺耶 旧奥斯科尔

沃罗涅日

南方集团军群

匈3军
匈7轻步师

步62师

NKVD步8师

摩步1师

亚斯特列博瓦亚卡

戈斯季谢沃

29军

步297师

斯科罗德诺耶

别尔格罗德

步226师
步227师 科罗恰

21集

奥斯科尔河

切尔尼扬卡

53筑垒地域

323步师

坦10旅
步301师

坦4军

新奥斯科尔

6集

75步师
389步师
305步师 步76师

坦13军
步343师

奥斯特罗日斯克

8军
29摩步师 376步师

步124师

沃洛科诺夫卡

哈尔科夫

沃尔昌斯克
40装军 装甲师

100猎师
336步师

步169师

28集

斯沃博达

阿列克谢耶夫卡 卡缅卡

113步师
17军 79步师

坦90师

117筑垒地域

丘古耶夫

294步师 近坦5军
近骑32师

步38师
坦65旅

步91旅

瓦卢伊基

兹米耶夫

51军

297步师
近骑6师

近骑9师

坦23军

西南方面军

黑卡利特瓦河

罗索希

巴甫洛夫斯克

384步师

71步师
44步师

步300师

62步师
库皮扬斯克

步162师

38集

北顿涅茨河

罗2军

罗1军

步277师

坦22旅

罗韦尼基

新卡利特瓦

454保安师
11军

罗6军 罗20军

步278师 步199师

坦168旅

坦133旅

118筑垒地域

地图8 蓝色1号行动作战地域

（Tikhaia Sosna）和黑卡利特瓦河（Chernaia Kalitva）向东、东南或西北方流入顿河。该矩形地域的西北部，谢伊姆河（Seim）流向西北方的库尔斯克，索斯纳河横穿东北部，向东汇入叶列茨东面的顿河。索斯纳河的主要支流【由西向东分别为季姆河（Tim）、克申河（Kshen）和奥雷姆河（Olym）】向北流入其母河。艾达尔河（Aidar）以同样的方式向南穿过这片矩形地域南部的中央地段，最终在伏罗希洛夫格勒（Voroshilovgrad）附近汇入北顿涅茨河。

尽管这片矩形地域内的河流很容易借助桥梁或徒涉渡过，但陡峭的河岸（西岸通常更高些）和诸多支流造成的大量峡谷形成了强大的军事障碍，对防御方极为有利。奥斯科尔河尤为如此，该河源于季姆镇东南方，向南穿过旧奥斯科尔和新奥斯科尔，直至瓦卢伊基（Valuiki），然后转向西南方，穿过库皮扬斯克，在伊久姆附近汇入北顿涅茨河。由于1942年的道路和铁路交通网相当有限，要渡过该河，只能利用位于旧奥斯科尔、切尔尼扬卡（Chernianka）、新奥斯科尔和沃洛科诺夫卡（Volokonovka）的渡河点。即便是这些路线（与该地域所有道路和路径一样），在雨天也很难通行。

　　影响"蓝色1号"行动的第二个主要因素是1942年该地域的铁路和公路网。与苏联其他地区一样，政府的政策是修建有限的道路，以此来限制人口流动，这使铁路成为至关重要的交通路线，也成为军队重要的进军方向，即便在通过性较高的草原地区亦是如此。在这片矩形地域内，铁路交通网由三条南北向和一条东西向铁路线构成。从北至南，第一条铁路线沿该地域的西边延伸，从奥廖尔向南，穿过库尔斯克直抵哈尔科夫；第二条铁路线从叶列茨向南，经卡斯托尔诺耶、旧奥斯科尔、新奥斯科尔和沃洛科诺夫卡，穿过该地域的中央区域；第三条铁路线位于这片矩形地域的东边，从顿河东面沃罗涅日河畔的格里亚济（Griazi）向南穿过沃罗涅日、罗索希（Rossosh'）和坎捷米罗夫卡（Kantemirovka），直达米列罗沃地域（Millerovo）。由于德军已控制住最西端的铁路线，因而第二、第三条铁路线和铁路线上的主要城镇成为德军重要的军事目标。

　　至于由西向东的横向铁路线，唯一的军事重要性是从库尔斯克向东穿过该区域，从这片矩形地域北部三分之一处通过，穿过卡斯托尔诺耶，跨过顿河，最终到达顿河东面10公里处，沃罗涅日河畔的沃罗涅日。这条重要的铁路线以及与之平行的公路，自然成为"魏克斯"集团军级集群向东推进的主轴线。由西向东穿过这片矩形地域的另一条铁路线在库皮扬斯克进入该地域，沿奥斯科尔河朝东北方延伸，直达瓦卢伊基，然后继续向东北方跨过开阔地，沿季哈亚索斯纳河南岸到达奥斯特罗戈日斯克（Ostrogozhsk）东北方的顿河。为利用这条铁路线，任何从西面发起进军的部队首先必须跨过沃尔昌斯克地域（Volchansk）与沃洛科诺夫卡地域奥斯科尔河河段之间的50公里地段。

　　战后，苏联修建起更为广泛的高速公路网，但在此之前，该地区路况最佳的道路由西向东延伸，其中一条沿铁路路域从希格雷（Shchigry）和季姆附近向东穿过卡斯托尔诺耶直达沃罗涅日的公路；另一条位于更南面，从沃尔昌斯克地域向东北方延伸，直达奥斯科尔河畔的新奥斯科尔，然后向东穿过尼古拉耶夫卡（Nikolaevka）和奥斯特罗戈日斯克，到达顿河畔的斯沃博达（Svoboda）。这两条道路之间，路况相对较好的道路从别尔格罗德地域的北顿涅茨河谷通向科罗恰，南面则是从库皮扬斯克通往瓦卢伊基。

这些地形因素已被列入德军作战计划，"蓝色"行动同样如此。例如，第6集团军6月中旬实施"威廉"行动，目的是消灭西南方面军位于北顿涅茨河西岸的登陆场，夺取重要的渡河点，并在东岸的沃尔昌斯克和库皮扬斯克地域占据一个战役规模的登陆场，从而进入河流东面的道路网。基于同样的理由，"魏克斯"集团军级集群将利用库尔斯克以东地域至顿河和沃罗涅日出色的交通路线发起主要突击，而第6集团军将从沃尔昌斯克地域朝东北方发起主攻，穿过新奥斯科尔，直奔奥斯特罗戈日斯克附近的顿河。

由于德军"蓝色2号"行动中的目标涵盖了"蓝色1号"作战地域向南延伸的一片地带，地形因素因而也影响到两场行动之间的过渡。德国人知道，为确保这种过渡顺利进行，待"魏克斯"集团军级集群和第6集团军的部队到达顿河和沃罗涅日，并歼灭"蓝色1号"行动矩形地域内的苏军后，必须以部分兵力守住已夺取地区，同时以剩下的力量向南转进，与第1装甲集团军向东冲往伏罗希洛夫格勒以北地域的部队会合，随后歼灭被困在两支铁钳之间的苏军部队。三个主要地形因素将对这场过渡造成影响，一个是自然形成，另外两个是人为制造。自然地貌是该地域的河系，主要是顿河，该河从沃罗涅日以西地域向南流淌，在新卡利特瓦转向东南方，流经博古恰尔（Boguchar）、韦申斯卡亚（Veshenskaia）和克列茨茨卡亚（Kletskaia），随后转向南方，再转向西面（大弯曲部），最终在罗斯托夫汇入黑海。由于顿河左（东）岸是广袤的原野，没有任何合理的军事目标，再加上"蓝色"行动的目标都在顿河南面，德国人跨过该河似乎毫无意义。因此，"蓝色"行动规定"魏克斯"集团军级集群以第2集团军和第4装甲集团军夺取并守卫"蓝色1号"行动的矩形地域，然后以第4装甲集团军向东南方推进，与右翼的第6集团军取得会合。第一个人造地貌是该地域的铁路和公路交通网，决定了第4装甲集团军的转身地点和该集团军后续推进的最终方向。

第二个人造地貌是令德军作战行动趋于复杂的沃罗涅日。尽管它位于顿河东面10公里的沃罗涅日河畔，很可能在"蓝色1号"行动的边界外，但由于这是个重要的交通枢纽，夺取这座城市还能使德军在顿河畔获得一个主要立足点，因而希特勒把它列为重要目标。德国人在"蓝色"行动初期轻而易举地攻占了这座城市，但沃罗涅日随后便像块磁铁那样吸引了德国和苏联军队。斯大林明白这座城市的战略价值，他组织起一次次进攻，力图重新夺回该城，从而打乱了德军的作战计划，使他们无法将部队最大程度投入更重要的战略方向。

突破和包围，6月28日—7月3日

"魏克斯"集团军级集群集结在博克"南方"集团军群的左翼，6月28日拂晓，该集团军级集群派出侦察部队跨过前线，试探苏军防御阵地，就此拉开"蓝色1号"行动的帷幕（参见地图9）。魏克斯的集团军级集群包括他第2集团军辖下第55军、第13军和第7军的步兵，以及霍特第4装甲集团军辖内第24、第48装甲军的坦克和摩托化步兵（装甲掷弹兵），匈牙利第2集团军掩护着他们的南翼[1]。

霍特和魏克斯的炮兵以30分钟猛烈的炮火准备宣布"蓝色1号"行动正式开始，德国空军的战机也对苏军防线和交通线发起空袭。这场毁灭性打击令苏军猝不及防，他们的反准备炮火极为有限。随后，德军炮火向前延伸，上午10点，霍特的装甲先头部队向前隆隆推进，遭遇的抵抗非常轻微。这两周来，俄国人的注意力一直集中在莫斯科遭受的威胁以及德军在南面发动的局部攻势上，完全没有料到德国人会从库尔斯克地域正东面发动进攻。博克麾下的68个德军师，近半数投入行动，在大批卫星国军队的支援下发起进攻，并取得了极大的成功。

魏克斯的大规模坦克突击构成了计划中两翼包围的北钳，旨在合围苏军的2个集团军——布良斯克方面军左翼的第40集团军和西南方面军右翼的第21集团军。魏克斯的部队随后打算迅速冲向东面的顿河，过河后再前进6公里，

---

[1] 编注：战争第一年，德国人的装甲军称为"摩托化军"，摩步师称为"摩托化步兵师"，从这时起，德军这些机械化部队改称"装甲军"和"装甲掷弹兵师"。

译注：德军大多数摩步师直到1943年6月才更名为"装甲掷弹兵"师，例如第3、第16、第29步师等。

162

地图 9 魏克斯集团军级集群和第 6 集团军的突击（1942 年 6 月 27 日—7 月 23 日）

直抵沃罗涅日。按照计划，魏克斯的装甲突击矛头——冯·朗格曼将军的第24装甲军和肯普夫将军的第48装甲军——应直接攻向布良斯克方面军第13集团军与第40集团军的结合部，一旦突破苏军防御，他们就应呈扇形散开，向东赶往顿河和沃罗涅日，向东南方奔向奥斯科尔河畔的旧奥斯科尔，从而歼灭第40集团军，然后再对付西南方面军的右翼部队。为贯彻这场复杂的机动，第24装甲军投入第9、第11装甲师，这2个师分别拥有144辆和155辆坦克，再加上第3摩步师的54辆坦克，该军共有350辆坦克。第48装甲军辖下的第24装甲师有181辆坦克，第16摩步师和"大德意志"摩步师分别拥有100辆和45辆坦克，该军的总实力为325辆坦克。

魏克斯的装甲先头部队在布良斯克方面军左翼第40集团军对面进行准备时，对戈利科夫的布良斯克方面军和部署在铁木辛哥西南方面军右翼的第21集团军构成了严重威胁。戈利科夫方面军辖下的第40集团军，由帕尔谢戈夫将军指挥，据守着季姆镇的北面和南面，第一梯队部署了5个步兵师，季姆镇南面是步兵第62、第45、第212师，镇子北面是步兵第160和第121师，另1个步兵师（步兵第6师）和3个步兵旅（步兵第111、第119、第141旅）位于第二梯队或预备队。面对魏克斯装甲部队的700多辆坦克，帕尔谢戈夫集团军辖下的坦克第14、第170旅集结起70余辆坦克，帕韦尔金将军的坦克第16军为其提供加强，该军约有180辆坦克，部署在季姆镇东北方的克申河后，位于第40集团军右后方。

如果帕尔谢戈夫的第40集团军无法遏制魏克斯装甲部队的突击，布良斯克方面军的整个中央地段就将岌岌可危。在那里，普霍夫将军防御中的第13集团军横跨利夫内西面的索斯纳河，第一梯队部署了4个步兵师，步兵第15、第143师位于索斯纳河以南，步兵第148、第132师位于该河以北，步兵第307师、第109旅部署在第二梯队或预备队。普霍夫的坦克力量只有1个坦克旅（拥有40辆坦克的坦克第129旅），卡图科夫将军的坦克第1军为其提供加强，该军拥有170辆坦克，作为方面军预备队部署在利夫内东北方。更北面，第13集团军的右侧是格里戈里·阿列克谢耶维奇·哈柳津少将的第48集团军，该集团军在布良斯克方面军右中部以4个步兵师、1个骑兵师和2个步兵旅据守奥廖尔东部地域，并获得2个坦克旅的加强。[2]

如果魏克斯的装甲部队突破第40集团军的防御，也将对第21集团军的右翼构成致命威胁，目前指挥该集团军的是阿列克谢·伊里奇·丹尼洛夫少将，这位集团军参谋长几天前刚刚接替戈尔多夫。[3]丹尼洛夫的集团军负责守卫西南方面军右翼，因而实力远较北面的友邻部队为强，拥有9个步兵师、1个坦克旅和1个摩托化步兵旅。第21集团军守卫着旧奥斯科尔和新奥斯科尔西面的防线，与其对峙的是保卢斯的第6集团军，第21集团军的7个步兵师（步兵第76、第124、第227、第293、第297、第301师、NKVD第8师）和1个摩托化步兵旅（摩托化步兵第1旅）从左至右部署在第一梯队，2个步兵师（步兵第343、第226师）位于第二梯队。丹尼洛夫的集团军没有坦克旅，但获得舒罗夫将军坦克第13军163辆坦克的加强，必要的话还可以要求其他坦克军提供增援，主要是米舒林将军的坦克第4军（145辆坦克）和巴达诺夫将军的坦克第24军（141辆坦克），他们在新奥斯科尔地域沿奥斯科尔河占据集结区，担任西南方面军预备队。

保卢斯的第6集团军构成了南钳。施图默将军的第40装甲军率领进攻，并获得集团军辖下第29军、第8军和第17军步兵部队的支援，他们向东发起突击，经新奥斯科尔冲向奥斯特罗戈日斯克，并朝东北方直扑旧奥斯科尔。施图默辖下的第3、第23装甲师分别拥有164辆和138辆坦克，第29摩步师还有58辆，该军的总实力为360辆战车。德军的突击，目标是西南方面军第28集团军与第21集团军的结合部，力图打垮第28集团军，将其逼向南面，完成合围后歼灭北面的第40和第21集团军，为进军顿河和沃罗涅日创造有利条件。另一方面，这场进攻将使魏克斯和保卢斯的装甲军处在"控制"西南方面军右翼的位置上，从这里，他们可以发起"蓝色2号"行动——包围、歼灭整个西南方面军。

除了威胁到丹尼洛夫第21集团军的左翼（他的部署如上所述），保卢斯的装甲先头部队也对里亚贝舍夫第28集团军构成致命威胁。该集团军在奥斯科尔河以西守卫着从沃洛科诺夫卡至瓦卢伊基这段地域，从左至右，辖下的5个步兵师（步兵第38、第169、第175、第15师和近卫步兵第13师）[①]呈单梯队部署。为其提供支援的坦克第65、第90、第91旅共拥有90余辆坦克，位于瓦卢伊基北部地域的步兵第244师担任西南方面军的预备队。另外，里亚贝舍夫还可以指望哈辛上校的坦克第23军，该军的128辆坦克为第28集团军提供直接支援，方面军预备队的米舒林坦克第4军和巴达诺夫坦克第24军也有可能提供增援。最后是布良斯克方面军辖下的坦克第17军，该军由费克连科将军指挥，拥有179辆坦克，在沃罗涅日地域担任纵深预备队。

充分利用斯大林的注意力集中在莫斯科遭受的威胁的同时，博克的作战计划还意识到，铁木辛哥的西南方面军尚未从"威廉"和"弗里德里库斯Ⅱ号"行动造成的重创中恢复过来。但博克也发现，苏军最高统帅部已部署了（或正在部署）数个新坦克军（尚不清楚其番号），以加强布良斯克方面军左翼的防御，另外，西南方面军至少获得3个坦克军（坦克第4、第13、第24军）的加强。

德军沿三条主要路线发起协调一致的进攻，6月28日上午，"魏克斯"集团军级集群的2个装甲军迅速向东推进，在苏军第40和第21集团军的前沿防线上撕开数个缺口（参见地图10）。朗格曼将军的第24装甲军位于魏克斯的最北面，该军辖下的2个师一马当先。巴尔克将军的第11装甲师跨过季姆河后推进了10公里，一举粉碎布良斯克方面军第13集团军左翼步兵第15师的防御。南面10公里处，朗格曼装甲军辖下贝斯勒将军的第9装甲师冲向东面的季姆河，打垮了位于西南方面军第21集团军右翼[②]步兵第121师的防御。

朗格曼发起进攻的同时，肯普夫的第48装甲军也展开突击，向南推进了25—30公里。冯·豪恩席尔德少将的第24装甲师，在左侧赫恩莱因将军"大德意志"装甲掷弹兵师[③]的支援下，从希格雷地域迅速冲向东南方的季姆河。这场突击粉碎了苏军第40集团军辖下步兵第160、第212师的防御，使肯普夫的装甲军取得16公里的纵深突破，并到达季姆河西岸，第24装甲师的先遣战斗群在这里夺得一座完好无损的铁路桥。苏军工兵试图炸毁桥梁，但进攻方迅速扯掉点燃的导火索，将炸药抛出桥梁，毫不停顿就冲过了桥。

第40集团军司令员帕尔谢戈夫向方面军司令员戈利科夫报告，他麾下的各个师遭到"严重损失"，但"尚未丧失战斗力"，并要求提供支援。[4]根据戈利科夫的请求，6月28日—29日晚，最高统帅部命令西南方面军将米舒林的坦克第4军和巴达诺夫的坦克第24军从新奥斯科尔以西地域调出（他们在此支

---

① 译注：第15师是近卫步兵师。
② 译注：应为布良斯克方面军第40集团军；第21集团军隶属于西南方面军，其右翼是布良斯克方面军第40集团军的左翼部队，位于季姆镇以南，而第121师是第40集团军的右翼部队，位于季姆镇北面，也就是说，步兵第121师与第21集团军之间隔着数支部队。
③ 译注：此时的"大德意志"师仍是摩托化步兵师，1943年5月改编为装甲掷弹兵师。

55军
德罗斯科沃 13集
2集
波内里
科罗特什
利夫内
坦1集
索斯纳河
布良斯克方面军
骑8军
坦5集
赫列夫诺耶
坦2军
科尔普内 13军
捷布内
坦11军
60集(预3集)
佐洛图希诺 24摩军
多尔戈耶
沃洛沃
坦16军
24摩军
4装集
48军
坦16军
魏克斯集团军级集群
切列米西沃
卡斯托尔耶
24摩军
4装集
75筑垒地域
谢米卢基
克拉斯诺列斯内
坦18军
库尔斯克
季河
48摩军
坦17军
沃罗涅日
40集
匈2集
季姆
奥斯科尔河
戈尔舍奇诺耶
格列米亚奇耶
48摩军
坦17军
索尔恩采沃
7军
左罗索希
奥博扬
谢伊姆河
旧奥斯科尔
21集
古布金
匈2集
53筑垒地域
坦4军 6集(预6集)
坦24军
列皮耶夫卡
普罗霍罗夫卡
斯科罗德诺耶
29军
坦4军
波图丹河
别列尼西诺
戈斯季谢沃
切尔尼扬卡
奥斯特罗戈日斯克
利斯基
21集
科罗恰
40摩军
40摩军
卡缅卡
别尔格罗德
新奥斯科尔
40摩军
坦24军
6集
阿列克谢耶夫卡
舍别基诺
117筑垒地域
6集
沃尔昌斯克
沃洛科诺夫卡
奥利霍瓦特卡
罗索希
黑卡利特瓦河
哈尔科夫
17军
科津卡
尼基托夫卡
瓦卢伊基
4航队
奥利霍瓦特卡
丘古耶夫
28集
28集
118筑垒地域
西南方面军
南方集团军群
大布尔卢克
17军
38集
德武列奇纳亚
特罗伊茨科耶

德军集结区
7月27日晚的战线
6月28日—7月2日，德军进攻
7月2日的前线
7月3日—6日，德军进攻
苏军防线
苏军的反突击
7月6日晚的前线

25 0 25 50千米

地图10 沿沃罗涅日方向展开的行动（1942年6月28日—7月6日）

援第21集团军的左翼），赶往北面的旧奥斯科尔地域，他们将从那里组织一场反击，恢复第40集团军被粉碎的防御。[5]同时，最高统帅部命令戈利科夫将费克连科的坦克第17军从沃罗涅日前调至卡斯托尔诺耶，以便参加这场反突击，另外，戈利科夫的方面军还获得4个歼击航空兵、3个强击航空兵团的加强。[6]戈利科夫也行动起来，从方面军预备队调出帕韦尔金的坦克第16军，投入普霍夫第13集团军与帕尔谢戈夫第40集团军的结合部，沿克申河加强摇摇欲坠的防线，又从预备队抽调坦克第115、第116旅加强第40集团军。[7]

尽管采取了这些措施，但正如苏军在战斗结束后的报告中总结的那样，戈利科夫的部队缺乏有效的指挥和控制：

面对如此惊人、如此悲惨的局面，第40集团军的司令员和参谋人员却对集团军防区表现出令人无法容忍的漠视态度。集团军司令部设在贝科沃地域（Bykovo），步兵第6师的防区内。集团军司令员及其副手既没有待在右翼师里亲自组织战斗，也没有为次日的战斗改进作战任务；相反，他们继续通过电报和电话加以指挥。高级指挥员们甚至没有给已加入集团军的2个坦克旅下达任务；相反，这项工作是由参谋人员完成的。[8]

6月29日上午，频繁的雷雨和间歇性大雨给魏克斯进攻中的部队带来了麻烦，并迫使博克将保卢斯第6集团军的进军推延24小时。但6月29日下午，"魏克斯"集团军级集群迅速推进的装甲部队继续给戈利科夫布良斯克方面军的部队制造着混乱。德军再次发起炮火准备，随后，在大批"斯图卡"俯冲轰炸机的掩护下，巴尔克的第11装甲师到达沃洛沃（Volovo）西面的克申河，而随行的步兵向北逼迫着苏军第13集团军的左翼，并在侧翼掩护着德军攻向北面的利夫内。在克申河，巴尔克的装甲师遭遇到帕韦尔金的坦克第16军，该军与第40集团军第二梯队的步兵第111、第119旅刚刚赶到。南面，贝斯勒的第9装甲师也到达克申河，在这里遭遇到第40集团军步兵第160师沿东岸构设的防御。到目前为止，2个德军装甲师已在布良斯克方面军防区达成25—30公里的突破，苏军步兵第121师被彻底击溃。

南面40公里处，肯普夫第48装甲军编成内，赫恩莱因的"大德意志"装甲掷弹兵师和豪恩席尔德的第24装甲师6月29日取得了令人瞩目的战果。"大德意志"师在左翼提供掩护,第24装甲师又取得30公里的进展,在季姆镇以西强渡克申河,继续向东迅速推进。在此过程中,第24装甲师昔日的骑兵们[①]遭遇并打垮了第40集团军辖下的步兵第6师,第24装甲师的一个战斗群随即占领了第40集团军设在贝科沃村的司令部。尽管帕尔谢戈夫将军的工作人员已逃离,但他们丢下了电台、地图和其他装备:

6月29日晚,一小群敌坦克突破第40集团军步兵第6师的防御,逼近贝科沃村,集团军司令部就设在这里。敌坦克出现在集团军司令部,破坏了司令部对辖内部队的掌控。集团军司令员和司令部人员撤至卡斯托尔诺耶东南地域(东面30公里处),但许多文件(包括作战文件)丢在司令部内。集团军司令员彻底丧失了对部队作战行动的指挥。[9]

德军当日的惊人进展也遭到一些意外,德国空军误炸了"大德意志"师的一股先头部队。德军飞行员没有理会地面上铺出的对空识别板,因为他们认为德国军队不可能进展得如此神速。[10]

尽管方面军左翼部队被击败,但戈利科夫欣慰地获知,卡图科夫实力强大的坦克第1军正赶去支援普霍夫的第13集团军,该坦克军将为利夫内以南地域提供坚强的防御,另外,第40集团军左翼未遭受损失的师正在季姆镇以西抵挡着匈牙利第2集团军。但这种欣慰之情被魏克斯装甲部队的攻势冲淡,如果不遏止这股德军,他们肯定会横冲直撞,并将第40集团军的主力困在季姆镇以南地域。

面对魏克斯装甲部队在布良斯克方面军防区达成的大规模突破(缺口可能宽达40公里,35—40公里深),斯大林、最高统帅部和戈利科夫疯狂地忙碌起来,力图挽救颓势。首先,米舒林的坦克第4军、巴达诺夫的坦克第24军和费克连科的坦克第17军在卡斯托尔诺耶和旧萨尔托夫地域[②]完成集结时,戈利科夫命令从预备队调出新锐的步兵第284师和坦克歼击第1师[③],在卡斯托尔诺耶组织全方位防御。另外,他还以步兵第106旅加强帕韦尔金的坦克第16军,该军正抗击着巴尔克的第11装甲师。他还从第48集团军抽调步兵第8师和坦克第80旅,从方面军预备队抽调步兵第135旅和坦克第201旅,以这些部队加强第

13集团军在利夫内以南的防御。[11]最后，当天深夜，戈利科夫命令卡图科夫的坦克第1军和帕韦尔金的坦克第16军分别从北面和东面发起一场协调一致的反突击，打击巴尔克的第11装甲师，以及沃洛沃西面为巴尔克提供支援的德军步兵部队。可是，正如苏联方面一篇评论文章中指出的那样，对这场反击的指挥"并不妥善……进攻方向不明确，也没有组织炮火准备"。[12]

　　混乱的态势，再加上准备工作出了差错，这一切令戈利科夫不知所措，次日清晨，他通过保密的"博多"电传打字机与斯大林商讨态势。戈利科夫汇报了岌岌可危的局势，并重申第40集团军面临被包围的危险，随后，这位方面军司令员向最高统帅报告了他采取的措施，特别是坦克第4、第24和第17军在卡斯托尔诺耶和旧奥斯科尔地域的集结情况。尽管坦克第4、第24军迟缓的行动令他很不满意，但让戈利科夫真正恼火的是费克连科坦克第17军的表现，该军"由于其军长缺乏组织能力……从沃罗涅日出发后，失去了与作战保障单位的联系……因而没能获得燃料补给"。[13]

　　在第40集团军可能损失的情况下，戈利科夫请求斯大林批准该集团军撤至退向沃罗涅日途中的一条新防线。斯大林反对将部队撤往毫无准备的新阵地，这种举措很可能在无意间导致一场溃败，他指示戈利科夫组织一场新的反击，这一次，坦克第4和第24军将从旧奥斯科尔，坦克第17军将从卡斯托尔诺耶，坦克第16军从北面，对戈尔舍奇诺耶（Gorshechnoe，位于旧奥斯科尔与卡斯托尔诺耶中途）发起向心攻击。为确保反击获得成功，斯大林将红军汽车装甲坦克总部部长费多连科将军派至布良斯克方面军司令部，以确保戈利科夫有效部署手头的坦克力量。在斯大林看来，这是个简单的数字问题，他告诉戈利科夫："要牢记这一点——您现在拥有1000多辆坦克，而敌人的坦克不到500辆，这是第一。第二，敌人3个装甲师构成的战线上，您集结起的坦克超过500辆，而敌人呢，最多300—350辆。现在，一切都取决于您对这些部队的熟练部署和准确指挥，明白吗？"[14]

　　可事实上，各坦克军和独立坦克旅继续各自为战，毫无协调性，这种情

---

　　① 译注：第24装甲师由第1骑兵师改编而来。
　　② 译注：应为旧奥斯科尔；旧萨尔托夫在哈尔科夫东面，位于西南方面军防区内。
　　③ 译注：布良斯克方面军预备队里的是坦克歼击第2师。

形与1941—1942年间英军在北非抗击埃尔温·隆美尔的战斗非常相似。战争这一阶段，大多数苏军坦克指挥员对指挥旅级以上的部队毫无经验，无法组织各作战单位发起一场协调一致的进攻，更别说确保作战单位的再补给了。最高统帅部的应对是试图全面掌控变化多端的战场态势，但这种遥控使战场情况变得更加复杂。费多连科后来逮捕了坦克第17军军长费克连科，华西列夫斯基将军则要求其他坦克军长以指挥坦克部队的方式指挥自己的部队，而不能采用缓慢、死板的步兵战术。[15]

6月30日，就在华西列夫斯基与戈利科夫商讨形势的几个小时前，苏德战场南翼的形势从具有轻度挑战性演变为具有潜在的灾难。这是因为，大雨造成24小时延误后，保卢斯第6集团军的装甲部队30日清晨再次投入了战斗。随着德军第二支铁钳即将在哈尔科夫东面形成，苏军最高统帅部现在面临的情况是，整个西南方面军受到严重威胁，而不仅仅是布良斯克方面军左翼的局部失利。

6月30日拂晓，保卢斯发起攻击，施图默的第40装甲军率领第6集团军进攻，第29和第8军的步兵在北面提供掩护，第17军保护其南翼。在这种情况下，步兵们的表现甚至比施图默的装甲部队更加引人注目。当日日终前，分别从别尔格罗德以东和舍别基诺（Shebekino）以北出发，朝东北方推进的第29军第168步兵师和第8军的第389、第305师深入苏军防区20余公里，到达科罗恰西郊和东郊。这场突击不仅在苏军第21集团军与第28集团军的结合部撕开一个缺口，还将第21集团军左翼2个倒霉的步兵师（步兵第301、第227师）和1个坦克旅（坦克第10旅）困在科罗恰西南方的包围圈内。

令态势雪上加霜的是，施图默装甲军的先头部队从沃尔昌斯克向东发起突击，博伊内布格–伦斯费尔德的第23装甲师和布赖特的第3装甲师迅速穿过第28集团军防区的中央地带，直扑沃洛科诺夫卡，该镇位于西南方面军防御纵深处的奥斯科尔河畔。但苏军步兵第169师、近卫步兵第13和第15师在舒罗夫坦克第13军的支援下顽强抵抗，致使施图默的部队在行动首日取得的进展不足10公里。当晚，第28集团军司令员里亚贝舍夫焦虑地报告道："自1942年6月30日清晨4点以来，第28集团军的部队已投入激烈的防御作战，全力阻击向沃洛科诺夫卡攻击前进的敌坦克（多达150—200辆坦克）和步兵（多达1个步兵师）部队……6—15个敌航空兵大队对我方作战部队的轰炸持续了一整天。"[16]

里亚贝舍夫报告铁木辛哥，他正以第二梯队的步兵力量在后方沿奥斯科尔河构设新防线，并将哈辛的坦克第23军和坦克第65旅从方面军预备队调至他的集团军，以守卫沃洛科诺夫卡接近地。

可是，丹尼洛夫第21集团军的左翼已被彻底打垮，保卢斯的部队几乎不受任何阻碍地冲向东北方的新奥斯科尔，很可能与魏克斯从北面而来的部队取得会合。事实上，6月30日日终前，肯普夫第48装甲军辖下的第24装甲师（"大德意志"摩步师尾随其后）已逼近旧奥斯科尔北面奥斯科尔河畔的戈尔舍奇诺耶。西面，魏克斯第7军和匈牙利第2集团军构成的步兵战线缓慢但却稳定地向南推进，将苏军第21集团军的残部逐入奥斯科尔河西面有可能形成的陷阱内。

更北面的态势也没有得到丝毫改善，"魏克斯"集团军级集群的2个装甲军构成了沿克申河粉碎苏军防御的威胁（参见地图11）。尽管普霍夫的第13集团军成功地遏制了魏克斯第55军的步兵师沿利夫内接近地的推进，但朗格曼第24装甲军编成内的第11和第9装甲师，在第8军辖内步兵师的掩护下向东推进，在沃洛沃和季特舍沃（Ditsevo）西面渡过克申河。朗格曼的装甲部队迫使帕韦尔金坦克第16军混乱不堪的几个旅退向沃洛沃，随行的德军步兵则将苏军步兵第121师、坦克第119旅①和步兵第111旅的残部逼向奥雷姆河畔的卡斯托尔诺耶。而此时，肯普夫第48装甲军辖下豪恩席尔德的第24装甲师，打垮苏军第40集团军司令部后到达旧奥斯科尔北面28公里处的戈尔舍奇诺耶。德军在这里重创了戈利科夫的预备队，包括坦克第115、第116旅和第40集团军步兵第6、第160师的一部。在戈利科夫看来，6月30日的战斗，唯一值得一提的是步兵第284师，指挥这个新锐乌克兰师的是尼古拉·菲利波维奇·巴蒂尤克上校，该师在守卫卡斯托尔诺耶时表现得"异常顽强"。[17]

戈利科夫以坦克第1、第16、第17、第4和第24军发起的反击没有取得预期的战果。卡图科夫的坦克第1军对德军第55军推进中的步兵师和第11装甲师的左翼发起打击，但由于拙劣的指挥，这场突击收效甚微，而帕韦尔金的坦克第16军沿克申河对巴尔克的先头部队展开进攻，取得了稍好些的进展。6月29

---

① 译注：应为步兵第119旅。

地图 11　沿沃罗涅日方向展开的行动（1942 年 6 月 30 日—7 月 2 日）

日，帕韦尔金将坦克第107、第164旅和摩托化步兵第15旅投入战斗，但把坦克第109旅留作预备队。当天沿克申河展开的激战中，帕韦尔金的坦克军损失了15%的坦克力量，6月30日，他的军再次发起进攻，又损失了14辆KV坦克。7月1日—2日，该军在与德军第11装甲师的战斗中再度遭受严重损失，被迫撤过奥雷姆河，最终与卡图科夫损失惨重的坦克第1军会合。6月28日至7月13日这段时间里，帕韦尔金坦克第16军的实力从181辆坦克下降至45辆。[18]

　　南面，布良斯克方面军辖下的几个坦克军在戈尔舍奇诺耶及其东面对"大德意志"师和第24装甲师发起的向心攻击同样"进展甚微"。特别是费克连科的坦克第17军，该军没有从卡斯托尔诺耶朝正西方发起进攻，而是竭力避战，白白浪费了两天时间，坦克第115、第116旅在卡斯托尔诺耶以西被击败后，其残部与坦克第17军分散的部队混杂在一起，费克连科最终丧失了对部队的掌控。在戈尔舍奇诺耶附近的战斗中，费克连科的坦克第17军杂乱无章，毫无协同可言，损失了1664名士兵和141辆坦克（全军共179辆坦克）。[19]华西列夫斯基立即解除了费克连科的职务。7月3日后，费克连科坦克军的残部在沃罗涅日以南撤过顿河，随即获得44辆全新T-34坦克的补充。

在此期间，米舒林的坦克第4军只以2个坦克旅向北推进，在戈尔舍奇诺耶以南10公里处被德军第24装甲师击败。巴达诺夫的坦克第24军在旧奥斯科尔的集结被耽误，到达戈尔舍奇诺耶南面太晚，已无法参加战斗。随后，从7月2日至7月5日，米舒林和巴达诺夫的坦克军、费克连科坦克第17军和帕尔谢戈夫第40集团军辖内其他步兵师的残部，在实施迟滞行动的同时，退至沃罗涅日以南的顿河河段。就这样，由于拙劣的指挥，再加上各坦克军之间缺乏联系，600辆苏军坦克根本无法击败不足350辆坦克的3个德军装甲师。

戈利科夫的反击没有给魏克斯和保卢斯的部队造成妨碍，7月1日，德军继续向前推进，全力促成其先头部队在旧奥斯科尔附近取得会合，包围苏军第40和第21集团军的步兵师（这些部队被困在奥斯科尔河以西地域），并继续向东赶往顿河和沃罗涅日。率领魏克斯"北钳"的是第24装甲军编成内的第11、第9装甲师，他们将帕韦尔金的坦克第16军和帕尔谢戈夫第40集团军提供支援的步兵部队逼向沃洛沃以东和卡斯托尔诺耶以西的奥雷姆河，第48装甲军辖下的"大德意志"摩步师和第24装甲师在戈尔舍奇诺耶东面投入战斗，彻底击败了米舒林的坦克第4军和费克连科的坦克第17军。南面，保卢斯麾下第29军和第8军的步兵师向东北方推进，距离旧奥斯科尔35公里，离新奥斯科尔仅有10公里，而第40装甲军辖下的第23和第3装甲师将苏军第28集团军逼向东面的沃洛科诺夫卡接近地，尽管对方实施了更加顽强的抵抗。7月1日将哈辛的坦克第23军投入战斗后，第28集团军司令员里亚贝舍夫报告："遭遇到敌人的顽强抵抗，他们还以100—120辆坦克发起反击，坦克第23军的进攻未能取得成功。"里亚贝舍夫还向铁木辛哥汇报，"沃洛科诺夫卡与乌里扬诺夫卡（Ul'ianovka，南面13公里处）之间的一个缺口正在扩大"，但"集团军没有封闭这个缺口的兵力"。[20]因此，里亚贝舍夫告诉他的方面军司令员戈利科夫①，他打算将部队撤至沃洛科诺夫卡南面和北面，沿奥斯科尔河构设的新防线上。但7月2日19点30分，焦虑不安的里亚贝舍夫报告了更加危险的态势："从14点起，敌坦克和步兵部队在强大空中力量的支援下，包围了（我集团军的）两翼，并将集团军辖内的部队逼向东面。形势非常严峻，我部有可能与渡口相隔断。我已决定将部队撤过奥斯科尔河。"[21]

7月1日日终前，戈利科夫布良斯克方面军的态势不断恶化，铁木辛哥西南方面军右翼的情况也令最高统帅部惊愕。普霍夫第13集团军、第40集团军的半数力量以及布良斯克方面军5个坦克军的残部继续坚守着（尽管有些勉强）他们的防线，这条防线从利夫内西面起，沿奥雷姆河向南，经卡斯托尔诺耶直抵旧萨尔托夫②。但德军装甲部队已在戈尔舍奇诺耶地域突破这道简陋的防线，苏军第40集团军的整个左翼（步兵第45、第62师、第141旅和坦克第170旅）处于被包围在奥斯科尔河以西、季姆镇地域的危险中。如果德军的两支铁钳在旧萨尔托夫合拢，丹尼洛夫的第21集团军和舒罗夫提供支援的坦克第13军也将落入同一个陷阱。另外，由于里亚贝舍夫第28集团军和哈辛坦克第23军的防御几近崩溃，该集团军的一部也面临着被包围在沃洛科诺夫卡以西地域的威胁。

因此，与两位方面军司令员商讨形势后，最高统帅部7月1日晚命令戈利科夫和铁木辛哥，将第40、第21、第28集团军以及提供支援的各坦克军撤至沿奥雷姆河和奥斯科尔河延伸的新防线。[22]可是，帕尔谢戈夫第40集团军的情况表明，这场后撤相当混乱：7月1日—2日夜间，方面军司令部组织第40集团军左翼部队实施后撤，但"第40集团军司令员和参谋人员根本没有对这场后撤加以指挥，此时，他们③已撤至沃罗涅日"。[23]实际上，尽管戈利科夫和铁木辛哥通过电台给某些师和旅下达了后撤令，但大多数情况下，这些命令只能由信使搭乘U-2飞机赶赴前线传达。由于德军掌握着制空权，这种做法非常危险，往往无果而终。

7月2日拂晓，帕尔谢戈夫和丹尼洛夫的部队开始后撤，他们不得不穿过德军持续不断的炮火和空袭。次日，德军的两支铁钳在旧萨尔托夫合拢，切断了苏军计划中的逃生路线，这场后撤变得更加悲惨、更加绝望。为完成合围，德军第48装甲军投入充当预备队的第16摩步师，7月3日傍晚，亨里齐将军的装甲掷弹兵在旧奥斯科尔南面与保卢斯第29、第8军的先遣步兵战斗群会合。[24]

更南面，保卢斯的装甲铁拳——施图默第40装甲军辖下的第23和第3装甲师，对里亚贝舍夫的第28集团军发起猛攻，迫使其向东撤过奥斯科尔河，远远离开北面被包围的苏军部队，进一步加剧了第40和第21集团军面临的困境。

在哈辛坦克第23军残部的支援下，里亚贝舍夫的第28集团军得以将其主力向东撤过奥斯科尔河。但由于第28集团军先前遭受的严重损失（兵力折损过半，坦克和重武器的损失更大），他们没有足够的力量沿奥斯科尔河构设防线。因此，7月3日早上，保卢斯的第6集团军在两个地段渡过奥斯科尔河：第8军编成内的第389、第376步兵师在切尔尼扬卡，第40装甲军辖下的第23装甲师、第29摩步师在沃洛科诺夫卡。保卢斯的装甲和步兵部队随即转向北面，7月3日晚攻占新奥斯科尔。

里亚贝舍夫的部队损失过重，无法实施有效抵抗，故而将损失严重的第28集团军逐步撤向东面的季哈亚索斯纳河，铁木辛哥命令他在那里构设一道新防线，这道防线从奥斯科尔河畔的瓦卢伊基朝东北方延伸，直至季哈亚索斯纳河畔的尼古拉耶夫卡。为协助里亚贝舍夫的第28集团军，铁木辛哥命令莫斯卡连科的第38集团军（该集团军仍部署在里亚贝舍夫的左侧），以坦克第22军、坦克歼击第1师，坦克第13④、第156旅，第52筑垒地域的一部加强第28集团军。[25] 但是，除非第40和第21集团军设法让大批部队突出包围圈，否则铁木辛哥就没有足够的兵力堵住里亚贝舍夫右翼防线上敞开的缺口，特别是从尼古拉耶夫卡和奥斯特罗戈日斯克沿季哈亚索斯纳河向东北方延伸至顿河，随后又沿顿河向沃罗涅日延伸的广阔区域。

在此期间，群龙无首的第40集团军被包围在季姆镇地域，他们组成一个个大小不一的群体向东突围，幸运者利用在旧奥斯科尔北面展开行动的各德军师之间的缺口逃脱。发起追击的匈牙利军队并未对后撤中的苏军施加太大的压力，帕尔谢戈夫各个师和旅的残部最终在戈尔舍奇诺耶东南方与米舒林坦克第4军、巴达诺夫坦克第24军及费克连科坦克第17军残余的力量取得会合。7月4

---

① 译注：第28集团军隶属于西南方面军，司令员是铁木辛哥。
② 译注：应为旧奥斯科尔。
③ 译注：指的是集团军司令部。
④ 译注：应为坦克第133旅。

日和5日，侥幸生还的坦克兵和步兵组成一个个小群体向东逃窜，渡过顿河到达安全处。尽管帕尔谢戈夫的部下有近半数到达顿河，但大多数师和旅作为有组织的作战部队已不复存在。

南面，丹尼洛夫的第21集团军和舒罗夫的坦克第13军遭到更为悲惨的厄运。丹尼洛夫的部队甚至无法阻挡保卢斯第6集团军朝东北方的迅猛推进，7月1日清晨，他命令麾下部队朝西面的奥斯科尔河①突围。丹尼洛夫投入舒罗夫的坦克军，尽管该军的163辆坦克已折损大半，但在这场突围中，坦克第13军既是冲破保卢斯步兵包围圈的"冲城锤"，又是掩护集团军逃生的"盾牌"。持续两天的激战中，舒罗夫伤重不治，2名坦克旅长阵亡，但7月2日晚，丹尼洛夫集团军的残部在切尔尼扬卡附近到达奥斯科尔河。[26]沿着奥斯科尔河，丹尼洛夫的部队也组成一个个小群体，利用魏克斯和保卢斯分别位于旧奥斯科尔和新奥斯科尔的先头部队之间的缺口以及更南面保卢斯向前推进的步兵师的漏洞向东逃生。与帕尔谢戈夫的第40集团军一样——撤往顿河和季哈亚索斯纳河期间兵力折损大半，武器装备悉数损失——丹尼洛夫的集团军已不再是一支可用的作战力量。

第40和第21集团军基本上丧失了战斗力，里亚贝舍夫虚弱的第28集团军沿季哈亚索斯纳河设防，戈利科夫与铁木辛哥方面军之间出现了一个巨大的缺口，2位方面军司令员面临着一个问题：如何赶在德军装甲部队到达前堵住这个缺口。他们没有预备力量，无奈之下，只能向斯大林求援。

戈利科夫和铁木辛哥竭力从多个包围圈挽救他们的部队时，一个严峻的前景令斯大林越来越震惊：德军装甲先头部队将攻占沃罗涅日。这位独裁者知道，如果德国人做到这一点，他们就将切断与南方的重要铁路连接，在莫斯科与苏联南部之间调运战略预备力量将变得更加困难。因此，必须立即采取行动，弥补被博克攻势消灭的苏军集团军。7月2日晨，斯大林命令4个新组建的预备队集团军进入全面战备状态，尽快在布良斯克方面军和西南方面军后方地域进入新防御阵地（参见图表13）。[27]

根据斯大林的指示，预备队第3、第6集团军调拨给戈利科夫的布良斯克方

①译注：奥斯科尔河在东面。

面军，以恢复该方面军在沃罗涅日南北两面的防御。斯大林以非凡的洞察力命令预备队第5、第7集团军堵住两个方面军之间的缺口，并挫败德军随后从顿河以南地域向斯大林格勒的一切推进。另外，斯大林还命令驻扎在莫斯科附近的加里宁方面军，将罗特米斯特罗夫上校的坦克第7军南调至叶列茨地域，该军将在那里加入坦克第5集团军，很快会参加戈利科夫组织发起的另一场大规模反突击。[28]

与此同时，戈利科夫采取措施加强他这个方面军松散的防御。将方面军司令部转移至沃罗涅日组织城市防御前，7月2日，他从布良斯克方面军不太活跃的防区抽调出近卫步兵第1师、步兵第340师，坦克第201和第192旅，骑兵第8军（该军由伊万·费奥多罗维奇·卢涅夫上校指挥），加强第13集团军的防御，该集团军的防区目前从利夫内地域向东延伸100多公里，直至沃罗涅日东部接近地。[29]卢涅夫这位骑兵战前指挥过骑兵师和摩托化步兵师，战争爆发后指挥过步兵师，1942年5月末以来，一直指挥着骑兵第8军。[30]

7月4日—6日，德军冲向沃罗涅日

尽管斯大林和戈利科夫采取了果断措施，但恢复一条连贯的防线绝非易事（参见地图12）。7月3日日终时，帕尔谢戈夫的第40集团军和丹尼洛夫的第21集团军已不再是可用的战斗实体，戈利科夫5个强大的坦克军都只剩下一具空壳，里亚贝舍夫的第28集团军在德军三场连续的进攻中被击败，已无法组织起可靠的防御抗击德军的推进。现在，斯大林将希望寄托于脆弱的预备队集团军，期盼他们能阻止德军沿顿河的推进，并以手中最后的坦克大军——初出茅

图表13：1942年7月2日，斯大林部署的预备方面军

预备队方面军 （7月10日授予番号）	指挥员	地点
预备队第3集团军（第60集团军）	M.A.安东纽克中将	沃罗涅日以北，顿河
预备队第6集团军（第6集团军）	F.M.哈里东诺夫少将	沃罗涅日以南，顿河
预备队第5集团军（第63集团军）	V.I.库兹涅佐夫中将	新卡利特瓦以南
预备队第7集团军（第62集团军）	V.Ia.科尔帕克奇少将	斯大林格勒方向

第28集团军司令员德米特里·伊万诺维奇·里亚贝舍夫中将

历任第37、第9、第62集团军司令员的安东·伊万诺维奇·洛帕京中将

第9集团军司令员费奥多尔·米哈伊洛维奇·哈里东诺夫中将[①]

第6集团军司令员阿夫克先季·米哈伊洛维奇·戈罗德尼扬斯基中将

第9集团军司令员康斯坦丁·阿波罗诺维奇·科罗捷耶夫中将[2]

历任第38集团军、坦克第1集团军、近卫第1集团军司令员的基里尔·谢苗诺维奇·莫斯卡连科少将

历任第64、第62集团军副司令员、司令员的瓦西里·伊万诺维奇·崔可夫中将

第62集团军司令员弗拉基米尔·雅科夫列维奇·科尔帕克奇少将

①译注：应为少将。
②译注：应为少将。

第64集团军司令员米哈伊尔·斯捷潘诺维奇·舒米洛夫少将①

历任第12、第47、第18集团军司令员的安德烈·安东诺维奇·格列奇科少将

历任第12、第47、第18集团军司令员②的瓦西里·德米特里耶维奇·克留琴金少将

庐的坦克第5集团军——将德军击退。

随着最高统帅部在苏联南部的防御四分五裂，7月4日晨，作战焦点转移至顿河防线，特别是沃罗涅日以西的重要地段。前一天，"魏克斯"集团军级集群已投入装甲力量，发起一场协调一致的突击，从奥斯科尔河冲向东面的顿河和沃罗涅日。前进中的德军战斗群由北至南排列，朗格曼第24装甲军编成内的第11、第9装甲师在卡斯托尔诺耶及其北面突破了苏军第13和第40集团军沿奥雷姆河布设的防御；肯普夫第48装甲军辖下的"大德意志"摩步师和第24装甲师也在卡斯托尔诺耶与更南面的旧奥斯科尔之间攻破了俄国人的防御。

7月3日结束时，巴尔克第11装甲师的坦克以及左翼（西侧）呈梯次配置的第13军第88、第82、第385步兵师，逼近了泽姆良斯克（Zemliansk），该镇大致位于奥斯科尔河与沃罗涅日中间。尽管贝斯勒的第9装甲师在卡斯托尔诺耶遭到苏军步兵第284师和坦克歼击第1师的顽强阻击，但德军这2个快速师在朗格曼从预备队调出的第3摩步师的支援下，从南面绕过卡斯托尔诺耶。此举迫使苏联守军撤向东北方，以免被德军合围。稍南面，苏军的抵抗更加微弱，肯普夫麾下的"大德意志"摩步师和第24装甲师从奥斯科尔河冲向东面的顿河，已完成半数行程，苏军第40集团军和为其提供支援的坦克第4、第24、第17军

---

① 译注：应为中将。

② 译注：应为第28、第69、第33集团军司令员。

的残部迅速逃向顿河东岸（他们认为那里是安全的）。

就在德军四股装甲矛头迅速冲向东面的顿河和沃罗涅日时，7月4日，朗格曼装甲军辖内的第11和第9装甲师转向东北方，与第13军编成内的步兵师构成警戒线，掩护德军朝沃罗涅日推进的主轴线（参见地图13）。与此同时，肯普夫装甲军辖内的"大德意志"摩步师和第24装甲师，在第16摩步师的掩护下，全速赶往顿河和6公里外的沃罗涅日西郊和南郊。此时，苏军在沃罗涅日近郊实施防御的部队只有虚弱的NKVD安全部队、防空第3师、第40集团军后勤单位（都在城内）以及缺乏机动性的第75、第53筑垒地域（部署在城西）。周边地区，预备队第3集团军的步兵第232师沿城市北面的顿河河段占据防御阵地，预备队第6集团军的步兵第309师刚刚到达利斯基车站（Liski），在南面沿顿河东岸接防了阵地。[31]

地图 12 沿沃罗涅日方向展开的行动（1942 年 7 月 4 日—15 日）

这些虚弱的部队加紧准备守卫沃罗涅日之际，7月3日晨，斯大林解除了倒霉的帕尔谢戈夫第40集团军司令员职务，将艰巨的任务交给了继任者马尔基安·米哈伊洛维奇·波波夫中将。1941年6月22日至11月，波波夫指挥过北方面军和列宁格勒方面军，此后又在西方面军指挥过第61集团军。[32]在德国人看来，沃罗涅日是个很容易达到的目标。

7月4日19点30分，"大德意志"摩步师第1摩托化步兵团的一个连到达谢米卢基（Semiluki），该镇位于沃罗涅日西面9公里的顿河畔，德国人发现河上的一座桥梁无人据守：

第7连连长布鲁门塔尔中尉将部下们召集起来，带着他们……在重机枪分排的火力掩护下朝桥梁冲去，并将前方的敌人驱散。布鲁门塔尔的部下一路冲至引桥……从他们的角度望去，布尔什维克的火力不断从河对岸的暗堡内射出，另一些小股苏军试图夺回桥体。

时间：20点左右

第一个行动是抢救这座公路桥。站在深及颈部的河水中，亨佩尔下士徒手拆除了安装在桥梁支柱上、导火索已被点燃的炸药包。几乎在这同时，布鲁门塔尔和几名部下迅速冲过桥去，平安到达对岸，俄国人仓皇逃窜。他立即安排部下掩护对岸的引桥。在此期间，德军士兵们用钢盔和弹药罐扑灭了桥上的几处明火。许多俄国人对情况一无所知，仍试图穿过这座桥梁逃往对岸，结果被俘虏，不到一个小时，我们便抓获70多名战俘。[33]

7月5日清晨，第48装甲军辖下的第24装甲师跨过顿河。7月6日，豪恩席尔德的坦克和装甲掷弹兵进入沃罗涅日，几乎没有遇到任何抵抗，因为波波夫已将他的部队撤至该城东面的沃罗涅日河东岸。在此期间，施图默第40装甲军辖下的第23装甲师和第29摩步师率领着保卢斯的第6集团军向北突击，已到达奥斯特罗戈日斯克北面的顿河河段，位于沃罗涅日南面75公里处。这些先遣部队身后，第6集团军第29、第8和第17军的步兵师攻向西北面和东面，试图把苏军第40和第21集团军的残部包围在顿河以西地域，并打垮第28集团军沿季哈亚索斯纳河部署的薄弱防御。可是，恶劣的气候延误了保卢斯的进攻行动，致使

地图13 沃罗涅日方向的态势（1942年7月4日）

许多苏军部队得以逃出包围圈。不过，这些侥幸逃脱的苏军部队彻底丧失了组织性和凝聚力，他们到达顿河时，燃料和弹药所剩无几。[34]

7月6日—12日，坦克第5集团军的反突击

为防止发生全面崩溃，7月3日午夜后不久，斯大林命令戈利科夫做好发起另一场反突击的准备，这次投入的是A.I.利久科夫少将新锐、获得加强的坦克第5集团军（参见地图14）。由于没有任何有组织的集团军司令部可指挥沃罗涅日西北方的战斗，戈利科夫不得不将利久科夫的集团军部署为该地区的"战役集群"，"沿这一方向行动的所有坦克军都隶属于他"。[35]斯大林把这

个重要任务赋予坦克第5集团军，不仅因为这是他最强大的坦克部队，还因为
在他的印象中，利久科夫是一位英勇、能干的指挥员。正如序言中描述的那
样，1941年8月斯摩棱斯克战役期间，亚历山大·伊里奇·利久科夫率领莫斯
科摩托化步兵第1师（后来的近卫莫斯科摩托化步兵第1师），在战斗中展现出
他的能力和勇气，并为此获得"苏联英雄"称号。此后，他在第20集团军担任
司令员A.A.弗拉索夫的副手，依然表现得英勇、顽强。1941年12月，红军在莫
斯科西北方成功发起反击，第20集团军为西方面军充当先锋。利久科夫后来担
任近卫步兵第2军军长，在红军1941—1942年冬季反攻中同样取得了胜利。

按照6月中旬的编成，利久科夫的坦克第5集团军辖拉扎列夫将军的坦克
第2军和波波夫将军的坦克第11军，外加步兵第340师、独立坦克第19旅和数个
支援单位，共计439辆坦克。但斯大林7月2日已将罗特米斯特罗夫上校的坦克
第7军调拨给布良斯克方面军，该军在叶列茨完成再部署时，7月5日凌晨2点，
斯大林又把该军派给利久科夫指挥，这使坦克第5集团军的总实力达到641辆坦
克。[36]最后，戈利科夫还把维克托·基里洛维奇·巴拉诺夫少将的近卫骑兵第
1军调拨给利久科夫的坦克集团军。巴拉诺夫是一名经验丰富的骑兵军官，素
以勇敢著称，1941年3—11月，在那些艰巨的战斗中，他指挥着骑兵第5师，莫
斯科保卫战和红军1941—1942年冬季攻势中，他指挥第5师改编而成的近卫骑
兵第1师。由于他的杰出表现，1942年7月10日，NKO任命巴拉诺夫为近卫骑
兵第1军军长。[37]利久科夫掌握着一个实力强大的集团军，他的任务是"向泽
姆良斯克（沃罗涅日西北方38公里处）和霍霍尔（Khokhol，沃罗涅日西南方
56公里处）发起进攻，切断突破至顿河的敌坦克集团的交通线，同时对敌后方
采取行动，破坏其渡过顿河的企图，并协助在卡斯托尔诺耶地域作战的第40集
团军的部队后撤"[38]。

利久科夫的集团军缓慢集结之际，7月4日，最高统帅部将沃罗涅日守军
交给戈利科夫指挥，并给他派去预备队第3、第5和第6集团军（总计22个新锐
但缺乏经验的步兵师和1个步兵旅），又从预备队抽调坦克第18和第25军加强
布良斯克方面军。[39]最高统帅部指示戈利科夫，将巴甫洛夫将军的坦克第25军
和切尔尼亚霍夫斯基将军的坦克第18军分别部署于沃罗涅日北面和南面的集结
区，但只有获得明确批准才能将他们投入战斗。为保险起见，斯大林命令坦克

地图 14 沃罗涅日方向的态势（1942 年 7 月 6 日—14 日）

第3集团军（该集团军组建不到一个月，由普罗科菲·洛格维诺维奇·罗曼年科中将指挥）从莫斯科南面的图拉地域调至叶列茨，7月6日又转至沃罗涅日以北200公里处的叶夫列莫夫。在这个位置上，坦克第3集团军既可以增援坦克第5集团军（如果该集团军的反突击取得胜利），也可以加强布良斯克方面军在沃罗涅日北面的防御（如果该方面军失利）。[40]这些增援使戈利科夫获得23个步兵师、1个步兵旅、5个摩托化步兵旅和16个坦克旅的加强——共1000多辆坦克。[41]

斯大林要求戈利科夫在沃罗涅日的前进指挥所亲自指挥坦克第5集团军的

反突击和沃罗涅日的防御战；戈利科夫的方面军副司令员N.E.奇比索夫中将和参谋长M.I.卡扎科夫少将负责设在更后方的方面军主司令部。可是，这场反突击的准备工作进行得极不顺利。由于无线电通信经常中断，戈利科夫无法有效掌握他的部队，德军7月5日攻占沃罗涅日后，他不得不把指挥所仓促转移到沃罗涅日河东面的安全地带。未得到方面军司令员的明确指令，奇比索夫和卡扎科夫无法发挥主动性，斯大林不得不派华西列夫斯基这位红军总参谋长于7月4日赶至该地区，负责监督并协调作战行动。

可是，即便华西列夫斯基亲自到场，反突击发起时，利久科夫坦克集团军编成内的许多部队仍在赶往规定集结区的途中；这些逐渐到达的旅只能零零碎碎地投入战斗。尽管红空军第一副司令员格里戈里·阿列克谢耶维奇·沃罗热伊金少将指挥着一个特别航空兵集群，为利久科夫的反突击提供空中掩护，但德国空军掌握着制空权，妨碍了苏军沿公路和铁路的一切调动，特别是在白昼，这进一步延缓了利久科夫部队的集结。[42]因此，虽然罗特米斯特罗夫的坦克第7军7月5日晚到达了规定的集结区，但坦克第11和第2军直到7月7日凌晨2点和上午10点才分别赶至他们的集结地。尽管如此，利久科夫还是在7月6日凌晨1点30分给罗特米斯特罗夫的坦克军下达命令，要求该军清晨6点发起进攻——准备时间只有4个半小时。

罗特米斯特罗夫匆匆部署起来，以2个坦克旅发起进攻（坦克第67和第87旅，约120辆坦克）①，这让巴尔克第11装甲师的一个战斗群猝不及防，该战斗群拥有50余辆坦克，据守在沃罗涅日西北方55公里处的红波利亚纳村（Krasnaia Poliana）附近，德军被迫在南面4公里处撤过科贝利亚斯诺瓦河（Kobyl'ia Snova）（参见地图15）。[43]罗特米斯特罗夫命令麾下的部队"紧贴"后撤中的德军，使德国空军难以介入——贸然采取行动很容易误伤己方部队。可是，坦克第7军这场进攻几乎没有得到任何支援——波波夫的坦克第11军当晚刚下火车；而坦克第2军尚未到达集结区，该军目前由A.G.克拉夫钦科上校指挥，就在几天前，他接替了拉扎列夫。因此，罗特米斯特罗夫7月7日清晨恢复进攻时，

---

① 译注：应为坦克第62和第87旅，坦克第67旅在坦克第17军编成内，已被歼灭。

为其提供支援的不是2个齐装满员的坦克军，而是波波夫坦克第11军的半数力量——坦克第59旅和摩托化步兵第12旅的1个营，总计50辆坦克。[44]

当天，朗格曼第24装甲军辖内的友邻师，贝斯勒的第9装甲师，以120辆作战坦克从泽姆良斯克向北进击，在巴尔克右翼投入战斗，迎战罗特米斯特罗夫的先遣坦克旅。在这股生力军的援助下，朗格曼的装甲部队守住了科贝利亚斯诺瓦河防线，但只是暂时的。7月8日，波波夫投入坦克第11军里的其他部队，与罗特米斯特罗夫的坦克军发起联合进攻，迫使德军第11和第9装甲师的战斗群向南后撤了大约6公里，沿苏哈亚韦列伊卡河据守新防线。利久科夫的突击在这里渐渐失去势头，部分原因是德军"斯图卡"战机的猛烈打击，还因为波波夫军里的1个坦克营有半数坦克陷入了沼泽。上级对缓慢的进展深感不满，18点30分，奇比索夫申斥利久科夫："斯大林同志命令您今天必须不惜一切代价夺取泽姆良斯克。决不能把坦克第2军投入第一线，应该把该军留在第二梯队。以部分坦克实施深远突破并粉碎敌人的后方和运输。"[45]可是，德军猛烈的炮火、毁灭性的空中打击，以及科贝利亚斯诺瓦河和苏哈亚韦列伊卡河河岸的沼泽地带，阻止了坦克的机动，苏军没能在当天取得更大进展。

战斗沿苏哈亚韦列伊卡河肆虐之际，苏军最高统帅部终于意识到，戈利科夫的布良斯克方面军已被挺进中的德军切为两段，给他们增派2个预备队集团军导致集结在该地域的部队太多，戈利科夫手下的参谋人员经验不足，无法有效掌控这些部队。因此，7月7日21点，斯大林下令将布良斯克方面军分成两个方面军。新的布良斯克方面军暂时由戈利科夫的副司令员，49岁的尼坎德尔·叶夫拉姆皮耶维奇·奇比索夫将军指挥，以第3、第48、第13集团军，坦克第5集团军，坦克第1、第16军，骑兵第8军及沃罗热伊金的航空兵集群守卫顿河和沃罗涅日以西地域。新组建的沃罗涅日方面军由戈利科夫指挥，以第40集团军，预备队第3和第6集团军，坦克第4、第17、第18、第24军以及从布良斯克方面军抽调的2个航空兵集群守卫顿河以东、沃罗涅日以北和以南地域。[46]奇比索夫对激烈的战斗并不陌生，他参加过第一次世界大战、俄国内战和苏芬战争，苏德战争最初的几个月里，他担任敖德萨军区司令员，1941年9月出任布良斯克方面军副司令员。[47]

斯大林随后命令奇比索夫的方面军（新的布良斯克方面军），"以坦克第5集团军，在坦克第7军和预备队第3集团军1个步兵师的加强下，向南展开积

188

伊万诺夫卡

坦160旅

坦11军
1942年7月6日终前

坦53旅

坦59旅

坦53旅

维斯拉亚波利亚纳

马利诺沃波利亚纳

坦2军
1942年7月10日

北

南

科贝利亚斯诺瓦河

坦160旅

亚科夫列沃

坦11军

坦59旅

奥斯特罗维克

大波利亚纳

红波利亚纳

坦7军
1942年7月6日

卡缅卡

190.5高地

坦7军

坦11军
1942年7月13日

奥泽尔基

坦59旅，摩步12旅第1营
1942年7月7日15点30分

科贝利亚斯诺瓦河

新锡洛夫斯科耶

彼列科波夫卡

赫鲁谢沃

摩步12旅
1942年7月8日12点

伊万诺夫卡

摩步12旅第1营
7月10日

坦11军 坦7军
1942年7月7日终前

30辆坦克和步兵
1942年7月7日

坦7军

218.7高地

214.8高地

坦11军
1942年7月8日

斯帕斯科耶

戈洛斯诺夫卡
（戈拉斯诺瓦河）

坦11军
1942年7月9日

伊利因诺夫卡

费多罗夫卡

坦53旅
7月10日

奇比索夫卡

60辆坦克和步兵
1942年7月8日

坦11军
7月10日

小波克罗夫卡

坦7军
7月12日

苏哈亚韦列伊卡河

30辆坦克
1942年7月11日

戈拉斯诺瓦河

11、9装师

80辆坦克和步兵
1942年7月12日

比例尺

2　0　2　4千米

利文卡

100辆坦克和步兵
1942年7月8日6点30分

地图15 坦克第5集团军的反突击（1942年7月7日—14日）

极行动，沿顿河西岸冲向霍霍尔，切断已突破至沃罗涅日地域顿河河段之敌坦克集群的补给线和后方地区"。而戈利科夫方面军（新组建的沃罗涅日方面军）的任务是，"不惜一切代价肃清顿河东岸之敌，并在方面军防区内沿该河河岸加强防御"。沃罗涅日方面军编成内的预备队第3、第6集团军分别改编为第60和第6集团军。第60集团军司令员是马克西姆·安东诺维奇·安东纽克中将，这位老兵参加过列宁格勒地域的激战，在那里指挥过命运多舛的第48集团军。第6集团军司令员是哈里东诺夫将军，他曾在哈尔科夫战役期间指挥过第9集团军，但很快被尼基舍夫将军替代。[48]

在几道单独指令中，斯大林强调指出，这场战斗远未取得最后的胜利，他命令预备队第7集团军（辖6个步兵师）集结于沃罗涅日以东90公里处的乌斯曼（Usman'）和安娜（Anna）地域，为戈利科夫的部队提供加强，次日，他又电令远东方面军将7个步兵师和3个步兵旅派至西部，加入最高统帅部预备队。[49]

在此期间，利久科夫的坦克第5集团军继续沿苏哈亚韦列伊卡河从事着紧张但却脱节的战斗，7月9日清晨4点，他再度发起进攻，罗特米斯特罗夫的坦克第7军在左侧投入约100辆坦克，波波夫坦克第11军的163辆坦克位于右侧。[50]这是波波夫首次将他的4个旅悉数投入进攻。尽管罗特米斯特罗夫坦克军辖下的坦克第19旅沿苏哈亚韦列伊卡河暂时突破了德军第9装甲师的防御，但"斯图卡"的猛烈攻击迫使他们退了回去，摩托化步兵第7旅的2个营伤亡惨重。罗特米斯特罗夫右侧，波波夫的坦克第11军在科贝利亚斯诺瓦河以南的赫鲁谢沃（Khrushchevo）附近遭到德军第11装甲师的反冲击，苏军摩托化步兵第12旅的1个营被打垮，在"坦克造成的恐慌症"中仓皇逃窜。尽管该旅旅长被就地撤职，摩托化步兵第12旅也在5辆坦克的支援下重新投入战斗，但面对德军的猛烈炮火和"斯图卡"的打击，波波夫的坦克军无法渡过苏哈亚韦列伊卡河。[51]整场战斗中，利久科夫尽职尽责地将克拉夫钦科的坦克第2军留在第二梯队。

苏军这两个新组建的坦克军，每个军的规模都相当于一个德军装甲师，虽然没能完成既定任务，但他们遏制并击退德军第24装甲军辖下第11和第9装甲师却是不争的事实，这不一定能说明利久科夫的能力，但起码证明了罗特米斯特罗夫和波波夫的指挥能力。另外，他们是在德国空军几乎完全掌握战场制空权的情况下取得的这一进展。可是，苏军最高统帅部仍认为利久科夫面对的只是德军的一个装甲师。因此，斯大林表露出急躁情绪，7月9日的战斗中，华西列夫斯基撇开方面军司令部，直接给坦克第5集团军下达命令，要求利久科夫放弃正面进攻，朝东南方机动，包围德军先头部队。但实际情况与华西列夫斯基想的完全不同——坦克第7和第11军面对着德军2个装甲师的凶猛反击，对方还拥有"斯图卡"战机的有力支援。克拉夫钦科的坦克第2军姗姗来迟，7月9日—10日夜间才投入战斗，苏军这3个坦克军损失惨重，没能换来更大的进展。[52]

7月10日，面对德军加剧的抵抗，苏军再度发起进攻，3个坦克军继续遭受到严重损失，但没能取得任何进展。这3个坦克军向东横向调动，试图绕过德军的防御，并于7月11日再次发起进攻，但这场突击显得虚弱无力。此时，坦克第11军只剩下13辆KV和6辆英制"玛蒂尔达"坦克，坦克第7军损失了12辆KV，而坦克第2军损失了12辆KV、T-34和4辆T-60，3个坦克军的实力已不到原建制的50%。[53]很显然，德国人正在赢得这场消耗战。

可是，就在利久科夫的几个坦克军徒劳地冲击德军第24装甲军的防线时，朗格曼熟练地调整了他的防御，集结起一股强有力的反击力量。7月10日，他以新锐第340步兵师换下位于装甲军左（西）翼的第11装甲师，7月11日让第11装甲师休整补充，7月12日，他以2个装甲师发起一场协调一致的反冲击。第11装甲师攻向苏军坦克第7与第11军的结合部，深入利久科夫防御纵深5公里，随即转身向东，包抄坦克第7和第2军，迫使对方混乱不堪地向后撤去。利久科夫的应对是，从第60集团军（原预备队第3集团军）抽调步兵第193师，加强他摇摇欲坠的防御。可是，就在这个新锐师排成密集队列接近战场时，突然遭到德国空军"斯图卡"战机的猛烈打击，该师伤亡惨重，丧失了战斗力。利久科夫将该步兵师的残部交给坦克第11军，与坦克歼击第3旅协同作战。[54]

7月13日，利久科夫以克拉夫钦科坦克第2军担任预备队的坦克第26旅发起反击，终于成功阻止德军的推进，稳住了自己的防御。据称，该旅的50辆坦克当日14点对德军38辆坦克和数个摩步营组成的一个战斗群发起突袭，在3小时的战斗中击毙1000名德军士兵，击伤、击毁15辆敌坦克，自己只付出5人和5辆坦克的轻微代价。[55]尽管他们获得了这场战术胜利，但更具经验的德国人却赢得了斯大林希望他的部队所能取得的胜利。7月15日，激战渐渐平息下来，坦克第5集团军已损失7929人（1535人阵亡、3853人负伤、2541人失踪），641辆坦克折损过半（261辆彻底报废），该集团军还损失了81门大炮、49门迫击炮、300挺机枪和120辆汽车。坦克第5集团军不得不撤过科贝利亚斯诺瓦河，在那里转入防御。红军声称他们毙伤18920名德军士兵，击毁317辆敌坦克和大批武器装备，尽管这种说法无疑有些夸大，但苏军这场反突击给德军第9和第11装甲师造成重创却是不争的事实。[56]沃罗涅日西北方这场激战至少表明，希特勒的新"十字军东征"绝非易如反掌。

坦克第5集团军发起的这场反突击并不完美，可还是牵制了朗格曼的第24装甲军以及德国空军大批作战飞机，导致"魏克斯"集团军级集群的相邻地区缺乏预备队和空中支援。这本该有利于苏军最高统帅部策划的、支援利久科夫主要突击的另外两场有限进攻：第一个进攻在利久科夫主要突击方向西面发起，以1个"坦克-骑兵"集群攻向德国第13军的防区；第二个进攻是以奇比索夫①沃罗涅日方面军的第40集团军，坦克第17和第18军攻向沃罗涅日。但令苏军最高统帅部惊异的是，这两场辅助突击都没能成功。

第一个进攻于7月8日发起，由卡图科夫的坦克第1军、帕韦尔金的坦克第16军、卢涅夫的骑兵第8军、近卫步兵第1师和2个坦克旅组成的混编集群执行，该集群由卡图科夫指挥。"卡图科夫"集群约有150辆坦克，将从沃罗涅日西北方70—80公里处的博尔基（Borki）和捷尔布内（Terbuny）地域向南突击，打垮据守在克申河与奥雷姆河之间的德军步兵，然后转身向西，包围并协助击败利久科夫坦克第5集团军对面的德军第24装甲军的各个师。可是，虽然包围了一个德军步兵团的一部，但面对德军第82步兵师的熟练防御，卡图科夫的部队发生动摇，这场进攻失败了。到7月9日，德军已逼迫卡图科夫的部队退回他们的出发阵地。[57]

戈利科夫的第二个辅助突击也在7月8日发起（德军攻占沃罗涅日后没多久），由M.M.波波夫第40集团军的残部执行②，7月11日后，安东纽克的第60

---

① 译注：应为戈利科夫。
② 译注：注意区分第40集团军司令员马尔基安·米哈伊洛维奇·波波夫和坦克第11军军长阿列克谢·费奥多罗维奇·波波夫。

集团军（原预备队第3集团军）加入其中，并获得坦克第17、第18军的残部以及巴甫洛夫新锐坦克第25军的加强。目前指挥坦克第17军的不再是费克连科，而是他的继任者科尔恰金将军，该军几天前逃过顿河，179辆坦克（没有KV型坦克）只剩下65辆，但已获得44辆T-34的补充。7月5日—7日，切尔尼亚霍夫斯基的坦克第18军在沃罗涅日城内作战，辖下的坦克第180、第181旅被攻入城内的德军第24装甲师切断，这2个旅和他们的116辆坦克全军覆没。

在最高统帅部的无情催促下，戈利科夫的部队从东面和北面对沃罗涅日城郊反复发起进攻，试图切断并歼灭德军先头部队。戈利科夫的部队不顾德军猛烈的炮火和反坦克火力向前推进了8公里，但德军的空中优势再次扼杀了苏军的攻势。另外，缺乏经验的苏军指挥员无法应对战场态势的快速变化，主要因为他们在后方实施指挥，使用的是书面命令而非无线电通信。出于保密的目的，俄国人不愿使用电台，生怕他们的通信信号被德国人截获。

7月11日和12日，安东纽克的第60集团军发起最后的努力，先是投入科尔恰金坦克第17军的80多辆坦克，次日又投入巴甫洛夫新锐坦克第25军的150辆坦克，另外7个不满编的步兵师在这两天内一波波加入战斗。在这场历时三天的激战中，德军第3摩步师和接替该师的第29军编成内的第168和第57步兵师，与苏军第60集团军的部队在沃罗涅日西面和北面平坦、遍布沼泽的低地展开厮杀。苏军最终被击败。第60集团军司令员安东纽克被切尔尼亚霍夫斯基这位"斗士"替换，迅速加入到失宠将领的垃圾堆中。[58]

沃罗涅日及其西北方的激战刚一结束，7月15日清晨，怒不可遏的斯大林就下令解散坦克第5集团军，利久科夫被贬为坦克第2军军长。[59]几天前，斯大林已调整了沃罗涅日地域的指挥机构，部分原因是奇比索夫和利久科夫的反突击失利，还因为戈利科夫没有在沃罗涅日果断行事，最后是因为德军刚刚扩大了攻势，将他的整个南方战线包纳其中（参见第五章）。7月13日，他把奇比索夫降为布良斯克方面军副司令员，原西方面军第16集团军司令员K.K.罗科索夫斯基中将担任新司令员。[60]次日，斯大林派红军副总参谋长N.F.瓦图京替代戈利科夫出任沃罗涅日方面军司令员，任命戈利科夫为瓦图京的副手。[61]

凭借过去的战斗中展现出的勇气和想象力，罗科索夫斯基和瓦图京已赢得斯大林的信任。1942年7月出任布良斯克方面军司令员时，康斯坦丁·康斯坦丁诺维奇·罗科索夫斯基45岁，苏德战争爆发时，他在西南方面军担任机械化第9军军长，1941年6月下旬，率领该军参加了方面军在杜布诺地域（Dubno）徒劳无益的反突击。1941年7月下旬和8月，他指挥"亚尔采沃"特别集群，在斯摩棱斯克战役中顽强阻截德国"中央"集团军群的推进，迫使希特勒当年9月将其重点从莫斯科转至基辅。尽管1941年10月初，罗科索夫斯基的第16集团军在维亚济马地域遭到包围并被歼灭，但该集团军在月底得以重建，他出色地率领该集团军参加了11月的莫斯科保卫战、12月的莫斯科反击战以及红军1941—1942年冬季的大反攻。上级认为他是个"极为真诚"的人（这并不是说他好欺负），而部下们认为他是个不愿白白浪费士兵生命的上司，斯大林选中罗科索夫斯基担任方面军司令员，是因为他已证明自己是一名斗士，完全有能力指挥大规模兵团。[62]

尼古拉·费多罗维奇·瓦图京中将被誉为"最高统帅部的神童"，他从红军总参谋部的重要岗位升迁至西南方面军司令员（斯大林格勒战役期间）时年仅42岁。由于瓦图京1920年才参加红军，经历的俄国内战相当有限。20年代在参谋部、学校和步兵单位任职后，他毕业于伏龙芝军事学院，在校期间引起院长沙波什尼科夫的关注。1937年，瓦图京毕业于总参军事学院（他这一级的部分学员遭到清洗），先后担任过基辅特别军区参谋长、总参作战部部长、总参第一副部长。在此期间，这位精力充沛的总参军官帮助策划了1939年9月入侵波兰东部的计划、1940年6月入侵罗马尼亚比萨拉比亚的计划，苏德战争爆发前一年，他在朱可夫和沙波什尼科夫的指导下拟定了红军的战争和动员计划。尽管瓦图京获得了"出色的策划者"这一美誉，但他一直渴望去前线指挥作战。

战争爆发后，瓦图京一再请求去前线指挥战斗，但斯大林没有批准，而是把他作为私人代表派往重要作战地区。[63] 1942年6月下旬，斯大林任命瓦图京为西北方面军参谋长后不久，瓦图京展现出一种与生俱来的勇气，这使他赢得了"红军中最英勇的作战将领"的美誉。在这个职务上，瓦图京策划了1941年7月和8月在索利齐（Sol'tsy）和旧鲁萨（Staraia Russa）的反击；这两场反击虽然失败了，但延缓了德军向列宁格勒的推进，并对保卫该城起到帮助作用。1941年10月，德军进军莫斯科期间，瓦图京组织并率领了一个特别战役集群，阻挡住德军朝加里宁的推进，使其未能切断重要的莫斯科—列宁格勒铁路线。

1942年1月，瓦图京负责协调西北方面军在杰米扬斯克地域的作战行动，一个完整的德国军被包围在那里。1942年5月返回莫斯科后，他在总参谋部担任华西列夫斯基的副手，当年7月，瓦图京再次请求去前线任职，于是，斯大林任命他为新组建的沃罗涅日方面军司令员。

随着沃罗涅日地域的激烈战斗暂时告一段落，一群经验丰富的新战地指挥员被派往沃罗涅日方向，斯大林将全部注意力集中到南方，博克的部队在那里扩大了他们的攻势。

希特勒、博克和"蓝色2号"（"克劳塞维茨"行动）

如果说斯大林低估了他的战地指挥员在沃罗涅日地域面临的困难，那么，希特勒也没有意识到苏联在这个方向倾注的努力。相反，这位德国独裁者对他的将领们越来越不耐烦，特别是对陆军元帅冯·博克，因为博克使他的部队被牵制在沃罗涅日附近。

7月3日，希特勒、OKH参谋长哈尔德和OKW参谋长凯特尔，再次搭乘元首的四引擎"秃鹰"运输机，飞赴波尔塔瓦的"南方"集团军群司令部，试图让进攻行动重回旧轨。乌克兰夏季的炎热令人烦躁不安，但会谈气氛"平和、友好"，希特勒认为，由于赖歇尔泄密事件的影响，如果不立即对红军发起打击和包围，他们就将撤过顿河。[64]在这场漫长、随意的会谈中，他告诉博克，不要刻意持续沃罗涅日的战斗。博克当然知道加快进军的必要性，但他指出，为抓紧时间而以步兵部队发起"蓝色2号"行动（有人在会上提出了这个建议）是愚蠢的，因为这种做法"不可能包围敌人，他们已从过去的经历中逐渐学到教训"。[65]

但是，与所有德军战地指挥官一样，博克认为自己必须拥有指挥部队的自主权——在目前的情况下就是确保一个至关重要的交通枢纽，它正遭到苏军持续不断的反击。因此，这场会议结束后的几天里，博克暂时把霍特的第4装甲集团军留在沃罗涅日地域，但一直在筹划该集团军向南方进军的事宜（参见地图16）。肯普夫的第48装甲军加强了对重要的沃罗涅日地域的控制，朗格曼的第24装甲军掩护着沃罗涅日西北方"魏克斯"集团军级集群脆弱的防区。

就在博克寻找合适的时机派遣霍特装甲集团军南下之际，保卢斯第6集团军左翼，施图默第40装甲军编成内的第3、第23装甲师和第29摩步师，从旧奥斯科尔朝东北方发起突击，7月6日到达季哈亚索斯纳河畔的奥斯特罗戈日斯克和顿河畔的科罗托亚克（Korotoiak），随即转身向南，直奔罗索希。在此过程中，施图默的装甲部队扑向里亚贝舍夫第28集团军的右翼，这股苏军在尼古拉耶夫卡（又名"阿列克谢耶夫卡"）东面和西面沿季哈亚索斯纳河布防。这就切断了里亚贝舍夫向东撤往顿河的退路。南面，第40装甲军的右翼，德国第6集团军第8和第17军辖下的步兵师扑向里亚贝舍夫集团军的主力，这些苏军在尼古拉耶夫卡附近沿季哈亚索斯纳河守卫着摇摇欲坠的防线，在德军的逼迫下，他们混乱不堪地逃向南面的奥利霍瓦特卡和罗索希。与此同时，保卢斯余下的师和匈牙利第2集团军的后续部队继续抓捕着苏军第40、第21集团军的俘虏，这2个集团军被德军包围并绕过，其残部仍在向东逃窜，渡过奥斯科尔河逃往顿河。

除了在7月3日的会议上就霍特装甲集团军的部署问题与希特勒产生些许分歧外，博克还强烈反对哈尔德的建议：将第1装甲集团军的指挥权从博克的集团军群转至陆军元帅威廉·李斯特新组建的A集团军群。4月份拟定的"蓝色2号"计划已预见到分割博克集团军群的必要性，博克以现有的集团军群司令部组成B集团军群，继续向东推进，赶往伏尔加河和斯大林格勒，而新组建的A集团军群司令部负责监督向高加索的重要进军。但博克认为，按照希特勒的想法分割"南方"集团军群为时过早，只会造成指挥和控制方面的混乱，他后来在日记中透露："我坚持先前的反对意见，因为所有的计划、准备工作、部队的部署等都在我的控制下，第二个集团军群（司令部）的介入只会使指挥工作复杂化。决策往往需要立即做出并迅速加以执行，我怀疑两个集团军群（司令部）实施指挥能否做到这一点。"[66]

虽然希特勒决定分割"南方"集团军群，但博克认为这位独裁者仍对自己信赖有加。可事实并非如此，博克在是否继续沃罗涅日地域作战行动的问题上表现出明显的"不服从"，再加上他反对分割他的集团军群，已极大地触怒了希特勒。[67]尽管博克持反对态度，但重组令7月7日生效，B集团军群指挥第4装甲集团军、第2集团军、第6集团军和匈牙利第2集团军；A集团军群指挥顿河下游地域的第1装甲集团军、第11集团军和第17集团军（参见图表14）。

7月8日在第1装甲集团军战区内发起局部追击行动后，7月9日，李斯特投

地图 16 "魏克斯"集团军级集群朝沃罗涅日的突破,第 40 装甲军转身向南

入第1装甲集团军和第17集团军的主力,以一场联合进攻跨过北顿涅茨河,深入顿巴斯地域。

德国OKH认为苏军在沃罗涅日地域的反击微不足道,正如哈尔德在7月5日的日记中所写的那样:

冯·博克打电话向我解释，（沃罗涅日地域的）这些行动对霍特（第4装甲集团军）的南翼产生威胁……我看不出这种威胁。那里只是敌人一些孤立的坦克部队，出于绝望，朝各个方向乱冲，并未构成任何作战威胁……冯·博克变得完全依赖于霍特的主动性，从而使这场进攻转向沃罗涅日，在很大程度上偏离了（原先的合理性）。[68]

　　另一方面，在更靠近战场的地方，博克觉察到危险以及苏军有可能在沃罗涅日附近展开的行动，7月4日（哈尔德在日记中写下他的印象的前一天），他在日记中写道："魏克斯担心（霍特的）装甲集团军在其北翼遭到攻击，目前大批部队被牵制在那里，"他又补充道，"位于装甲集团军左翼的第11装甲师正与从北面发起进攻的敌军展开激战。"[69]次日，博克声称："敌人在沃罗涅日的抵抗非常顽强……他们的援兵正从四面八方赶至。"但他又补充道："俄国人一个强有力的突击群在乌里茨科耶（苏哈亚韦列伊卡河）遭到包括我装甲部队在内的（德军）向心攻击，并被歼灭。"[70]

　　希特勒暂时允许博克继续占领沃罗涅日，但要求他把主攻从北面调整至南面，从而恢复整体攻势。他命令保卢斯将施图默的第40装甲军派往南面，以便与第1装甲集团军在沃罗涅日以南300公里处的米列罗沃会合。霍特第4装甲集团军辖内的朗格曼第24装甲军（缺第9、第11装甲师）和肯普夫第48装甲军，将沃罗涅日的防御交给魏克斯的第2集团军后就应立即向南进军，在第6集团军左后方交替前进。待他们到达黑卡利特瓦河上的奥斯特罗戈日斯克①和顿河上的新卡利特瓦，就将配合第6集团军的第40装甲军和第8军，这2个军已从第6集团军进军路线左侧赶往该地域。

　　7月9日，李斯特新组建的A集团军群投入第1装甲集团军和第17集团军，向东发起突击，随后转向东南方，沿着与北顿涅茨河相平行的路线冲向伏罗希洛夫格勒，正式实施修改后的"蓝色2号"计划（代号"克劳塞维茨"行动）。博克在7月5日的日记中透露，这场战役"将被分成两个部分"，两天

图表14：1942年7月7日，A、B集团军群的编成

B集团军群——陆军元帅费多尔·冯·博克
　"冯·魏克斯"集团军级集群——马克西米利安·冯·魏克斯大将
　　第2集团军司令部
　　第55军
　　第4装甲集团军——赫尔曼·霍特大将
　　　第13、第7、第29军，第24、第48装甲军
　　匈牙利第2集团军——古斯塔夫·亚尼大将
　　　匈牙利第3军
　　第6集团军——装甲兵上将弗里德里希·保卢斯
　　　第8、第17、第51军，第40装甲军
　　第8航空军
　　预备队——匈牙利第4军

A集团军群——陆军元帅威廉·李斯特
　第1装甲集团军——埃瓦尔德·冯·克莱斯特大将
　　第11、第44军，第3、第14装甲军，罗马尼亚第6军
　第17集团军（"鲁夫"集团军级集群）——里夏德·鲁夫大将
　　第4、第52军，第49山地军、第57装甲军、意大利远征军
　　预备队——第5军，意大利第8集团军司令部、意大利第2军，匈牙利第4、第6军

后，他又悻悻地写道："陆军总司令部仍坚持实施'蓝色2号'计划，他们打算包围的敌人很可能早已逃之夭夭。"[71]

总结

在希特勒和博克看来，"蓝色1号"行动确实是一场彻底的胜利。德军娴熟地运用了历史悠久的突击和机动战术，这也是闪电战的典型特征，"魏克斯"集团军级集群辖下的第24和第47装甲军[①]，与保卢斯第6集团军辖下的第40装甲军，在冲向沃罗涅日的过程中实施了一场近乎完美的两翼包围。这3个装甲军编成内的5个装甲师和4个摩步师组成两支铁钳，在短短15天内向东推进170—200公里；突破西南方向总指挥部设在布良斯克方面军与西南方面军结合

---

① 译注：应为第48装甲军。

1942 年 6 月下旬，红军汽车装甲坦克总部部长费多连科上将（中）在沃罗涅日地区与坦克第 5 集团军司令员亚历山大·伊里奇·利久科夫少将、坦克第 11 军军长阿列克谢·费奥多罗维奇·波波夫少将会谈

1942 年 6 月，西南方面军的反坦克步兵进入射击阵地

1942 年 6 月，南方面军的红军士兵在红卢奇附近发起反突击

1942 年 7 月，
红军士兵在沃罗
涅日郊区战斗

1942 年 7 月，在沃罗涅日附近被击毁的德军坦克

1942 年 7 月，南方面军的防空部队向德军飞机射击

1942 年 7 月，南方面军在利西昌斯克的北顿涅茨河上搭设浮桥

部的前沿防御；包围并歼灭了布良斯克方面军第40集团军和西南方面军第21集
团军的主力，以及为其提供加强的坦克部队；并在沃罗涅日地域和顿河西岸攻
占了预定目标。

这场进军的前6天里，魏克斯和保卢斯的装甲兵、装甲掷弹兵和步兵与苏
军7个坦克军（坦克第1、第16、第4、第24、第13、第23、第17军）的主力和
数个独立坦克旅展开激战，对方投入了1500辆坦克。德国人彻底歼灭了其中的
4个军，重创另外3个军。进入沃罗涅日地域后，朗格曼第24装甲军辖下的2个
装甲师，在持续9天的激战中较为轻松地挫败了苏军坦克第5集团军仓促集结起
来的600余辆坦克。与此同时，肯普夫第48装甲军辖下的1个装甲师和2个摩步
师抗击着苏军拥有300辆坦克的2个新锐坦克军（坦克第25和第18军），使其在
城市东部接近地停滞不前。

戈利科夫的布良斯克方面军和铁木辛哥的西南方面军措手不及，根本无
法迅速做出应对，以阻止这场灾难的发生。德军的快速推进使第40和第21集团
军的指挥控制瘫痪，并切断了他们同方面军司令部的通信联系。两位方面军司

令员对前线的实际情况一无所知，但在最高统帅部焦急的催促下，他们下达了一道道不着边际的命令。结果，预先策划的反冲击和反突击甚至还没开始便夭折了，这一悲惨的过程以坦克第5集团军在沃罗涅日西北方发起笨拙、命运多舛的反击而告终。因此，两个方面军都没能赶在德军夺取预定目标前稳住态势。

对身处莫斯科的斯大林而言，德军向沃罗涅日突然而又迅猛的推进动摇了他的信心，他原以为德军的主要战略重点在莫斯科方向。意识到德军攻占沃罗涅日、突破顿河屏障或向东南方进入顿巴斯会对红军的战略防御造成致命威胁，斯大林迅速做出强有力的应对，他命令立即投入新组建的坦克第5集团军，并从最高统帅部战略预备队抽调4个新锐预备队集团军部署至前线。可是，由于这个过程需要一定的时间，再加上最高统帅部、总参谋部与前线方面军、集团军一样，遭遇到指挥控制和通信问题，至少在短期内，这位独裁者明智的预防措施无法挽救已造成的破坏。

关于蓝色行动，过去的历史记录强调指出沿沃罗涅日方向进军的德国军队所拥有的压倒性优势，特别是他们的装甲部队，以及德军推进的迅速和果断。这些记录还得出这样一个结论，沿沃罗涅日方向发生的战斗，尽管有时候很激烈，但较为短暂，相对而言无关紧要，斯大林迅速命令他的部队"放弃战场"，撤至沿顿河构设的新防线。可是，仔细研究"蓝色1号"行动期间发生的情况便能发现，虽然"魏克斯"集团军级集群和第6集团军的推进的确迅速而又果断，但另外三个重要方面的结论并不正确。

第一点，德军发起进攻时和整场攻势期间，除了在兵力方面与德军旗鼓相当外，布良斯克方面军和西南方面军的坦克力量远远超过德军，至少在数字上是这样。例如，布良斯克方面军起初投入1000余辆坦克，抗击霍特第4装甲集团军的733辆坦克，"蓝色1号"行动发起一周后，苏军又获得坦克第5集团军650多辆坦克的加强。同样，西南方面军以650余辆坦克对付德国第6集团军的360辆坦克。尽管"蓝色1号"行动期间苏军在两个作战方向拥有两倍优势的坦克力量，但他们糟糕的后勤保障体系（特别是至关重要的燃料和弹药）以及坦克部队指挥员缺乏在战斗中有效领导坦克集团军、坦克军和坦克旅的能力，极大破坏了这一优势。

第二点，"蓝色1号"行动期间的战斗远比过去的描述更加激烈、更加重要，特别是在沃罗涅日附近。没错，你可以把"魏克斯"集团军级集群和第6集团军最初的推进说成易如反掌，可夺取沃罗涅日城后，"魏克斯"集团军级集群（后来的第2集团军）就不得不从事一场旷日持久、历时月余的战斗，以保住其战果。在这场战斗中，斯大林先是投入一个满编坦克集团军，随后又投入一个预备队集团军和数个坦克军，不仅试图夺回沃罗涅日，还想阻止德军向南拓展攻势。这些反击严重妨碍了第48装甲军重新部署至南方，从而削弱了B集团军群冲向顿河和斯大林格勒的力量。另外，这场战斗还使德国第2集团军损失惨重，并牵制了1—2个德军装甲师，他们被困在沃罗涅日地域的泥沼中。

第三点，斯大林并未将已发生动摇的部队匆匆撤至更有利于防御的新阵地，而是强调了他坚定的信念：通过组织并发起强有力的大规模反冲击和反突击，红军完全能够遏止甚至击败德军的攻势。证明这一点的是，斯大林着手采取行动，设法在沃罗涅日及周边地域击败德军，尽管没能从整体上对德军的"蓝色"行动计划造成严重破坏。"蓝色2号"行动期间，这一点变得更加明显，斯大林命令红军面对德国人的猛攻必须顽强坚守，并朝博克的进军路线投入4个新锐集团军，其中包括2个坦克集团军，以阻止德军冲向顿河大弯曲部和伏尔加河畔的斯大林格勒。

"魏克斯"集团军级集群沿通往沃罗涅日之路取得了令人瞩目的战果，但红军在该地域异乎寻常的顽强抵抗给希特勒造成新的困境。一方面，元首担心他的军队无法完成"蓝色1号"行动构想的合围；另一方面，他又希望博克的"南方"集团军群（现在已按计划分成A集团军群和B集团军群）按时发起"蓝色2号"行动。希特勒认为博克的部队停留在沃罗涅日毫无必要，他对此深感不耐烦，因而坚持要求这位B集团军群司令从沃罗涅日地域的"泥沼"中腾出霍特的第4装甲集团军，将其部署为集团军群向东南方挺进、进入顿巴斯地域的先头部队（尽管希特勒不太情愿地批准博克将第4装甲集团军的部分部队留在沃罗涅日地域）。与此同时，这位独裁者将克莱斯特的第1装甲集团军转隶A集团军群，以便带领李斯特新组建的集团军群向东进军，进入顿巴斯地域。因此，从目前看来，"蓝色2号"行动将如期发起——但整个第4装甲集团军并未立即加入其中。这个决定是否明智，只有时间能证明。

注释

1. 今天，这片矩形地域的面貌没有发生太大变化，只是沿河流出现了许多水坝和堰塞湖以及一些新建的高速公路。铁路系统尽管有所改善，但基本上保持原貌。

2. 出生于1897年的哈柳津是一位参加过第一次世界大战和俄国内战的老骑兵，转入步兵部队后，20年代指挥过步兵团，1937年至1941年3月担任步兵第96师师长，1941年3月至苏德战争爆发，他在奥廖尔军区担任步兵第33军军长。战争爆发后，1941年7—8月，他率领第28集团军辖下的步兵第36军参加了斯摩棱斯克以南罗斯拉夫利地域的激战，当年9—10月，先后担任第13集团军和布良斯克方面军参谋长[1]。当年10月，他从恶名昭著的布良斯克包围圈侥幸逃生，1942年5月，45岁的哈柳津被任命为第48集团军司令员。1943年2月，他被解除职务，可能是因为他的集团军在进攻德军奥廖尔突出部的战斗中表现不佳。1944年，哈柳津被擢升为中将，随后担任第61集团军参谋长[2]、步兵第89军军长和近卫步兵第9军军长。1949—1953年，他担任伏龙芝军事学院副院长，1953年退役，去世于1975年。苏联时期的百科全书忽略了他，但哈柳津的生平现在可以查阅《伟大卫国战争，集团军指挥员，军事人物志》第239—240页。

3. 同上，第64—66页。丹尼洛夫出生于1897年，也是一位参加过第一次世界大战和俄国内战的老兵，1918年加入红军。1924年，他毕业于"射击"高级步兵学校，1931年毕业于伏龙芝军事学院，1939年毕业于总参军事学院，两次世界大战之间，他担任过下级指挥员和较高级别的参谋职务，1939—1940年苏芬战争期间，他担任步兵第49军长，1940年7月出任基辅特别军区防空部队司令员[3]，直至苏德战争爆发。1941年10月，丹尼洛夫担任布良斯克方面军第21集团军参谋长，1942年6月出任该集团军司令员。德军"蓝色"行动结束后，1943年5—11月，丹尼洛夫任第12集团军司令员，随后出任远东第17集团军司令员，1945年8—9月，他率领该集团军参加了满洲战役。战争结束后，丹尼洛夫先后担任第17集团军司令员、步兵军军长、朝鲜人民军首席顾问等职务，1968年退役，去世于1981年。

4. 《1942年夏季，布良斯克和沃罗涅日方面军的部队沿沃罗涅日方向的作战行动》（*Boevye deistviia voisk Brianskogo i Voronezhskogo frontov letom 1942 na Voronezhskom napravlenii*），SVIMVOV，第21册，第127页。

5. 佐洛塔廖夫的《最高统帅部1942》第265—266页，最高统帅部170464、170465号指令，签发日期为1942年6月28日20点20分和20点25分。

6. 同上，第266页，最高统帅部1035010、170467号指令，签发日期为1942年6月28日21点30分和6月29日0点45分。

7. SVIMVOV，第15册第128页。

8—9. 同上。

10. 卡雷尔的《斯大林格勒》第58—59页；齐姆克和鲍尔的《从莫斯科到斯大林格勒》第333页；以及费迪南德·冯·森格尔·翁德·埃特林的《第24装甲师（原第1骑兵师），1939—1945年》（*Die 24.*

---

① 译注：哈柳津没有担任过布良斯克方面军参谋长，至于第13集团军，他担任的是后勤主任。
② 译注：哈柳津在第61集团军的职务是副司令员，而非参谋长；另外，他从1943年2月起便担任这个职务，而非1944年被擢升中将后。
③ 译注：主管防空的军区司令员助理。

Panzer-Division vormals 1. Kavallerie-Division 1939—1945，内卡尔格明德：库尔特·福温克尔出版社，1962年），第71—74页。"大德意志"师第2团遭到误炸的详情可参阅赫尔穆特·施佩特尔的《大德意志装甲军军史》（第一册），戴维·约翰斯顿译（温尼伯：J.J.费多罗维奇出版社，1992年），第323—324页。

11. *SVIMVOV*，第15册第129页。

12. 同上。

13. 关于此事的完整讨论，可参阅佐洛塔廖夫的《最高统帅部1942》第268—272页。

14. 同上，第271页。

15. 同上，第272—276页，以及格兰茨的《1941—1945年，苏德战争中被遗忘的战役》第三册第17—21页。

16. "第28集团军司令部的作战命令和作战报告（1942年5月12日—7月12日）""*Boevye rasporiazhenie i boevye doneseniia shtaba 28 Armii (12.5-12.7.1942)*", TsAMO, f. 382, op. 8452, ed. khr. 37,1. 53.

17. *SVIMVOV*，第15册第130页。

18. 马克西姆·科洛米耶茨、亚历山大·斯米尔诺夫的《1942年6月28日至7月23日顿河大弯曲部之战》，刊登在《前线画刊》2000年第6期第71—73页。

19. 同上，第26—28页。

20. *TsAMO, f. 382, op. 8452, ed. khr. 37,1. 55.*

21. 同上，第56页。

22. 关于最高统帅部与戈利科夫之间的交谈，可参阅佐洛塔廖夫的《最高统帅部1942》第272—279页；以及*SVIMVOV*，第15册第131—132页。

23. *SVIMVOV*，第15册第132页。

24. 具体说来，是第29军的第168、第75步兵师以及第8军的第389步兵师。

25. 莫斯卡连科的《在西南方向上》第一册第251页。

26. 舒罗夫在舍夫索沃村附近负伤，次日死于被送往医院的途中。两位阵亡的旅长是摩托化步兵第20旅旅长P.I.图尔宾少校（他的全名依然不详）和坦克第85旅旅长阿纳托利·阿列克谢耶维奇·阿赛切夫少将。参阅科洛米耶茨和斯米尔诺夫的《1942年6月28日至7月23日顿河大弯曲部之战》第33页。

27. 佐洛塔廖夫的《最高统帅部1942》第280—282页，最高统帅部170471-170474号指令，签发日期为1942年7月2日。

28. 同上，第282页，最高统帅部994089号指令，签发日期为1942年7月2日5点20分。

29. *SVIMVOV*，第15册第134页。

30. 卢涅夫出生于1896年，作为沙皇军队的一名营长参加了第一次世界大战，1918年加入红军，内战期间指挥过骑兵中队，1921年参加过对喀琅施塔得兵变的镇压。他1922年毕业于斯摩棱斯克综合军事学校高级作战指挥班，1926年毕业于列宁格勒骑兵学校，1930年毕业于红军高级骑兵指挥员培训班（KUKS），1923—1924年，他在中亚地区指挥一个营参加了对巴斯马奇匪帮的清剿，1933—1934年，他担任骑兵第5师第28团团长。卢涅夫在红军育马中心主任的职务上干了六年，1940年11月出任骑兵第32师副师长，1941年4月，在基辅特别军区担任机械化第5军摩托化步兵第219师副师长。当年8月，他的部队改编为步兵师，他率领该部参加了戈梅利的战斗，并在战斗中负伤。9月初伤愈后，他出任第37集团军步兵第295师师长，直到该师在基辅包围圈内覆灭。率领500名部下突围后，卢涅夫被控"在敌人的炮火下叛变"，并被NKVD关押了几个月，但最终洗脱了罪名，1942年5月28日，他被任命为骑兵第8军军长。卢涅夫指挥该骑兵军至1942年9月9日，此后在第3、第6、第65集团军后勤部门任职，直至战争结束。苏联时期的书籍大多忽略了他，但他的生平现在可以查阅两卷本的《军级指挥员，军事人物志》第68—69页。

31. *SVIMVOV*，第15册第133页。

32. 波波夫出生于1902年，担任第40集团军司令员时年仅39岁。他1920年参加红军，经历过俄国内战最后一年的战斗，1925年毕业于"射击"高级步兵学校，1936年毕业于伏龙芝军事学院。30年代中期，他指挥过一个营，1936—1937年先后在机械化旅和机械化第5军任参谋长，1938年，他在远东军区担任红旗第1集团军副司令员，1939年7月出任该集团军司令员。随着战争的临近，波波夫1941年1月出任列宁格勒军区司令员，战争爆发后，先后担任西方面军和列宁格勒方面军司令员，1941年8—9月，他率领这些部队参加了列宁格勒前面的激烈战斗，先受到伏罗希洛夫元帅乏善可陈的监督，后接受朱可夫将军更加严厉、也更为成功的指挥。列宁格勒保卫战取得胜利后，最高统帅部1941年11月任命波波夫为布良斯克方面军第61集团军司令员，1942年6月改任该方面军第40集团军司令员。1942年秋季斯大林格勒地区的战斗中，波波夫担任过斯大林格勒方面军和西南方面军的副司令员，1942年12月至1944年4月，先后担任预备队方面军、草原方面军、布良斯克方面军、波罗的海沿岸方面军、波罗的海沿岸第2方面军司令员，在列宁格勒方面军参谋长和波罗的海沿岸第2方面军参谋长任上结束了他的战时生涯。1953年，波波夫晋升为大将[1]，先后担任过利沃夫军区和塔夫里亚军区司令员，1969年去世时是苏联陆军第一副总司令[2]。关于波波夫军旅生涯的更多详情，可参阅《伟大卫国战争，集团军指挥员，军事人物志》第181—182页。

33. 施佩尔特尔的《大德意志装甲军军史》（第一册），第351页。

34. 同上，第三册第11—13页、第21页，齐姆克和鲍尔的《从莫斯科到斯大林格勒》第336—337页。

35. 佐洛塔廖夫的《最高统帅部1942》第284页，最高统帅部170475号指令，签发日期为1942年7月3日0点30分。

36. 关于坦克第5集团军组织、结构和实力的完整介绍，可参阅科洛米耶茨和斯米尔诺夫的《1942年6月28日至7月23日顿河大弯曲部之战》第41页。

37. 巴拉诺夫出生于1901年，20年代和30年代在骑兵部队担任过参谋和下级指挥员，1941年3月被任命为骑兵第5师师长。他率领该师经历了整个"巴巴罗萨"战役；1941年12月26日该师获得"近卫骑兵第1师"荣誉称号后，他率领该师在1941—1942年冬季战役中参加了别洛夫将军著名的近卫骑兵第1军发起的纵深突袭，在维亚济马与斯摩棱斯克之间深入德国"中央"集团军群后方。巴拉诺夫在这场大胆、代价高昂的冒险中生还下来，1942年5月[3]，别洛夫调任第60集团军司令员[4]，巴拉诺夫被任命为近卫骑兵第1军军长，率领该军直至战争结束，并获得中将军衔。战后，巴拉诺夫指挥过近卫骑兵第1军、步兵第14军，并毕业于伏龙芝总参军事学院，1953年退役。巴拉诺夫是红军战时最著名的骑兵指挥员之一，他去世于1970年。关于他军旅生涯的更多详情，可参阅"二战将领"网站：http://www.generals.dk/general Baranov/Viktor_Kirillovich/Soviet_Union.html.

38. M.E.卡图科夫的《主要突击的矛头》第133页。

39. 佐洛塔廖夫的《最高统帅部1942》第288—289页，最高统帅部170479-170481号指令，签发日期为1942年7月4日4点30分。

40. 同上，第285、第290页，最高统帅部994092、994096号指令，签发日期为1942年7月3日和6日。罗曼年科和利久科夫是最高统帅部挑选出来指挥红军最初组建的坦克集团军的两名将领。罗曼年科出生于1897年，第一次世界大战期间是一名准尉，1918年参加红军，俄国内战期间，他率领过游击队，后在布琼尼著名的骑兵第1集团军内指挥骑兵中队、骑兵团和骑兵旅。罗曼年科在红军骑兵部队获得快速升迁，1937年后，在红军羽翼未丰的机械化部队同样官运亨通。他1925年毕业于骑兵学校，1930年毕业于指挥员进修班，1933年毕业于伏龙芝军事学院。20年代他指挥过一个骑兵团，1937年任机械化第11旅旅长。罗曼年科随后在红军机械化和摩托化管理局担任副局长，暂时中断了他在野战部队的勤务。西班牙内战期间，他"自愿"担任共和国政府的军事顾问，并为此获得列宁勋章，苏芬战争期间，他指挥机械化第7军，1940年6月，机械化第1军组建后，他担任军长，随后出任外贝加尔军区第17集团军司令员，直至苏德战争爆发。罗曼年科在远东一直待到1942年5月，最高统帅部把他调至西部，派他指挥新组建的坦克第3集团军。"蓝色"行动初期，特别是1942年8月沿日兹德拉方向失败的反突击行动期间，他一直指挥着该集团军。1942年11月初，坦克第5集团军重建，罗曼年科任司令员，该集团军在斯大林格勒地区率领红军发起胜利的反击，从而赢得了持久的声望。1943年2月，罗曼年科改任坦克第2集团军司令员。当年2—3月，他率领该集团军参加了中央方面军对奥廖尔和布良斯克不太成功的进攻。1943年剩下的日子和1944年间，他指挥第48集团军在布良斯克方面军、中央方面军、白俄罗斯第1方面军和白俄罗斯第2方面军辖下作战，在1943年秋季的库尔斯克战役和1944年解放白俄罗斯的攻势中发挥了重要作用。由于健康状况不佳，罗曼年科1944年12月不再担任战地指挥员职务，此时的他已是上将，1945—1947年任东西伯利亚军区司令员，1949年3月去世。关于他更多的情况，可参阅《伟大卫国战争，集团军指挥员，军事人物志》第195—196页。

41. 科洛米耶茨和斯米尔诺夫的《1942年6月28日至7月23日顿河大弯曲部之战》第42页。

42. 沃罗热伊金出生于1895年，参加过第一次世界大战，1918年加入红军，内战期间担任过步兵旅参谋长。他1933年毕业于茹科夫斯基空军工程学院，1941年战争爆发时，他在伏尔加河沿岸军区担任空军司令员。1941年6—7月，他指挥着一个航空兵师，当年8月，他在中央方面军担任空军司令员，1941年8月至1942年3月，沃罗热伊金任红空军参谋长。1942年3—5月，他指挥着一个突击航空兵群，1942年5月至1946年，他担任红空军（后来的苏联空军）第一副司令员，同时作为最高统帅部负责空中力量的协调员参加了多次成功的进攻战役。战后，1946—1947年，沃罗热伊金担任空军集团军司令员，1953年起，他在茹科夫斯基空军工程学院担任系主任，直至1959年退役，他去世于1974年。关于沃罗热伊金的更多情况，可参阅VE，第二册，第272页。

43. 关于这场战斗的详情，也可参阅1993年4月的杂志《军事思想》（Voennaia mysl）第4期，第42—48页，A.I.戈洛博罗多夫的《坦克第5集团军在沃罗涅日附近的反突击》（Kontrudar 5-i tankovoi armiii pod Voronezhem）。此后简称为VM，并附以相应的期数、出版日期和页数。

44. 克拉夫钦科坦克第2军辖内的坦克第53和第160旅[①]严重滞后，因为他们的坦克陷入科贝利亚斯诺瓦河的泥泞中。

45. 科洛米耶茨和斯米尔诺夫的《1942年6月28日至7月23日顿河大弯曲部之战》第44页。关于该地域和沃罗涅日其他地域的作战情况，可参阅帕维尔·A.罗特米斯特罗夫的《钢铁近卫军》（*Stalnaia gvardiia*，莫斯科：军事出版社，1984年），第116页；以及格兰茨的《1941—1945年，苏德战争中被遗忘的战役》第三册第30—34页。

46. 佐洛塔廖夫的《最高统帅部1942》第291—292页，最高统帅部170483号指令，签发日期为1942年7月7日21点。

47. 奇比索夫出生于1892年，第一次世界大战期间在沙皇军队担任下级军官，1918年参加红军，内战期间先后担任过排长、连长、营长和团长。1935年，奇比索夫毕业于伏龙芝军事学院，两次世界大战之间，他担任过各种参谋和指挥职务，1937年指挥一个步兵师，1938年任步兵军军长，后担任列宁格勒军区参谋长。1939—1940苏芬战争期间，他在西北方面军担任第7集团军参谋长。1940年7月至年底，他担任列宁格勒军区副司令员，1941年1月出任敖德萨军区司令员，直至战争爆发。由于奇比索夫在敖德萨军区的战争动员工作出色，后来又协助组织敖德萨的防御工作，1941年9月，NKO任命他为布良斯克方面军副司令员。1942年7月短期担任布良斯克方面军司令员后，1942年8月至1943年11月，奇比索夫担任第38集团军司令员，后任突击第3集团军司令员至1944年4月，又又担任突击第1集团军司令员至1944年6月。奇比索夫随后出任伏龙芝军事学院院长，在这个岗位上干到1949年3月。随后，他出任白俄罗斯军区副司令员，1954年退役，去世于1959年。关于奇比索夫更多的情况可参阅《伟大卫国战争，集团军指挥员，军事人物志》第258—259页。关于哈里东诺夫的生平，可参阅本书第二章。

48. 佐洛塔廖夫的《最高统帅部1942》第291—292页，最高统帅部170483号指令，签发日期为1942年7月7日21点。安东纽克出生于1895年，参加过第一次世界大战，1917年加入赤卫队，一年后参加红军，俄国内战期间指挥过团、旅和"莫济里"集群。1921和1924年，他毕业于工农红军军事学院，1924—1930年，他先后指挥过"土耳其斯坦"步兵第4师、"维捷布斯克"步兵第5师和"克里木"步兵第3师，1930—1931年在伏龙芝军事学院任教。安东纽克的职业生涯继续飞黄腾达，1931—1937年，他担任步兵第8军军长兼政委，1937年6月—1938年8月任西伯利亚军区司令员，随后被斯大林的军事大清洗所逮捕。但安东纽克比大多数同僚更加幸运，他从罗织的罪名中逃脱，获释后重返伏龙芝军事学院任教。战争爆发前的最后两年里，安东纽克先担任步兵主任，后又担任红军步兵总监[2]；战争爆发后，他参加了为前线红军组建并部署新部队的工作，1941年8月，安东纽克负责指挥第7集团军的"彼得罗扎沃茨克"战役集群，以该集群阻挡住芬兰军队在拉多加湖以北的推进，1941年9月，他出任第48集团军司令员，但该集团军没能挡住德军朝拉多加湖南岸施吕瑟尔堡的推进，德军这场推进开始了对列宁格勒的围困。此后，安东纽克在列宁格勒方面军指挥第54集团军辖内的一个战役集群，几次试图打破列宁格勒包围圈，但都没能获得成功，他随后在列宁格勒方面军司令部任职，1942年7月被任命为第60集团军司令员。"蓝色"行动中期，1942年9月，安东纽克改任预备队第2集团军司令员，但在该集团军投入战斗前，他被撤换。此后，安东纽克先后担任过草原方面军、波罗的海沿岸方面军、波罗的海沿岸第2方面军副司令员，直至战争结束。战后他继续担任军区副司

---

① 译注：应为波波夫坦克第11军辖内的坦克第53和第160旅。
② 译注：应为副总监。

令员，1947年退役，去世于1961年。苏联时期的资料很少提及他，但他的生平现在可以参阅《伟大卫国战争，集团军指挥员，军事人物志》第13—14页。

49. 佐洛塔廖夫的《最高统帅部1942》第292—294页，最高统帅部1035033 和994101号指令，签发日期为1942年7月7日和8日。

50. 坦克第11军投入63辆KV-1和英制"玛蒂尔达"坦克，以及60辆T-60。

51. 坦克第11军报告，击毁15辆德军坦克，己方损失8辆。

52. 格兰茨的《1941—1945年，苏德战争中被遗忘的战役》第三册第36—37页。

53. 科洛米耶茨和斯米尔诺夫的《1942年6月28日至7月23日顿河大弯曲部之战》第45页。此时，利久科夫的部队获得坦克歼击第2师第3旅22门反坦克炮的支援。

54. 同上，第46页。

55. 同上。

56. 同上。

57. 卡图科夫的《主要突击的矛头》第160—162页。

58. 格兰茨，《1941—1945年，苏德战争中被遗忘的战役》，第三册，第48—52页。

59. 佐洛塔廖夫，《最高统帅部1942》，第309—310页，最高统帅部170511号指令，签发日期为1942年7月15日4点05分。

60. 同上，第308页，最高统帅部170507号指令，签发日期为1942年7月13日17点40分。

61. 同上，第309页，最高统帅部170509号指令，签发日期为1942年7月14日。

62. 参阅舒克曼《斯大林的将领》一书中，理查德·沃夫的《康斯坦丁·康斯坦丁诺维奇·罗科索夫斯基》一文，第177—196页；以及罗科索夫斯基未删减的回忆录《军人的天职》（Soldatskii dolg，莫斯科：呼声出版社，2000年）。

63. Iu.D.扎哈罗夫的《瓦图京大将》（General armii Vatutin，莫斯科：军事出版社，1985年）；舒克曼《斯大林的将领》一书第287—298页，戴维·M.格兰茨的《尼古拉·费多罗维奇·瓦图京》一文。

64. 克劳斯·格贝特（编），《陆军元帅费多尔·冯·博克：战时日记（1939—1945年）》，戴维·约翰逊译（宾夕法尼亚州阿特格伦：希弗出版社，1996年），第512页，此后简称为《博克日记》。

65. 同上。

66. 同上，第513页。

67. 关于波尔塔瓦会议，可参阅杰弗里·朱克斯的《希特勒的斯大林格勒决策》（伯克利：加州大学出版社，1985年），第35—38页；齐姆克和鲍尔的《从莫斯科到斯大林格勒》第337—339页；以及《博克日记》第512—514页。

68. 哈尔德的《哈尔德战时日记（1939—1942年）》第633—634页。

69. 《博克日记》第514—515页。

70. 同上，第517页。

71. 同上，第517、520页。

第五章
"蓝色 2 号"行动
1942 年 7 月 9 日—24 日

到1942年7月中旬，"蓝色"行动的第一阶段已告结束——显然，德军又赢得一场胜利。但红军也展现出一种令人惊讶的战斗力，尽管有些参差不齐。德军最高统帅部对苏军这种异乎寻常的抵抗几乎视而不见，因而在希特勒最需要他那些战地将领们的专业能力时，这加剧了他对他们的失望。但最严重的是，苏军在沃罗涅日周围的抵抗已开始拖缓并削弱德军向高加索地区的进军。

作战地域

同"蓝色1号"行动一样，B集团军群的第6集团军、A集团军群的第1装甲集团军和第17集团军实施"蓝色2号"行动的作战地域也是一个粗略的矩形。但与"蓝色1号"行动战场不同的是，这个矩形由西向东（参见地图17），从西面北顿涅茨河畔的伊久姆、斯大林诺（Stalino）和米乌斯河畔的塔甘罗格，向东延伸近400公里，在东面到达顿河畔的克列茨卡亚和奇尔河（Chir）畔的苏罗维基诺（Surovikino），在北面到达斯瓦托沃（Svatovo）、坎捷米罗夫卡和博古恰尔，向南延伸300公里至罗斯托夫和顿河畔的齐姆良斯卡亚（Tsimlianskaia）。这片作战地域超过10万平方公里，几乎是"蓝色1号"的两倍（参照第四章的地图8）。位于或靠近这片矩形地域四角的是伊久姆（西北方）、顿河以北广袤的开阔地带（东北方）、顿河与阿克赛河的交汇部（东南方），以及亚速海最东端的塔甘罗格湾（西南方）。

地图 17 蓝色 2 号行动作战地域

　　顿河、北顿涅茨河和米乌斯河这三条大河控制着这片区域，并构成该地域主要的边界。这些河流影响到德国A、B集团军群攻势的对称性，德军向东推进时，只能沿河流而行。顿河及其支流构成该矩形地域北部边界的东半部，西半部紧贴"蓝色1号"行动矩形地带的南部边缘。东部边界由顿河大弯曲部的西部盆地构成，这条分界线从顿河畔的克列茨卡亚向南延伸至顿河畔的下奇尔斯卡亚（Nizhne Chirkskaia）；南部边界沿顿河延伸，从下奇尔斯卡亚西延至罗斯托夫和亚速海；东部边界[①]沿米乌斯河向北延伸，从亚速海跨过伏罗希洛夫格勒西南方一条狭窄的陆桥直至北顿涅茨河，并沿顿涅茨河和奥斯科尔河通向更北面的伊久姆和库皮扬斯克地域。这片硕大的矩形地域，其东部边缘外便是顿河大弯曲部——这是德军"蓝色2号"行动的首要目标。该弯曲部的形成是因为顿河从克列茨卡亚向东流淌，随后转向南方和西南方，经卡拉奇（Kalach）到达齐姆良斯卡亚，最后向西流往罗斯托夫和亚速海。因此，这个弯曲部形成一个巨大的弧形河道，其顶点指向东面，即伏尔加河畔的斯大林格勒。

　　"蓝色2号"行动沿这片矩形地域的西北边和西边发起。西北面，B集团军群的第6集团军和第4装甲集团军正在"蓝色1号"矩形作战地域南部三分之一处肃清苏军，并准备攻向东南方，进入"蓝色2号"作战地域。西面，A集团军群的第1装甲集团军和第17集团军即将挥师东进，进入从北顿涅茨河畔的伊久姆向南延伸，沿北顿涅茨河和米乌斯河直至亚速海畔塔甘罗格这片广阔的区域。此时，德国第6集团军的先遣部队已到达顿河，集团军主力沿一条长长的弧线部署，这条战线从顿河向西延伸，经尼古拉耶夫卡（阿列克谢耶夫卡）和瓦卢伊基直抵奥斯科尔河畔的库皮扬斯克。第6集团军准备从这片出发阵地向南推进，穿过"蓝色1号"矩形作战地域的剩余部分，进入"蓝色2号"矩形作战地域的北部。因此，据守"蓝色2号"矩形作战地域西半部的苏军（西南方面军第28、第38、第9集团军）部署在从伊久姆地域沿北顿涅茨河和奥斯科尔河向北延伸至尼古拉耶夫卡的这片区域。南方面军第12、第37、第18、第56集团军守卫的防线是沿米乌斯河向北延伸至伏罗希洛夫格勒西面的北顿涅茨

---

　　① 译注：应为西部边界。

河。他们面临的任务极具挑战性，不得不在两个方向上实施防御——抗击从北面而来的第6集团军和第4装甲集团军，以及从西面杀来的第1装甲集团军和第17集团军。

顿河及其雄伟的大弯曲部，是影响"蓝色2号"行动期间德军进军部署最重要的地形特征。顿河以令人敬畏的宽度和深度构成了矩形作战地域的东北边和南边。它朝东南方流入弯曲部时，其北面和东面，除了空旷的草原外一无所有，顿河上游构成B集团军群进军路线的左边界，并引导推进中的德军（主要是第6集团军）向东南方进入顿河大弯曲部。另外，由于顿河可观的长度，德国集团军群即便在前进中也不得不留下部分部队沿河据守。顿河下游同样如此，向西流经罗斯托夫汇入亚速海时构成矩形作战地域的南边，并成为A集团军群进军路线的右边界。由于顿河下游形成了从北面进入高加索的一条地形通道（几乎直接进入整个高加索地区），故此成为德军最重要的直接目标。顿河上游与下游之间广阔的区域内分布着诸多支流，其中包括向北汇入顿河上游的博古恰尔河和季哈亚河（Tikhaia），以及向南流入北顿涅茨河或汇入顿河下游的卡利特瓦河、格卢博卡亚河（Glubokaia）、奥利霍瓦亚河（Ol'khovaia）、博利沙亚河（Bol'shaia）、纳戈利纳亚河（Nagol'naia）、别廖佐瓦亚河（Berezovaia）、格尼拉亚河（Gnilaia）和奇尔河。

北顿涅茨河和米乌斯河形成了矩形作战地域的西边，并成为A集团军群的出发阵地。可是，苏军沿米乌斯河布设的防御极为强大，并向东延伸60多公里，直至罗斯托夫这座防御严密的城市，另外，北顿涅茨河的地形也严重影响到德军即将发起的攻势。首先，苏军的米乌斯河防线阻止了德军从该地域向东发起突击。其次，北顿涅茨河向南流淌，随后沿矩形作战地域西边的北半部向东南方流淌，在伏罗希洛夫格勒以北转向东面，朝正东方延伸100多公里后转向南方，在罗斯托夫以东汇入顿河，形成了该河的第二个大弯曲。尽管这个弯曲部位于米乌斯河防线以东120公里处，但它显著增加了苏军米乌斯河防线的纵深，并掩护着罗斯托夫的北部接近地。因此，A集团军群不打算对这条危险的防线发起正面进攻，而是决定向东疾进，穿过顿涅茨河弯曲部以北的开阔区域，从东北面和东面包围罗斯托夫，并以第17集团军向东发起一场辅助突击，跨过米乌斯河。

德军修改着他们的攻势，以配合该地域的自然地形，"蓝色2号"行动中，他们依然组成两支铁钳：第一支是B集团军群向东南方突击的第6集团军和第4装甲集团军，攻向顿河以南地域；第二支是A集团军群向东突击的第1装甲集团军，攻向北顿涅茨河以北地域。这两支铁钳都利用该地区的铁路和公路系统。B集团军群沿主铁路线（这条铁路线从沃罗涅日地域向南穿过罗索希和坎捷米罗夫卡直至米列罗沃）、与顿河上游南岸相平行的公路网以及通往米列罗沃的铁路线前进。第1装甲集团军将在伏罗希洛夫格勒西北方渡过北顿涅茨河，到达其左（左）岸，向东疾进，穿过旧别利斯克（Starobelsk）以南开阔的草原，然后转向东南方，沿别洛沃茨克（Belovodsk）和米列罗沃南面路况良好的公路赶至卡缅斯克–沙赫京斯基（Kamensk–Shaklitinskii）的北顿涅茨河河段。A集团军群随后将向南进军，沿主铁路和公路线穿过沙赫特（Shakhty），从东北方进攻罗斯托夫，从而完成这场推进。

"蓝色2号"行动中，地形并未给苏军的防御提供太大的帮助。尽管南方面军第56、第18、第37集团军可以较为轻松地守住米乌斯河防线，但"蓝色2号"行动矩形作战地域西半部的其他地区基本上无险可守。"蓝色1号"行动矩形作战地域的南部地区尤为如此，在那里，西南方面军即将崩溃的第38、第28集团军正加紧后撤，充其量据守着一些虚弱的阵地，另外，沿北顿涅茨河及其南部地域，从伊久姆南延至伏罗希洛夫格勒以西，西南方面军第9集团军和南方面军第12集团军在德军"弗里德里库斯Ⅱ号"行动后便一直守卫着脆弱的防线。

苏军最高统帅部知道这些防御非常薄弱，也知道很可能无法阻止德军协调一致的进攻，对地形加以粗略研究后，最高统帅部要求西南方面军构设并坚守新防线，这些防线由北至南，沿穿过顿河上游与北顿涅茨河之间地域的数条河流延伸。其中第一条新防线沿奥斯科尔河东面56公里处的艾达尔河（Aidar）仓促构设；另一条防线从顿河上游向西南方延伸至坎捷米罗夫卡，再沿杰尔库尔河（Derkul'）向南，穿过别洛沃茨克到达北顿涅茨河。事实上，这些河流并未强大到足以构设起可靠防御的程度，不管怎样，利用公路网前进的德军装甲部队通常会在苏军尚未占据阵地前便冲过这些计划中的防御阵地。因此，鉴于不利的地形，西南方面军和南方面军的部队被包围和歼灭已成定局，唯一的问题是这场歼灭战会有多彻底。

"蓝色2号"行动：顿巴斯战役，1942年7月9日—17日

德国人以较小的规模发起"蓝色"行动第二阶段攻势（参见地图18）。[①]
他们没有以霍特的整个第4装甲集团军向南发起一场大规模进军，这场攻势的
北钳以第3、第23装甲师和第29摩步师组成，仅仅是保卢斯第6集团军辖下施图
默第40装甲军的部分兵力。其中，布赖特的第3装甲师和弗雷梅赖的第29摩步
师已于7月6日开始向南推进，而此时，苏军沃罗涅日方面军的部队正忙着夺回
与他们同名的城市。德军的第三个师——博伊内布格–伦斯费尔德的第23装甲
师，仍在科罗托亚克以北地域沿顿河西岸清剿苏军第40和第21集团军的残部。
到7月6日夜幕降临时，第3装甲师已从季哈亚索斯纳河畔的奥斯特罗戈日斯克
向南推进了25公里，距离罗索希只剩下半数路程。在其左侧，第29摩步师肃清
了从科罗托亚克向东延伸至利斯基对面的顿河南岸，随即转身向南，与布赖特
的装甲部队并肩前进。

这是一场壮观的推进，但这两个师的燃料很快便所剩无几；这让人想起
去年夏季的"巴巴罗萨"战役，德军的进攻已超出其后勤补给能力，7月中旬
的两周里，A集团军群享有汽油补给的优先权。[1]利用第40装甲军仅剩的燃料，
布赖特的第3装甲师以2个装甲连和1个炮兵连组成一个战斗群，迅速向前冲
去，设法抢占苏军的防御阵地。7月7日拂晓，这股德军以突然袭击的方式在罗
索希这一交通枢纽夺取了卡利特瓦河上的桥梁，他们甚至抓获了西南方面军司
令部的部分人员。[2]

在此期间，南面，里亚贝舍夫的第28集团军试图守住季哈亚索斯纳河防
线，而德国第6集团军第8军辖下的第305、第376步兵师在尼古拉耶夫卡及其南
面渡过季哈亚索斯纳河。这场突击打乱了里亚贝舍夫的防御，迫使他的右翼部
队向南撤入奥利霍瓦特卡西北方的黑卡利特瓦河河谷。但是，里亚贝舍夫第28
集团军的左翼和中央地带防御得依然严密，位于里亚贝舍夫左侧的莫斯卡连科
第38集团军同样如此，其防线沿瓦卢伊河（Valui）和奥斯科尔河向南延伸，
穿过瓦卢伊基和库皮扬斯克直至博罗瓦亚（Borovaia）。[3]

[①] 编注：原先的"蓝色"方案已被修改，各阶段战役也被多次更名。因此，第二阶段有时候被称作"克劳塞维茨"，而第三阶段被称为"不伦瑞克"。但为简单起见，本书将把原方案的各个变体统称为"蓝色"行动，并用阿拉伯数字表明其阶段。

苏军依然虚弱不堪，第40装甲军有限的进攻足以撕开铁木辛哥的区域性防御。但是，他们能否在铁木辛哥的部队向东逃窜前将其包围并歼灭，这一点尚有待观察。原近卫骑兵第3军军长——前一天晚间被最高统帅部派来接替里亚贝舍夫的瓦西里·德米特里耶维奇·克留琴金少将，在7月6日晚发给铁木辛哥的报告中描述了恶化的态势：[4]

1. 敌人以坦克部队和步兵对我集团军之右翼发起纵深包围，并攻占阿列克谢耶夫卡（尼古拉耶夫卡），7月6日晨，开始从阿列克谢耶夫卡和布琼尼（Budenny）一线，以坦克（据不完整的情报，多达80辆）和超过1个步兵师

地图 18 红军的顿巴斯防御作战（1942年7月7日—24日）

的兵力向东南方推进。上午10点前，敌人到达格泽夫（Gezev）、赫列彼什切（Khlebishche）和菲利基（Fil'ki）一线。位于中央地带和右翼超过3个步兵师和1个坦克师的敌部队，自7月6日早晨起未发现任何异动……

2. 决定：坦克第23军的部队、骑兵第32师和坦克第158旅将阻止从阿列克谢耶夫卡和布琼尼一线推进的敌人到达右翼后方……这里存在这样一种危险，敌人有可能先发制人，沿瓦尔瓦罗夫卡（Varvarovka）、库布拉基（Kubraki）和罗韦尼基（Roven'ki）一线占领筑垒地域，就像他们在阿列克谢耶夫卡所做的那样。因此，如果优势敌人出现在我集团军右翼，而我右翼集团立足未稳，右翼据守筑垒地域的同时，为守住筑垒地域（那里有足够的武器）、保存集团军有生力量，我们打算将集团军的部队逐步撤至瓦尔瓦罗夫卡和罗韦尼基地域沿艾达尔河构设的筑垒地域上，并沿卡利特瓦河构筑面朝北方的拦截阵地。我请您批准这一决定。

克留琴金，希托夫（参谋长）[5]

铁木辛哥别无选择，只能批准克留琴金的决定，以免该集团军被彻底包围，铁木辛哥还请求最高统帅部批准将莫斯卡连科的第38集团军从第28集团军左侧暴露的位置上撤离，最高统帅部予以批准。莫斯卡连科指出：

7月6日，在我阵地北面行动的2个德国军——第17军和坦克第40军，强渡季哈亚索斯纳河。方面军派出守卫该河防线的部队没能到达那里。至于第28集团军，目前已撤至黑卡利特瓦河后方。

现在，第38集团军的部队很容易被从北面、从右翼发起推进的敌军包围。因此，7月6日—7日晚，方面军司令员命令我们，将集团军辖下的部队撤至沿纳戈利纳亚河—罗韦尼基—库利亚切夫卡（Kuriachevka）—别洛库拉基诺（Belokurakino）构设的后方防线，并从各个师抽调兵力，组成一支掩护部队，沿奥斯科尔河布防。指定的防线位于奥斯科尔河以东35—40公里处，目前由第118筑垒地域的几个营据守。第38集团军辖下的师将强化他们的防御。

接到后撤令24小时后，第38集团军撤至指定防线。但现在，态势又一次发生变化，再度恶化起来。[6]

实际上，最高统帅部7月6日的后撤令是下达给西南方面军辖下全部的4个集团军。除了留下掩护部队，指令要求铁木辛哥将他麾下的诸集团军后撤，具体如下：

· 第21集团军撤至顿河东岸，从奇比索夫卡（Chibisovka）经洛泽沃（Lozevo）至巴甫洛夫斯克（Pavlovsk），在那里阻止德军渡河；
· 第28集团军撤至丘普林（Chuprin）和韦伊德列夫卡（Veidelevka）一线；
· 第38集团军应于7月8日前撤至艾达尔河和罗韦尼基一线；
· 第9集团军撤至别洛库拉基诺—莫斯特基（Mostki）—克列缅纳亚（Kremennaia）一线。

另外，最高统帅部的指令还要求第9集团军（该集团军掩护着莫斯卡连科第38集团军的左翼，也是整个西南方面军最左侧的部队）坚守新防线，以便疏散位于北顿涅茨河北岸①利西昌斯克及其周边的重要工业设施。[7] 目前指挥第9集团军的是洛帕京将军，第9集团军在"弗里德里库斯Ⅱ号"行动中失利后，洛帕京这位第37集团军司令员便接替了尼基舍夫。

莫斯卡连科提到的北翼态势"恶化"，指的是德军第3装甲师7月7日攻占罗索希，这是个重要的交通路口，也是卡利特瓦河畔的渡河点（参见地图19）。莫斯卡连科和克留琴金面临着越来越严重的困境，雪上加霜的是，德军第40装甲军次日继续以100辆坦克向南快速推进。在施图默装甲军的先头部队中，弗雷梅赖的第29摩步师迅速完成了赶往坎捷米罗夫卡的半数路程，布赖特的第3装甲军到达奥利霍瓦特卡，这两个镇子都位于第28集团军右后方纵深处。德军这场深远推进构成合围态势，受到威胁的不仅仅是苏军第28和第38集团军，还有西南方面军后方地域的许多后勤机构和作战支援单位，其中包括A.N.特卡乔夫独立铁路第19旅的公路第31、第9营和机械化第39营，工兵第7集团军第12、第14、第15、第20和第24旅的部分部队，以及大批公路修建和维修单位，更不必说方面军的许多后勤单位、物资仓库和其他设施。位于第28和第

———————————————
① 译注：应为南岸。

地图 19 第 28、第 38、第 9 集团军在顿涅茨河与顿河之间的作战行动（1942 年 6—7 月）

38集团军后撤路线上的这些单位，给所有通往后方的道路造成极大的混乱。

施图默的2个装甲师向前疾进，赶至卡利特瓦河渡口，苏军第28集团军组织起一个特别战斗群，试图守住这些渡口，但德国人抢先一步到达。指挥这个特别战斗群的是方面军汽运主任普希金将军[①]，5月份的哈尔科夫战役中，他曾担任坦克第23军军长。普希金这个战斗群中包括沙姆申坦克第22军的残部、坦克歼击第11、第13、第15旅、第52筑垒地域的4个机枪营和1个混编步兵团。[8]尽管他们拼凑起40辆可用的坦克，都集中在该军辖内的近卫坦克第6旅内，但由于燃料和机油耗尽，这些坦克基本上损失殆尽。[9]普希金随后率领这支小股部队匆匆撤向东南方，在第28集团军与第38集团军之间制造出一个更大的缺口。

次日（7月8日），第40装甲军投入第3、第23装甲师和第29摩步师——莫斯卡连科认为对方共有300辆坦克——向南进入这个缺口，冲向坎捷米罗夫卡，更深地插入第28和第38集团军后方。莫斯卡连科请求批准他把部队撤至更东面的艾达尔河，同时以集团军的部分兵力在罗韦尼基与坎捷米罗夫卡之间构设防线，协助第28集团军向东后撤，铁木辛哥对此提出异议，他批准后一个行动，但严令莫斯卡连科坚守更西面的新防线。莫斯卡连科指出，这个决定只是令"事态更加复杂"。[10]莫斯卡连科随后以步兵第304、第199师、近卫步兵第9师和坦克第3旅组成一个战斗群，将其派往东北方，在罗韦尼基与坎捷米罗夫卡之间据守防线。但7月9日清晨，德军第40装甲军辖下的第23装甲师和第29摩步师抢在莫斯卡连科的战斗群赶到前冲入坎捷米罗夫卡。

就在一天前，德军的第二柄利斧开始砍向莫斯卡连科的集团军和铁木辛哥的整个方面军。7月8日拂晓，博克发现苏军第38和第9集团军正在后撤，他立即命令位于第1装甲集团军右翼和中央地带的步兵部队发起追击，全速渡过奥斯科尔河和北顿涅茨河。沿着整条战线（这条战线从库皮扬斯克以南地域沿奥斯科尔河向南，然后沿北顿涅茨河向东，直至利西昌斯克西面），第1装甲集团军第11和第44军的各个步兵师渡过两条河流，向东前进了10—15公里。他们跨过热列别特河（Zherebet），夜幕降临前到达克拉斯纳亚河（Krasnaia）接近地，目前据守该河的是苏军第9集团军和莫斯卡连科第38集团军虚弱的半

[①] 译注：普希金当时是西南方面军装甲坦克和机械化兵副主任。

222

数力量。当天，第1装甲集团军司令克莱斯特匆匆将第3、第14装甲军辖下的装甲师和摩步师调入前沿阵地，以便次日清晨对铁木辛哥西南方面军的左翼和马利诺夫斯基南方面军的右翼发起主要突击。

克莱斯特的装甲先遣部队准备攻向东北方，直扑伊久姆与利西昌斯克之间的北顿涅茨河河段，他们面对着铁木辛哥西南方面军左翼洛帕京第9集团军以及马利诺夫斯基南方面军右翼科兹洛夫第37集团军和格列奇科第12集团军的防御。洛帕京集团军的防区从库皮扬斯克南面与第38集团军的结合部起，沿奥斯科尔河和北顿涅茨河东岸向南延伸，直至红利曼（Krasnyi Liman）。该集团军在"弗里德里库斯"行动中损失惨重，但仍有5个步兵师（步兵第318、第296、第51、第140、第255师）从左至右部署在第一梯队，并获得第二梯队或预备队的3个步兵师（步兵第81、第106、第303师①）和2个坦克歼击旅（坦克歼击第18、第19旅）的加强。另外，洛帕京的集团军还编有帕尔霍缅科的骑兵第5军（该军也在"弗里德里库斯"行动中遭到重创）、1个坦克旅（坦克第12旅）和2个独立坦克营（坦克第71、第132营），约有65辆坦克。

马利诺夫斯基南方面军的右翼，第12和第18集团军②据守着北顿涅茨河以南的防线，这条防线从杰巴利采沃（Debal'tsevo）以东向西北方延伸，直抵红利曼以南的北顿涅茨河河段，掩护着伏罗希洛夫格勒和利西昌斯克的接近地。格列奇科的第12集团军守卫着这片防区的南半部，第一梯队部署了3个步兵师（步兵第4、第74、第261师），另外2个步兵师（步兵第176、第349师）为其提供加强，但集团军辖内没有坦克力量。科兹洛夫的第37集团军位于防区北半部，第一梯队部署了4个步兵师（步兵第218、第230、第275、第295师），步兵第102师位于第二梯队，并获得坦克第121旅46辆坦克的加强。由于第12和第37集团军缺乏坦克力量，马利诺夫斯基便将拉德科维奇将军的坦克第14军集结在北顿涅茨河以东地域。但是，由于拉德科维奇的军仍在组建中，辖内的坦克数量尚不到规定编制（180辆）的一半，因此，部署在克莱斯特预定突破地域对面的苏军根本无法抗击他的两个装甲军。

克莱斯特发起突击前夕，南方面军完成了作战部署。在德军第17集团军对面，马利诺夫斯基沿米乌斯河东岸投入另外2个集团军，守卫南方面军左翼和中央地带，其防线从塔甘罗格湾的塔甘罗格向北延伸至杰巴利采沃地域。在这片防区的南半部，齐加诺夫将军的第56集团军将2个步兵旅（步兵第16旅和近卫步兵第3军辖下的海军步兵第68旅）和3个步兵师（步兵第30、第31、第339师）部署在第一梯队，近卫步兵第3军辖内的另外2个步兵旅（海军步兵第76、第81旅）和拥有55辆坦克的坦克第63旅为其提供加强。后方，集团军编成内的第70和第158筑垒地域守卫着罗斯托夫及其周围的固定防御阵地。

该防区的北半部，卡姆科夫将军的第18集团军将3个步兵师（步兵第353、第383、第395师）部署在第一梯队，第二梯队的步兵第216师为其提供支援，但该集团军同样没有坦克力量。卡姆科夫的集团军太过虚弱，为解决这个问题，7月份第一周，马利诺夫斯基着手组建另一个集团军，第24集团军③，以便为方面军提供纵深部署的第二梯队。第24集团军由伊利亚·科尔尼洛维奇·斯米尔诺夫中将指挥，1942年2—4月，他曾指挥过第18集团军，随后在西南方向总指挥部任职，直至7月中旬。后来，斯米尔诺夫被弗拉基米尔·尼古拉耶维奇·马尔钦克维奇少将接替，自1940年7月以来，马尔钦克维奇一直率领着方面军的步兵第176师。[11]截至7月9日，第24集团军只编有4个步兵师（步兵第73、第228、第335、第341师），均匀分布在第12和第18集团军的后方地域。

令莫斯卡连科和铁木辛哥倍感头痛的是，克莱斯特7月9日拂晓投入了他的装甲部队。他的步兵军及辖下的步兵师跨过装甲集团军的整条战线继续追击，排成两股宽大的队列并肩前进。与此同时，施韦彭堡第3装甲军的第16、第22装甲师和维特斯海姆第14装甲军辖下的第14装甲师、第16摩步师④粉碎了西南方面军第37集团军据守的利西昌斯克南面的登陆场。他们随后攻占该城，7月10日在北顿涅茨河北岸占据了自己的登陆场。

在克莱斯特的右（南）翼，鲁夫将军第17集团军第4和第52军辖下的步兵师向东推进，从阿尔乔莫夫斯克冲向伏罗希洛夫格勒。这场进军迫使南方面军的第12集团军撤往北顿涅茨河。7月10日日终前，西南方面军的南翼和南方面军的北翼不可避免被战火逐渐吞噬。

---

① 译注：应为第333师。
② 译注：应为第37集团军。
③ 译注：这是第24集团军的第三次组建，时间应为1942年5月。
④ 译注：应为第60摩步师，第16摩步师在第48装甲军辖下。

224

面对德国第6集团军的快速推进，铁木辛哥7月6日已在他的辅助指挥所指挥战斗，这个指挥所设在罗索希附近的戈罗霍夫卡（Gorokhovka），而司令部的其他人员待在卡拉奇镇，该镇位于博古恰尔的顿河河段东北方50公里处（不要与"顿河畔的卡拉奇"混淆，"顿河畔的卡拉奇"位于顿河大弯曲部最东端）。由于这些指挥所之间无法相互联系，只能通过电台与战场上的集团军和部队取得间歇性联络，因而他们和最高统帅部都不清楚战场上的实际情况。7月9日，铁木辛哥终于返回设在卡拉奇的主指挥部，并着手掌握整体态势。

7月9日，第38集团军的两翼遭受到越来越严重的威胁，莫斯卡连科给铁木辛哥和最高统帅部代表华西列夫斯基发去两份紧急电报，请求他们批准他继续后撤。得到的回复是：

1. 您没有获准从掩护第28集团军受威胁方向的防线上撤离。

2. 按照命令在您的阵地上建立稳固的防御。

3. 在您的右翼组建一个战斗群，防止敌人在您的右翼和与第28集团军的结合部达成突破。

4. 决不允许任何后撤。

5. 莫斯卡连科必须亲自汇报奉命坚守防线的情况。[12]

华西列夫斯基认为莫斯卡连科反映的很可能是真实情况，他询问了方面军司令部人员，特别是作战处长I.N.鲁赫勒，但他们对前线的实际情况同样一无所知，并误以为克留琴金的第28集团军和普希金集群正成功地守卫着黑卡利特瓦河防线。随着方面军主指挥部从罗索希地域向东转移，跨过顿河迁至卡拉奇，铁木辛哥、华西列夫斯基和司令部人员都不了解前线发生的情况。16点，莫斯卡连科再次向铁木辛哥报告，第28集团军和普希金集群已崩溃，德军正迅速冲向罗韦尼基。这样一来，德国人将深深地插入铁木辛哥所谓的罗韦尼基以南强化防线的后方。莫斯卡连科请求批准他将第38集团军撤至艾达尔河以东，科列斯尼科夫卡（Kolesnikovka）—坎捷米罗夫卡—马尔科夫卡（Markovka）一线，以免被德军彻底切断。[13]由于通信故障，莫斯卡连科没有收到回复，20点，他自作主张下达了后撤令。当晚，第38集团军的部队发起艰难的尝试，向东逃出德国第6集团军装甲部队即将封闭的包围圈。

到7月9日晚，保卢斯的装甲铁钳（施图默第40装甲军的3个快速师）已在铁木辛哥的防区内打开一条宽大的通道。这条通道向东延伸至博古恰尔附近的顿河，向西南方穿过坎捷米罗夫卡地域，到达新普斯科夫（Novo-Pskov）的艾达尔河。弗雷梅赖的第29摩步师和尾随其后的博伊内布格-伦斯费尔德第23装甲师集结在坎捷米罗夫卡东部，准备向南面35公里处的切尔特科沃（Chertkovo）进军。施图默主力部队右侧，呈梯次部署着第17军的第113和第79步兵师，第23装甲师的一部为其提供加强。这三股部队从北面逼近克留琴金第28集团军和莫斯卡连科第38集团军的残部。西面，第6集团军第51军辖下的第297和第44步兵师向东进击，渡过艾达尔河，驱散了莫斯卡连科的后卫部队。

德军情报机构仔细统计着被困于艾达尔河与切尔特科沃河之间的苏军部队，他们准确地识别出莫斯卡连科第38集团军辖下的坦克第22军及步兵第81[①]、第162、第199、第242、第277、第278和第304师，另外还有隶属铁木辛哥预备队和洛帕京第9集团军的骑兵第13军[②]、步兵第244和第255师。西面和西北面，克留琴金第28集团军的残部散布在各处，要么被第6集团军的后续步兵师（第384、第62、第294师）包围在季哈亚索斯纳河南面或奥利霍瓦特卡西北方，要么在罗韦尼基东面和东南面遭到德军第17军和第52军辖下步兵师的追击。

克留琴金的集团军司令部已通过轻型飞机疏散至韦申斯卡亚（Veshenskaia）对面，顿河南岸的巴斯科夫斯卡亚村（Baskovskaia）。7月10日晚，他向铁木辛哥汇报了第28集团军的情况：

第28集团军司令部7月10日16点到达巴斯科夫斯卡亚村，以便有序收拢并集结部队。我们同集团军辖内的部队失去了联系，也不知道各个师的确切位置。7月9日日终时，近卫步兵第13师……以300名士兵……在马尔科夫卡地域（坎捷米罗夫卡以西10公里处）作战，步兵第169师……以100名士兵……在茹拉夫卡地域（Zhuravka，罗韦尼基西北方7公里处）战斗，骑兵第32师的50名

骑兵在克里沃诺索夫卡地域（Krivonosovka，罗韦尼基以东40公里处）战斗，已与新别拉亚（Novo-Belaia，罗韦尼基东南方25公里处）的渡口相隔断。近卫坦克第6旅和哈辛（坦克第23军）的坦克，（在罗索希以南）以6辆坦克与骑兵第32师并肩作战……近卫步兵第15师在马里亚罗夫（Maliarov，罗韦尼基西北方）包围圈内战斗，步兵第175师在科潘卡地域（Kopanka，罗韦尼基西北方28公里处）的包围圈内战斗，但其后撤路线尚不清楚。在克里沃诺索夫卡地域战斗后，最高统帅部预备队炮兵第1084团的9门火炮部署在大纳波罗夫斯基（Bolshaia Napolovskii，巴斯科夫斯卡亚西南方20公里处）；在日林地域（Zhilin）战斗后，7月10日1点，炮兵第594团携带10门大炮撤至切尔特科沃。

各个师的确切位置目前尚不清楚；但这些师作为有组织的作战单位很可能已不复存在，被包围的残部正向东突围，赶往顿河的渡口。7月8日、9日和10日，集团军后方单位和各个师不断撤向博古恰尔、卡赞斯卡亚（Kazanskaia）和韦申斯卡亚的（顿河）渡口。

目前，第28、第38和第9集团军准备渡河的数千部车辆和大批运输工具积压在巴斯科夫斯卡亚地域，位于韦申斯卡亚的桥梁7月9日已被炸毁。敌人包围了我集团军右翼，又到达我军后方，强行突入我方部队的作战队形，切断了数支部队，7月9日日终前，敌先遣坦克和摩托化部队到达博古恰尔河一线，并占领了安娜列布里科沃斯卡亚（Anna Rebrikovskaia）。敌人正竭力将我混乱后撤的部队与顿河渡口隔开。普希金将军的集群（坦克第22军）没能掩护集团军的右翼。敌人以多达2个坦克师和1个摩步师的兵力从黑卡利特瓦河一线对第28集团军右翼及后方发起突击。遵照上级的命令，集团军所辖部队依次撤往新阵地，但对步兵部队而言，40公里的行程中，每天都要从事战斗，根本无法撤至这些新防线，加上途中还遭到敌坦克的攻击，各部队失去了控制，损失惨重，最终土崩瓦解。实际上，自7月3日起，集团军司令部与辖下的各个师便缺乏可靠的通信联系，没有电话，电台通信组织得也很糟糕，传送缓慢，还经常中断。派遣联络员的通信方式也频繁受阻，主要原因是与部队相隔太远、情况不明朗以及敌人切断了交通线。派往各个师的许多联络员再也没有回来。

现在，许多师已丧失战斗力，无法挡住敌人朝顿河的推进。必须把部队撤至顿河东岸，收容人员和装备，有序实施重组。人员损失非常严重。关于各部队的作战情况和人员构成尚无确切消息；正对这些问题加以核实。目前无法指挥各个师投入战斗，集团军军事委员会和司令部将设法收拢部队，实施有序的重组。为防止敌人朝东南方和南方达成更深远的突破，我认为有必要从后方前调部队。自7月8日以来，第28集团军司令部一直没有收到西南方面军司令部的作战指令或如何行事的相关指示。

克留琴金少将，旅政委级^①卢奇科[14]

对前线情况一无所知的铁木辛哥命令克留琴金集结部队，守卫坎捷米罗夫卡以东地域，阻止德军的推进。克留琴金对此强烈反对，他指出，"敌人7月9日已到达坎捷米罗夫卡、季托列夫卡（Titorevka）和安娜列布里科沃斯卡亚一线"，并继续抱怨部队的受损状况，他的集团军现在已无法从事战斗。[15]保卢斯前进中的步兵师扫荡着第28集团军被包围在顿河西面各个师的残部，接下来的三天，第28集团军的生还者三五成群地逃至顿河的安全处。就在他们竭力突围时，克留琴金向上级报告，集团军辖下的步兵第169、第38、第175师，近卫步兵第13、第15师、骑兵第32师、坦克第23军及数个炮兵团已平安返回。但此时，每个师只能拼凑出40—400名作战士兵，没有坦克，只有少量大炮和迫击炮。克留琴金的集团军只剩下一具空壳，由司令部和后勤单位构成，作战士兵寥寥无几。丹尼洛夫第21集团军的情况与之类似，其残部仍在北面设法渡过顿河，这个原有10万多人的集团军，损失高达80%。几天后，最高统帅部把这两个集团军所剩无几的士兵编入新组建的斯大林格勒方面军。

至于莫斯卡连科，7月10日他开始将第38集团军分散的师集结起来，命令他们向东后撤，赶往坎捷米罗夫卡与切尔特科沃之间的铁路线，德国第6集团军的第113、第79和第297步兵师紧追不放。当天晚些时候，第38集团军同西南方面军司令部取得联系，铁木辛哥命令莫斯卡连科向东赶往切尔特科沃以北地域。7月10日—11日晚，莫斯卡连科命令部队向东转移，可是，德军第40装甲军辖下

---

① 译注：旅政委级是苏军政治干部的军衔。

的第3、第23装甲师11日晨向南发起突击，一举夺取切尔特科沃，堵住了第38集团军的主要后撤道路。莫斯卡连科迅速做出应对，将后撤路线调整至南面，赶往切尔特科沃以南的杰格捷沃（Degtevo）和卡沙雷（Kashary）。施图默的第40装甲军立即采取措施，命令布赖特的第3装甲师加速赶往南面的米列罗沃。

第40装甲军迅速而又深远的推进（他们占领了西南方面军的多座机场），迫使苏军最高统帅部和铁木辛哥做出应对，尽管这些措施再次姗姗来迟，而且没有太大的实际意义。7月10日午夜后不久，华西列夫斯基以斯大林的名义下达了一道指令，批准实施进一步后撤："最高统帅部批准方面军编成内的各集团军立即组织后撤，赶往卡赞斯卡亚和切尔特科沃一线。方面军左翼部队的初步后撤方向为切尔特科沃、别洛沃茨克和舒利金卡（Shul'ginka，位于艾达尔河畔），而南方面军右翼部队则为新阿斯特拉罕（Novo-Astrakhan'）、特廖赫伊兹边卡（Trekhizbenka）和切尔卡斯科耶（Cherkasskoe，伏罗希洛夫格勒西面）。"[16]

为确保万无一失，华西列夫斯基又下达了两道新指令，命令布良斯克方面军、北高加索方面军和红军工程兵主任开始在顿河东面的坦波夫地域（Tambov）构设一条新防线，并沿顿河下游的南岸据守新防线，这条防线从亚速海向东延伸至斯大林格勒地域。[17]但此时，德国第6集团军第40装甲军的推进已使这些指令中的第一条变得多余。

由于大多数机场已落入德国人手中，铁木辛哥7月10日命令空军第8集团军将作战飞机转移到后方机场，致使第28、第38集团军彻底失去了空中支援。同一天，在缺乏空中支援、前线情况尚不明朗的情况下，铁木辛哥采取措施，以第57集团军加强自己的防御，这个新组建的司令部，辖下没有部队，由原第9集团军司令员尼基舍夫将军负责指挥。铁木辛哥元帅指示尼基舍夫，以方面军辖内能找到的部队组建一个临时突击集群，赶往北面的坎捷米罗夫卡地域加强莫斯卡连科的第38集团军，并协助救援第28集团军。与此同时，华西列夫斯基命令南方面军集结斯米尔诺夫第24集团军位于第二梯队的步兵第73、第228、第335、第341师，把他们和方面军装甲坦克兵主任瓦西里·米哈伊洛维奇·阿列克谢耶夫少将指挥的一个特别坦克集群投向东北方，阻截敌装甲军在切尔特科沃地域的推进。[18]

第57集团军起初想以步兵第333、第278师（第9和第38集团军的残部）和拉德科维奇的坦克第14军（隶属于方面军预备队）组成一个小股集群，但德国第40装甲军向米列罗沃和东面的纵深推进已将北面的道路堵住。第40装甲军的推进还使第24集团军无法实施任何有效防御，南方面军司令员马利诺夫斯基不得不向上级报告，该集团军"在极大的压力下"退守米列罗沃—罗加利克（Rogalik）—维什尼亚基（Vishniaki）一线。[19]

源源不断的德军装甲大潮沿顿河南岸向东而去，并沿坎捷米罗夫卡—米列罗沃公路向南冲杀，莫斯卡连科束手无策，只能将集团军的残部组成多股队列，安排他们从杰格捷沃北面和南面向东渡过卡利特瓦河。这些苏军师寥寥无几的残部竭力躲避着德军第23和第3装甲师的部队，设法穿过德国人的钢铁包围圈，7月11日深夜平安到达卡沙雷地域。7月12日，莫斯卡连科的集团军终于同西南方面军司令部重新建立起无线电联络，铁木辛哥指示莫斯卡连科，率领他的部队与第9、第57集团军向南后撤，再与南方面军一同撤往顿河。可是，莫斯卡连科无法与南方面军建立无线电联络，与西南方面军司令部的联系很快也再次中断，他决定抓住机会向东撤退。7月15日和16日，他的部队终于在顿河以南的谢拉菲莫维奇（Serafimovich）附近穿过新组建的第62集团军的前沿防线。[20]

7月12日8点，红军总参谋部在每日态势汇总中最后一次提及铁木辛哥被包围的第38和第28集团军，以及尼基舍夫的第57集团军（该集团军本该去救援前者）。尽管掌握的情况并不完整，但这份汇总无言地证明了克留琴金、莫斯卡连科和丹尼洛夫部队的命运，大多数幸存者已在几天前平安渡过顿河：

西南方面军

第21集团军以骑兵第3军、步兵第124师、坦克歼击第4旅和近卫迫击炮第51团沿顿河东岸据守着原先的阵地。击退该集团军的守备部队后，7月11日5点30分，敌人占领了旧卡利特瓦（Staraia Kalitva）西北郊。

第28集团军分成小股部队向西南方混乱后撤。7月10日，其补给大车和汽车在第63集团军辖下步兵第1和第153师的防区内渡过顿河。第28集团军司令部已失去对辖内部队的控制，不了解集团军编成内各部队的确切位置。敌人已占领博格莫罗夫（Bogomolov）、梅多瓦（Medova）、茹拉夫卡和斯特拉科夫斯基（Setrakovskii）地域（博古恰尔东南方28—65公里处）。

第57集团军（坦克第2军、步兵第333师、坦克歼击第22旅），7月11日沿莫纳斯特尔希纳（Monastryrshchina）—米哈伊洛夫（Mikhailov）一线作战（博古恰尔东南方28—40公里处）。7月11日—12日晚，该集团军将所辖部队撤至米古林斯卡亚（Migulinskaia）和科诺瓦洛夫（Konovalov）的新防线（博古恰尔东南方50—58公里处）。

第38集团军沿科列斯尼科夫（Kolesnikov）和布加耶夫卡（Bugaevka，分别位于坎捷米罗夫卡东南方20公里和5公里处）以及韦谢利（Veselyi）和布鲁索夫卡（Brusovka，坎捷米罗夫卡东南方18公里处）一线抗击敌人，并掩护第28集团军后撤。据第38集团军的电报报告，7月11日10点，步兵第199师在切尔特科沃地域遭到敌坦克的攻击。

7月11日17点，第9集团军的主力正撤往马尔科夫卡（旧别利斯克东北方50公里处）、埃韦苏格（Evsug）、新亚历山德罗夫卡（Novoaleksandrovka，旧别利斯克东南方30公里处）。

骑兵第5军正赶往别洛沃茨克地域。[21]

可是，7月12日，德国第4装甲集团军和第1装甲集团军粉碎了苏军最高统帅部和铁木辛哥构设一条连贯、切实可行的防线的一切希望，俄国人设想的这条防线应当从顿河向南穿过坎捷米罗夫卡、别洛沃茨克和特廖赫伊兹边卡直达切尔卡斯科耶。当日拂晓，施图默第40装甲军的3个快速师和第8军（这些部队现在已从保卢斯的第6集团军调至霍特的第4装甲集团军），继续向东南方推进，深深插入铁木辛哥西南方面军中央地带已被粉碎的几个集团军的侧翼和后方。与此同时，第1装甲集团军第3、第14装甲军的3个装甲师向东冲往北顿涅茨河以北地域，对铁木辛哥西南方面军与马利诺夫斯基南方面军的结合部发起打击。

在德军的这些推进中，最引人注目的是施图默的第40装甲军，该军向东南方和南方散开，战线宽达100多公里，弗雷梅赖第29摩步师的战斗群在切尔特科沃以东55公里处穿过季哈亚河畔的梅什科夫斯卡亚（Meshkovskaia），到达奇尔河畔的博科夫斯卡亚（Bokovskaia）和博利沙亚河畔的下阿斯塔霍夫

（Nizhne-Astakhov），这两座城镇分别位于米列罗沃东面和东北面75、90公里处。西面，布赖特第3装甲师的主力绕过米列罗沃，以其先遣战斗群向南赶往卡利特瓦河以西地域，冲向北顿涅茨河畔的卡缅斯克-沙赫京斯基，该镇位于伏罗希洛夫格勒东面75公里处。更西面，博伊内布格-伦斯费尔德的第23装甲师正从切尔特科沃向南冲往杰格捷沃，在此过程中构成了切断莫斯卡连科第38集团军东撤道路的威胁。

至于霍特装甲集团军辖内的其他部队，例如第8军的步兵部队，已在第6集团军麾下肃清顿河以西地域苏军第40和第21集团军的残部，并从巴甫洛夫斯克向南赶往博古恰尔，紧紧逼近顿河，而匈牙利第2集团军的主力位于第4装甲集团军左侧，正赶往沃罗涅日以南的顿河河段。肯普夫第48装甲军解除了守卫沃罗涅日并击退苏军反复进攻的烦人任务后，7月12日日终前，第24装甲师、第16摩步师和"大德意志"摩步师已在尼古拉耶夫卡和奥斯特罗戈日斯克逼近季哈亚索斯纳河。尽管由于燃料短缺耽误了一天多时间，但他们准备赶往南面的坎捷米罗夫卡，在那里加入第4装甲集团军，一同冲向罗斯托夫东面的顿河河段。更后方，第6集团军第17军和第51军的步兵部队正沿着从坎捷米罗夫卡向南延伸至别洛沃茨克的战线，将被击败的苏军第28集团军和后撤中的第38集团军的残部逐向东面的杰尔库尔河。

施韦彭堡第3装甲军辖下的第14和第22装甲师构成了博克这场庞大东进的"南钳"，这两个装甲师担任第1装甲集团军的先头部队，他们向东而去，在旧别利斯克南面渡过艾达尔河，罗马尼亚第6军掩护着他们的左翼。与此同时，维特斯海姆第14装甲军辖下的第16装甲师和第16摩步师[1]在新艾达尔（Novyi Aidar）渡过该河。这两个装甲军迫使莫斯卡连科第38集团军和洛帕京第9集团军的后卫部队撤向东面的别洛沃茨克。在此过程中，克莱斯特的第1装甲集团军突破了南方面军"最后的"防线，并对其实施迂回，这道防线位于新阿斯特拉罕、北顿涅茨河畔的特廖赫伊兹边卡、切尔卡斯科耶之间。

随着铁木辛哥西南方面军的防御土崩瓦解，马利诺夫斯基的南方面军又

---

① 译注：应为第60摩步师。

无法提供任何具有实际意义的援助，苏联最高统帅部突然意识到形势的严重性，立即对部队做出重大改组——第28和第38集团军差点被裁撤。

组建斯大林格勒方面军

博克装甲矛头的迅速推进暴露出苏军不完善的指挥和通信网具有严重的局限性。斯大林对西南方面军在哈尔科夫进攻战役以及德军随后发起的"威廉"、"弗里德里库斯Ⅱ号"行动中的表现不太满意，6月26日，他派总参作战部部长博金将军接替巴格拉米扬担任西南方面军参谋长。铁木辛哥元帅知道斯大林对他的表现也不满意，因而视博金为斯大林派来的"密探"，并在很大程度上忽略了这位方面军参谋长。7月6日，铁木辛哥和他的政治委员赫鲁晓夫没打招呼便离开卡拉奇的主指挥部，前往四个半小时车程外的戈罗霍夫卡设立起一个新的辅助指挥所，将博金留在后方。由于铁木辛哥没有携带通信设施，莫斯科一连数日没有收到西南方面军司令员的报告。博金终于同辅助指挥所和莫斯科的总参谋部恢复通信后，却发现自己两头受气，不得不对自己无法控制的情况负责。博金不愿批评自己的新上司，华西列夫斯基最终命令铁木辛哥返回卡拉奇的主指挥部，对部队的迅速后撤加以协调。[22]

带着这些问题，苏军指挥员们试图维系一条连贯的防线，实施有序后撤，而不是惊慌逃窜。但大多数情况下，他们没能做到这一点。红军在这个漫长、炎热的月份向东转移时，遭到敌人的空袭，有时候还被德军先头部队切断，许多部队丧失了他们的组织指挥和通信联系。

斯大林7月10日批准铁木辛哥将西南方面军各集团军撤至卡赞斯卡亚—别洛沃茨克防线，没过两天，他便意识到这个举措徒劳无益。除了霍特的装甲部队包围并击败铁木辛哥方面军辖下的第28和第38集团军外，克莱斯特的装甲部队还在铁木辛哥与马利诺夫斯基之间撕开一个大缺口，致使苏军最高统帅部以第57和第24集团军恢复态势的一切企图落了空。

面对这种状况，最高统帅部7月11日晨命令V.Ia.科尔帕克奇少将辖6个步兵师的第62集团军（原预备队第7集团军），"立即将集团军辖下守卫斯大林格勒、部署在斯大林格勒地域的步兵师前调，沿卡拉赞斯基（Karazhenskii，位于顿河畔，谢拉菲莫维奇东南方18公里处）、叶夫斯特拉托夫斯基

（Evstratovskii）、卡尔梅科夫（Kalmykov）、斯列普欣（Slepukhin）、苏罗维基诺站（Surovikino Station）、第79国营农场2号农场和苏沃洛夫斯基（Suvorovskii）一线占据斯大林格勒防线。"[23]

7月11日，这些步兵师行动起来，通过铁路加以部署，7月12日晨，3个步兵师进入新阵地，7月14日完成向前部署。另外，斯大林还从第52和第115筑垒地域抽调18个火炮–机枪营加强科尔帕克奇的集团军，并给他派去3个新锐步兵师（步兵第214、第229师和近卫步兵第29师），以守卫斯大林格勒周边防线。科尔帕克奇占据的新防线由北向南呈弧线延伸，跨过顿河大弯曲部的西部盆地，大致位于西面的奇尔河与东面的顿河大弯曲部中间，斯大林格勒就在东面50公里处。

次日一早，斯大林和华西列夫斯基通过博多电传机同南方面军司令员马利诺夫斯基商讨眼前的危机。马利诺夫斯基向斯大林汇报，德军继续对他的整个防线实施猛攻，他已失去与第9和第38集团军的联系，第37、第12、第18和第56集团军正设法撤至新防线；但是，第24集团军救援第9和第38集团军的进攻行动进行得极不顺利。斯大林最担心的事情得到了证实，他随即让华西列夫斯基向马利诺夫斯基宣读最高统帅部2点15分拟定的一道指令：

最高统帅部大本营训令：

1. 为便于以一个指挥中心掌控西南方面军和南方面军的部队，特令西南方面军编成内的第28、第38、第57和第9集团军转隶南方面军，7月12日6点生效。

2. 西南方面军更名为斯大林格勒方面军。斯大林格勒方面军辖第63集团军（原预备队第5集团军）、第62集团军（原预备队第7集团军）、第64集团军（原预备队第1集团军）和第21集团军，西南方面军军事委员会和方面军指挥机构应立即迁至斯大林格勒。

3. 南方面军的任务是以预备队和南方面军的部分集团军组织起坚定的防御，在米列罗沃与米古林斯卡亚之间击退敌人向东的推进。

4. 斯大林格勒方面军的任务是以第62、第64集团军，2个海军步兵旅、18个火炮–机枪营以及从北高加索地区8所军事学校抽调的学员坚守顿河以西的斯大林格勒防线，在任何情况下都不允许敌人突破这道防线，突向东面的斯大

234

林格勒。以第63集团军据守该地域的顿河东岸，无论如何不能允许敌人强渡顿河。将第21集团军调至谢拉菲莫维奇地域，并向东沿顿河北岸部署，将右翼与第63集团军侧翼相连，左翼与第62集团军侧翼相连，第21集团军的任务是决不允许敌人在这一地域强渡顿河，并坚定保护第62与第63集团军的结合部。

I.斯大林，A.华西列夫斯基[24]

大约三个小时后，最高统帅部发出三道指令，执行斯大林在斯大林格勒地域组织部队的决定。这些指令正式撤销了西南方面军，将其更名为斯大林格勒方面军，任命铁木辛哥为司令员、赫鲁晓夫为政委。这些指令还将方面军司令部调至斯大林格勒，并给铁木辛哥调拨了第62、第63和第64集团军。[25]第63集团军司令员是V.I.库兹涅佐夫中将，该集团军辖5个步兵师（步兵第1、第153、第197、第203师，近卫步兵第14师）①，科尔帕克奇少将的第62集团军辖6个步兵师（近卫步兵第33师，步兵第147、第181、第184、第192、第196师），V.I.崔可夫中将的第64集团军也编有6个步兵师（步兵第131、第229、第29、第18、第214、第112师）。

第63集团军司令员瓦西里·伊万诺维奇·库兹涅佐夫将军是一位经验丰富的指挥员，1941年夏季，在斯摩棱斯克以南地域艰苦的战斗中，他指挥过中央方面军的第3、第21集团军，1941年11月指挥第58集团军，莫斯科战役期间任突击第1集团军司令员，该集团军作为西方面军的先头部队，在莫斯科西北方发起一场胜利的反击。[26]第62集团军司令员弗拉基米尔·雅科夫列维奇·科尔帕克奇也是一名经验丰富的老兵，1941年10—11月，抗击克莱斯特第1装甲集群向罗斯托夫进军期间，他在南方面军第18集团军担任参谋长、副司令员，1941年末和1942年初，他担任布良斯克方面军参谋长。[27]

三位集团军将领中最著名的是第64集团军司令员——41岁的瓦西里·伊万诺维奇·崔可夫中将，他后来在当年秋季剩下的日子里率部保卫斯大林格勒。[28]

---

① 译注：第63集团军辖6个步兵师，作者漏掉了步兵第127师。

崔可夫出生于农民家庭，内战期间成为红军团长。此后，他的军旅生涯一半在
军校度过，另一半则担任战地指挥员，并多次去蒙古和中国任军事顾问。命运
多舛的苏芬战争期间，作为西北方面军第9集团军司令员的崔可夫表现不佳，
因而被打发到中国担任苏联武官。在第9集团军司令员任上，崔可夫无情地处
决了集团军里的一些高级指挥员，因为斯大林认为他们应对这场令人尴尬的失
利负责。[29]

德国发动入侵后，崔可夫强烈要求回国参战，但一起车祸使他在一年多的
时间里只能"作壁上观"。因此，他到1942年夏季才同德军交手，正如下面要
描述的那样，他从当年夏季苏军的屡屡失利中学到某些经验教训。[30]崔可夫头脑
冷静、坚忍不拔、无情而又能干，这些特点使他在当年9月被任命为第62集团军
司令员——适逢斯大林格勒保卫战开始之际。崔可夫是个干劲十足的军人，但
并不特别优秀，不过，他掌握着激励或吓唬属下的窍门。他一向以脾气暴躁著
称，但这个特点很快被良好的幽默感取代。事实证明，在斯大林格勒逐屋逐巷
的激战中，土头土脑、讲求实效的崔可夫比敏感、理智的保卢斯更胜一筹。

7月12日晚，最高统帅部进一步采取预防措施，命令谢苗·米哈伊洛维
奇·布琼尼元帅的北高加索方面军，从辖下的第51集团军抽调3个步兵师（步
兵第157、第156、第91师），每个师获得一个近卫迫击炮团的加强，作为一支
掩护力量沿罗斯托夫东面的顿河南岸部署。最高统帅部还指示马利诺夫斯基的
南方面军将其预备队坦克旅从卡缅斯克-沙赫京斯基调至斯大林格勒，并集结
其空中力量打击冲向斯大林格勒的德军装甲队列。[31]

最后，最高统帅部划定了沃罗涅日方面军与斯大林格勒方面军，斯大林
格勒方面军与北高加索方面军的分界线，前者位于巴甫洛夫斯克西北方15公里
处，顿河畔的巴布卡（Babka），后者位于斯大林格勒西南方150公里处，顿
河畔的上库尔莫亚尔斯卡亚（Verkhne-kurmoiarskaia）。最高统帅部还命令崔
可夫的第64集团军，向前部署在斯大林格勒方面军左翼进入奇尔河畔的苏罗维
基诺与顿河畔的上库尔莫亚尔斯卡亚之间的地域。[32]

尽管斯大林采取了果断措施，但这番重组失败了，主要是因为本应加入马
利诺夫斯基南方面军的克留琴金第28集团军、莫斯卡连科第38集团军和尼基舍
夫第57集团军，混乱不堪地撤离顿巴斯东部，一连数日与上级指挥部门失去联

236

系。7月12日和13日，铁木辛哥无法向最高统帅部提供关于这3个集团军下落的任何情况，7月14日早上，深感不耐的斯大林愤怒地申斥了这位方面军司令员：

最高统帅部认为无法容忍、无法接受的是，方面军军事委员会一连数日没能提供关于第28、第38、第57集团军和坦克第22军下落的任何信息。最高统帅部通过多个渠道获知，这些集团军的司令部已撤过顿河，但他们和方面军军事委员会都未向最高统帅部报告集团军辖下的部队在哪里，他们的下落如何，是在继续战斗还是已被敌人俘虏。这几个集团军好像有14个师。

最高统帅部希望知道这些师在何处。

方面军军事委员会有责任掌握关于这些部队情况的一切必要信息，如果他们没有被敌人俘虏，就应该采取措施帮助他们。方面军军事委员会对此保持沉默，对这些部队的下落漠不关心，最高统帅部认为这种做法不可容忍。最高统帅部要求你们立即做出回复。[33]

7月15日和16日起，第28、第38和第57集团军的残部终于到达斯大林格勒方面军沿顿河构设的前沿防线。7月17日晨，别无选择的最高统帅部只能命令这些只剩下空壳的集团军回到铁木辛哥脆弱的控制下。[34]这个决定削弱了南方面军的实力，南方面军辖下的部队正撤往罗斯托夫及其东面的顿河河段，于是，最高统帅部命令布琼尼的北高加索方面军以第51集团军编成内的步兵第138师和骑兵第115师沿罗斯托夫以东的顿河河段加强防御，使马利诺夫斯基撤过顿河的部队恢复秩序，并将第51集团军的防区沿顿河向东延伸至上库尔莫亚尔斯卡亚。[35]此时，第51集团军沿罗斯托夫西面和东面的顿河河段据守着一条后方防线，以掩护进入高加索地区的北部接近地。第51集团军司令员是47岁的特罗菲姆·卡利诺维奇·科洛米耶茨少将，1941年夏季的斯摩棱斯克战役中，他指挥着西方面军的步兵第32军，1941年7月末，他担任第51集团军副司令员，1942年7月出任该集团军司令员。[36]

这道指令也给布琼尼的北高加索方面军带来巨大的新挑战，该方面军的主要任务一直是以辖内的第47、第51集团军和滨海集团军，在空军第5集团军的支援下据守塔曼半岛和亚速海东岸，从而守住北高加索的西部接近地，阻止敌人从克里木发起进攻。最高统帅部要求布琼尼将科洛米耶茨第51集团军的部分兵力调至罗斯托夫以东的顿河防线，致使北高加索方面军的防线被拉伸至极限，特别是因为方面军辖下的滨海集团军尚未从7月份克里木半岛的灾难中恢复过来。尽管如此，但由于南方面军的防御已土崩瓦解，布琼尼别无选择，只能奉命行事。

就在铁木辛哥的斯大林格勒方面军第62和第64集团军在奇尔河以东地域全力构设一条横跨顿河大弯曲部的连贯防线之际，马利诺夫斯基南方面军辖下的第9、第37、第12、第18和第56集团军仓促向南后撤，竭力试图躲开德国第4和第1装甲集团军向前推进的铁钳，这两支铁钳正从北面逼近顿河。对苏军最高统帅部来说，最大的疑问是：德国人的主攻方向是哪里？他们是否会继续向斯大林格勒迅速推进，从而威胁到铁木辛哥位于奇尔河后方的2个新锐集团军？他们会不会将进攻重点转向顿河畔的罗斯托夫，从而彻底击败马利诺夫斯基的部队，并跨过顿河深入高加索地区？或者，他们会采取双管齐下的措施？这些问题只有希特勒能回答。

希特勒改变进军路线

希特勒相信苏军正仓促逃离顿巴斯东部地区，认为博克错失了将红军歼灭在野外的一个良机，并决心不能丧失另一个机会，他没有理会沃罗涅日周围激烈的战斗，也没有在乎快速推进的部队缺乏燃料补给这一日趋严重的问题，他对博克拖拖拉拉的行动恼怒不已，也许还想起6个月前博克无力夺取莫斯科的往事。7月12日，希特勒和OKH认为苏军意图守卫米列罗沃—卡缅斯克–沙赫京斯基—罗斯托夫一线，因此，霍特第4装甲集团军尽快突破这条防线至关重要。正如哈尔德在日记中所写的那样：

> 元首对第23装甲师（被莫斯卡连科第38集团军从西面发起的进攻所牵制）、第24装甲师、"大德意志"师以及第4装甲军辖内另外2个摩步师迟缓的行动极为不满。他把目前的状况归咎于这样一个事实：第24装甲师和"大德意志"师被派至沃罗涅日违背了他的指令，结果造成本应该避免的延误。[37]

238

博克完全无法认同这种观点，他在当晚的日记中透露出这些令人不快的想法：

夜间，陆军总司令部发来一道继续作战行动的指令：

"B集团军群（博克）应朝（北）顿涅茨河以北这一总方向采取行动，将所有可用力量（霍特的第4装甲集团军）投入卡缅斯克（卡缅斯克-沙赫京斯基）方向，任务是打击顿河以北之敌，对其后方发起进攻并将其歼灭。其他部队（保卢斯的第6集团军）将掩护这场向东的攻势，并为进军斯大林格勒创造条件。"

这道指令含糊不清，还将我虚弱的装甲部队分散到四面八方。

鉴于道路状况，"将所有可用力量投入卡缅斯克方向"不可能做到，每支摩托化部队现在都需要自己的道路。[38]

博克随后写下自己的意图，以及OKH令人苦恼的回复：

六条支流从北面和东北面流向南方，在第4装甲集团军战线前方汇入顿涅茨河。将充当先遣部队的第40装甲军派往前方，沿这些河流之间的两条土脊赶往卡缅斯克与福施塔特（Forschtadt）之间的顿涅茨河根本无法做到。尾随其后的第48装甲军将从博科夫斯卡亚（Bokovskaya）穿过莫罗佐夫斯克（Morozovskaya①）向南延伸的高地。如果能到达莫罗佐夫斯克地域，该军就将转身向右，直接渡过顿河赶往顿涅茨河，或转身向左，冲向从东面威胁整个行动的敌军。昨天我向陆军总司令部的冯·格罗尔曼上校提出这些想法，陆军总司令部正考虑将我的装甲力量投入米列罗沃以南被多条河流分割的地域。他们可能对此不太理解，因为总参谋长（哈尔德）当晚发给佐登施特恩（博克的参谋长）的电报中指出，"反对扩大机动部队向东的部署，这毫无必要；集团军群接下来的任务在南方。部队必须向南进军，对据守罗斯托夫以北地域的敌人发起打击；只有在必须提供侧翼掩护的情况下，机动部队才能向东或东南方部署。"[39]

① 译注：俄文中的Morozovskaya与Morozovsk略有区别，前者指的是莫罗佐夫斯克火车站，考虑到博克上下文的语境，这里统一译为莫罗佐夫斯克。

博克对此强烈反对，7月13日早上，他建议OKH：

第4装甲集团军对面和A集团军群北翼的敌人正在后撤，部分敌军撤向东面和东南面，敌主力撤往南方。我相信通过一场行动无法歼灭敌主力，因为这场行动中路强、两翼弱，主要突击方向是穿过米列罗沃进入敌军之间。相反，我认为第4装甲集团军的主要突击方向应该是穿过莫罗佐夫斯克地域进入顿涅茨河河口部及东面，同时掩护其后方和东翼。[40]

希特勒显然无法接受这个计划，7月13日午后，他决定解除博克B集团军群司令职务，以第2集团军司令魏克斯接替。失望的博克对此做出如下描述：

当天下午，陆军元帅凯特尔打电话告诉我，遵照元首的命令，第4装甲集团军将由A集团军群统辖，最高统帅部早就想这样做。令我大吃一惊的是，他还向我传达了一道命令，冯·魏克斯大将接替我担任B集团军群司令，而对我的下一步安排由元首决定。[41]

陆军总参谋长哈尔德在日记中冷淡地写道：

于是，元首决定解除B集团军群司令的职务，他还想将其参谋长（佐登施特恩）一并解职。但（我们）提醒他，"南方"集团军群司令只对计划不周的正面进攻方案负有责任，在准备对伊久姆发起后方打击的问题上，他没有责任，而他的参谋长是反对前一个计划的，应当避免司令和参谋长同时发生变更以及这种变更造成的后果，元首这才作罢。[42]

两天后，博克离开了他的司令部，希特勒没有同他进行常见的离职会谈，此后，博克再也没有担任高级指挥职务。[43]

同一天，希特勒废弃了"蓝色3号"行动（现在的代号是"不伦瑞克"）现有计划中的大多数内容。OKH没有提及"蓝色3号"行动中斯大林格勒这一原定目标，而是在7月13日—14日晚通过电传打字机给两个集团军群发去命

240

地图 20 收到希特勒 7 月 13 日命令时的态势

令，将整场攻势调整至南方和西南方，表面上是为了包围苏军的两个方面军并防止他们向东后撤（参见地图第20和第21）。这场新行动将第4装甲集团军和近半个第6集团军调离B集团军群，使魏克斯的集团军群只担任侧翼掩护或后卫任务，掩护A集团军群向南发起的主攻。这也使德国第2集团军（该集团军

地图 21　希特勒 7 月 13 日对计划的更改

现在由步兵上将汉斯·冯·扎尔穆特指挥，1941年和1942年上半年的克里木战役中，他在曼施泰因第11集团军麾下指挥第30军）留下守卫沃罗涅日及其西部地域。为此，第2集团军投入辖下的第55、第13、第7军，第9、第11装甲师，以及亚尼的匈牙利第2集团军，守卫着从沃罗涅日西南方5公里处的乌斯季埃（Ust'e）向南延伸至巴甫洛夫斯克的顿河河段。[44]保卢斯的第6集团军不得不以第17、第29和第8军守卫从巴甫洛夫斯克南延至梅什科夫斯卡亚的顿河防线，但他麾下没有任何装甲部队。

德军的主攻现在转至李斯特的A集团军群，该集团军群掌握着霍特第4装甲集团军的3个装甲军（第24、第48、第40装甲军），以及第6集团军第8和第51军的步兵部队。尽管燃料依然短缺，但霍特的装甲集团军奉命从罗斯托夫以东120公里处的康斯坦丁诺夫斯卡亚（Konstantinovskaia）向东南方[①]推进，赶往顿河下游，并向东穿过尼古拉耶夫斯卡亚（Nikolaevskaia），冲向罗斯托夫以东210公里处的齐姆良斯卡亚，肯普夫的第48装甲军和施图默的第40装甲军将从左至右（由东到西）并肩推进，左翼由朗格曼的第24装甲军（7月22日，该军被调回第6集团军）、第8军和第51军提供掩护。第48装甲军（第16、第29、"大德意志"摩步师和第24装甲师）从博科夫斯卡亚地域沿奇尔河西岸向南推进的同时，第8和第51军将在第24装甲军辖下第3摩步师的支援下，在谢拉菲莫维奇强化其位于顿河以南的阵地，并沿奇尔河加强防御。在这一过程中，霍特应延伸其左翼，并稍稍转向南面。

与此同时，克莱斯特第1装甲集团军辖下的第3和第14装甲军应向东推进，从北顿涅茨河以北地域和伏罗希洛夫格勒冲向米列罗沃，与位于第4装甲集团军右翼、第40装甲军辖下的第3和第23装甲师相配合，合围苏军第9（西南方面军左翼）、第37和第24集团军（南方面军右翼）。包围圈形成后，克莱斯特应以第44军肃清被围的苏军，2个装甲军向南赶往卡缅斯克-沙赫京斯基，与第40装甲军并肩推进，冲向康斯坦丁诺夫斯基（Konstantinovskii）[②]与新切尔卡斯克（Novocherkassk）之间的顿河河段，这两座城市分别位于罗斯托夫东面120公里和40公里处。一旦到达顿河，克莱斯特的装甲部队应转身向西，直扑罗斯托夫这个铁路和河流枢纽部。

在此期间，李斯特集团军群内的另一股力量，鲁夫的第17集团军（辖第6、第51军，意大利远征军、第49山地军和第57装甲军）[③]，将从伏罗希洛夫格勒地域向东驱赶南方面军的第12、第18和第56集团军，并渡过米乌斯河向南进军。这股德军最终将转向南方，把苏军赶往罗斯托夫，送入克莱斯特从东北面和东面扑向这座城市的装甲部队的嘴里。因此，希特勒和OKH的设想是，以2个装甲集团军分割苏军的2个方面军，包围并歼灭其主力，第一个包围圈设在米列罗沃地域，第二个包围圈位于罗斯托夫以北。希特勒认为，将6个集团

---

① 译注：应为西南方。
② 译注：康斯坦丁诺夫斯基与上文提到的康斯坦丁诺夫斯卡亚是同一座城市的不同称谓。
③ 译注：第6和第51军都不在第17集团军辖内，应为第4和第52军。

军从红军作战序列抹去后，进军斯大林格勒更加容易些，渡过顿河攻入高加索地区也会同样顺利。[45]

三天后的7月16日，希特勒将元首大本营从东普鲁士迁至文尼察。这座新的大本营代号为"狼人"，跟随希特勒来到这里的除了哈尔德，只有OKW和OKH的作战参谋，大批专业参谋人员被留在后方。这位德国独裁者打算（与他在克里姆林宫的对手一样）从这里事无巨细地监督战役的执行情况。这是个明确的信号，希特勒对德国军官团的信任度下降了。

冲向顿河：米列罗沃包围圈和罗斯托夫战役，7月17日—24日

搬迁元首大本营之前，希特勒便以拉伸现有部队的方式开始重新部署他严重短缺的预备队。尽管发起东线战役时认为英国对西欧构成的威胁不大，但7月初，他却担心丘吉尔可能会对欧洲"柔软的下腹部"发起一场孤注一掷的进攻以缓减苏联的压力，并对北非托布鲁克陷落招致的政治批评做出回应。因此，希特勒7月6日对武装党卫队第1"阿道夫·希特勒警卫旗队"摩托化步兵师的使用做出限制，该师本应率领第1装甲集团军的进攻行动。三天后，希特勒命令将该师、新组建的武装党卫队第2"帝国"摩托化步兵师和另外几支新部队调往法国，而不是投入东线作战。[46]

7月11日，第43号元首令规定曼施泰因的第11集团军（这支部队刚刚赢得塞瓦斯托波尔的胜利，原本被指定用于协助夺取罗斯托夫），以部分兵力强渡刻赤海峡，夺取阿纳帕（Anapa）和新罗西斯克（Novorossiisk）这两个重要的苏联海军基地，然后冲向迈科普（Maikop），深入高加索地区。由于运输船只短缺，这样一场两栖登陆战的风险极大。该行动的代号为"布吕歇尔"，原本定于8月中旬发起，但7月13日曼施泰因接到更改日期的命令，要求他做好8月初发起进攻的准备。[47]

对这些庞大作战计划的解释不言而喻：上至元首，下到普通士兵，德国人普遍认为（尽管这种看法是错误的）苏联红军已穷途末路。希特勒担心敌人正在逃脱，事实证明他的担心很准确，长驱直入的德国军队几乎没有遭遇到抵抗。7月中旬，铁木辛哥新组建的斯大林格勒方面军支离破碎，靠前部署的几个集团军（第21、第28、第38集团军）已撤过或正在撤过顿河，但所剩的兵力

地图 22 德军夺取罗斯托夫的行动（1942 年 7 月 14 日—24 日）

寥寥无几。尽管第63集团军据守着从巴布卡到韦申斯卡亚的顿河北岸，但这条90公里长的防线上只有5个步兵师。第62和第64集团军各辖6个步兵师，目前仍在仓促向前部署，沿同等长度的防线占据奇尔河东面穿过顿河大弯曲部的阵地。博克的判断得到确认，斯大林格勒方面军的正向防御适合于德军先发制人，并在斯大林格勒接近地对其各个击破——但必须掌握足够的装甲力量才能做到这一点。但另一方面，保卢斯第6集团军在斯大林格勒方面军与南方面军结合部撕开的大口子也证实了希特勒和OKH的判断——德军可以歼灭马利诺夫斯基的南方面军——前提是霍特和克莱斯特装甲集团军的行动足够快。

尽管燃料短缺的问题一直存在，第24装甲师和"大德意志"摩步师的行动被耽搁，另外还有博克所说的地形困难，但在希特勒这场新攻势最初的几天里，霍特和克莱斯特麾下的各装甲师表现出色（参见地图22）。7月14日拂

地图 23 1942 年 7 月 14 日，米列罗沃包围圈（德军视角）

晓，肯普夫第48装甲军辖下的第29摩步师从博科夫斯卡亚地域向南进军，到夜幕降临前推进了25公里，距离莫罗佐夫斯克只剩下一半路程。西面，施图默第40装甲军的先头部队——布赖特的第3装甲师——从米列罗沃东面向南突击，距离卡缅斯克–沙赫京斯基也只剩下半数路程，并堵住莫斯卡连科第38集团军、尼基舍夫第57集团军和洛帕京第9集团军向东撤退的路线。而此时，博伊内布格–伦斯费尔德的第23装甲师已占领米列罗沃，正忙着击退莫斯卡连科集团军反复发起的进攻，该集团军散布在米列罗沃镇的西面和南面。

更西面，克莱斯特的第1装甲集团军继续向东推进，维特斯海姆第14装甲军辖下海姆将军的第14装甲师，在米列罗沃南面20公里处的塔拉索夫斯基（Tarasovsky）渡过格卢博卡亚河，而罗马尼亚第6军和德国第44军从西面逼近该镇。在此期间，克莱斯特将施韦彭堡第3装甲军辖下的第16装甲师和第60

摩步师①集结在旧别利斯克短暂休整。

7月15日拂晓,第4装甲集团军辖下的第3装甲师与第1装甲集团军辖下海姆将军的第14装甲师,在米列罗沃以南40公里处会合,将苏军第38、第57、第9、第24、第37集团军的残部困在该镇西面和西南面的包围圈内(参见地图23)。此时,李斯特有充分的理由相信,又一场庞大的合围已胜券在握。[48]可是,这个包围圈一直没能彻底封闭。尽管第23、第3、第14装甲师设法在这个"口袋"的北面、东面和南面构设起一道粗略的装甲封锁线,但封锁线上漏洞百出。霍特和克莱斯特的后续步兵师仍在该镇以西地域,无法跟上装甲部队的步伐并填补各装甲战斗群之间的缺口。

更糟糕的是,第48装甲军辖下的"大德意志"摩步师和第24装甲师本应切断苏军向东逃窜的路线,却因为燃料短缺造成延误,直到7月15日才开始从上马克耶夫卡(Verkhniaia Makeevka)和下阿斯塔霍夫向南推进。几天后,他们过度拉伸的队伍已无法堵住苏军向东逃窜的小股部队。尽管这些苏军部队已被彻底打散,不再具有战斗力,但莫斯卡连科的第38集团军以及第57、第24、第9集团军的残部不断向东突围,逃出了包围圈。科兹洛夫第37集团军的步兵主力从格卢博卡亚河以西地域向南撤退。[49]7月16日早上,OKW的战役总结描述了这番场景:

天气:酷热难耐,偶尔有雷雨和降雨。

沿古谢夫(Gusev)—米列罗沃一线,大批敌军在众多坦克的支援下,试图向东南方突围,渡过格卢博卡亚河。这些进攻均被击退,我们缴获了大批物资。在第40装甲军的战区内,一个装甲师在科瓦列夫(Kovalev)地域夺得一座登陆场,并到达克拉斯诺夫卡(Krasnovka,卡缅斯克-沙赫京斯基北面5公里处)。

据空中侦察提供的情报,卡缅斯克的桥梁未被破坏。第14装甲师前方,红军从西北方朝上塔拉索夫卡(Verkhne-Tarasovka)发起强有力的坦克突

---

① 译注:这两个师都属于维特斯海姆的第14装甲军,而非施韦彭堡的第3装甲军。

击，但这场进攻被挫败，敌人遭受到严重的人员伤亡，25辆坦克被击毁。集团军群与第4装甲集团军的部队在沃蒂安斯卡亚（Vodianskaia）地域（卡赞斯卡亚南面）取得会合。[50]

米列罗沃包围圈失败的结果是，两个装甲集团军靠在了一起。尽管机械化部队的这种集结有利于发起强有力的突击，但正如博克预见的那样，这也意味着霍特和克莱斯特在使用有限的补给路线以维持其推进的问题上发生直接冲突。这也使日后合围的行动变得更加困难，因为两个装甲集团军靠得太近。

A集团军群司令李斯特元帅意识到，战役所依赖的部队和后勤工作已不堪重负。他麾下的德国部队正迅速消耗着零配件和补给物资，而他对辖下的卫星国军队（即"非德国部队"）持严重的保留态度。例如意大利第8集团军，目前尚不具备足够的作战经验，无法成为一个有效的战斗单位。就整体而言，德国军官们认为大多数卫星国军队的战斗力欠佳。可是，李斯特元帅别无选择，只能率领这些卫星国军队继续进行这场战役。

7月16日，李斯特将麾下的集团军司令和参谋长们召集到戈尔洛夫卡（Gorlovka），提出自己简单但却雄心勃勃的作战计划。以施韦彭堡第3装甲军的第14和第22装甲师为先锋，第1装甲集团军将向东南方推进，在卡缅斯克-沙赫京斯基以东渡过北顿涅茨河，施韦彭堡的装甲部队向西推进，从东面迂回卡缅斯克-沙赫京斯基的守军。第44军将协助消灭米列罗沃包围圈，然后沿格卢博卡亚河向南攻击前进，夺取卡缅斯克。施韦彭堡麾下的装甲师随后向南进军，穿过沙赫特和新切尔卡斯克，从东面发起突击，夺取罗斯托夫，从而抢在南方面军第12、第18、第56集团军在罗斯托夫逃过顿河前将其包围并歼灭。与此同时，鲁夫的第17集团军将从北面驱赶后撤中的苏军。

与克莱斯特相邻的东面，霍特第4装甲集团军将以肯普夫第48装甲军和施图默第40装甲军继续冲向顿河，然后视情况向西或西南方转进。肯普夫的装甲军位于霍特集团军左翼，该军将以第29摩步师、第24装甲师、第16摩步师和"大德意志"摩步师从莫罗佐夫斯克和斯科瑟尔斯卡亚（Skosyrskaia）地域向南推进，冲向齐姆良斯卡亚及其西面的顿河河段；第40装甲军位于肯普夫左侧，肃清米列罗沃包围圈东部后，该军辖下的第3和第23装甲师将冲向康斯坦丁诺夫斯卡亚东面和西面的顿河河段。第40装甲军靠近顿河时，与第23装甲师转入预备队，而第3装甲师与第48装甲军辖下的第16摩步师和"大德意志"摩步师，将在朗格曼第24装甲军军部的指挥下继续从事作战行动。

最后，从7月18日起，鲁夫的第17集团军将在意大利第8集团军的支援下，穿过伏罗希洛夫格勒攻向东南方，从古比雪夫（Kuibyshevo）地域渡过米乌斯河，并在两个装甲集团军汇聚于罗斯托夫这个铁路、河流、公路枢纽时设法牵制城内守军。步兵部队经常被前进中的装甲部队甩在身后，这次他们必须实施急行军，以掩护这场进军的北翼。[51]

李斯特的突击部队向前冲去，几乎没遇到苏军的抵抗，即便有也很轻微：7月15日—18日，第48和第40装甲军分布范围很广的各个师前进了近200公里，到达顿河下游。尘土和酷热似乎比红军造成的妨碍更大。德军7月中旬所到之处，苏军向东逃窜的漫长队列随处可见，他们正设法逃出包围圈。被俘的苏军士兵看上去不知所措、士气低落。少数情况下，苏军部队会集体投降，大多数守军虽然灰心丧气，但仍在继续战斗。

这方面的一个迹象是，落入德军手中的苏军战俘并不多。例如，7月17日—19日，第1装甲集团军试图在卡缅斯克–沙赫京斯基附近包围南方面军第9、第37、第12集团军的残部，但却一无所获。面对德军从北面和西面而来的持续压力，马利诺夫斯基熟练地部署起强有力的后卫部队，设法将第12、第18、第56集团军半数以上的兵力向南撤往罗斯托夫。7月21日日终前，德国第3装甲军辖下的第22和第14装甲师到达罗斯托夫东面40公里处的新切尔卡斯克地域，而第24装甲军辖下的"大德意志"摩步师仍在新切尔卡斯克北面和东面30公里处。实际上，整个蓝色行动的前三周，A集团军群只俘获54000名苏军士兵，与1941年庞大的合围战相去甚远。[52]造成"空口袋"的主要原因是封闭包围圈的德军步兵师太少，成千上万名苏军士兵，或单独，或组成一个个小组逃向东面或南面，有些散兵游勇组成了游击队，但大多数士兵最终回到红军部队里。

可是，正如第4装甲集团军证明的那样，德国人所能做到的是攻城略地。例如肯普夫第48装甲军辖下的弗雷梅赖第29摩步师，位于装甲集团军最左（东）翼，7月21日前在齐姆良斯卡亚附近渡过顿河。在其右（西）翼，同属第48装甲军的第24装甲师到达尼古拉耶夫斯卡亚东面，位于顿河以北。更西面，第24装甲军编成内的第23和第3装甲师到达尼古拉耶夫斯卡亚及其东面，沿顿河北岸构成一道断断续续的装甲帷幕。

霍特的左（北）翼，第6集团军也恢复了积极的行动。7月17日，希特勒命令保卢斯的集团军向东拓展攻势，阻止苏军在顿河大弯曲部构设起更加顽强的防御。同时，元首将霍特麾下的第8和第51军交还保卢斯，并以维特斯海姆第14装甲军辖下的第16装甲师和第60摩步师提供加强，第14装甲军刚刚从米列罗沃周边战场调往东北方，重新部署在博科夫斯卡亚地域。7月18日—20日，

地图24 顿河大弯曲部的态势（1942年7月22日）

顿河大弯曲部附近的暴雨导致德军彻底停顿下来。7月21日，保卢斯第8和第51军辖下的步兵师，在第14装甲军第3、第60摩步师和第16装甲师的支援下向东缓慢推进，赶往顿河畔的谢拉菲莫维奇，并冲向奇尔河，夜幕降临前，他们在三个地段渡过该河。次日（7月22日），第3摩步师绕过谢拉菲莫维奇向南而去，逼近克列茨卡亚（Kletskaia）西郊；南面，第16装甲师在奇尔河与顿河畔卡拉奇之间前进了三分之一的路程（参见地图24）。

这场推进使保卢斯第6集团军的先头部队直接遭遇到科尔帕克奇第62集团军守卫奇尔河以东地域的前沿部队（参阅第六章）。反过来说，这番遭遇促使"蓝色"行动进入了一个全新的阶段，这场旷日持久"演出"的第一幕将见到保卢斯的第6集团军在顿河大弯曲部击败斯大林格勒方面军的部队，然后渡过该河，在几周内发起争夺斯大林格勒的战斗。[53]与此同时，虽然重要性骤降，但遵照希特勒的意图，李斯特的A集团军群隆隆赶往罗斯托夫，搜寻着虚无缥缈的猎物。

很显然，尽管事实证明苏军最高统帅部无法沿沃罗涅日、斯大林格勒和罗斯托夫方向协调其防御，但德国军队所到之处，苏军仍在从事激烈的抵抗。伏罗希洛夫格勒西北方，鲁夫第17集团军辖下的第4和第52军，对克莱斯特装甲部队在北顿涅茨河以北地域取得的胜利加以扩大，7月15日恢复了向该城的推进。

经最高统帅部批准，马利诺夫斯基7月16日命令南方面军辖下所有集团军开始一场井然有序、分为五个阶段的撤退，撤向罗斯托夫以南的顿河，以每晚20公里的速度连续后撤五晚，并派出强有力的部队提供掩护。[54]当天，格列奇科第12集团军弃守伏罗希洛夫格勒，向南实施战斗后撤。苏军身后，德国第4军辖下的第94、第371步兵师缓缓前进，7月17日占领该城。可是，克莱斯特的装甲部队威胁到马利诺夫斯基的右翼和后方时，他在7月18日立即命令各集团军加速后撤，加大与德军追兵之间的距离。因此，德国第17集团军辖下的第4和第52军将苏军第12集团军的后卫部队从伏罗希洛夫格勒赶往南面时，位于右翼的意大利远征军辖下的3个步兵师，7月19日从卡姆科夫将军手中撤的第18集团军手中夺取了红卢奇（Krasnyi Luch）。东面，第37、第24、第9集团军的残部，在第12集团军后卫部队的掩护下，沿格卢博卡亚河边打边撤，逃出米列罗沃南面的包围圈，他们向南而去，在卡缅斯克以东和以西渡过北顿涅茨河，平安撤向顿河畔的罗斯托夫。

得知第3装甲军的第14装甲师已于7月20日晚穿过沙赫特赶往新切尔卡斯克后，基希纳将军的第57装甲军加入到第17集团军的追击中，向东南方前进，渡过米乌斯河，将齐加诺夫第56集团军的后卫部队赶往罗斯托夫。次日，海姆将军的第14装甲师占领新切尔卡斯克，7月22日，第57装甲军辖下的第13装甲师从西面包围罗斯托夫的外围廓，而第22和第14装甲师从北面和东面扑来。此时，马利诺夫斯基南方面军辖下的第18和第56集团军已将大部分部队撤出该城，并渡过顿河，第70、第158筑垒地域和NKVD保安部队据守罗斯托夫，掩护南方面军的后撤。[55]马利诺夫斯基两次下令第56和第18集团军守卫该城，但第18集团军大批部队已撤过顿河，根本无法实施有效防御。此时，第56集团军仍有几个师在罗斯托夫，但第18集团军只有2个团在城内。[56]

因此，齐加诺夫主要以第56集团军的部队守卫罗斯托夫，围绕该城构建起外环和内环两道围廓。近卫步兵第2军[①]辖下的近卫步兵第2师和海军步兵第68、第76、第81旅在西部接近地据守内外两道围廓；步兵第30、第31、第339师和步兵第16旅守卫城市北部和东部；2个筑垒地域和NKVD保安部队在城内的街道、广场和建筑物上设立并守卫防御阵地。[57]

德军赢得了奔向这座城市的赛跑，第13和第22装甲师，在武装党卫队第5"维京"摩步师的支援下迅速向南推进，穿过城市的街道，绕过苏军抵抗点，于7月23日到达位于罗斯托夫中心地带、横跨顿河的主桥梁。可是，第13装甲师的先头部队刚刚赶至河畔，齐加诺夫的部队便将桥梁炸毁了。德军装甲部队的装备无法夺取整座城市，几个月来，罗斯托夫的民工一直忙于构筑野战工事、街垒、雷区和强化掩体。NKVD保安部队守卫着各个街区，给进攻方造成极大的伤亡。德军第125步兵师受领了肃清罗斯托夫的艰巨任务，激烈的战斗从7月24日一直持续到27日。争夺罗斯托夫的这场步兵白刃战是斯大林格勒巷战的先兆。在此期间，"勃兰登堡人"（这是德国陆军的精锐特种作战部

---

① 译注：应为近卫步兵第3军。

队）的几个小组试图在罗斯托夫南面、通往巴泰斯克（Bataisk）的道路上夺取顿河上的几座桥梁。7月25日—26日晚，"勃兰登堡人"对桥梁守军发起突然袭击，夺取了几座桥梁，但装甲部队赶到前，他们必须在这些桥梁处坚守24小时。第1装甲集团军随后准备向南进军，进入高加索。[58]

尽管夺取了罗斯托夫，并在城市东面确保了150多公里长的顿河防线，但令李斯特和希特勒深感沮丧的是，据第1装甲集团军统计，德军这场雄心勃勃的钳形攻势只俘虏了83000名苏军士兵。第4装甲集团军和第17集团军抓获的战俘更少。随着A集团军群的3个集团军汇集在罗斯托夫地域，希特勒证实了博克的预测。先不说苏军的顽强抵抗，单是地形和后勤补给问题便拖缓了德军的进军速度，使其无法包围马利诺夫斯基的主力。战斗结束时，李斯特的20个师驻扎在罗斯托夫周边50公里内，完全不知道接下来该如何行事。

更糟糕的是，希特勒和OKH将南线德军半数以上的力量投向罗斯托夫，削弱了保卢斯的第6集团军，该集团军目前正需要以相当的兵力向东推进，同时，他们也使斯大林格勒方面军靠前部署的集团军得以加固设在顿河大弯曲部西面的防御阵地。另外，德军分兵罗斯托夫也使苏军最高统帅部获得了制订新计划的时间，他们打算发起几场协调一致的大规模反击，阻止B集团军群冲向顿河和斯大林格勒。

对德国人而言，较为积极的一面是，控制住罗斯托夫便打开了通往高加索地区的大门。另外，7月份最后一周开始时，整个西南方面军和四分之一南方面军作为具有战斗力的部队已被歼灭；新成立的斯大林格勒方面军和沃罗涅日方面军由仓促拼凑、装备低劣的预备队集团军组成，辖下的士兵缺乏作战经验，训练也很糟糕；南方面军逃出包围圈的残部已成惊弓之鸟，根本无法守卫顿河防线。尽管各方的估计有些矛盾之处，但据A、B集团军群辖下各集团军报告，他们在"蓝色1号"行动中俘虏70000名苏军士兵，"蓝色2号"行动又俘获88000人，苏军被俘人数超过15万。[59]

可是，俄罗斯关于"蓝色1号"和"蓝色2号"行动中红军伤亡情况的最新研究表明，布良斯克方面军、沃罗涅日方面军、西南方面军、南方面军和亚速海区舰队在这些行动中共投入1310800名士兵，1942年6月28日至7月24日，共伤亡568347人，其中370522人阵亡或被俘，197825人负伤或生病（参见附录）。同一份资料来源还承认，4个方面军共损失2436辆坦克、13716门大炮/迫击炮、783架作战飞机。[60]需要指出的是，这些最新数据包括许多在战斗中失踪的士兵，他们在数日乃至数周后重新回到红军部队。

虽然苏联和俄罗斯的资料声称88689名红军士兵在"蓝色1号"和"蓝色2号"行动中被俘（主要根据德国方面的统计），但真实数字很可能接近150000人。例如，除了德国统计出的一个更加准确、更高的数字外，德国方面的记录还表明，德国战俘营里的红军俘虏或在德国工业界工作的劳工人数，从1942年7月1日的1153520人上升至1942年8月1日的1303709人，大约增加了160000人，其中大多数是在苏联南方被俘的士兵。必须指出，这个数字包括了被关押在苏联境内战俘营的红军俘虏；这些俘虏的人数约为50000。[61]另外，由于苏联和俄罗斯官方资料的惯例是把红军在这场战争中的伤亡数字降低30%，在这一时期参加这些战役的130万名红军士兵，不可替代的损失（阵亡、被俘、开小差和失踪）很可能接近50万人。[62]

但是，不管这些估测正确与否，它们都没有完整讲述A、B集团军群在"蓝色"行动前两个阶段给红军西南方面军和南方面军造成的破坏情况。严酷的现实是，6月28日辖5个野战集团军（第9、第21、第28、第38和第57集团军），总兵力达610000人的西南方面军，7月24日改为斯大林格勒方面军，该方面军由8个集团军组成【新组建的第62、第63和第64集团军，来自北高加索方面军的第51集团军，第21、第28（很快被坦克第4集团军替代）、第38（很快被坦克第1集团军替代）和第57集团军的残部]，总兵力为540000人。斯大林格勒方面军辖下的4个新锐集团军，辖有30个步兵师，总兵力约为200000人（第62集团军68462人，第64集团军34464人，第63和第51集团军各有50000人），这就意味着斯大林格勒方面军的340000名士兵是西南方面军的生还者，而在一个月前，西南方面军的总兵力为610000人。[63]

第45号元首令

尽管希特勒对博克极度失望，但截至7月份第三周开始时，B集团军群在"蓝色1号"行动中取得的胜利以及A集团军群在"蓝色2号"行动中壮观的进军还是令这位独裁者相信，他的夏季攻势大获全胜。哈尔德试图说服元首，苏联

254

红军正在实施一场有计划的后撤，但希特勒对此并不认同，他相信苏军士兵正在仓皇逃命。希特勒的结论是，一旦德军夺取罗斯托夫这个重要的交通枢纽，俄国人就无法在伏尔加河以西地域部署有效的防御。希特勒魂牵梦系的是进军高加索，在他看来，进入该地区的大门已敞开。希特勒7月23日签发的第45号元首令为继续执行"蓝色3号"行动（"不伦瑞克"行动）提供了指导意见，接下来的两天，这道指令陆续发至各总部。第45号元首令以自信的断言为开始：

在历时三周多一点的战局中，我给东线南翼规定的许多目标基本上都已达成。只有铁木辛哥集团军群的少数兵力避开包围，到达了顿河南岸。估计他们会得到来自高加索地区援兵的加强。另外，已查明另一些敌军集团正在斯大林格勒地区集结，显然打算实施顽强防御。[64]

根据这个乐观的评估，希特勒想做的事情太多、太快，作战区域也太大。大体而言，他决定攻占斯大林格勒（这是"蓝色2号"行动的首要目标）[①]，完成而不是继续"蓝色3号"行动，然后继续前进，夺取高加索和里海的油田——这是"蓝色4号"行动的最终目标。正如第45号元首令中概述的那样，希特勒打算沿两个平行、但截然不同的方向投入A、B集团军群，以完成"蓝色3号"行动（参见地图25）。

这场代号为"雪绒花"（更名后的"蓝色4号"行动）的行动分为三个阶段，第一阶段，李斯特的A集团军群向南发起进攻，"包围并歼灭在罗斯托夫以南和东南地域撤过顿河的敌军"。[65]李斯特铁钳的东臂是克莱斯特的第1装甲集团军和霍特的第4装甲集团军，他们将"从康斯坦丁诺夫斯卡亚和齐姆良斯卡亚地域的几个登陆场朝西南方的季霍列茨克（Tikhoretsk，罗斯托夫南面150公里处）推进"，同时，正如先前要求的那样，第4装甲集团军应以"强有力的先遣部队切断斯大林格勒与季霍列茨克之间的铁路线"。[66]与此同时，李斯特的第二支铁钳（鲁夫第17集团军的猎兵师、山地师和罗马尼亚第3集团军，罗马尼亚山

①译注：应为"蓝色3号"行动。

地图 25　希特勒 1942 年 7 月 23 日和 30 日的新计划

地军为他们提供加强）将从罗斯托夫地域渡过顿河，向南赶往季霍列茨克。第一阶段的行动结束后，李斯特将把2个装甲兵团（包括第24装甲师）调给B集团军群，"以便后者继续向东南方实施突击"，而"大德意志"摩步师"不应超过马内奇河（Manych）一线，必要的话，做好调往西线的准备"。[67]

　　歼灭顿河以南的敌军后，"雪绒花"行动的第二阶段，李斯特的集团军群应"占领黑海东岸，摧毁敌黑海舰队及其黑海港口"。[68]为支援这一行动，待A集团军群的推进取得实际效果，罗马尼亚山地军便立即渡过刻赤海峡，加入A集团军群的主力，沿与黑海海岸平行的道路攻向东南方。与此同时，从罗斯托夫向南进攻的德军猎兵师和山地师应"强渡库班河，占领迈科普和阿尔马维尔（Armavir）的高地"，深入高加索地区。"雪绒花"行动的第三阶段，主要由装甲和摩托化兵团组成的另一支部队应"占领格罗兹尼地域，并以部分兵力切断奥赛梯（Ossetian）和格鲁吉亚的军用公路，可能的话，在（高加索山脉的）山口实施这一封锁"，同时"沿里海海岸发起一场进攻，在石油资源丰富的阿塞拜疆占领巴库地区"。[69]

但在这个拓展阶段，A集团军群的实力显然较弱，因为希特勒将曼施泰因第11集团军的5个师以及该集团军用于炮击塞瓦斯托波尔的重型攻城炮调往北方，以协助"北方"集团军群计划在夏末夺取列宁格勒的攻势。另外，正如前面指出的那样，希特勒一直担心英国会对法国发起进攻，这促使他把党卫队"警卫旗队"摩步师派往西线，该师将在那里改编为装甲师，他还留下"大德意志"摩步师，该师也有可能调往西线。

第45号元首令最值得注意的是，他把辖2个装甲师的第24装甲军从A集团军群调至B集团军群，而且，首次将魏克斯集团军群的首要任务列为夺取（而不是遏制）斯大林格勒：

正如先前命令的那样，B集团军群的任务是……建立起顿河防线（即掩护战略侧翼），通过攻向斯大林格勒、粉碎集结在那里的敌军，占领该城，切断顿河与伏尔加河之间的陆桥。

然后，装甲和摩托化部队必须沿伏尔加河发起突击，进抵阿斯特拉罕，封锁该地区的伏尔加河主要支流。

B集团军群这些作战行动的代号为"苍鹭"。[70]

希特勒指示德国空军为这些行动提供支援，除了近距离空中支援，还应发起纵深空袭，炸毁铁路线和补给线，向伏尔加河投放水雷，并以其他方式破坏苏军交通线。但是，由于德国人希望完好地夺取高加索油田，7月23日的这道指令禁止空袭石油设施。

第45号元首令的最后一段强调了希特勒1942年东线夏季攻势的雄伟目标：

正在"中央"和"北方"集团军群战区内准备的各项行动，必须尽快、连续地予以实施。这些行动必须最大程度确保彻底击败敌军，并摧毁其指挥员和士兵的士气。

"北方"集团军群应做好在9月初之前拿下列宁格勒的准备，代号为"密集炮火"。为此，除了从第11集团军抽调5个师及重型火炮外，还要从最高统帅部调集预备队。

应将2个德国师和2个罗马尼亚师暂时留在克里木，第22（装甲）师（已下达过命令）调给东南线（巴尔干）总司令指挥。[71]

除了给两个集团军群下达新的、更加雄心勃勃的任务外，第45号元首令还要求在两个集团军群之间实施一场重大重组，某些情况下是在他们辖下的各集团军之间进行。例如，B集团军群辖内，德国第2集团军部署在集团军群左翼，仍由第55、第13、第7军构成，并获得第9装甲师和一支小规模预备队的加强。匈牙利第2集团军位于集团军群中左翼，仍辖匈牙利第3和第7军，并获得一个德国步兵师的加强。第6集团军位于集团军群漫长的右翼，编有第29、第17、第8、第51军、第14装甲军（辖第16装甲师和第3、第60摩步师），7月22日获得第24装甲军军部和第24装甲师的加强。

位于A集团军群左翼的第4装甲集团军成了大输家。7月17日，遵照希特勒的命令，霍特把第8和第52军[①]交还第6集团军，5天后，他又把第24装甲军军部和第48装甲军辖下的第24装甲师交给保卢斯。希特勒的指令还将第48装甲军编成内的第16摩步师和"大德意志"摩步师调拨给第1装甲集团军辖下的第3装甲军。这使霍特的装甲集团军只剩下第48装甲军（辖第29摩步师和1个罗马尼亚步兵师）和第40装甲军（辖第3、第23装甲师）。

霍特的所失便是克莱斯特的所得。克莱斯特的第1装甲集团军在A集团军群中央地带作战，目前由第3装甲军（辖第14装甲师、第16摩步师、"大德意志"摩步师）和第44军组成。待罗斯托夫周围的交通堵塞疏通后，克莱斯特的

---

① 译注：应为第51军。

集团军还将获得第57装甲军（辖第13装甲师、武装党卫队"维京"摩步师）和第52军。鲁夫的第17集团军位于A集团军群右翼，李斯特的部队夺取并肃清罗斯托夫后，第17集团军改称"鲁夫"集群，由德国第4、第5军、第49山地军和罗马尼亚第3集团军的骑兵军组成，罗马尼亚第1军军部担任预备队。占领罗斯托夫后，第17集团军辖下的第11军重新成为OKH预备队。[72]

鉴于第45号元首令雄心勃勃的目标、大批相关部队的调动以及由此造成的各指定进军方向的兵力变化，许多评论者将其视为重要的转折点就不足为奇了。从此刻起，斯大林格勒争夺战已无法避免。希特勒再次犯下他在1941年夏季犯过的战略错误——当时他要求德国国防军的三个集团军群在一片过大的区域内以太少的兵力实现太多的目标。1942年7月，他重蹈覆辙——不是一次，而是两次。第一次是7月初分割"南方"集团军群，他命令B集团军群沿两个战略方向（沃罗涅日和斯大林格勒），A集团军群沿一个方向（罗斯托夫）展开行动。此举严重削弱了德国国防军在整个苏联南部的主要突击，并使"最重要的战略目标是什么"这一问题含糊不清。

第二次是希特勒下达第45号元首令，指示A、B集团军群沿两个截然不同的战略方向发起大规模攻势，冲向斯大林格勒和进入高加索地区，同时要求B集团军群继续守卫沃罗涅日方向。此举削弱了两个集团军群的进攻力量，还使B集团军群在沃罗涅日附近和沿顿河战线的防御极易招致苏军的反击，并将德军的后勤补给拉伸至极限，另外，随着战役的发展，两个集团军群无法相互提供支援。因此，1942年初秋，"蓝色3号"行动到达高潮时，苏军最高统帅部准备对其内在的弱点加以利用。

仔细查看各指定进军方向上的力量对比，第45号元首令造成的弱点非常明显（参见图表15）。

魏克斯B集团军群的3个集团军、11个军（2个装甲军）、37个师（3个装甲师和2个摩步师）和386辆坦克的部署区域是从利夫内西北方向南和东南方延伸，穿过沃罗涅日，沿顿河和奇尔河通往苏罗维基诺南面的托尔莫辛地域（Tormosin），面对着苏军的9个集团军、99个师（18个坦克师）和近1939辆坦克。[73]由于德军师的实力约为苏军师的2倍，再加上许多红军师严重减员，因而魏克斯的步兵力量也许能与对方大致相当，但在坦克力量方面的差距大

图表15：1942年7月25日，德军与苏军沿沃罗涅日、斯大林格勒和高加索方向的力量对比

德军	苏军
B集团军群（725公里长的战线）	
沃罗涅日方向	
第2集团军（250公里战线），辖第55、第13和第7军，共13个步兵师、1个装甲师、1个步兵旅和96辆坦克	布良斯克方面军（部分，第48、第13、第60集团军和"奇比索夫"集群）和沃罗涅日方面军（部分，第40集团军），共24个步兵师、12个步兵旅、8个坦克军、2个骑兵军、7个坦克旅和500多辆坦克
匈牙利第2集团军（130公里战线），辖第3、第7军，共6个步兵师，没有坦克	沃罗涅日方面军（部分，第40集团军和第6集团军），共7个步兵师、1个步兵旅、2个坦克军、1个坦克旅和200辆坦克
斯大林格勒方向	
第6集团军（345公里战线），辖第29、第17、第8、第51军和第24装甲军，共13个步兵师、2个装甲师、2个摩步师和290辆坦克	斯大林格勒方面军（第63、第21、第57、第62、第64集团军和坦克第1、第4集团军），共40个步兵师、2个步兵旅、4个坦克军、1个骑兵军、11个坦克旅、10个独立坦克营和1239辆坦克
总计：32个步兵师、3个装甲师、2个摩步师、1个步兵旅和386辆坦克	总计：71个步兵师、15个步兵旅、14个坦克军、3个骑兵军、19个坦克旅、10个独立坦克营和1939辆坦克
A集团军群（325公里长的战线）	
高加索方向	
第4装甲集团军（170公里战线），辖第48、第40装甲军，共1个步兵师、3个装甲师、1个摩步师和200辆坦克	斯大林格勒方面军（第51集团军），共4个步兵师、2个骑兵军、2个坦克旅和60辆坦克
第1装甲集团军和第17集团军，辖第4、第5、第11、第44、第52军、第49山地军、第3和第57装甲军，共20个步兵师、3个装甲师、4个摩步师和235辆坦克	北高加索方面军（第9、第12、第18、第56集团军），共21个步兵师、1个骑兵师、4个步兵旅、1个坦克军、5个坦克旅、1个摩步旅、2个独立坦克营和193辆坦克
总计：21个步兵师、6个装甲师、5个摩步师、435辆坦克	总计：25个步兵师、3个骑兵师、4个步兵旅、1个坦克军、7个坦克旅、1个摩步旅、2个独立坦克营和253辆坦克

※ 资料来源：《苏联军队作战编成 第2部分（1942年1—12月）》第146—150页；马克西姆·科洛米耶茨和伊利亚·莫什昌斯基在《前线画刊》2000年第2期中的《高加索防御战（1942年7—12月）》【*Oborona Kavkaza (iiul'-dekabr' 1942 goda)*】，第5页；第2集团军作战处态势图集（1942年7月8日—10月5日），"*Lagenkarten, 8 July–5 October 1942,*" AOKII, la, 2585/207a, in NAM T–312, Roll 1207；第1装甲集团军情报处的敌军态势图集（1942年6月29日—7月31日），（"*Feindlagekarten, PzAOK 1, Ic, 29 Jun–31 Jul 1942,*" PzAOK 1, 24906/24, in NAM T–313, Roll 38）；以及第17集团军情报处作战报告附件3（1942年6月20日—7月25日），（"*Anlage 3 zum Tätigkeitsbericht, OAK 17, Ic, 20 Jul–25 Jul 1942,*" AOK 17, 24411/33, in NAM T–312, Roll 679）。

致为1:5。

B集团军群的主力是第6集团军,因而苏军在德国第2集团军和匈牙利第2集团军防区前方的优势最为明显。例如,扎尔穆特的德国第2集团军拥有14个师和96辆坦克,部署在集团军群左翼,从利夫内西北方至沃罗涅日以南地域,面对着苏军的2个集团军、另外2个集团军的部分部队和1个战役集群,共42个师(包括相当于10个德军装甲师的坦克力量)和500多辆坦克。[74] B集团军群的中央地带,没有装甲部队的匈牙利第2集团军以6个步兵师(包括1个德国师)守卫着从沃罗涅日以南到巴甫洛格勒以北的顿河河段,面对着苏军的1个集团军和另一个集团军的部分部队,这股苏军的兵力约为10个师(包括相当于2个德军装甲师的坦克力量)和大约200辆坦克。[75]

尽管保卢斯的第6集团军实力较强,并被赋予重要任务,但与敌人相比,并不占据明显的优势。该集团军的17个师(含2个装甲师和2个摩步师)和290辆坦克部署在从顿河畔的巴甫洛夫斯克到奇尔河畔的苏罗维基诺这片区域,面对着苏军的7个集团军(含2个坦克集团军),苏军的实力为52个师(包括相当于5个德军装甲师的坦克力量)和1239辆坦克。[76] 尽管半数以上的苏军师实力严重受损,但他们逃出包围圈后获得了补充,另外,铁木辛哥投入坦克第1、第4集团军后,与保卢斯相比,苏军坦克力量占有的优势超过4:1。[77]

李斯特的A集团军群拥有3个集团军、10个军(含3个装甲军)、32个师(含6个装甲师和5个摩步师)和435辆坦克,作战区域从顿河畔的齐姆良斯卡亚西延至罗斯托夫和塔甘罗格湾,面对着苏军的5个集团军、34个师(包括相当于3个德军装甲师的坦克力量)和253辆坦克。鉴于北高加索方面军辖下的师大多残破不全,李斯特在步兵和装甲力量方面明显占有优势,战线的长度也只有魏克斯B集团军群的一半。A集团军群左翼的优势最为明显,霍特第4装甲集团军辖5个师(含3个装甲师)和200辆坦克,其防线从齐姆良斯克沿顿河西延至康斯坦丁诺夫斯卡亚,面对着苏军的1个集团军——编有7个师(包括相当于1个德军装甲师的坦克力量)和60辆坦克。[78] 克莱斯特的第1装甲集团军和鲁夫的第17集团军拥有27个师(含3个装甲师和4个摩步师)和235辆坦克,部署在A集团军群中央地带和右翼,其防区从康斯坦丁诺夫斯卡亚沿顿河及其南部地域西延至罗斯托夫,面对着苏军的4个集团军(28个师和193辆坦克）。[79]可是，许多（如果不能说大多数的话）苏军步兵师和步兵旅减员严重，A集团军群对面的5个苏军集团军只有112000人，炮兵力量也很虚弱。[80]因此，李斯特集团军群在步兵和坦克力量方面都占有优势。

但这种优势遭到削弱，此时，意大利第8集团军辖下的5个步兵师已从A集团军群调至B集团军群，第3装甲军辖下的第22装甲师很快也将转隶B集团军群。另外，克莱斯特的第1装甲集团军在"蓝色"行动中一直执行次要任务，从未齐装满员，人员和装备还在5月份的哈尔科夫战役中遭到意外损失（尽管比较轻微）。结果，夏季战役发起时，该集团军辖内的装甲师和摩步师平均实力仅为编制的40%，到7月16日又下降到30%。因此，截至7月25日，克莱斯特和鲁夫集团军编成内的7个德国和斯洛伐克快速师可投入战斗的坦克只有235辆，第13装甲师的坦克最多，为94辆，第22装甲师的坦克最少，只有24辆。[81]

即便对沃罗涅日、斯大林格勒和高加索方向上的苏德兵力统计加以粗略研究，也能清楚看出希特勒7月23日指令中的弱点。的确，他的计划为A集团军群提供了充裕的兵力，以便顺利执行进入高加索地区的初期进军，也就是说，第4装甲集团军、第1装甲集团军和第17集团军将以435辆坦克对付只有250辆坦克的5个苏军集团军。可是，该计划没有为进军斯大林格勒的B集团军群提供足够的兵力。具体说来，保卢斯第6集团军以不到300辆坦克（赶往斯大林格勒途中还将获得50~80辆坦克的增援）发起进攻时，将遭到苏军5个集团军的初步抵抗，俄国人最终将获得1200辆坦克的支援，德国第6集团军逼近斯大林格勒时，还可能遭遇苏军额外的援兵。加剧保卢斯任务难度的是，他的集团军必须渡过宽阔的顿河，然后突破斯大林格勒周围苏军强大的防御并攻入城内，如果苏联人决定死守该城（他们的确这样做了），他的部队必须展开逐屋逐巷的战斗。

尽管存在这些问题，但希特勒的作战计划最严重的缺陷是，忽略了沃罗涅日方向和顿河战线的毗邻部。扎尔穆特的德国第2军、亚尼的匈牙利第2集团军以及位于保卢斯第6集团军右翼的2个军，很容易招致苏军协调一致的反冲击和反突击。这些轴心国部队拼凑起区区100辆坦克，抗击着苏军部署在沃罗涅日周围及其西部的近700辆坦克。希特勒也许不知道存在这样一股强大的坦克力量，如果他知道，恐怕也会认为无关紧要。不过，如果苏联人学会如何有效部署坦克力量，他们就能给德军造成灾难性后果。斯大林相信他的将领们能学会，事实迅速证明，他正打算利用德军的弱点。

另外，由于德军两个集团军群的迅速推进以及第45号元首令要求他们取得更大的进展，燃料补给作为限制德军至关重要的快速师实施机动的一个因素，已变得愈发重要。随着德军离军需车站越来越远，他们需要的汽油越来越缺乏。少数情况下，德国空军会将一桶桶燃料运至前进机场，但这只是杯水车薪，根本无法维持大股部队的进军步伐。实际上，攻占罗斯托夫期间，第6集团军因为缺乏燃料已暂时停顿下来，这使苏军获得了加强防御的时间。但正如1941年那样，德国人的乐观情绪将时间、空间和后勤补给的种种难题抛到脑后。

斯大林意识到德军的弱点，并竭尽全力阻止对方的推进。首先，他几乎同时对沃罗涅日地域和德国第6集团军的突出部发起了打击，第6集团军正向东推进，跨过奇尔河进入顿河大弯曲部并冲向斯大林格勒。早在7月17日，斯大林便指示布良斯克方面军对沃罗涅日以西地域发起一场强有力的进攻，支援沃罗涅日方面军第60集团军对沃罗涅日周边德军防御已经展开的打击，并命令沃罗涅日方面军投入第40和第6集团军支援这场攻势。[82]进攻行动将在7月21日前后发起。次日，斯大林从最高统帅部预备队抽调预备队第2、第4集团军加强布良斯克方面军，这些部队后来成为重新组建的第38集团军①，并加入布良斯克方面军。[83]

斯大林随即将注意力转向加强罗斯托夫与斯大林格勒之间的顿河防线，7月21日，他把马利诺夫斯基的南方面军置于最高统帅部的直接指挥下，并命令该方面军据守从巴泰斯克（罗斯托夫西面）东延至顿河与桑河②交汇部的顿河河段，而布琼尼的北高加索方面军掩护从桑河③东延至上库尔莫亚尔斯卡亚的顿河河段。[84]7月22日同马利诺夫斯基交谈后，斯大林再次调整了马利诺夫斯基沿顿河及其南部的防御，并解除铁木辛哥斯大林格勒方面军司令员的职务，

①译注：重新组建的第38集团军主要依靠"奇比索夫"集群和预备队第4集团军。
②译注：原文给出的是San River，疑为萨尔河的笔误。
③译注：同上。

取而代之的是原第21集团军司令员戈尔多夫将军。[85]

　　更重要的是，7月22日晚，斯大林下令以被歼灭的第38集团军和第28集团军的司令部为核心，在斯大林格勒方面军编成内分别组建坦克第1、第4集团军。[86]斯大林并未说出他的意图——将这些集团军投入一场协调一致的反突击。坦克第4集团军编有沙姆申将军的坦克第22军和哈辛将军的坦克第23军，坦克第1集团军编有塔纳希申上校的坦克第13军和罗金上校的坦克第28军。除了这些经过重组的坦克军，每个坦克集团军还将配属从远东方面军调来的3个步兵师，外加2个反坦克炮和高射炮团。斯大林派原第28集团军司令员克留琴金将军担任坦克第4集团军司令员，坦克兵少将瓦西里·瓦西里耶维奇·诺维科夫任他的副手。"巴巴罗萨"战役期间，诺维科夫是机械化第28军军长，该军改编为第47集团军后，他担任司令员，自1941年12月起，他又出任派驻伊朗的第45集团军司令员。[87]原第38集团军司令员莫斯卡连科担任坦克第1集团军司令员，原坦克第23军军长普希金将军任他的副手。次日，斯大林命令南方面军、北高加索方面军和斯大林格勒方面军全力阻止德军在顿河上架设浮桥。[88]

　　斯大林和最高统帅部沿斯大林格勒和高加索方向调整防御部署时，7月17日，保卢斯第6集团军的先遣部队开始向东推进，渡过奇尔河进入顿河大弯曲部。横渡奇尔河时，第6集团军的装甲先遣部队遭遇到科尔帕克奇第62集团军向前部署的几个支队，引发了一场持续一周的激战，随着德军继续向前推进，这场战斗愈演愈烈。奇尔河与顿河之间的战斗持续之际，斯大林毫不犹豫地命令沿沃罗涅日方向部署的苏军投入战斗，抗击保卢斯第6集团军。没过几天，保卢斯便发现自己的集团军正沿两个主要方向作战，10天内，斯大林的行动将再次迫使希特勒更改他的作战计划。

总结

　　德国国防军展示了进军的速度和深度，他们在"蓝色2号"行动中的作战表现与"蓝色1号"行动期间同样令人印象深刻。不到一周，向东和东南方进军的B、A集团军群的两支铁钳重创西南方面军第21、第28、第38集团军和南方面军第9集团军，包围并歼灭了顿巴斯地域几乎所有的苏军部队。红军又一次被打得措手不及，苏军最高统帅部起初命令两个方面军据守后方的新防线，而不是弃守顿巴斯地域，并从预备队抽调第57和第24集团军加强他们的防御。可是，从7月12日起，德国第40装甲军辖下的3个装甲师（充当德军北钳的矛头，由B集团军群的第4装甲集团军指挥）绕过米列罗沃向东而去，切断了第28和第38集团军东撤的道路。与此同时，第1装甲集团军第3和第14装甲军辖下的4个快速师充当德军南钳的矛头，沿A集团军群左翼发起突击，轻而易举地突破了南方面军在伏罗希洛夫格勒以北地域的防御，迫使该方面军辖下的第9和第37集团军混乱不堪地向东后撤，逃往米列罗沃以南地域。

　　德军的两股铁钳困住西南方面军辖下各集团军和南方面军左翼部队后，苏军最高统帅部疯狂地试图沿顿河构设一道新的战略防线，这道防线向南延伸，跨过顿巴斯东部地域直抵罗斯托夫。7月12日，被包围在米列罗沃及其南部的苏军几乎全军覆没，最高统帅部将其残部交给马利诺夫斯基的南方面军，命令他设法营救被困在米列罗沃地域的部队，并据守从米列罗沃向南跨过北顿涅茨河到达罗斯托夫的新防线。同时，最高统帅部组建起斯大林格勒方面军，表面上该方面军是由西南方面军更名而来，实际上，铁木辛哥指挥的是一个全新的方面军，该方面军奉命沿顿河和奇尔河构设防御，特别是在顿河大弯曲部，以掩护斯大林格勒接近地。铁木辛哥的新方面军由番号为6字头的集团军组成，包括预备队第7、第5、第1集团军改编而成的第62、第63和第64集团军。可是，德军继续向前迅速推进，致使苏军最高统帅部的许多应对措施全然无效。第28、第38和第57集团军的残部被包围在米列罗沃地域，无法加入南方面军，只能向东逃窜并渡过顿河，丢下南方面军残破不全的第9、第24和第37集团军守卫该方面军位于米列罗沃南面敞开的右翼，而南方面军辖下的第12、第18和第56集团军，在北高加索方面军第51集团军的支援下，据守着米乌斯河防线和罗斯托夫接近地。

　　就在这时，希特勒彻底更改了"蓝色"行动下一阶段的计划。他为德军取得的胜利欢欣鼓舞，但担心苏军完整无损地逃离顿巴斯东部地域，7月12日，元首决定变更主攻方向，装甲部队主力不再冲向斯大林格勒（这是"蓝色3号"行动的目标），而是扑向东南方，赶往顿河下游和罗斯托夫，以确保歼灭该地域的苏军。博克反对这一变更，7月13日，希特勒解除了他的职务，派魏克斯接任。执行这个新计划时，希特勒留下第6集团军，以其步兵部队据守顿河防线，将第24、第48和第40装甲军集中到霍特的第4装甲集团军。这位独裁者把霍特的集团军转隶A集团军群，命令李斯特派这股装甲力量向南进军，穿过顿巴斯东部赶往顿河下游，在那里与从西北方而来的第1装甲集团军相配合，歼灭顿巴斯东部和罗斯托夫地域的所有苏军部队。这场机动在7月17日—24日之间实施，成功包抄并击败了南方面军守卫米乌斯河防线和罗斯托夫接近地的几个集团军，攻占罗斯托夫，并使A集团军群辖下的部队进抵顿河下游。面对这股势不可挡的德军，南方面军的几个集团军弃守罗斯托夫，混乱地撤至沿顿河下游构设的新防线。

尽管德军在米列罗沃以南地域和罗斯托夫接近地包围并歼灭马利诺夫斯基麾下很大一部分部队，但希特勒的行动没能困住顿巴斯东部和罗斯托夫地域半数以上的守军。德军这场机动作战的确在卡缅斯克–沙赫京斯基地域重创了南方面军第9、第37、第24集团军和第12集团军的半数力量，但该方面军的第18、第56集团军和第12集团军的半数力量向南逃窜并穿过罗斯托夫，尽管秩序相当混乱。从战略角度看，虽然希特勒派获得加强的A集团军群向南赶往罗斯托夫和顿河下游的决定取得了成功，但分兵罗斯托夫使"蓝色"行动的重心偏离斯大林格勒，从而破坏了"蓝色3号"行动的意图。这就给希特勒造成一种战略困境：是继续深入高加索地区，还是恢复向斯大林格勒的进军，或者双管齐下，同时发起这两个行动？元首以他固有的大胆选择了同时发起两个行动。

希特勒认为德军在顿巴斯地域和罗斯托夫赢得的胜利易如反掌，他为此欢欣鼓舞，第45号元首令要求B集团军群向东推进，渡过顿河，占领斯大林格勒，A集团军群向南进军，进入高加索地区，夺取迈科普和巴库富饶的油田。李斯特的集团军群，以第4装甲集团军第40、第48装甲军和第1装甲集团军第57装甲军为先锋，将以一场分为三个阶段的行动肃清高加索地区的苏军。博克[①]的集团军群，将以第6集团军第14、第24装甲军为先锋，发起一场决定性突击，穿过顿河大弯曲部，冲向斯大林格勒及其前方的伏尔加河，位

---

① 译注：应为魏克斯。

于其左翼的部队沿顿河及其西部地域掩护不断延伸的战线。

因此，从本质上说，第45号元首令要求B、A集团军群沿三个不同的战略方向展开行动，即沃罗涅日地域、斯大林格勒、高加索地区。此举违反了一个集团军群只应负责一个战略方向的原则，希特勒的这个策略的确很危险。但是，苏军的战略防御破败不堪，苏军最高统帅部能否利用希特勒新计划固有的漏洞，只有时间能证明。

关于"蓝色"行动，过去的历史认为，B集团军群向奇尔河的快速推进和A集团军群向顿河下游和罗斯托夫及其东部地区同样迅捷的进军，之所以"易如反掌"是因为斯大林和苏军最高统帅部命令西南方面军和南方面军的部队迅速后撤，不要坚守那些地区。因此，这些历史学家将"蓝色2号"行动期间的战斗描述为"散漫"，并据此批评德军故意放纵苏军后撤，以避免一年前"巴巴罗萨"战役期间他们曾遭受过的重大损失。但这些观点并不完全正确。

德军的推进的确引人注目，可如果仔细查看"蓝色2号"行动期间发生的事情就会发现，相关的战斗尽管短暂，但非常激烈，特别是在米列罗沃地域，这是因为斯大林在他下达的指令中要求两个方面军实施坚决防御，而非全面后撤。精心策划这场攻势的德军指挥官们赢得了新的战功，苏军的防御显然失败了——这场失败并非因为他们选择了后撤，而是战斗。另外，德军的战果并不大，只抓获几万名俘虏，没有像1941年那样动辄俘虏数十万苏军士兵，但这并不代表该地区的苏军平安逃脱，准备择日再战。实际上，西南方面军和南方面军辖下的大多数集团军被全部或部分包围在顿巴斯东部和罗斯托夫地域，包括第28、第38、第9、第12、第37、第18、第56、第24和第57集团军，这些集团军要么几近全军覆没，要么只剩下一个空架子。苏军最高统帅部没有重建这些集团军，别无选择之下只能将他们解散，并组建新集团军替代他们。至于未被德军包围的成千上万名红军士兵，有的组织或加入了游击队，有的干脆开了小差，但大多数人几天、几周乃至几个月后重新回到红军部队。

因此，与"蓝色1号"行动一样，"蓝色2号"行动对德军而言的确是一场辉煌的胜利。但这也是一场毫无意义的胜利，无法证明元首表现出的极度乐观和新的雄心壮志的合理性。

注释

1. "巴巴罗萨"战役期间,1941年7月15日后,德军的物资储备只够够维持他们在大致10天的时间里前进125公里,随后便不得不暂停至少一周,以补充耗尽的燃料和弹药,然后再恢复进攻。"蓝色2号"行动期间,同样的情况依然困扰着德军。

2. 卡雷尔的《斯大林格勒》第65—68页。关于燃料的短缺,可参阅弗雷德里希·W.冯·梅伦廷的《我所知道的二战德军将领》(诺曼:俄克拉荷马大学出版社,1977年),第108—109页。

3. 第40装甲军和第6集团军的每日进军路线可参阅"Ia, Lagenkarten Nr. 1 zum KTB Nrs. 12-13, May-Jul 1942, Jul-Oct 1942," AOK 6, 22855/Ia, 23984/Ia, in NAM T-312, Roll 1146.

4. 克留琴金出生于1894年,作为沙皇军队的一名士官参加了第一次世界大战,1917年加入赤卫队,1918年参加红军,内战期间指挥过一个骑兵团。他1926和1935年毕业于骑兵学校,1941年毕业于伏龙芝军事学院,1938年6月他在基辅特别军区指挥骑兵第14师,1939年9月率领该师参加了入侵波兰东部的行动。"巴巴罗萨"战役期间,克留琴金的师隶属于卡姆科夫著名的骑兵第5军,在悲惨的边境交战以及1941年夏季和秋季,南方面军向东撤过乌克兰和顿巴斯地区期间英勇奋战。克留琴金两次率领的骑兵师逃出德军包围圈,为此获得红旗勋章。1941年11月,他被任命为骑兵第5军军长,率领该军参加了1941—1942年冬季的胜利反击。当年12月,西南方面军在叶列茨赢得胜利,骑兵第5军表现出色,被授予近卫骑兵第3军的荣誉称号。经历了1942年1月和2月巴尔文科沃—洛佐瓦亚攻势的胜利和5月份哈尔科夫战役的失败后,克留琴金出任第28集团军司令员。"蓝色"行动结束后,1943年3月至1944年秋季,克留琴金先后指挥过第69、第10、第33集团军,参加了库尔斯克战役和1944年夏季的白俄罗斯战役。尽管克留琴金由于作战原因和疾病几次被解除职务,但他还是在第61集团军副司令员(后担任白俄罗斯第1方面军副司令员)任上结束了战时生涯。战后,他担任顿河军区副司令员,1946年退役,去世于1976年。关于克留琴金更多的详情,可参阅《伟大卫国战争,集团军指挥员,军事人物志》第113—114页。

5. TsAMO, f. 382, op. 8452, ed. khr. 37,11. 56. 解除里亚贝舍夫指挥权的正式命令签于7月8日,同一道命令中也解除了里亚贝舍夫的参谋长N.K.波波利少将的职务。

6. 莫斯卡连科的《在西南方向上》第一册第252页。

7. 科洛米耶茨和斯米尔诺夫的《1942年6月28日至7月23日顿河大弯曲部之战》第58页。

8. V.A.日林(主编),《斯大林格勒战役:编年史、真相和人物》(两卷本)(Stalingradskaia bitva: Khronika, fakty, liudi v 2 kn. 莫斯科:奥尔玛出版社,2002年),第一册第168页。此后简称为《斯大林格勒战役》,并附以册数和页数。

9. 科洛米耶茨和斯米尔诺夫的《1942年6月28日至7月23日顿河大弯曲部之战》第60—61页,文中还提及第28集团军坦克第23军军长哈辛发起的另一场行动,以保护集团军位于罗索希地域的右翼,这个行动有可能混淆或补充普希金有据可查的作战行动。

10. 莫斯卡连科的《在西南方向上》第一册第253页。德国第6集团军的每日态势图证实了莫斯卡连科的说法。

11. 马尔钦克维奇接替斯米尔诺夫出任第24集团军司令员的确切日期尚不清楚。斯米尔诺夫比大多数苏军集团军司令员更年长些,他出生于1887年,第一次世界大战期间在沙皇军队担任下级军官,1918年加入红军。俄国内战中,他先后率领过游击支队、连、营、团,内战结束时,他已是一名副师长。斯米尔诺夫1928年毕业于伏龙芝军事学院，1931年毕业于列宁政治学院。20年代，他在各所红军军事学校任教，1931—1932年在北高加索军区指挥步兵第22师，1935—1937年在白俄罗斯军区担任步兵第43师师长，1938年4月—1940年4月担任哈尔科夫军区司令员。苏德战争前夕，他担任红军步兵总监[1]和红军训练局局长，战争爆发后，他被任命为南方面军后勤主任。1942年2月，最高统帅部派他指挥第18集团军，在西南方向总指挥部任职后，1942年5月，斯米尔诺夫被派至命运多舛的第24集团军担任司令员。斯米尔诺夫被解除指挥权后，1942年9月，最高统帅部派他担任了一系列方面军副司令员职务，直到1944年2月才再次委任他为集团军司令员。此后，他指挥着草原方面军（乌克兰第2方面军）的近卫第4集团军，参加了穿越乌克兰南部的作战行动直至1944年4月，随后出任利沃夫军区司令员直至战争结束。指挥利沃夫军区期间，斯米尔诺夫组织实施了对该地区乌克兰民族主义势力的打击。战后，1945—1946年，斯米尔诺夫担任高尔基军区司令员，后又担任莫斯科军区负责训练工作的副司令员直至1953年退役，他去世于1964年。更多情况可参阅《伟大卫国战争，集团军指挥员，军事人物志》第213—215页。

接替斯米尔诺夫出任第24集团军司令员的马尔钦克维奇出生于1896年，1918年参加红军，内战期间他是一名游击队领导人，后指挥营、团级部队参加过东部、南部和西部的战事。他1923年毕业于高级指挥干部学校，1937年毕业于军事经济学院，两次世界大战之间，马尔钦克维奇指挥过步兵营和步兵团。1939—1940年苏芬战争期间，他在第7集团军任步兵第173师师长，并获得红旗勋章。苏德战争爆发时，他在敖德萨军区指挥步兵第176师。1941年夏季和秋季，他的师在南方面军第9集团军编成内经历了漫长而又艰苦、穿越乌克兰和顿巴斯地区的东撤。这场后撤结束后，1941年11—12月，他的师在南方面军成功的罗斯托夫反击战中发挥了重要作用，并为1941—1942年冬季战役做出贡献。1942年5—7月[2]指挥第24集团军后，当年8月的高加索地区防御作战中，他指挥着外高加索方面军的第9集团军。由于他的集团军没能阻止德国第1装甲集团军强渡捷列克河，他被解除职务，随后指挥沃尔霍夫方面军第52集团军辖内的步兵第229师。1943年秋季，第229师试图强渡沃尔霍夫河时，马尔钦克维奇病倒。在伏罗希洛夫大学院参加学习后，1944年6月他重返前线，在第69集团军指挥步兵第134师，参加了1944年7月白俄罗斯第1方面军的卢布林—布列斯特进攻战役。7月30日，他的师在华沙南面的普瓦维强渡维斯瓦河，马尔钦克维奇在战斗中阵亡。由于在普瓦维的战斗中展现出的勇气，1945年4月，他被追授"苏联英雄"称号。更多情况可参阅《伟大卫国战争，集团军指挥员，军事人物志》第145—146页。

12. 莫斯卡连科的《在西南方向上》的第一册第253页。

13. 同上，第255页。

14. *TsAMO, f. 382, op. 8452, ed. khr. 37,11. 432.*

15. 同上，11.78-91，第28集团军的后续报告。

16. 佐洛塔廖夫的《最高统帅部1942》第298页，最高统帅部170490号指令，签发日期为1942年7月10日1点15分。

17. 同上，第298—299页，最高统帅部735/up号指令，签发日期为1942年7月10日12点45分；第170491号指令，签发日期为1942年7月10日19点10分。

---

① 译注：应为副总监。

② 译注：应为7—8月。

18. 阿列克谢耶夫出生于1900年，1919年参加红军，内战期间在东部战线参加战斗。他1926年毕业于莫斯科第一诸兵种合成指挥学校，1932年毕业于列宁格勒装甲坦克兵指挥班，1941年参加了伏龙芝军事学院的指挥员培训班，20年代在团级单位担任政工人员，指挥过连和营级部队。30年代初转入红军机械化和坦克部队，1932—1936年初，他先后在步兵第6师、步兵第50师和轻型坦克第20旅指挥过坦克营。1936年4月他被派至远东，在第57特别军指挥一个特种侦察营。1938—1939年，他在该军指挥摩托化装甲坦克第9旅和步兵第82师，并率领该军参加了8—9月朱可夫战胜日军的哈拉哈河战役。阿列克谢耶夫在远东的出色表现使他获得红旗勋章，1939年调回西部，1939—1940年率领步兵第110师参加了苏芬战争，1940—1941年在伏龙芝军事学院学习。1941年3月，他被派往外贝加尔方面军，指挥机械化第28军辖下的坦克第6师。1941年秋季，他的师改编为近卫坦克第6旅，并被派往西部，他率领该旅参加了南方面军12月在罗斯托夫的胜利反击和1942年1月的洛佐瓦亚—巴尔文科沃攻势。阿列克谢耶夫当时是红军中最有前途的年轻坦克指挥员，整个"蓝色"行动期间，他先在第45集团军，后在南方面军负责指挥机械化部队。"蓝色"行动结束后，他率领坦克第10军参加了1943年7月的库尔斯克战役，但在8月份的别尔哥罗德—哈尔科夫进攻战役中身负重伤。伤愈后，阿列克谢耶夫继续率领坦克第10军，参加了1943年秋季进军第聂伯河和进攻基辅的战役，1944年1—8月，他率领近卫坦克第5军参加了在乌克兰地区发起的多次胜利攻势。获得"苏联英雄"称号的阿列克谢耶夫阵亡于1944年8月25日，当时他正率领该军在罗马尼亚参加雅西—基什尼奥夫战役。关于阿列克谢耶夫的更多情况，可参阅《军级指挥员，军事人物志》（*Komkory. Voennyi hiograficheskii slovar*）97—98页。

19. 日林的《斯大林格勒战役》第182页。

20. 参阅莫斯卡连科的《在西南方向上》第一册第256—261页；I.Ia.维罗多夫主编的《为祖国而战：第38集团军在伟大卫国战争中的征途（1941—1945年）》（*Vsrazheniiakh za Pobedu: Boevoi put' 38-i armii v gody Velikoi Otechestvennoi voyny 1941-1945*），第132—133页。

21. 日林的《斯大林格勒战役》第180页。

22. 什捷缅科的《战争年代的总参谋部，1941—1945年》第一册第84—87页。

23. 佐洛塔廖夫的《最高统帅部1942》第300页，最高统帅部170435号指令，签发日期为1942年7月11日0点20分。当时，第62集团军编有近卫步兵第33师，步兵第147、第181、第184、第192和第196师。截至7月10日，第62集团军6个步兵师的总兵力为81000人。参见阿列克谢·伊萨耶夫的《斯大林格勒：伏尔加河后方没有我们的容身处》（*Stalingrad: Za Volgoi dlia nas zemli net*，莫斯科：亚乌扎-艾克斯摩出版社，2008年），第12页。

24. 同上，第302页，最高统帅部170495号指令，签发日期为1942年7月12日2点15分。

25. 同上，第303—304页，最高统帅部994110—994112号指令，签发日期为1942年7月12日4点40分、4点50分和4点45分。截至7月10日，第63集团军的兵力为67000人，第64集团军为72800人，这使斯大林格勒方面军的总兵力超过20万。参见伊萨耶夫的《斯大林格勒：伏尔加河后方没有我们的容身处》第12页。

26. 苏德战争期间，苏联红军中共有三位姓"库兹涅佐夫"的集团军司令员，瓦西里·伊万诺维奇·库兹涅佐夫就是其中的一个，他也是红军中最具经验的指挥员之一。库兹涅佐夫出生于1894年，第一次世界大战期间指挥过一个步兵团，1918年加入红军，内战期间担任过团长。他1916年毕业于候补军官学校，1926年毕业于"射击"高级步兵学校，1936年毕业于伏龙芝军事学院。20年代末期，库兹涅佐夫在著名的"彼列科普"步兵第51师指挥"琼加"步兵第89团,30年代前半期先后指挥过步兵第51、第25师、"土耳其斯坦"步兵第2师和步兵第99师。1937年8月,他被任命为步兵第16军军长,1938年苏台德危机期间,他在白俄罗斯方面军率领维捷布斯克军队集群[1],从1939年到苏德战争爆发,他一直在西部特别军区指挥第3集团军。他的集团军在德军入侵期间被粉碎,他本人幸免于难,随后被任命为第21集团军司令员,1941年9月,该集团军在基辅包围圈被歼灭大半。1941年10—11月,死里逃生的库兹涅佐夫担任哈尔科夫军区司令员,11月出任最高统帅部预备队第58集团军司令员,后担任新组建的突击第1集团军司令员,1941年12月,该集团军担任西方面军的先头部队,参加了莫斯科反击战。作为一名出色的斗士,库兹涅佐夫声望卓著,1942年2月,他率领突击第1集团军参加了西北方面军的杰米扬斯克进攻战役,这场战役包围了德国第2军,但没能将其歼灭。作为一名英勇而又杰出的将领,库兹涅佐夫率第63集团军参加了斯大林格勒地区的激战,1942年11月短时间担任西南方面军副司令员,1942年12月至1943年12月,他一直指挥着近卫第1集团军。1943年末,库兹涅佐夫被擢升为上将[2],1943年12月至1944年3月,他担任波罗的海沿岸第1方面军副司令员,1944年3月至战争结束,任突击第3集团军司令员。在这段时间里,库兹涅佐夫的集团军在解放顿巴斯的战役和柏林战役中表现出色,1945年5月,他获得"苏联英雄"称号。1945—1948年,库兹涅佐夫在苏军驻德军队集群指挥突击第3集团军,1953—1957年任伏尔加河沿岸军区司令员,后在总参谋部任职,1960年退役,1964年去世。关于他的更多情况可参阅《伟大卫国战争,集团军指挥员,军事人物志》第116—118页。

27. 科尔帕克奇是红军中最年轻的集团军司令员之一,1942年5月担任预备队第7集团军司令员时年仅42岁。他出生于1899年,第一次世界大战期间是沙皇军队的一名士官,但他1917年加入赤卫队,当年10月参加了进攻沙皇冬宫的行动。内战期间,科尔帕克奇先后担任过连长、营长和团长,并在普斯科夫和彼得格勒任红军警备司令。他1928年毕业于伏龙芝军事学院,两次世界大战之间,清剿巴斯马奇匪帮期间,他担任"土耳其斯坦"步兵第3师政委,后指挥另一个步兵师,并担任白俄罗斯军区副参谋长。西班牙内战期间,科尔帕克奇担任共和国政府的军事顾问,后在波罗的海沿岸特别军区指挥步兵第12军,苏德战争爆发前被任命为哈尔科夫军区参谋长。战争爆发后,哈尔科夫军区改编为南方面军第18集团军司令部,科尔帕克奇任该集团军参谋长,参加了1941年夏季乌克兰的后撤。1941年10月,第18集团军被德国"南方"集团军群包围在梅利托波尔地区,集团军司令员A.K.斯米尔诺夫将军阵亡,科尔帕克奇接任,率部突出包围圈。1941年11月,他被任命为布良斯克方面军副司令员,1942年1月担任加里宁方面军突击第4集团军副司令员,1942年4月,他率领加里宁方面军的特别战役集群重新夺回勒热。科尔帕克奇的作战表现得到表彰,1942年5月,最高统帅部任命他为预备队第7集团军(后改为第62集团军)司令员。率领第62集团军参加当年7—8月顿河大弯曲部的激战后,在"蓝色"行动剩下的时间里,科尔帕克奇一直担任近卫第1集团军副司令员。1942年末,他被调至西方面军,率领第30集团军参加了1943年2—3月的勒热夫突出部战役,1943年5月—1944年2月,他率领第63集团军参加了库尔斯克战役、1943年8—9月的布良斯克战役、1943年秋季和1943—1944年冬季的白俄罗斯进攻战役,表现出色。战争的最后一年,科尔帕克奇在白俄罗斯第1方面军任第69集团军司令员,参加了维斯瓦河—奥得河战役和柏林战役,晋升为上将并获得"苏联英雄"称号。战争结束后,1945—1946年,科尔帕克奇担任巴库军区司令员,1946年在敖德萨军区指挥第40集团军,1946—1950年在外贝加尔军区指挥红旗第1集团军。在伏罗希洛夫总参学院学习后,1952—1956年,他在北部军区指挥第6集团军,后任军区司令员。1961年,时任陆军军训总部部长的科尔帕克奇在车祸中[3]丧生。更多情况可参阅《伟大卫国战争,集团军指挥员,军事人物志》第99—100页。

28. 舒克曼的《斯大林的将领》一书中第67—76页，理查德·沃夫的《崔可夫》一文。

29. 参见亚历山大·O.丘巴良和哈罗德·舒克曼合著的《斯大林与苏芬战争，1939—1940年》（伦敦：弗兰克·卡斯出版社，2002年），第89—96页，崔可夫向斯大林主持的一个指导战争的特别委员会所作的证词。

30. 崔可夫出生于1900年，1917年是喀琅施塔得要塞沙皇军队训练支队的学员，1918年他开了小差，加入到红军中。1918年末，他在莫斯科参加了镇压反革命暴动的行动，内战期间，他先后在南部、东部和西部战线作战，并晋升为团长。崔可夫1925年毕业于伏龙芝军事学院，1936年进入红军机械化和摩托化学院速成班学习，1927—1929年，他在中国军队担任军事顾问，1929—1932年任红旗独立远东特别集团军司令部处长。1936—1938年初，他指挥着一个机械化旅。1938年秋季捷克危机期间，崔可夫指挥一个步兵军，后担任白俄罗斯特别军区博布鲁伊斯克集团级集群司令员。1939年9月入侵波兰期间，他指挥该军区的第4集团军。1939—1940苏芬战争期间，他在西北方面军担任第9集团军司令员。崔可夫在苏芬战争中表现不佳，第9集团军辖内的2个师被芬兰军队包围、歼灭，促使斯大林1940年12月把他派至中国担任驻华武官。他在中国待了一年，1941年，最高统帅部把他召回国内，但由于一场车祸，崔可夫又闲置了一年。尽管崔可夫过去的战绩并不出色，但1942年3月他还是被派去指挥预备队第1集团军，该集团军改称第64集团军后，他在7月份短时间率领过这个集团军。作为集团军副司令员，8月份，他率领一个战役集群守卫顿河防线和斯大林格勒西南接近地。1942年9月初，崔可夫被任命为第62集团军司令员，并率领该集团军（1943年1月，该集团军改称近卫第8集团军）直至战争结束，在此过程中参加了斯大林格勒保卫战、1943—1944年冬季和1944年夏初乌克兰第3方面军进军乌克兰的行动、白俄罗斯第1方面军进攻波兰和德国的战役、1945年4—5月的柏林战役。战后，崔可夫担任苏军驻德军集群第一副司令员直至1949年，1949—1953年任该集群司令员。斯大林1953年去世后，1953—1960年，崔可夫任基辅军区司令员，得益于同苏联新领导人赫鲁晓夫的关系，1960—1964年，他担任国防部第一副部长兼陆军总司令，后在苏联民防司令员职务上结束了自己的军旅生涯，退役后担任苏联国防部总监组总监，1982年去世。崔可夫两次获得"苏联英雄"称号（1944年3月和1945年5月）和18枚各种勋章，作为一种象征，崔可夫被安葬于斯大林格勒的马马耶夫岗，那是他赢得最大胜利的地方。关于崔可夫更多的情况可参阅《伟大卫国战争，集团军指挥员，军事人物志》第262—264页。

31. 佐洛塔廖夫的《最高统帅部1942》第304—306页，最高统帅部170497、170499、170500号指令，签发日期为1942年7月12日。

32. 同上，第306—307页，最高统帅部1035055、170501、170502号指令，签发日期为1942年7月12日。

33. 同上，第308—309页，最高统帅部170508号指令，签发日期为1942年7月14日2点40分。

34. 同上，第312页，最高统帅部170513号指令，签发日期为1942年7月17日。

35. 同上，第310、312页，最高统帅部170512、170515号指令，签发日期分别为1942年7月15日15点25分和7月17日0点15分。布琼尼自1935年起便是苏联元帅，也是斯大林"骑兵集团"的主要成员，

---

① 译注：白俄罗斯方面军1939年10月才组建。
② 译注：库兹涅佐夫晋升上将的日期为1943年5月25日。
③ 译注：直升机坠毁。

1918年加入红军后，布琼尼在内战期间成为红军最负盛名的骑兵将领。他指挥过骑兵第1师、骑兵第4师和著名的骑兵第1集团军，先后在察里津、顿河、顿巴斯和高加索地区与斯大林并肩奋战，斯大林当时是列宁和托洛茨基派至该地区的首席政委。布琼尼出生于1883年，在日俄战争和第一次世界大战中接受过战火的洗礼，因作战英勇获得四枚乔治十字勋章和四枚奖章。俄国内战期间，他在南方面军和西南方面军指挥骑兵部队，参加过一些至关重要的战役，并在此过程中与斯大林建立起一种亲密的私人关系。因此，斯大林20年代末巩固自己的权力并成为苏联的独裁者后，布琼尼的军事生涯也随之兴旺蓬勃。两次世界大战之间，1923—1937年，布琼尼担任红军总司令助理（负责骑兵）、苏联革命军事委员会委员、红军骑兵总监，1937—1939年任莫斯科军区司令员，同时，他还是苏联国防人民委员部总军事委员会委员。1940年8月，斯大林任命他为苏联第一副国防人民委员，布琼尼的军旅生涯达到顶峰。苏德战争爆发后没几天，布琼尼成为斯大林统帅部大本营的创始成员。边境交战惨败后，斯大林将他派至前线，6月底和7月初担任统帅部预备队集团军集群司令员，7月初担任西方面军副司令员，7月中旬任西南方向总指挥部司令员，基辅合围战前夕任预备队方面军司令员。布琼尼完全无法理解或指挥现代化机动作战，尽管在灾难发生前被解除了职务，但他负责的西南方面军1941年9月在基辅惨败，预备队方面军当年10月也在维亚济马包围圈遭遇没顶之灾。尽管布琼尼的表现乏善可陈，但斯大林仍对他青睐有加，1942年4月任命他为北高加索方向总指挥部司令员，当年5月派他担任北高加索方面军司令员。"蓝色"战役后期，布琼尼被解除战地指挥员职务，战争剩下的岁月里，他担任红军骑兵总监这个荣誉职务直至1954年。战争结束后，布琼尼还担任过负责骑兵草料的苏联农业部副部长和苏联国防部总监组总监。布琼尼去世于1973年，享年90岁。更多情况可参阅《伟大卫国战争，集团军指挥员，军事人物志》第32—34页。

36. 科洛米耶茨1942年7月出任第51集团军司令员时48岁，他出生于1894年，第一次世界大战期间是一名下级军官，1919年加入红军，内战期间在南部战线担任团政委。他1927年毕业于"射击"高级步兵学校，1934年毕业于伏龙芝军事学院，1941年参加了伏罗希洛夫总参学院培训班。20年代和30年代，科洛米耶茨指挥过步兵团和步兵师，1939年11月在外贝加尔军区第16集团军担任步兵第32军军长。苏德战争爆发后，1941年7月，科洛米耶茨的军和第16集团军调至西部，但第16集团军在斯摩棱斯克战役中被包围并被歼灭前不久，最高统帅部7月底将科洛米耶茨派至第51集团军担任副司令员。指挥第51集团军经历了"蓝色"行动后，1943—1944年，科洛米耶茨指挥步兵第54军在第51集团军和近卫第2集团军辖下作战，率领该军参加了顿巴斯和克里木进攻战役，后担任第57集团军副司令员，1945年1—2月，在白俄罗斯第3方面军的东普鲁士进攻战役中，他指挥近卫第2集团军辖下的步兵第60军。战后，科洛米耶茨先后担任第57集团军和机械化第9集团军副司令员，1948年退役，去世于1971年。更多情况可参阅《伟大卫国战争，集团军指挥员，军事人物志》第98—99页。

37. 哈尔德的《哈尔德战时日记，1939—1942年》第639页。

38. 《博克日记》第524—525页。

39. 同上，第525页。

40. 同上，第525—526页。

41. 同上，第526页。

42. 哈尔德的《哈尔德战时日记，1939—1942年》第639—640页。

43. 关于博克被解职的情况，可参阅朱克斯的《希特勒的斯大林格勒决策》第43页，齐姆克和鲍尔的《从莫斯科到斯大林格勒》第347—348页。

44. 1943年2月4日，扎尔穆特被解除第2集团军司令职务，但1944年6月，盟军登陆诺曼底期间，他重返指挥岗位，在B集团军群辖下指挥第15集团军。[①]

45. 布劳的《德国对苏战争：策划和行动，1941—1942年》第148页；齐姆克和鲍尔的《从莫斯科到斯大林格勒》第351页。

46. 哈尔德的《哈尔德战时日记，1939—1942年》第635页；朱克斯的《希特勒的斯大林格勒决策》第39页。

47. 特雷弗-罗珀的《从闪电战到失败：希特勒的战争指令，1939—1945年》第124—127页，第43号元首令。

48. 齐姆克和鲍尔的《从莫斯科到斯大林格勒》第349—351页。

49. 莫斯卡连科的《在西南方向上》第一册第259—262页。根据"抓获的俘虏"，第1装甲集团军7月17日判断，米列罗沃包围圈内的是第37集团军的步兵第275、第295、第102、第230师；第9集团军的步兵第318、第51、第140、第255、第296、第278、第106师，及骑兵第5军的骑兵第30、第34、第60师；第38集团军的步兵第277、第199、第304、第300、第242、第81师；第28集团军的步兵第244师；第24集团军的步兵第218、第335、第73师；以及独立步兵第254、第292师。参见"Feindlagenkarten, PzAOK 1, Ic, 29 Jun-31 Jul 1942," PzAOK 1, 24906/24, in NAM T-313, Roll 38.

50. 日林的《斯大林格勒战役》第198页，引自《德国国防军最高统帅部作战日志，1940—1945年》第二册（Kriegstagebuch des Oberkommandos der Wehrmacht 1940-1945，法兰克福，1963年）。

51. 布劳的《德国对苏战争：策划和行动，1941—1942年》第149—150页。

52. 关于第40装甲军，可参阅比弗的《斯大林格勒：决定性围攻，1942—1943年》第78页；以及布劳的《德国对苏战争：策划和行动，1941—1942年》第150页，战俘数量。

53. 豪普特的《南方集团军群》第156—157页。

54. M.M.波瓦利伊的《卫国战争中的第18集团军》（Vosemnadtsataia v srazheniia za Rodiny，莫斯科：军事出版社，1982年），第106—107页。

55. 同上，第108页。

56. 第18集团军守卫罗斯托夫的2个团隶属于步兵第395师。

57. 波瓦利伊的《卫国战争中的第18集团军》第109页。

58. 比弗《斯大林格勒：决定性围攻，1942—1943年》第79页；豪普特《南方集团军群》第180—181页；卡雷尔《斯大林格勒》第71—76页。

59. 根据不同的资料来源，苏军战俘人数也有相当大的差异。例如齐姆克和鲍尔在《从莫斯科到斯大林格勒》一书中提及，"蓝色1号"行动中俘获70000人（第344页），截至7月13日共俘虏88000人（第348页），7月13日—16日，第4装甲集团军在米列罗沃地域俘获21000人（第349页），第1装甲集团军冲向罗斯托夫的过程中俘虏83000人（第356页）。

60. 阿列克谢·伊萨耶夫的《不出意料》（Kogda vnezapnosti uzhe ne bylo，莫斯科：亚乌扎-艾

---

① 译注：扎尔穆特重返指挥岗位指挥第15集团军应该是1943年8月5日，不是诺曼底登陆期间。

克斯摩出版社，2005年），第53—54页；别沙诺夫《1942年——"锻炼"》第284页；以及《斯大林格勒：被遗忘的战役》（*Stalingrad: Zabytoe srazhenie*，莫斯科：AST出版社，2005年），第77页。相同的资料来源还指出，同一时期的战斗中，德军损失91400人，其中19000多人阵亡和失踪。

61. G.F.克里沃舍夫（主编），《二十世纪战争中的俄国和苏联：武装部队的损失，调查统计》（*Rossiia i SSSR v voinakh XX veka: Poteri vooruzhennykh sil, Statistichqskoe issledovanie*，莫斯科：奥尔玛出版社，2001年），第460页。

62. 关于降低伤亡数字的惯例，可参阅S.A.伊利延科夫的《关于苏联武装力量战时无法挽回之损失的统计，1941—1945年》，*JSMS*，1996年6月第2册，总第9期，第440—442页。文中指出，红军无法挽回的损失约为1470万人，而非官方资料所称的880万。另外，苏联和俄罗斯的资料来源中，关于部队实力和损失的数据也严重不符。例如，据官方统计，6月28日的南方面军辖第12、第18、第37和第56集团军共522500名士兵，6月28日至7月24日损失193213人，包括128460名无法挽回的损失（阵亡、被俘或失踪）以及64753人负伤或生病。这就意味着该方面军7月24日应该还有390000名士兵。但伊萨耶夫在《不出意料》第52页指出，"南方面军各集团军（第12、第18、第37、第56和第24集团军）在这一时期（7月25日）的总兵力不超过100000人"，而克里沃舍夫在《揭密：苏联武装力量在战争、作战行动和军事冲突中的损失》一书第180页指出，南方面军7月25日拥有300000名士兵，尽管获得了补充兵，但7月28日改编为北高加索方面军时只剩下216100人。另外，克里沃舍夫还在《揭密》一书第146页指出，1942年7月1日—9月30日，红军阵亡和失踪人数为684767人，而在这段时期，红军遭受的主要损失发生在苏联南部。倾向于证实苏军被俘150000人的同时，这份资料也强调了这样一个事实，许多苏军士兵消失不见了。

63. 参阅克里沃舍夫《揭密》第179页；以及《军事编年史》杂志（莫斯科：BTV出版社，2002年），2002年第6期，伊利亚·莫什昌斯基和谢尔盖·斯莫里诺夫的《保卫斯大林格勒：1942年7月17日—11月18日，斯大林格勒战略防御作战》（"*Oborona Stalingrada: Stalingradskaia strategicheskaia oboronitel naia operatsiia, 17 iiulia-18 noiabria 1942 goda*"），第12页。

64. 第45号元首令的全文可参阅*SVIMVOV*，第18册第265—267页；以及特雷弗–罗珀的《从闪电战到失败：希特勒的战争指令，1939—1945年》第129—131页；还可以参阅布劳的《德国对苏战争：策划和行动，1941—1942年》第152—155页对此的分析。

65. *SVIMVOV*，第18册第265页，以及特雷弗–罗珀的《从闪电战到失败：希特勒的战争指令，1939—1945年》第130页。

66—67. 同上。

68. 同上，第266页。

69—71. 同上。

72. 进军罗斯托夫期间，克莱斯特的第1装甲集团军和鲁夫的第17集团军彻底混杂在一起，他们沿125公里长的战线向前推进，从康斯坦丁诺夫斯卡亚赶往罗斯托夫及纵深地域。2个集团军共投入8个步兵师、3个装甲师和2个摩步师，第3装甲军（第14、第22装甲师，"大德意志"和第16摩步师）居中，第44军和第49山地军居中，"基希纳"集群（第57装甲军，辖第13装甲师、党卫队"维京"师和斯洛伐克快速师）居右。第4、第5、第11、第44军和第49山地军辖下的另外11个德国师和6个意大利步兵师靠前部署，仍在肃清后方地区或正转入集团军群预备队。

73. 这些数字的统计：1个坦克军、3个坦克旅或6个坦克营相当于1个德军装甲师，2个步兵旅相当于1

个步兵师。

74. 第2集团军作战处的态势图集（1942年7月8日—10月5日），（"Lagenkarten, 8 July–5 October 1942," AOKII, Ia, 2585/207a, in NAM T–312, Roll 1207）。7月中旬后，OKH将第11装甲师调拨给"中央"集团军群第2装甲集团军。《苏联军队作战编成 第2部分（1942年1—12月）》第146—147页苏军第48集团军辖3个步兵师、2个步兵旅和1个坦克旅，第13集团军辖6个步兵师、3个步兵旅和1个坦克旅，"奇比索夫"集群辖5个步兵师、2个步兵旅和1个骑兵军（骑兵第8军）。另外还有1个步兵师、5个步兵旅、5个坦克军（坦克第1、第2、第7、第11和第16军）、5个坦克旅、1个骑兵军（骑兵第7军）和1个坦克歼击师隶属于布良斯克方面军。沃罗涅日方面军辖第60[1]和第40集团军，前者编有7个步兵师、3个坦克军（坦克第17、第18、第25军）、2个坦克歼击旅和1个筑垒地域，后者投入2个步兵师和1个坦克旅抗击德国第2集团军。

75. 《苏联军队作战编成 第2部分（1942年1—12月）》第147页。苏军第6集团军辖5个步兵师、2个坦克军（坦克第4和第24军）、1个筑垒地域和1个坦克歼击师；第40集团军投入2个步兵师、1个步兵旅和1个坦克旅抗击匈牙利第2集团军。

76. 参见第6集团军作战处的第13号作战日志第1号态势图集（1942年7—10月），（"Ia, Lagenkarten Nr. 1 zum KTB Nr. 13, Jul–Oct 1942," AOK 6, 23948/Ia, in NAM T–312, Roll 1446）；延茨在《装甲部队：德国坦克部队的组建和作战部署指南大全，1933—1942年》一书第248页指出，第24装甲师的实力为141辆坦克。根据类似的耗损率，第16装甲师的坦克数量可能为70辆，第3和第60摩步师各有40辆坦克。

77. 截至7月23日，第63集团军辖7个步兵师、3个坦克旅、2个独立坦克营和1个坦克歼击旅；第62集团军辖6个步兵师、1个坦克旅和6个独立坦克营；第64集团军辖6个步兵师、1个步兵旅、1个海军步兵旅和2个坦克旅；第21集团军辖12个步兵师，但大多受损严重；第38和第57集团军各辖4个实力不足的步兵师和1个坦克歼击旅。方面军直属部队还有4个步兵师、4个坦克歼击旅、1个骑兵军（近卫骑兵第3军）、5个坦克旅和2个独立坦克营。另外，坦克第22和第23军部署在顿河北面第21和第63集团军的防区内，坦克第13和第28军位于第64集团军身后。参阅《苏联军队作战编成 第2部分（1942年1—12月）》第148—149页；以及Iu.P.巴比奇的《第62集团军在近敌处的防御准备和在敌占据机动优势的情况下实施的防御行动（基于斯大林格勒战役的经验）》[Podgotovka oborony 62nd Armiei vne soprikosnovaniia s protivnikom i vedenie oboroniteVnoi operatsii v usloviiakh prevoskhodstva protivnika v manevrennosti (po opytu Stalingradskoi bitvy)，莫斯科：伏龙芝军事学院，1991年]，关于苏军作战序列和作战行动。伊利亚·莫什昌斯基和谢尔盖·斯莫里诺夫的《保卫斯大林格勒：1942年7月17日—11月18日，斯大林格勒战略防御作战》第8—12页指出苏军的实力较弱，只有36个步兵师、2个坦克旅和6个独立坦克营。而德国情报记录证实苏军的实力更加强大。

78. 第6集团军作战处的第13号作战日志第1号态势图集（1942年7—10月），（"Ia, Lagenkarten Nr. 1 zum KTB Nr. 13, Jul–Oct 1942," AOK 6, 23948/Ia, in NAM T–312, Roll 1446）。俄罗斯的资料来源指出，截至7月1日，德国第4装甲集团军拥有371辆坦克。但是，耗损使这个数字大幅度下降，参见马克西姆·科洛米耶茨和伊利亚·莫什昌斯基刊登在《前线画刊》2000年第2期中的《高加索防御战（1942

---

① 译注：图表15指出第60集团军隶属于布良斯克方面军。

年7—12月）》第5页。

79. 第1装甲集团军情报处态势图集（1942年6月29日—7月31日），（"Feindlagekarten, PzAOK 1, Ic, 29 Jun-31 Jul 1942," PzAOK 1, 24906/24, in NAM T-313, Roll 38）；以及第17集团军情报处作战报告附件3（1942年6月20日—7月25日），（"Anlage 3 zum Tätigkeitsbericht, OAK 17, Ic, 20 Jul-25 Jul 1942," AOK 17, 24411/33, in NAM T-312, Roll 679）。截至7月25日，克莱斯特的第1装甲集团军辖第3装甲第14、第22装甲师，第16、"大德意志"摩步师，第44军第101、第97猎兵师，并获得第4军第94和第371步兵师，第52军第111和第370步兵师，第11军第295和第76步兵师的加强。鲁夫的第17集团军编有第57装甲军的第13装甲师和党卫队"维京"摩步师；第5军的德国第9、第198、第125师，罗马尼亚第2山地师和斯洛伐克快速师；第49山地军的第73、第298师，第1、第4山地师；以及罗马尼亚第3集团军的骑兵军（辖罗马尼亚第5、第6骑兵师）。最后是担任集团军或集团军群预备队的第297和第257步兵师。关于苏军的作战力量，可参阅科洛米耶茨和莫什昌斯基的《1942年7—12月，高加索防御战》第8页。北高加索方面军的4个集团军获得1个坦克军（坦克第14军，逃出米列罗沃包围圈后只剩下13辆坦克）、1个混编坦克集群（3个坦克旅和1个摩步旅，共57辆坦克）、2个独立坦克旅和2个独立坦克营的支援，这些独立坦克部队拥有123辆坦克，从而使坦克总数达到193辆。

80. 科洛米耶茨和莫什昌斯基的《1942年7—12月，高加索防御战》第6页。

81. 截至1942年7月25日，A集团军群的8个快速师，每个师的平均实力为54辆可用的坦克。参阅布劳的《德国对苏战争：策划和行动，1941—1942年》第149—150页、第155页；科洛米耶茨和莫什昌斯基《1942年7—12月，高加索防御战》第5页，文中没有提及第16装甲师的坦克数量，并将第1装甲集团军的坦克实力（缺第22装甲师和"大德意志"摩步师）列为209辆。

82. 佐洛塔廖夫的《最高统帅部1942》第313—314页，最高统帅部170516、170519号指令，签发日期分别为1942年7月17日16点10分和18点。坦克第1集团军7月28日组建，坦克第4集团军8月1日组建。

83. 同上，第315页，最高统帅部994121号指令，签发日期为1942年7月18日。

84. 同上，第316页，最高统帅部170523号指令，签发日期为1942年7月21日16点。

85. 同上，第317—320页，关于这场会谈和最高统帅部170524号指令及0035号命令，签发日期为1942年7月22日18点50分和7月22日。

86. 同上，第320—321页，最高统帅部994124、994125号指令，签发日期为1942年7月22日20点30分。

87. 诺维科夫出生于1898年，1918年参加红军，经历过内战，1919年毕业于骑兵学校，20年代指挥过骑兵团，30年代初转入红军机械化部队，先后指挥过机械化第4团和机械化第3旅，并在苏芬战争期间（1939—1940年）担任战役集群副司令员。苏德战争爆发前，他在外高加索军区指挥步兵第126师和机械化第28军坦克第6师，战争第一年，他先后指挥过机械化第28军、第47和第45集团军。"蓝色"行动结束后，诺维科夫一直在坦克第4集团军担任负责装甲坦克兵的副司令员。1944年4月—1945年4月，他担任近卫坦克第6军军长，1945年4月至战争结束，任近卫坦克第7军军长。1945年6月，诺维科夫被擢升为中将，随后退役，他去世于1965年。关于诺维科夫职业生涯的详情，可参阅德里格的《战斗中的红军机械化军》（Mekhanizirovannye korpusa RKKA v boiu），第692—693页。

88. 佐洛塔廖夫的《最高统帅部1942》第321页，最高统帅部1942年7月23日2点35分签发的指令。

第六章
德军挺进顿河大弯曲部
1942 年 7 月 23 日—31 日

　　1942年7月份第四周开始时，德国A集团军群牢牢固守着罗斯托夫，其先遣部队在该城南面和东面，沿一个宽大的正面渡过顿河。北面，B集团军群从利夫内地域东延至沃罗涅日附近的顿河，沿顿河向东南方延伸至克列茨卡亚，然后转向南方，跨过奇尔河直达托尔莫辛地域。德国第2集团军和匈牙利第2集团军位于集团军群左翼，在沃罗涅日及该城以西地域守卫着他们的防区，而保卢斯第6集团军的左翼部队缓缓向东推进，沿顿河南岸延伸，从沃罗涅日到克列茨卡亚的一片防区。李斯特的部队攻占罗斯托夫一周前，自7月17日起，第6集团军的主力便开始集结于集团军右翼，向东试探苏军的防御，并摆出向东推进，进入顿河大弯曲部，冲向伏尔加河河畔的斯大林格勒的态势。这两个宝贵的目标（斯大林格勒和石油资源丰富的高加索地区）深深地吸引了希特勒，他打算同时夺取两个目标。

　　战线另一端，斯大林也下定了决心要守卫伏尔加河，这是一条重要的南北向补给线，也是欧洲俄罗斯最后一条主要的河流屏障，他还决心守卫顿河大弯曲部附近的一片区域，该地区掩护着伏尔加河接近地。他要求斯大林格勒方面军沿顿河和大弯曲部前伸处坚守防线，并命令布良斯克方面军和沃罗涅日方面军投入辖下的集团军，对B集团军群漫长的右翼发起一场协调一致的突击。随着希特勒的注意力分散在两个诱人的目标上，斯大林格勒地区爆发一场剧烈的冲突几乎已无可避免。

作战地域

　　与"蓝色1号"和"蓝色2号"行动一样，顿河大弯曲部附近独特的地形和水系以及斯大林格勒周围的地面，在很大程度上决定了博克B集团军群与戈尔多夫斯大林格勒方面军之间这场即将发生的战斗的位置、形式和性质（如果不能说最终结局的话）。最关键的地形是贯穿并主导该地域的河系，特别是宽阔的伏尔加河和顿河。尽管这两条河流大致平行地由北向南奔流，但由于地理的摆弄，它们在接近斯大林格勒时相互靠拢，顿河以一个大弯曲部向东延伸，正对面是伏尔加河向西的弯曲部（但弯曲幅度不太大）。今天，由于"伏尔加河—顿河"运河上构筑的水坝（这条运河是苏联战后兴建的），顿河河谷的大多数地方已被淹没，但此前，顿河的宽度从小于100米到数百米不等，对任何一方都是个巨大的障碍。这使顿河上寥寥无几的几座桥梁【例如位于特廖赫奥斯特罗夫斯卡亚（Trekhostrovskaia）和卡拉奇的桥梁】成为关键的地形特征。

　　顿河以西的大弯曲部内，相对平坦、开阔的地形由北至南微微倾斜，北部的海拔高达250米，更加平坦的南部海拔约为150米。奇尔河转向东面，其北部，一系列较小的河流由北至南穿过这片草原，其中包括（由西至东）奇尔河及其北部支流楚茨坎河（Tsutskan）和库尔特拉克河（Kurtlak）、别廖佐瓦亚河、多布拉亚河（Dobraia）、利斯卡河（Liska）和数条更小的河流；其南部的齐姆拉河（Tsimla）同样如此。这些河流陡峭的河岸以及各支流形成的大量峡谷（balka）提供了天然屏障，否则这片地域会成为适合坦克部队快速推进的战场。最后一点，与苏联南部各主要河流的状况相同，这些河流的右（西）岸非常陡峭，往往高出河床100多米，相邻的低地很小，或根本就不存在；东岸的特点是遍布低地、沼泽和湿地。这种地形结构有利于抗击从东面而来的攻击，但对防御西面发起的进攻极为不利。

　　顿河东面，一条50—70公里宽的陆桥将顿河与伏尔加河、斯大林格勒分隔开。这条陆桥，西面是低洼、开阔的草原，海拔30—80米，东面是150米的高地，俯瞰着伏尔加河和斯大林格勒。与顿河大弯曲部内的地形一样，陆桥内也有许多峡谷，干湿河床由东向西汇入顿河，例如在卡拉奇以南流入顿河的卡尔波夫卡河（Karpovka），几条较小的河流，包括察里察河（Tsaritsa）、奥尔洛夫卡河（Orlovka）、莫克拉亚梅切特卡河（Mokraia Mechetka）及其支流梅切特卡河，以及数条更小的、通常情况下呈干涸状态的河流，从高于斯大林格勒的地方流入伏尔加河。"顿河—伏尔加河"陆桥最南端的宽度扩大到100公里，最终与从顿河以南地域东延至斯大林格勒南面顿河的草原会合。该地域有一条从斯大林格勒通向克拉斯诺达尔（Krasnodar）的主铁路线，也有许多从东南方流向西北方并汇入顿河的河流，例如萨尔河（Sal）、阿克赛河（Aksai）、梅什科瓦河（Myshkova）和顿斯卡亚察里察河（Donskaia Tsaritsa），还遍布着与这些河流相关联的峡谷。

顿河大弯曲部和陆桥内向东的道路网并不发达，只有几条与顿河和伏尔加河相平行的主干道，草原上还纵横交错着一些较小的道路和铁路线。与苏联南部其他地区一样，陆地交通主要依靠铁路而不是公路。主铁路线从顿巴斯向东，经莫罗佐夫斯克和奇尔河北面的苏罗维基诺穿过这片地域，从西面进入斯大林格勒。另一条主铁路线从莫斯科向南通往斯大林格勒，然后延伸至阿斯特拉罕（Astrakhan'），伏尔加河在其附近汇入里海。除了伏尔加河，所有重要的南北向、东西向公路和铁路线汇集在斯大林格勒，从而使这座城市成为该地区最重要的交通枢纽。

因此，斯大林格勒及其郊区在这片广阔、几乎没有任何树木的草原中间形成了一座人工岛，这座"岛屿"从顿河起，一路向东越过伏尔加河。荒芜、几近平坦的地形和炎热的气候对交战双方造成一种催眠般的影响。在这里，德国人无法避免一场城市战。顿河的形状是以一个大弯曲部直指斯大林格勒，这个天然的"漏斗"驱使德军赶往弯曲部东端，顿河上仅有的几座桥梁就在那里。一旦德军渡过顿河，即便他们同时从大弯曲部南面的草原向东推进（正如他们最终所做的那样），陆桥的结构和陆桥内的河流，再加上掩护过度延伸的北翼（沿顿河）和南翼（沿萨尔河）的必要性，将使他们不可避免进入斯大林格勒和伏尔加河。

地形给德国人造成了问题，雪上加霜的是，为迟滞德军的推进，后撤中的苏军炸毁了水井，疏散了各个村庄（历史上称之为"焦土"政策）。可是，这个政策的执行情况并不理想，该地区的许多顿河哥萨克人似乎更愿意帮助德国侵略者，而不是大俄罗斯压迫者。哥萨克人经常夹道欢迎德军的到来，有时候还作为辅助人员加入德国军队。因此，斯大林格勒接近地并未像莫斯科希望的那样坚壁清野。

第6集团军进军顿河，7月17日—25日

根据希特勒7月17日的命令（7月23日的指令并未对此做出调整），第6集团军应尽快恢复向东的积极行动。为此，希特勒从霍特的第4装甲集团军抽调第8和第51军，又从克莱斯特的第1装甲集团军调出第14装甲军军部、第16装甲师和60摩步师，以这些部队加强保卢斯的实力。维特斯海姆的第14装甲军随后指挥着第3摩步师。维特斯海姆的装甲军（赛德利茨的第51军尾随其后）刚刚参加了米列罗沃地域的合围战，而海茨第8军的先头部队正率领德军进入奇尔河上游的博科夫斯卡亚地域。这两个军随后将部队带入坎捷米罗夫卡东面的集结区，以便为保卢斯冲入顿河大弯曲部的突击担任先锋。他们的初始目标位于前方150公里处，顿河大弯曲部最东端，而斯大林格勒这座与苏联独裁者同名的城市就在东面200公里处。

尽管保卢斯打算以第14装甲军为先锋，立即向东发起突击，但大雨延误了援兵的前进部署。[1]维特斯海姆的装甲部队和赛德利茨的步兵穿过无尽的泥泞向前艰难跋涉之际，7月19日和20日，第51军[①]的2个先遣步兵师（第113步兵师和第100猎兵师）向东推进，穿过楚茨坎河畔的普罗宁村（Pronin），他们在这里遭遇并击败了苏军第62集团军的先头部队。7月20日日终时，海茨麾下的步兵在佩列拉佐夫斯基（Perelazovskii）南北两面逼近库尔特拉克河。[2]南面，赛德利茨第51军辖下的第71步兵师稳步向东，赶往切尔内什科夫斯基（Chernyshkovskii）北面的奇尔河河段，在该镇后方，科尔帕克奇第62集团军的另一些先遣支队正严阵以待。

次日夜幕降临前，保卢斯已向前集结起足够的兵力，可以在次日早晨恢复向顿河渡口的推进（参见地图26）。此时，第6集团军位于顿河大弯曲部西盆地的部队是海茨的第8军，其辖下的第79、第113步兵师和第100猎兵师从顿河向南部署至库尔特拉克河畔佩列拉佐夫斯基的西面，第305步兵师担任该军的预备队。位于第8军左侧的是第17军辖下的第376和第384步兵师，部署在顿河河畔卡赞斯卡亚以南地域。第8军右侧，第51军辖下的第297和第71步兵师已沿着宽大

---

① 译注：应为第8军。

地图 26 第 6 集团军的位置（1942 年 7 月 21 日—22 日）

的正面到达奇尔河西岸，第44步兵师也从军预备队调出。保卢斯的装甲先头部队，第14装甲军辖下的第3、第60摩步师和第16装甲师，已完成在博科夫斯卡亚南北两面的集结，准备向东发起突击。因此，保卢斯的突击力量由5个步兵师、1个装甲师和2个摩步师组成，共计120000名士兵、150辆坦克和突击炮。[3]

位于保卢斯主要突击集团对面的是斯大林格勒方面军（铁木辛哥指挥到

7月22日，随后由戈尔多夫统辖），该方面军的防区从顿河河畔的克列茨卡亚向南，跨过奇尔河直达顿河河畔的上库尔莫亚尔斯卡亚，科尔帕克奇的第62集团军部署在奇尔河以北地域，崔可夫第64集团军仍在奇尔河以南地域靠前部署（参见地图24）。在第62集团军后方，莫斯卡连科第38集团军和克留琴金第28集团军的残部守卫着顿河以北、以东地域，他们辖下另一些残破不全的师在斯大林格勒地区接受改编，并获得人员的补充。对日后实施任何成功的防御来说更为重要的是，斯大林格勒方面军抓紧时间对侥幸逃出顿巴斯包围圈的少量坦克和骑兵部队加以休整和改编。这些部队包括坦克第22、第23军和近卫骑兵第3军，部署在第63集团军后方，顿河上游的北部地域；另外还有坦克第13军，部署在第62集团军身后，奇尔河北岸的苏罗维基诺附近。遵照斯大林7月22日的训令，第28和第38集团军司令部匆匆改编为坦克第4、第1集团军司令部，统辖这些残存的坦克军。

截至7月21日晚，科尔帕克奇的第62集团军由6个步兵师组成，其中的5个（步兵第196、第147、第181、第192师，近卫步兵第33师）从左至右均匀部署在整个大弯曲部内，他们的防区从奇尔河畔的苏罗维基诺向北延伸至顿河河畔的克列茨卡亚，步兵第184师和坦克第40旅担任预备队（参见地图27）。每个步兵师已派出由1个步兵团组成并获得坦克和大炮加强的先遣支队，在主防御带前方20公里处占据警戒阵地。另外，科尔帕克奇的集团军还有6个独立坦克营（坦克第644、第645、第648、第649、第650、第651营），有些被派去支援他的先遣支队，但大多数留在预备队里；炮火支援方面，科尔帕克奇掌握着3个炮兵团、9个反坦克炮兵团、1个迫击炮团、4个近卫迫击炮团（喀秋莎）和1个近卫迫击炮营。因此，第62集团军拥有383门大炮、1138门迫击炮和277辆坦克。[4]

奇尔河南面，崔可夫的第64集团军编有6个步兵师、2个海军步兵旅、2个坦克旅和3个军校学员团（这些军校生来自日托米尔、奥尔忠尼启则步兵学校和克拉斯诺格勒"机枪-炮兵"学校）。崔可夫将步兵第29、第214、第229师，海军步兵第154旅和坦克第121旅的部分力量部署在顿河以西地域；步兵第112师沿奇尔河部署在第62与第64集团军的结合部；步兵第204、第208师，海军步兵第66旅和坦克第137旅沿顿河或顿河以东地域部署。[5]实际上，由于7月22日前没有德军出现在他的防区，崔可夫直到当天晚些时候才派出先遣支队，

地图 27 第 62 集团军的防御计划及其先遣支队的行动（1942 年 7 月 17 日—22 日）

沿齐姆拉河占据前沿防御阵地。此时，崔可夫的集团军拥有226门大炮、622门迫击炮和55辆坦克，这使抗击保卢斯突击集团的苏军共拥有332辆坦克，而保卢斯只有150辆（参见图表16）。[6]

保卢斯的计划要求他的部队以坦克构成的"楔子"突破苏军掩护顿河大弯曲部的防御，尽快前出至顿河，从两翼席卷顿河西岸的守军，切断他们撤过顿河的路线，将其歼灭在河流西面的包围圈内（参见地图28）。第14装甲军率领这场突击，辖下的3个师应当：

向东突击，渡过利斯卡（河）冲向顿河，在利斯卡河与顿河之间转身向右赶往南面，与从雷奇科夫斯基（Rychkovskii）的顿河登陆场向前推进的第24装甲师和第297步兵师会合。这两个战斗"楔子"将在卡拉奇以西地域会合。第100猎兵师，第376、第305、第113和第44步兵师面对西面的大股敌军，应牵制对方，并将他们赶往东面。[7]

7月22日，第14装甲军辖下的第3、第60摩步师和第16装甲师完成集结后丝毫没有拖延，在第8和第51军4个步兵师的支援下向东发起突击，与科尔帕克奇第62集团军的先遣支队发生战斗。穿过顿河河畔韦申斯卡亚以南地域，赫尔穆特·施勒默尔中将的第3摩步师和奥托·科勒曼少将的第60摩步师从博科夫斯卡亚赶往克列茨卡亚，第100猎兵师和第113步兵师提供侧翼掩护，夜幕降临前，他们完成了半数路程。南面，第297和第71步兵师担任右翼掩护，胡贝的第16装甲师向东推进，迅速渡过奇尔河。当晚，科尔帕克奇向上级报告，集团军辖内步兵第192、第181、第147、第196师和近卫步兵第33师的各先遣支队，沿整条防线与敌步兵和坦克部队发生战斗，步兵第192师的先遣支队已被迫撤至佩列拉佐夫斯基。与此同时，崔可夫报告，步兵第29和第214师的先遣支队已就位，并沿齐姆拉河与德军展开战斗。[8]

7月23日，保卢斯的3个快速师继续向前迅速推进，撕开科尔帕克奇的前沿防御带，向库尔特拉克河和奇尔河东面前进了25—40公里，大致位于博科夫斯卡亚与特廖赫奥斯特罗夫斯卡亚、卡拉奇这两个顿河上的重要渡口的中途。夜幕降临时，第3和第60摩步师的装甲掷弹兵们到达克列茨卡亚地域，而第16装甲师的坦克沿苏罗维基诺北面的多布拉亚河推进至科尔帕克奇主防区10公里的范围内。

这场进军的特点是，胡贝的装甲师为挺进顿河，以第2装甲团，第64、第79装甲掷弹兵团和工兵营组织起4个战斗群。其中实力最强的是"拉特曼"战斗群，该战斗群由"冯·施特拉赫维茨"装甲营（从师属装甲团抽调）、"米斯"装甲掷弹兵营、"青希"炮兵营和师属第16摩托车营（K–16）组成①。"冯·维茨莱本"战斗群和"赖尼施"战斗群都由装甲掷弹兵营组成，并获得炮兵和工兵的加强，最后是"施特雷尔克"战斗群，以师属工兵营掩护全师的东翼。[9]

希特勒知道，为完成迅速进抵斯大林格勒的任务，第6集团军需要更强大的装甲部队提供支援，当天，他把第24装甲师和朗格曼的第24装甲军军部交给保卢斯的集团军。得到增派装甲部队提供支援的承诺后，保卢斯修改了他的

---

① 译注：书中根据德文使用了Abteilung（支队）和Battalion（营）这两种营级编制名称；按照德军的习惯，前者大多用于技术兵种，例如装甲营、高炮营等，后者用于普通单位，例如步兵营、工兵营等；为简洁起见，后文一律译为"营"。

步197师
乌斯季霍尔佩尔克克西 雷布内 谢拉菲莫维奇
3摩师 305步师 21集
376步师 顿河
博利绍伊
8军 100猎师
普罗宁 60摩师 克列次卡亚 376步师 伊洛夫林斯卡亚
17军 步192师、676团 3摩师 305步师 坦173旅
389步师 100猎师 坦4集
叶夫斯特拉托夫斯基 16摩师 文齐
113步师 佩列拉佐夫斯基 谢利瓦诺夫 8军 376步师 茹拉夫廖夫集群
100猎师 305步师 奥西京斯卡亚 戈卢巴亚 特廖赫奥斯特罗夫斯卡亚
坦大廖夫集群 376步师 卡恰林斯卡亚
切尔内舍夫斯卡亚 利奇-库尔特拉奇 14装军 113步师 坦22军
近卫33师 马诺伊林 3摩师 坦173旅
16装师 奥西诺夫卡 小纳巴姆耶夫斯基 韦尔佳奇
16装师 60摩师 14装军
锡尼亚金 坦13军 戈卢宾斯基 3摩师 步205师 佩斯科瓦特卡
297步师 16装师 60摩师
坦13军 坦28军 卡梅希
44步师 62集 古耶斯基 马里诺夫卡 卡拉波卡卡河
利斯卡河 坦28军 卡拉奇
罗索维基 沃罗金斯基 卡拉奇 旧罗加奇克
步229师 步196师 坦649师 坦23军
44步师 奥布利夫斯卡亚 步212师坦137旅 顿河 坦28军
51师 步321师
24装军 步229师 坦23军 雷奇科夫斯基
步147师 步229师 64集 莫利特克基
别尔内什科夫斯基 下索洛诺夫斯基
24装师 71步师 下奇拉卡亚
步214师
71步师 步214师
托尔莫辛 摩步154旅

图例
7月22日晚的位置
7月28日晚第62集团军右翼的位置
7月31日晚的位置

比例尺
4 0 4 8千米

地图 28 顿河大弯曲部的作战行动（1942 年 7 月 23 日—31 日）

计划，打算以装甲部队发起突袭夺取斯大林格勒，依靠速度打垮前进道路上苏军残余的防御。他拟定了一个计划，首先包围顿河以西的苏军第62和第64集团军，并在卡拉奇南北两面夺取至关重要的顿河渡口，然后以辖下所有装甲和步兵部队向东发起全面推进，一举攻克斯大林格勒。维特斯海姆第14装甲军辖下的第3、第6摩步师和第16装甲师担任这场攻势的北钳，并获得第8军辖内4个步兵师的支援，他们将攻向特廖赫奥斯特罗夫斯卡亚和卡拉奇的顿河河段，包围

顿河以西的苏军第62集团军并强渡顿河，然后利用从西北方而来的铁路线攻向斯大林格勒北郊。

与此同时，朗格曼第24装甲军辖下的第24装甲师担任这场攻势的南钳，他们将在第51军3个师的支援下突破奇尔河以南苏军第64集团军的防御，渡过该河后向卡拉奇挺进，包围并歼灭崔可夫的集团军。此后，朗格曼的部队将在卡拉奇以南强渡顿河，从西面扑向斯大林格勒南郊。待2个装甲军在斯大林格勒南、北侧到达伏尔加河，他们就将从南北两面发起一场向心突击，攻占该城。可是，这两个装甲军辖内只有2个装甲师（第16、第24装甲师）和2个摩步师（第3、第60摩步师），以区区200辆坦克对付斯大林格勒方面军最终投入的1289辆坦克。[10]

除了装甲力量比较薄弱，保卢斯的计划还受到补给物资一直短缺的掣肘。执行进攻高加索任务的A集团军群已获得补充各类物资的优先权，而B集团军群的补给情况却因为工作人员的失误进一步受到影响。OKH的补给规划人员没有考虑到2个装甲军已调入第6集团军这一情况。7月底，希特勒亲自下令将750吨物资的运输能力从第1装甲集团军调拨给第6集团军，但这道命令生效前，保卢斯部队补给物资短缺的情况已持续了两周多。另外，随着德军越来越远离他们的补给基地，这场进军愈发依赖临时性的后勤补给措施。正执行其他任务的Ju-52运输机被调来，携带着数量有限的弹药和燃料飞往前方，以维持先头部队的推进，但以这种方式运送高度易燃物资非常危险。[11]

同一天，保卢斯提交了进军斯大林格勒的最终计划，而他下属的各指挥部开始报告遭遇到守卫顿河大弯曲部的苏军第62和第64集团军的激烈抵抗。显然，燃料短缺拖缓了保卢斯的进军速度，使苏联红军得以构筑一道新防线，尽管这条防线比较脆弱。但是，鉴于第14装甲军7月23日迅速取得的进展，第6集团军的两翼到达克列茨卡亚和苏罗维基诺地域，科尔帕克奇的第62集团军似乎已彻底落入保卢斯两翼包围所形成的陷阱中。南面，由于第64集团军只向前部署了不到一半的兵力，崔可夫的集团军并未做好实施有效抵抗的准备。该集团军最近才从最高统帅部预备队调出，辖下的师经验不足，乘坐火车赶到并徒涉顿河时显得分散而又混乱。由于该地区的桥梁只能承载轻型坦克的重量，集团军辖下的大多数坦克旅只能部署在东岸，无法渡过顿河。

　　更糟糕的是，值此关键时刻，第64集团军还受到指挥员变更的影响。尽管没有得到苏联方面其他资料来源的证实，现有资料的普遍说法是崔可夫自7月10日至8月4日指挥着第64集团军，但崔可夫在回忆录中指出，铁木辛哥或最高统帅部7月19日派戈尔多夫接替他（崔可夫）担任第64集团军司令员，他改任集团军副司令员，直到7月22日，戈尔多夫出任斯大林格勒方面军司令员后，崔可夫才重新担任第64集团军司令员。据崔可夫说，戈尔多夫解决桥梁问题的办法是把预备队和大多数炮兵力量部署在顿河东岸，导致靠前部署在弯曲部内的部队丧失了防御纵深。德国空军主宰着晴朗的天空，苏军部队被打垮，残余的士兵混乱而又沮丧，在草原上四散奔逃。[12]

　　方面军指挥层同样发生的变更加剧了第64集团军面临的问题，7月21日，斯大林终于得出结论，铁木辛哥无法胜任方面军司令员的职务。斯大林将戈尔多夫召至莫斯科，任命他为斯大林格勒方面军司令员，7月23日生效，赫鲁晓夫仍担任军事委员会委员，博金将军任方面军参谋长。此时，戈尔多夫的方面军编有8个诸兵种合成集团军（第63、第62、第64、第51、第57、第21、第28和第38集团军）、空军第8集团军和伏尔加河区舰队。至少从理论上说，守卫斯大林格勒似乎不在话下。[13]

　　可是，戈尔多夫的指挥工作受到诸多妨碍，一方面是因为他缺乏前线的确切情报，另一方面是因为莫斯科事无巨细的不断干预。例如，7月23日晚，保卢斯正完成在顿河以西构成合围的计划，戈尔多夫向斯大林报告，敌人以150辆坦克粉碎了奇尔河以东第62集团军的前沿防御，尽管损失35辆坦克，可对方继续向顿河上的桥梁和斯大林格勒推进——这意味着他很难守卫顿河的渡口。但斯大林严令戈尔多夫继续坚守从克列茨卡亚南延至下卡利诺夫卡（Nizhnaia Kalinovka）一线的"顿河突出部"，并指示集中十分之九的空中力量，对位于第62集团军北翼的德军第14装甲军发起打击。[14]华西列夫斯基作为最高统帅部代表，率领一个指挥小组，携带着斯大林严格的命令赶赴戈尔多夫的司令部，确保守住顿河突出部。

　　尽管斯大林的训令越来越严厉，但保卢斯的两股铁钳还是在7月24日取得了壮观的进展（参见地图29）。维特斯海姆第14装甲军辖下的第3和第60摩步师从克列茨卡亚地域发起进攻，先后突破第62集团军左翼步兵第192师的防御，并朝东南方推进了50多公里。夜幕降临前，施勒默尔的装甲掷弹兵距离顿河卡拉奇已不到10公里。与身后科勒曼的装甲掷弹兵们相配合，施勒默尔的部下构设起一道长而松散的装甲封锁线，从克列茨卡亚南面向东南方延伸至顿河，将第62集团军左翼2个被打垮的步兵师的残部包围在克列缅斯卡亚（Kremenskaia）和顿河河畔锡罗京斯卡亚（Sirotinskaia）南面的一个登陆场。

南面，第51军辖下的第297和第71步兵师进展缓慢，主要原因是第24装甲师姗姗来迟，当天晚些时候，在朗格曼第24装甲军辖下第24装甲师的支援下，德军沿奇尔河两岸向东发起进攻，将第64集团军的部队逼退至苏罗维基诺—托尔莫辛一线。[15]两股铁钳之间，胡贝第16装甲师的3个战斗群和第8军的第113步兵师在苏军第62集团军的中央防区达成突破，随即长驱直入，一举攻占佩列拉佐夫斯基，迫使科尔帕克奇的部队朝顿河后退了15公里。

保卢斯的两路突击轻而易举攻破了第62集团军的防御。7月23日晚，科尔帕克奇报告，他的右翼部队"正以一场激烈的防御作战抗击拥有战机支援的敌坦克（150—200辆）和步兵（第3和第60摩步师）"，近卫步兵第33师与另一股敌人的150辆坦克（第16装甲师）激战，而步兵第147师沿奇尔河抵御着敌人的摩托车部队（第297步兵师）。当天深夜，科尔帕克奇承认辖下的步兵第192师在巨大的压力下被迫后撤，但坦克第40旅成功发起了一场反冲击。[16]

可是，7月24日日终前，第62集团军的态势严重恶化，科尔帕克奇报告，面对敌人100多辆坦克的巨大压力，步兵第192和第184师不得不撤向东北方，在克列茨卡亚以东据守顿河南面一个硕大的登陆场。更为严重的是，尽管步兵第181和第147师似乎牢牢据守着集团军的中央地带，塔纳希申上校的坦克第13军在集团军中央偏右地带抗击着敌人的大批坦克，但科尔帕克奇承认："由于缺乏通信设备，到傍晚时并没有掌握敌军所处位置的确切情况。"[17]

7月24日结束时，维特斯海姆第14装甲军的3个快速师和为其提供支援的第113步兵师，已将科尔帕克奇集团军三分之一的部队松散地包围在马伊奥罗夫斯基地域（Maiorovskii）的高地上，该地域位于马诺伊林（Manoilin）以北、库尔特拉克河与克列普卡亚河之间。但是，维特斯海姆不得不放缓进军步伐，并对已取得的战果加以巩固，主要原因是严重缺乏燃料以及敌人在卡拉奇以北的顽强抵抗。[18]被围的苏军包括近卫步兵第33师，步兵第192和第184师

地图 29 第 6 集团军的位置（1942 年 7 月 23 日—24 日）

的一部，坦克第40旅和坦克第644营，这些部队都由第62集团军作战处长康斯坦丁·安德烈耶维奇·茹拉夫廖夫上校指挥，他已搭乘一架U-2飞机飞入包围圈。[19]如果第24装甲师沿顿河下游突破第64集团军的防御并到达卡拉奇，科尔帕克奇集团军剩下的部队也将遭到包围和歼灭。OKH总参谋长弗朗茨·哈尔德乐观地写道："第6集团军正向顿河和斯大林格勒以西地区不断推进，仍在某些地域死守的敌军正遭到包围。"[20]

第62集团军面临着被包围的威胁，斯大林以他特有的坚强应对，命令戈尔多夫加快组建坦克第1、第4集团军，将他们投入突破口，挽救科尔帕克奇的集团军。但此时，塔纳希申上校的坦克第13军（该军应加入莫斯卡连科新组建的坦克第1集团军）已投入战斗，在马诺伊林以北抗击德军第16装甲师。不过，该军只投入坦克第166和第169旅，坦克第163旅在后方担任第62集团军的预备队。此时，罗金将军[①]的坦克第28军（该军也应加入坦克第1集团军）仍位于卡拉奇附近的顿河东岸，与哈辛的坦克第23军守卫着同一片地域。最后是沙姆申的坦克第22军，该军应加入新组建的坦克第4集团军，但目前仍在顿河以北第63集团军防区内实施集结。因此，科尔帕克奇的集团军不得不以塔纳希申上校并不完整的坦克军发起反击，该军的任务是突破德军第16装甲师的防御，救援"茹拉夫廖夫"集群。可是，由于茹拉夫廖夫与科尔帕克奇之间的通信已中断，前者命令被围部队向北突围，赶往克列茨卡亚。[21]

7月25日一早，科尔帕克奇组织起另一场反突击，意图支援塔纳希申的坦克第13军，遏止并击退第6集团军伸向卡拉奇的北钳。将位于集团军左翼的防区交给第64集团军步兵第229师后，步兵第196师和坦克第649营将向北发起进攻，沿利斯卡河冲向卡拉奇西北方25公里处的斯科沃林（Skvorin），切断推进中的德军装甲部队，协助塔纳希申的坦克军救援"茹拉夫廖夫"集群。次日早上，戈尔多夫命令罗金的坦克第28军加入这场反击，并要求该军投入尽可能多的部队渡过顿河，从卡拉奇向北突击。可是，这些反击太过分散，无法发展成一场真正具有成功前景的胜利反击。[22]

---

① 译注：本书第二章指出他"1942年8月4日晋升为少将"，此时应为上校。

　　面对科尔帕克奇的顽强防御和戈尔多夫的反击措施，保卢斯第6集团军的两股铁钳竭力完成包围科尔帕克奇第62集团军的任务，7月25日和26日，他们不得不全力解决苏军急剧加强的抵抗。尽管仍受到燃料短缺的妨碍，但在两天的激战中，维特斯海姆第14装甲军从左至右（由东向西）部署的第3、第6摩步师和第16装甲师，以坦克和装甲掷弹兵构成一道半连贯的防线，从卡拉奇以北的顿河西延至利斯卡河河谷处的斯科沃林。但维特斯海姆的后方，第8军辖下的第100猎兵师和第113步兵师，不得不在第16装甲师主力的支援下执行艰巨的三重任务：牵制苏军第62集团军已撤入顿河以南克列缅斯卡亚和锡罗京斯卡亚登陆场的2个师，击溃并歼灭被围的"茹拉夫廖夫"集群，抗击试图救援"茹拉夫廖夫"集群的苏军部队。远在OKH的哈尔德描述了维特斯海姆的困境："我军部队本是一股庞大的突击力量，却分散成一个个群体，不得不克服敌人的顽强抵抗，直至顿河。我们是否能成功夺取卡拉奇的桥梁，这个问题尚有待观察。"哈尔德随后又添上一句现在已变得司空见惯的悲叹："燃料短缺导致装甲和摩托化师的大股单位严重滞后。"[23]

　　保卢斯面临的问题加剧了，这是因为7月25日起，塔纳希申的坦克第13军和步兵第196师继续沿马诺伊林东延至顿河的整条战线向北实施攻击，7月26日晨，罗金坦克第28军辖下的坦克第55、第56旅在卡拉奇北面投入战斗，为塔纳希申提供支援。红军总参谋部的每日作战总结记录下了战斗的激烈程度：

　　第62集团军的步兵第192、第184师和坦克第40旅，与坦克第1集团军的部队相配合，继续沿扎哈罗夫（Zakharov，克列茨卡亚西南方17公里处）、齐姆洛夫斯基（Tsimlovskii）和马伊奥罗夫斯基（克列茨卡亚南面13—27公里处）一线从事激烈的防御作战。集团军辖下的其他部队继续坚守原先的阵地。

　　坦克第1集团军，在"十月革命10周年"国营农场（卡拉奇东北方12公里处）打垮敌人的抵抗后，坦克第28军向北缓慢推进。坦克第13军的部队向马诺伊林发起反击，18点将其攻克。7月22日—25日，第62集团军和坦克第1集团军已击毁120辆敌坦克，并消灭2000余名敌官兵。[24]

　　这些反突击阻止了德军第14装甲军冲向卡拉奇的步伐。第16装甲师报告，苏军60辆坦克（显然来自塔纳希申的坦克第13军）成功突破到他们的后方地域，而第3和第60摩步师声称他们在卡拉奇以北遭到苏军200辆坦克的攻击。[25] 7月26日日终前，科尔帕克奇的集团军在顿河西岸顽强坚守着一座65公里宽、32公里深、从卡拉奇北面向南延伸至下奇尔斯卡亚（Nizhne-Chirskaia）的登陆场。

令保卢斯感到头痛的是，崔可夫的第64集团军加强了奇尔河以南的防御，使第6集团军的南钳无法在下奇尔斯卡亚附近渡过该河并从南面进抵卡拉奇。两天的激战中，第24装甲军的第24装甲师和第51军的第297、第71步兵师对奇尔河以南发起进攻，而第44步兵师正沿河流北岸向东突击，将第64集团军的步兵第229、第214师和坦克第137旅赶往东面的苏罗维基诺西郊和下奇尔斯卡亚附近的奇尔河下游。前进中的德军甚至在该河下游对面占领了一座小型登陆场。可是，由于崔可夫的部队全力阻截德军的进一步推进，保卢斯两支铁钳之间仍存在一个35公里宽的缺口。[26]

因此，7月26日的情况清楚表明，除非第6集团军获得大批援兵，否则很难完成对苏军第62集团军的包围。就在保卢斯的参谋长向集团军群参谋长报告"目前某种危机正在形成"时，科尔帕克奇获得了他需要的援兵——坦克第1、第4集团军。[27]越来越悲观的OKH总参谋长哈尔德写道："斯大林格勒以西的战斗非常艰巨。分成四个集团的敌人正在顽强战斗，并将包括大批坦克力量在内的新部队送过顿河。斯大林格勒肯定还有一股强大的力量。缺乏燃料和弹药！"[28]

斯大林格勒方面军的反突击，7月26日—31日

斯大林坚持要求斯大林格勒方面军将仍在组建中的坦克第1、第4集团军的600余辆坦克投入战斗。因此，7月26日20点，戈尔多夫命令2个坦克集团军，第21、第62、第64集团军的步兵以及空军第8集团军的飞机，对保卢斯的北钳发起一场协调一致的反突击（参见地图28）。

· 坦克第1集团军（莫斯卡连科）的坦克第13、第28军，第158旅和步兵第131师应在行进间发起进攻，从卡拉奇地域冲向上布济诺夫卡（Verkhne-

Buzinovka），打垮敌人的抵抗，务必在7月27日日终前夺取上布济诺夫卡。然后，该集团军应向克列茨卡亚攻击前进。7月27日3点发起进攻。

· 坦克第4集团军（克留琴金）的坦克第22军和坦克第133旅应于7月27日—28日晚间赶至顿河西岸，次日清晨从特廖赫奥斯特罗夫斯卡亚和佩斯科瓦特卡（Peskovatka）一线向西发起进攻，当日日终前到达上戈卢巴亚地域（Verkhne-Golubaia）。与坦克第1集团军相配合，向上布济诺夫卡发起连续进攻，打垮敌人的抵抗，恢复第62集团军右翼的态势。

· 第21集团军（丹尼洛夫）应以3—4个步兵师攻向克列茨卡亚和耶夫斯特拉托夫斯基（Evstratovskii），打垮敌人的抵抗，切断其通往后方的交通线。此后的任务是防止入侵之敌向西后撤。

· 第62集团军（科尔帕克奇）应坚守现有阵地，阻止敌人在右翼扩大突破。

· 第64集团军（崔可夫）应歼灭奇尔河左岸之敌，并阻止敌军突至右岸。为做到这一点，有必要将步兵第212师[①]和坦克第137旅撤出苏罗维基诺和埃利特斯基（Eritskii）一线，并沿奇尔河左岸部署；必须将海军步兵第66旅和3个军校学员团调至雷奇科夫斯基地域，并将其部署为集团军预备队。[29]

从理论上说，戈尔多夫策划的这场反突击威力强大、来势汹汹，共投入3个坦克军和2个坦克旅，450多辆坦克，其中三分之二是新型重型或中型坦克，另外还有5个步兵师和空军第8集团军的所有战机，这些飞机将为坦克第1集团军提供空中掩护。但是，2个坦克集团军面临着组建初期的严重问题，这一点不足为奇，因为2个坦克集团军按照斯大林的命令迅速组建，坦克第1集团军奉命在7月28日前做好战斗准备，坦克第4集团军则为8月1日前；现在，他们将于7月26日投入战斗。问题的主要原因是他们的仓促组建和过早投入：

2个坦克集团军并未做好协同作战的准备。他们刚刚完成组建，尚未形成足够的战斗凝聚力。四天的时间里，他们忙着让辖下的坦克军达到编制力量，

---

① 译注：应为第112师。

集团军司令员和参谋人员没有机会熟悉自己的部队。各坦克军，特别是坦克集团军，通信设备不足。准备这场反突击的时间只有6个半小时，而且是在夜间。面对这些情况，不仅无法组织起协调一致的指挥控制，也无法给各部队分配作战任务。[30]

更严重的是，塔纳希申的坦克第13军在抗击德军第16装甲师的战斗中遭受到严重损失，目前可投入的坦克可能不超过80辆。另外，罗金坦克第28军辖下2个满编坦克旅已在卡拉奇以北投入激战，而为2个坦克集团军提供支援的后勤保障，要么虚弱无力，要么根本没有。[31]

受到这些问题的干扰，只有莫斯卡连科的坦克第1集团军（该军辖下的大多数部队已投入战斗）按照规定时间发起了进攻——7月27日凌晨3点整。克留琴金坦克第4集团军的主力直到两天后才投入行动，而且零零碎碎，毫无协同可言。例如，截至7月27日17点，沙姆申坦克第22军的180辆坦克，由于机械问题折损大半，只有17辆渡过顿河并到达指定出发阵地。

7月27日拂晓前，恪尽职守的坦克第1集团军沿45公里宽的战线向北发起进攻，这条战线从马诺伊林地域东延至卡拉奇以北的顿河河段，塔纳希申的坦克第13军（该军已获得辖下第3个旅，即坦克第163旅的加强）位于集团军左翼，步兵第196师居中，罗金完全集结起来的坦克第28军位于右翼。德国空军7月27日出动1000多个架次的战机，对莫斯卡连科前进中的部队发起猛烈攻击时，戈尔多夫和最高统帅部代表华西列夫斯基正在卡拉奇西北方顿河西岸的前进指挥所里注视着这场行动。[32]面对德军接连不断的空袭，夜幕降临前，莫斯卡连科的坦克集团军只取得有限的进展：

第62集团军：在敌人的沉重压力下，步兵第192、第184师和坦克第40旅被迫撤至斯韦奇尼科夫斯基（Svechinikovskii，克列茨卡亚南面23公里处）北郊至波洛沃伊斯坦（Polovoi Stan，克列茨卡亚西南方22公里处）一线。

近卫步兵第33师，与步兵第181师的1个团和克拉斯诺达尔步兵学校的学员，继续进行顽强的战斗，以恢复他们在该师右翼卡尔梅科夫地域（Kalmykov，克列茨卡亚西南方35公里，马诺伊林以西10公里处）丢失的阵地。争夺卡尔梅科夫的战斗仍在继续。

步兵第181和第147师守卫着原先的阵地。

步兵第196师到达146.0里程碑、111.6里程碑和斯科沃林（卡拉奇西北方25公里处）一线。

经过进攻战斗，坦克第1集团军到达（如下）位置：

坦克第28军，步兵第131师的1个团位于利波列别杰夫斯基（Lipo-Lebedevskii）—利波洛戈夫斯基（Lipo-Logovskii，卡拉奇北面20—23公里，斯科沃林东面5公里处）。

坦克第13军，一个坦克旅位于埃夫谢耶夫地域（Evseev，克列茨卡亚南面40公里处），第二个坦克旅位于马诺伊林东面和东南面，第三个坦克旅靠近189.9高地（克列茨卡亚西南方46公里处）。[33]

值得注意的是，红军总参谋部的这份总结报告没有提及坦克第4集团军，因为该集团军尚未渡过顿河。但是，夜幕降临前，塔纳希申的坦克第13军已在胡贝第16装甲师的前沿防御上深深插入一个"楔子"，迫使该师的一部在马诺伊林沿多布拉亚河据守，师里的另一个战斗群向西后撤，与第113步兵师的先遣部队会合。东面，苏军步兵第196师和罗金的坦克第28军迫使德军第3和第60摩步师撤至后方5公里的新阵地上。塔纳希申7月27日对德军第16装甲师的突击尤为猛烈，深具破坏性：

大批苏军坦克从南面和西南面对其登陆场前方的德军阵地发起进攻，致使该地域的德军无法同从南面而来的第24装甲师会合。他们不断投入T-34，从顿河卡拉奇向西而来，从北面的克列茨卡亚跨过顿河向南而来，切断了前进中的第14装甲军的退路和补给路线，试图将该军困在"顿河口袋"内，并将其歼灭。

"赖尼施"战斗群被派往北面的罗什卡（Roshka），以加强侧翼，他们在卡尔梅科夫与马诺伊林之间的苏军主封锁线与敌人展开激战。仅仅在马诺伊林，俄国人7月27日的进攻便投入200辆坦克。激战中，德军击毁77辆敌战车。卡尔梅科夫北面，"克鲁姆彭"战斗群试图在大奥西诺夫斯基（Bol'shoi Osinovskii）突破俄国人的封锁线。苏军以优势兵力从北面发起进攻，试图包围该战斗群。所有可用兵力都调往这个危险地段。我师被分割成三部分，都已卷入激战，一切补给供应均被切断。这是个真正的考验时刻！He-111轰炸机以空投的方式为"拉特曼"和"冯·维茨莱本"战斗群提供了燃料补给。"冯·维茨莱本"战斗群遭到45辆敌坦克的包围，不得不从奥斯特罗夫（Ostrov）撤至古列耶夫（Gureev），最后又退守埃鲁斯拉诺夫斯基（Eruslanovskii）。被德军步兵师驱散后，敌人现在甚至从西面发起了进攻。[34]

维特斯海姆第14装甲军的实力渐渐耗损，只剩下大约100辆坦克，面对苏军200多辆坦克的冲击，该军几乎已无法继续前进，尽管"斯图卡"俯冲轰炸机以毁灭性打击提供了支援。OKH总参谋长哈尔德描述了眼前的问题："第6集团军在顿河以西的战斗仍在肆虐，激烈度丝毫未减。显然，我军两翼向前推进时，敌人在大批坦克的支援下死守着他们的中央防线。"[35]

7月28日，态势并未得到改善，红军总参谋部的每日战报指出（参见地图30）：

第62集团军，与坦克第1集团军的部队相配合，继续与敌人突入的坦克和摩托化步兵展开激烈的战斗。

坦克第13军，7月28日晨沿马诺伊林和马伊奥罗夫斯基方向发起进攻，15点与坦克第40旅及步兵第192、第184师的部队会合。前进15—18公里后，该军在上布济诺夫卡西郊接近地、埃里克（Erik，克列茨卡亚以南40公里处）和埃夫谢耶夫战斗。敌坦克和摩托化步兵位于该军前方。

坦克第28军，步兵第131、第196师在7月28日击退敌人的两次反击，击伤、击毁敌坦克多达40辆。

坦克第23军，在卡拉奇附近渡过顿河到达西岸。

步兵第204师集结在顿河卡拉奇地域，1个团位于顿河西岸……

坦克第4集团军继续渡过顿河。集团军辖下的部队赶往上布济诺夫卡，7月28日晨位于赫梅列夫斯卡亚（Khmelevskaia，克列茨卡亚东南方53公里处）、上戈卢巴亚、埃夫拉姆皮耶夫斯基（Evlampievskii）、小纳巴托夫斯基（Malonabatovskii，克列茨卡亚东南方60公里处）一线。

地图 30　第 6 集团军的位置（1942 年 7 月 27 日—28 日）

坦克第22军先头部队7月28日15点夺取了文齐（Ventsy，上布济诺夫卡东北方15公里处）—奥西京斯基（Os'kinskii，上布济诺夫卡东面13公里处）地域。

坦克第176旅正赶往韦尔佳奇地域（Vertiachii）。[36]

德军第16装甲师再次遭到莫斯卡连科的冲击和塔纳希申的猛攻：

北面，炮火轰鸣起来。"克鲁姆彭"战斗群正在上布济诺夫卡战斗。7月

27日，该战斗群被隔断在大奥西诺夫斯基，但他们设法突围而出，次日早晨经雷宾斯基（Rybinskii）和济姆科夫（Zymkov）赶往东南方，以便同位于苏哈诺夫（Sukhanov）的"拉特曼"战斗群会合。在上布济诺夫卡东南入口的桥梁处，该战斗群停顿下来。苏军的1个步兵团和11辆坦克突然追上他们，从西面冲入镇内，在此过程中，对第100猎兵师的第50步兵团[①]发起进攻，该团据守着镇内的城堡，随后将其炸毁。面对逐渐逼近的（苏军）战斗群，他们成功击退了对方的初步进攻。克鲁姆彭下令组织防御。随着天色渐渐昏暗，苏军坦克的轰鸣声再次传来；在各种火力的打击下，敌人的进攻被击败。22点30分左右，俄国人悄悄摸向第16炮兵团第5连的阵地。[37]

正如第62集团军每日作战报告中指出的那样，7月28日夜幕降临前，塔纳希申坦克第13军（目前由戈尔多夫的装甲坦克兵司令员普希金将军亲自监督）剩下的坦克和摩托化步兵顺利向前推进，与被围的"茹拉夫廖夫"集群取得会合，并成功将其救出。可是，由于缺乏空中掩护和炮火支援，塔纳希申为此付出了高昂的代价：7月27日日终时，坦克第13军只剩下40辆坦克，尽管坦克第40旅加入其辖内，次日晚间又补充了一些坦克。[38]与此同时，在东南方，虽然前进速度有所放缓，但罗金的坦克第28军还是迫使德军第3、第60摩步师从卡拉奇又向北后退了2—3公里。

无奈之下，保卢斯以第376步兵师增援第8军，并命令该军的2个先遣师（第100猎兵师和第305步兵师）向南推进赶往上布济诺夫卡，为焦头烂额的第16装甲师提供加强，并阻止"茹拉夫廖夫"集群和坦克第13军向东撤退的一切企图。可是，此举意味着第8军不得不留下一支掩护力量，在第16装甲师"施特雷尔克"战斗群的加强下，防范苏军从克列缅斯卡亚和锡罗京斯卡亚登陆场冲出后向南发起进攻——沙姆申的坦克第22军本应从那里发起突击。

7月份的最后几天，在德军第14装甲军与苏军坦克第1、第4集团军这场激烈的交锋中，第16装甲师首当其冲：

---

① 译注：第50步兵团隶属第111步兵师，此处疑为第54猎兵团。

7月29日早上，俄国人小心翼翼地朝（德军）战斗群侧翼而来，随即发起接连不断的进攻。无线电信号：师部命令——各单位火速集结至苏哈诺夫附近！下一条消息接踵而至——24辆敌坦克正从东面和东北面逼近上布济诺夫卡。逃生是不可能的。战斗群处在猛烈的坦克炮火攻击下。尽管"赖尼施"战斗群设法突至苏哈诺夫和奥西诺夫斯基，但无法同师里的其他单位会合。

大批坦克部队在战线两端彼此相对。他们试图包围对方，却又相互包围。这片战场的范围是100x100公里，毫无前线可言。就像海战中的驱逐舰和巡洋舰，坦克在这片草原的沙海上交战，争夺着有利的射击位置，设法将对方逼入角落，在某个炮位一连据守几个小时，或在某个地方守卫几天，顺利脱身后再次转身追击敌人。坦克在杂草丛生的草原上相互厮杀之际，战机也在晴朗无云的顿河上空缠斗，攻击隐蔽在峡谷中的敌人，将弹药补给车炸入空中，令燃料补给车队燃起熊熊大火。

以第16装甲师的情况看，敌人似乎赢得了胜利。我师此前从未遭遇过如此严峻的状况。合兵一处似乎无法做到。7月30日晚间，第64装甲掷弹兵团第2营，在蒙德上尉（后由巴彻指挥）的率领下大胆发起突围。据报告，主公路上没有敌人。突然，俄国人的坦克从沟渠中冲出，在近距离内朝行进中的德军支队开炮射击，数部车辆被击毁，第16装甲猎兵营第2连连长克莱因霍尔茨中尉当场阵亡。德军车队重新集结，但俄国人再次发起攻击。德军残部设法逃脱，在苏哈诺夫加入"拉特曼"战斗群。

克鲁姆彭上校接到命令，在西面和西北面构设防线，等待援兵到来。

即便在苏哈诺夫地域，情况也很严重。埃鲁斯拉诺夫斯基以南地域已被放弃。7月30日，敌人对德内曼上尉指挥的第16摩托车营发起进攻。北面，俄国人的坦克位于上布济诺夫卡。"冯·施特拉赫维茨"装甲营和第16装甲掷弹兵营第2连发起一场反击，击毁敌人15辆坦克和28门大炮，并抓获600名俘虏。

苏哈诺夫东面，"赖尼施"战斗群的一部在奥西诺夫斯基附近构设起"刺猬"防御。187.7高地与225.1高地之间，敌人的进攻持续不断。刺猬阵地的东部边缘，第16工兵营第1连的格林贝格少尉，设法让全营继续推进。苏军的7辆坦克沦为德军高射炮的牺牲品。

8月1日，独立的"施特雷尔克"战斗群已建立起一处面朝东的安全阵地，该战斗群的工兵们发现一支苏军车队出现在阵地前方，在京特·施密茨少尉的率领下，装甲工兵班突然发起袭击，这股苏军四散奔逃，他们的2门高射炮和4辆汽车被击毁。

一天前，"克鲁姆彭"战斗群成功完成了他们的任务。第60摩步师的一部已从西南方对上布济诺夫卡发起进攻；可是，由于无法渡河，他们不得不停在距离该镇2公里外。敌人惊慌失措，他们的40辆坦克已在掩护下悄然溜走。现在，"克鲁姆彭"战斗群开始向上布济诺夫卡推进。第2装甲团第9连，在布吕歇尔中尉的率领下，去对付苏军坦克和步兵的顽强防御。敌人投入了低空飞行的战机。当晚，上布济诺夫卡被攻克，尽管敌人尚未投降。面前的苏军是从远东调来的西伯利亚人，德军士兵不得不在近距离战斗中将他们的据点逐一打垮。西伯利亚士兵非常顽强，但已无法阻止第16装甲师的部队取得会合。敌人被迫后撤，在坦克的掩护下，三股师级力量的部队朝东北方撤去，并渡过顿河。[39]

7月28日日终前，保卢斯也没能从他的南钳收到任何好消息。虽然第24装甲军和第51军在奇尔河下游对岸设法将他们的登陆场加深了3公里，但没能打垮崔可夫第64集团军的顽强防御，也没能向北赶至卡拉奇。另外，保卢斯不知道的是，斯大林格勒方面军正将哈辛的坦克第23军从预备队调入卡拉奇附近的前沿集结区。如果该坦克军迅速采取行动（该军与沙姆申的坦克第22军合在一起共有200多辆坦克），保卢斯的北钳将面临一场潜在的灾难。不过，鉴于苏军坦克部队过去的表现，这种"如果"很成问题。面对眼前的态势，OKH总参谋长哈尔德持乐观态度（尽管很不准确）："由于缺乏燃料和弹药，第6集团军无法继续进攻。"他又一厢情愿地补充道："（9个新组建的坦克旅）发起的猛攻失败后，敌人似乎正撤往顿河后方。"[40]

尽管保卢斯狼狈不堪，但苏军最高统帅部和戈尔多夫都对这场理应协调一致的反突击的结果感到不满：

虽然有庞大的坦克力量投入这场反突击，但第62集团军防区7月27日的态势本质上并未获得大幅改善。首先是反突击行动组织工作所犯的错误。敌空军

的水平非常高，给我方部队的作战行动造成很大困难。（我们）对部队的组织
和控制不力。敌机不断破坏我方部队与上级指挥机构之间的有线通信，各指挥
部对电台的使用不够熟练。因此，即便在同一支部队，通信状况也很糟糕。由
于担心无线电通信被敌人拦截，许多指挥员及其参谋人员经常不愿使用电台，
结果在战斗中影响到对部队的指挥控制。[41]

　　科尔帕克奇的第62集团军和莫斯卡连科坦克第1集团军半数以上的力量成
功击退了保卢斯的北钳，并在整个7月底牢牢守住顿河西岸的登陆场，但"茹
拉夫廖夫"集群和坦克第13军的残部仍在上布济诺夫卡与马诺伊林之间进行不
对称的战斗，抗击着德军的包围。（参见地图31）第8军辖下的第100猎兵师和
第305步兵师从北面和东面发起进攻，而第113步兵师和第16装甲师从西面和南
面而来，茹拉夫廖夫别无选择，只能命令他的部队向东突围。燃料和弹药已耗
尽，还带着500多名伤员，茹拉夫廖夫7月29日命令他这个残破不全的集群向东

地图31 "茹拉夫廖夫"集群的被围和突围（1942年7月24日—31日）

北方突围，穿过上布济诺夫卡，设法与沙姆申的坦克第22军会合，该坦克军应该已向前推进以救援被围的苏军部队。

以塔纳希申坦克第13军的残部为先锋，"茹拉夫廖夫"集群与德军第100猎兵师、第16装甲师和第113步兵师的部队展开了历时两天的激战。7月31日晚，他们终于在奥西京斯基和上戈卢巴亚附近到达坦克第4集团军的防线。此时，"茹拉夫廖夫"集群只剩下5000人、66辆坦克和2个炮兵团。[42]红军总参谋部在7月29日的每日战报汇总中指出"坦克第13军7月29日14点夺取上布济诺夫卡"（尚未提及"茹拉夫廖夫"集群7月30日的命运），又在7月31日的每日战报汇总中含糊其辞地报告："步兵第192和第184师撤向戈卢巴亚和上戈卢巴亚地域，在那里实施整编。"[43]

"茹拉夫廖夫"集群为何能逃脱？OKW在7月30日的作战概要中指出："该地域（卡拉奇西北方）以北，40余辆苏军坦克从西面达成突破，并将第14装甲军指挥部摧毁。正组织力量歼灭这股苏军。"[44]第16装甲师从另一个角度对这场危险而又混乱的战斗做出了更加生动的描述：

7月31日晨，俄国人以40辆坦克发起突击。各处的进攻都被遏制，8辆（敌）坦克被击毁。7点25分，亨舍尔战斗机和Ju-88对马伊奥罗夫斯基和埃鲁斯拉诺夫斯基发起打击。敌人遭到损失并被歼灭。一架"福克-沃尔夫"近距离侦察机朝己方防线投下几盒巧克力，上面写着"近距离侦察战友们为你们收集的"。当天，第16装甲师目睹了7架苏军轰炸机被击落。

当天中午，敌人试图重新发起进攻。穆勒装甲连又击毁8辆敌坦克。摩托车营的士兵们大胆地让T-34从他们隐蔽的沟渠上驶过，然后击退跟随在坦克身后的敌步兵。"斯图卡"对马伊奥罗夫斯基发起空袭。手榴弹和炮弹的爆炸声伴随着重型轰炸机的轰鸣。敌人四散奔逃。当晚，他们集结在斯科沃林的坦克又遭到德军一架"斯图卡"的打击，俄国人彻底丧失了恢复进攻的意志。[45]

次日，德军报告在该地区击毁66辆苏军坦克，并抓获2000名俘虏。[46]弗朗茨·哈尔德描述了保卢斯北钳面临的严峻局面，以一种悲观的语调写道："斯大林格勒以西，顿河弯曲部内，第6集团军进行着激烈的战斗；我们尚未

希特勒会晤"南方"集团军群司令部人员

1942 年 7 月，德军坦克攻入顿河大弯曲部

1942 年 7 月，顿河大弯曲部内的德军摩托车部队

俯瞰顿河的德军士兵

1942 年 7 月，顿河大弯曲部，部署在射击阵地的苏军 76 毫米野炮

1942 年 7 月，红军士兵守卫顿河大弯曲部

获悉该集团军的确切进展。由于弹药和燃料补给困难，第6集团军的攻击力严重下降。"[47]

"茹拉夫廖夫"集群的主力没能逃脱，这是克留琴金坦克第4集团军作战不力的直接后果，特别是沙姆申的坦克第22军。该军最初拥有180辆坦克，如果做出正确部署，应该能为击败保卢斯的北钳发挥决定性作用。可是，该军7月29日终于加入战斗时，辖下的坦克第182和第173旅只能投入96辆坦克，另外36辆发生了故障。沙姆申还把坦克第176旅（29辆坦克）留作预备队，并将重型坦克第133旅（配备着威力强大的KV坦克）和获得加强的摩托化步兵第22旅部署在最右翼，特廖赫奥斯特罗夫斯卡亚西面的森林中。[48]

沙姆申将他的坦克投入战斗时，既没有采取恰当的侦察行动，也没有获得步兵的支援。结果，面对德军第100猎兵师、第113步兵师和第16装甲师的一个加强战斗群，坦克第182和第173旅夺回文齐和穆科夫宁斯基（Mukovninskii，上布济诺夫卡东北方6公里处）附近地域的首度尝试遭遇惨败，2个旅损失了13辆坦克（11辆T-34和2辆T-70）。7月30日，他们再度发起进攻，这一次，位于该军左翼的坦克第176旅攻向奥西诺夫斯基，但坦克第133旅和摩托化步兵第22旅仍在顿河东岸一动不动，3个旅又损失41辆坦克（25辆T-34、11辆T-70和5辆T-60），坦克第176旅旅长阵亡。在这场战斗中，塔纳希申坦克第13军的残部终于同沙姆申实力不断下降的部队会合，坦克第13军残余的66辆坦克组成坦克第169旅后加入坦克第22军。[49]此后，沙姆申的坦克军与步兵第184、第192师继续进攻位于克列缅斯卡亚和锡罗京斯卡亚以南登陆场的第8军，但攻击力明显下降。

猛烈的战斗继续冲击保卢斯的北钳之际，南面的奇尔河和顿河战线也爆发了激战，崔可夫第64集团军在这里竭力抵挡着保卢斯的南钳。到7月28日，德军在奇尔河对面的下奇尔斯卡亚夺得一座登陆场，并将其扩大，第24装甲军辖下的第24装甲师、第51军辖下的第297和第71步兵师对苏军构成了双重威胁：首先是对第62集团军与第64集团军侧翼的结合部，其次是对斯大林格勒城，因为这座登陆场和与之相连的铁路线位于通往斯大林格勒最直接的路线上。面对这些威胁，7月28日16点45分，最高统帅部给斯大林格勒方面军下达了以下命令：

　　继续执行彻底歼灭上布济诺夫卡地域敌军的作战行动，同时，方面军在未来几天的主要任务是，不惜一切代价击败已在下奇尔斯卡亚南面抵达顿河西岸的敌人，不得迟于7月30日，应以第64集团军的部队采取积极行动，并投入已到达卡拉奇地域的步兵第204、第321师和坦克第23军，彻底恢复沿斯大林格勒防线的防御，随后将敌人赶过齐姆拉河。[50]

　　命令还要求戈尔多夫加强斯大林格勒西南地区的防御，并指示他如何更好地部署调拨给方面军预备队的9个新锐步兵师。当天早些时候，苏军最高统帅部已采取措施掩护斯大林格勒方面军的左翼，将南方面军和北高加索方面军合二为一，组成新北高加索方面军[①]，就此扩展了进入斯大林格勒的西南方向，新组建的方面军由布琼尼指挥，马利诺夫斯基和切列维琴科担任他的副手。[51]布琼尼的司令部设在阿尔马维尔，扩大后的北高加索方面军不仅要遏止德军从罗斯托夫地域和顿河流域向南的推进，还要将德军驱离巴泰斯克，将他们赶过顿河。[52]

　　最高统帅部下达命令前，戈尔多夫已命令方面军预备队的步兵第204师[②]和步兵第321师，坦克第1集团军的坦克第163旅（后又投入该集团军辖下满编的坦克第23军和步兵第204师），第62集团军的步兵第229和第214师[③]，以及方面军所属的空军第8集团军发起这样一场反突击。[53]可是，这场计划的进攻行动再次受挫，主要是没有足够的时间对行动加以协调和控制。在这场激烈而又混乱的战斗中，戈尔多夫7月30日派46岁的M.S.舒米洛夫中将接替崔可夫担任第64集团军司令员，崔可夫任他的副手。米哈伊尔·斯捷潘诺维奇·舒米洛夫是一名作战经验丰富的将领，1939年9月入侵波兰东部以及1939—1940年苏芬战争期间，他指挥过一个步兵军，"巴巴罗萨"战役中，他在西北方面军指挥第8集团军[④]。1941年秋季的列宁格勒保卫战中，他担任第55集团军副司令员，1942年5月的哈尔科夫战役中，他是第21集团军副司令员。[54]

－－－－－－－－－－－－－－－－－－－－－－－

　① 译注：其实北高加索方面军谈不上新建，只是南方面军7月28日撤销建制后，所属部队转隶北高加索方面军而已。
　② 译注：此番号有误，第204师隶属坦克第1集团军，7月28日后遵照最高统帅部训令转隶第64集团军，正在途中。
　③ 译注：这两个师隶属于第64集团军。
　④ 译注：舒米洛夫没有担任过第8集团军司令员，他当时是该集团军辖下步兵第11军军长。

因此，令苏军最高统帅部懊恼的是，到7月30日晚，斯大林格勒方面军以坦克第1、第4集团军发起的反突击损失惨重，已陷入停顿。7月份最后8天的激烈战斗使第62、第64集团军，坦克第1和坦克第4集团军的1239辆坦克损失过半，大多是因为机械故障。德军第14装甲军报告，他们击毁482辆苏军坦克（整个第6集团军的战果是击毁600多辆敌坦克）。[55]坦克第1、第4集团军4个坦克军的命运强调了这种严重的损失。例如，塔纳希申坦克第13军的152辆坦克损失86辆，罗金坦克第28军的178辆坦克，损失超过三分之二。尽管8月份的第一周仍在战斗，但到8月6日，沙姆申坦克第22军的180辆坦克已损失80%，而哈辛坦克第23军在同一时期的损失超过三分之二。同样证明德军作战报告准确性的是，7月末和8月初，科尔帕克奇第62集团军辖下2个坦克旅和6个独立坦克营的320辆坦克折损大半。

斯大林本人承认了这一令人震惊的代价，他以坦克第1、第4集团军的"灾难性损失"为例，批评部分红军指挥员和士兵要么是缺乏能力，要么是蓄意破坏：

我们的坦克部队和兵团，因机械故障遭受的损失往往比战斗损失更大。例如斯大林格勒方面军，我们在坦克、炮兵和飞机方面拥有显著优势，但六天的战斗中，12个坦克旅的400辆坦克损失了326辆，其中200辆是因为机械故障。许多坦克被丢弃在战场上。其他方面军也有类似的情况。

机械故障的发生率如此之高令人难以置信，最高统帅部认为这其中隐藏着消极作战和蓄意破坏的因素，某些坦克组员试图利用小小的机械故障将他们的坦克丢弃在战场上，以此来逃避战斗。[56]

虽然斯大林格勒方面军的坦克力量在顿河大弯曲部防御作战期间遭受到惊人的损失，但8月1日时，该方面军依然是一股危险的作战力量。方面军辖内仍有500余辆坦克，还是比保卢斯2个装甲军的坦克数量多出一倍，另外，苏联军工厂正源源不断地将新坦克运至该地区。例如，8月8日时，尽管在7月份的反击战中损失惨重，但塔纳希申的坦克第13军（目前由新的坦克旅组成）拥有136辆坦克（120辆T-34和16辆T-70），坦克第133旅仍有40辆KV重型坦克。[57]

因此，第6集团军在最艰巨的形势下作战，辖下的部队经常混杂在一起，但第8军和第14装甲军的确击败了苏军坦克第1、第4集团军的反突击。击退数量远远超过己方的敌军持续不断的进攻的同时，尽管面临许多问题，但他们还构设起连贯、更具弹性的防线，使苏军坦克第4集团军以及为其提供支援的步兵部队无法冲出克列缅斯卡亚和顿河河畔锡罗京斯卡亚以南的登陆场，并将科尔帕克奇的第62集团军和莫斯卡连科的坦克第1集团军压制在顿河西岸的登陆场内。[58]但是，保卢斯的北钳为这些有限的战果付出了高昂的代价，除了150辆坦克损失过半外，第14装甲军的3个快速师也没能从北面进抵卡拉奇（尽管只是暂时的）。[59]证明保卢斯受挫的一个事实是，7月30日，戈尔多夫的反突击已变得虚弱无力，但第6集团军的南钳（第24装甲军和第51军）仍被压制在下奇尔斯卡亚附近，奇尔河对面一座小小的登陆场内，没能从南面进抵卡拉奇。

保卢斯在月底前包围顿河以西所有苏军部队的企图落了空，希特勒"在行进间以突袭的方式夺取斯大林格勒"这一雄心勃勃的希望就此破灭（参见地图32）。实际上，尽管付出了巨大的代价，但戈尔多夫沿顿河及顿河以西地域实施防御的4个集团军已将保卢斯的先头部队打得停步不前。另外，接踵而至的对峙很可能持续下去，除非保卢斯的集团军能获得大批援兵。

无论希特勒是否明白眼前的态势，OKW和OKH的其他人都对此心知肚明。例如，7月28日OKW召开的局势研讨会上，据哈尔德说，国防军最高统帅部指挥参谋部参谋长阿尔弗雷德·约德尔"自以为是"地宣布："高加索的命运取决于斯大林格勒，鉴于战斗的重要性，有必要从A集团军群抽调部队增援B集团军群。"[60]哈尔德将约德尔这番话描述为"不过是把我的观点改头换面而已"，其重要意义"终于被OKW这帮显赫人物所理解"①，哈尔德本人大力支持抽调兵力支援陷入困境的保卢斯的想法。[61]希特勒决定在几天内按照这个建议行事，这是一种无声的承认：元首严重低估了红军在斯大林格勒方向上的实力。

至少在一定程度上，哈尔德和OKH及OKW的其他人士对战略现实的认识比希特勒更加准确。这是因为他们知道，苏联红军除了沿斯大林格勒方向实施顽强

---

① 译注：据瓦利蒙特记载，哈尔德的原文是"OKW这帮显赫人物中，似乎没有谁理解其重要意义"；另外，约德尔发表"抽调援兵"意见的这场OKW局势研讨会召开于7月30日，而非28日。

抵抗外，在前线其他地区的作战行动也较以往更加积极。从这个意义上说，他们对斯大林的了解超过他们对元首的了解——因为这正是斯大林的战略意图。

地图 32 第 6 集团军的位置（1942 年 7 月 31 日）

"东线文库"总策划　王鼎杰

TO THE GATES OF STALINGRAD

斯大林格勒

—— 三部曲 ★ 苏德战争1942.4—1942.8 ——

兵临城下

第一部

下册

2

[美] 戴维·M.格兰茨　　[美] 乔纳森·M.豪斯　著

小小冰人　译

台海出版社

TO THE GATES OF STALINGRAD: THE STALINGRAD TRILOGY V. 1: SOVIET-GERMAN COMBAT
OPERATIONS, APRIL-AUGUST 1942 (MODERN WAR STUDIES) by DAVID M. GLANTZ WITH
JONATHAN M. HOUSE
Copyright:2009 by the University Press of Kansas
This edition arranged with UNIVERSITY PRESS OF KANSAS through Big Apple Agency, Inc., Labuan,
Malaysia.Simplified Chinese edition copyright:2016 ChongQing Zven Culture communication Co., Ltd.
All rights reserved.

版贸核渝字（2015）第203号

图书在版编目（CIP）数据

斯大林格勒三部曲. 第一部, 兵临城下 / (美) 戴维·
M.格兰茨, (美) 乔纳森·M.豪斯著；小小冰人译. --
北京：台海出版社, 2016.8 (2025.2重印)
　书名原文: To the Gates of Stalingrad:Soviet-
German Combat Operations,April-August 1942;The
Stalingrad Trilogy,VolumeI
　ISBN 978-7-5168-1151-1

　Ⅰ.①斯… Ⅱ.①戴… ②乔… ③小… Ⅲ.①斯大林
格勒保卫战(1942-1943)-史料 Ⅳ.①E512.9

中国版本图书馆CIP数据核字(2016)第199900号

斯大林格勒三部曲 . 第一部，兵临城下

著　　者：[美] 戴维·M. 格兰茨　[美] 乔纳森·M. 豪斯　　译　者：小小冰人

责任编辑：刘　峰　　　　　　　　　策划制作：指文文化
视觉设计：杨静思　　　　　　　　　责任印制：蔡　旭

出版发行：台海出版社
地　　址：北京市东城区景山东街20号　　　　邮政编码：100009
电　　话：010－64041652（发行、邮购）
传　　真：010－84045799（总编室）
网　　址：www.taimeng.org.cn/thcbs/default.htm
E－mail：thcbs@126.com

经　　销：全国各地新华书店
印　　刷：重庆长虹印务有限公司
本书如有破损、缺页、装订错误，请与本社联系调换

开　本：787mm×1092mm　　　　1/16
字　数：682千　　　　　　　　　印　张：43
版　次：2016年10月第1版　　　　印　次：2025年2月第2次印刷
书　号：ISBN 978-7-5168-1151-1

定　价：149.80 元

奥廖尔和沃罗涅日方向，7月20日—26日

早在1942年7月份的第一周，斯大林便决心以去年夏季"巴巴罗萨"战役期间抗击希特勒军队时使用过的战略模式，遏止然后击败跨过苏联南部向东推进的德军。具体地说，斯大林决定依靠坚决的防御作战，必要情况下可以实施局部后撤，以此拖缓或遏止德军的推进。与此同时，他坚持要求在几乎每一个前线地区发起多个反冲击和反突击，最大程度消耗轴心国军队，防止他们增援重要的斯大林格勒方向，并在适当的时机和地点发起一场大规模反击，击退希特勒的推进，将敌人赶回他们的出发点。由于红军1942年的状况比1941年更好些，因而斯大林认为，完成这个任务所需要的时间会比去年少得多。

博克和李斯特的集团军群冒着7月的酷暑猛攻西南方面军和南方面军时，在北面，苏军最高统帅部组织起一系列反击，希望迟滞或至少削弱德军向斯大林格勒的进军。红军匆匆策划并实施了第一场反突击，旨在支援布良斯克方面军辖下坦克第5集团军和第40集团军在沃罗涅日及沃罗涅日以西地域发起的进攻。在7月2日的训令中，最高统帅部命令朱可夫的西方面军对德国"中央"集团军群第2集团军的前沿防御（奥廖尔北面和东北面85—120公里处）发起进攻，"包围并歼灭敌'博尔霍夫'集团"。[62]

朱可夫的计划是以K.K.罗科索夫斯基中将的第16集团军和P.A.别洛夫中将的第61集团军，在齐装满员的坦克第10、第3军的支援下（这2个军分别由V.G.布尔科夫少将和D.K.莫斯托文科少将指挥），于7月5日拂晓发起进攻，第16集团军沿奥廖尔北面的日兹德拉河（Zhizdra）攻击前进，而第61集团军在博尔霍夫（Bolkhov）正北面展开行动（参见地图33、34）。进攻部队共拥有600余辆坦克，在火力上明显超过对手，对面的德军只有4个步兵师，约100辆坦克和突击炮。[63]可是，战斗期间，德军7月7日抽调第17和第18装甲师的部队为守军提供增援，7月8日又投入第19装甲师的一部，这使他们的坦克数量增加了200辆。

康斯坦丁·康斯坦丁诺维奇·罗科索夫斯基，在南方主战场侧翼担任集团军司令员期间发挥的作用并不大，但他很快成为沃罗涅日方面军司令员[①]，

---

① 译注：应为布良斯克方面军司令员。

地图 33 第16集团军沿日兹德拉河的作战行动（1942年7月6日—14日）

1942年9月，斯大林格勒方面军更名为顿河方面军，罗科索夫斯基担任司令员，率领该方面军支援第62集团军在斯大林格勒的殊死防御。罗科索夫斯基过去曾指挥过西南方面军辖下的机械化第9军，1941年6月下旬率领该军在杜布诺地域参加了对德国第1装甲集群激动人心但最终失利的反击。当年8月，他指挥"亚尔采沃"集群在斯摩棱斯克以东地域顽强抗击德国"中央"集团军群。1941年7月，45岁的罗科索夫斯基被任命为第16集团军司令员，1941年11—12月，他率领该集团军在莫斯科实施了成功的防御和反击。罗科索夫斯基是一名果断、经验丰富的战士，1942年夏季，朱可夫的西方面军发起进攻，试图分散德军"蓝色"行动的兵力，罗科索夫斯基率领的集团军充当先锋，由于在进攻战役中表现出色，1942年7月，他擢升为布良斯克方面军司令员。[64]

地图 34 第 61 集团军沿博尔霍夫方向的作战行动（1942 年 7 月 5 日—12 日）

第61集团军司令员帕维尔·阿列克谢耶维奇·别洛夫，是继布琼尼之后红军最著名的骑兵将领。1942年①夏季和秋季战役期间，别洛夫指挥着骑兵第2军（后改称近卫骑兵第1军），1941年12月红军在莫斯科发起反击，他的军为击败古德里安第2装甲集群做出了重要贡献，在随后的冬季战役中，他率领该军深入德国"中央"集团军群后方，赢得了持久的名声。1942年6月，最高统帅部任命战功卓著的别洛夫为第61集团军司令员。⁶⁵第16集团军辖下的坦克第

---

① 译注：应为1941年。

10军，第61集团军辖下的坦克第3军，两位军长都是经验丰富的将领。坦克第10军军长瓦西里·格拉西莫维奇·布尔科夫曾在"巴巴罗萨"战役期间指挥过坦克师，而坦克第3军军长德米特里·卡尔普维奇·莫斯托文科，曾在1941年6月底和7月指挥西方面军的机械化第11军，参加了白俄罗斯格罗德诺地域的激战，在随后的明斯克包围圈中，莫斯托文科死里逃生，1941年剩下的日子和1942年初，他在红军总参谋部担任部门领导。[66]

罗科索夫斯基和别洛夫的集团军遵照朱可夫的命令发起进攻，险些突破德军步兵师的防御。可是，同沃罗涅日的情况一样，红军进攻部队经验不足，西方面军司令部与所辖部队之间出现了协调问题。尽管在坦克力量方面占有3：1的优势，但与南方的战友们一样，西方面军的2个坦克军也遇到许多组建初期的问题。坦克与为其提供支援的步兵、炮兵和工兵之间无法实现有效协同，2个坦克军损失惨重，坦克第10军的152辆坦克几乎消耗殆尽，坦克第3军的损失也很大。令最高统帅部惊愕的是，朱可夫代价高昂的失利对南线德军的推进并未造成显著影响。[67]

苏军最高统帅部没有因为7月初反突击的失利而气馁，并在当月剩下的日子里多次命令布良斯克方面军和沃罗涅日方面军继续攻击德军攻势的北翼。这种进攻基于一种错误的观点：7月下旬驻守沃罗涅日地域的轴心国军队，与2周前他们到达该地域时同样虚弱。实际上，到7月中旬，扎尔穆特将军的德国第2集团军已组织起实力雄厚的步兵防御，并获得一些反突击预备队的加强。德军预备队的核心是第9装甲师，该师的94辆坦克和装甲掷弹兵部署在沃罗涅日以西25—30公里处，维什涅韦杜加（Vishne Veduga）和图罗沃（Turovo）地域的集结区。[68]匈牙利第2集团军沿沃罗涅日以南顿河河段部署，突破其防区的可能性更大些，但苏军策划部门高度集权的特性使红军一连几个月没能对这一弱点加以利用。

沃罗涅日最初的战斗，再加上顿河曲折的河道，形成了一条复杂的战线，似乎在诱使双方去切断对方据守的突出部（参见地图35）。沃罗涅日西面，布良斯克方面军新组建的第60集团军据守着以顿河西岸波德戈尔诺耶镇（Podgornoe）为中心的突出部。而这个突出部的两侧又是两个方向相反的德军突出部——波德戈尔诺耶西面的泽姆良斯克和奥利霍瓦特卡突出部，由德军

利夫内

奥普福斯纳河

素斯纳河

布良斯克方面军

顿河

95 步师

383 步师

科拉比诺

奇比索夫集群
（38 集）

沃罗涅日河

乌斯曼

55 军

88 步师

党卫队第 1 旅
多尔戈耶

沃洛沃

385 步师

13 军

坦 2、1 军
大韦列伊卡

骑 8 军

韦列伊卡

坦 11、7 军

库拉绍夫卡

60 集

7 个步兵师
3 个坦克军

坦 17、18、25 军

奥利霍瓦特卡

梅多夫卡

2 集

82 步师
卡建卡
P 卡拉托尔诺耶

387 步师

佩尔列夫科

168 步师

波德戈尔诺耶

奥特罗日卡

沃罗涅日

沃罗涅日方面军

7 军

323、57 步师

库尔巴托沃

9 装师

列维察河

匈 9 师

谢米卢茨科耶

40 集

4 个步兵师
1 个步兵旅

坦 4、24 军

匈 6 步师

卡缅卡

韦拉霍夫斯科耶

博尔什切沃

匈 3 军

伊斯托布诺耶

杜霍夫斯科耶

匈 7 步师

霍沃洛斯坦

6 集

6 个步兵师

波图丹河

利斯基

匈 2 集

科罗托亚克

奥斯特罗戈日斯克

卡缅卡

匈 7 军

巴布卡

奥斯科尔河

奇吉亚索斯纳河

阿列克谢耶夫卡

巴甫洛夫斯克

黑卡利特瓦河

鄂河

罗索希

比例尺

10 0 10 20 30 千米

瓦卢伊基

地图 35 沃罗涅日地域的态势（1942 年 7 月 20 日）

第7军的第377、第340、第387步兵师和第323步兵师的1个团据守，而沃罗涅日城被德军第48装甲军的快速师攻占后，由第7军辖下的第168和第57步兵师守卫，第323步兵师剩下的部队担任预备队。

俄国人试图利用这条扭曲的战线，7月17日，最高统帅部命令布良斯克方面军攻向南面的沃罗涅日以西地域，沃罗涅日方面军向西突击，穿过沃罗涅日，包围并歼灭盘踞在泽姆良斯克—奥利霍瓦特卡突出部和沃罗涅日地域的德军（参见地图36）。布良斯克方面军辖下的第38集团军将从奥利霍瓦特卡以西地域向南突击，夺取泽姆良斯克和维什涅韦杜加，渡过韦杜加河，然后转身向东，从后方进攻守卫沃罗涅日的德军。与此同时，沃罗涅日方面军辖下的第60和第40集团军（分别由安东纽克和M.M.波波夫将军指挥）将从西面的波德戈尔诺耶突出部和东面对沃罗涅日地域的德军发起进攻，夺取该城，并与布良斯克方面军的部队在该城以西地域会合。进攻将于7月18日开始，7月21日结束。一如既往，斯大林给战地指挥员们下达了明确、详细的指示，不仅指明了投入进攻的部队，还规定了每日的目标。[69]

　　布良斯克方面军新任司令员罗科索夫斯基，派他的副手奇比索夫将军亲自指挥第38集团军的突击集群，该集群以其指挥员的名字命名，这是当时的惯例，奇比索夫是一位很有能力的指挥员。"奇比索夫"战役集群最终辖5个步兵师（步兵第284、第340、第237、第167、第193师）、1个独立步兵旅（步兵第104旅）、利久科夫的坦克第2军、罗特米斯特罗夫的坦克第7军、A.F.波波夫的坦克第11军（这些坦克军是过去坦克第5集团军辖下的部队），外加2个独立坦克旅和炮兵支援单位。[70]尽管3个坦克军在7月上半月遭到严重损失，但NKO的红军汽车装甲坦克部为他们提供了补充，到7月17日，每个坦克军的实力都超过100辆坦克。为进一步提高这场进攻的战斗力，罗科索夫斯基派卡图科夫的坦克第1军（近100辆坦克）担任坦克预备队，尽可能将可用的兵力部署在奇比索夫突击部队东翼的后方。获得这些增援后，"奇比索夫"集群投入的坦克多达500辆；但是，他的步兵部队大多是新近组建的，缺乏作战经验，几乎无法胜任这种大规模进攻行动。[71]"奇比索夫"集群要对付的是德国第7军辖下的第340和第387步兵师，这2个师除了自己拥有的突击炮和反坦克炮，还获得第9装甲师90余辆坦克的支援，该师作为预备队部署在泽姆良斯克南面。[72]

　　就在奇比索夫准备从北面发起布良斯克方面军的主要突击时，瓦图京将军相邻的沃罗涅日方面军也将从东面发起两场辅助突击。安东纽克的第60集团军将投入7个步兵师，在科尔恰金坦克第17军、切尔尼亚霍夫斯基坦克第18军和巴甫洛夫坦克第25军的支援下，冲出波德戈尔诺耶登陆场，切断沃罗涅日以西地域重要的公路。与此同时，波波夫的第40集团军将投入4个步兵师，在2个坦

地图 36 沃罗涅日方向的态势（1942 年 7 月 15 日—26 日）

克旅的支援下突破沃罗涅日以南地域的德军防御，设法与另外两股力量会合，协助包围并歼灭沃罗涅日地域的所有德军。[73]瓦图京的2个集团军集结起大约300辆坦克，其中165辆来自巴甫洛夫的坦克第25军。第60和第40集团军面对的是德国第7军位于沃罗涅日西北方的第168步兵师和据守沃罗涅日城及其南部地域的第57步兵师。尽管这2个德军师只有反坦克炮和数量不多的突击炮，但他们的防御依靠的是沃罗涅日河和城市地形，以及第9装甲师这支机动预备队。

　　这样一个细致的计划需要的准备时间必然会比预期的更多。但1942年7月21日，布良斯克方面军和沃罗涅日方面军在猛烈的空中支援下，对沃罗涅日以西和以东的德军阵地发起一场协调一致的进攻。"奇比索夫"集群辖下的步兵第340师和A.F.波波夫的坦克第11军向南突击，冲向泽姆良斯克北面18公里处斯帕斯科耶村（Spasskoe）与小韦列伊卡村（Malaia Vereika）之间，对德军第340步兵师设在斯帕斯科耶村北面的防御阵地发起猛攻，但这场突击的力度渐渐减弱，没有取得显著进展。东面，罗特米斯特罗夫坦克第7军辖下的坦克第62和第87旅，在巴季尤克经验丰富的步兵第284师的支援下，取得了更好的进展，沿德军第340与第387步兵师的结合部推进4公里。罗特米斯特罗夫左侧，坦克第2军（该军现在由被贬谪的利久科夫指挥）的2个先遣坦克旅配合罗特米斯特罗夫的进攻，跟随步兵第237和第167师从大韦列伊卡向南推进了5公里。在此过程中，他们将德军第387步兵师第542团的几个营包围在卡尔韦列亚村（Kalver'ia），并将其他德军赶往南面的苏哈列夫卡（Sukharevka）。[74]

7月22日日终前，罗特米斯特罗夫和利久科夫的先遣坦克旅以及为他们提供支援的步兵又向南前进了2公里，距离泽姆良斯克重要的交通路口已不到2公里。在此过程中，他们包围了德军第387步兵师的整个第542团。尽管坦克第11军（目前由拉扎列夫指挥）仍在西面停滞不前，但罗特米斯特罗夫的坦克第7军和利久科夫的坦克第2军，在空军、炮兵和步兵的大举支援下，已将德国第7军的防线撕开一个20公里宽、10公里深的缺口。[75]

扎尔穆特的第2集团军迅速做出应对，果断调集部队守卫沃罗涅日突出部，并设法遏止奇比索夫的突破。首先，7月21日—22日晚，扎尔穆特将第168步兵师一直据守在沃罗涅日西北郊的2个团调至泽姆良斯克东南方的新集结区，他们将在苏哈列夫卡南面构设阻击阵地，并做好打击奇比索夫先头部队的准备。7月22日晚，这些德军及时赶到，迟滞、最终阻止了利久科夫坦克第2军辖下坦克第26和第148旅的推进。随后，7月22日—23日晚，扎尔穆特命令贝斯勒的第9装甲师进入泽姆良斯克西南方的阵地，与第385步兵师相配合，对奇比索夫突击部队的西翼发起打击（参见地图37）。奇比索夫觉察到德军这一举措，7月22日—23日晚，他派出步兵第193师加强利久科夫的坦克军，但已无济于事。此时，德军执行反突击的部队正迅速集结于泽姆良斯克北面的出发阵地。

与此同时，在沃罗涅日地域，进攻发起一天后的7月22日，安东纽克的第

地图 37 第 2 集团军的位置（1942 年 7 月 23 日零点）

60集团军猛攻沃罗涅日城西北方的德军阵地。由于这场进攻开始时，德军第57步兵师刚刚接替第168步兵师位于波德戈尔诺耶南面的阵地几个小时，安东纽克得以使他的步兵第161师前出至谢米卢基（Semiluki，沃罗涅日西北方10公里处）对面的顿河河段，步兵第107师和巴甫洛夫坦克第25军的一部跨过谢米卢基—沃罗涅日公路，在沃罗涅日城西面8公里处暂时切断了德军交通线。可是，面对德军毁灭性的炮火和反坦克火力，安东纽克的突击迅速发生动摇，苏军被迫后撤，离开了谢米卢基—沃罗涅日公路。更东面，巴甫洛夫坦克军里的其他部队与第60集团军辖下的步兵第303、第195师以及切尔尼亚霍夫斯基坦克第18军的坦克旅相配合，攻入沃罗涅日西北郊，而集团军辖下的步兵第121师，在坦克第17军的支援下，对城市东侧的德军阵地发起进攻。[76]

沃罗涅日郊区的激战持续了数日。虽然苏军尽了最大的努力，但他们无法维持这场攻势。瓦图京的部队设法在谢米卢基，顿河东面的德军防线上插入一个小楔子，但德军以猛烈的空袭和反冲击遏制或击退了苏军的后续突击。

随着沃罗涅日的态势趋稳，7月23日，德国第2集团军完成了部队的集结，准备于次日清晨对奇比索夫在泽姆良斯克北面的突破发起反击。扎尔穆特的计划要求贝斯勒的第9装甲师在第385步兵师的支援下从西面发起突击，而第168和第387步兵从南面和东面展开进攻予以配合。[77]同时，德军炮兵7月23日猛轰达成突破的苏军部队——目前包括罗特米斯特罗夫坦克第7军辖下的坦克第62、第87旅，以及步兵第340、第284、第193、第237、第167师的部队，并获得"奇比索夫"集群坦克第201和第118旅的加强。此时，坦克第2军辖下的坦克第26和第148旅，已被推进中的德军第168步兵师半包围在苏哈列夫卡北面。

7月22日—23日晚，奇比索夫没有收到关于坦克第2军2个先遣坦克旅下落的消息，他痛斥利久科夫分散使用坦克第2军，命令利久科夫亲自去弄清楚2个坦克旅的下落，并以军里剩余的力量为他们提供支援，要求他不惜一切代价完成任务。因为被解除坦克第5集团军司令员职务而倍感痛苦的利久科夫做出了果断但有些草率的决定。他命令第二梯队的坦克第27旅和摩托化步兵第2旅向南进攻，找到被隔断的先遣坦克旅并与他们合兵一处，随后，7月23日上午9点，利久科夫在团级政委阿索波夫和一名驾驶员的陪同下，乘坐一辆KV坦克离开设在大韦列伊卡的军部，决心履行奇比索夫的命令（参见地图38）。利久科夫的坦

地图 38 坦克第 2 军的位置（1942 年 7 月 23 日）

克沿苏哈亚韦列伊卡河河谷向西南方行驶了3公里，随后又向南前进了1公里，穿过列比亚日村东面的树林后，已远离他的第二梯队，在188.5高地附近，遭到德军反坦克炮火的打击。在这场短暂的遭遇战中，利久科夫的坦克被击毁，乘员悉数丧生。此后的60多年里，利久科夫阵亡的情况一直是个谜。[78]

随着苏军的防御逐渐减弱①，奇比索夫的突击陷入停顿，扎尔穆特7月24日拂晓发起了他的反击（参见地图39）。夜幕降临前，第9装甲师已向北打开一条10公里深的走廊，分割了苏军坦克第11和第7军，并构成切断苏军从北面进入突破口的交通线的威胁。次日，第9装甲师和第385步兵师向东急转，前进了5公里，将苏军坦克第7军一部、坦克第2军主力以及为他们提供支援的步兵第237、第193、第167师包围在泽姆良斯克东北方一个细长的包围圈内（参见地图40）。[79]7月26日，扎尔穆特的部队封闭了这个包围圈，将罗特米斯特罗夫坦克第7军的半数力量、利久科夫坦克第2军的全部以及为他们提供支援的步兵部队困在大韦列伊卡西面和西南面。在这紧要关头，奇比索夫将卡图科夫较为新锐的坦克第1军投入战斗，以挽救被围部队。

截至7月27日，在步兵部队的支援下，第9装甲师将大多数被围苏军部队扫荡一空，并恢复了德国第2集团军在沃罗涅日西北方原先的防线（参见地图41）。与过去的进攻行动相比，奇比索夫这场反击无疑组织得更好，执行得也更加出色，但最终功亏一篑，没能完成切断沃罗涅日、迫使德军从冲向南方的主攻中抽调兵力的主要任务。不过，当年夏季剩下的日子里，罗科索夫斯基和瓦图京的部队继续对德军的肩部和侧翼发起进攻。虽然这些行动似乎对希特勒或"蓝色"行动的后续进程影响不大，但对德国第2集团军的持续压力将扎尔穆特的部队牵制在沃罗涅日和沃罗涅日以西地域，而此时，保卢斯沿顿河前线和沿斯大林格勒接近地部署的第6集团军正急需兵力。OKH注意到沃罗涅日遭受的持续威胁，不得不将第9装甲师留在该地域，8月10日，该师调至"中央"集团军群。9月1日，OKH将第27装甲师调至该地域，9月中旬，又把第11装甲师调回沃罗涅日地域。[80]尽管苏军的反突击只使"蓝色"行动向斯大林格勒的

---

① 译注：这句话很含糊，把"防御"改为"进攻"似乎也不无不妥，不明白作者具体指的是什么。

地图 39　第 2 集团军的位置（1942 年 7 月 24 日零点）

324

地图 40 第 2 集团军的位置（1942 年 7 月 25 日零点）

主要突击减少了1—2个装甲师，但他们对沃罗涅日的威胁最终迫使希特勒下定决心，以意大利和罗马尼亚军队沿斯大林格勒西北方的顿河和南面的伏尔加河掩护保卢斯第6集团军过度延伸的侧翼。

不许后退一步！

随着德军在俄国南部展开其攻势，斯大林面对的危机与日俱增，这位独裁者愈发迫切地要求红军顽强抵抗——必要的话奋战至死。斯大林对苏军在该地区一再受挫深感失望，他决定重新强调去年曾采用过的严厉的防御措施。其结果是1942年7月28日签发的一道指令，这道指令由华西列夫斯基起草，其后由斯大林大幅修改，事实证明，它成为苏军继续防御的关键。尽管这道指令的正式名称是"国防人民委员部第227号令"，但却因其标题而臭名昭著——Ni Shagu Nazad！不许后退一步！

斯大林援引苏联去年在经济和人力方面遭受的灾难性损失——发生在军纪明显崩溃的背景下，以此来解释为何不能再后撤的原因，他指出："敌人全然不顾损失，向前线增派越来越多的兵力，已经深入苏联腹地，占领了新的地区，破坏并摧毁我们的城市和村庄，强奸、劫掠、杀害我们的人民。"[81]他还指出："一些愚蠢的人争辩说，我们可以继续向东撤退，因为我们还有广阔的领土、大量的土地、众多的人口，并且我们总是有充裕的粮食。"斯大林斥责这些士兵的想法"是在自我安慰，他们试图以这些理由为自己不体面的行为和撤退开脱"，结论是"这些理由是彻头彻尾的欺骗，是虚假的，只能帮助我们的敌人"。[82]

因此，他宣布，"我们必须根除所有说我们可以无休止撤退的言论，根除所有说我们仍然有广阔领土的言论，根除所有说我们国家十分富有的言论，根除所有说我们人口众多的言论，根除所有说我们有足够粮食的言论"，因为"这些言论是谎言，是危险的，削弱了我们的斗志却助长了敌人的威风，如果不停止撤退，我们就会没有粮食、没有燃料、没有金属、没有原材料、没有工厂、没有铁路"。斯大林的结论是"是停止撤退的时候了"，并提出"不许后退一步！"的口号，他有力地宣布："我们必须顽强地坚守每一处阵地和苏联的每一寸领土，直到流尽最后一滴鲜血，我们必须坚守我们的每一块土地，并

地图41 第2集团军的位置（1942年7月27日零点）

最大程度为它而战。"[83]

斯大林直指问题的核心，他问道："我们缺少什么呢？"随后便煞有其事地回答了自己的问题："我们缺乏纪律，缺乏秩序，我们的连、营、团、师，我们的坦克部队和航空中队都缺乏纪律和秩序。这是我们目前最大的问题。如果我们希望扭转局势保卫祖国，就必须下达最严格的命令并建立铁一般的纪律。"他继续说道，因为"我们不能再容忍那些故意放弃自己阵地的指挥员、政委和政工人员"，因为"我们不能再容忍某些指挥员和政委竟然允许几个恐慌散布者掌握战场态势，这些人唆使其他士兵混乱后撤，从而给敌人敞开大门"，故此，那些"恐慌散布者和懦夫必须就地处决"。[84]

斯大林宣布："连长、营长、团长、师长和相关政委及政工人员，如果没有接到上级的命令便擅自撤退，就将被视为祖国的敌人。"斯大林要求所有指挥员和政委采取一系列严厉措施，在红军中恢复"铁一般的纪律"，从而"保卫我们的国土，拯救我们的祖国，消灭、征服令人痛恨的敌人"。[85]

具体地说，斯大林命令所有方面军、集团军、军和师指挥员"无条件地清除部队中的撤退情绪，严禁诸如我们还能继续东撤和撤退无害等言论"，同时，"那些没有得到上级批准便允许部队擅自撤离阵地的集团军（军、师、团、营）指挥员，要坚决革职并送交最高统帅部（或方面军）接受军法处置。"[86]

另外，斯大林还命令各方面军和集团军组建新的惩戒营和所谓的"阻截队"，将犯有罪行的士兵送至惩戒营，"让他们用血洗刷对祖国犯下的罪行"，而阻截队应"在发生恐慌和擅自后撤时就地处决恐慌制造者和懦夫"（见下文）。具体地说，斯大林命令各方面军根据情况组建"1—3个惩戒营（每个营800人），将各兵种因表现怯懦或发生动摇而触犯军纪的指挥员、高级指挥员和相应的政工人员派到这些惩戒营，并把他们部署在前线最危险的地段"；各集团军组建"5—10个惩戒连（每个连150—200人），将因表现怯懦或发生动摇而触犯军纪的普通士兵和军士派到这些惩戒连，并把他们部署到集团军最危险的防区"。[87]

朱可夫以一贯的冷酷无情贯彻着斯大林的旨意，据说他在某些集团军以坦克加强阻截队可怕的工作。A.S.谢尔巴科夫是一名共产党高级官员，已接替令人生畏的列夫·梅赫利斯出任红军总政治部主任，但告密者和NKVD安全部队继续忠诚地执行着任务，并对战场上的失利做出惩处。任何一个被怀疑"怯懦"的人都将被送至惩戒单位，这些单位被赋予一系列自杀式作战任务。就连最高统帅部内部，如果有谁流露出失败主义情绪，也将受到严肃处分。例如，总参代理作战部长彼得·格奥尔基耶维奇·季霍米罗夫少将提交了一份关于哈尔科夫战役失利原因的报告，对指挥决策做出批评，斯大林对此极为不满。[88]结果，这位倒霉的将军被派至列宁格勒城外担任第42集团军副司令员。作为一种激励手段，第227号令成为恐惧的最终体现。[89]

这种严厉的措施加强并再度强调了已濒临绝望的行动，以强化斯大林格勒的防御。忍受着1942年7月和8月看似没完没了的酷暑，数十万当地居民吃力地构筑着城市周围的四道防御工事，包括以地雷和其他障碍物加强的庞大的防坦克壕。但是，红军依然缺乏据守这些工事的士兵。

再多的恐吓和努力都无法弥补经验不足和战术劣势，这些缺点令红军在当年夏季的战斗中异常吃力。例如，7月25日，德军第24装甲师和第71步兵师在德国空军的大力支援下，对奇尔河以南地域崔可夫第64集团军的右翼发起进攻。防御中的苏军步兵第229师已将辖下9个步兵营中的5个投入战斗，但提供支援的坦克第137旅只能拼凑出35辆坦克，大多是T-60轻型坦克，燃料也很有限。7月26日下午，德军突破步兵第229师的防御，但崔可夫设法以步兵第112师和海军步兵第66旅的部队拼凑起一道新防线。[90]

当晚，闪电战的心理影响（被德军装甲部队切断的恐惧）在苏军后方部队中造成了毫无理性的恐慌。由于崔可夫不在指挥所，他的参谋长便命令数支部队撤至顿河以东地域，尽管德军的空袭炸毁了下奇尔斯卡亚的浮桥。崔可夫撤销了这道命令，但几名最优秀的参谋人员在渡口召集部队时死于敌人的空袭。第64集团军最终得以重新建立起他们的防线，但与第62集团军的联系已中断，戈尔多夫继续下达不切实际的命令，要求2个集团军发起反击。在这种状况下，顿河大弯曲部内的苏军还能够组织起被德军第9装甲师师史描述为"顽强"和"冷酷的顽强"的防御，实在令人惊异。[91]

总结

到7月31日，保卢斯的第6集团军记录下一些引人瞩目的战果。充当北钳的第14装甲军成功突破第62集团军右翼的主防御地带，前进50多公里，到达卡拉奇西北方的顿河河段。第6集团军左翼，奇尔河以南地域，担任南钳的第24装甲军已将第64集团军逼向东面的顿河，并在奇尔河下游对岸占据了一个小小的立足点。苏联方面将这些失败归咎于"我们的反坦克和对空防御整体偏弱，我们的防御工事也准备不足"，特别是62集团军的右翼。[92]

最严重的问题是方面军、集团军和师指挥员没能将他们的反坦克炮、反坦克步枪和大炮（直接和间接火力）集中在反坦克支撑点或反坦克地域，以便更有效地打击德军装甲部队。高射炮和高射机枪的部署也有同样的问题，因而无法消除德军空袭的影响，特别是空袭对苏军坦克集结区、炮兵阵地和补给线的致命影响。最后，几个错误削弱了坦克第1、第4集团军反突击行动的冲击力。首先，第62和第63集团军白白浪费了8个独立坦克营300多辆坦克的进攻潜力，他们分散部署这些坦克，派它们支援步兵部队，如果将这些坦克营用于加强坦克集团军辖下各坦克军的突击力，取得的战果可能会更大。

大多数情况下（尽管并非全部），苏军的反突击和反冲击策划得非常仓促，指挥部无法对作战行动加以协调控制，各突击部队与提供支援的兵种无法相互支援。结果，各部队以一种混乱的方式投入进攻——有的过早，有的过晚，经常得不到必要的坦克、大炮和空中力量的支援或掩护，结果被德军逐一击败。

不过，苏联方面的研究缓减了对其部队的批评，他们指出："尽管缺乏经验的苏联红军遭遇到各种困难，但敌人没能突破至斯大林格勒。另外，对敌人的抵抗越来越顽强。"[93]为再次赢得去年秋季在莫斯科门前取得的辉煌战绩，经过酷暑中三周的战斗，经历了6个野战集团军和1个方面军几近全军覆没的损失后，1942年7月底，苏联最高统帅部已组建起4个新集团军和2个坦克集团军，派他们沿顿河构设起一道能够实施可靠防御的新战略防线。这些预备力量的出现和作战表现比其他任何一种因素更有力地说服了保卢斯：他无法完成自己的任务，除非能获得增援。

苏联方面的评论支持保卢斯的判断，并指出：

苏军不断加强的抵抗迫使德国法西斯统帅部7月30日前将第6集团军辖内15个师中的12个投入战斗。这暴露出第6集团军的左翼——沿顿河延伸了400公里，甚至更多些，完全没有保护。因此，德国法西斯统帅部7月底被迫将第6集团军的进攻区域缩短至170公里，将意大利第8集团军调至匈牙利第2集团军与德国第6集团军之间的顿河河段，并将第6集团军的第29军（辖第62、第294、第336步兵师）和2个保安师（第213、第403师）调拨给它（意大利第8集团军）。[94]

　　除了在顿河大弯曲部对德军实施顽强防御外，苏军还不断在前线其他地方发起反冲击和反突击（尽管通常都不太成功），再加上德国第6集团军持续遭遇的补给问题越来越棘手（特别是燃料和弹药方面），导致保卢斯的集团军在7月28日停下了脚步。科尔帕克奇的第62集团军在顿河大弯曲部英勇作战，并获得莫斯卡连科坦克第1集团军和克留琴金坦克第4集团军坚决反击（尽管不够协调一致）的加强，致使保卢斯的北钳在距离卡拉奇不远处功亏一篑。奇尔河南面的态势险象环生，但崔可夫第64集团军的防御作战也将保卢斯的南钳阻挡在距离卡拉奇不远处。虽然德军第24装甲师在奇尔河下游对岸占据了一小片登陆场，但崔可夫的部队阻止了德军铁钳跨过顿河。

　　苏军在顿河大弯曲部的抵抗远较预期的顽强，保卢斯受挫的第6集团军不得不先歼灭河曲部东端苏军第62集团军的登陆场，然后再完成其首要任务：跨过顿河，冲向东面的斯大林格勒。很明显，第6集团军不具备完成这一任务的能力，除非获得大批援兵。要想获得援兵，除非希特勒修改他的整体作战计划。

　　因此，顿河大弯曲部附近错综复杂的战斗远比过去相关著作的记述更加激烈，更加旷日持久，也更加重要，具体体现在三个方面。首先，在规模方面，苏军坦克第1、第4集团军在顿河大弯曲部发起的反突击，与7月下旬苏军沿沃罗涅日方向发起的进攻行动相配合，实际上是斯大林试图组织一场真正的反攻的组成部分。这场反突击的目标是阻止德国B集团军群进行中的攻势。其次，第62集团军在顿河大弯曲部东端的抵抗以及第64集团军在南面的防御，激烈度远远超过保卢斯的预期或相关历史著作的描述。结果，德国第6集团军迅速到达顿河河畔卡拉奇和伏尔加河河畔斯大林格勒的企图彻底落空，除非希特勒从根本上修改他的作战计划，这场进攻才能恢复。第三，也是最重要的一点，第6集团军的步兵师、装甲师和摩步师在这场激战中遭受的战斗减员，特别是步兵和装甲掷弹兵的损失，使该集团军到达并开始攻占其最终目标斯大林格勒城时力有不逮。

图表 16：1942 年 7 月 22 日，顿河战役开始时的坦克力量对比

轴心国		苏联	
部队	坦克	部队	坦克
第6集团军		斯大林格勒方面军	
		第63集团军	**68辆**（估计）
		坦克第36旅	
		坦克第134旅	
		坦克第193旅	
		独立坦克第546营	
		独立坦克第647营	
第3摩步师	**40辆**	坦克第4集团军 （7月26日）	**200辆**
第60摩步师 第16装甲师	**40辆** **70辆**	坦克第22军	**180辆**（96辆T-34、58辆T-70、26辆T-60）
		坦克第173旅	66辆（32辆T-34、21辆T-70、13辆T-60）
		坦克第176旅	48辆（32辆T-34、16辆T-70）
		坦克第182旅	66辆（32辆T-34、21辆T-70、13辆T-60）
		重型坦克第133旅	**20辆**
		第62集团军	**320辆**（180辆KV、T-34和Mk-3）
		坦克第40旅	46辆
		坦克第121旅	45辆
		独立坦克第644营	30-40辆
		独立坦克第645营	30-40辆
		独立坦克第648营	30-40辆
		独立坦克第649营	30-40辆
		独立坦克第650营	30-40辆
		独立坦克第651营	30-40辆
		坦克第1集团军 （7月26日）	**350辆**
		坦克第13军	7月22日**152辆**，7月16日**123辆**（74辆T-34、49辆T-70）
		坦克第163旅	
		坦克第166旅	
		坦克第169旅	

		坦克第28军	**178辆**（88辆T-34、60辆T-70、30辆T-60）
		坦克第39旅	
		坦克第55旅	
		坦克第56旅	
		重型坦克第158旅	**20辆**
第24装甲师	**140辆**	第64集团军	**55辆**
		坦克第137旅	
合计	**290辆**		**993辆**
		方面军直属	**68辆**
		近卫坦克第6旅	
		坦克第6旅	
		坦克第65旅	
		坦克第156旅	
		坦克第254旅	
		独立坦克第652营	
		坦克第23军	**178辆**（88辆T-34、60辆T-70、30辆T-60）
		坦克第99旅	
		坦克第189旅	
		重型坦克第158旅	
总计	**290辆**		**1239辆**

※ 资料来源：Lu.P. 巴比奇的《第62集团军在近敌处的防御准备和在敌占据机动优势的情况下实施的防御行动（基于斯大林格勒战役的经验）》第13页，以及《斯大林格勒：被遗忘的战役》第90页。

注：粗体数字表示这些坦克数量已加入总计，非粗体数字代表下属单位的坦克数量。

注释

1. 关于第16装甲师在顿河大弯曲部进军和战斗的详情，可参阅沃尔夫冈·韦尔滕的《第16装甲师师史（1939—1945年）》第99—103页；第3摩步师的作战行动可参阅格哈德·迪克霍夫的《第3步兵师，第3摩步师，第3装甲掷弹兵师》【*3. Infantrie-Division, 3.Infantrie-Division(mot), 3. PanzerGrenadier-Division*，德国库克斯港：高级教师格哈德·迪克霍夫，1960年】。

2. 参见第6集团军作战处的第13号作战日志第1号态势图集（1942年7—10月），关于第6集团军辖内部队每日所处的位置。德军第113步兵师在普罗宁村击败苏军步兵第192师的先遣支队（步兵第676团第1营，获得炮兵第293团2个炮兵营和坦克第64营的加强）。参阅莫什昌斯基和斯莫里诺夫的《保卫斯大林格勒：1942年7月17日—11月18日，斯大林格勒战略防御作战》第9页。

3. 参见第6集团军作战处的第13号作战日志第1号态势图集（1942年7—10月）。对保卢斯突击力量的大致估计基于每个德军师15000人。

4. 《苏联军队作战编成 第2部分（1942年1—12月）》第148—149页。莫什昌斯基和斯莫里诺夫在《保卫斯大林格勒：1942年7月17日—11月18日，斯大林格勒战略防御作战》一书第12页声称，第62集团军的兵力为68462人，第64集团军为34464人，总计102926人，而保卢斯的兵力为157700人。但这个数字是顿河以西地域的苏军兵力，也就是说，崔可夫集团军的兵力只计算了一半，另外，作者也夸大了保卢斯的实力，保卢斯只有120000人，这就意味着苏军和德军在兵力方面大致相等。与各个师所需要的兵力（12807人）相比，科尔帕克奇第62集团军辖下的师，兵力最少的是步兵第196师（11428人），兵力最多的是步兵第184师（12903人），参见伊萨耶夫的《斯大林格勒：伏尔加河后方没有我们的容身处》第26页。

5. 据崔可夫说，戈尔多夫接掌斯大林格勒方面军后，将步兵第112师重新部署到斯大林格勒外围廓，并将海军步兵第66旅和坦克第137旅派至集团军左翼，沿阿克赛河实施防御。参见瓦西里·I.崔可夫的《斯大林格勒战役》，哈罗德·西尔弗译（纽约：霍尔特、莱因哈特和温斯顿出版社，1964年），第19—20页。

6. 崔可夫辖下的步兵第29和第214师于7月22日晚派先遣支队占据了前沿阵地，其他师也在7月23日和24日派出了各自的先遣支队。参见日林的《斯大林格勒战役》第232页。

7. 韦尔滕的《第16装甲师师史（1939—1945年）》第99页。

8. 关于红军总参谋部7月21日和22日的每日战况汇总，此后科尔帕克奇第62集团军防区的每日战况，以及斯大林格勒方面军其他防区的情况，可参阅日林的《斯大林格勒战役》第228、232页。科尔帕克奇和崔可夫先遣支队的详细作战情况，可参阅F.乌坚科夫的《关于斯大林格勒远接近地防御作战的一些问题》（*Nekotorye voprosy oboronitel'nogo srazheniia na dalnykh podstupakh k Stalingradu*），*VIZh*，第9期（1962年9月），第34—48页。

9. 韦尔滕的《第16装甲师师史（1939—1945年）》第99页。

10. 此时，第3、第60摩步师和第16装甲师可投入战斗的坦克约为140辆，第24装甲师的坦克约为140辆。参阅延茨的《装甲部队：德国坦克部队的组建和作战部署指南大全，1933—1942年》第48页，以及齐姆克和鲍尔的《从莫斯科到斯大林格勒》第357页。

11. 参见V.E.塔兰特的《斯大林格勒：对这场痛苦的剖析》（伦敦：利奥·库珀出版社，1992年），第

39页，海沃德的《止步于斯大林格勒：德国空军和希特勒在东线的失败（1942—1943年）》第183页。

12. 崔可夫的《斯大林格勒战役》第17—20页。另可参阅莫什昌斯基和斯莫里诺夫的《保卫斯大林格勒：1942年7月17日—11月18日，斯大林格勒战略防御作战》第9页，以及伊萨耶夫的《不出意料》第60页。另外还有K.K.罗科索夫斯基主编的《伏尔加河畔的伟大胜利》（Velikaia bitva na Volge，莫斯科：军事出版社，1965年），这部最全面的战役记述与崔可夫的回忆录在同一时期出版，书中提及，7月17日—23日，崔可夫"临时"担任第64集团军司令员。

13. 《苏联军队作战编成 第2部分（1942年1—12月）》第148—149页，什捷缅科的《战争年代的总参谋部（1941—1945年）》第一册第89—90页。

14. 完整的对话可参阅佐洛塔廖夫的《最高统帅部1942》一书第321—322页。

15. 第6集团军作战处的第13号作战日志第1号态势图集（1942年7—10月），（"Ia, Lagenkarten Nr. 1 zum KTB Nr. 13, Jul-Oct 1942," AOK 6, 23948/Ia in NAM T-312, Roll 1446）。

16. 日林的《斯大林格勒战役》第239—240页。

17. 同上，第244页。

18. 齐姆克和鲍尔的《从莫斯科到斯大林格勒》第357—358页。

19. 罗科索夫斯基《伏尔加河畔的伟大胜利》第63页。

20. 哈尔德的《哈尔德战时日记（1939—1942年）》第646页。

21. 关于顿河大弯曲部包围战的详情，可参阅罗科索夫斯基的《伏尔加河畔的伟大胜利》第63页，以及莫什昌斯基和斯莫里诺夫的《保卫斯大林格勒：1942年7月17日—11月18日，斯大林格勒战略防御作战》第15页。截至7月23日，塔纳希申的坦克军拥有157辆坦克（94辆T-34、63辆T-70）和10辆装甲车。该军辖下的坦克第163、第169旅都拥有32辆T-34和21辆T-70，坦克第166旅拥有30辆T-34和21辆T-70；塔纳希申认为该军的摩托化步兵第20旅未做好战斗准备，按照编制应该有3258名步兵，但目前只有857人。参见伊萨耶夫的《斯大林格勒：伏尔加河后方没有我们的容身处》第33—34页。

22. 罗科索夫斯基《伏尔加河畔的伟大胜利》第64—65页。

23. 哈尔德的《哈尔德战时日记（1939—1942年）》第647页。

24. 日林《斯大林格勒战役》第239—240页。

25. 参见第6集团军作战处的第13号作战日志第1号态势图集（1942年7—10月），齐姆克和鲍尔的《从莫斯科到斯大林格勒》第358页。德军的完整报告可参见日林的《斯大林格勒战役》第254页。第3摩步师声称在战斗中击毁27辆苏军坦克。

26. 参见第6集团军作战处的第13号作战日志第1号态势图集（1942年7—10月）。

27. 齐姆克和鲍尔的《从莫斯科到斯大林格勒》第358页。

28. 哈尔德的《哈尔德战时日记（1939—1942年）》第647页。

29. 罗科索夫斯基的《伏尔加河畔的伟大胜利》第66页。

30. 同上，第67页。

31. 关于2个坦克集团军的情况及后续作战表现的详情，可参阅莫斯卡连科的《在西南方向上》第一册第267—287页。截止7月25日，罗金坦克第28军共投入208辆坦克，辖下的坦克第39、第55、第56旅分别投入68、71、69辆。该军的摩托化步兵第32旅拥有3147名士兵和133部车辆。参见伊萨耶夫的《斯大林格勒：伏尔加河后方没有我们的容身处》第45页。

32. 同上，第272页。

33. 日林的《斯大林格勒战役》第256页。7月27日夜幕降临前，激烈的战斗使塔纳希申的坦克第13军只剩下40辆坦克（27辆T−34和13辆T−70）。白天，单是德军战机便击毁13辆T−34和7辆T−70。参见伊萨耶夫的《斯大林格勒：伏尔加河后方没有我们的容身处》第48—49页。

34. 韦尔滕的《第16装甲师师史（1939—1945年）》第100页。为确保清楚和一致，这里和后面，所有地名都以准确的俄文音译列出。

35. 哈尔德的《哈尔德战时日记（1939—1942年）》第648页。

36. 日林的《斯大林格勒战役》第260页。

37. 韦尔滕的《第16装甲师师史（1939—1945年）》第101页。

38. 罗科索夫斯基的《伏尔加河畔的伟大胜利》第68页。

39. 韦尔滕的《第16装甲师师史（1939—1945年）》第102页。

40. 哈尔德的《哈尔德战时日记（1939—1942年）》第648页。

41. 同上[1]，第68页。

42. 同上，第69页。尽管罗科索夫斯基指出66辆坦克突围而出，但莫什昌斯基和斯莫里诺夫在《保卫斯大林格勒：1942年7月17日—11月18日，斯大林格勒战略防御作战》一书第16页指出，只有22辆坦克逃出包围圈。前者的数据可能更准确些。

43. 日林《斯大林格勒战役》第265、274页。茹拉夫廖夫上校在突围途中身负重伤，但他活了下来，1944年2月22日晋升为少将。他去世于1976年，但他的生平履历依然糊涂不清。截至7月30日，第62集团军报告，辖下的步兵第192师尚有8310人，步兵第184师有1196人，近卫步兵第33师有5613人。但据步兵第196师报告，7月15日至8月1日的战斗中，该师2159人阵亡、2894人负伤、2089人失踪，损失超过80%。参见伊萨耶夫的《斯大林格勒：伏尔加河后方没有我们的容身处》第53页。

44. 同上，第267页。

45. 韦尔滕的《第16装甲师师史（1939—1945年）》第102页。

46. 日林的《斯大林格勒战役》第271页。

47. 哈尔德的《哈尔德战时日记（1939—1942年）》第649页。

48. 罗科索夫斯基的《伏尔加河畔的伟大胜利》第69—70页。7月29日，坦克第22军的坦克第182旅在文齐东面集结起41辆坦克（21辆T−34、8辆T−70、12辆T−60），但另外25辆坦克（11辆T−34、13辆T−70、1辆T−60）发生故障，被留在后方。坦克第173旅在上戈卢巴亚地域集结起55辆坦克（23辆T−34、19辆T−70、13辆T−60），另外11辆坦克（9辆T−34、2辆T−70）也发生故障。7月30日前，坦克第176旅一直充当预备队，该旅拥有29辆坦克（19辆T−34、10辆T−70），另外19辆（13辆T−34、6辆T−70）同样发生了故障。参见莫什昌斯基和斯莫里诺夫的《保卫斯大林格勒：1942年7月17日—11月18日，斯大林格勒战略防御作战》第15页。7月29日加入战斗时，沙姆申坦克第22军的180辆坦克只能投入125辆，具体如下：

---

① 译注：此处的"同上"应该是指罗科索夫斯基的《伏尔加河畔的伟大胜利》。

坦克型号 坦克旅	T-34	T-70	T-60	总计
坦克第22军战斗编成			
坦克第173旅	32/23	21/19	13/13	65/55
坦克第176旅	32/19	16/10	—	48/29
坦克第182旅	32/21	21/8	13/12	66/41
总计	96/63	58/37	26/25	180/125

参见伊萨耶夫的《斯大林格勒：伏尔加河后方没有我们的容身处》，引自 *TsAMO FR, f. 220, op. 220, d. 8,11. 302–303.*

8月1日日终前，获得坦克第133旅加强的坦克第22军只剩下96辆坦克，主要是轻型坦克，具体如下：

坦克旅	编制	可用	丢弃在战场上	被击毁	维修中
坦克第173旅					
T-34	22	9	7	2	9
T-70	21	12	2	1	4
T-60	13	9	—	—	2
合计	56	30	9	3	15
坦克第176旅					
T-34	32	3	—	—	—
T-70	16	2	—	—	—
合计	48	5	—	—	—
坦克第182旅					
T-34	32	7	—	9	—
T-70	16	7	—	5	—
T-60	13	7	—	6	—
合计	61	21	—	20	—
坦克第133旅	40辆KV	40辆KV	—	—	—
总计	205	96	9	32	15

参见伊萨耶夫的《斯大林格勒：伏尔加河后方没有我们的容身处》，引自 *TsAMO RF, f. 38, op. 11360, d. 120,1. 153.*

49. 莫什昌斯基和斯莫里诺夫的《保卫斯大林格勒：1942年7月17日—11月18日，斯大林格勒战略防御作战》第16页。据官方统计，截至8月1日，塔纳希申的坦克第13军只剩下9辆T-34和7辆T-70。该军损失了51辆T-34和30辆T-70，另外34辆T-34和26辆T-70处于维修状态。参阅伊萨耶夫的《斯大林格勒：伏尔加河后方没有我们的容身处》第54页。

50. 佐洛塔廖夫的《最高统帅部1942》第331—332页，最高统帅部170535号指令，签发日期为1942年7月28日16点45分。

51. 最高统帅部此前多次下达过指令，加强南方面军与北高加索方面军之间的协作。参见佐洛塔廖夫的《最高统帅部1942》第327—328页，最高统帅部170529号指令，签发日期为1942年7月23日16点30分，以及170530号指令，签发日期为1942年7月23日16点35分。

52. 同上，第330页，最高统帅部170534号指令，签发日期为1942年7月18日2点45分[1]。

53. 另可参阅莫斯卡连科的《在西南方向上》第一册第278—280页，罗科索夫斯基的《伏尔加河畔的伟大胜利》第70—71页。尽管哈辛的坦克第23军从理论上说拥有178辆坦克，但7月27日，该军只投入了2个旅，共75辆坦克，包括坦克第99旅的17辆T-34和16辆T-70，坦克第189旅的26辆T-34和16辆T-70。该军辖下的摩托化步兵第9旅编制人数为3258人，实际上只有1190人。关于坦克第23军的作战详情，可参阅伊萨耶夫的《斯大林格勒：伏尔加河后方没有我们的容身处》第56—58页。

54. 舒米洛夫出生于1895年，第一次世界大战期间是沙皇军队的一名军士，1917年参加赤卫队，1918年加入红军，内战期间指挥过连、营和团。1924年，他从军政培训班毕业，1929年毕业于“射击”高级步兵学校，20年代指挥过一个步兵团，30年代担任步兵师师长，“巴巴罗萨”战役前和战役期间，他担任第8集团军司令员[2]。“蓝色”行动期间指挥第64集团军后，他率领该集团军（后改编为近卫第7集团军）直至战争结束，参加过1943年夏季的库尔斯克战役，1944年在乌克兰、罗马尼亚和匈牙利作战，1945年5月在维也纳结束了他的战时生涯。战后，舒米洛夫继续指挥近卫第7集团军，直至1948年。1948年至1958年退役前，他先后担任过白俄罗斯军区[3]和沃罗涅日军区司令员，他去世于1975年，享年80岁。更多详情可参阅《伟大卫国战争，集团军指挥员，军事人物志》第212—213页。

55. 齐姆克和鲍尔的《从莫斯科到斯大林格勒》第363页。

56. 佐洛塔廖夫《最高统帅部1942》第356—357页，最高统帅部156595号指令，签发日期为1942年8月10日19点30分。

57. 伊萨耶夫的《不出意料》第67页。截止8月1日，坦克第1集团军的坦克数量（缺坦克第13军，该军已加入坦克第4集团军）下降为123辆，具体如下：

---

① 译注：这个日期似乎有误，疑为7月28日签发。
② 译注：舒米洛夫没有担任过第8集团军司令员；1938—1942年，他先后担任步兵第11军军长、第55集团军和第21集团军副司令员。
③ 译注：应为白海军区。

338

坦克型号					
部队	T-34	T-70	T-60	BT	合计
坦克第28军					
坦克55旅	13	1	—	16	30
坦克39旅	4	1	10	—	15
合计	17	2	10	16	45
坦克第23军					
坦克56旅	24	24	—	—	48
坦克99旅	5	6	—	—	11
坦克第189旅	9	—	3	—	12
摩托化步兵第20旅	7	—	—	—	7
合计	45	30	3	—	78
坦克第1集团军总计	62	32	13	16	123

参见伊萨耶夫的《斯大林格勒：伏尔加河后方没有我们的容身处》，引自 *TsAMO RF, f. 38, op. 11360, d. 120,1. 154.*

58. 坦克第4集团军所在的登陆场对面，德国第6集团军辖下的第8军，以第305、第113步兵师和第16装甲师的半数力量据守着从顿河畔的克列茨卡亚延伸至东南方戈卢宾斯基（卡拉奇北面25公里处）的防区。南面，第8军的第336步兵师和第100猎兵师，以及第14装甲军的第3和第60摩步师，也在第16装甲师一部的支援下构设起一道较为连贯的防线，从马诺伊林地域向东南方延伸至卡拉奇北面15公里处的顿河河段。参见第6集团军作战处的第13号作战日志第1号态势图集（1942年7—10月）。

59. 虽然德军损失的坦克数量远远少于苏军，但由于战斗异常激烈，他们同样付出了高昂的代价。例如，莫斯卡连科的坦克第1集团军报告，8月23日—30日[1]，他们击毁或缴获116辆德军坦克和90门大炮，击毙14500名德军士兵。参见莫什昌斯基和斯莫里诺夫《保卫斯大林格勒：1942年7月17日—11月18日，斯大林格勒战略防御作战》第20页。

60. 哈尔德《哈尔德战时日记（1939—1942年）》第649页。

61. 同上。

62. R.M.波图加尔斯基《分析伟大卫国战争期间未完成的进攻战役，结论和教训》（*Analiz opyta nezavershennykh nastupatelnykh operatsii Velikoi Otechestvenoi voyny. Vyvody i uroki*，莫斯科：科学院出版社，1991年），第11页。这场攻势的详情可参阅格兰茨的《1941—1945年，苏德战争中被遗忘的战役》第三册第103—114页。

63. 苏军第16集团军进攻的是德军第296和第112步兵师的防区，该防区横跨日兹德拉北面的日兹德拉河，而第61集团军进攻的是德军第216和第208步兵师位于沃尔霍夫[2]以北的防区。

①译注：原文如此。
②译注：应为博尔霍夫。

64. 罗科索夫斯基生于1896年，1914年加入沙皇军队，作为一名龙骑兵参加了第一次世界大战，他1918年加入红军，内战期间指挥过骑兵中队、骑兵营和骑兵团。罗科索夫斯基1925年毕业于列宁格勒骑兵学校，1929年毕业于伏龙芝军事学院，20年代指挥过独立骑兵第3、第5旅，1929年参加过中东路战争。1930—1940年，他先后指挥过骑兵第7、第15和第5师，1940年11月被任命为基辅特别军区机械化第9军军长。苏德战争爆发后，尽管罗科索夫斯基的军配备的是轻型老式坦克，火力远不及德军，但该军的战斗表现显然比其他军更加出色。1941年8月，他率领残缺不全的"亚尔采沃"集群协助阻止了"中央"集团军群装甲部队的突击，当年10月，已擢升为第16集团军司令员的罗科索夫斯基逃出维亚济马包围圈，而他的集团军在包围圈内全军覆没，他随后率领新组建的第16集团军，在莫斯科保卫战和随后的冬季战役中为西方面军的胜利做出显著贡献。1942年7月，罗科索夫斯基出任布良斯克方面军司令员，战争结束前，他先后担任布良斯克方面军、顿河方面军、中央方面军、白俄罗斯方面军、白俄罗斯第1方面军和白俄罗斯第2方面军司令员，为斯大林格勒、库尔斯克、白俄罗斯、东普鲁士和柏林战役做出杰出贡献。战争结束后，1945—1949年，罗科索夫斯基担任派驻波兰的北军队集群司令员，1949—1956年任波兰国防部长，1956—1962年任苏联国防部副部长。他去世于1968年。罗科索夫斯基无疑是红军最杰出的战时方面军司令员，但经常被忽视，因为他是白俄罗斯人，而非大俄罗斯人。罗科索夫斯基在必要时有勇气向上级（例如朱可夫）提出质疑，并赢得了部下们的尊敬，因为他不愿在战斗中无谓地消耗士兵的生命。作为回报，他和另外一些将领，例如巴托夫（他的亲信之一），没有像大批红军战时指挥员那样被称为"嗜血将军"。更多详情可参阅他出色的回忆录《军人的天职》，该书已出版了未删节版，另可参阅《伟大卫国战争，集团军指挥员，军事人物志》第194—195页。

65. 别洛夫生于1897年，是一名参加过第一次世界大战的老兵，1918年加入红军。内战期间，他指挥过骑兵中队，后担任副团长。他1927年毕业于骑兵指挥员学校，1933年毕业于伏龙芝军事学院，20年代指挥过骑兵团。1932—1933年，他担任红军骑兵副总监，1936年任"萨马拉"骑兵第7师师长。别洛夫的军旅生涯一帆风顺，1940年担任山地步兵师师长，1941年3月指挥骑兵第2军。苏德战争爆发后，别洛夫的骑兵军在乌克兰的激烈战斗中表现出色，秋季调至西方面军，当年11月，该军加强了西方面军在莫斯科的防御。12月的莫斯科反击战和随后的冬季攻势期间，他的军担任西方面军的先头部队，由于战功卓著，该军被授予"近卫骑兵第1军"的荣誉称号。1942年2月起，别洛夫骑兵军辖下的5个师渗透至德国"中央"集团军群后方，与空降兵第4军（后来又有另外2个空降兵团通过伞降赶来的部分部队）相配合，牵制7个德军师达6个月之久。1942年7月，别洛夫率领部队返回苏军防线。没过几天，最高统帅部任命他为第61集团军司令员，他率领该集团军直至战争结束，其间参加过库尔斯克、切尔尼戈夫—普里皮亚季、卡林科维奇、白俄罗斯、卢布林—布列斯特、维斯瓦河—奥得河、柏林进攻战役。战争结束前他已擢升为上将，并获得"苏联英雄"称号。1945—1948年间，他先后担任顿河军区和北高加索军区司令员，1948年在伏罗希洛夫总参学院学习，1948—1955年任南乌拉尔军区司令员，后担任全苏支援陆海空军志愿协会中央委员会主席，直至1960年退役。他去世于1962年。更多情况可参阅《伟大卫国战争，集团军指挥员，军事人物志》第24—25页。关于别洛夫骑兵军突袭的详情，可参阅他本人出色的回忆录《我们的背后就是莫斯科》以及戴维·M. 格兰茨的《苏联空降兵史》。

66. 布尔科夫生于1901年，1919年参加红军，内战期间在预备队第5团从事政治工作，后在一部装甲列车上担任政委。布尔科夫1925年毕业于列宁格勒军区炮兵学校，1932年毕业于喀山装甲和机械化学校的指挥员培训班，20年代，他指挥过装甲列车第4营和第2营，随后被派至远东，指挥红旗独立集团军的独立

340

装甲列车营。1936—1938年指挥机械化第8团和独立机械化第20旅后，布尔科夫沦为斯大林军事大清洗的牺牲品，1939年5月被宣布无罪，1940年6月被派至中亚军区指挥独立坦克第9师，1941年7月，该师改编为独立坦克第104师；布尔科夫率领该师参加了1941年8月的斯摩棱斯克战役，在战斗中身负重伤。在斯摩棱斯克战役中的英勇表现使他获得了红旗勋章，伤愈后，1942年4月至1943年7月，布尔科夫指挥坦克第10军。其间，1942年7—8月，他参加了第16集团军沿日兹德拉河发起的攻势，1943年7月参加了库尔斯克战役，再次身负重伤。此后，布尔科夫在列宁格勒坦克兵学校担任高级指挥员培训班主任直至1949年。布尔科夫1955年退役，1957年去世。关于他的更多情况，可参阅两卷本的《军级指挥员，军事人物志》第二册第113—114页。

67. 莫斯托文科出生于1895年，参加过第一次世界大战，1918年加入红军，内战期间在南方战线指挥过步兵营和步兵团。他1926年毕业于伏龙芝军事学院，1931年在捷尔任斯基军事技术学院担任坦克教员，20年代在步兵第45师任营长，后担任步兵第75师参谋长直至1930年调入红军机械化部队。接下来的10年，1930—1931年，他在乌拉尔军区指挥一个坦克团，1932—1933年，他在红旗远东特别集团军担任装甲坦克兵主任，1933—1938年在红军机械化和摩托化学院担任指挥系负责人，1938—1941年在西部特别军区担任装甲坦克兵主任。苏德战争爆发前夕，NKO（苏联国防人民委员部）任命莫斯托文科为西部特别军区机械化第11军军长，1941年6月末和7月，他率领该军在格罗德诺地域参加了对德军激烈但却徒劳的反击战，7月份，他的军被包围并被歼灭在明斯克包围圈。从明斯克死里逃生后，1941年秋季和1941—1942年冬季，莫斯托文科在西方面军担任装甲坦克兵主任，后在红军总参谋部任部门领导。1942年春季，他出任西方面军坦克第3军军长，率领该军直至当年9月，随后被解除职务，再次担任方面军装甲坦克兵主任。他在这个职务上一直干到战争结束，后担任苏联指挥下的波兰军队装甲坦克兵司令员直至1947年。1954年退役前，他在敖德萨军区指挥装甲坦克部队，并在苏军装甲和机械化兵学院任副院长。莫斯托文科去世于1975年。关于他更多的情况，可参阅两卷本的《军级指挥员，军事人物志》第二册第235—237页。

67. 《关于西方面军左翼部队作战行动的一些总结》（Nekotorie vyvody po operatsiiam levogo kryla Zapodnogo fronta），《战争经验研究资料集》（Sbornik materialov po izucheniiu opyta voiny），第5期（莫斯科：军事出版社，1943年），第60—75页。另可参阅K.K.罗科索夫斯基的《军人的天职》第二版（1990年2月）第52页，他对这场战役和方面军司令员朱可夫的批评。

68. 一直担任第2集团军预备队的第11装甲师，7月20日起部署至"中央"集团军群防区。

69. 佐洛塔廖夫的《最高统帅部1942》第313—314页，最高统帅部170516号指令，签发日期为1942年7月17日16点30分。

70. 步兵第340、第284师与坦克第11、第7军相配合，步兵第237、第167师与坦克第2军协同，步兵第193师部署在第二梯队。步兵第104旅掩护突击集群的左翼，卡图科夫的坦克第1军做好利用突破口扩大战果的准备。

71. 例如，步兵第284师是一支经验丰富、战斗力强的部队，N.F.巴季尤克上校自1942年2月起便一直指挥该师；但步兵第237师7月13日刚刚在新西伯利亚州完成组建，随即直接部署到前线。

72. 延茨《装甲部队：德国坦克部队的组建和作战部署指南大全，1933—1942年》第241页。

73. 格兰茨《1941—1945年，苏德战争中被遗忘的战役》第三册第55页。

74. 详情可参阅I.Iu.斯德维日科夫的《利久科夫将军是如何阵亡的，他被安葬于何处？》，刊登在《军事历史档案》2006年第9期，总第81期，第149—165页；以及2006年第10期，总第82期，第39—56页。

75. 同上，第56页。

76. 7月20日，科尔恰金将坦克第17军的指挥权交给B.S.巴哈罗夫上校，7月26日，他接替切尔尼亚霍夫斯基将军的职务，而切尔尼亚霍夫斯基出任第60集团军司令员。

77. 关于第9装甲师的作战详情，可参阅卡尔·汉斯·赫尔曼的《第9装甲师，1939—1945年》（*Die 9. Panzerdivision, 1939-1945*，弗里德贝格：波德聪-帕拉斯出版社，2004年）。

78. 参见斯德维日科夫的《利久科夫将军是如何阵亡的，他被安葬于何处？》，这是一份关于利久科夫将军阵亡情况的准确记述，主要基于苏德档案资料。而在斯德维日科夫之前，利久科夫的同僚坦克第1军军长卡图科夫曾炮制过一份利久科夫阵亡情况的记述，揭开了这个谜团，强调了坦克第2军军长利久科夫的英勇，解除了斯大林生怕利久科夫叛逃到德国人一方的担心。卡图科夫在《主要突击的矛头》一书第163—164页称：

> 7月25日，利久科夫坐上一辆坦克，亲自驾驶这辆战车投入进攻，试图突破苏哈亚韦列伊卡村周围的敌军防御，将包围圈内的坦克旅救出。与此同时，坦克第1军的近卫坦克第1旅也投入了进攻。必须指出的是，这场进攻没有加以适当的准备，也没有获得必要的掩护。我再说一遍，我们根本没有时间这样做。

> 我在指挥所里怀着沉重的心情关注着这场进攻的进展。希特勒分子的一个炮兵连以猛烈的火力迎候我们的坦克。显然，德国人已料到我们的进攻方向，并将大批炮兵力量调至这一地域。我们的坦克一辆辆起火燃烧。利久科夫乘坐的坦克远远地冲在最前方。但仿佛是被无形的障碍物挡住一般，那辆坦克一动不动地停在希特勒分子散兵坑的前方。炮弹在四周爆炸，曳光弹的弹迹在他周围纵横交错。

> 那辆坦克一动不动。毫无疑问，尽管它仍保持完整，但肯定已被击毁。另外，由于进攻没能取得进展，我方剩下的坦克正撤回后方，只有利久科夫的坦克仍停在敌方区域。

> 我下令接近近卫坦克第1旅旅长V.M.戈列洛夫的电话。

> "组织一场局部反击！派一个坦克群前进，为他们提供火力掩护，留意敌人的动静。不惜一切代价把利久科夫的坦克从战场上撤下来。"

> 很快，在我方火力的掩护下，一小群坦克设法逼近了敌人的散兵坑。一辆坦克挂上利久科夫的坦克，冒着敌人的炮火把它拖了回来。

> 通过驾驶员兼机械师的描述，利久科夫阵亡的情况已广为人知。这位驾驶员负了伤，但他设法逃回到安全处。原来，利久科夫的坦克被一发直接命中的穿甲弹击毁。利久科夫少将命令车组人员弃车。第一个爬出顶部舱口的是无线电操作员，但被敌人自动武器的火力击毙。利久科夫平安逃出坦克，但他无法离开，因为炮弹在他周围不断炸开……

> 利久科夫的遗体被运至后方，他的头骨破裂，穿着连体作战服和一双普普通通的长筒靴（他从未穿过其他服装）。怀着悲痛的心情，我们把这位深受尊敬的将军送至苏哈亚韦列伊卡村附近的一处墓地，以全套军礼将他安葬。

1942年9月17日，斯大林接见卡图科夫，商讨其他事项。7月份时，突击第2集团军司令员A.A.弗拉索夫将军投靠了德国人，因而在此次会见中，斯大林问卡图科夫，利久科夫过去曾在第20集团军担任过弗拉索夫的副手，他是否也投降了德国人。卡图科夫说不会，为了他朋友的荣誉，卡图科夫后来将杜撰的坦克第2军军长阵亡记述收录进自己的回忆录。

79. 这个包围圈从泽姆良斯克东北方7公里处的列比亚日地域向东北方延伸至泽姆良斯克东北方18公里处的大韦列伊卡。

80. 参阅罗尔夫·施托弗斯《德国大编制装甲和摩托化部队，1935—1945年》(*Die gepanzerten und motorisierten deutschen Grossverbande: 1935—1945*，弗里德贝格：波德聪-帕拉斯出版社，1986年)，第84、第174页。

81. V.A.佐洛塔廖夫（主编）的《俄罗斯档案：伟大卫国战争：苏联国防人民委员部命令，1941年6月22日—1942年，第13册，2-2》【Russkii arkhiv: Velikaia Otechestvennaia [voina]: Prikazy narodnogo komissaraoborony SSSR, 22 iiunia 1941 g-1942, T. 13 (2-2)】(莫斯科：特拉出版社，1997年)，第276—278页。此后简称为佐洛塔廖夫的《NKO，1941—1942年》，并附以相应的页数。斯大林这道指令的标题是"采取措施加强红军的纪律和秩序并防止擅自撤离战斗岗位的第227号命令"。

82. 同上。

83. 同上。

84. 同上。

85. 同上。

86. 同上。

87. 同上。

88. 什捷缅科的《战争年代的总参谋部（1941—1945年）》第一册第102—104页、第107页。

89. 与第227号令相关的其他指令，可参阅P.N.拉什琴科的《规定的严厉措施》(*Prodiktovan surovoi neobkhodimost'iu*)，*VIZh*，1988年8月第8期，第76—80页。

90. 红军总参谋部7月25日的每日战况汇总报告："步兵第229师击退了敌人多达2个步兵团并获得坦克支援的部队对126.0、158.3、153.3高地的进攻，击毁敌坦克9辆。"次日又补充道："从7月26日清晨起，步兵第229师实施顽强的防御作战，抗击着敌人的1.5个步兵师和80辆坦克。16点，敌人占领了杰尔宾特舍沃地域和特列诺什济纳峡谷。该师实施战斗后撤，向东渡过奇尔河。"7月27日又报告："步兵第229师与敌人展开激战并遭受严重损失，在极大的压力下撤至奇尔河左岸，沿Kaz.（不清楚这个缩写的具体地名，位于德米特里耶夫卡国营农场北面2公里处）、大奥西诺夫卡和旧马克西莫夫斯基一线构设防御。步兵第112师和坦克第137旅在85.3里程碑处、特廖霍图波什纳亚峡谷和顿河右岸的上奇尔宾斯卡亚地域占据防御阵地。在下奇尔斯卡亚地域战斗后，海军步兵第66旅和坦克第121旅撤至顿河左岸，沿济莫夫斯基和普罗尔瓦湖一线占据防御阵地，两个旅的损失高达50%。"日林《斯大林格勒战役》第248、第252、第254页。

91. 崔可夫的《斯大林格勒战役》第30—38页，该评价来自费迪南德·冯·森格尔·翁德·埃特林，《第24装甲师（原第1骑兵师），1939—1945年》(*Die 24. Panzer-Division vormals 1. Kavallerie-Division 1939-1945*)。

92. 罗科索夫斯基的《伏尔加河畔的伟大胜利》第71页。

93. 同上。

94. 同上，第71—72页。

第七章
顿河大弯曲部战役的尾声
1942年8月1日—19日

.

第6集团军在顿河大弯曲部遭遇的暂时性挫折强调、阐明了第45号元首令的严重错误，这道训令要求德军同时发起几个攻势——任务太多、兵力太少、目标太远。

希特勒改变方向

与斯大林一样，希特勒对战事进程越来越不满，并将这种挫折迁怒于参谋人员。7月23日，这位独裁者大骂哈尔德，因为他认为后者批评了他的决定：

由于元首7月17日不顾我的反对意见执意集结部队，7月21日他又命令将第24装甲师调给第6集团军，现在的情况即便在外行看来也很明显，罗斯托夫地区挤满了无事可做的装甲部队，而齐姆良斯卡亚至关重要的外翼却缺乏装甲力量。对这两种情况，我都着重提醒过。

现在的结果显而易见，他大发雷霆，并对总参谋部做出最严厉的申斥。[1]

哈尔德在日记中流露出痛苦的情绪，看上去就像是当时的一位苏军指挥员所写：

这种低估敌军能力的长期趋势变得越来越荒诞，也越来越危险。这种情况越来越让人无法忍受。现在根本谈不上严肃的工作态度。这种所谓的领导，其特点就是凭一时印象做出病态反应，对指挥机构及其能力完全缺乏理解。[2]

尽管如此（也可能因为哈尔德的提醒），希特勒还是竭力恢复第6集团军的攻势，他决定把第4装甲集团军司令部和该集团军辖下的2个军（第48装甲军和第4军）从A集团军群调回B集团军群。7月30日，顿河大弯曲部的战斗肆虐之际，约德尔将军在元首召开的局势研讨会上宣布："高加索的命运取决于斯大林格勒，鉴于战斗的重要性，有必要从A集团军群抽调部队增援B集团军群，如果可能的话，（调至）顿河以南地区。"[3]

这是希特勒第一次将斯大林格勒明确列为优先目标，但仍坚持"第1装甲集团军必须立即转向南方和西南方，抢在被第17集团军逐渐从顿河逼退的敌军到达高加索之前将其切断"。[4]哈尔德认为这个决定"纯属无稽之谈"，因为"这股敌军正在逃命，他们会抢在我装甲部队之前到达高加索北部山麓，然后，我军在敌人前方又将发生一场糟糕的拥堵"。[5]

尽管如此，哈尔德当晚还是打电话给两位集团军群司令，提醒他们这一变更。获知自己不得不以第17集团军和第1装甲集团军辖下力量不足的装甲师继续前进后，李斯特元帅放弃了计划中的季霍列茨克包围圈，但他反对抽调自己的部队加强第6集团军，并争辩说，派一支"实力相对虚弱的部队"深入高加索地区将是一场"大冒险"。[6]雪上加霜的是，李斯特要求哈尔德保证留下"大德意志"摩步师掩护他的左翼时，哈尔德回答道，由于交通运力不足，该师将在该地域留到8月12日，但这之后，该师将通过铁路线运至西欧。充满讽刺意味的是，这位OKH总参谋长安慰李斯特元帅，从他的集团军群抽调部队，至少能让他的补给问题得到缓解。[7]虽然东线兵力短缺的状况显而易见，但希特勒仍对盟军在西线发起进攻的可能性担心不已。[8]

次日，OKH将希特勒的进攻新理念转化为下达给两个集团军群的正式命令。命令中指出，7月29日，德军先头部队已切断高加索至中亚的最后一条铁路线，从而孤立了高加索地区。因此，虽然苏联人无疑会保卫高加索，但他们无法从内地运来"值得一提的援兵"；不过，俄国人会把"所有可用兵力"投入斯大林格勒地域，以确保其"大动脉"——伏尔加河——的畅通。[9]为粉碎苏军这一企图，霍特的第4装甲集团军（目前由德国第48装甲军和第4军辖下的4个德国师以及罗马尼亚第6军辖下的4个罗马尼亚师组成）将转向东北方，朝斯大林格勒攻击前进，与第6集团军会合（参见图表17）。尽管获得这一加强（大约150辆坦克），但B集团军群的任务保持不变。

希特勒7月31日的命令使A集团军群的作战理念得以具体化；第1装甲集团军将攻向迈科普，设法拦截并包围后撤中的苏军。这一漫长推进的东翼由摩托化部队提供掩护。一旦到达迈科普，德军山地师就将夺取通往巴库的高加索山口。[10]

至于保卢斯第6集团军，除了从实力锐减的第4装甲集团军获得援助外，OKH还把意大利第8集团军调拨给B集团军群，第17集团军奔向罗斯托夫期间，意大利第8集团军紧随其左右，实际上并无必要。OKH现在决定重新部署

图表17：1942年8月1日—15日，第4装甲集团军编成

第4装甲集团军——赫尔曼·霍特大将
　　第48装甲军——装甲兵上将维尔纳·肯普夫
　　　　第14装甲师——费迪南德·海姆少将
　　　　第29摩步师——马克斯·弗雷梅赖少将
　　第4军——步兵上将维克托·冯·施威德勒
　　　　第94步兵师
　　　　第371步兵师
　　　　第297步兵师（8月中旬从集团军预备队抽调）
　　罗马尼亚第6军——科尔内留·德拉格利纳中将
　　　　罗马尼亚第1步兵师
　　　　罗马尼亚第2步兵师
　　　　罗马尼亚第4步兵师
　　　　罗马尼亚第20步兵师
　　预备队——（8月14日从第6集团军抽调）
　　　　第24装甲师（8月中旬转入第48装甲军）
　　　　第297步兵师（8月中旬转入第4军）

※ 资料来源：霍斯特·布格、维尔纳·拉恩、莱因哈德·施通普夫和贝恩德·韦格纳的《德国与第二次世界大战，第4卷：全球大战》（英国牛津：克拉伦登出版社，2001年），第964页。

这个闲置的集团军，令其赶往东北方，经米列罗沃到达顿河前线，在那里接替第6集团军辖下的师，以便让后者加入顿河大弯曲部保卢斯的主突击集团。这些意大利师中第一个到达的是第3快速师（Celere Division），该师反映出意大利人不同寻常的理念，是摩托化和"神射手"（Bersagliere）精锐部队的结合，在行动速度方面应该比传统的步兵师更快。7月30日，意大利第3快速师开始接替德国第17军辖下的第384、第389步兵师，这2个德军步兵部署在苏军登陆场（位于谢拉菲莫维奇的顿河南岸）对面。这使保卢斯得以将这2个师东调，第384步兵师加入第8军，随后部署在苏军坦克第4集团军对面，该集团军据守着克列缅斯卡亚南面的登陆场；第389步兵师加入保卢斯的预备队。而第17军的任务是在苏军谢拉菲莫维奇登陆场对面实施防御。[11]

此后，OKH将第6集团军的第29军（辖第336、第294、第62步兵师）和第17军（辖意大利第3快速师、第79步兵师）留在顿河南岸，直到意大利第8集团军辖内的其他师缓缓进入预设阵地，这片防区的宽度超过200公里，从巴甫洛夫斯克沿顿河南岸向东延伸至谢拉菲莫维奇西面30公里处的霍皮奥尔河河口（Khoper）。8月11日，意大利集团军开始进入新阵地，8月15日完成换防。最后，8月1日，OKH还从预备队中抽调第11军军部和第76、第295步兵师交给第6集团军，协助其肃清顿河大弯曲部的苏军。

因此，除了将霍特的第4装甲集团军投入争夺顿河和斯大林格勒地域的战斗外，截至8月1日，OKH已为第6集团军提供了3个步兵师（2个德国师和1个意大利师）的增援。这些援兵使保卢斯得以将4个新锐德军步兵师东调，加入顿河大弯曲部关键性的战斗中（参见图表18）。希特勒相信这些援兵足以确保顿河的安全通道并迅速征服斯大林格勒。

希特勒和OKH重新部署军队，以便彻底粉碎顿河大弯曲部的苏军并重新发起向斯大林格勒的进军时，斯大林也采取措施强化苏军沿斯大林格勒接近地的防御。7月28日，深具远见的斯大林命令布良斯克方面军保留坦克第5集团军司令部，这样，日后他可以为该司令部补充新锐部队，并派该集团军沿斯大林格勒方向发起反击。[12]次日，他命令斯大林格勒方面军从原第21、第28和第38集团军抽调6个步兵师，把他们交给最高统帅部预备队，这样，NKO便可以对这些部队加以补充，以投入日后的作战行动。[13]然后，为加强顿河以南地域斯大

图表 18：1942 年 8 月 1 日—15 日，第 6 集团军及 B 集团军群支援部队编成

第6集团军——装甲兵上将弗里德里希·保卢斯

    第17军——步兵上将卡尔·霍利特

        第79步兵师

        第113步兵师（8月中旬）

        意大利第3快速师

        第22装甲师——威廉·冯·阿佩尔中将（8月8日调自B集团军群预备队，8月15日调给第11军）

    第8军——瓦尔特·海茨中将

        第376步兵师

        第305步兵师

        第113步兵师（8月中旬调给第17军）

        第100猎兵师（8月初调给第11军）

        第384步兵师

        第389步兵师（8月中旬调自第11军）

第14装甲军——步兵上将古斯塔夫·冯·维特斯海姆

        第16装甲师——汉斯-瓦伦丁·胡贝少将

        第60摩步师——奥托·科勒曼中将

        第3摩步师——赫尔穆特·施勒默尔中将

    第51军——炮兵上将瓦尔特·冯·赛德利茨-库尔茨巴赫

        第44步兵师

        第71步兵师（8月中旬调给第24装甲军）

        第24装甲师（8月初调给第24装甲军）

        第297步兵师（8月初调给第24装甲军）

        第295步兵师（8月初调自第11军，8月中旬调给第24装甲军）

    第11军——步兵上将卡尔·施特雷克尔

        克罗地亚第369步兵团

        第76步兵师（8月初调给第24装甲军）

        第295步兵师（8月初调给第51军）

        第100猎兵师（8月初调自第8军）

        第389步兵师（8月初调自第6集团军预备队，8月中旬调给第8军）

        第22装甲师（8月中旬调自第17军）

预备队：

    第24装甲军（原本只有军部，8月初得以恢复）——装甲兵上将维利巴尔德·冯·朗格曼·翁德·埃伦坎普男爵

        第24装甲师——装甲兵上将布鲁诺·冯·豪恩席尔德（8月初调自第51军，8月中旬调入第4装甲集团军预备队）

        第71步兵师（8月中旬调自第51军，8月中旬又调回第51军）

        第76步兵师（8月初调自第11军）

        第297步兵师（8月初调自第51军，8月中旬调入第4装甲集团军预备队）

        第389步兵师（8月初调给第11军）

B集团军群掌握的部队：

    第29军（8月11日调给意大利第8集团军）

        第336步兵师

        第294步兵师

图表 18（接上页）

第62步兵师
  意大利第3"拉文纳"步兵师（8月11日起）
  意大利第52"都灵"摩步师（8月11日起）
意大利第8集团军——伊塔洛·加里波第将军
  第2军（8月11日后只有军部）
  意大利第5"科塞里亚"步兵师（8月初调给第8集团军预备队，8月15日调给第2军）
  意大利第3"拉文纳"步兵师（8月11日调给第29军）
  意大利第2"斯福塞斯卡"步兵师（8月中旬调给第35军）
  第35军
  意大利第9"帕苏比奥"步兵师
  意大利第52"都灵"摩步师（8月11日调给第29军）
  意大利第2"斯福塞斯卡"步兵师（8月中旬调自第2军）
  预备队：
  意大利第5"科塞里亚"步兵师（8月初调自第2军，8月15日调回第2军）
集团军群预备队：
  武装党卫队第1旅（8月中旬）
  第22装甲师（8月初调给第6集团军预备队，8月8日调给第17军，8月15日调给第11军）

※ 资料来源：霍斯特·布格、维尔纳·拉恩、莱因哈德·施通普夫和贝恩德·韦格纳《德国与第二次世界大战，第4卷：全球大战》第964页。[①]

林格勒方面军右翼的防御，斯大林7月30日将北高加索方面军辖下的第51集团军转隶斯大林格勒方面军，次日又调整了两个方面军之间的分界线。[14]

　　7月31日晚，为恢复守卫顿河大弯曲部的部队的军纪（起因是第62集团军辖下的步兵第192、第184师没有严格执行斯大林的命令），斯大林指示第62和第64集团军执行第227号令，组织阻截队，防止部队擅自后撤：

　　用两天时间组建阻截队，每支阻截队200人，用已到达前线的远东师的人员组成，你们应将阻截队部署在稍后方，主要是第62和第64集团军各个师的身后。阻截队隶属于各集团军军事委员会的特别部门（osobye otdeli）。派特别部门最具军事经验的人员率领这些阻截队。[15]

图表 19：1942 年 8 月 1 日，斯大林格勒方面军编成

斯大林格勒方面军——V.N.戈尔多夫中将

　　第63集团军——V.I.库兹涅佐夫中将

　　　　近卫步兵第14、步兵第1、第127、第153、第197、第203师，坦克第36、第134、第193旅，独立坦克第546、第647营

　　第21集团军——A.I.丹尼洛夫少将

　　　　近卫步兵第9、步兵第63、第76、第124、第226、第277、第278、第293、第300、第304、第321、第343师和摩托化步兵第33旅

　　坦克第4集团军——V.D.克留琴金少将

　　　　步兵第18、第205师，独立坦克歼击第5旅，坦克第22军（坦克第133、第173、第176、第182旅和摩托化步兵第22旅）

　　第62集团军——V.Ia.科尔帕克奇少将

　　　　近卫步兵第33、步兵第147、第181、第184、第192、第196师和奥尔忠尼启则第二步兵学校学员步兵团，坦克第40旅，独立坦克第644、第645、第648、第649、第650、第651营

　　第64集团军——M.S.舒米洛夫中将（7月30日由V.I.崔可夫中将接替）

　　　　步兵第29、第112、第204、第214、第229师，海军步兵第66、第154旅，日托米尔步兵学校、奥尔忠尼启则第一步兵学校和克拉斯诺达尔机枪-迫击炮学校的3个学员步兵团，坦克第121、第137旅

　　坦克第1集团军——K.S.莫斯卡连科少将

　　　　步兵第131、第399师，坦克第13军（坦克第163、第166、第169旅、摩托化步兵第20旅）、坦克第23军（坦克第99、第189旅和摩托化步兵第9旅）、坦克第28军（坦克第39、第55、第56旅和摩托化步兵第32旅）、坦克第158旅

　　第57集团军——F.I.托尔布欣少将

　　　　近卫步兵第15、步兵第38师和独立坦克歼击第13旅

　　第51集团军——T.K.科洛米耶茨少将

　　　　步兵第91、第138、第157、第302师，骑兵第110、第115师，坦克第135、第155旅和独立坦克第125营

　　工兵第7集团军——技术兵少将V.S.科先科

　　　　工兵第12、第14、第15、第20、第21旅

　　空军第8集团军——空军少将T.T.赫留金

　　　　强击航空兵第206、第226、第228师，歼击航空兵第220、第235、第268、第269师，轰炸航空兵第270、第271师，歼击轰炸航空兵第272师[2]、近卫轰炸航空兵第13师、侦察航空兵第8团，混编航空兵第23、第282、第633、第655团

　　方面军直属部队：

　　　　近卫骑兵第3军（近卫骑兵第5、第6师，骑兵第32师），步兵第87、第126、第244、第422师，独立坦克歼击第15、第20、第22、第24旅，文尼察、格罗兹尼、奥尔忠尼启则第三步兵学校的3个学员步兵团，第54、第115、第118筑垒地域，近卫坦克第6、坦克第6、第65、第156、第254旅和独立坦克第652营

※ 资料来源：《苏联军队作战编成 第 2 部分（1942 年 1—12 月）》第 148—149 页。

---

　　① 译注：该编成表的错误之处可参阅第一章的译注。

　　② 译注：夜间轰炸航空兵。

7月31日，德国第4装甲集团军开始东进，赶往顿河以南地域。8月2日，斯大林命令红军"部队组建和人员补充"总部将精锐空降师改编为近卫步兵师，并把这些部队从最高统帅部预备队调至斯大林格勒地域。[16]这些师中最初的2个，近卫空降兵（步兵）第35和第36师，8月5日开始再部署，预计8月12日到达斯大林格勒地域。

尽管采取了这些措施，但顿河大弯曲部及其南面的激战已严重削弱了第62、第64集团军以及为他们提供支援的坦克第1、第4集团军。特别是2个坦克集团军的严重损耗使戈尔多夫的部队越来越虚弱。戈尔多夫和最高统帅部都意识到，如果德国第6集团军获得援兵，科尔帕克奇和崔可夫的部队守卫前沿阵地的难度会越来越大（参见图表19）。[17]

斯大林格勒方面军辖下的步兵师大多已被削弱，许多师的实力不到编制的50%，7月份的最后10天，方面军的坦克力量也急剧下降。尽管斯大林格勒方面军坦克损失的准确数据依然含糊，但根据斯大林的说法以及其他零星报告，截至8月1日，该方面军7月22日投入的1239辆坦克已折损过半。8月份前两周，德军采取行动消灭顿河西岸的苏军登陆场，斯大林格勒方面军至少还将损失100多辆坦克。到8月中旬，斯大林格勒方面军只剩下250余辆坦克，新组建的南方面军又投入200辆坦克。月底时，德国第6集团军拥有的坦克超过250辆，希特勒做出决定后，第4装甲集团军带着150辆坦克赶往斯大林格勒，从而使德军在斯大林格勒方向投入的坦克超过400辆——双方在坦克力量方面势均力敌。如果说斯大林格勒方面军在7月份坦克力量占有5:1的优势时尚无法战胜保卢斯的集团军，那么，在双方坦克力量对等的8月份，苏军获胜的前景极为渺茫。

第4装甲集团军挺进阿布加涅罗沃，7月31日—8月14日

霍特第4装甲集团军辖下的机械化部队，原本期望对土崩瓦解的苏军发起令人兴奋的追歼，深入高加索地区，现在却惊讶地听说他们必须执行更加艰巨的任务——杀入斯大林格勒。霍特的计划是，肯普夫的第48装甲军迅速推进，以一场突袭在该城南部夺取一个立足点。但该军经验丰富的装甲兵和装甲掷弹兵却对此疑虑重重，他们想起去年发生在斯摩棱斯克的血腥巷战。[18]尽管如此，霍特的部队7月31日在顿河对面的齐姆良斯卡亚登陆场实施重组后，

地图 42 斯大林格勒西南接近地的战斗（1942 年 7 月 30 日—8 月 10 日）

次日在第4军的支援下冲出登陆场，一路向东，跨过开阔的草原（参见地图42）。奇尔河北面，第6集团军仍停在100多公里长的战线上一动不动，等着补充燃料和弹药，他们距离卡拉奇并不远，前方便是科尔帕克奇第62集团军的主力。

霍特装甲集团军的先头部队是第48装甲军，而第48装甲军的先锋是海姆的第14装甲师，弗雷梅赖的第29摩步师紧随其后。肯普夫的装甲兵和装甲掷弹兵从顿河以南地域迅速冲向东北方之际，罗马尼亚第6军渡过顿河，到达齐姆良斯卡亚东面的顿河南岸，掩护第48装甲军的左翼。肯普夫的突击令科洛米耶茨将军的第51集团军猝不及防，德军的打击准确地落在第51集团军辖下步兵第91师与第157师的结合部，将该集团军一切为二。肯普夫的装甲部队撕开苏军防御时，守卫集团军右翼的苏军步兵第157、第138师混乱后撤，逃向东面的科捷利尼科沃（Kotel'nikovo）。他们期望在那里同舒米洛夫将军第64集团军派出的，意图保护第64集团军受到威胁的左翼的一股援兵取得会合。西面，位于第51集团军左翼的苏军师沦为德国第1装甲集团军第40装甲军的牺牲品，该军前进中的装甲师迫使实施防御的3个苏军师混乱不堪地向南退却，逃向萨尔河。第51集团军战史坦率地指出：

第51集团军在防御战期间遭受到重大伤亡，各个师严重缺乏兵力。集团军在后撤中丢弃了所有武器装备。辖下的兵团和部队与后方单位的联系被切断，后者沿季霍列茨克—萨利斯克（Sal'sk）公路驻扎。从这一刻起，第51集团军作战行动中一个引人瞩目的阶段开始了，在此期间，集团军以小股、缺乏协调、疲惫不堪的支队展开战斗，与第64集团军之间的缺口超过90公里，与第28集团军相连的左翼缺口甚至更大。指挥和控制体系已被摧毁。T.K.科洛米耶茨少将下令："各自为战，视情况而定。"[19]

8月1日夜幕降临前，海姆将军的第14装甲师已向东面的科捷利尼科沃西部接近地推进了40多公里，促使红军总参谋部报告道：

敌人在下日罗夫地域（Nizhne-Zhirov，杜博夫斯科耶西面30公里）达成正面突破的结果是，步兵第157师的左翼撤至萨尔河后……尚未得到证实的情报表明，敌坦克和步兵已到达加顺车站（Gashun Station，济莫夫尼基东北方15公里处）。[20]

面对这场危机，苏军最高统帅部调出位于斯大林格勒地域的预备队，派西伯利亚步兵第208师、近卫坦克第6旅（坦克第23军的残部，配备44辆T-34坦克）和1个坦克歼击炮兵团搭乘火车赶往科捷利尼科沃和阿克赛河一线。另外还派步兵第126师赶往阿克赛河南面，斯大林格勒西南方70公里处的阿布加涅罗沃地域（Abganerovo）。与此同时，第64集团军新任司令员舒米洛夫派出海军步兵第154旅，赶往南面的下伊阿布洛齐伊地域（Nizhne-Iablochnyi，科捷利尼科沃北面25公里处）阻截敌人的推进，并将集团军司令部迁至阿布加涅罗沃以北50公里处，斯大林格勒西南方50公里处的上察里津斯基地域（Verkhne-Tsaritsynskii），从这里可以更好地指挥麾下的部队。

　　当日日终前，戈尔多夫命令兵力少得可怜的第57集团军（目前由F.I.托尔布欣少将指挥，隶属于斯大林格勒方面军预备队），从斯大林格勒城内调出近卫步兵第15师和步兵第38师，赶往斯大林格勒东南方40公里处的伏尔加河畔赖哥罗德（Raigorod）西延至卡拉奇以南30公里处、顿河东岸的克拉斯内顿（Krasnyi Don）的新防线。第57集团军的任务是支援第64集团军，掩护城市南面的伏尔加河接近地。[21]第57集团军司令员费多尔·伊万诺维奇·托尔布欣，1941—1942年间先后担任外高加索方面军、高加索方面军和克里木方面军参谋长，并从刻赤的惨败中侥幸生还，1942年5月出任斯大林格勒军区副司令员。[22]

　　第48装甲军迅速推进之际，8月2日11点，弗雷梅赖的第29摩步师（据称拥有40辆坦克）到达位于萨尔河与阿克赛河中间的科捷利尼科沃，师先头部队与苏军步兵第208师正从火车上下来的先遣部队遭遇，他们将俄国人打垮，缴获了数列火车。[23]15点前将苏军步兵第208师清理出该城后，第29摩步师派出巡逻队赶往东北方的阿克赛河——位于斯大林格勒西南方不到100公里处。而此时，在第64摩托车营的带领下，已绕过科捷利尼科沃向东而去的第14装甲师冲向东北方，在几乎无人阻挡的情况下前进了25公里，一举夺取距离阿克赛河畔的阿克赛镇大约35公里的达尔加诺夫镇（Darganov）。[24]科洛米耶茨的第51集团军混乱不堪，苏军总参谋部只能这样写道："8月2日，第51集团军的部队在顿河左（南）岸顽强抗击敌坦克和步兵。目前尚未收到该集团军各部队所在位置的准确报告。他们的处境已被决定。"[25]

　　随着态势逐渐失控，舒米洛夫8月2日晚决定以第51集团军撤下来的残部组建一个特别战役集群，由他的副手崔可夫将军指挥。崔可夫的南部战役集群包括从顿河战线南调的步兵第29师，以及前一天派至该地域的海军步兵第154旅，这两支部队都由第64集团军司令部派出的一个特别指挥部控制。为减轻舒米洛夫的任务，戈尔多夫还将舒米洛夫右翼的3个步兵师（步兵第229、第204、第112师）以及他们位于齐尔河畔苏罗维基诺与顿河畔下奇尔斯卡亚之间的防区交给科尔帕克奇的第62集团军。[26]实际上，戈尔多夫是将舒米洛夫的整个集团军部署在右侧，以便更好地掩护阿克赛河一线。可是，这一举措已为时过晚。

　　8月3日，海姆第14装甲师的坦克又前进30公里，占领了阿克赛镇南面18公里处的茹托沃车站（Zhutovo），并向北面的阿克赛镇郊区派出巡逻队。由于崔

354

可夫的防线受到严重威胁，戈尔多夫①为他这位副手的战役集群派去近卫坦克第6旅（44辆坦克）和2个"喀秋莎"火箭炮团。舒米洛夫还命令第51集团军刚刚撤到第64集团军防区的步兵第138和第157师去加强崔可夫的南部战役集群。²⁷可是，尽管这些部队都答应立即提供增援，但到8月3日晚，大多数援兵仍在路上，崔可夫守卫阿克赛河防线的兵力只有4个步兵营和5个炮兵营，而他们要对付的是德军的整个装甲师。另外，崔可夫的部队还面临着弹药短缺的窘境。

面对如此虚弱的抵抗，德军第29摩步师和第14装甲师并肩向北发起进攻，以一股由150辆坦克组成的力量渡过阿克赛河，攻占阿克赛镇，逼压着崔可夫战役集群位于该河北面5—10公里处的北翼。德军第48装甲军左侧，罗马尼亚第6军辖下的第1、第2步兵师呈梯次配置，从科捷利尼科沃向北驱赶着崔可夫战役集群的残部，迫使苏军步兵第208师的残部撤向奇列科沃火车站（Chilekovo），距离阿克赛河已不到半数路程。事实证明，8月4日的战斗对崔可夫的南部战役集群而言异常激烈和艰巨，因为他们的弹药已所剩无几，德国空军还无情地猛轰着他们的阵地。

8月4日夜幕降临时，崔可夫集群——目前由步兵第29、第138、第157、第208师，海军步兵第154旅、近卫坦克第6旅和2个"喀秋莎"火箭炮团组成（至少在理论上如此）——已无法据守一道连贯的防线。辖下的部队散布在从顿河东延至阿克赛河这条60公里的战线上；齐装满员的步兵第29师拥有11000名士兵，但目前仍在从顿河战线赶来的途中；另外几个师的兵力从1500—4500人不等；坦克支援力量已减少到40辆；炮兵可使用的只有100门大炮和200门追击炮。更糟糕的是，科洛米耶茨第51集团军的残部（2个步兵师、1个骑兵旅和2个坦克旅）仍在向阿克赛河西南方85公里处的埃利斯塔（Elista）退却。²⁸崔可夫的防线岌岌可危，他知道，德国人达成突破只是时间问题。但面临这种状况的并不仅仅是崔可夫。顿河以南地域的防线8月1日崩溃后，斯大林格勒方面军司令部里的戈尔多夫以及身处莫斯科的斯大林和苏军最高统帅部都意识到，他们面临着一场严重的危机。他们必须做些什么，否则德军将长驱直入，轻而易举地扑向斯大林格勒。

---

① 译注：应为舒米洛夫。

　　斯大林认为，斯大林格勒方面军根本无法协调800公里战线上的作战行动。因此，8月1日晚，斯大林打电话给正在养伤的安德烈·伊万诺维奇·叶廖缅科上将（他在当年春季的战役中腿部负伤），命令他到克里姆林宫出席国防委员会（GKO）会议。

　　49岁的叶廖缅科是一名经验丰富的将领，战争初期，苏联最高统帅部对其高级指挥员们的表现抱有不切实际的幻想，叶廖缅科就是这群指挥员中的典型代表。叶廖缅科1913年参加沙皇军队，1918年加入红军，内战期间担任过骑兵旅参谋长，并在布琼尼骑兵第1集团军里担任过骑兵团副团长。内战结束后，叶廖缅科1923年毕业于高级骑兵学校，1925年从指挥人员进修班毕业，1935年毕业于伏龙芝军事学院。1929年12月，他指挥一个骑兵团，1937年8月指挥一个骑兵师，1938年指挥骑兵第6军，并率领该军参加了1939年9月占领波兰东部的行动。1940年6月，NKO派叶廖缅科担任红军新组建的机械化第3军军长，当年12月被派至著名的红旗远东独立第1集团军任司令员，在这个职位上待到苏德战争爆发。叶廖缅科1941年6月晋升为中将，由于战前担任过机械化军军长，他被称为"红军中的古德里安"。[29]

　　苏德战争爆发后没多久，1941年7月初，苏联最高统帅部将叶廖缅科从远东召回莫斯科，任命他为西方面军副司令员，叶廖缅科参加了斯摩棱斯克战役的最初阶段。8月下旬，最高统帅部决定发起一场反击，阻止德军朝莫斯科推进，任命叶廖缅科出任新组建的布良斯克方面军司令员，并赋予他一项完全不切实际的任务：对德国"中央"集团军群的南翼发起打击，击败著名的古德里安第2装甲集群。叶廖缅科的方面军，兵力、火力和战斗力都不及古德里安的装甲集群，结果在9月份的激战中被对方杀得大败。1941年10月，"中央"集团军群进军莫斯科（"台风"行动）的初始阶段，叶廖缅科的部队被包围在布良斯克地域，基本上被德军歼灭殆尽。

　　当年12月，在布良斯克周围的战斗中负伤的叶廖缅科伤势痊愈后，斯大林任命他为突击第4集团军司令员，这是红军新组建的3个突击集团军之一，将在莫斯科地域发起的反击行动中充当先锋。1942年1月份的反击中，叶廖缅科的新集团军一马当先，朝斯摩棱斯克发起蔚为壮观的推进，深入德国"中央"集团军群后方。现在，作为对叶廖缅科在莫斯科保卫战期间所立战功的奖励，斯大林任命他为斯大林格勒方面军司令员。再过一个来月，叶廖缅科将执行一项可怕的任务——把一支支部队送入斯大林格勒这台城市战的绞肉机，为苏联守军提供刚刚够用的兵力和弹药，以此消耗德军，并将大部分兵力节省下来用于日后的反击。在这种情况下，叶廖缅科和他的政委赫鲁晓夫留在伏尔加河东岸，远离战术作战是可以理解的。如果他们亲身投入每日的战斗，就无法对更大的战役问题保持客观性。

因此，在克里姆林宫的办公室里，斯大林告诉叶廖缅科，他已决定将斯大林格勒方面军一分为二，派叶廖缅科指挥其中的一个。8月2日，叶廖缅科和华西列夫斯基在总参谋部详细研究态势后，当晚又来到斯大林的办公室，在这里，他们同总参谋部的V.D.伊万诺夫少将[1]、原沃罗涅日方面军司令员戈利科夫将军讨论了战况，戈利科夫即将担任近卫第1集团军司令员，这个新集团军主要由空降兵组成。

叶廖缅科不安地获知，两个方面军的分界线将从卡拉奇沿察里察河延伸，穿过斯大林格勒直抵伏尔加河，他试图说服斯大林和华西列夫斯基，应该保持斯大林格勒地区的统一指挥，将该城的防御任务交给其中的一个方面军。斯大林气冲冲地回应，他告诉华西列夫斯基："一切都按我们预定的保留。斯大林格勒方面军分成两个方面军，分界线沿察里察河直到卡拉奇。"[30]进一步讨论后，斯大林同意组建一个新的，但实力大幅度削弱的斯大林格勒方面军，仍由戈尔多夫担任司令员，而新组建的东南方面军由叶廖缅科负责指挥。[31]

决定做出后，最高统帅部8月4日5点30分签发指令贯彻斯大林的决定，次日清晨又给两位方面军司令员下达了具体指示：

为加强指挥和控制，最高统帅部大本营特此命令：

1.将斯大林格勒方面军分成两个方面军——斯大林格勒方面军和东南方面军。

2.两个方面军将由以下部队构成：

---

① 译注：伊万诺夫时任副总参谋长。

斯大林格勒方面军——第63、第21、第62集团军，坦克第4集团军，坦克第28军；

东南方面军——第64集团军（步兵第29、第204、第131师，近卫步兵第38、第15师，近卫坦克第6旅），第51集团军（步兵第138、第157、第91、第302、第208师，骑兵第115师，坦克第135、第155旅），近卫第1集团军（近卫步兵第37、第38、第39、第40、第41师），第57集团军（近卫步兵第35、第36师，步兵第126、第244、第422师），坦克第13军。

同时，将这些集团军辖内所有特别部队，以及沿斯大林格勒外围廓驻守的所有部队（军校、炮兵部队和第118筑垒地域的单位）提供给东南方面军第64、第51集团军。

将斯大林格勒方面军的半数空军力量调拨给东南方面军。同时，沃罗热伊金和斯捷潘诺夫同志应报告完成情况。

3.斯大林格勒方面军的司令部和军事委员会保持不变。

4.任命A.I.叶廖缅科上将同志为东南方面军司令员，G.F.扎哈罗夫少将同志任方面军参谋长，待他离开北高加索方面军副参谋长职位后生效。

5.斯大林格勒方面军和东南方面军的司令部应设在斯大林格勒。

6.五天内，总参谋长应以原南方面军的个别人员和设施，以及坦克第1集团军的指挥机构和辅助单位，在斯大林格勒为东南方面军组建一个方面军司令部。

7.斯大林格勒方面军与东南方面军的分界线从莫罗佐夫斯克经上奇尔斯卡亚至斯大林格勒（除斯大林格勒外，以上地区都由斯大林格勒方面军守卫）。

斯大林格勒—苏罗维基诺铁路线主要由斯大林格勒方面军和东南方面军使用。

8.斯大林格勒方面军当前的任务是击溃在第62与第21集团军的结合部达成突破的敌军，沿斯大林格勒防线恢复态势后，从西北方向和西方向保证斯大林格勒的安全。尔后，方面军所属部队应准备向莫罗佐夫斯克方向实施反突击。

东南方面军当前的任务是从南面不惜一切代价阻止敌人继续向斯大林格勒外围廓的南部地段推进，决不允许敌人突破这道防线，并防止敌人进抵斯大林格勒南面的伏尔加河河段。尔后，方面军所属部队应占据茹托沃车站和科捷利尼科沃，将敌人赶过萨尔河。

358

9.东南方面军应从1942年8月7日起着手掌握辖下的部队。在此之前，斯大林格勒的防御完全由斯大林格勒方面军司令员负责。

汇报执行情况。

I.斯大林，A.华西列夫斯基[32]

相关指令解散了莫斯卡连科残破不全的坦克第1集团军，将其残部交给第62集团军，并以他的司令部作为东南方面军司令部的核心，莫斯卡连科暂时担任叶廖缅科的副手。[33]戈尔多夫失去了坦克第1集团军，为弥补他的损失，最高统帅部将戈利科夫的近卫第1集团军调拨给他，该集团军是遵照最高统帅部同一天签发的另一道指令组建的。戈利科夫的集团军以原预备队第2集团军司令部为核心组建而成，辖5个精锐近卫空降兵师，这些师近期改编为近卫步兵师（番号从第37至第41）。近卫第1集团军已投入运作，但8月6日前直接隶属于最高统帅部。[34]8月5日晚的最后一道指令要求戈利科夫麾下的各个师和炮兵支援单位通过铁路全速赶往斯大林格勒。[35]

除了这些变更，最高统帅部8月3日还更换了斯大林格勒地域的集团军司令员，原第9集团军司令员洛帕京将军接替科尔帕克奇担任第62集团军司令员，科尔帕克奇改任近卫第1集团军副司令员。斯大林格勒方面军的空军力量也被加以细分，空军第16集团军支援斯大林格勒方面军，空军第8集团军负责支援东南方面军。

回顾往事，苏联方面的评论认为斯大林将斯大林格勒方面军一分为二的决定欠考虑：

至少从理论上说，最高统帅部把斯大林格勒方面军分成两个方面军的决定是正确的，也是根据斯大林格勒方向8月5日的作战态势做出的权宜之策。但是，这个决定对方面军防区的确定令人遗憾。斯大林格勒城是敌人的主要突击目标，结果却位于两个方面军的结合部。第62集团军仍隶属斯大林格勒方面军，负责从西面防卫该城，但其作战区域却属于相邻的东南方面军。此后，城市防御的组织工作、两个方面军之间的协调以及部队和兵器的指挥与控制，一切都变得复杂起来。最高统帅部将斯大林格勒方面军的空军力量分配给两个方面军的决定导致空军力量分散，影响战机集结支援位于最危险的斯大林格勒方向的地面部队，也削弱了斯大林格勒城的空中掩护。

因此，最高统帅部在分割斯大林格勒方面军的过程中犯下的错误后来妨碍了部队的指挥和控制，并对防御作战的结果造成负面影响。[36]

四天后，斯大林终于意识到8月5日的决定确实不够明智，8月9日，他下达新的指令，将斯大林格勒方面军位于斯大林格勒地域的部队交给叶廖缅科的东南方面军，这加剧了他的错误：

最高统帅部大本营训令：

1.斯大林格勒方面军交由东南方面军司令员叶廖缅科上将指挥，8月10日6点生效，叶廖缅科同志同时指挥东南方面军。

2.任命戈利科夫中将同志为东南方面军副司令员，解除他近卫第1集团军司令员的职务。

3.任命莫斯卡连科少将同志为近卫第1集团军司令员。

4.任命NKVD第10师师长萨拉耶夫上校为斯大林格勒市警备司令。

5.叶廖缅科和戈尔多夫同志必须牢记，守卫斯大林格勒，粉碎从西、南两个方向进攻该城的敌人，对整个苏军战线具有决定性意义。

最高统帅部责成叶廖缅科上将和戈尔多夫中将不得保存实力，无论付出怎样的牺牲，必须拯救斯大林格勒并粉碎敌人。

I.斯大林，A.华西列夫斯基[37]

斯大林调整斯大林格勒地域的部队和指挥关系时，戈尔多夫和叶廖缅科暂时都没有足够的力量阻止，哪怕是迟滞德国第4装甲集团军的推进。由于洛帕京的第62集团军仍在卡拉奇西面的登陆场内顽强抗击德国第6集团军，因此，守卫斯大林格勒南部接近地的任务落在舒米洛夫第64集团军肩头，特别是崔可夫的战役集群。[38]

8月5日以第36装甲团为先锋恢复进攻后，德军第14装甲师从阿克赛向北前进了30—40公里，绕过崔可夫集群沿阿克赛河部署的虚弱的左翼，到达斯大林格勒西南方70公里处科捷利尼科沃—斯大林格勒铁路线上的阿布加涅罗沃车站，以及东面10公里处的普洛多维托耶（Plodovitoe）。[39]左翼发生的变化使崔可夫面临混乱的局面。他沿着阿克赛河，从一处防区赶至另一处防区，直接给他的各个营长下达命令，他们中的许多人已与师部失去联系。由于红军所有可用的战机都在北面支援第62集团军，德国空军掌握着战场上方的制空权，对刚刚下火车的苏军部队展开轰炸，甚至炸毁了崔可夫的指挥电台。

红军总参谋部总结了崔可夫面临的绝望境地：

第64集团军继续守卫原先的阵地，并对部分部队加以再部署，以加强茹托沃—阿布加涅罗沃方向。

敌坦克部队（第48装甲军）继续向斯大林格勒筑垒地域外围廓南端推进。

崔可夫集群沿阿克赛河北岸如下地段组织防御：步兵第138师——戈罗德斯基（Gorodskii，上库尔莫亚尔斯卡亚北面17公里处）和新阿克赛斯基（Novoaksaiskii），步兵第157师——新阿克赛斯基和奇科夫（Chikov），步兵第29师——奇科夫和克雷科夫（Klykov，上库尔莫亚尔斯卡亚东北方40公里处）。

步兵第126师正与一股敌军交战，这股敌军由1个冲锋枪手连和10辆坦克组成，已于8月5日在阿布加涅罗沃地域（斯大林格勒西南方70公里处）楔入我军防御。[40]

尽管苏军防御阵地岌岌可危，但不知何故，德国第4装甲集团军沿阿克赛河的左翼被崔可夫战役集群阻挡了12天。这迫使霍特将他的部队和战斗分成两个战场，第一个位于阿布加涅罗沃地域，对付苏军第64集团军主力，第二个沿阿克赛河展开，对付崔可夫南部战役集群。结果，崔可夫的顽强防御使霍特无法集中力量朝斯大林格勒南郊发起决定性突击。此后的8月5日—17日，由罗马尼亚第6军辖下第1、第20、第2、第4步兵师构成，并获得德国第4军辖下第294步兵师[①]加强的第4装甲集团军左翼部队，对崔可夫的防御发起几乎接连不断

---

① 译注：应为第297步兵师。

的进攻。[41]尽管这股德军8月5日在阿克赛河对岸夺取了苏军步兵第138与第157师结合部一座小小的步兵登陆场，但苏军次日拂晓发起反击，将他们打了回去。两天后，罗马尼亚第1步兵师在扎利夫斯基（Zalivskii，位于阿克赛河与顿河之间）西面突破了崔可夫的防御。可是，实施防御的苏军步兵第157师，在步兵第29师一个团的加强下从两翼发起反冲击，再次将敌军击退，据说"歼敌2个步兵营，6点前沿新阿克赛斯基和奇科夫一线实施防御"。[42]8月13日，崔可夫实施局部退却，稳住了防线。这是因为第64集团军担心崔可夫的部队遭到包围，因而命令崔可夫集群在强有力后卫部队的掩护下实施分阶段后撤，退往北面的梅什科瓦河。[43]

在这个僵持阶段，崔可夫仔细观察德军的战术，并据此创造出新的应对措施，他后来在斯大林格勒城内的防御中采用了这些新战术。由于德军和卫星国军队指挥官急于减少伤亡，每次进攻都会精心准备，时机与德国空军提供空中支援创造的寥寥无几的机会相吻合。崔可夫发现了这一情况，他打算破坏敌人的准备工作：在德军即将发起进攻前，或德军稍稍后撤部队以免炮火和空中打击、误击己方阵地时，对德军发起炮火急袭。这种反措施令德军沮丧不已，鼓舞了士气低落的苏军士兵。[44]这场战役的大多数时间，崔可夫的通信条件很糟糕，无法接收方面军司令部的直接命令。

新任方面军司令员叶廖缅科显然没有收到崔可夫发起更猛烈反突击的建议，但他的方面军并没有闲着。崔可夫的南部战役集群沿阿克赛河下游顽强防御之际，东南方面军在北面25—40公里处，沿梅什科瓦河设立起第二道防线，并派军校学员组成的几个步兵团加以据守，但他们仅仅是守住关键的渡河点而已。舒米洛夫随后将第64集团军沿顿河防御的余部撤下，重新部署至东面的阿布加涅罗沃地域——通往斯大林格勒最直接的方向。这一次，苏军指挥员们准确判断出了德军的下一个目标。

肯普夫的第48装甲军留下罗马尼亚人对付崔可夫的战役集群，8月6日，该军巩固了在阿布加涅罗沃地域取得的战果，派第14装甲和第29摩步师的战斗群赶往北面的京古塔车站和京古塔（Tinguta），又朝斯大林格勒逼近10公里。在其身后，第4军的第94步兵师和罗马尼亚第4步兵师掩护着阿克赛地域，并对崔可夫战役集群的左翼施加压力。舒米洛夫据守阿布加涅罗沃地域的部队遭受的压力越来越大，步兵第126和第38师得到的炮火支援寥寥无几，舒米洛夫获得戈尔多夫的批准[①]，组织一场反突击，8月9日对德军第48装甲军的先头部队发起打击。对战场实际状况缺乏了解的苏军最高统帅部8月6日表示"愤慨"，因为戈尔多夫的方面军"没有实施必要的抵抗便允许敌坦克突破斯大林格勒防线的南端"。最高统帅部已"明确要求"戈尔多夫"不惜一切代价立即恢复斯大林格勒防线的态势"并"歼灭达成突破的敌坦克或将对方逐回南方"。[45]

尽管最高统帅部提出不切实际的要求并发出威胁，但舒米洛夫还是用了三天时间加强第64和第57集团军的正面，将步兵第204、第208、第422师和坦克第13军派往京古塔车站和京古塔北面10—15公里处的泽特（Zety）和通杜托沃地域（Tundutovo），集结起一股可靠的反突击力量。8月8日日终前，舒米洛夫设法将他的反突击部队集结在德军第48装甲军前哨以北地域。此时，这股苏军包括步兵第38、第157、第204师和改编后的坦克第13军、2个学员步兵团、2个炮兵团、1个"喀秋莎"火箭炮团（第76团）、1个重型火炮营和1列装甲列车。坦克第13军仍由塔纳希申上校指挥，但目前辖近卫坦克第6、坦克第13和第254旅，8月8日时拥有34辆可投入的坦克（30辆T-34、4辆T-70）和51辆（44辆T-34、7辆T-70）处于不同维修状态的坦克。[46]

8月9日，反突击发起后，舒米洛夫投入坦克第133旅加强执行反突击任务的部队，该旅拥有40辆KV重型坦克。另外，8月7日—30日，舒米洛夫的方面军[②]给塔纳希申的坦克军增派了97辆坦克，具体如下：近卫坦克第6旅——35辆T-34和16辆T-70，坦克第254旅——21辆T-34和17辆T-70，坦克第13旅——8辆T-70。[47]

因此，苏军8月9日发起反击时，塔纳希申的坦克军共投入68辆坦克，舒米洛夫的反突击部队还获得396门大炮/迫击炮的支援。日间，坦克第133旅的40辆重型坦克加入战斗。鉴于德军第14装甲师和第29摩步师的实力有所削弱，8月9日，舒米洛夫的反突击部队在兵力方面占有3:1的优势，炮兵为2:1，坦克力量大致相当。[48]

---

① 译注：据舒米洛夫回忆，批准反突击的是叶廖缅科。
② 译注：在这几段描述中，作者对舒米洛夫和戈尔多夫的表述极为混乱，请读者自行鉴别。

8月9日拂晓，苏军发起这场反突击，沿季霍列茨克—斯大林格勒铁路线及其东部地域展开，激烈的战斗持续了两天。苏军从三个方向而来，几乎是同时对弗雷梅赖的第29摩步师和海姆的第14装甲师发起进攻。苏军步兵第126师和坦克第254旅的一部（14辆T-34）从泽特地域向东南方出击，从西面对德军第29摩步师的先头部队发起打击，这股德军在"74公里"车站沿铁路线据守，位于京古塔车站南面10公里处。与此同时，苏军步兵第204、第208师和坦克第13军的主力（近卫坦克第6旅和坦克第254旅的另一部）从京古塔车站沿铁路线向南出击，从北面对沿铁路线实施防御的德军第29摩步师展开攻击。东面，步兵第38师在坦克第13旅（当天晚些时候，坦克第133旅投入）的支援下，从2号和3号国营农场附近发起突击，从北面和东面对盘踞在京古塔以南地域的德军第14装甲师发起打击。[49]

苏军协调一致的反击令第29摩步师措手不及，给弗雷梅赖的装甲掷弹兵造成极大的伤亡，迫使他将先头部队向南后撤了近10公里，8月10日夜晚前退至阿布加涅罗沃车站北面的新防线。[50]在这场战斗中，3个"喀秋莎"火箭炮团猛烈的齐射协助苏军将德军装甲掷弹兵逐出了"74公里"车站。苏军发起反突击期间，沿阿克赛河部署的罗马尼亚军队试图在扎利夫斯基突破苏军步兵第157师的防御，以缓减第48装甲军遭受的压力。但这些突击失败了，并遭受到严重损失。[51]东面，舒米洛夫的步兵第38师和坦克第13、第133旅对德军第14装甲师位于京古塔以南的防御发起同样猛烈的进攻，迫使海姆将部队后撤了大约5公里，构设起全方位防御阵地掩护普洛多维托耶镇。[52]

战斗中，OKW的每日战况总结指出："大批敌军发起的反击，在斯大林格勒西南方顿河与伏尔加河之间地域的激战中被击退。"[53]红军总参谋部8月9日和10日的每日报告提供了更多细节，并在8月11日的报告中指出，第64集团军已完成其任务：

「8月9日」

8月9日6点，第64集团军以部分部队对盘踞在"74公里"车站—阿布加涅罗沃—普洛多维托耶附近的敌人发起反击。

步兵第157师处于战斗中，力图歼灭78.9高地和波波瓦峡谷（Popova）附近的敌人。缴获7门大炮、5挺重机枪、9挺轻机枪和350支步枪，并在战斗中击毙120名敌军。

8月9日18点前，步兵第126师以其左翼前出至阿布加涅罗沃车站西北郊。

第38步兵师为争夺"74公里"车站—科什（Kosh，"74公里"车站东南方3公里处）一线展开激烈的战斗，并将该地域的敌人逼退2—3公里。

步兵第204师的部队正在"74公里"车站附近战斗。

「8月10日」

第64集团军在其右翼收复了原先的阵地，在中央和左翼，以部分部队对敌发起进攻，并占据（如下）阵地：

步兵第214、第138、第157、第29步兵师和第118筑垒地域守卫着从顿河至阿克赛以西的阿克赛河下游一线；

步兵第126师守卫着124.0高地—斯温纳亚峡谷（Svinnaia）—127.3高地—库多米亚索夫峡谷（Kudomiasov）一线；

步兵第204师发起进攻，并于8月10日14点前出至阿布加涅罗沃以北地域—"74公里"车站东南方6公里处—3号国营农场（京古塔车站东南方8公里处）一线；

坦克第13军的部队正与集团军左翼步兵部队协同作战。

「8月11日」

第64集团军在左翼收复了原先的阵地，在其右翼，步兵第126师沿卡普京斯基（Kapkinskii，阿布加涅罗沃西面25公里处）—124.0高地一线与敌人展开激战。8月11点19点前，该师肃清了在卡特卢舍瓦峡谷（Katrusheva）和兹达尼亚梅什科瓦峡谷地域（Zdaniaia Myshkova）达成突破的敌人。残余的敌人已被逐离我防御阵地前沿……

经过两天的激战，步兵第204、第38师和步兵第208师的一部肃清了敌人在"74公里"车站附近的渗透，并于8月10日20点前出至汽车拖拉机厂（阿布加涅罗沃东南方7公里处）—115.3高地（阿布加涅罗沃东北方10公里处）—国营农场（阿布加涅罗沃东北方13公里处）一线。[54]

8月12日，OKW证实了这些报告，并指出："敌人在斯大林格勒以南发起的进攻被击退。敌人沿梅什科瓦河及其南部地域的野战工事顽强防御，抵抗异常激烈。"[55]

事实是，截至8月11日，霍特的第4装甲集团军遭到突破。精心策划的进军因兵力不足而无法实现预定目标（即前出至斯大林格勒南郊），这种情况再度发生。就像保卢斯包围并歼灭顿河以西的苏军第62集团军的计划那样，霍特的装甲集团军被证明无法完成希特勒赋予他们的任务。舒米洛夫的副手崔可夫，沿阿克赛河下游顽强防御，牵制了德国第4装甲集团军半数以上的力量。与此同时，舒米洛夫细心搜罗着残缺不全的预备队，集结起相当规模和实力的部队，以这些力量发起反击，将霍特的装甲矛头遏制在阿布加涅罗沃地域。尽管塔纳希申坦克第13军的实力从8月8日的68辆坦克下降为8月12日的26辆，但截至当日，舒米洛夫的部队仍有64辆坦克，足以阻截德军第29摩步师和第14装甲师。[56]

8月12日，阿布加涅罗沃地域的战线稳定下来，直到8月17日—18日晚才再次被打破平静：德军重新施加压力，迫使舒米洛夫将崔可夫的南部战役集群撤出暴露的防御阵地，退往梅什科瓦河。

因此，截至8月12日，态势已经很清楚，如果要求霍特的装甲集团军继续冲向斯大林格勒，就必须为其提供增援。OKH竭力为霍特调拨援兵，这一次抽调的是第24装甲军辖下的第24装甲师（拥有82辆坦克），该师仍在奇尔河以南的集结区休整、改装。同时，希特勒和OKH将他们的注意力转向卡拉奇附近的顿河战线，在那里，保卢斯的第6集团军至少完成了他们旷日持久的任务——消灭苏军第62集团军位于顿河西岸的登陆场。

第6集团军进军卡拉奇，8月1日—11日

舒米洛夫的第64集团军和崔可夫的南部战役集群挫败德国第4装甲集团军在顿河以南地域的推进时，保卢斯第6集团军磨磨蹭蹭地着手巩固其控制的顿河河段（参见地图43）。8月1日—6日，第6集团军一动不动地停留在原地，第14和第24装甲军由于缺乏燃料无法采取行动，保卢斯对部队实施再部署，并把OKH提供的援兵分配下去。在第6集团军内，保卢斯交给第8军辖下第305、第113、第384步兵师的任务是将苏军坦克第4集团军困在克列缅斯卡亚和顿河畔

锡罗京斯卡亚南面的登陆场。与此同时,第14和第24装甲军将像以往一样构成集团军的北钳和南钳,对顿河畔的卡拉奇发起向心突击。与维特斯海姆充当北钳的第16装甲师和第60、第3摩步师相配合,第11军辖下的第384、第389步兵师和第100猎兵师将掩护第14装甲军的右翼,并从西北方将苏军第62集团军逼向卡拉奇。南面,与朗格曼担任南钳的第24装甲师和第71、第76、第297步兵师相配合,第51军辖下的第44、第295步兵师将从西面和西南面推进,粉碎第62集团军沿奇尔河的防御。[57]

因此,保卢斯从OKH获得的援兵(第11军)和意大利师在更北面沿顿河的投入,使他得以腾出装甲师向卡拉奇发起决定性进军,并以足够的步兵支援这些装甲师完成他们的任务。更重要的是,短暂的休整使保卢斯的坦克增加到330辆,而此时,与他对垒的苏军第62集团军和坦克第4集团军的坦克数量已下降到不足300辆。[58]另外,第6集团军的补给情况8月初得到充分改善,这就在燃料短缺造成妨碍前提供了赢得胜利的良好前景。起初,保卢斯打算8月8日发起新攻势,但希特勒杞人忧天,担心苏军即将后撤并逃出包围圈,这迫使第6集团军在8月7日就过早发动了进攻。

德国A、B集团军群不同方向的攻势导致德国空军力量越来越分散,但马丁·菲比希中将的第8航空军还是能为发起另一场闪电突击提供必要的近距离空中支援。尽管赫留金的空军第8集团军试图破坏德军的集结和后续推进,但红空军与红军一样,仍在努力加强斯大林格勒地区的防御。在飞机质量、数量和飞行员训练方面,苏联空军尚无法与德国空军匹敌。[59]

保卢斯发起这场"坎尼"式突击的前夕,洛帕京的第62集团军刚刚将已被解散的坦克第1集团军以及第64集团军位于顿河以西的部队(步兵第229、第212师,步兵第204师的一部,坦克第121、第137旅)纳入辖下。因此,第62集团军以8个满编步兵师(近卫步兵第33、步兵第147、第181、第196、第131、第229、第112、第399师)、哈辛坦克第23军、罗金坦克第28军、克拉斯诺达尔和奥尔忠尼启则步兵学校的学员步兵团、4个坦克旅(坦克第137、第121、第158、第40旅)和6个独立坦克营的残部据守着卡拉奇西面日益萎缩的登陆场。洛帕京派原坦克第1集团军的主力(包括坦克第23和第28军)守卫登陆场北半部。第62集团军辖下的师守卫登陆场西部,从第64集团军转隶而来的部队

地图 43 第 6 集团军的位置（1942 年 8 月 6 日—7 日）

沿奇尔河据守登陆场南部。总之，守卫登陆场的苏军约有10万人，并获得不到150辆坦克的加强。此时，洛帕京集团军的北面，克留琴金的坦克第4集团军以沙姆申坦克第22军、塔纳希申坦克第13军的残部，步兵第184、第205、第192、第18师在克列缅斯卡亚和锡罗京斯卡亚附近守卫着顿河南面的登陆场。[60]

8月7日拂晓，德军从卡拉奇西北方30公里处的马伊奥罗夫斯基地域向南发起进攻，胡贝第16装甲师的数个战斗群突破苏军近卫步兵第33师和步兵第131师的防御，夜幕降临前到达卡拉奇北郊（参见地图44）[61]：

卡拉奇和俄国人的登陆场尚未陷落。成功击退敌人的反突击后，第16装甲师被一个步兵师接替，随后实施集结，准备重新攻向顿河弯曲部内。

担任先锋的是"西克纽斯"战斗群，该装甲团拥有120辆战车，"拉特曼"战斗群（米斯的第16装甲掷弹兵营、第79装甲掷弹兵团第1营、第16装甲猎兵营第1连、第16装甲炮兵团第1连）紧随其后。8月7日清晨5点，全师向南而去，隆隆驶过第100猎兵师进攻中的步兵和克罗地亚炮手们……8点15分，"冯·施特拉赫维茨"装甲营在奥斯特罗夫夺取了利斯卡河上的桥梁。米斯营里的各个连队，在穆蒂乌斯、布鲁诺和伦茨的率领下，对坦克碾过的敌防御阵地加以清理。当晚，"赖尼施"战斗群（第79装甲掷弹兵团）接过对西防御的任务。

"克鲁姆彭"战斗群仍在埃鲁斯拉诺夫斯基地域进行无情的战斗。右侧的友军（第100猎兵师）清晨6点向前推进，2个小时后，该战斗群与第64装甲掷弹兵团第1营、第16摩托车营、第2装甲团第9连开始对村庄发起进攻。

冯德曼的营设法逼近至村边800米处，但各种武器组成的密集火力压制住他的部下。提供支援的第16摩托车营第2连从右侧攻入村内。第64装甲掷弹兵团第1营紧随其后，但敌人从侧翼射来的火力异常猛烈，营长负伤，第64装甲掷弹兵团第2连连长布勒梅克中尉接掌了全营的指挥权。

与此同时，右翼部队已到达斯科沃林。师部下令——暂停进攻，消灭敌人！"克鲁姆彭"战斗群调拨给第100猎兵师。16点传来一道命令：不惜一切代价夺取该村！17点30分，战斗群重新发起进攻，双方展开激战。楔形坦克队列转身向左，朝东面的卡拉奇冲去。装甲掷弹兵们忙着肃清敌人的战壕，而敌人仍在我行军路线两侧实施顽强抵抗。俄国人以重型火炮和"斯大林管风琴"（喀秋莎）火力侵袭我进攻部队，他们的阵地上排满76.5毫米口径的火炮；但战斗轰炸机和"斯图卡"不断破坏敌人的抵抗。

不久后，敌人开始感受到第3摩步师造成的压力，该师从北面发起进攻。第24装甲师从南面向前推进。（苏军）"克里斯蒂"坦克发起的反击失败了，17点，位于顿河前方的别廖佐夫（Berezov，卡拉奇西面2公里处）陷落。[62]

第11军辖下的第100猎兵师和第389步兵师跟随在装甲部队身后，向南推

地图 44 斯大林格勒方向的态势（1942 年 8 月 8 日—10 日）

进了10公里。他们到达卡拉奇西面40公里、苏罗维基诺北面25公里处的多布林卡地域（Dobrinka），从北面挤压着包围圈。南面，豪恩席尔德的第24装甲师冲出位于奇尔河下游北岸下奇尔斯卡亚附近的登陆场，粉碎了苏军步兵第112师的防御，跨过草原，向卡拉奇南郊前进了35公里。[63]第24装甲军辖下的第76、第297步兵师跟在装甲师身后迅速前进，沿顿河西岸打开一条通道，将第62集团军的大批部队隔断在西面。夜幕降临后不久，德军第16和第24装甲师的先头部队在卡拉奇附近会合，完成了对洛帕京第62集团军的包围。

红军总参谋部的每日作战总结记录下这场灾难：

第62集团军，8月7日早晨起，在普列锡斯托夫斯基（Plesistovskii）、锡利济纳峡谷（Silkina）和新马克西莫夫斯基地域（Novomaksimovskii，马伊奥罗夫斯基南面8—10公里处），与敌人多达1个步兵师和100辆坦克，并获得强有力空中支援的兵力展开激战。8月7日13点，敌人突破我方部队的防御正面；15点，敌人70余辆坦克组成的战斗群攻占奥斯特罗夫和沃罗金斯基地域（Volodinskii，卡拉奇西面20公里处），敌人70—80辆坦克组成的第二个战斗群到达118.2高地附近（下奇尔斯卡亚北面15公里处）。

步兵第196师在普列锡斯托夫斯基和锡利济纳峡谷地域的包围圈内战斗。

步兵第112师，因兵力占据优势的敌人攻向奇尔车站而倍受压力，正进行激烈的战斗，右翼部队撤至波戈金斯基（Pogodinskii）—133.1高地—汽车拖拉机厂（奇尔车站北面15公里处）一线，师里的左翼部队守卫着雷奇科夫斯基地域（Rychkovskii，奇尔车站东面10公里处）。

近卫步兵第33师，已接管步兵第181师部队的防区，沿189.9高地（洛巴金农场北面13公里处）—191.3高地—别廖佐维（Berezovyi，洛巴金农场北面18公里处）一线（卡拉奇以西50—60公里）实施防御。

步兵第147师，已接替步兵第181师的左翼部队，正沿146.5高地—上奥西诺夫卡（Verkhne Osinovka）—苏罗维基诺一线实施防御。

步兵第181师，8月7日晨集结于多布林卡地域。

步兵第399师，由于敌坦克从北面达成突破，被迫撤至185.4高地—第二汽车拖拉机厂一线。[64]

地图 45　第 6 集团军的位置（1942 年 8 月 8 日—9 日）

　　8月8日拂晓，第16和第24装甲师辖下的装甲力量转身90度，开始将洛帕京被围集团军的东端逼向西面（参见地图45）。从第16装甲师的角度看来：

　　8月8日晨，俄国人的大炮和"斯大林管风琴"发出清晨的问候。德国空军的"斯图卡"和战斗轰炸机对敌人展开打击。敌人仍控制着顿河上的两座桥梁。

在150.7高地，敌人的20辆坦克已做好在晨曦的微光下投入战斗的准备。第16装甲师接受了这一挑战。"钢铁骑士"们浴血奋战，装甲突击部队在近距离战斗中击毁数辆T-34。俄国人被击败，但第16装甲师也遭受了损失。

中午，"赖尼施"战斗群对苏军登陆场北部发起进攻。伦茨的装甲掷弹兵连穿过坦克队列进入别廖佐夫并冲下顿河河谷。他们望着顿河——这条200米宽的河流穿过陡峭的河岸向南而去。第一座桥梁部分起火，后来被炸毁。第二座桥梁也燃起大火。

俄国人对他们的失利绝望至极，开始对西岸发起猛烈空袭。运送燃料和弹药的车辆被炸毁，车组人员伤亡惨重。俄国人用磷弹引燃了草原。风裹着滚滚热浪和呛人的烟雾袭向德军阵地。

与此同时，俄国人将他们的力量部署在利斯卡河以西地域，恰好位于沿顿河布防的德军的身后。敌坦克在古列耶夫取得突破，并造成混乱。

第16装甲师的一部立即转过身返回利斯卡河地域，并设立起一座正面朝西的登陆场。在60辆战车（坦克和装甲运兵车）的协助下，他们构成强有力的刺猬阵地。仍有6个苏军师在德军后方沿顿河采取行动。各处的抵抗有所加强。顿河大弯曲部和卡拉奇登陆场的战斗结束了。[65]

与此同时，第11军辖下并肩前进的第389步兵师和第100猎兵师从北面对洛帕京日益萎缩的防线发起打击，而第51军和第24装甲军辖下的第44、第295、第297、第76步兵师也从西面、南面和西南面投入进攻。洛帕京的集团军被困在两股合拢的铁钳中，幸存的苏军士兵别无选择，只能设法突出德军封锁线、投降或战死。红军总参谋部的每日作战报告再次总结了洛帕京的困境："8月8日，第62集团军从事着激烈的防御战，抗击突入其后方卡拉奇以西地域的敌坦克部队……敌先头部队在卡拉奇—皮亚季布良斯基（Piatiizbianskii）—萨莫杜罗夫卡地域（Samodurovka，卡拉奇以南10—20公里处）到达顿河渡口。"[66]

这份作战报告继续指出，步兵第131师和坦克第28军（已没有坦克）在敌人的沉重压力下撤往卡拉奇以北10公里处的鲁别日伊地域（Rubezhnyi）；步兵第229师仍在守卫苏罗维基诺；步兵第112师顽强据守雷奇科夫斯基的阵地；

步兵第399和第196师的部分部队设法撤至顿河以东的安全处。但是，步兵第147师和近卫步兵第33师所在的位置尚不清楚。[67]

保卢斯的集团军又花了三天时间（8月9日—11日）彻底肃清卡拉奇包围圈。逐渐缩小包围圈的同时，保卢斯开始腾出辖下的步兵师，将他们集结在北面，因为他已预料到必须在该方向歼灭克列缅斯卡亚以南地域——苏军坦克第4集团军据守的一个恼人的登陆场。第6集团军消灭洛帕京第62集团军有生力量时，苏军总参谋部再次密切留意着动向：

「8月9日」

第62集团军以部分兵力在敌坦克构成的包围圈内战斗的同时，其余部队撤至顿河东岸。

8月9日11点，北集团（步兵第181和近卫步兵第33师）位于普列锡斯托夫斯基—多布林卡地域，已奉命设法杀开血路，在卡拉奇渡过顿河。

8月9日晨，南集团（步兵第147和第229师）位于大奥西诺夫卡（Bol. Osinovka）—布拉特斯卡亚峡谷（Buratskaia）—沃季阿纳亚峡谷（Vodianaia）地域，已奉命撤至洛戈夫斯基（Logovskii，卡拉奇以南28公里处）的铁路桥。

坦克第23军（20辆坦克）和火炮-机枪第157营守卫着顿河畔卡拉奇地域的登陆场防御工事。

步兵第112师和坦克第121旅（27辆坦克）占据了雷奇科夫斯基和萨莫杜罗夫卡地域，在那里守卫着雷奇科夫斯基附近的登陆场防御工事……

「8月10日」

第62集团军位于顿河西岸的部队继续在包围圈内战斗，已撤至河流左岸的部队守卫伊尔门斯基（Il'menskii）—库斯托夫斯基（Kustovskii）—切尔卡索夫（Cherkasov）—洛戈夫斯基一线（卡拉奇以北20公里至卡拉奇以南30公里）。

8月10日4点，近卫步兵第33师和步兵第181师在古列耶夫—卡恰林斯卡亚（Kachalinskaia）以西地域（卡拉奇西北方22—25公里处）的包围圈内战斗。

步兵第131师沿伊尔门斯基—库斯托夫斯基一线据守。

374

火炮—机枪第175营，在军校学员的支援下据守库斯托夫斯基—切尔卡索夫防线。

步兵第112师、火炮—机枪第158营和第160营守卫着切尔卡索夫—（含）洛戈夫斯基防线。

尚未收到集团军辖内其他部队的情况报告。

「8月11日」

第62集团军以部分兵力沿顿河东岸守卫原先的阵地。8月11日，我们没能同被包围的近卫步兵第33师和步兵第181、第229、第147师取得联系。[68]

三个多星期来，保卢斯一直徒劳地试图包围并歼灭苏军第62集团军，8月12日，德国第6集团军终于宣布完成了这项任务（参见地图46）。据第6集团军统计，他们包围并歼灭了8个苏军步兵师（近卫步兵第33师，步兵第131、第147、第181、第196、第204、第229、第399师），红军军事学校（克拉斯诺达尔和奥尔忠尼启则）的2个学员支队，10个坦克旅（坦克第39、第56、第99、第121、第129、第137、第149、第166、第169、第298旅），2个摩托化步兵旅（第3、第20旅）和1个坦克歼击旅（第13旅）。保卢斯声称在这场战役中击毁第62集团军和坦克第1集团军的270辆坦克和560门大炮，俘房35000名红军士兵。[69]第6集团军辖内的第16装甲师写道："日后的战争史必然将这些战斗列为经典的坦克战。第16装甲师俘房8300人，击毁275辆坦克和298门大炮。自1941年6月22日以来，我师已取得1000个坦克击毁战果。"[70]

但是，苏联方面的文件指出，尽管第62集团军辖下的近卫步兵第33师，步兵第147、第181、第229师几乎全军覆没，但步兵第112、第131、第196师的主力逃过顿河，坦克第23和第28军的大多数士兵同样如此，虽然他们已没有坦克。因此，洛帕京的第62集团军，很可能有近半数力量平安逃至东面。

8月12日，OKW发布了"蓝色"行动以来的首次公告，许多德国人认为，他们再次赢得了1941年极为常见的那种壮观胜利：

在卡拉奇以西的顿河大弯曲部，装甲兵上将保卢斯指挥的地面部队，在

地图46 第6集团军的位置（1942年8月12日—13日）

男爵冯·里希特霍芬大将指挥的高炮部队和空军力量的积极支援下，歼灭了苏军第62集团军的主力，并重创敌坦克第1集团军的一部。在这场决战中，我军俘虏75000名敌军士兵，（击毁或）缴获各种型号的坦克1000多辆、大炮750门。敌人的有生力量遭受到严重损失。[71]

1942 年 8 月，顿河大弯曲部隐蔽阵地内的苏军坦克

1942 年 8 月，苏军工兵在顿河上架设桥梁

1942 年 8 月，斯大林格勒方面军的步兵在顿河畔卡拉奇附近发起反突击

1942 年 8 月，苏军在顿河畔卡拉奇附近发起反突击

可是，对B集团军群这一时期的作战行动更为清醒的分析表明，保卢斯进军卡拉奇和霍特攻向阿布加涅罗沃的行动基本上呈零散、即兴状态，远非初步判断的那么果断。执行这些行动时，两支部队都没有足够的力量一举完成他们受领的任务。因此，7月份的最后一周，由于苏军的顽强抵抗和猛烈反击，德国第6集团军包围顿河以西地域苏军第62集团军的初步尝试在距离目标不远处受挫。此后，保卢斯之所以能够重新发起进攻，完全是因为他的部队休整了一个多星期，而且获得援兵、重组了部队，并得到燃料和弹药的补充。霍特从齐姆良斯卡亚发起的进攻缓解了保卢斯的压力，并撕开苏军第64集团军在顿河以南的防御，但由于苏军强有力的抵抗和凶猛反击，经过一周的激战，他的攻势也在阿布加涅罗沃地域受挫。

即便保卢斯的第6集团军最终于8月11日和12日在卡拉奇地域歼灭了苏军第62集团军，他的任务也远未完成。对斯大林格勒发起决定性打击之前，保卢斯还必须解决顿河以西地域的大批苏军——克留琴金的坦克第4集团军，该集团军的部队仍盘踞在克列缅斯卡亚和锡罗京斯卡亚南面的登陆场内。令保卢斯感到棘手的是，第16、第24装甲师，第3、第60摩步师的坦克力量在歼灭苏军第62集团军的过程中损失了近20%。例如，战役开始时，第24装甲师拥有116辆坦克，战役结束后只剩下82辆。[72]

8月12日，希特勒和OKH面临的现实是，霍特的第4装甲集团军在阿布加涅罗沃停滞不前，保卢斯的第6集团军不得不肃清整个顿河西岸的苏军，然后才能同霍特第4装甲集团军向伏尔加河和斯大林格勒发起决定性进军。

组织斯大林格勒的防御

这场即将到来的战役的战略背景是：卡拉奇的陷落使苏联领导人相信，斯大林格勒地区的激战一触即发。因此，8月9日时，斯大林才对叶廖缅科将军关于"斯大林格勒地区统一指挥问题"的担心做出让步，但这位独裁者的解决方案多少有些拜占庭的意味①。虽然叶廖缅科正式成为斯大林格勒地区防御总指挥，但他不得不通过两个独立的方面军司令部（斯大林格勒方面军和东南方面军）指挥作战行动。戈尔多夫仍担任斯大林格勒方面军司令员，但由于该方面军在作战中隶属于叶廖缅科的东南方面军，因而从本质上说，戈尔多夫是叶廖缅科的副手。另一方面，东南方面军副司令员是戈利科夫，但叶廖缅科把戈利科夫打发出方面军，派他去解决各种问题，而不是留在司令部里。另外，莫斯卡连科接替戈利科夫出任近卫第1集团军司令员，该集团军的先遣师随后在坦克第4集团军后方，顿河以北28公里处的弗罗洛沃地域（Frolovo）下了火车。

8月12日，斯大林又给叶廖缅科加了一道紧箍咒，他将三名高级官员派至斯大林格勒执行可疑的使命：指导叶廖缅科守卫斯大林格勒。他们是最高统帅部代表华西列夫斯基、联共（布）中央委员会代表格奥尔基·马克西米连诺维奇·马林科夫（斯大林最亲密的政治亲信之一）以及空军司令员亚历山大·亚历山德罗维奇·诺维科夫中将。[73]次日，最高统帅部正式解除戈尔多夫"叶廖缅科副手"的职务——但斯大林格勒方面军仍由他负责。[74]

在这个奇怪的指挥安排的约束下，最高统帅部和叶廖缅科试图抢在德军必然到来的打击降临前加强他们的防御。例如，最高统帅部8月11日赋予近卫第1集团军使用铁路的优先权，以便该集团军加强斯大林格勒方面军的右翼。近卫第1集团军被运往顿河河畔锡罗京斯卡亚东面20公里处的伊洛夫利亚地域（Ilovlia），将于8月14日前以2个师构成第二道防御带支援坦克第4集团军。最高统帅部从预备队抽调3个步兵师和第77筑垒地域，在顿河以南第64和第57集团军后方构设一条新防御带后，又组建起空军第16集团军，由空军少将谢尔盖·伊格纳季耶维奇·鲁坚科指挥②，并派该集团军支援东南方面军以及以21个航空团的477架战机加强空军第8集团军。[75]最后，为掩护东南方面军与北高加索方面军之间出现在埃利斯塔地域的巨大缺口，也为了守卫伏尔加河畔的阿斯特拉罕，最高统帅部8月12日派近卫步兵第34师据守阿斯特拉罕，交通人民委员部派出辖下的独立铁路第47旅守卫阿斯特拉罕与北高加索基兹利亚尔（Kizliar）之间的350公里铁路线。

随着这些决定的做出，8月9日—12日，华西列夫斯基与叶廖缅科开始筹划即将到来的防御作战。他们认为，德军攻占顿河河畔的卡拉奇，满足了向斯

---

① 译注：这句话的意思是斯大林的决定带有政治考量。
② 译注：新组建的空军第16集团军，1942年8—10月的司令员为斯捷潘诺夫空军少将，鲁坚科9月28日才参与指挥。

大林格勒发起一场全面推进的先决条件，并由此得出结论：敌人会试图消灭坦克第4集团军据守的登陆场，然后以两个突击集团攻向斯大林格勒，第一个集团以10—11个师从顿河畔卡拉奇附近发起进攻，第二个集团以5—7个师从普洛多维托耶地域展开攻击。因此，华西列夫斯基和叶廖缅科决定沿着从巴布卡向南，经克列茨卡亚至卡拉奇的顿河东岸组织斯大林格勒方面军的防御。他们的首要任务是在坦克第4集团军防区【从克列茨卡亚到大纳巴托夫斯基（Bol'shenabatovskii）】和第62集团军防区（从大纳巴托夫斯基南延至卡拉奇）建立起纵深防御。叶廖缅科和他的副手戈尔多夫给方面军辖下的各集团军分配了如下任务：

·第63集团军「V.I.库兹涅佐夫」（近卫步兵第1、第14师，步兵第127、第153、第197、第203师）将在巴布卡至霍皮奥尔河河口200公里宽的战线上坚守顿河左岸，要特别注意从南面掩护鲍里索格列布斯克（Borisoglebsk）方向；

·第21集团军「丹尼洛夫」（步兵第63、第76、第124、第278、第304、第343、第96师，并获得已解散的第28和第38集团军炮兵部队的加强）应守卫从霍皮奥尔河河口至梅洛克列茨基（Melo-Kletskii）140公里宽的防区，并保留2个步兵师担任集团军预备队；

·坦克第4集团军「克留琴金」（步兵第321、第18、第205、第192、第184师、反坦克炮兵第5旅、坦克第22军、第54筑垒地域）应沿从梅洛克列茨基至小纳巴托夫斯基（卡拉奇以北35公里处）的顿河右岸据守50公里宽的登陆场，同时从西北方掩护斯大林格勒接近地以及从波沃里诺（Povorino）至斯大林格勒的铁路线，并将坦克第22军留在罗季奥诺夫地域（Rodionov，前线后方15公里处）担任集团军预备队；

·近卫第1集团军「莫斯卡连科」（近卫步兵第37、第38、第39、第40、第4、第41师）向前部署至伊洛夫林斯卡亚车站（Ilovlinskaia，伊洛夫利亚附近）后，必须在8月14日清晨前将近卫步兵第39师集结于特廖赫奥斯特罗夫斯卡亚地域，当日日终前将3个步兵师集结在霍赫拉切夫（Khokhlachev）、彼列科普斯卡亚（Perekopskaia）和彼列科普卡（Perekopka）、新格里戈里耶夫斯卡亚（Novo-Grigor'evskaia）地域（坦克第4集团军前线后方15—20公里处）；

·第62集团军「洛帕京」（步兵第399、第112、第131师，摩托化步兵第20旅和坦克第28军、第115筑垒地域）撤过顿河后，应占据并坚守从佩夏诺耶湖（Peschanoe）至顿斯卡亚察里察河（Donskaia Tsaritsa）河口90公里宽的防区，掩护从西面通往斯大林格勒最直接的路线，并设法营救被包围在顿河以西地域的部队（近卫步兵第33师，步兵第196、第399、第147、第181、第229师）。步兵第98师在佩斯科瓦特卡、索卡列夫卡（Sokarevka）和伊拉里奥诺夫斯基（Illarionovskii）地域（卡拉奇以北32—15公里处），步兵第87师在伊拉里奥诺夫斯基、苏维埃茨基（Sovetskii）和中察里津斯基（Sredne-Tsaritsynskii）地域（卡拉奇以北15公里至卡拉奇以南20公里处）构设密集战术防御，这两个师都担任集团军预备队。在科特卢班（Kotluban'）、罗索什卡河（Rossoshka）和卡尔波夫卡地域（顿河以东20—25公里处）准备一道后方防御带，并投入数个独立化学连、近卫迫击炮第4营（M-30）和5辆T-34坦克在新阿列克谢耶夫斯基（Novo-Alekseevskii）和卡尔波夫卡地域（卡拉奇以东30—35公里处）设立第一道防线。在伊拉里奥诺夫斯基地域接受改编的坦克第28军担任集团军预备队。集团军将获得5000枚反坦克地雷和反步兵地雷，以强化防御。[76]

斯大林格勒方面军的防御计划听上去已跃然纸上，实际上却存在致命缺陷。首先，时间和路程使莫斯卡连科的近卫第1集团军无法在规定时间内进入作战地域并占据相应的防御阵地。该集团军辖下的师1—2天后开始到达，但缺乏支援炮兵、专业保障单位、马匹、运输车辆、弹药、补给物资和基本的重武器。[77]这些师随后在向前部署的过程中获得了所需要的物资，通常是在德军接连不断的空袭下。其次，叶廖缅科认为第62集团军被包围的部队能平安撤过顿河，这也是个错误的想法。[78]第62集团军的实力太过虚弱，无法组织任何形式的救援行动，只能以辖内各个师七零八落的幸存者勉强应付。第三点，德军没有给叶廖缅科留下为麾下的集团军提供增援、加强或补给的时间。

至于东南方面军，叶廖缅科和华西列夫斯基计划沿梅什科瓦河、阿布加涅罗沃、"伏尔加河"国营农场和赖哥罗德一线构设强有力的防御，阻止德国人从南面进抵斯大林格勒。为缩短战线、强化防线并生成预备队，两位将军决定把集团军的右翼（崔可夫集群）从阿克赛河撤回。最后，为掩护方面军漫长而又虚弱的左翼，他们决定把科洛米耶茨的第51集团军东调，在察察湖（Tsatsa）与萨尔帕湖（Sarpa）之间（伏尔加河以西，斯大林格勒正南面50—64公里处）实施防御。叶廖缅科给方面军辖下各集团军分配的任务如下[79]：

· 第64集团军「舒米洛夫」【步兵第29、第38、第126、第138、第157、第204、第208师，坦克第13军（坦克第13、第254、第133旅，近卫坦克第6旅、摩托化步兵第38旅）、海军步兵第66、第154旅，第118筑垒地域、日托米尔和格罗兹尼军校】应于8月12日前将崔可夫集群撤至外围廓，沿着洛戈夫斯基（梅什科瓦河北面10公里处的顿河河畔）至京古塔车站（斯大林格勒以南50公里处）120公里宽的战线组织防御，掩护从西南方进入斯大林格勒最短的路径并沿捷别克捷涅罗沃（Tebektenerovo，卡普京斯基以东12公里处）、阿布加涅罗沃车站和京古塔一线集结集团军主力；[80]

· 第57集团军「托尔布欣」【近卫步兵第15、第25、第36师和步兵第244、第422师，坦克第6旅（19辆坦克）、文尼察步兵学校团、骑兵第255团、第76筑垒地域】应沿从4号国营农场（京古塔以东4公里处）和"伏尔加河"国营农场至赖哥罗德70公里宽的战线组织防御，防止敌人从南面突入斯大林格勒；[81]

· 第51集团军「科洛米耶茨」（步兵第91、第302、骑兵第115师，坦克第125、第135、第155旅，没有坦克）应撤往东北方的扎韦特诺耶（Zavetnoe，阿克赛以南95公里处）和奥比利诺耶（Obil'noe，小杰尔别特以南55公里处），在150公里宽的防区实施迟滞作战，务必在8月16日前沿小杰尔别特（Malyi Derbety）和萨尔帕湖一线组织起防御，牢牢守住各湖泊之间的隘路，阻止敌人进抵伏尔加河；

· 空军第8集团军「V.N.日丹诺夫空军中将」①（强击航空兵第206、第226、第228师，歼击航空兵第220、第235、第268、第269师，轰炸航空兵第270、第271师，夜间轰炸航空兵第272师，混编航空兵第23、第282、第633、

---

① 译注：应为赫留金空军少将，日丹诺夫1944年8月才接任司令员职务。

第655团）应打破敌人对后撤路线的封锁，协助第62集团军的部队从顿河右岸撤至左岸，并为两个方面军的部队变更部署和集结预备队提供可靠的掩护；[82]

·伏尔加河区舰队（江河舰艇第1、第2旅和独立拖船旅）应与第57集团军相配合，阻止敌人逼近赖哥罗德地域外围廓的前缘，同时应以其主力在赖哥罗德至卡尔加诺夫斯基（Kalganovki）地域分散赶往伏尔加河的敌军；[83]

·斯大林格勒军区「V.F.格拉西缅科中将」（近卫步兵第34师、阿斯特拉罕军校的2个混编团和第78、第116筑垒地域）隶属于东南方面军，8月15日生效，该军区应从西面和西北面守卫阿斯特拉罕筑垒地域以及阿斯特拉罕和伏尔加河的接近地，并牢牢据守埃利斯塔方向，同时向10号国营农场、萨尔帕、阿尔特森胡塔（Altsynkhuta）、奇尔吉尔（Chilgir）和伊阿什库尔（Iashkul）一线派出强有力的机动侦察队，阻止敌人在埃利斯塔地域的行动。

除了构设多条纵深防线外，叶廖缅科还命令两个方面军布设雷区，在方面军防线前方设立安全地带，并组建机动预备队，每支预备队由1个"喀秋莎"火箭炮团和1个反坦克炮兵团提供加强，沿关键方向展开行动。

最高统帅部8月9日的指令将斯大林格勒方面军交给叶廖缅科指挥，并命令该方面军和东南方面军的司令部都驻扎在斯大林格勒城内，这个决定严重破坏了戈尔多夫对辖下部队的有效控制，因为司令部与辖内各集团军相距太远。另外，指令还要求斯大林格勒方面军在斯大林格勒以西30公里处，罗索什卡河畔的大罗索什卡（Bol'shaia Rossoshka）建立辅助指挥所，而东南方面军的辅助指挥所设在斯大林格勒以南20公里处，伏尔加河畔的别克托夫卡（Beketovka），两个辅助指挥所都位于各自防线后方20—30公里处，这就使他们已脆弱不堪的通信体系处于严重的压力下。[84]电台短缺的情况很普遍，现有的电台发射距离有限，技术可靠性也很糟糕，再加上有线通信设备同样短缺，两个方面军及其辖下各集团军对部队的有效控制受到妨碍。因此，各集团军不得不用飞机、车辆甚至坦克将联络员派往辖下的师。大多数指挥部缺乏有经验的参谋人员，这也使问题进一步加剧。[85]

另外，过度延伸的补给线，抽调斯大林格勒方面军的后勤机构和设施为东南方面军建立一套后勤体系，这一切妨碍了两个方面军有效的后勤保障。失去至关重要的斯大林格勒—季霍列茨克铁路线和斯大林格勒—利哈亚（Likhaia）铁路线，迫使两个方面军不得不依靠从北面进入斯大林格勒的波沃里诺—斯大林格勒铁路线，以及斯大林格勒—阿斯特拉罕铁路线。可是，德军8月下旬起几乎将斯大林格勒北面的主干线置于持续不断的轰炸和封锁下，甚至动用了伏尔加河右岸的炮火。结果，两个方面军和辖内各集团军的补给物资持续短缺，特别是弹药、食物和各种武器。例如，8月15日，斯大林格勒方面军辖内各集团军拥有1.6—1.9个基数的步兵弹药，5.8—9.9个基数的炮兵弹药，仓库的燃料基数为2.1—3.2个；经过激烈的战斗，第62集团军只剩下0.28个基数的步兵弹药、2.0个基数的炮兵弹药和1.4个基数的燃料。[86]东南方面军作战物资储量较少，只有1.2—1.5个基数的步兵弹药，1.0—1.5个基数的炮兵弹药，燃料基数为1.0—2.5个。

另外，两个方面军还缺乏足够的运输工具运送这些物资。例如，斯大林格勒方面军8月15日获得3个汽车运输营共265辆汽车的援助，而坦克第4集团军和第62集团军辖内的各个师只有40—60辆卡车。[87]因此，从斯大林格勒保卫战甫一开始，苏军便不得不在后勤补给短缺的状况下展开行动，并在各个阶段细心节约手头的物资，同时采取各种权宜措施。

面对这些日益严重的问题，没等叶廖缅科和华西列夫斯基实施他们精心策划的防御计划，保卢斯的第6集团军便对苏军坦克第4集团军位于顿河大弯曲部东北角的防御发起突然打击，破坏了他们的计划。

第6集团军攻入顿河大弯曲部东北角，8月15日—19日

保卢斯在卡拉奇的胜利鼓舞了德军的士气，但远未能恢复B集团军群的进军势头。尽管顿河畔卡拉奇确实是第6集团军进军斯大林格勒最短的路径，但卡拉奇以东的地形被一道道深邃的峡谷频繁打断，这些峡谷有利于苏军的防御，但对德军机械化部队的推进极为不利。其次，如果从卡拉奇向正东方推进，第6集团军很快便会靠近第4装甲集团军，不仅使补给路线复杂化，还会使德军丧失又一场大规模合围的机会。另外，从卡拉奇进军斯大林格勒，保卢斯的左（北）翼极易遭到苏军的反击，俄国人会投入仅存的一支大规模坦克部队（坦克第4集团军的坦克第22军）和第21集团军，苏军最高统帅部很可能再从

预备队抽调部队向前部署。

基于这些考虑，8月10日，三周来的第三次，保卢斯再度决定重新部署麾下的部队，发起另一场精心策划的攻势——肃清顿河大弯曲部东北角克列缅斯卡亚和锡罗京斯卡亚南面的登陆场，据守该登陆场的是斯大林格勒方面军辖下的坦克第4集团军。没等第6集团军完成清剿被围在卡拉奇以西地域第62集团军残部的任务，保卢斯便从包围圈上抽调部队，把他们派往北面去加强第8军，该军遏制着一个小型登陆场内的苏军。8月10日，保卢斯将第14装甲军编成内的第16装甲师和第3、第60摩步师派往北面；这3个师完成调动后，8月11日和12日，第11军辖下的第389步兵师、第100猎兵师，第51军辖下的第76、第295步兵师也跟了上去。[88]

保卢斯的进攻计划将第14、第24装甲军和第11、第8、第51军的11个师（1个装甲师、2个摩步师、8个步兵师）集结在克列茨卡亚与大纳巴托夫斯基之间55公里宽的战线上（参见地图46）。这股力量将向东北方发起突击，歼灭守卫顿河大弯曲部东北角的苏军坦克第4集团军，然后夺取顿河对面的登陆场，以便第6集团军随后向伏尔加河和斯大林格勒发起进攻。第14装甲军辖下的第3、第60摩步师担任先遣突击部队，他们将于8月15日突破坦克第4集团军的中央防御，并在锡罗京斯卡亚南面夺取顿河南岸，而第16装甲师则转向东面，进抵特廖赫奥斯特罗夫斯卡亚的顿河河段。维特斯海姆的第14装甲军派出"西克纽斯"战斗群（第2装甲团）、"施特拉赫维茨"装甲营和第384步兵师的突击炮执行主要突击任务。[89]

为分散坦克第4集团军的注意力，并将其预备队调离保卢斯的主要突击地域，第11军辖下的第376步兵师和第100猎兵师将于8月13日对坦克第4集团军位于克列茨卡亚以南的右翼发起进攻。待第14装甲军的摩托化师8月15日投入进攻后，第8军的第305、第389、第384步兵师和第24装甲军的第76、第295步兵师将提供支援，紧随摩托化师向前，确保从特廖赫奥斯特罗夫斯卡亚南延至韦尔佳奇和佩斯科瓦特卡的顿河南岸，尽可能夺取河上的渡口，并占领东岸的登陆场。[90]南面，第51军的第44和第71步兵师也将发起进攻，确保从卡拉奇北延至佩斯科瓦特卡的顿河西岸。

第6集团军的进攻时机对B集团军群向伏尔加河和斯大林格勒的后续进军

至关重要。具体说来，保卢斯的集团军必须迅速肃清登陆场，以便与霍特从东南方攻向斯大林格勒的第4装甲集团军密切配合，第4装甲集团军的初步计划是8月18日左右恢复进攻。同时，保卢斯将为霍特提供援兵，协助后者恢复其攻势，8月12日，保卢斯将第24装甲师和第297步兵师调往东面，加入霍特的集团军。他们在8月18日完成了再部署。另外，麾下部队清剿顿河以西地域残余的苏军时，保卢斯忙着囤积重要的补给物资，特别是确保集团军最终攻向伏尔加河所需要的燃料和弹药。

苏军发起的反击失败后，克留琴金将军的坦克第4集团军8月初以来一直在顿河南岸（从梅洛克列茨基至小纳巴托夫斯基）守卫着50公里宽的登陆场。8月1日，克留琴金的集团军仅仅是名义上的"坦克"集团军，由步兵第18、第184、第192、第205师组成，从左至右沿防线部署，从小纳巴托夫斯基延伸至西北方的梅洛克列茨基。第54筑垒地域的"炮兵—机枪"营守卫着顿河北岸，并获得坦克歼击第5旅、沙姆申坦克第22军和塔纳希申坦克第13军残部的支援，每个坦克军可投入的坦克约为20辆。8月份第一周，斯大林格勒方面军派步兵第321师加强坦克第4集团军，克留琴金将这个师部署在集团军右翼，8月12日—13日晚，第21集团军辖下步兵第343师的余部也转隶坦克第4集团军，该师的部分部队已进入登陆场，部署在坦克第4集团军右翼。[91]

坦克第4集团军右侧，丹尼洛夫将军的第21集团军沿顿河北岸守卫着40公里宽的防区，从梅洛克列茨基地域西延至谢拉菲莫维奇以西30公里处的霍皮奥尔河河口，辖下的步兵第76、第278、第124、第96、第304师从左至右部署。丹尼洛夫将步兵第63师留作集团军预备队，将步兵第343师调至坦克第4集团军登陆场的西端。由于近卫第1集团军（该集团军应在克留琴金的登陆场内据守第二道防线）仍在赶往该地域的途中，而坦克第4集团军只有区区45辆坦克，因此，克留琴金的集团军被迅速击败不足为奇。[92]

遵照作战计划，保卢斯8月13日投入第11军辖下的第376步兵师和第100猎兵师，对苏军坦克第4集团军位于斯列德尼（Sredne）和彼列科普卡的右翼发起牵制性进攻。红军总参谋部报告：

8月13日清晨，敌步兵在50—60辆坦克和轰炸机的支援下发起进攻，坦克第4集团军以右翼部队顽强抵抗,左翼部队继续坚守原先的阵地。

8月13日6点30分起,步兵第321师与敌人的1个步兵团和50—60辆坦克展开激战,在沉重的压力下,该师辖下的部队后撤(10—15公里),14点30分退至小伊阿基(Malyi Iarki)—莫克雷罗格峡谷(Mokryi Log)—134.4高地一线。战斗沿这道防线肆虐……

(在第21集团军防区内,)步兵第343师在克列缅斯卡亚—彼列科普斯卡亚地域渡过顿河,部分部队正在梅洛克列茨基地域战斗。[93]

第6集团军的牵制性进攻迫使苏军步兵第321和第343师后撤,不出保卢斯所料,8月13日—14日晚,克留琴金从集团军中央地带抽调坦克歼击第5旅和1个反坦克炮兵团增援受威胁地域。德军的进攻惊动了戈尔多夫,8月13日—14日晚,他先从第62集团军抽调坦克第193旅(大约25辆坦克),从第21集团军抽调2个坦克营和3个炮兵团,又从方面军预备队调出反坦克炮兵第22旅,火速增援克留琴金的集团军。8月14日—15日晚,戈尔多夫又从第57集团军抽调了4个反坦克炮兵团。与此同时,他指示克留琴金,将新锐反坦克炮兵团部署在韦尔佳奇和佩斯科瓦特卡,守卫顿河至关重要的渡口。[94]

8月15日清晨6点30分,对克留琴金的防御实施2个小时的炮火准备后,保卢斯发起了对苏军坦克第4集团军的主攻。在大批"斯图卡"俯冲轰炸机的掩护下,维特斯海姆第14装甲军辖下的第16装甲师和第60、第3摩步师,以第8军第305、第389、第384步兵师为支援,一举摧毁苏军步兵第192、第184、第205师在克留琴金集团军中央地带的防御,迅速向东推进。第16装甲师师史这样写道:

与此同时,敌人盘踞在顿河河曲部内,3个师被堵在波德戈尔斯基(Podgorskii)与戈卢宾斯基(Golubinskii)之间。我师向北前进,穿过苏哈诺夫(Sukhanov)和穆科夫金(Mukovkin),从那里转向东面。

8月15日凌晨2点,战斗机、斯图卡和战斗轰炸机发起打击。我师奉命在顿河河曲部向顿河前进,绕过河曲部,形成一个开口向西的口袋。第6集团军辖下的步兵师已展开行动,他们将在那里(口袋以西)战斗。

"西克纽斯"战斗群穿过前进中的步兵,突破了俄国人设在布利日尼亚伊

步63师
近1集
近步41师
谢拉菲莫维奇
步96师
21集
坦647营
近步38师
79步兵师
3摩步兵团
步63师
斯列缅斯卡亚
坦646营
近步4师
步124师
步343师步兵团
步278师
步98师
近步38师
伊洛夫利亚河
拉斯波平斯卡亚
22装师
奥尔洛夫斯基
彼列科普卡亚步321师
步87师
17军
步76师
彼列科普卡
步205、343师
伊洛夫利亚车站
113步兵师步团
步343师步团
步321师
近步40师
步98师
近步37师
克列茨卡亚
100猎师
步205师
锡罗京斯卡亚
22装师
376步师
布利日尼亚伊亚
近步4师
耶夫斯特拉托夫斯基
100师师
彼列科普卡
步192师
卡梅申
佩列拉佐夫斯基
113师师
斯列德尼
100猎师
步205师
步192师
赫梅列夫斯基
坦4集
步37师
坦4集
11军
60摩师
305步师
60步师
步184师
3摩师
步37师
文齐
305步师
步192师
坦193旅
斯韦奇尼科夫斯基
60摩师
389步师
步184师
16步师
特廖赫奥斯特罗夫斯卡亚
步87师
14装军
16装师
384步师
3摩师
步184师
295步师
上阿夫
步18、184、39师
卡尔梅科夫
上布济诺夫卡
8军
384步师
戈卢巴亚
步18师
步98师
马诺伊林
3摩师
295步师
295步师
步76师
坦34师
阿里霍夫斯基
步214师
科特卢班车站
6集
24装军
76步师
小纳巴托夫斯基
韦尔佳奇
科特卢班
多布林斯基
斯塔利
步87师步兵团
坦40旅
44步师
步399师
坦28师
小罗索什卡
利斯卡河
62集
坦169旅
罗索什卡河
步131师
古姆拉克车站
近步33师
奇尔河
卡拉奇
马里诺夫卡
步196师
苏罗维基诺
卡尔波夫卡
51军
卡尔波夫卡河
近步20旅
71步师

图例
8月15日6点
8月15日20点
8月16日20点
比例尺
4 0 4 8 12千米

地图47 坦克第4集团军和近卫第1集团军的防御（1942年8月15日—16日）

亚彼列科普卡（Blizhniaia Perekopka）以南的防御工事。苏军的抵抗激烈而又顽强，有些部队据守着陡峭的峡谷。我方坦克突破后，他们（俄国人）重新发起进攻，消灭了几个六管火箭炮连，还将运送伤员的车辆烧毁。"米斯"营不得不折返以扫荡这片区域。一场激战爆发开来。（我们）缴获了大批反坦克步枪。

"冯·施特拉赫维茨"装甲营向前冲去，赶往特廖赫奥斯特罗夫斯卡亚的顿河河段。那里的桥梁已被炸毁。多尔曼的营在东面确保河段的安全。[95]

克留琴金的防御遭到毁灭性打击，红军总参谋部写道：

8月15日，坦克第4集团军继续从事激烈的防御作战，抗击着多达4—5个步兵师、1个摩托化师和1个装甲师的敌人。15点前，敌人设法在集团军左翼突破我方防御，到达卡梅申卡（Kamyshinka）—大库班舍瓦峡谷（Bol'shaia Kubantseva）—雷特伊布里阿尔护堤（Rytnyi burial）一线（克列茨卡亚东南方37—62公里处）。

步兵第321师沿小伊阿基—奥辛基（Osinki）—184.1高地一线战斗。

被敌人从两翼包围的步兵第205和第192师，正在奥西京斯基地域的包围圈内战斗。

8月15日14点，坦克第182旅正与敌人的30辆坦克在汽车拖拉机站附近战斗（卡梅申卡以南10公里处）。

步兵第184师在卡梅申卡东南方12公里处从事战斗。

近卫步兵第39师到达185.0高地—卡拉奇金（Kalachkin）一线。

近卫步兵第40师的一个团渡过顿河到达西岸，集结在锡罗京斯卡亚地域。

坦克第98和第198旅奉命在韦尔佳奇地域渡过顿河，以便与近卫步兵第39师的部队协同行动。

步兵第343师、独立坦克第647和第697营的情况正在核实。[96]

因此，坦克第4集团军辖下的师不是被包围便是在沉重压力下被迫退却，近卫第1集团军的近卫步兵第39和第40师正分别赶往锡罗京斯卡亚和特廖赫奥斯特罗夫斯卡亚地域，以支援克留琴金陷入困境的部队。

夜幕降临前，科勒曼将军的第60摩步师已前进20多公里，到达锡罗京斯卡亚南面的顿河南岸。科勒曼右侧，胡贝第16装甲师的"施特拉赫维茨"战斗群急转向东，赶往特廖赫奥斯特罗夫斯卡亚的顿河西岸。在这场推进中，胡贝师里的坦克中午12点打垮了克留琴金的司令部，摧毁了其对部队的有效掌控。南面，保卢斯的辅助突击力量——第24装甲军辖下的第76和第295步兵师，突破苏军步兵第18师在克留琴金左翼的防御，前进了15公里，以夺取位于顿河西岸韦尔佳奇这个重要渡口对面的阿基莫夫斯基（Akimovskii）。[97]

除了使克留琴金丧失对部队的指挥外，保卢斯的果断突击还将苏军坦克第4集团军劈为两半，迫使其步兵第205和第321师，以及第21集团军的步兵第

343师退往北面的克列缅斯卡亚，步兵第18、第184、第192师和坦克第22军的一个旅向东撤往阿基莫夫斯基南北两面的顿河河段。[98]

对迅速恶化的态势加以评估，并受到最高统帅部和叶廖缅科的压力后，戈尔多夫8月15日晚命令莫斯卡连科将近卫第1集团军辖下的近卫步兵第40、第37和第39师（这些部队已在伊洛夫利亚火车站完成卸载）投入登陆场，加强克留琴金残破不全的部队，并于8月17日拂晓发起一场反突击。戈尔多夫这场反突击（最高统帅部命令叶廖缅科的副手"亲自监督"），要求步兵第321、第205、第343师和近卫步兵第40师从锡罗京斯卡亚北面，坦克第4集团军右翼后方发起，而近卫步兵第37、第39师、步兵第18师、坦克第22军的坦克第182旅从韦尔佳奇西北方坦克第4集团军左翼后方发起。

与此同时，第62集团军的新锐步兵第98师，将在坦克第193旅和近卫迫击炮第5团（后来又投入步兵第214师）的加强下，于8月15日—16日午夜在韦尔佳奇渡过顿河，攻向西面的罗季奥诺夫。同时，第21集团军的步兵第63师将在梅洛克列茨基及其北部地域沿顿河对保卢斯的左翼发起进攻。[99]最后，戈尔多夫命令空军第8集团军支援这场反突击，近卫第1集团军的部队向前部署时，投入所有战机为其提供掩护。

尽管戈尔多夫精心策划了作战计划，但他的反击从一开始就不顺利。8月16日，保卢斯的部队继续推进，无情地挤压着克留琴金的部队和莫斯卡连科近卫第1集团军的援兵，把他们逼入顿河南面日益萎缩的登陆场（参见地图48）。第16装甲师师史中写道：

8月16日，"西克纽斯"战斗群和"冯·施特拉赫维茨"装甲营（向南）冲往上阿卡托夫（Verkhne-Akatov）；第384步兵师的突击炮朝顿河方向穿过林区，干得非常出色。第16装甲师攻占132.4高地和顿河畔的下阿卡托夫（Nizhnyi Akatov）。步兵设法强渡顿河。

当晚，"冯·施特拉赫维茨"装甲营发起一场突袭。在两个阶段的战斗中，该装甲营从顿河公路方向对特廖赫奥斯特罗夫斯卡亚展开突击，经过激战，到达了那里的顿河河岸。值此关键时刻，几个俄国人在桥梁中段纵火烧桥。在格克中尉的坦克队列提供的火力掩护下，克莱因约翰中尉的装甲车队冲

地图 48　第 6 集团军的位置（1942 年 8 月 16 日—17 日）

上桥梁，拆除了起火燃烧的桥梁组件，挽救了渡口的西半部。

8 月 17 日午夜，从西南方而来的步兵车队到达。"口袋"在顿河封闭。第 16 装甲师抓获 800 名俘虏，击毁 14 辆坦克和 78 门大炮。[100]

红军总参谋部的报告没有提及戈尔多夫的反突击："坦克第 4 集团军继续实施顽强的防御作战，抗击沿特廖赫奥斯特罗夫斯卡亚和小纳巴托夫斯基战线（卡拉奇东北方 30 公里处）向顿河推进的敌坦克和步兵部队。"[101]总参谋部的战况汇总指出，步兵第 343 师只剩下"230 人和 6 门大炮"，而"步兵第 184 师的残部"终于逃至下阿卡托夫的顿河河段，近卫第 1 集团军辖下的近卫步兵第 40、第 37 和第

39师已投入战斗，但面对敌人的沉重压力，这些部队都在实施防御作战。[102]

保卢斯突击部队的左侧，第11军辖下的第376步兵师在白天攻占了克列缅斯卡亚，并与第100猎兵师相配合，将苏军步兵第343、第321师逼入一条5—10公里深的狭长地带，这条地带从克列缅斯卡亚向南延伸至顿河南岸的锡罗京斯卡亚。当天晚些时候，近卫第1集团军的近卫步兵第38和第40师及时赶到，这才阻止第11军全歼残破的苏军师并彻底肃清登陆场。[103]

南面，德军第60和第3摩步师抢在近卫第1集团军近卫步兵第37和第39师渡过顿河前，将苏军步兵第192师的残部和步兵第184师的一部逼向顿河。[104]在8月16日晚些时候的激战中，2个德军摩步师给2个苏军近卫步兵师造成"严重损失"，最终在伊洛夫利亚以西的大弯曲部占领了顿河的整个南岸。南面，第8军辖下的第389、第384步兵师和第24装甲军编成内的第76、第295步兵师从特廖赫奥斯特罗夫斯卡亚向南赶往韦尔佳奇，逼近顿河，随后在河对岸的下阿卡托夫附近夺得立足地，从而防止了苏军从河东岸发起的一切进攻。当天晚些时候，保卢斯命令胡贝第16装甲师后撤，以便休整和补充。[105]

第16装甲师师史不仅记录下该师取得的战果，还提供了一份对第14装甲军和第6集团军所取得战绩的评估，以及对被击败的苏军坦克第4集团军的最终评价：

顿河草原上的战斗结束了。我方的损失也很大，单是米斯的（装甲掷弹兵）营便伤亡300人。总之，（我们）摧毁敌人1000辆坦克，缴获750门大炮，但只抓获88700名俘虏。如果加上哈尔科夫包围圈的战果，这就意味着共俘虏240000人。虽然顿河另一侧安全地域的俄国人来势汹汹，但不管怎样，他们还是避免了大批部队在包围圈内被俘。德军成功征服了工业区和500公里草原，自身也遭受到损失，但无法歼灭红军的主力。俄国人采用了一种新战术。进军开始时，当地人告诉第16装甲师的官兵，红军军官和政委们曾提到过伏尔加河是他们后撤的目标，他们（红军军官）还告诉当地人，如果他们（当地人）加入红军，就能得到工作和面包。第16装甲师认为苏军的退却是一种实力虚弱的表现，第64装甲掷弹兵团1942年7月13日的作战日志中写道："由于一再后撤，南线的苏军士兵已厌倦了战斗，毫无斗志。"

　　希特勒也认为顿河大弯曲部的苏军已遭到沉重打击，这使他将注意力再次集中到危险的双重目标上：高加索和斯大林格勒。[106]

　　由于在两天的战斗中遭受到严重损失，截至8月17日日终前，坦克第4集团军基本上"已不再具备作战能力"。该集团军辖下的步兵第18、第184、第205、第321、第343师被歼灭，坦克第22军的坦克第182旅只剩下7辆坦克，摩托化步兵第22旅只剩200人，另外，除了近卫步兵第4和第40师（前者仍在伊洛夫利亚火车站卸载），坦克第4集团军和近卫第1集团军辖下各个师的弹药已消耗殆尽。无奈之下，戈尔多夫当晚命令莫斯卡连科的近卫第1集团军接管坦克第4集团军辖下的步兵第321、第343、第205师，"坚守顿河小弯曲部内的登陆场，加强其防御，破坏敌人强渡至顿河左岸的企图，沿克列缅斯卡亚、绍欣（Shokhin）和锡罗京斯卡亚一线，并进一步沿顿河左岸至伊洛夫利亚河河口组织防御。"[107]为确保莫斯卡连科的部队完成任务，戈尔多夫以坦克第4集团军残存的炮兵力量和从方面军预备队抽调的步兵第23师为其提供加强。戈尔多夫还命令丹尼洛夫的第21集团军守卫近卫第1集团军右翼的顿河河段，并要求克留琴金坦克第4集团军的残部挖掘阵地，坚守顿河南岸小得可怜的登陆场，但克留琴金的部队根本无法完成这项任务。

　　坦克第4集团军几近覆灭，现在，斯大林格勒方面军最薄弱的防区是近卫第1集团军与第62集团军的结合部，特别是沿顿河东岸从伊洛夫利亚河河口南延至佩夏诺耶湖这片区域。守卫这片区域，唯一可用的部队是坦克第4集团军实力严重受损的步兵第18、第184师和近卫步兵第39师，这些部队已向东退却并渡过顿河。为强化防线上的薄弱点，戈尔多夫命令洛帕京的第62集团军将步兵第98师和步兵第87师的1个团派往西北方的韦尔佳奇和佩斯科瓦特卡地域。与此同时，方面军副司令员把步兵第214师和步兵第87师的残部集结在韦尔佳奇东面20公里处的科特卢班和萨莫法洛夫卡（Samofalovka）地域，担任方面军预备力量。[108]

　　尽管戈尔多夫试图挽救顿河南岸的部分登陆场，但保卢斯8月17日日终前指出，德军胜利完成了肃清盘踞在顿河大弯曲部东北角苏军的任务。当天，麾下部队在登陆场南部三分之二处扫荡先前被绕过的苏军部队时，保卢斯命令第11军从克列缅斯卡亚地域后撤，在该镇南面构设一道稳固的防线，并从冯·阿佩尔将军的第22装甲师抽调一个战斗群加强第11军的防御，第22装甲师的主力正在西面支援第17军。8月17日和18日，保卢斯将第14装甲军辖下的第60和第3摩步师撤入后方集结区，与第16装甲师一同休整、补充。第11、第8和第51军辖下的步兵师随即承担起守卫顿河南岸的任务。8月18日和19日，第8军第389、第384步兵师和第51军的第76、第295步兵师①竭力在韦尔佳奇南北两侧夺取并扩大顿河对岸的登陆场。[109]

8月18日和19日，随着第6集团军终于在顿河西岸牢牢站稳了脚跟，保卢斯得以筹划下一阶段的进军——对伏尔加河和斯大林格勒发起决定性突击。

总结

如果说保卢斯对他的集团军成功肃清顿河大弯曲部剩余地域的苏军感到高兴的话，那么，苏联最高统帅部却对此深感沮丧。他们将这场失败归咎于"以兵力和兵器为坦克第4集团军提供了不合时宜的加强"，虽说此举是遵照最高统帅部的指令，却"导致了不良结果"。[110]回顾起来，最高统帅部认为戈尔多夫8月10日时拥有充足的援兵，完全可以在坦克第4集团军的防御崩溃前为其提供加强，其中包括位于第62集团军后方，方面军预备队的步兵第98和第87师，第63集团军预备队的步兵第63和第343师，以及正在东南方面军预备队里接受补充的步兵第214、第196师和近卫步兵第33师。但戈尔多夫没有使用这些部队，而是从近卫第1集团军抽调力量增援坦克第4集团军，这是个不切实际的决定，因为莫斯卡连科的集团军没能及时到达作战地域，无法为克留琴金的部队提供有效帮助。但最高统帅部的批评并不完全正确，因为这些援兵中的几个师，特别是步兵第196师和近卫步兵第33师，实力太过虚弱，无法参加戈尔多夫策划的反突击。

从保卢斯的角度看，歼灭坦克第4集团军是向斯大林格勒发起后续攻势必要的先决条件。尽管他的第6集团军达成了这个条件，但出于几个令人信服的理由，态势的后续发展仍令人担忧。首先，从7月17日该集团军投入部队攻入

---

① 译注：8月初和中旬，第76和第295步兵师在第51军和第24装甲军之间来回调动。

东面的顿河大弯曲部起，到8月19日他们占领大弯曲部东北角的大多数地域，第6集团军完成希特勒赋予他们的初步任务用了一个多月时间。

其次，这个任务的完成并不像希特勒指令中暗示的那样一蹴而就，保卢斯不得不组织并执行了四场不同而又相互独立的攻势，第一场在7月17日发起，后几场分别在7月23日、8月8日和8月15日展开。虽说这种停停打打的进攻方式的部分原因是燃料和弹药一再发生短缺，但也是保卢斯集团军与对手相比整体实力偏弱所致。

7月17日前的事实证明，如果得不到机械化部队的增援，第6集团军无力维持冲入顿河大弯曲部的攻势，因此，希特勒7月22日以第14装甲师的3个师增援保卢斯，7月25日，第6集团军的攻势再度放缓，希特勒又派出第24装甲军辖下的第24装甲师。7月28日，保卢斯在距离目标（卡拉奇）不远处止步不前，希特勒试图重新恢复向斯大林格勒的进军，7月31日，他命令霍特第4装甲集团军辖下的第48装甲军从西南方向向该城。8月8日—11日，霍特集团军向阿布加涅罗沃推进时，保卢斯终于肃清了顿河以西登陆场内的苏军第62集团军，并将卡拉奇拿下。但此时，霍特又在阿布加涅罗沃停顿下来，迫使希特勒命令保卢斯攻向顿河大弯曲部的东北角，以完成向斯大林格勒发起最后突击的准备工作。即便在保卢斯完成这项任务后，霍特的第4装甲军仍需要增援，然后才能与第6集团军一同攻向斯大林格勒，这一次，OKH为霍特提供了第24装甲师。

第三点，在保卢斯进军的过程中，苏军的抵抗被证明远比希特勒、OKH或B集团军群料想的更加顽强，也更具弹性。虽然第6集团军在7月初期和中旬向东进军期间歼灭或重创了苏军的3个集团军（第21、第28、第38集团军），但月底又面对着苏军的另5个集团军（第63、第21、第62、坦克第4、坦克第1集团军）。8月份上半月歼灭或重创了其中3个集团军（第62、坦克第1、第4集团军）后，月中，第6集团军前方仍有苏军的5个集团军（第63、第21、第62、近卫第1、坦克第4集团军）。面对犹如天降神兵的苏联红军，7月17日—31日，保卢斯的部队向东成功推进了55—70公里，前进速度约为每天4—5公里；8月1日—19日，第6集团军又前进了30—35公里，速度约为每天1.5—1.75公里。随着苏军最高统帅部将一切可用力量调至斯大林格勒地区，希特勒、OKH、B集团军群或保卢斯本人都没有理由相信，第6集团军冲向伏尔加河和斯大林格勒剩下的60—70公里路程会比先前更容易些。

第四点，虽然第6集团军在进军顿河大弯曲部的过程中成功歼灭了斯大林格勒方面军第62集团军和坦克第1集团军半数以上的力量，并将坦克第4集团军的主力消灭，但无法与德军在去年的"巴巴罗萨"战役或"蓝色"行动初期取得的决定性胜利相提并论。大批红军士兵从动作缓慢、极具破坏力的德军中逃脱，以及苏军最高统帅部投入新锐集团军的能力，引起了上至希特勒下到第6集团军普通士兵每一个德国人的担忧。

第五点，尽管保卢斯第6集团军的确给红军造成重创，但他自己的部队也遭到消耗，霍特的第4装甲集团军同样如此。总之，第6集团军和第4装甲集团军的"进攻利刃"迅速钝化，持续存在的燃料和弹药短缺问题加剧了这种状况。例如，机械磨损和敌人的抵抗，到7月底，第6集团军和第4装甲集团军辖下的装甲和摩托化师已损失了半数以上的力量。虽然第14装甲军编成内的第16装甲师和第3、第60摩步师设法将可用坦克数量保持在60—70辆和30—40辆，但第24装甲师的坦克却从7月18日的141辆下降至8月10日的116辆，到8月15日又下降为82辆。[111]第14装甲师，6月28日拥有102辆坦克，经历了阿布加涅罗沃地域的激战后，8月12日只能拼凑出24辆坦克。[112]第6集团军和第4装甲集团军辖下的各个师一直遭受着人员伤亡，多为数百人，某些卷入激烈战斗的师伤亡人数超过1500人。这种伤亡，再加上夏季战役的艰苦，进一步削弱了德军的实力和后劲。

尽管被过去许多介绍"蓝色"行动的历史著作所忽视（部分原因是苏联历史学家们多年来要么含糊其辞，要么彻底忽略了这段内容），但顿河大弯曲部这场漫长的战斗（持续了三个多星期）不仅远比过去认为的更加激烈，也更为重要，双方都为此付出了高昂的代价。实际上，从总体着眼，第62和第64集团军决定守卫大弯曲部，坦克第1和第4集团军在大弯曲部发起反突击，布良斯克方面军和沃罗涅日方面军在沃罗涅日及其西部地域的反击，代表着斯大林和苏联最高统帅部组织一场战略反攻的真正努力，其目的是阻止德国B集团军群的部队继续前进。虽说随后的战斗令第62集团军遭受重创，但德国第6集团军也被严重削弱，这至少可以部分解释保卢斯集团军6周后试图肃清斯大林格勒顽强的守卫者时会遭遇重大困难的原因。

注释

1. 哈尔德的《哈尔德战时日记（1939—1942年）》第646页。

2. 同上。

3. 同上。

4. 同上。

5. 同上。

6. 齐姆克和鲍尔的《从莫斯科到斯大林格勒》第364页。

7. 同上。

8. 哈尔德的《哈尔德战时日记（1939—1942年）》第649—650页。

9. 齐姆克和鲍尔的《从莫斯科到斯大林格勒》第365页。

10. 布劳的《德国对苏战争：策划和行动，1941—1942年》第156—157页。

11. 关于第6集团军和第4装甲集团军编成的变更，可参阅第6集团军作战处的第13号作战日志第1号态势图集（1942年7—10月）。

12. 佐洛塔廖夫《最高统帅部1942》第331页，最高统帅部994129号指令，1942年7月28日签发。

13. 同上，第333页，最高统帅部994131号指令，1942年7月29日19点30分签发。

14. 同上，第335—337页，最高统帅部170539、170541号指令，分别签发于1942年7月30日23点和7月31日13点45分。第51集团军7月下旬便已转隶北高加索方面军。

15. 同上，第337页，最高统帅部170524号指令，1942年7月31日19点40分签发。

16. 同上，第338—339页，最高统帅部指令，无编号，1942年8月2日签发。

17. 《苏联军队作战编成 第2部分（1942年1—12月）》第148—149页。

18. 参见约阿希姆·莱梅尔森等人的《第29师：第29步兵师，第29摩步师，第29装甲掷弹兵师》（西德，巴特瑙海姆：波德聪出版社，1960年），第192—193页；以及（尽管比较粗略）罗尔夫·格拉姆斯的《第14装甲师，1940—1945年》（Die 14. Panzer-Division 1940-1945，西德，巴特瑙海姆：汉斯-亨宁·波德聪出版社，1957年），第50—51页。

19. S.M.萨尔基西安的《第51集团军》（51-ia Armiia，莫斯科：军事出版社，1983年）第81页。

20. 日林《斯大林格勒战役》第277页。

21. 罗科索夫斯基的《伏尔加河畔的伟大胜利》第75页。7月25日时，第38步兵师只有1685名士兵。参见伊萨耶夫的《斯大林格勒：伏尔加河后方没有我们的容身处》第84页。

22. 托尔布欣出生于1894年，担任第57集团军司令员时46岁[1]，第一次世界大战期间，他在沙皇军队里指挥过一个营。1918年参加红军，内战期间先后在南部战线和西部战线担任过步兵师和集团军参谋长[2]。托尔布欣1927年和1930年两次毕业于高级指挥人员进修班，1934年毕业于伏龙芝军事学院，先后担任过步兵师和步兵军参谋长，1937年担任步兵师师长。1938年7月出任外高加索军区参谋长，在这个职位上迎来

---

[1] 译注：怎么算都是48岁。
[2] 译注：内战期间托尔布欣没有担任过集团军参谋长，而是集团军司令部作战处处长。

苏德战争爆发。此后他又先后担任过外高加索方面军、高加索方面军和克里木方面军参谋长，直至出任第57集团军司令员，并率领该集团军经历了整个"蓝色"行动。1943年3月至战争结束，托尔布欣指挥过南方面军、乌克兰第4方面军和乌克兰第3方面军，1943—1944年在乌克兰地区作战，1944—1945年参加了雅西—基什尼奥夫战役、贝尔格莱德战役、布达佩斯战役、巴拉顿河战役和维也纳战役，立下赫赫战功。战后，1945—1947年，托尔布欣担任派驻匈牙利的南部军队集群司令员，此后出任外高加索军区司令员直至1949年去世。关于托尔布欣更多的情况，可参阅《伟大卫国战争，集团军指挥员，军事人物志》第225—226页。

23. 同上[①]，另可参阅莱梅尔森等人的《第29师：第29步兵师，第29摩步师，第29装甲掷弹兵师》第194页。

24. 更多详情可参阅格拉姆斯的《第14装甲师，1940—1945年》第50页。

25. 日林《斯大林格勒战役》第282页。

26. 罗科索夫斯基《伏尔加河畔的伟大胜利》第76页。

27. 同上，第77页。步兵第138和第157师的兵力分别为4200人和1500人。关于崔可夫战役集群的作战行动，可参阅崔可夫的《斯大林格勒战役》第44—56页。

28. 同上。

29. 参见《伟大卫国战争，集团军指挥员，军事人物志》第70—71页。另参见 *Grachev, ed. VE 3*[②]，第三册第165页。

30. A.I.叶廖缅科的《斯大林格勒：方面军司令员笔记》（ *Stalingrad: Zapiski kornanduuishchevo frontoni*，莫斯科：军事出版社，1961年），第38—39页。

31. 在斯大林决定分割斯大林格勒方面军的准确时间这个问题上存在分歧。叶廖缅科在回忆录中声称，与总参谋部进行广泛协商后，斯大林8月2日—3日晚做出决定。但华西列夫斯基在《毕生的事业》第210页声称"8月5日，最高统帅部决定将斯大林格勒方面军分成两个独立的方面军——斯大林格勒方面军和东南方面军"，没有提及叶廖缅科、总参谋部和斯大林之间的分歧。近期出版的华西列夫斯基的传记，A.La.苏哈列夫（主编）的《A.M.华西列夫斯基元帅——战略家、军事统帅和男子汉》（ *Marshal A. M. Vasilevsky—strateg, polkovodets, chelovek*，莫斯科：老兵协会出版社，1998年），第151页，以及罗科索夫斯基的《伏尔加河畔的伟大胜利》第78页，都声称相关指令是8月5日签发。不过，新公布的文件表明，最高统帅部签发了两份指令，第一份8月4日5点30分发给各总部，第二份8月5日4点15分发给两位方面军司令员。

32. 佐洛塔廖夫《最高统帅部1942》第342—343页，最高统帅部170554号指令，1942年8月5日4点15分签发。最高统帅部第一道指令的编号为994140，签发日期为1942年8月4日5点30分，全文如下：

最高统帅部大本营训令：

1. 1942年8月9日前组建东南方面军。

2. 在坦克第4集团军司令部的基础上成立东南方面军司令部，将其设立在斯大林格勒。

---

① 译注：不明白这个"同上"。

② 译注：格兰茨在此处未作说明，疑为P.S.格拉乔夫主编的《军事百科全书》（ *Voennaia Entsiklopediia* ）。

3. 任命A.I.叶廖缅科上将同志为东南方面军司令员，G.F.扎哈罗夫少将同志任方面军参谋长——待他离开北高加索方面军副参谋长的职位后生效。

4. 总干部部部长和NKO各总部负责人应根据No. 02/210、02/208、02/165-6和010/1-B编制和装备表为东南方面军司令部补充指挥员和干部，务必在8月9日前完成。派飞机运送指挥人员（各部门、各科处和各兵种负责人），让他们在8月6日前就位。

5. 红军"部队组建和人员补充"总部负责人应下达命令，为方面军司令部组建必要的后勤单位和辅助机构。

6. 红军总通信部负责人应于8月9日前从斯大林格勒方面军抽调独立通信第42团和独立无线电第36营，交给东南方面军；其他通信单位——按照不同的命令执行。

7. 红军总后勤部应从预备力量和其他方面军抽调必要的后勤单位和机构，8月9日前交给东南方面军司令员。

报告执行情况，（签名）华西列夫斯基

33. 莫斯卡连科本人对这些变更的看法，可参阅莫斯卡连科的《在西南方向上》第一册第258—259页。

34. 佐洛塔廖夫《最高统帅部1942》第345页，最高统帅部994144号指令，1942年8月5日4点50分签发。

35. 同上，第348页，最高统帅部1036004号指令，1942年8月5日签发。

36. 罗科索夫斯基的《伏尔加河畔的伟大胜利》第78—79页。

37. 佐洛塔廖夫《最高统帅部1942》第354页，最高统帅部170562号指令，1942年8月9日23点签发。

38. 此处和后续对崔可夫战役集群防御行动的描述，可参阅崔可夫的《斯大林格勒战役》第44—49页。

39. 参阅格拉姆斯的《第14装甲师，1940—1945年》第50—51页。

40. 日林《斯大林格勒战役》第304页。

41. 第4军辖下的第371步兵师仍留在后方，阻止科洛米耶茨第51集团军的残部向北逃窜后与苏军其他部队会合。

42. 关于苏军步兵第138和第157师作战行动的每日详细报告可参阅日林的《斯大林格勒战役》第317、第322页。

43. 同上，第349页。崔可夫在《斯大林格勒战役》一书第54页声称这场后撤开始于8月17日。德军作战态势图表明，8月13日苏军已撤向梅什科瓦河，但其防区并未发生变化，直到第64集团军全面撤回斯大林格勒城内。

44. 崔可夫《斯大林格勒战役》第50—53页。

45. 佐洛塔廖夫《最高统帅部1942》第349页，最高统帅部170556号指令，1942年8月6日16点30分签发。

46. 莫什昌斯基和斯莫里诺夫的《保卫斯大林格勒：1942年7月17日—11月18日，斯大林格勒战略防御作战》第28页。莱梅尔森等人的《第29师：第29步兵师，第29摩步师，第29装甲掷弹兵师》第195页，确定苏军在这场反击中投入了近卫坦克第6、坦克第13和第254旅，近卫步兵第15、步兵第204和第

38师。坦克第13军8月8日报告其实力如下：

坦克第13旅	11辆T-34
近卫坦克第6旅	10辆T-34
坦克第254旅	6辆T-34、4辆T-70
合计	27辆T-34、4辆T-70

参见伊萨耶夫《斯大林格勒：伏尔加河后方没有我们的容身处》第94页。

47. 莫什昌斯基和斯莫里诺夫的《保卫斯大林格勒：1942年7月17日—11月18日，斯大林格勒战略防御作战》第25页。

48. 第14装甲师的坦克数量从8月1日的大约100辆下降为8月10日的24辆。而此时，第29摩步师拥有26辆坦克。

49. 关于这场战斗的详情，可参阅莫什昌斯基和斯莫里诺夫的《保卫斯大林格勒：1942年7月17日—11月18日，斯大林格勒战略防御作战》第28—30页。坦克第13旅8月5日到达京古塔车站时，共投入44辆T-34，辖内的摩托化步兵营齐装满员。8月6日和7日，与德军第14装甲师在"第74公里"车站附近交战后，该旅的坦克只剩下22辆。此后，该旅同步兵第38师守卫着京古塔车站接近地。参见伊萨耶夫的《斯大林格勒：伏尔加河后方没有我们的容身处》第90页。

50. 莱梅尔森等人的《第29师：第29步兵师，第29摩步师，第29装甲掷弹兵师》第194—195页。

51. 莫什昌斯基和斯莫里诺夫的《保卫斯大林格勒：1942年7月17日—11月18日，斯大林格勒战略防御作战》第29页。第29摩步师8月份伤亡1911人，其中371人阵亡、66人失踪，大多数伤亡发生在阿布加涅罗沃地域的战斗中。该师7月份伤亡1553人，其中278人阵亡、22人失踪。这就意味着该师的损失已达到15%，特别是作战单位。第14装甲师8月份伤亡1515人，其中395人阵亡、19人失踪，该师7月份的伤亡同样严重，可参阅乔治·W.S.库恩的《地面部队伤亡率图表：经验证据，FP703TR1报告》（马里兰州贝塞斯达：后勤管理署，1989年9月），附表中包括来自德国档案里关于各德军师的报告。

52. 参见第6集团军作战处的第13号作战日志第1号态势图集（1942年7—10月）。

53. 日林《斯大林格勒战役》第325页。

54. 同上，第328、第336—337、第342页。8月10日的完整报告写道："步兵第214师守卫着从利波夫斯基东面的小树林至新阿克赛斯基一线；步兵第138师占领了从乔索夫斯基至新阿克赛斯基的阵地；步兵第157师肃清了阿克赛河右岸的敌人，守卫着从新阿克赛斯基至奇科夫一线；步兵第29师守卫着从奇科夫至安东诺夫一线；第118筑垒地域与敌人的一个步兵团展开激战。"

55. 同上，第344页。

56. 在"74公里"车站和阿布加涅罗沃附近历时两天的战斗中损失59辆坦克后，东南方面军8月12日共有64辆坦克（都在舒米洛夫第64集团军内），另外99辆坦克正在维修。其中包括坦克第13军（近卫坦克第6旅，坦克第13、第254旅）的26辆（24辆T-34、2辆T-70），坦克第133旅的22辆KV，坦克第6旅的16辆T-34。参见莫什昌斯基和斯莫里诺夫的《保卫斯大林格勒：1942年7月17日—11月18日，斯大林格勒战略防御作战》第29页。

57. 参见第6集团军作战处的第13号作战日志第1号态势图集（1942年7—10月）中的每日态势图。

58. 例如，第16装甲师的第2装甲团（"西克纽斯"战斗群）拥有120辆坦克，第24装甲师有138辆坦克，而第60和第3摩步师各有40辆坦克。参见韦尔滕的《第16装甲师师史（1939—1945年）》第103页；

延茨《装甲部队：德国坦克部队的组建和作战部署指南大全，1933—1942年》第248页。

59. 海沃德《止步于斯大林格勒：德国空军和希特勒在东线的失败（1942—1943年）》第183—185页。

60. 可参阅罗科索夫斯基的《伏尔加河畔的伟大胜利》第86页。罗科索夫斯基还提供了一份关于卡拉奇以西地域作战情况详细而又准确的叙述，尽管他低估了第62集团军失利的规模。

61. 相关细节可参阅韦尔滕的《第16装甲师师史（1939—1945年）》第103—104页。参与进攻的部队包括"西克纽斯"战斗群（主要由师里的第2装甲团组成）、"拉特曼"战斗群、"赖尼施"战斗群和"克鲁姆彭"战斗群，分别由第64、第79装甲掷弹兵团、第16装甲猎兵营的一部和第16装甲炮兵团组成，并获得少量坦克的支援。

62. 同上，第103页。

63. 关于第24装甲师朝卡拉奇进军的详情，可参阅森格尔·翁德·埃特林的《第24装甲（原第1骑兵师），1939—1945年》第105—107页。该师报告，在这场推进中抓获7760名苏军俘虏，其中包括150名军官，击毁或缴获81辆坦克、91门大炮、110门反坦克炮、8门高射炮、197具榴弹发射器、149支反坦克步枪。

64. 日林的《斯大林格勒战役》第316—317页。

65. 韦尔滕的《第16装甲师师史（1939—1945年）》第104页。

66. 日林的《斯大林格勒战役》第322页。

67. 第62集团军被包围在卡拉奇以西地域的部队包括近卫步兵第33师第91团，步兵第147、第181、第229师（据报告，这3个师8月5日时分别拥有9575、11142、5419人），克拉斯诺达尔步兵学校，坦克歼击第555、第508、第881、第1185、第1252团，独立坦克第645、第650、第651营。被围苏军约28000人，损失的武器包括157门大炮、67门反坦克炮、17辆T-34、39辆T-60和354辆汽车。近卫步兵第33师的第84和第88团逃脱后加入坦克第4集团军。步兵第399和第131师8月6日从坦克第1集团军转隶第6集团军[1]时分别拥有12322人和6279人，他们向东突围，渡过顿河，在河东岸与第54筑垒地域和坦克第23、第28军的残部构设起新的防御。8月20日，第62集团军向上级报告，辖下各师向东突围渡过顿河，残余兵力共计3700人：

近卫步兵第33师	48人
步兵第147师	171人
步兵第181师	28人
步兵第229师	278人
步兵第112师	3376人

参见伊萨耶夫的《斯大林格勒：伏尔加河后方没有我们的容身处》第67—68页、第74—75页，引自 *TsAMO RF, f. 220, op. 220, d. 71,11. 141, 171.*

68. 同上，第328、第336、第342页。

69. 参见第6集团军作战处的第13号作战日志第1号态势图集（1942年7—10月）中的地图。另可参阅日

---

① 译注：应为第62集团军。

林的《斯大林格勒战役》第344页，援引了1942年8月12日的OKW总结。其他西方资料，例如齐姆克和鲍尔的《从莫斯科到斯大林格勒》第384页，认为苏军被俘人数近50000。

70. 韦尔滕《第16装甲师师史（1939—1945年）》第104页。

71. 日林《斯大林格勒战役》第343页，引用了1942年8月12日的OKW公报。这份公报证实了韦尔滕在《第16装甲师师史（1939—1945年）》一书第104页的说法，第16装甲师俘虏8300名苏军士兵，击毁敌人275辆坦克和298门大炮，从而使该师自1941年6月22日以来击毁敌坦克的总数上升至1000辆。

72. 延茨《装甲部队：德国坦克部队的组建和作战部署指南大全，1933—1942年》第248页。

73. 罗科索夫斯基的《伏尔加河畔的伟大胜利》第96页。马林科夫出生于1902年，作为一名政工人员加入红军，内战期间在某骑兵旅担任政委。1925年毕业于莫斯科国立鲍曼技术大学后，马林科夫在联共（布）中央委员会机关内工作直至1930年，并在党内斗争，争夺最高权力的过程中投靠斯大林。马林科夫在党内领导机构迅速崛起，同时帮助制造了对斯大林的"个人崇拜"，1939年被任命为联共（布）中央委员会书记，在这个职位上干到1953年。战争期间，马林科夫是斯大林国防委员会（GKO）成员，该委员会负责监督战争的进行；马林科夫拥有中将军衔，在列宁格勒、莫斯科、斯大林格勒和库尔斯克战役期间担任GKO代表。从1943年8月至战争结束，他担任苏联人民委员会从德国占领下解放的地区的经济恢复委员会主席。战争结束后，马林科夫担任苏联部长会议副主席直至1953年，在斯大林发起的大清洗（所谓的"列宁格勒事件"）中发挥了主要作用。斯大林1953年去世后，出任苏联部长会议主席的马林科夫与赫鲁晓夫、布尔加宁分享权力。但赫鲁晓夫慢慢将他逐离权力中心，1961年把他开除出联共（布）中央委员会和苏联最高苏维埃主席团，罪名是"参与反党集团活动"。马林科夫被撤销了一切职务，1961年退休，去世于1988年。更多详情可参阅VE，第四册第537页。

诺维科夫是红军最著名的空军指挥员之一，他出生于1900年，1919年加入红军，参加过内战。他1922年毕业于"射击"高级步兵学校，1930年毕业于伏龙芝军事学院，1939—1940年的苏芬战争期间，他指挥着西北方面军的空军力量。苏德战争爆发后，诺维科夫在"巴巴罗萨"战役期间指挥北方面军（后改为列宁格勒方面军）的空军力量。由于诺维科夫在列宁格勒保卫战中表现出色，最高统帅部任命他为苏联空军总司令，在这个职务上干到战争结束。另外，1942—1943年，他还担任主管空军的副国防人民委员。除了改造苏联空军（主要是组建空军集团军和航空兵军），诺维科夫还担任最高统帅部代表，在斯大林格勒、库尔斯克和1945年8—9月的满洲战役期间负责协调空军力量，在此过程中晋升为空军主帅，并两次获得"苏联英雄"称号。1946年，诺维科夫突然遭到斯大林的清洗，因为"叛变"和"反党活动"被判处5年有期徒刑。斯大林1953年去世后，诺维科夫获释，并恢复名誉，后担任具有重要战略意义的远程航空兵司令员直至1955年。诺维科夫后来又担任过几个不太重要的职务，他1956年退役，1976年去世。更多详情可参阅VE，第五册第493—494页。

74. 佐洛塔廖夫《最高统帅部1942》第360页，最高统帅部170566号指令，1942年8月13日20点50分签发。

75. 罗科索夫斯基的《伏尔加河畔的伟大胜利》第97页。鲁坚科出生于1904年，1942年9月晋升为空军第16集团军司令员时年仅38岁。鲁坚科的年纪太小，无法参加第一次世界大战和俄国内战，他1923年加入红军，1927年毕业于卡钦斯基飞行员学校，1932年毕业于茹科夫斯基空军学院。30年代，鲁坚科先后担任过航空兵中队长、团长和旅长，"巴巴罗萨"战役期间指挥西方面军辖下的航空兵第31师，1941年12月的莫斯科保卫战中，他在第61集团军担任空军司令员。1941—1942年冬季攻势期间，鲁坚科先后担任沃尔霍夫方面军空军副司令员、航空兵第1群司令员和突击航空兵第7群司令员，1942年6月被任命为西南方面军空军副司令员，当年9月出任空军第16集团军司令员。他率领该集团军直至战争结束，其间被擢升为空军中将，并获得"苏联英雄"称号。战争后三年，他参加过斯大林格勒、库尔斯克、白俄罗斯、维斯瓦河—奥得河、柏林战役。战争结束后，鲁坚科继续指挥该集团军，并担任空降兵司令员，1949年成为空军总司令部参谋长。之后，他在红军中继续担任各种高级职务直至1973年退役，他去世于1990年。更多详情可参阅VE，第七册第288页。

76. 同上，第99—100页。

77. 近卫第1集团军的相关情况和问题，参见莫斯卡连科的《在西南方向上》第一册第294—298页。该集团军辖下的近卫步兵第39和第40师于8月13日终前在伊洛夫利亚火车站卸载，8月14日—15日，近卫步兵第37和第38师到达车站，只有近卫步兵第40师及时赶至克列缅斯卡亚登陆场参加战斗。

78. 佐洛塔廖夫《最高统帅部1942》第362页，最高统帅部170569号指令，1942年8月15日4点20分签发，其中包含关于第62集团军如何营救被围部队的指示。

79. 罗科索夫斯基的《伏尔加河畔的伟大胜利》第100—102页。另参见佐洛塔廖夫《最高统帅部1942》第361页，最高统帅部170568号指令，1942年8月14日21点40分签发。

80. 另外，第64集团军应"沿外围廓各制高点将你们的坦克埋入土中。以强有力的后卫部队掩护集团军部队撤离阿克赛河防线，后卫部队应继续沿阿克赛河防御，守卫该河与外围廓之间的地域。位于上察里津斯基和泽特地域的步兵第29师，位于埃里克-克列平斯基（Eriko-Krepinskii）和'力量'国营农场地域的步兵第138师，以及位于京古塔车站东南方地域的坦克第13军（52辆坦克）留作集团军预备队"。

81. 具体说来，第57集团军应"以4个师在瓦尔瓦罗夫卡（Varvarovka）、伊万诺夫卡（Ivanovka）和恰普尔尼基（Chapurniki）地域（斯大林格勒西南方和南方25—30公里处）构设一道中间防线。为防止敌人到达赖哥罗德东南方的伏尔加河，近卫步兵第36团辖下的近卫步兵第108团应守卫萨尔帕湖、察察湖、巴尔曼察克湖（Barmantsak）与小杰尔别特之间的隘路，强化相关防御，抗击敌人有可能从西面而来的坦克力量。集团军的防御部署为两个梯队，第一梯队2个师，第二梯队4个师"。

82. 具体说来，空军第8集团军应"掩护近卫第1集团军的部队在洛格（Log）和伊洛夫利亚车站卸载。战机必须保护卡恰林斯卡亚和伊洛夫利亚地域、新格里戈里耶夫斯卡亚和特廖赫奥斯特罗夫斯卡亚地域的顿河渡口，以及彼列科普斯卡亚、卡梅申卡、基斯利亚基（Kisliaki）和下阿卡托夫的集结区（坦克第4集团军的登陆场内）"。

83. 另外，伏尔加区舰队还应"在斯大林格勒至阿斯特拉罕的伏尔加河河段布设水雷。从8月8日起，里海区舰队的阿斯特拉罕海军基地在作战上隶属于伏尔加河区舰队"。

84. 方面军辖下各集团军也沿防线关键地段设立起他们的辅助指挥所，这些指挥所还充当集团军司令员的观察所。

85. 罗科索夫斯基的《伏尔加河畔的伟大胜利》第103页。

86. 同上，第104页。

87. 同上，第105页。

88. 参见第6集团军作战处的第13号作战日志第1号态势图集（1942年7—10月）。

89. 韦尔滕《第16装甲师史（1939—1945年）》第105页。

90. 参见第6集团军作战处的第13号作战日志第1号态势图集（1942年7—10月）。

91. 同上，以及《苏联军队作战编成 第2部分（1942年1—12月）》第148—149页。据克留琴金坦克第4集团军报告，该集团军8月14日的兵力如下：

步兵第18师　8724人

步兵第184师　3950人

步兵第192师　4965人

步兵第205师　8374人

步兵第321师　7544人

步兵第343师　8677人

坦克第182旅　36辆坦克（10辆T-34、6辆T-70、20辆T-60），20辆可用于作战

参见伊萨耶夫的《斯大林格勒：伏尔加河后方没有我们的容身处》第78页。

92. 参见第6集团军作战处的第13号作战日志第1号态势图集（1942年7—10月），以及罗科索夫斯基的《伏尔加河畔的伟大胜利》第99页。坦克第22军将20辆可用的坦克（7辆T-34、4辆T-70、9辆T-60）集中在坦克第182旅。也可参阅莫什昌斯基和斯莫里诺夫的《保卫斯大林格勒：1942年7月17日—11月18日，斯大林格勒战略防御作战》第18页。

93. 日林的《斯大林格勒战役》第353—354页。

94. 罗科索夫斯基的《伏尔加河畔的伟大胜利》第113页。这些援兵包括独立坦克第646、第647营（大约25辆坦克），近卫迫击炮第57团，炮兵第156、第331团，反坦克炮兵第468、第612、第737、第738团。

95. 韦尔滕《第16装甲师师史（1939—1945年）》第104—105页。

96. 日林《斯大林格勒战役》第365页。

97. 参见第6集团军作战处的第13号作战日志第1号态势图集（1942年7—10月），对这场历时两天的战斗的详细描述可参阅罗科索夫斯基的《伏尔加河畔的伟大胜利》第113—115页。

98. 莫什昌斯基和斯莫里诺夫的《保卫斯大林格勒：1942年7月17日—11月18日，斯大林格勒战略防御作战》第30—31页。

99. 罗科索夫斯基《伏尔加河畔的伟大胜利》第114页。

100. 韦尔滕《第16装甲师师史（1939—1945年）》第105页。

101. 日林《斯大林格勒战役》第373页。

102. 同上。

103. 更多详情可参阅莫斯卡连科的《在西南方向上》第一册第296—298页；以及I.M.奇斯佳科夫（主编）的《奉祖国之命：伟大卫国战争中近卫第6集团军的战斗历程》（*Po prikazu Rodiny: boevoi put' 6-i gvardeiskoi armii v Velikoi Otechestvennoi voine*，莫斯科：军事出版社，1971年），第18—20页，描述了第21集团军在这场战斗中发挥的作用[1]。

104. 对第3摩步师作战行动的简要描述，可参阅迪克霍夫的《第3步兵师，第3摩步师，第3装甲掷弹兵师》。书中指出，自8月9日以来，该师共抓获1775名俘虏，击毁（缴获）288辆敌坦克、92门大炮、93具榴弹发射器、116挺机枪和34辆汽车。这使该师自7月31日以来击毁敌坦克的总数达到400辆。

105. 罗科索夫斯基《伏尔加河畔的伟大胜利》第114—115页。

106. 韦尔滕《第16装甲师师史（1939—1945年）》第105页。

107. 同上[②]，第115—116页。克留琴金的坦克第4集团军报告，该集团军8月20日的实力如下：

步兵第18师　　1281人

步兵第184师　676人

步兵第192师　1238人

步兵第321师　4356人

参见伊萨耶夫的《斯大林格勒：伏尔加河后方没有我们的容身处》第80页。

108. 同上，第116—117页。

109. 参见第6集团军作战处的第13号作战日志第1号态势图集（1942年7—10月）。

110. 罗科索夫斯基的《伏尔加河畔的伟大胜利》第117页。

111. 延茨的《装甲部队：德国坦克部队的组建和作战部署指南大全，1933—1942年》第248页。

112. 格拉姆斯的《第14装甲师，1940—1945年》第51页。

---

① 译注：近卫第6集团军由第21集团军改编而来。

② 译注："这个"同上"指的应该是罗科索夫斯基的《伏尔加河畔的伟大胜利》。

第八章
德军挺进伏尔加河
1942 年 8 月 20 日—9 月 2 日

伏尔加河和斯大林格勒城出现在德国人的视野，胜利之门对前进中的德军敞开了。

B集团军群的进攻计划

1942年8月19日，保卢斯签发了进攻斯大林格勒的训令。训令的第一段反映出他对苏军作战能力和意图的担心：

绝 密

A.O.K.6（第6集团军）　　　　　　　集团军司令部 1942年8月19日

1a（作战处）No：3044/42.ts　　　　　　　　　　18点45分

共11份

第9份

集团军进攻斯大林格勒的命令

（地图：1:100000）

1.苏军将固守斯大林格勒地域。他们在斯大林格勒西面的顿河西岸占据了制高点，并已构设起具有极大纵深的防御阵地。

必须假定他们已集结起包括坦克旅在内的部队，准备在斯大林格勒地域以及顿河与伏尔加河之间地峡的北部区域发起反击。

因此，渡过顿河赶往斯大林格勒的过程中，集团军必须预料到敌人将实施正面抵抗，并对我进军部队之北翼发起猛烈反击。

另一种可能性是，过去几周的毁灭性打击已将敌人实施坚定防御的手段彻底摧毁。[1]

鉴于这种惶惑，保卢斯的作战理念极为保守，甚至有些防御性意味——他只要求第6集团军"占领卡拉奇—斯大林格勒铁路线以北地域，顿河与伏尔加河之间的地峡"，并"掩护自身的北翼和东翼"。[2]第6集团军将在23公里宽的战区内，沿奥斯特罗夫斯基（Ostrovskii，特廖赫奥斯特罗夫斯卡亚）与佩斯科瓦特卡之间的顿河河段发起主攻，主要突击位于该地域南半部的韦尔佳奇附近（参见地图49）。步兵担任侧翼掩护，装甲和摩托化部队沿罗索什卡河北面的高地向东突击，进入斯大林格勒正北地域，然后冲向伏尔加河西岸。装甲部队身后的步兵将转身向南，从西北方攻入斯大林格勒，并占领该城，而其他步兵师朝东南方发起一场辅助突击，赶往罗索什卡河，与霍特从南面而来的第4装甲集团军会合。待保卢斯和霍特的部队会合后，两个集团军的步兵再开始从东北方扫荡罗索什卡河和卡尔波夫卡河南面，被德军绕过的苏军部队。保卢斯留在顿河西岸的部队，要么为他的主要突击提供支援，要么协助斯大林格勒西南方草原上的扫荡行动。[3]

保卢斯随后给他的部队分配了具体的任务：

3.目标：

第24装甲军应沿集团军连接卢琴斯科耶（Luchinskoe，卡拉奇以南18公里处）的右部边界据守顿河西岸，第71步兵师应做好留下最低限度的安全部队守卫顿河的准备，同时在卡拉奇任意一侧构设一座登陆场，第71步兵师应从这座登陆场向东推进。

该军军部应做好进一步部署至其他地域的准备。

第51军（第76、第295步兵师）应在韦尔佳奇任意一侧夺取顿河对岸的一座登陆场。为此，目前处在第24装甲军编成内的保障单位应暂时交给该军（第51军）指挥，即炮兵、工兵、交通控制、反坦克和必要的通信单位。

地图 49 第 6 集团军的进攻计划（1942 年 8 月 19 日）

第14装甲军从登陆场向东推进后，第51军应负责掩护这场进军的右翼。

带着这种初衷，第51军应在下阿列克谢耶夫斯基（Nizhnyi-Alekseevskii，斯大林格勒以西35公里处）与大罗索什卡（斯大林格勒以西25公里处）之间强渡罗索什卡河，占领斯大林格勒以西的高地，并与集团军右侧友邻集团军（第4装甲集团军）推进中的机动部队暂时建立起西南向联系。

第5军随后应夺取并占领斯大林格勒的中部和南部。同时，实力虚弱的部队应在佩斯科瓦特卡（卡拉奇东北方30公里处）与下阿列克谢耶夫斯基之间构设一道掩护线。集团军的特别命令将决定何时歼灭这道掩护线以南和卡尔波夫卡河以北的苏军。

待第51军夺取登陆场后，第14装甲军（第16装甲师和第3、第60摩步师）应通过登陆场向东推进，越过小罗索什卡（Malaia Rossoshka，斯大林格勒以西28公里处）和孔纳亚车站（Konnaia，斯大林格勒西北方18公里处）北面的高地，赶往斯大林格勒北面的伏尔加河河段。该军应封锁一切河上交通，并立即切断通往斯大林格勒城北的一切铁路交通。

第14装甲军的部分部队应从西北方进攻斯大林格勒，并占领该城北部。在北面，应沿叶尔佐夫卡（Erzovka）西南方和戈拉特舍瓦亚（Gratshevaia）溪流南面的高地构设一道掩护线。与此同时，应与从西面而来的第8军保持密切联系。

第8军（第305、第389、第384步兵师）应掩护第14装甲军的北翼。该军应从下格拉西莫夫（Nizhnyi Gerasimov，特廖赫奥斯特罗夫斯卡亚以南10公里处）与奥斯特罗夫斯基（特廖赫奥斯特罗夫斯卡亚）之间夺取的登陆场向东南方发起一场凌厉的突击，然后稳步转向北方，在库兹米希（Kuz'michi，斯大林格勒西北方20公里处）与卡恰林斯卡亚（特廖赫奥斯特罗夫斯卡亚以东7公里处）之间构设一道防线，这道防线必须尽可能抵御住坦克部队发起的进攻。应与第14装甲军保持密切联系。

第11军（第100猎兵师和第376、第44步兵师，第22装甲师）和第17军（第79、第113步兵师和意大利"快速"摩托化师）应掩护集团军的北翼。

第11军应据守从梅洛克列茨基到集团军左侧边界的顿河防线。

第11军应尽快腾出第22装甲师，交给集团军担任预备队。该师应实施集结，准备投入达尔伊（Dalyi）—彼列科普斯卡亚—奥列霍夫（Orekhov）—谢利瓦诺夫（Selivanov）地域（克列茨卡亚的顿河河段以南10—15公里处）的战斗。

4.D日和H时将在特别指令中公布。

5.各分界线参照附属的地图。

6.第8航空军应为集团军的进攻行动提供空中支援，初期重点是第51军的战区，后续调整至第14装甲军的前进路线。

7.集团军司令部8月21日拂晓位于奥西诺夫斯基（卡拉奇以北35公里处）。

8.命令的内容只能传达给下级指挥部，仅限与日后作战行动相关的下级指挥部门。

这道命令不得由飞机运送。传达给下级指挥部门时应注意作战令的保密性。

集团军司令

（签名）保卢斯[4]

这场战争中一个可悲的讽刺是，保卢斯签发进攻令的两天前，8月16日晨，第8军第384步兵师辖下的第534和第535团已在阿卡托夫强渡顿河，并在东岸夺得一座登陆场，一名德国战地记者将此描述为"整个战争期间最无意义的行动之一"。一连八天，第384步兵师（8月17日—18日获得第389步兵师的增援）在该地域与苏军坦克第4集团军辖内的近卫步兵第39师、步兵第214师以及第62集团军的步兵第98师展开了激烈的战斗，这些苏军还获得坦克第193旅、摩托化步兵第22旅、反坦克第468团的加强。战斗结束时，2个德军师阵亡300人——保卢斯却放弃了部分登陆场，在更南面发起他的主攻。[5]虽说苏军在阿卡托夫的顽强抵抗无疑促使保卢斯决定将主攻点转向南面；但另一个因素是阿卡托夫地域顿河以东的沼泽地带显然不适合装甲部队的快速机动；另外就是苏军新锐近卫第1集团军的出现，如果第6集团军从阿卡托夫地域向东推进，肯定会与近卫第1集团军迎头相遇。

无论保卢斯的动机是什么，他最终决定利用阿卡托夫南面13公里处韦尔佳奇的一个新登陆场发起他的主攻，第51军辖下的第76和第295步兵师将于7月21日[①]晨

---

① 译注：应为8月21日。

实施强渡,夺取那座登陆场。一旦确保了该登陆场,维特斯海姆第14装甲军辖下的第16装甲师和第3、第60摩步师将冲向伏尔加河,第8和第51军编成内的步兵师尾随跟进,并掩护该装甲军的南翼和北翼。与此同时,霍特的第4装甲集团军将从西南方恢复向斯大林格勒的积极行动。"空中侦察发现顿河与伏尔加河之间苏军力量薄弱",保卢斯的信心得到加强——第14装甲军肯定能进抵伏尔加河。[6]

在这段时间,德军的左翼沿顿河南岸不断延伸,B集团军群不得不密切留意部署在对面的苏军。例如,早在8月6日,沃罗涅日方面军编成内的第6集团军就发起一场局部进攻,在沃罗涅日以南45公里处的斯托罗热沃耶(Storozhevoe)和科罗托亚克的顿河西岸夺得一座小型登陆场。[7]尽管这场进攻只迫使匈牙利第2集团军处于拉伸状态的各轻步兵师后撤了几公里,却让苏军在顿河南岸获得一个立足点。更北面,布良斯克方面军和沃罗涅日方面军8月12日重新对沃罗涅日突出部发起进攻(参见第六章)。虽然这些进攻分散了德国人的注意力,但没能重新夺回沃罗涅日,也没能让德军从战区其他地段抽调预备队。[8]可是,第6集团军向东进入顿河大弯曲部,迫使保卢斯将大批部队留在后方沿顿河部署,先是加强匈牙利第2集团军的防御,后又为意大利第8集团军(该集团军辖下的师8月11日—15日间赶往顿河)提供支援。到8月19日,这些德军部队包括第29军辖下的第336、第294、第62步兵师,暂时隶属于意大利第8集团军。

保卢斯知道进攻斯大林格勒的作战计划固有的风险,他打算在卡恰林斯卡亚与卡拉奇之间发起进攻,投入第14装甲军的第16装甲师和第3、第60摩步师,第8、第51军和第24装甲军的第305、第389、第384、第79、第295、第71步兵师——共3个快速师和6个步兵师。这股力量与7月23日—8月11日他的集团军在顿河大弯曲部歼灭苏军第62集团军和坦克第1集团军时部署的4个装甲师和6个步兵师,在规模和实力方面大致相当。现在,保卢斯以规模几乎相同的力量对付苏军坦克第4集团军和第62集团军的残部,充其量近卫第1集团军的部分部队会对他的左翼施加压力。同时,保卢斯剩下的部队——第17和第11军辖下的1个装甲师和5个步兵师——必须沿顿河掩护他漫长的左翼,抗击苏军第21集团军、近卫第1集团军的半数力量以及俄国人有可能投入该地域的一切有生力量。因此,保卢斯的进攻计划能否获得成功,直接取决于他的突击集团是否能抢在进攻势头消退前迅速到达伏尔加河并攻占斯大林格勒，另外还要看霍特的第4装甲集团军从西南方对斯大林格勒的进攻能否奏效。第6集团军先前的作战行动证明，此次的任务绝不简单，因为俄国人已证明了他们投入新的预备队集团军、军和师的能力。

斯大林格勒方面军的计划

德国第6集团军迅速夺取顿河大弯曲部东北角并重创坦克第4集团军，导致斯大林格勒方面军的境地岌岌可危。8月16日—20日这段短暂的日子里，保卢斯的集团军粉碎了坦克第4集团军的防御，并将其残部和近卫第1集团军的援兵逐出克列缅斯卡亚登陆场南部三分之二处。8月20日夜幕降临前，坦克第4集团军和近卫第1集团军残余的力量在登陆场西半部据守着一片狭窄的防区，这片防区从克列缅斯卡亚通往东南方的锡罗京斯卡亚。但在东半部，德军的突击迫使苏军近卫步兵第39师，步兵第18、第184师和摩托化第22旅混乱不堪地逃过阿卡托夫北面的顿河。德国第8军辖下的第384和第389步兵师紧追不放，迅速攻占阿卡托夫，并在顿河东岸夺得一座登陆场。

坦克第4集团军和第62集团军辖下实力虚弱的师不断遭到"斯图卡"的打击，己方空军没有提供支援，燃料和弹药也所剩无几，他们根本无法消灭德军设在顿河东岸的立足地。阿卡托夫以东的战斗持续着，8月20日，保卢斯命令第51军的第76和第295步兵师做好准备在阿卡托夫南面12公里处的韦尔佳奇附近强渡顿河，而维特斯海姆将他的3个快速师集结在顿河西岸，以便进入登陆场向伏尔加河进军。

虽然全神贯注于德军朝高加索的快速推进，但苏军最高统帅部和叶廖缅科仍竭力加强苏军在斯大林格勒以西的防御。8月1日至8月20日，最高统帅部为斯大林格勒方面军和东南方面军提供了15个新锐步兵师和3个坦克军的增援。其中5个步兵师用于加强斯大林格勒方面军在卡拉奇的防御，3个坦克军将在8月23日—24日到达斯大林格勒。与此同时，最高统帅部命令克留琴金的坦克第4集团军，不仅要守住克列缅斯卡亚登陆场，还要将该登陆场扩展至锡罗京斯卡亚以南，将辖下的部队前出至"顿河右岸彼列科普斯卡亚、布利日尼亚伊亚彼列科普卡、戈卢巴亚和戈卢巴亚河一线"。获得3—4个师的加强后，克留琴金的集团军应"向西南方攻入渗透进顿河小弯曲部的德军的侧翼",并以额外的援兵"扩展登陆场,向西南方发起另一场突击",进入第6集团军后方。[9]

叶廖缅科认为德国人将从阿卡托夫北面5公里处的特廖赫奥斯特罗夫斯卡亚地域对斯大林格勒发起进攻,他得出的结论是,必须在该地域沿顿河构设坚固的防线,并以斯大林格勒方面军的中央和右翼部队对第6集团军侧翼发起强有力的多重反击,这样才能遏止对方的进攻。起初,他命令洛帕京第62集团军投入近卫步兵第35师和步兵第87、第196师,奥尔忠尼启则军校学员团、第115筑垒地域的2个独立"炮兵–机枪"营,在顿河以东20公里处构设一道从特廖赫奥斯特罗夫斯卡亚南延至卡拉奇的中围廓。[10]为进一步加强斯大林格勒方面军的右翼,他还命令洛帕京将罗金的坦克第28军(目前合并进坦克第182旅)重新部署至韦尔佳奇地域。但是,这些部队处在重建的不同阶段,实力过于虚弱,派不上太大用处。另外,洛帕京还将集团军所有炮兵力量编为火炮和反坦克炮群,并把这些炮群派至集团军右翼。[11]

为粉碎德军在阿卡托夫地域强渡顿河的一切企图,叶廖缅科命令洛帕京组建2个突击集群,沿两个方向发起一场联合反突击,在阿卡托夫的顿河河段会合。第一个突击集群由近卫步兵第35师、坦克第169旅和2个反坦克团组成,集结在阿卡托夫以东3—15公里处的法斯托夫(Fastov)、潘希诺(Panshino)和"科特卢班"国营农场地域,并从这里发起进攻。第二个突击集群由步兵第214师、摩托化步兵第32旅、坦克第40和第134旅构成,从阿卡托夫东南方5—20公里处的格拉西莫夫卡峡谷(Gerasimovka)和科特卢班地域发起突击。为防止德军朝顿河以东的一切渗透,8月18日晚,叶廖缅科命令步兵第23、第84师,近卫步兵第27师和最高统帅部刚刚从预备队调出的步兵第298师,务必于8月22日日终前,在前线后方20—30公里处占据从锡罗京斯卡亚南延至"科特卢班"国营农场的数个集结区。[12]尽管叶廖缅科尽了最大的努力,但到8月19日傍晚前,从阿卡托夫南延至佩斯科瓦特卡的顿河战线上,只有坦克第4集团军和第62集团军5个实力薄弱的步兵师抗击着德国第6集团军9个师构成的主突击集群。

除了这些严厉的防御措施,叶廖缅科还拟定了一个雄心勃勃的多重反击计划,意图尽可能多地牵制德国第6集团军的力量,使他们无法沿顿河发起进攻。

因此，8月18日—19日晚，他给斯大林格勒方面军编成内的各集团军下达了新命令，要求他们为8月19日—20日晚发起一场协调一致的反突击做好准备：

· 近卫第1集团军（近卫步兵第38、第41、第40、第4师和步兵第321、第23师）必须以部分兵力（近卫步兵第4师，步兵第321、第23师）固守从旧顿斯科耶（Starodonskoi）至伊洛夫利亚河河口的地域（锡罗京斯卡亚以东一片20公里的区域），并以3个师（近卫步兵第38、第41、第40）从克列缅斯卡亚和绍欣一线（小型登陆场的北半部）攻向布利日尼亚伊亚彼列科普卡、奥斯金斯基（Os'kinskii）和上戈卢巴亚；

· 第62集团军（步兵第98、第399、第112、第214、第131师，摩托化步兵第20、第32旅，坦克第40、第134旅，坦克第28军）应以2个步兵师在坦克旅的加强下（步兵第98、第214师，坦克第40、第134旅），于8月19日—20日夜间在韦尔佳奇和佩斯科瓦特卡地域强渡顿河，朝北面和西北面发起进攻，前出至197高地和小纳巴托夫斯基地域的戈卢巴亚河，并在那里掘壕据守；

· 坦克第4集团军（步兵第192、第184、第18师，近卫步兵第39师、坦克第22军）应沿顿河左岸就地据守，阻止敌人强渡顿河，如果近卫第1集团军和第62集团军进攻顺利，就做好加入突击的准备；[13]

· 第63集团军（近卫步兵第1、第14师，步兵第127、第153、第197、第203师）继续坚守阵地的同时，应以2个步兵师（步兵第197师、近卫步兵第14师）与第21集团军相配合，从叶兰斯卡亚（Elanskaia）和济莫夫斯基（Zimovskii，霍皮奥尔河以西15公里处的区域）一线攻向南面的切博塔列夫斯基（Chebotarevskii）、科里诺沃伊（Klinovoi）和佩列拉佐夫斯基，应于次日日终前进抵科托夫斯基（Kotovskii）、博利绍伊（Bol'shoi）和卡尔梅科夫斯基（Kalmykovskii）地域（顿河以南15—20公里处），随后朝佩列拉佐夫斯基（顿河以南58公里处）攻击前进；

· 第21集团军（步兵第304、第96、第124、第278、第76、第343、第63师）应以2个师（步兵第96、第304师）从济莫夫斯基和库兹涅齐科夫（Kuznechikov）一线（霍皮奥尔河以东15公里的区域）攻向上福米欣斯基（Verkhne-Fomikhinskii），务必于次日日终前以先遣部队进抵上福米欣斯和卡兰切夫（Karanchev）地域（顿河以南20—25公里处），如果进展顺利，在1—2天内集中全部力量攻向巴兹科夫斯基（Bazkovskii）、耶夫斯特拉托夫斯基和马诺伊林（顿河以南20—30公里处）；

·近卫第1集团军和第62集团军发起进攻后，空军第8集团军应投入全部战机支援地面部队，主要是打击敌坦克和机械化部队。[14]

叶廖缅科希望沿德国第6集团军的整个正面发起这些集中性进攻，以此来满足最高统帅部的要求，并对德军施加足够的压力，阻止他们冲向东面的伏尔加河，从而展示自己的积极性。可是，这些苏军部队的实力极为虚弱，进攻准备时间也太少，这些反击注定要遭到失败。严重低估保卢斯第6集团军实力的同时，叶廖缅科高估了自身的力量，并加剧了事情的复杂性，他给各集团军分配了不切实际的深远任务，却没能为他们提供必要的炮兵、坦克和空中支援。例如，他命令近卫第1集团军发起进攻，但该集团军要对付的德军，实力是近卫第1集团军的2倍。另外，苏军的反突击开始时，德国第6集团军已击败坦克第4集团军和第62集团军，并在顿河对岸夺取了几座登陆场，导致近卫第1集团军在克列缅斯卡亚和锡罗京斯卡亚的登陆场孤军奋战。虽说莫斯卡连科近卫第1集团军的反突击迫使保卢斯放弃了顿河以南的部分阵地，但没能阻止德军主力攻向斯大林格勒。因此，洛帕京的第62集团军没有加入一场全面反击，8月21日拂晓，他突然发现自己的部队在韦尔佳奇地域遭到德军的全面攻击。

第6集团军的突击，冲向伏尔加河，8月21日—23日

8月20日—21日夜间，保卢斯指定的突击部队（第76步兵师第178、第203团，第295步兵师第516、第517团，都隶属于第51军）沿韦尔佳奇对面的顿河西岸进入出发阵地（参见地图50）。一名德国战地记者描述了突击行动最初几小时的情景：

进攻发起前，夜空清澈，漫天星斗，微风从东南方拂来，顿河上笼罩着薄雾。由于能见度的原因，同时也为了便于清除敌人的雷区，行动发起时间定在3点10分。没有实施任何炮火准备，第6集团军的突击部队利用第912冲锋舟

地图 50 坦克第 4 集团军和第 62 集团军的防御（1942 年 8 月 17 日—22 日）

突击队的112艘冲锋舟和110只木筏渡过河去。1小时50分钟后，第516步兵团所有作战士兵已进入东岸阵地；第517步兵团遭遇到敌人的激烈抵抗，用了4小时20分钟才渡过河去。

第76步兵师的行动不太顺利，第178团以较快的速度在阿基莫夫斯基建立起登陆场，但第203团遭遇到敌人的殊死抵抗。16点30分，卢特琴斯基（Lutchenskii）搭设起一座浮桥，8月22日7点30分，阿基莫夫斯基地域也架起一座桥梁。

8月23日夜间，承载20吨的两座浮桥遭到猛烈轰炸，敌人对其发起的进攻不下76次。但这两座桥梁依然完好。

第6集团军为顿河北渡口付出阵亡74人、负伤351人的代价，19艘冲锋舟和

418

26只木筏被炸成碎片。[15]

另一方，红军总参谋部8月22日和23日的每日报告描述了当天令人不安的事件：

「8月22日」

8月21日一整天，坦克第4集团军以激烈的防御作战抗击着多达2个步兵团的敌人，对方在110.1高地（特廖赫奥斯特罗夫斯卡亚以北4公里处）—特廖赫奥斯特罗夫斯卡亚—格罗莫克湖（Gromok，特廖赫奥斯特罗夫斯卡亚以南8公里处）附近渡过顿河到达左（东）岸。

近卫步兵第37师以其左翼部队沿110.1高地（特廖赫奥斯特罗夫斯卡亚以北4公里处）—潘辛卡河（Pan'shinka，特廖赫奥斯特罗夫斯卡亚以北2公里处）一线作战。

8月21日一整天，步兵第214师和坦克第193旅，沿潘辛卡河至上格尼罗夫斯基（Verkhne-Gnilovskii，特廖赫奥斯特罗夫斯卡亚以南5公里，阿卡托夫正东面）一线与敌人展开激战。敌人的一个步兵营在8辆坦克的支援下攻占上格尼罗夫斯基，正向潘希诺推进。

近卫步兵第27师集结在大希罗卡亚（Bol. Shirokaia）—大波泰纳亚（Bol. Potainaia）—卡拉奇诺（Kalachino）地域。

第62集团军抗击着敌人的一个步兵师，对方的右翼部队在上格尼罗夫斯基—佩斯科瓦特卡地域（特廖赫奥斯特罗夫斯卡亚以南22公里处）渡过顿河到达左岸。

步兵第98师沿上格尼罗夫斯基—韦尔佳奇一线作战（特廖赫奥斯特罗夫斯卡亚以南5—16公里处）。

步兵第98师的1个团和反坦克第228、第229营在韦尔佳奇地域的包围圈内战斗。

步兵第87师在佩斯科瓦特卡西郊和北郊战斗。

8月21日15点，敌人的坦克、摩托化步兵和摩托车开始渡过顿河。[16]

「8月23日」

坦克第4集团军以部分部队（8月22日）在顿河左岸与敌人展开顽强的战斗。

近卫步兵第37师发起反击，歼灭敌人到达顿河左岸的2个步兵营（隶属于第384步兵师），并占领伊尔门湖（Il'men）—潘辛卡河一线（特廖赫奥斯特罗夫斯卡亚以北2—3公里处）。

步兵第214师和坦克第193旅守卫着克里沃耶湖（Krivoe）—上格尼罗夫斯基北郊（特廖赫奥斯特罗夫斯卡亚以北1—2公里处）一线。

近卫步兵第39师集结在潘希诺（阿卡托夫以东3公里处）。

步兵第298师8月22日19点从希什金地域（Shishkin）赶往前方的新集结区。

集团军辖内其他部队的情况没有变化。

第62集团军以部分部队在顿河左岸的上格尼罗夫斯基—佩斯科瓦特卡地域与敌人展开顽强的战斗。

步兵第98师和坦克第40旅与敌人的一个步兵团在韦尔佳奇以北地域交战。

面对敌人获得坦克支援的1个步兵团的压力，步兵第87师的1个团和坦克第137旅退至47.1里程碑—67.9里程碑一线（韦尔佳奇东南方）。

8月22日11点，近卫步兵第35师到达科特卢班—斯列德尼亚峡谷（Sredniaia）防线。

步兵第87师（缺1个团）、奥尔忠尼启则步兵学校、反坦克第86营沿科特卢班—峡谷—小罗索什卡一线（韦尔佳奇以东22公里处）组织起防御。

步兵第196师准备沿小罗索什卡—新阿列克谢耶夫卡（Novo-Alekseevka）一线（韦尔佳奇东南方22—25公里处）组织防御。[17]

8月22日日终前，保卢斯的主突击群已在顿河东岸的登陆场牢牢站稳了脚跟（参见地图51）。第8军辖下的第389和第384步兵师据守阿卡托夫以东登陆场2—4公里深的北部，抗击着苏军接连不断的反击。第51军辖下的第76和第295步兵师在韦尔佳奇两侧控制着一个更大的登陆场，目前已深达5—8公里。整个白天和夜间，胡贝第16装甲师和施勒默尔第3摩步师的装甲兵和装甲掷弹兵不断进入登陆场，在拂晓前占据分配给他们的出发阵地。当晚，苏军的大炮、榴弹炮、"喀秋莎"火箭炮和夜间轰炸机竭力摧毁德国人的两座浮桥，德军工兵在河水中搭设的浮桥，每座140米长。尽管桥梁保存下来，但苏军的炮

地图 51 第 6 集团军的位置（1942 年 8 月 20 日—21 日）

火导致德军76人阵亡、351人负伤。[18]

次日拂晓，叶廖缅科防线上的闸门敞开了。红军总参谋部报告道：

8月23日，在斯大林格勒方面军的防区内，抗击敌坦克和摩托化部队的激烈防御战持续了一整天，敌军在潘希诺—韦尔佳奇—佩斯科瓦特卡地域渗透进我方防线。敌人以坦克和摩托化步兵扩展攻势，正向斯大林格勒北郊逼近……

（坦克第4集团军在阿卡托夫继续进攻德军登陆场的同时，）第62集团军以激烈的防御作战抵抗着敌人，德军在其右翼的韦尔佳奇和佩斯科瓦特卡地域强渡顿河，并以一股坦克和摩托化师构成的力量渗透至斯大林格勒北郊。

8月24日晨，步兵第196师和奥尔忠尼启则步兵学校从博布尔金（Boburkin）—新亚历山德罗夫斯基（Novoaleksandrovskii）一线发起进攻，任务是夺取佩斯科瓦特卡地域。

正在核实集团军辖下其他部队所处的位置。[19]

实际上，德军第16装甲师和第3摩步师全然无视自身的侧翼，于8月23日4点30分冲出韦尔佳奇登陆场：

在第14装甲军最前方，第16装甲师于8月23日（周日）夜间跨过顿河上140米长的浮桥。4点30分，"西克纽斯"战斗群的坦克犹如在操练场那样排成宽大的楔形编队冲出登陆场，紧随其后的是"克鲁姆彭"和"冯·阿伦斯多夫"战斗群。位于左侧的是第3摩步师，第60摩步师居右，这股力量隆隆向东而去。

在亨舍尔-129战斗轰炸机的支援下，这些师穿过苏军以典型方式修建的坚固而又深邃的防御阵地。

按照由来已久的坦克战术，他们选择了翻越高地的进军路线。第16装甲师没有理会溪流两岸和侧翼沟渠中的敌人，径直向东冲去。携带着炸弹的"斯图卡"战机排成密集编队飞向斯大林格勒，而返航的战机兴高采烈地拉响警报，凑近了前进中的坦克的炮塔。经过一番艰巨的战斗，第16装甲师征服了鞑靼壕沟，越过科特卢班南面的弗罗洛夫（Frolov）—斯大林格勒铁路线。火车被付之一炬。敌人似乎完全措手不及。第16装甲师取得了良好的进展。[20]

在第16装甲侦察营、第16装甲工兵营和第2装甲团的率领下，胡贝的装甲师分成两股队列向前推进；第79装甲掷弹兵团居左，第64装甲掷弹兵团居右，两个团都得到装甲工兵营辖内连队的加强（参见地图52）。师里的第16装甲炮兵团和第16装甲反坦克营伴随着第2装甲团。胡贝实力强大的装甲队列越过草原迅速向东推进时，施勒默尔的第3摩步师也以战斗群的形式紧随其后。

冲出登陆场后，胡贝装甲师推开苏军第62集团军实施防御的师，守军别无选择，只能向南退却。德军装甲部队几乎没有遇到抵抗，沿科特卢班南面的一道山脊向正东方前进，依靠速度打垮苏军的一切防御。两个快速师的120辆坦克和200多辆装甲车在干枯的草原上卷起大片尘埃，而第8航空军当日投入1600个架次，大批"斯图卡"为第14装甲军提供直接支援，但他们的主要目标还是斯大林格勒城。[21]没等守军做出反应，前进中的装甲部队便穿过古老的鞑靼壕沟——一道天然防坦克壕——很快在"564公里"火车站（与莫斯科相距564公里，故此得名）附近越过斯大林格勒西北方的铁路线，他们在这里击毁几部火车头，但没有停下来评估战果。可是，目标出现在视野中时，他们停顿了片刻："下午早些时候，坦克车长们看见斯大林格勒的轮廓出现在地平线上，沿伏尔加河延伸40公里。矿井架、烟囱、高楼，在火焰腾起的烟雾的映衬下，一个个烟囱清晰可辨。遥远的北面，教堂似的工厂的庞大轮廓依稀可见。"[22]

15点左右，第2装甲团辖下的"冯·施特拉赫维茨"装甲营和第64装甲掷弹兵团第2营逼近斯大林格勒北郊的拉托申卡（Latashanka）、雷诺克（Rynok）、斯巴达诺夫卡（Spartanovka，过去的地图称之为斯巴达科夫卡，战后改为斯巴达诺夫卡）和莫克拉亚梅切特卡河（Mokraia Mechetka）南面的斯大林格勒拖拉机厂。他们在这里遭到苏联妇女操作的重型高射炮和反坦克炮的打击，苏军步兵也朝他们投掷着手榴弹。可是，斯大林格勒争夺战的第一轮炮火，没有一发命中施特拉赫维茨的坦克。德国人的还击更加准确，摧毁了37个高射炮阵地。德国人后来检查这些阵地才发现苏军炮火不准的原因——炮组人员都是女性平民，显然是工厂的女工或斯大林格勒防空组成员。这些防御者都是当地居民，只接受过最基本的军事指导。[23]

第2装甲团接到的命令是前出至伏尔加河西岸，在雷诺克以北、莫克拉亚梅切特卡河北面4公里处和斯大林格勒工厂区的北部边缘封锁主干道，"施特拉赫维茨"战斗群身后，第79装甲掷弹兵团攻向河流北面1.5—2公里的雷诺克镇。与此同时，第64装甲掷弹兵团冲向莫克拉亚梅切特卡河北岸的斯巴达诺夫卡村：

随后，第一批坦克驶上伏尔加河高耸的西岸。宽阔、幽暗的河流静寂而

地图 52 坦克第 4 集团军和第 62 集团军的防御（1942 年 8 月 23 日）

图例

8 月 23 日晨的态势
德军 8 月 23 日的推进
8 月 23 日晚的态势

2 0 2 4 6 8 10 千米

斯大林格勒方面军

方面军预备队

斯大林格勒

东南方面军

坦 22 军

希罗科夫

坦 2 军

叶尔佐夫卡

阿卡托夫卡 拉托申

奥尔洛夫卡 斯巴诺夫卡

雷诺克

大果树

古姆拉克车站

坦 23 军

叶尔金

坦 2 军

巴萨尔吉诺

小罗索什卡

大罗索什卡

博里索夫斯班

科特卢班车站

萨莫法洛夫卡

库兹米齐

近 84 师

步 87 师

近卫 36

近卫 37 师

卡尔波夫卡车站

卡拉瓦塔伊

伊洛夫林斯卡亚车站

奥尔洛夫卡

近 40 师

德罗京斯卡亚

波德戈尔斯基

44 步师

近 1 集

近 4 师

11 军

100 猎师

6 集

季纳卡河

格尼罗夫斯基

坦 4 集

卡拉奇

下阿卡托夫卡

8 军

库博尔尔日内

特鲁索奥斯特罗夫卡

罗索奥诺夫

济莫夫斯基

60 骑师

14 装军

调森科四特

卡拉奇 萨帕诺夫

潘希诺夫

卡拉什斯卡亚

罗索什卡

法斯托夫

63 集

62 集

德米特里耶夫斯卡

新阿列克谢耶夫卡

日尔诺瓦列斯耶夫卡

51 军

小戈卢巴亚 腊夏莎耶湖

步 131 师

卡梅希

卡拉奇

骑步 20 旅

卡尔波夫卡

巴萨尔吉诺

卡尔波夫斯卡亚车站

别列斯拉夫卡

64 集

71 步师

步 112 师

奥西诺夫卡

6 集

6 集

谷夫斯卡亚

伏尔加河

顿河

又庄严地流淌着，带着成串的驳船顺流而下，另一侧的亚洲草原无穷无尽。德军士兵们的脸上闪现着自豪、兴奋和惊异。临近傍晚，全师在镇北郊靠近河流处构设起全方位"刺猬"阵地。兴奋不已的战斗群做好了次日继续战斗的准备。俄国人用坦克炮和高射炮对他们展开轰击。炮火的闪烁犹如闪电划过布满星斗的夜空。[24]

晚上，第16装甲师和第14装甲军军部已到达阿卡托夫卡—雷诺克，俯瞰伏尔加河的高地，并设立起全方位"刺猬"防御阵地（参见地图53）：[25]

师部设在刺猬阵地中央，无线电操作员坐在他们的车辆里，面对着嗡嗡作响、表盘被绿光照亮的电台，发出全师到达伏尔加河的信息，一串串摩尔斯电码钻入夜空。摩托车传令兵带着新命令赶到。将军和他的作战参谋凑在一起研究着地图。南面的斯巴达诺夫卡和雷诺克尚未攻克。这些伸出防御圈的郊区犹如眼中钉、肉中刺。因此，伏尔加河的强化阵地极其危险；敌人可能会沿穿过拉托申卡、温诺夫卡（Vinnovka）和阿卡托夫卡的河岸由南向北发起进攻，再次将德军逐离伏尔加河。我师后方的状况如何？第3和第60摩步师尚未赶到。可即便他们赶来，顿河与伏尔加河之间狭窄的通道就能守住吗？[26]

沿着第16装甲师打开的通道，胡贝师的余部以及紧随其后的第3、第60摩步师排成长长的队列，他们也构设起临时防御营地过夜。[27]一如既往，保卢斯的机动部队远远超出步兵师的支援范围，维特斯海姆的装甲军也没有同后方的第8军取得联系。23点10分，胡贝的师部用电话向维特斯海姆的军部报告了进展："第79装甲掷弹兵团的战斗群18点35分到达伏尔加河，也是第一支到达该河的德军部队。第2装甲团的一个连占领斯巴达诺夫卡。敌人的抵抗起初很弱，但逐渐加强。估计他们会从北面发起强有力的进攻。第8航空军提供了出色的支援。"[28] 30分钟后，希特勒电告胡贝师："第16装甲师无论如何必须守住阵地。"[29]

德军迅速冲向伏尔加河的消息令斯大林格勒城防委员会震惊不已，他们立即投入工作，忙着加强城市北郊的防御。此时，城防委员会手头可用的部队

地图 53　第 6 集团军的位置（1942 年 8 月 22 日—23 日）

只有A.A.萨拉耶夫上校的NKVD（内务人民委员部）步兵第10师、工厂工人组成的几个歼敌营、几个民兵支队以及当地的防空单位。起初，800—1000名民兵在拖拉机厂北面，沿莫克拉亚梅切特卡河南岸占据阵地。他们很快得到30辆坦克的加强，这些坦克在拖拉机厂刚刚修复，驾驶坦克的是修理它们的工人，民兵们还获得附近"街垒"工厂制造的几门反坦克炮。8月23日—24日晚，城防委员会将NKVD步兵第10师的步兵第282团派至莫克拉亚梅切特卡河，并命令其他预备力量参加防御。[30]

与此同时，在西面，叶廖缅科和洛帕京试图恢复德军突向伏尔加河造成的破坏，如果可能的话，切断并歼灭达成突破的敌人。叶廖缅科8月21日已命令洛帕京第62集团军再次组织一场反突击，投入4个步兵师和1个坦克旅打击韦尔佳奇的德军登陆场。[31]可是，维特斯海姆的疾进破坏了苏军这场进攻。虽然空军第8集团军8月20日—22日期间投入500个架次阻止德军的推进，但到8月22日日终前，第8和第51军已将他们的登陆场扩展至45公里宽，深度从北面的5公里到南面的10公里不等。给叶廖缅科的困境雪上加霜的是，霍特第4装甲集团军（该集团军已获得第24装甲师和第297步兵师的加强）辖下的第29摩步师和第14装甲师，8月21日从斯大林格勒南面的普洛多维托耶地域向北发起突击。德军这场进攻在苏军第64与第57集团军防区的结合部达成15公里渗透，迫使叶廖缅科从第62集团军和坦克第4集团军抽调4个反坦克炮团和4个近卫迫击炮团，并从东南方面军预备队抽出坦克第23军的坦克第56旅，以这些部队加强第57集团军的防御。[32]

唯一令叶廖缅科感到欣慰的是，第63、第21集团军沿谢拉菲莫维奇以西的顿河河段，近卫第1集团军从克列缅斯卡亚南面的登陆场发起的反击，牵制了第6集团军的部队，并为叶廖缅科在谢拉菲莫维奇赢得顿河对岸一座重要的登陆场。可是，由于受到第6集团军主力的重压，洛帕京的第62集团军无法参加这场反击，而是沿着扩展的防线（从卡拉奇以北地域东延至斯大林格勒西北接近地）竭力构设起绵亘、牢固的防御。集团军辖下的步兵第399、第131师和摩托化步兵第20旅守卫的防线从佩斯科瓦特卡南面的顿河河段东延至罗索什卡河，而步兵第196师和近卫步兵第33师的防区位于罗索什卡河更东面。

洛帕京的部队拼死守卫德军第14装甲军通向伏尔加河的通道的南翼之际，叶廖缅科试图以坦克第4集团军的步兵第214师、近卫步兵第39师的残部和第62集团军支离破碎的步兵第98师守住这条通道北翼的西半部分。东面，坦克第4集团军获得步兵第214师一部支援的步兵第87师和近卫步兵第35师，在科特卢班与大罗索什卡之间构设起防御。最后，8月23日晚些时候，叶廖缅科从预备队调出步兵第315师加强坦克第4集团军的防御，该师在近卫步兵第35师左侧占据阵地。[33]这些残破的部队就位后，在最高统帅部的催促下，叶廖缅科和他的集团军司令员们迫切希望找到某种办法肃清维特斯海姆第14装甲军据守的狭窄通道，这条通道犹如一柄匕首，直指斯大林格勒。

伏尔加河通道之战：苏军在科特卢班和奥尔洛夫卡的反击，8月23日—29日

截至8月23日傍晚，德国第6集团军第14装甲军在斯大林格勒北面向伏尔加河的推进，导致苏军最高统帅部在苏德战场整个南部地区的防御陷入岌岌可危的境地。除了对斯大林格勒城造成威胁外，德军装甲部队的推进还在叶廖缅科的斯大林格勒方面军与东南方面军之间插入一个深深的楔子，切断了莫斯科与高加索之间的大多数交通路线。加剧这一威胁的是，斯大林格勒西南方，霍特的第4装甲集团军已到达京古塔火车站，距离斯大林格勒南郊只有35公里，完全可以切断洛帕京第64集团军①退守城市的后撤路线。

面对这场危机，叶廖缅科没有足够的兵力，只得尽己所能采取一些权宜之策。为守卫城市的西北接近地，这位方面军司令员命令城防委员会从伏尔加河区舰队抽调1个海军步兵营，再从斯大林格勒军政学校抽调2个学员营，沿苏哈亚梅切特卡河（Sukhaia Mechetka）部署防御。拖拉机厂、"红十月"厂和"街垒"厂的工人们组成的坦克歼击营和民兵支队在拖拉机厂周围构设防御。城防委员会随后派出这些工厂修理的60辆坦克（由工人们驾驶）、45辆拖拉机、150多挺机枪和40门大炮加强这些部队。在伏尔加河区舰队海军炮火的支援下，这些部队遏制着德军第16装甲师的装甲掷弹兵们在莫克拉亚梅切特卡河北面构设的薄弱防线。[34]

就在这些部队加强城市北部防御时，叶廖缅科开始集结兵力以消灭德国第6集团军伸向伏尔加河的通道，并肃清北部对斯大林格勒造成的威胁。首先，8月22日晚些时候，坦克第2军开始集结于斯大林格勒西北方8公里处的戈罗季谢（Gorodishche）地域。该军由一个月前晋升为少将的A.G.克拉夫钦科指挥，德军向伏尔加河的推进已将该军切为两段。尽管坦克第2军的主力（军部，坦克第26、第27旅以及摩托化步兵第2旅的半数力量）位于戈罗季谢，但辖下的坦克第148旅和摩托化步兵第2旅的另一半兵力却位于通道北面。为防止德国人增援通道内的己方部队并藉此攻入斯大林格勒，8月23日晚，叶廖缅科命令克拉夫钦科

---

① 译注：应为舒米洛夫的第64集团军。

428

坦克军的主力和坦克第23军的残部（仍由哈辛将军指挥），"沿135.4、147.6、143.6高地，新纳杰日达（Novaia Nadezhda）和希希良金（Shishiliankin，斯大林格勒西北方20—25公里处）一线构设防御，并做好向奥尔洛夫卡和叶尔佐夫卡发起一场反击的准备"，攻向德军第16装甲师的后方。[35]

与此同时，叶廖缅科命令费克连科将军（这位失宠的前坦克第17军军长目前担任斯大林格勒装甲坦克兵中心主任），围绕斯大林格勒北郊和西郊构设一道内围廓，从伏尔加河畔的雷诺克西延至奥尔洛夫卡，然后向南穿过戈罗季谢和上叶利尚卡（Verkhniaia El'shanka）直至斯大林格勒最南郊的库波罗斯诺耶（Kuporosnoe）（参见地图54）。费克连科接受萨拉耶夫上校NKVD步兵第10师的指挥，并获得坦克第99旅、独立坦克第21和第28营的支援。方面军司令员随后以第57集团军的一个反坦克炮兵团和伏尔加河区舰队的一个海军炮艇战役集群加强这段防线。费克连科的特别"作战防区"拥有50辆坦克，负责守卫至关重要的拖拉机厂。[36]

为进一步强化斯大林格勒的防御，叶廖缅科命令斯大林格勒训练中心组建3个反坦克炮兵团和1个炮兵营，并在8月24日早晨把他们部署至北郊的发射阵地。这将使苏哈亚梅切特卡河南面的火炮数量增加到156门。[37]同时，方面军司令员还将8月27日刚刚抵达斯大林格勒的新锐步兵第124、第115、第149旅部署为城防预备队，据守斯大林格勒的内围廓。为对付德军对斯大林格勒城的猛烈空袭，叶廖缅科将560门可用的高射炮集中在城内，但是，这座城市由北至南约45公里长，严重破坏了叶廖缅科防空措施的有效性。

为加强叶廖缅科的决心（好像他的决心需要进一步加强似的），斯大林8月24日早上打电话给他，下达了新的指令：

华西列夫斯基、叶廖缅科和马林科夫同志：

我建议你们，第一，我军务必彻底封住敌人突向斯大林格勒的缺口，包围并歼灭突入之敌。你们有力量做到这一点，你们能够也必须做到这一点。

第二，一定要守住斯大林格勒以西和以南的前沿阵地，不要从那里抽调部队去消灭突入之敌，应继续对敌人发起反击和进攻，将他们赶出斯大林格勒的外围廓。[38]

地图 54 斯大林格勒防线和筑垒地域

　　由于叶廖缅科积极采取的防御措施，再加上德军自身实力的虚弱，胡贝的第16装甲师和施勒默尔的第3摩步师在8月24日—26日的激烈战斗中都无法突破斯大林格勒的北部防御。8月24日上午，第16装甲师的第16装甲工兵营与配属的反坦克连和炮兵连，在拖拉机厂北面和莫克拉亚梅切特卡河河口夺得一座大型铁路轮渡渡口，从而切断了哈萨克斯坦与斯大林格勒之间的一切铁路交通。可是，由于提供支援的步兵师仍在西面很远处，达成突破的快速部队将半数以上的力量用于守卫伏尔加河防线和狭窄通道的北端，第3摩步师和第16装甲师对斯大林格勒城的突击不太成功。而此时，第16装甲师的"刺猬"阵地却处于一种危险的境地：

8月24日拂晓，随着第一架福克-沃尔夫侦察机到达并受领了新的飞行任务，第16装甲师的各个单位开始各就各位。

4点40分，"克鲁姆彭"战斗群【由第64装甲掷弹兵团团部、第2装甲团第3营、第64装甲掷弹兵团第1营、第79装甲掷弹兵团第1营、第16装甲工兵营第1连、第16装甲炮兵团第2营（吉泽）、第51火箭炮团第3连（布伦德尔）组成】攻向东南方的斯巴达诺夫卡和那里得到强化、位于高处的阵地，该镇南部还仁立着一个"大蘑菇"。但俄国人朝北面前进中的掷弹兵们开火射击，他们以营级兵力和10辆坦克隐蔽在镇子西南方的河床中，并不断获得加强。

进攻没能取得进展。敌人据守着斯巴达诺夫卡。在西面的奥尔洛夫卡，俄国采取主动攻向铁路线以南的第64装甲掷弹兵团第1营（多尔曼上尉）。"斯图卡"战机闻讯赶至，由于猛烈的防空火力，他们只能从高空投掷炸弹，并设法对苏军持续不断的增援部队发起打击。第16装甲炮兵团第4连不顾一切开炮射击。"巴塞维茨"装甲营赶来救援，尽管如此，俄国人的T-34还是成功突破至团部所在地。傍晚前，德军才肃清这场突破，并沿高地和沟壑建立起一道连贯的南部防线，从135.4和144.2高地延伸至奥尔洛夫卡西北偏北方的147.6高地。

北面，"冯·阿伦斯多夫"战斗群（由第79装甲掷弹兵团团部、第2装甲团第1营、第64装甲掷弹兵团第2营、第16摩托车营、第79装甲掷弹兵团第2营、第16装甲猎兵营第2连、"青克尔"和"纳斯科尔布"炮兵营组成）轻松夺取了几座突出的高地，并构设起防御。他们抓紧时间挖掘了散兵坑和机枪、手榴弹投掷阵地；炮兵和坦克也已就位，并实施了伪装，以免被敌机发现。工兵们设立起路障，布设了雷区，侦察了补给路线，并清理了道路。

俄国人正从沃罗涅日地域重新集结部队，并把他们投入顿河与伏尔加河

之间的北部战线。当天下午，他们抵达叶尔佐夫卡，对第16装甲师的阵地施加
压力。

"刺猬"阵地的东部防线从北面的阿卡托夫卡沿伏尔加河延伸，穿过温
诺夫卡和南面的拉托申卡，然后转向内陆，从河岸通往雷诺克和斯巴达诺夫
卡。"施特雷尔克"战斗群（第16装甲工兵营、第64装甲掷弹兵团第12连、第
16装甲炮兵团第12连）夺取了0.6高射炮高地，并占领了至关重要的铁路轮渡
渡口——缴获敌人的大批物资。该战斗群随后奉命拦截船运交通，粉碎敌人的
一切登陆企图，并以第16装甲工兵营第1、第2连守卫雷诺克外围危险的拐角阵
地。第一天，敌人试图向南强行突破，大批船只和小艇沦为他们手榴弹的牺牲
品。但在另一侧，东岸的机场清晰可见，俄国人的飞机不顾炮火起降着。德军
士兵们隐蔽在达茨希（Datschi）和拉托申卡郊区的小型葡萄园里。在没有树木
的草原上经历了数周持续的战斗后，他们现在希望在这片满是核桃树、栎树、
甜栗子、土豆、西红柿和美酒的"神奇花园"里休息几天。

第16装甲掷弹兵营（米斯）和第2装甲团第2营在师部担任预备队，而师
部设在"刺猬"阵地中心的一座奶牛场。因此，第16装甲师8月24日沿伏尔加
河构成一个三条战线的"刺猬"阵地。

不过，雷诺克和斯巴达诺夫卡是两根刺入"刺猬"的毒刺，与西面的联
系依然没有恢复，而俄国人仍在加强他们的部队。[39]

在现有坦克力量和刚刚驶下工厂组装线、尚未上漆的T-34坦克的支援
下，经过激烈的战斗，费克连科的作战防区粉碎了德军攻占雷诺克和斯巴达诺
夫卡、渡过莫克拉亚梅切特卡河、到达并夺取拖拉机厂的一切企图。在某处，
费克连科的坦克打垮了德军第64装甲掷弹兵团的团部，迫使胡贝的部队从斯
巴达诺夫卡撤至雷诺克南面的新防御阵地。此时，第14装甲军辖下的3个快速
师几乎已耗尽燃料，不得不依托一系列"刺猬"防御自保。8月24日—25日夜
间，德国空军试图为第16装甲师空投补给，但大多数降落伞落在德军防线外。
胡贝这位参加过第一次世界大战的独臂老兵表面上显得镇定自若，身处包围圈
内也保持着按时睡觉的习惯，但在发给上级部门的电报中，他的情绪已近疯
狂。在师部召开的会议上，他告诉参谋人员和下属：

弹药和燃料短缺，我们唯一的机会是向西突围。决不能从事一场毫无意义的战斗，这必然使我的部队全军覆没，因此我命令向西突围。我为这道命令承担全部责任，我知道如何证明这道命令的正确性。诸位，我解除你们的效忠誓言，请你们自行选择，要么在突围行动中率领自己的部下，要么交出指挥权，让那些愿意这样做的人接手。没有弹药，我们无法守住阵地。我不得不违背元首的命令。[40]

第3摩步师的一个战斗群杀开血路，为第16装甲师送来10辆坦克和装满弹药、燃料、食物的250辆卡车，胡贝立马恢复了信心。但苏军加大压力，继续威胁着胡贝的防御，阻止他的师向斯大林格勒北郊取得任何进展：

出人意料的是，俄国人8月25日从斯巴达诺夫卡西部边缘突入（我）南部防线。"瓦姆博尔德"装甲营和装甲掷弹兵们再次将他们击退。伏尔加河防线报告，俄国人准备实施登陆；北部防线传来消息："俄国人的一个集团军正在推进！仍无法与第51军取得联系。"与装甲部队脱离的后续步兵师无力解决俄国人的支撑点，无法同前方的快速师会合。为伏尔加河畔的第14装甲军提供补给的工作停顿下来。大多数后勤单位（辎重列车）行速缓慢，因为顿河与伏尔加河之间以及顿河以西地域没有获得必要的掩护，Ⅱ号辎重列车（的路线）已通至奇尔河西面的波特姆金斯卡亚（Potemkinskaia）。他们（后勤单位）和满载物资的卡车目前正等待出发的命令。但俄国人封锁了这条路线。He-111轰炸机为第14装甲军空投弹药和燃料。

全师的处境岌岌可危，他们的性命危在旦夕。但希特勒亲自下达命令，要求他们不惜一切代价守住阵地。他的目光已投向中东，在那里，隆美尔从阿拉曼攻向亚历山大，打算在波斯与第1装甲集团军会合。[41]

尽管获得了至关重要的补给物资，但8月26日下午，胡贝的军长维特斯海姆将军电告保卢斯："以我们现有的兵力无法留在伏尔加河畔并保持后方交通线的畅通……今晚不得不实施后撤。等候（您的）决定。"保卢斯的回复很简洁："不得后撤。"[42]8月份剩下的几天里，战斗愈演愈烈，第16装甲师每天伤亡500余人，弹药一直处于短缺状态，胡贝无计可施，不得不于8月31日放弃雷诺克，撤至该镇以北2公里处的新防线上，从而结束了德军攻占斯大林格勒的第一次尝试，事实证明，这也是他们最好的一次机会。[43]红军总参谋部对8月26日的战况做总结时含糊地写道："8月26日日终前，费克连科集群前出至拉托申卡和佩列瓦利内（Perevalnyi）地域（莫克拉亚梅切特卡河以北4公里处）。"[44]

从德国人的角度看，眼前的态势可谓厄运连连。尽管有消息称，德军进抵斯大林格勒北郊激起斯大林的一连串咒骂，但苏军最高统帅部有足够的预备力量有效应对胡贝的大胆推进。与费克连科在拖拉机厂的坚决防御相比，叶廖缅科对这些预备力量的积极部署很大程度上造成了维特斯海姆第14装甲军在8月份最后一周遭遇到的困境。

8月23日晚获知胡贝装甲师突破至伏尔加河后，苏军最高统帅部于次日命令叶廖缅科恢复态势，随后又从精心囤积的预备力量中抽调部队，增援叶廖缅科这位焦头烂额的方面军司令员。这些至关重要的援兵包括帕韦尔金的坦克第16军、米舒林的坦克第4军和步兵第64师，他们被派至斯大林格勒方面军后方纵深处的大伊万诺夫卡（Bolshaia Ivanovka）、扎瓦雷金（Zavarykin）和小伊万诺夫卡（Malaia Ivanovka）地域。与此同时，最高统帅部还命令步兵第173、第221、第116、第24、第308师乘火车赶往斯大林格勒地域。最后，8月24日晚些时候，最高统帅部进一步采取措施加强斯大林格勒方面军，命令伏尔加河沿岸军区部署一个新的集团军。就这样，第66集团军以军区预备队的第8集团军为核心，在斯大林格勒以北150公里处伏尔加河东岸的卡梅申（Kamyshin）地域组建而成，斯捷潘·安德里阿诺维奇·加里宁中将任司令员：

1.以步兵第231、第120、第99、第49、第299、第316、第207、第292师组建第66集团军。

2.预备队第8集团军司令部改编为第66集团军司令部，集团军改称第66集团军。新集团军司令部驻扎于卡梅申镇（斯大林格勒以北150公里处）。

3.任命S.A.加里宁中将为第66集团军司令员，解除他伏尔加河沿岸军区司令员的职务。任命M.I.科兹洛夫少将为第66集团军副司令员。[45]

434

　　除了8个步兵师，加里宁的第66集团军还编有3个坦克旅、2个"喀秋莎"火箭炮团和1个混编航空军，该航空军辖1个强击-轰炸航空兵师（3个伊尔-2强击机团、2个佩-2轻型轰炸机团）和1个混编歼击航空兵师（2个雅克-1歼击机团、1个拉格-3歼击机团、1个P-40"战鹰"歼击机团）——所有装备都由红军相关总部拨给。最高统帅部认为，如果叶廖缅科的防御发生动摇，新组建的第66集团军可以从斯大林格勒地域向北推进，阻止德军的进攻。第66集团军司令员加里宁中将，曾在1941年7月的斯摩棱斯克战役中指挥过第24集团军，当年11月担任过西方面军副司令员。[46]

　　叶廖缅科知道，这些预备力量到达指定集结区需要几天时间，8月23日晚，他在德军第14装甲军通道北面的萨莫法洛夫卡地域组织起一个突击集群，命令他们向南发起反击，切断这条通道，孤立位于东面的德军（参见地图55）。该突击集群最初编有近卫步兵第35、第27师，步兵第298师，罗金的坦克第28军以及坦克第169旅，由基里尔·阿列克谢耶维奇·科瓦连科少将指挥。"巴巴罗萨"战役期间，科瓦连科指挥过步兵第242师，1942年夏季，斯大林格勒方面军组建后，他担任副司令员。突击集群的任务是：

　　部署至潘希诺和科特卢班地域，向西南方发起进攻，与第62集团军的部队相配合，消灭敌第14装甲军渗透至伏尔加河的部队，在科特卢班车站和大罗索什卡地段封闭突破口，前出至顿河一线，从而恢复第62集团军右翼的态势。[47]

　　与此同时，洛帕京的第62集团军应"以步兵第87师从小罗索什卡向北突击，配合科瓦连科的突击集团消灭突入的德军集团"。[48]另外，为防止德军第51军沿通道西端南侧集结的部队攻向南面的卡拉奇和斯大林格勒，洛帕京的集团军还应构设一道从罗索什卡河畔的新阿列克谢耶夫斯基西延至顿河的防线，并派近卫步兵第33师和独立"炮兵-机枪"第157营据守。

　　同时，为包围并歼灭第14装甲军位于通道东端的部队（第3摩步师和第16装甲师），叶廖缅科以克拉夫钦科的坦克第2军和波波夫的坦克第23军组成一个特别战役集群，由安德烈·德米特里耶维奇·什捷夫涅夫中将统一指挥。1940年和1941年间，什捷夫涅夫曾指挥过机械化第7军辖下的坦克第14师，现

地图 55 斯大林格勒方面军的反突击（1942 年 8 月 23 日—29 日）

在是斯大林格勒方面军装甲和机械化兵主任，该战役集群的任务是"8月24日晨从奥尔洛夫卡地域（斯大林格勒西北方8公里处）朝叶尔佐夫卡（斯大林格勒以北15公里处）方向实施突击"。[49]

叶廖缅科希望科瓦连科和什捷夫涅夫集群发起的反击强大到足以打垮第14装甲军的防御，迫使维特斯海姆将他的装甲部队撤回顿河。不过，苏军的进攻准备太过仓促，两股突击力量的指挥和协同都很糟糕。科瓦连科集群8月23日18点发起进攻，也就是说，接到进攻命令后，他们只有5个小时准备时间。

436

近卫步兵第27师和步兵第298师在科瓦连科的右翼投入进攻，根本没能突破德国第8军辖下第384步兵师的防御。但在更东面，科瓦连科的近卫步兵第35师和坦克第169旅从萨莫法洛夫卡地域向南突击，突破了德军第60摩步师的"刺猬"防御，8月24日2点，在大罗索什卡附近与第62集团军的步兵第196师会合。可是，由于弹药不济，科瓦连科的部队无法控制住通道，被迫向北后撤。

OKW在8月24日的作战总结中指出：

第14装甲军的防线上，俄国人的2个团从西北方对我军发起突击，他们攻向东面，穿过137高地（斯大林格勒西北方32公里处），敌人在罗索什卡西北方和奥尔洛夫卡（斯大林格勒西北方）集结起大批兵力和坦克（多达30—40辆）。敌人在戈罗季谢西北方孔内车站（Konnyi）的进攻未能获得成功，他们在奥尔洛夫卡损失了16辆坦克，但仍沿伏尔加河据守，直至梅切特卡。科特卢班火车站和科特卢班村以南，敌人发起数次坦克突击，其间损失了24辆坦克，随后转入防御，并将他们的许多坦克半埋起来。

第8军的防线上，敌人在坦克的支援下发起进攻，但在基斯洛夫（Kislov，潘希诺西南方9公里处）以东被击退。[50]

8月23日视察了科瓦连科的作战行动后，叶廖缅科连夜命令近卫步兵第27师和步兵第298师继续攻向韦尔佳奇，近卫步兵第35师攻向佩斯科瓦特卡，从而在顿河会合，封闭德军通道西端的缺口。斯大林要求叶廖缅科和最高统帅部代表华西列夫斯基封闭通道，歼灭突向伏尔加河的德军集团。

8月24日，德军战机轰炸洛帕京和科瓦连科的部队时，保卢斯恢复了通道西端的态势，命令第60摩步师的余部赶去支援该师陷入困境的先遣部队（参见地图56）。这一整天，苏军第63、第21集团军和近卫第1集团军沿顿河不停对保卢斯集团军的左翼发起进攻；坦克第4集团军在防区右翼实施坚守，并以左翼的近卫步兵第27师和步兵第298师对盘踞在韦尔佳奇东北方的德军第384师发起进攻，试图将其驱离阵地，但没能取得成功。南面，洛帕京第62集团军竭力据守着通道南面的阵地，科瓦连科集群的近卫步兵第35师和坦克第169旅再次夺取小罗索什卡，与第62集团军的步兵第87师会合。东面，什捷夫涅夫集

地图 56　第 6 集团军的位置（1942 年 8 月 24 日—25 日）

群前进了 6 公里，将第 16 装甲师的部队逼退至奥尔洛夫卡东北方 1.5—2 公里的高地处。在这一行动中，步兵第 87 师第 101 团的一个营攻占了小罗索什卡附近的弗拉索夫卡村（Vlasovka），面对德军凶猛的反击，该营在村内坚守了数个小时，次日早上才弃守。该营的生还者，共 33 人，由于表现英勇而获得表彰。[51①]

尽管存在个人和团体英勇战斗的例子，但斯大林格勒方面军的状况逐渐恶化。遭到轰炸的斯大林格勒城燃起熊熊大火，叶廖缅科的反击没能取得持久的效果。另外，叶廖缅科获得的空中支援急剧下降，主要是因为飞机、飞行

---

① 译注：第 101 团不属于步兵第 87 师，而是在近卫步兵第 35 师辖下，进攻弗拉索夫卡村的部队的确是第 101 团；但步兵第 87 师第 1379 团也出现了 33 名士兵坚守高地的英勇事迹，同样是在小罗索什卡地域。由于无法查阅罗科索夫斯基《伏尔加河畔的伟大胜利》的原文，此处存疑。

员和机组的损耗率居高不下，也与空军第8集团军实施必要的转场，以免遭受损失有关。雪上加霜的是，德军在京古塔车站未能突破苏军第57集团军的防御后，霍特迅速将他的部队调至铁路线以西，准备从西南方对斯大林格勒发起新的突击。

面对不断恶化的态势，叶廖缅科8月24日决定将反突击的重点转至斯大林格勒方面军左翼，以最高统帅部提供的坦克和步兵援兵歼灭第14装甲军位于通道东半部的部队，特别是在叶尔佐夫卡和该镇以西地域。为此，他给斯大林格勒方面军下达了新的命令：

·坦克第4集团军必须于8月25日晨以其左翼部队（近卫步兵第27师、步兵第298师）攻向南面的韦尔佳奇，歼灭突入之敌，前出至下格尼罗夫斯基（Nizhne-Gnilovskii）和韦尔佳奇地域的顿河左岸；

·第62集团军必须以其左翼部队沿顿河左岸坚守防线，以右翼部队（近卫步兵第35师、坦克第169旅）攻向北面的佩斯科瓦特卡，日终前进抵韦尔佳奇和佩斯科瓦特卡一线；

·科瓦连科集群（坦克第16、第4军，步兵第84、第24、第315师）应于8月25日晨攻向南面的苏哈亚梅切特卡峡谷和147.0界碑（斯大林格勒以北5—10公里处），歼灭对面之敌，并从西面掩护卡尔波夫斯卡亚峡谷（Karpovskaia）和库兹米希一线；

·什捷夫涅夫集群（坦克第2、第23军）应掩护库兹米希和孔纳亚车站一线，并与坦克第16和第4军配合，于8月25日晨攻向奥尔洛夫卡和147.0界碑（斯大林格勒以北5—10公里处），包围并歼灭突入斯大林格勒以北地域的敌军集团；

·步兵第64师（刚刚赶到的最高统帅部预备队部队）必须沿斯帕尔塔克（Spartak）和皮丘加（Pichuga）一线占据防御阵地，阻止德军（沿伏尔加河向北）突向卡梅申；

·第63、第21集团军和近卫第1集团军应遵照先前的任务继续进攻。[52]

因此，叶廖缅科的计划是要求科瓦连科和什捷夫涅夫集群投入近350辆坦

叶兰斯卡亚　　**63集**　　谢拉菲莫维奇

21集　　列比亚日

克列缅斯卡亚　　新格里戈里耶夫斯卡亚

科托夫斯基　　顿河　　**斯大林格勒方面军（顿河方面军）**

克列茨卡亚　　伊洛夫利亚河

乌斯季波戈戈亚集结区

克列茨卡亚　　伊洛夫利亚河站　　**24集、近1集、66集**　　截至9月4日

布利日尼亚伊亚彼列科普卡　　**近1集**　　洛兹诺耶

库尔特拉克河　　**坦4集**　　希罗科夫

特廖赫奥斯特罗夫斯卡亚　　卡恰林斯卡亚　　杜博瓦卡

上戈卢巴亚　　潘希诺　　**科瓦连科集群**　　**科特卢班集群**

大纳巴托夫斯基　　韦尔佳奇　　萨莫法洛夫卡　　卡尔佐夫卡

佩斯科瓦特卡　　奥尔洛夫卡

戈卢宾斯基　　小罗索什卡　　戈罗季谢　　**东南方面军（斯大林格勒方面军）**

利波洛戈夫斯基　　大罗索什卡　　古姆拉克

62集　　**斯大林格勒**

卡拉奇　　叶尔希

8月31日　　**64集**　　红军城

奇尔河　　上奇尔斯卡亚　　伊万诺夫卡　　**57集**　　赖司罗德

洛戈夫斯基　　杜博维峡谷

64集　　泽特　　萨尔帕湖

京古塔车站　　通杜托沃车站

下奇尔斯卡亚　　顿河　　**京古塔车站**　　京古塔

阿布加涅罗沃车站

伊万诺夫卡　　普里多维斯基部　　察察湖

8月21日　　**51集**　　巴尔曼察克湖

图例

8月17日的态势
8月31日的态势
9月2日的态势

比例尺
10　0　10　20　30　40　50千米

地图57　苏军的反冲击和反突击（1942年8—9月）

克，对第14装甲军位于斯大林格勒北面和西北面的第3摩步师和第16装甲师发起夹击，同时为新组建的第66集团军提供掩护，使其部署至卡梅申地域。为加强科瓦连科集群，叶廖缅科将米舒林的坦克第4军和帕韦尔金刚刚获得补充的坦克第16军调拨给该集群。为提高指挥和控制能力，并协调他的突击部队，叶廖缅科8月26日在顿河西北方42公里处、斯大林格勒以北65公里处的小伊万诺夫卡村设立起斯大林格勒方面军的辅助指挥所，并命令方面军副司令员科瓦连科和方面军参谋长D.N.尼基舍夫少将（7月份的战斗中，他在南方面军指挥第9集团军）在该指挥所指挥作战行动。叶廖缅科的通信部队设法在这个辅助指挥所与方面军辖下各集团军（除第62集团军）之间架设起直通线路，但德军的轰炸经常造成通信线中断，迫使各部队不得不使用电台和联络员传递消息。[53]

尽管如此，叶廖缅科新发起的一连串反击并不比先前的更加成功（参见地图57）。到8月24日傍晚，第60摩步师已组织起精心设计的"刺猬"防御，大炮和机枪形成的密集连锁火力网提供了掩护，还设有许多反坦克支撑点。另外，在第60摩步师左右两侧，第384和第295步兵师集结起火炮力量，并埋伏了步兵和坦克组成的反冲击力量，随时可以对苏军意图达成突破的进攻发起打击。叶廖缅科的突击部队集结起来投入进攻时，德国空军的"斯图卡"战机无情地轰炸着苏军队列，空中打击贯穿了整个进攻过程，打乱了苏军的战术编队，使他们无法对已发生变化的态势及时做出应对。苏军这场进攻发起得太晚，组织混乱，缺乏协调。

进攻发起24小时后，8月26日拂晓，科瓦连科和什捷夫涅夫集群的350辆坦克遭到德军第14装甲军辖下第3、第60摩步师和第16装甲师猛烈、有效的抵抗。为进攻德军第3摩步师，科瓦连科集群的坦克第16和第4军集结起250辆坦克，但他的进攻正面太宽，根本无法有效部署这些坦克。结果，这场反突击遭到严重损失，没过几个小时便土崩瓦解。南面，什捷夫涅夫投入坦克第2和第23军的100辆坦克，对德军第16装甲师位于莫克拉亚梅切特卡河以北的防御发起零零碎碎的进攻，而不是集中力量冲向奥尔洛夫卡和叶尔佐夫卡。在德军"斯图卡"战机的猛烈打击下，这些进攻也告失败。[54]不过，苏军的反突击还是让德军第16装甲师手忙脚乱：

8月26日，俄国人带着满腔怒火从斯巴达诺夫卡和雷诺克攻向"刺猬"阵地岌岌可危的东南翼。敌人在奥尔洛夫卡重新集结。夜间，俄国人的坦克突破了北部防御。当晚月光皎洁。虽然许多坦克沦为他们己方炮火的牺牲品，但一辆T-60突破至主干道，并遇到德军的一辆三轮摩托车，挎斗里坐着拉迪中尉（第64装甲掷弹兵团第1连）。摩托车驾驶员以为这是一辆德军坦克，便停下摩托车。坦克也停了下来，一名车组成员打开舱盖。摩托车驾驶员这才意识到搞错了，他拔出枪朝炮塔上的坦克驾驶员射击。俄国人躲入车内，驾驶坦克仓促离开，慌乱中，舱盖仍敞开着。摩托车追了上去，跟随在坦克身旁，挎斗内的拉迪中尉站起身，朝敞开的舱盖扔了颗手榴弹。火焰从坦克内窜出，它停了下来，并燃烧起来。[55]

与此同时，在西面，坦克第4集团军左翼和第62集团军右翼的突击集群从北面和南面发起向心突击，在韦尔佳奇以东地域一头撞上德军第384和第295步兵师绞肉机式防线的迎候。但苏军的两股铁钳设法将通道的宽度压缩到仅4公里，迫使保卢斯不得不以空投的方式为通道东端的部队提供再补给。尽管如此，坦克第4集团军和第62集团军还是没能取得会合并彻底包围第14装甲军被孤立的几个快速师。

叶廖缅科的部队对德军通向伏尔加河的通道一次次发起进攻时，最高统帅部及其代表华西列夫斯基都为这位方面军司令员提供了建议和实质性帮助。例如8月26日，斯大林对叶廖缅科零散反击的做法提出质疑，并建议他投入集团军规模的突击集群：

对步兵第24师的使用存在误解。我要求您不要把这个师投入战斗，因为我们正在考虑组建一个编有5个师的集团军，步兵第24师也在其中，并将这个集团军部署至卡恰林斯卡亚以北地域。另一个集团军编有8个师，应部署至新集团军身边。这两个集团军应在杜博夫卡（Dubovka）地域占据一条面朝南方的战线，从卡恰林斯卡亚北面的顿河直至伏尔加河，向南推进后，应与斯大林格勒方面军取得会合。一个集团军由科兹洛夫指挥，另一个由加里宁指挥。我要求您立即确认收悉。[56]

电报中提及的是第24集团军，最高统帅部遵照斯大林和华西列夫斯基次日签署的命令，组建起这个新集团军：

1.在库达诺夫斯基（Kudanovskii）、拉科夫卡（Rakovka）、阿布拉莫夫（Abramov）、弗罗洛沃和耶夫斯特拉托夫斯基（Evstratovskii）地域（顿河以北30—50公里处）组建第24集团军。

2.任命D.T.科兹洛夫少将为第24集团军司令员，免去他预备队第9集团军司令员的职务；任命N.V.科尔涅夫少将为第24集团军参谋长，免去他预备队第9集团军参谋长的职务。

3.第24集团军编有步兵第173、第221、第308、第292、第207师；汽车坦

442

克装甲兵总部调拨的2个坦克旅，第66集团军抽调的坦克第217旅；预备队第9集团军司令部及直属、支援单位，预备队第9集团军司令部更名为第24集团军司令部；第65集团军①的相关机构以伏尔加河沿岸军区组建。[57]

尽管叶廖缅科的反突击没能取得理想的结果，而最高统帅部的预防措施还需要几天时间（如果不是几周的话），以实现歼灭维特斯海姆装甲军的目的，但保卢斯直到8月30日才恢复通道内的交通。在此期间，胡贝的装甲兵和施勒默尔的装甲掷弹兵们过了三天悲惨的日子，他们几乎被彻底隔断，一名德军将领后来写道："这些反突击的结果是，敌人成功切断了（我）装甲军，一连数日，该军不得不击退敌人的进攻，并从空中获得补给，另外，还有小股运输车队趁着夜间在坦克的保护下赶至装甲军防区。"[58]反过来，这种状况也促使维特斯海姆请求保卢斯批准他的装甲军后撤，但保卢斯拒绝了他的请求。

科瓦连科和什捷夫涅夫集群徒劳地试图歼灭通道内第14装甲军的部队时，克留琴金的坦克第4集团军和洛帕京的第62集团军也对守卫通道西端的德国第8军和第51军辖下的第384、第76、第295步兵师发起进攻。这些部队和科瓦连科、什捷夫涅夫的集群一连进攻了数日，没能取得显著进展。实际上，8月29日晨，他们不得不在几个地域放弃一些阵地。[59]苏军坦克力量遭受到严重损失，8月28日日终前，科瓦连科集群的坦克第4军只剩下23辆坦克，坦克第16军的损失与之类似。[60]

但在这段时间里，什捷夫涅夫集群夺取了奥尔洛夫卡以及东北方的高地，而费克连科的坦克第99旅占领了斯大林格勒北面的斯帕尔坦卡村（Spartanka），并前出至雷诺克村的南部边缘，最终迫使胡贝的部队进一步向北退却。[61]费克连科集群的突击削弱了第16装甲师的防御，但没能取得突破：

8月27日清晨，敌人突破了东南方的防线，并设法冲入"刺猬"阵地的中央地带。警报骤然响起。司机、后勤人员和厨师们拿起冲锋枪和手榴弹，朝俄国人冲去。伴随着刺耳的"乌拉"喊叫声，一个工人营冲向第64装甲掷弹兵团第12连的阵地，但反坦克炮和摩托车小队坚如磐石地守卫着自己的阵地，我方的多管火箭炮朝涌出雷诺克村的敌人射出一发发火箭弹。

10点左右，敌人重新发起进攻。俄国人试图沿伏尔加河河岸向北突破，并把德军逐离伏尔加河。他们竭力寻找"刺猬"阵地的薄弱环节。但德军工兵用突击炮、反坦克地雷和炸药击毁（炸毁）敌人的16辆坦克，守住了自己的阵地。

14点15分，德军展开反击，目标是雷诺克村。"斯图卡"战机对该村发起攻击。第16摩托车营和第16装甲工兵营第2连在多尔曼上尉的率领下，从西面投入进攻，而第16装甲工兵营第1连和配属的战斗群从北面实施突击。17点左右，他们被敌人猛烈的火力击退。黄昏时，第16摩托车营报告，他们再次发起进攻，并在激烈的战斗中攻入雷诺克村北部。夜幕渐渐降临时，除了南郊，雷诺克村已落入他们手中。"刺猬"阵地中的"毒瘤"被拔除。第16装甲工兵营第1连占据了新阵地。他们挖掘墓地，将许多阵亡的战友安葬在拉托申卡南郊。[62]

西面，尽管什捷夫涅夫集群的进攻使整个第14装甲军焦虑，但这股苏军同样没能实现他们的目标：

东南方防线上的战斗肆虐之际，俄国人还在奥尔洛夫卡对东南方防线[②]发起进攻，目标是（第16装甲师）与第3摩步师的结合部。8月27日晚间，前线沟渠中的警戒哨听见T-34坦克履带的咯咯声。伴随着炮火的闪烁，敌人的大批步兵准备攻向147.6高地。师属预备队被惊动，"斯图卡"投下炸弹，"米斯"营（第16装甲掷弹兵营）朝人群射出炮弹。但势不可挡的俄国人冲上147.6高地，部署起自行火炮、反坦克步枪和机枪。俄国人的炮兵观测员指引着炮火，帮助他们的步兵占据有利位置。每个德军连抗击着俄国人的一个团。

铁路路基已丢失，这是我方防御阵地的基石。情况变得万分危急。英勇的阿尔特穆勒上士（第64装甲掷弹兵团）头部中弹，格罗特克中士立即接替了他。在另一处，后勤单位据守着散兵坑。（我方的）反击9点30分发起。经过一场炮火准备，米勒的装甲连和冯·穆蒂乌斯的装甲车连从左侧冲向144.2高

① 译注：应为第66集团军。
② 译注：应为西南方防线。

地。他们的突击令俄国人措手不及，敌人原以为已取得胜利，结果被逐出阵地，（我方）缴获许多战利品。敌人迅速集结，准备发起反击。米勒的装甲连迎头冲了上去，伦茨的装甲车连也发起进攻冲向147.6高地。在近距离战斗中，（我方）士兵肃清了得到强化的阵地。第64装甲掷弹兵团的菲利皮中尉和10名士兵阵亡，但铁路路基、144.2和147.6高地再次回到我们手中。[63]

尽管苏联方面的评论将叶廖缅科在科特卢班和奥尔洛夫卡反击失利的原因归咎于他的部队整体实力虚弱以及多个众所周知的因素，但科瓦连科和什捷夫涅夫集群投入了350辆坦克，如果加以正确使用，应该能取得更好的战果。可是，正如过去多次发生过的那样，第16装甲师和第3摩步师对辖下50—60辆坦克和上百辆装甲车的使用更为巧妙，与提供支援的火炮、反坦克炮、步兵的配合也更密切，再加上德国空军空中支援的致命打击，韦斯特海姆的部队得以击败坦克力量占据优势的苏军，牢牢守住他们的通道。可正如第16装甲师师史中描述的那样，胡贝为这场胜利付出了高昂的代价：

> 对第16装甲师而言，8月27日是炙热的一天，坦克组员们趴在沟渠中，进行着一场全方位的阵地战——他们夹杂在敌人与第3、第60摩步师之间。所有人都拿起武器投入战斗，但俄国人占据了绝对兵力优势。葡萄园里的甜栗子树下也毫无平静可言。短短几天后，斯大林格勒北面只剩下遍地瓦砾和无情的战斗。在这些日子里，单是第64装甲掷弹兵团第1营便伤亡154人。弹药和物资短缺，弹药车队的伙计们没日没夜地忙碌着，以便为前线战友提供补给。这一季度，格罗斯上尉率领的第16装甲师弹药营已向斯大林格勒地区运送了6000吨弹药。1941和1942年间，这个500多人的营阵亡40人、负伤70人。但8月份的最后几天，车队即便获得坦克的掩护也无法穿越通道，因为俄国人的炮火太过猛烈。[64]

实际上，胡贝勉强赢得的胜利预示着更加严重的问题即将到来：如果苏军最高统帅部继续投入大量新锐坦克力量，且叶廖缅科的部队最终学会如何更有效使用这些坦克的话。

结果，由于对坦克力量糟糕的使用、拙劣的指挥与控制、不良的协同，东南方面军司令员安德烈·伊万诺维奇·叶廖缅科上将和他的炮兵主任 V.N. 马特韦耶夫、军事委员尼基塔·谢尔盖耶维奇·赫鲁晓夫在一起（从左至右）

一个预备步兵团进入斯大林格勒的防御阵地

446

当地居民在斯大
林格勒郊区构建
防御战壕

红军步兵在斯大林格勒郊区发起反冲击

斯大林格勒防御阵地中的一个工人营

再加上缺乏通信设备、薄弱的炮火和空中支援，脆弱的后勤保障，叶廖缅科的反突击注定要失败。尽管他的部队的确令保卢斯、维特斯海姆和胡贝手忙脚乱，但到8月28日日终时，这位方面军司令员已将他蔚为壮观的坦克力量中的大多数挥霍一空，而他的各个预备队师更是一团糟。经历了这场失利，叶廖缅科和苏军最高统帅部必须解决两个紧要问题：首先，外围廓被突破后，如何守卫斯大林格勒；其次，如果苏军不得不撤入城内，如何挽救在城市西面愈发孤立的第62和第64集团军。

第62集团军的殊死战斗，8月23日—29日

第14装甲军通往伏尔加河的狭窄通道，其北侧和南侧的激烈战斗持续之际，洛帕京的第62集团军执行着守卫斯大林格勒北、西北和西接近地的任务，其防线呈弧形，从雷诺克以南的伏尔加河河段西延，穿过奥尔洛夫卡，沿通道南侧延伸至佩斯科瓦特卡以南的顿河河段，并向南沿顿河通往卡拉奇地域。科瓦连科和什捷夫涅夫集群固守着集团军位于城市北面和西北面的右翼，而洛帕

京第62集团军的主力则沿通道南侧的西半部和顿河西岸，努力保持着强有力的防御。8月24日拂晓，随着维特斯海姆的装甲部队到达伏尔加河西岸，赛德利茨第51军辖下的第76和第295步兵师（前一天晚间已获得第71步兵师第191团的加强），开始从佩斯科瓦特卡地域向南和东南逼压洛帕京的部队。到8月24日14点，第295步兵师前进中的步兵赶往佩斯科瓦特卡以南10公里处的索卡列夫卡村（Sokarevka），对第62集团军辖下的步兵第399师形成迂回和包围之势，该师仍在佩斯科瓦特卡以南守卫着顿河西岸。第51军的推进还威胁到第62集团军左翼的其他部队，以及第62集团军和第64集团军的后方地域。[65]

因此，洛帕京的集团军面临着一场困境。在其右翼，通道东半部的南侧，科瓦连科和什捷夫涅夫集群攻击着第14装甲军位于通道内的部队。在其中间偏右处，近卫步兵第37师和步兵第87师抗击着第14装甲军辖下的第60摩步师，并从大罗索什卡至新阿列克谢耶夫斯基支援着罗索什卡河以北的步兵第76师。在其中间偏左处，步兵第196师、近卫步兵第33师和第115筑垒地域的"火炮-机枪"第50、第52、第157、第160营守卫着从新阿列克谢耶夫斯基西延至德米特里耶夫卡（Dmitrievka）的区域。在其左翼，面对德军第71步兵师的苏军步兵第399、第131、第112师和摩托化步兵第20旅西延至顿河，并沿卡拉奇南北两侧的顿河河段实施防御。[66]洛帕京面临的另一个严峻问题是，沿顿河实施防御的各步兵师已在先前的战斗中被削弱，每个师的兵力不足2000—3000人，坦克也寥寥无几。

第62集团军司令员在8月23日14点和23点分别发给红军总参谋长和叶廖缅科的电报中坦承了他越来越强烈的担心，他请求批准麾下沿顿河防御的部队东撤至沿罗索什卡河的中围廓。尽管提了这些请求，但当晚24点，洛帕京还是遵从叶廖缅科先前的命令，并报告说，他准备配合坦克第4集团军从北面攻向韦尔佳奇的行动，以麾下的步兵第87师和近卫步兵第35师进攻韦尔佳奇。洛帕京先是不愿发起进攻，随后又迅速提交了新的进攻计划，这些自相矛盾的电报令斯大林困惑而又愤怒。8月24日5点15分，斯大林给叶廖缅科发去一份刻薄的电报，对他和华西列夫斯基的防御措施提出批评。斯大林以布良斯克方面军去年在奥廖尔地域的防御为例，指责叶廖缅科没有建立纵深梯次防御，沿多个方向发起徒劳无益的反突击白白浪费了兵力，还让德国人打开一条通道，并在这条通道中来去自如，他又补充道："在我看来，您应该将第62和第64集团军撤至顿河以东的下一道防线。您必须悄悄地构设一条完整的新防线，以免（后撤）变为一场溃逃。您必须组织起决心奋战到底的后卫部队，以掩护集团军的后撤。"[67]

洛帕京在后一封电报中同意发起进攻，叶廖缅科仍持乐观态度，这让斯大林放下心来，8月25日15点，他又给叶廖缅科发去电报：

我们在8月25日收到洛帕京的一份新报告，他告诉我们，他决心切断突破至顿河的敌人。如果洛帕京真能履行他的决定，那么我建议帮助他完成这个决定。不必执行今天早上我们发出的关于第62和第64集团军后撤的指令。

第62集团军和坦克第4集团军对韦尔佳奇的联合进攻失利后，8月24日—25日晚，第51军辖下第71步兵师剩下的2个团在卡拉奇以北强渡顿河。这场突击迫使第62集团军的步兵第399和第131师向东后撤了5—8公里。这一新威胁令洛帕京深感震惊，8月25日晚，他再次请求叶廖缅科批准第62集团军的左翼部队退守罗索什卡河。但叶廖缅科此时的注意力放在科瓦连科和什捷夫涅夫集群即将于次日发起的反突击行动上，因此，他再度否决了洛帕京的请求。[68]

洛帕京的担心得到证实，8月26日拂晓，赛德利茨的第51军开始对第62集团军的中央和左翼发起全面进攻（参见地图58）。在一波波"斯图卡"战机的支援下，德军第76和第295步兵师从他们位于韦尔佳奇和佩斯科瓦特卡地域已扩大的登陆场攻向东南方，迫使苏军步兵第196步兵师、近卫步兵第35师和坦克第169旅退向罗索什卡河一线。西侧，第62集团军左翼对面，德军第71步兵师从卡拉奇向东突击，迫使苏军步兵第399师的左翼发生偏转，与该师相邻的步兵第131师和摩托化步兵第20旅东撤，退往顿河与罗索什卡河中间的伊拉里奥诺夫斯基。8月27日，德军继续向前稳步推进，黄昏时，第295和第71步兵师几乎已将苏军步兵第399师包围在卡拉奇东北方。与此同时，德军第295步兵师的先遣部队在伊拉里奥诺夫斯基以东逼近卡拉奇—斯大林格勒铁路线（已进入迫击炮射程内），构成了切断第62集团军左翼部队向东退往斯大林格勒的后撤路线的威胁。[69]

地图 58 第 6 集团军的位置（1942 年 8 月 26 日—27 日）

可是，8月27日—28日晚，第51军突然停止进攻，不再冲向南面的罗索什卡河和卡拉奇—斯大林格勒铁路线，并将第297[1]和第76步兵师调往东北方，只留下第71步兵师对付洛帕京的左翼部队（参见地图59）。赛德利茨这样做，是因为保卢斯需要第51军的2个步兵师协助击败什捷夫涅夫集群对第14装甲军陷入困境的通道的南面发起的反击，然后从西北方攻向斯大林格勒。这才使洛帕京的左翼部队（包括步兵第399师的残部和步兵第131、第112师以及摩托化步兵第20旅）得以在卡拉奇—斯大林格勒铁路线以北维持一条连贯的防线。接下来的几天，他们开始把部队撤至第62集团军沿罗索什卡河构设的主防线。此

---

① 译注：应为第295步兵师，第297师已调拨给第4装甲集团军。

地图 59 第 6 集团军的位置（1942 年 8 月 28 日—29 日）

举与保卢斯原先的计划不谋而合，也就是以德军实力较弱的后续步兵师执行包围、歼灭斯大林格勒以西苏军部队的任务。但是，由于第 6 集团军在该地域只有第 71 步兵师，必须由霍特的第 4 装甲集团军构设包围圈——如果确实能形成合围的话。

8 月 29 日，德军第 71 步兵师从小罗索什卡南北两面到达罗索什卡河，向南攻往新阿列克谢耶夫卡，依然威胁着卡拉奇—斯大林格勒铁路线。在洛帕京和叶廖缅科看来，这些进攻将第 62 集团军左翼部队逼入第 64 集团军的后方区域。因此，为加强指挥控制，8 月 29 日 24 点，经最高统帅部批准，叶廖缅科将第 62 集团军转隶东南方面军。[70] 而此时，8 月 18 日恢复进攻的霍特第 4 装甲集团军早已于 8 月 25 日晚到达斯大林格勒以南 50 公里处，即东南方面军的中围廓，这条防线从通杜托沃火车站东延至索良卡（Solianka）。8 月 26 日—28 日，霍特在这里停下脚步，以便将辖下第48装甲军的各个师向西部署至更有利的进攻方向。

由于叶廖缅科8月25日向韦尔佳奇发起的反击失利，再加上第62和第64集团军都没有撤至斯大林格勒中围廓，8月26日，最高统帅部再次质询叶廖缅科——为何不将第62集团军的左翼和整个第64集团军撤至该围廓？叶廖缅科提出异议，在8月27日发给最高统帅部的电报中表示他不愿这样做。但是，第62集团军、坦克第4集团军、科瓦连科和什捷夫涅夫集群的反突击失利后，这个问题已毫无意义，因为赛德利茨的军已到达中围廓，叶廖缅科手上没有可将这股德军赶回卡拉奇的预备队。

如果叶廖缅科及时后撤第64集团军，苏军将在斯大林格勒以西设立起一道更加连贯的防线，并能显著缩短战线，使他获得至关重要的预备力量。可是，在此关键时刻，叶廖缅科没有这样做，因为他不愿放弃领土，并坚信他的反冲击和反突击能将保卢斯的部队赶回顿河。叶廖缅科的盲目自信不可避免将舒米洛夫的集团军置于了最脆弱的位置上。

叶廖缅科的部队与保卢斯第6集团军展开殊死战斗之际，斯大林将朱可夫将军派至斯大林格勒，希望他能再次发挥去年保卫列宁格勒和莫斯科的出色表现。8月26日，斯大林任命朱可夫为最高副统帅，当天，朱可夫将西方面军的指挥权交给科涅夫，在莫斯科同斯大林商谈后，8月29日飞赴斯大林格勒地域。在卡梅申（第66集团军的集结地）着陆后，他评估了态势，4个小时后驱车赶往斯大林格勒方面军设在小伊万诺夫卡的司令部。不出所料，他的第一道命令是投入进攻，以近卫第1集团军的反击作为新组建的第66和第24集团军发起大规模联合反突击的前奏（参见第十章）。[71]

第4装甲集团军的推进，8月17日—9月2日

霍特的第4装甲集团军重新发起进攻，除了在B集团军群进攻斯大林格勒的行动中发挥决定性作用外，还使红军无法据守城市以西地域，间接挽救了保卢斯的第14装甲军。如上文所述，B集团军群的进攻计划要求霍特集团军从阿布加涅罗沃和普洛多维托耶地域向北突击，进抵斯大林格勒南郊，配合其行动的步兵部队（第4军和罗马尼亚第6军）应同保卢斯的步兵部队在斯大林格勒以西会合，包围并歼灭被孤立在城市西面和西南面的苏军部队。魏克斯的计划要

求霍特8月17日发起进攻，几天前，保卢斯渡过顿河，朝斯大林格勒北面的伏尔加河冲去，致使苏军的防御发生动摇。

霍特的最终方案要求肯普夫的第48装甲军（目前由第14和第24装甲师组成，后者是从第6集团军第24装甲军抽调而来）从普洛多维托耶东延至察察湖这片地域向北进攻，穿过红军城（Krasnoarmeisk，位于斯大林格勒以南20公里处的伏尔加河河畔）以西地域，突入斯大林格勒南郊的别克托夫卡（Beketovka）。第24装甲师的主要任务是肃清通杜托沃和斯大林格勒以南湖泊地区的苏军，以掩护突击群的右翼，然后从南面攻向别克托夫卡。[72]位于肯普夫左侧的第4军，将以第371和第297步兵师（后者刚刚从第6集团军第24装甲军抽调而来）从阿布加涅罗沃沿科捷利尼科沃—斯大林格勒铁路线向正北方前进，穿过通杜托沃和斯大林格勒以西地域，与第6集团军从西北方而来的第51军会合。

更西面，从顿河东岸朝东北方延伸至阿布加涅罗沃以西这条70公里宽的战线上，罗马尼亚第6军辖下的第1、第2、第4、第20步兵师将掩护霍特漫长的左翼，协助遏止并最终歼灭苏军第64集团军被孤立在顿河与斯大林格勒之间的部分部队。8月17日时，霍特集团军拥有180—200辆坦克，其中包括第24装甲师的82辆坦克，第14装甲师的坦克稍少些，剩下的是第29摩步师的坦克。[73]

面对霍特，叶廖缅科东南方面军的防御是将舒米洛夫第64集团军部署在京古塔至顿河畔洛戈夫斯基120公里的战线上；托尔布欣的第57集团军守卫着从京古塔地域东延至伏尔加河畔赖哥罗德的70公里防区。舒米洛夫的集团军辖步兵第29、第38、第126、第138、第157、第204、第208师，塔纳希申的坦克第13军，海军步兵第66和第154旅，坦克第6旅、第118筑垒地域以及日托米尔和格罗兹尼军校学员团。舒米洛夫的坦克约为100辆，其中70辆属于坦克第13军，剩下的则在坦克第6和第56旅内（后者8月21日刚刚赶到）。[74]舒米洛夫的防区从京古塔西延至梅什科瓦河畔的瓦西列夫卡（Vasil'evka），由步兵第38、第204、第126师守卫，第二梯队的步兵第29、第138师和海军步兵第154旅提供支援，坦克第13军集结在京古塔车站东南方。步兵第157师、第118筑垒地域、海军步兵第66旅和2个军校学员团沿梅什科瓦河守卫着从瓦西列夫卡延伸至顿河的防线，步兵第208师担任集团军预备队。[75]托尔布欣的第57集团军编

454

有近卫步兵第15、第35、第36师，步兵第244、第422师，文尼察步兵学校学员团、骑兵第255团和第76筑垒地域，这些部队分成两个梯队部署在防区内，近卫步兵第15和第36师位于第一梯队。[76]

东南方面军近乎完全敞开的左翼上，科洛米耶茨由步兵第91、第302师和骑兵第115师以及没有坦克的坦克第125、第135、第155旅构成的第51集团军，仍在向东北方退却，以便据守指定防线，这条防线从小杰尔别特南延至萨尔帕湖，掩护着斯大林格勒以南伏尔加河的接近地。

霍特的任务是从南面向斯大林格勒发起一场切实有效的进攻，但他怀疑这个任务毫无意义。第4装甲集团军的兵力很可能少于舒米洛夫和托尔布欣的集团军，其中三分之一是罗马尼亚部队，另外，虽然他的坦克力量与东南方面军相比占有2:1的优势，但也只有区区200辆，如果遭到消耗，他的攻势将很难维系。例如，霍特8月20日发起进攻时，第24装甲师共投入94辆坦克，包括5辆二号指挥坦克。[77]另外，霍特各个师领取口粮的人数掩盖了真正的作战力量。例如，第24装甲师领取口粮的人数为15590人，但实际作战力量仅有9862人。[78]

由于燃料和润滑油短缺，霍特将他的进攻推延了几天，8月20日7点，他对舒米洛夫位于阿布加涅罗沃及其东面的防御发起突击（参见地图60）。进攻开始前，德军实施了猛烈的炮火准备和空中打击。霍特突击群左翼的第94和第371步兵师向北攻击前进，在第29摩步师一个战斗群的支援下，朝北面推进了4—5公里，迫使苏军第64集团军辖下的步兵第204、第126师放弃了位于阿布加涅罗沃的防御阵地。舒米洛夫随后以步兵第29师和坦克第13军的坦克第13、第133旅支援后撤中的2个步兵师。这些部队设立起新防线，掩护阿布加涅罗沃车站北面2公里处的尤尔基诺（Iurkino）车站。与此同时，第14装甲师的一个战斗群也在第29摩步师一部的支援下，向北推进了4公里，一举攻占京古塔，并迫使苏军步兵第38师退守小京古塔河（Malaia Tinguta），在其北岸设立起新防御。[79]随着战斗的继续，8月20日，舒米洛夫将步兵第138师和海军步兵第154旅撤至前沿阵地后方5公里处，位于"74公里"车站和泽特的预备防御阵地。[80]霍特右翼的第24装甲师进展缓慢，先是因为困难的沙质地形，后来是因为苏军猛烈的空袭和顽强的地面抵抗。[81]

地图 60　第 64 和第 57 集团军的防御（1942 年 8 月 17 日—26 日）

　　由于苏军的激烈抵抗，8月20日晚，第4装甲集团军在阿布加涅罗沃车站以北的推进放缓下来，霍特将注意力转至集团军左翼。在那里，8月21日，海姆的第14装甲师渡过小京古塔河，向北推进了大约4公里，在第64集团军步兵第38师与第57集团军近卫步兵第15师之间冲开一个缺口。与此同时，豪恩席尔德的第24装甲师对苏军近卫步兵第15师防区的中央地段发起打击，一举攻占"伏尔加河"国营农场，并在更东面渡过小京古塔河。由于右翼和中央受到重压，近卫步兵第15师和文尼察步兵学校学员团向北退却了10公里，据守从萨尔帕湖西北岸沿杜博维峡谷（Dubovyi）和莫罗佐夫峡谷（Morozov）西延至"74公里"车站的新防线。豪恩席尔德随后率领第24装甲师（30—40辆坦克）

转身向西，试图夺取通杜托沃车站。托尔布欣迅速应对，以方面军预备队抽调的新锐步兵第422师增援近卫步兵第15师。两个苏军师共同将豪恩席尔德的装甲兵和装甲掷弹兵们阻挡在距离车站不远处。红军总参谋部的每日战况汇总中这样写道：

第57集团军以激烈的防御作战抗击着8月21日晨起从察察湖向86.0高地（杜博维峡谷西南方5公里处）推进的敌坦克部队。

近卫步兵第15师的防区内，一群敌坦克（多达80辆）16点到达通杜托沃车站（红军城西南方14公里处）东南方6—8公里处。

8月21日的战斗中，我集团军部队击毁60辆敌坦克。

在察察湖与巴尔曼察克湖（Barmantsak）之间实施防御的步兵第108团，在敌人的重压下撤至萨尔帕湖东南方的主防线。[82]

尽管近卫步兵第15师在通杜托沃车站以东顽强防御，但到8月21日晚，肯普夫的第48装甲军已在第64集团军与第57集团军防区之间插入一个15公里宽、20公里深的大楔子。如果不遏止这场突破，舒米洛夫集团军将有从东面被德军进一步推进包围的危险。因此，为加强该地域的防御，东南方面军8月20日和21日从自己的预备队和斯大林格勒方面军预备队抽调6个反坦克炮兵团，派往索良卡和伊万诺夫卡地域。舒米洛夫将其中的5个团交给第57集团军，1个团留给第64集团军，并指示他们派出一个团支援靠前部署的步兵师。[83]

由于未能突破苏军第57集团军在通杜托沃车站以南的防御，霍特8月22日将第48装甲军辖下的各个师重新部署至西面，对第64集团军位于京古塔车站地域的左翼发起进攻。[84]当日的激战中，第14装甲师的一个战斗群从东面投入进攻，新近赶到的第297步兵师则从南面展开突击，分别到达车站东、南接近地，迫使苏军步兵第138和第204师构设起全方位防御，以守卫京古塔车站。当晚，第64集团军报告，他们正"以激烈的防御作战抗击敌坦克和摩托化部队"，步兵第38师和文尼察步兵学校学员团"与敌坦克和摩托化步兵展开激战，并撤往京古塔林区以北的一道新防线"。[85]

8月22日晚，舒米洛夫发现德军的主要突击方向已发生改变，于是，他沿京古塔车站以北的铁路线设立起一道新防线，横跨在车站以南的铁路线上。他派海军步兵第154旅、坦克歼击第20旅、坦克第133旅和从方面军预备队抽调的反坦克炮兵第186、第665团扼守京古塔车站以北的部分防线，并以1个迫击炮团、1个近卫迫击炮营、坦克第56旅和118筑垒地域的1个"火炮–机枪"营加强步兵第138和第204师在车站东面和南面的防御。

　　虽然苏军采取了这些措施，霍特的部队还是在8月23日晨恢复进攻，以第29摩步师和第297步兵师攻向京古塔车站的苏军。OKW在每日战况总结中指出："从南面突向斯大林格勒的第4装甲集团军击退了敌人对其右翼发起的一次进攻，与攻向西北方的部队一同到达京古塔车站两侧的铁路线。"红军总参谋部也描述了随后两天的战斗：

「8月24日」

第64集团军——步兵第157师将敌人逐离瓦西列夫卡以西地域。

步兵第127师击退了小股敌军的多次进攻，8月23日日终前沿97.3高地—科什—捷别克捷涅罗沃—"74公里"车站西南方5公里处的铁路小屋一线防御。

步兵第138师沿"74公里"车站西南方5公里处的铁路小屋—"K"（"74公里"车站东北方4公里处）一线防御。

步兵第204、第29师和文尼察步兵学校、近卫步兵第15师的分队在京古塔森林半面受围，正处在激战中。

集团军辖内其他部队的位置没有变化。

「8月25日」

8月23日—24日晚，第64集团军将步兵第38、第204师的部队撤至"74公里"车站以北1公里—科什（京古塔车站以西7公里处）—2号农场—116.6高地—120.2高地一线。

集团军辖内其他部队的位置没有变化。

8月24日，敌人未采取进攻行动。[86]

舒米洛夫的部队在京古塔车站及其周边抗击着德军第29摩步师和第297步兵师，使德军攻势近乎停滞之际，东面第57集团军的防区内，德军第48装甲军第14和第24装甲师向北压上，8月21日—24日从杜博维峡谷推进了4—6公里。在这场战斗中，第24装甲师第24装甲团团长古斯塔夫·阿道夫·里贝尔上校被苏军炮火击毙。[87]此时，豪恩席尔德损失的坦克已超过三分之一，只剩下54辆。[88]尽管德军持续不断的进攻最终迫使第57集团军辖下的近卫步兵第15和步兵第38师让出阵地，但托尔布欣的反坦克增援力量也给肯普夫的坦克造成了严重损失，据称击伤、击毁多达60辆德军战车。另外，继续沿这个方向实施进攻有可能陷入僵局，于是，8月23日—24日晚，霍特将肯普夫的3个快速师集中到杜博维峡谷以北地域。

8月25日清晨，霍特投入160余辆坦克（苏联方面的资料认为是250辆）向北突击，攻向切尔夫连纳亚河畔（Chervlennaia）的索良卡和伊万诺夫卡——位于别克托夫卡以南15公里处，距离斯大林格勒市中心只有30公里。[89]德军在苏军步兵第422师与244师的结合部突破了第57集团军的防御，并向前渗透8公里，夺取了索良卡和切尔夫连纳亚河的部分南岸。[90]可是，肯普夫的坦克刚刚到达河畔，苏军步兵第422、第244师和近卫步兵第15师（该师部署在第二梯队，现已投入战斗）的大炮和迫击炮火力便将第14、第24装甲师的坦克与提供支援的步兵隔开。苏军集中反坦克炮火，坦克第6旅也发起反冲击，击伤、击毁第14装甲师的许多坦克，尽管第24装甲师设法在苏军防线上打开一个100—150米的缺口，但2个装甲师没能取得进展，不得不在8月26日日终前退回出发阵地。

在这场战斗中，第14装甲师8点05分向军部报告："与敌坦克在107.4—115.8高地展开激战。所有四号长身管火炮坦克都被击毁，坦克损失殆尽，只剩下5辆。第24装甲师在西面掩护着侧翼。第24装甲师继续向北突击是明智之举。"[91]傍晚，第24装甲师报告："这场战斗极其激烈、代价高昂，还将持续一整天[①]。装甲团仍有13辆坦克。俄国人的一辆坦克中弹10次仍未被击毁，3辆

[①] 译注：报告时间为14点10分，而非傍晚，故有"还将持续一整天"之说。

地图 61 第 4 装甲集团军的位置（1942 年 8 月 26 日—27 日）

（坦克）被击毁，另外2辆起火后撤离。"[92]

8月26日和27日，以肯普夫第48装甲军突入斯大林格勒南郊的企图受挫后，霍特命令部队转入防御，并将肯普夫装甲军辖下的第14和第24装甲师重新部署至阿布加涅罗沃车站地域（参见地图61），并以第4军的第297、第371、第94步兵师接替，这些师据守的防区从阿布加涅罗沃车站向东北方延伸，直至通往索良卡的铁路线的东面，然后东延至杜博维峡谷和萨尔帕湖。在霍特延伸的右翼，第29摩步师的一个团被派去掩护萨尔帕湖、察察湖与巴尔曼察克湖之间的缺口。[93]

因此，霍特面临的关键问题一如既往：获得足够的步兵（德国和罗马尼亚部队）掩护他实施突破的侧翼。但霍特没能做到这一点，再加上托尔布欣在切尔夫连纳亚河以南的有效防御，迫使他寻找另一条"阻力最小的进军路线"。尽管不得不把第29摩步师的部分力量"浪费"在掩护侧翼这个烦人的任务上，但霍特决心更有效地使用剩下的装甲力量。此时，第24装甲师报告，他们还有57辆可用的坦克，但第14装甲师剩下的坦克少得多。[94]更令霍特不安的是，人员伤亡率居高不下。例如，截至8月26日，第24装甲师第21、第26装甲掷弹兵团的作战兵力下降了近30%，第24装甲团下降了近10%。[95]另一起事件也给这场本应顺利进行的再部署造成了破坏，8月26日，第24装甲师失去了另一位团长——第21装甲掷弹兵团团长威廉·冯·伦格克上校，他坐在充当团部的指挥车内时被苏军炮弹炸死。[96]

在集团军群司令魏克斯的敦促下，霍特确认了苏军防御的薄弱点，8月底重新发起进攻。这个薄弱点是一片20公里的区域，从梅什科瓦河畔的瓦西列夫卡东延至阿布加涅罗沃车站，由第64集团军步兵第126师守卫。此时，由于德军第48装甲军向切尔夫连纳亚河推进，舒米洛夫已将集团军主力调往东北方以解决京古塔车站和索良卡地域受到的双重威胁。更糟糕的是，步兵第126师实施防御所需要的炮兵力量欠缺80%。[97]

利用苏军明显的弱点，在瓦西列夫卡以东至阿布加涅罗沃车站以北这片15公里的区域内，霍特集结起第48装甲军的第14、第24装甲师，第29摩步师的主力提供支援，罗马尼亚第6军的第2步兵师掩护左翼。利用4:1的步兵优势以及坦克和大炮的绝对优势，霍特终于取得了决定性突破（参见地图62和63）。8月29日拂晓，100余辆德军坦克（第24装甲师投入49辆）发起突袭，肯普夫的装甲部队和为其提供支援的步兵一举打垮苏军步兵第126师，当日日终前向北推进近20公里，攻占察里察河畔的泽特，迫使苏军步兵第29、第138师放弃了位于尤尔基诺和京古塔车站的防御阵地。[98]

地图 62 第 4 装甲集团军的位置（1942 年 8 月 28 日—29 日）

8月29日晚，OKW洋洋得意地报告道：

　　第4装甲集团军：第48装甲军的进攻令俄国人措手不及；起初，他们的抵抗很虚弱，后来有所加强。被围敌军的个别群体奋战至死。阿布加涅罗沃车

462

地图 63 第 4 装甲集团军的进军（1942 年 8 月 29 日—31 日）

站以北10公里地域该军右翼的战线上，敌人向北退却；该军左翼的战线上，敌人被逐离泽特（杜博维峡谷以西40公里处）和150里程碑（泽特东北方6公里处）。只有几辆敌坦克出现，位于西侧的一些敌坦克没有投入战斗。

第4军的左翼，敌人的几个独立群体实施了抵抗，第48装甲军发起进攻后，这些敌军退往东北方。京古塔车站以北4公里处的敌人被逐向北方。[99]

当晚，舒米洛夫向红军总参谋部证实了肯普夫取得的胜利：

8月29日一整天，第64集团军的部队在瓦西列夫卡—捷别克捷涅罗沃地域实施顽强的防御作战，抗击着敌人的2个步兵师和78辆坦克。

14点，22辆敌坦克逼近泽特地域（捷别克捷涅罗沃西北方17公里处），在这里散开后各自为战。敌步兵被位于我防御前沿前方的坦克隔断。

另一群多达40辆的敌坦克，到达科什地域（捷别克捷涅罗沃西北方9公里处）。

"火炮-机枪"第172营在泽特地域与敌坦克激战。

克拉斯诺达尔步兵学校学员团从京古塔地域赶往泽特地域，行进途中遭到轰炸。

集团军各部队的位置未发生变化。[100]

步兵第126师防线的崩溃也破坏了第64集团军沿铁路线的防御，迫使步兵第29、第138师向北退却，导致第64和第62集团军的后方区域受到威胁。由于舒米洛夫已将第二梯队和预备队悉数投入沿切尔夫连纳亚河展开的战斗，他手头没有任何预备力量来恢复北面察里察河的防御。因此，肯普夫的部队8月30日继续向北进攻时，叶廖缅科无计可施，只能在当日下午命令洛帕京和舒米洛夫将他们的部队撤至后方的新防线。他在命令中要求洛帕京的第62集团军占据从罗索什卡河畔的扎帕德诺夫卡（Zapadnovka）南延至新罗加奇克（Novyi Rogachik）的新防线，铁路线在那里跨过位于斯大林格勒城区正西面30公里处的切尔夫连纳亚河。他还命令舒米洛夫的第64集团军扼守从新罗加奇克沿切尔夫连纳亚河向东南方延伸至伊万诺夫卡（斯大林格勒西南方25公里处）的防线。托尔布欣第57集团军的防线不变，据守从伊万诺夫卡东延至萨尔帕湖北端杜博维峡谷的防区。[101]

为确保斯大林格勒内围廓的完整，叶廖缅科将坦克第2军的坦克第26旅和反坦克炮兵第397、第398团部署在"街垒"厂西面的森林中，将坦克第78旅、反坦克炮兵第498和第1251团部署在市中心正西面遍布丘陵的米尼纳郊区（Minina）。稍南面，他把坦克歼击第20旅部署在尼古拉耶夫卡和佩先卡（Peschanka）郊区。叶廖缅科还命令托尔布欣将第57集团军撤至新防线——从伊万诺夫卡东南方沿切尔夫连纳亚河直至萨尔帕湖和赖哥罗德，而科洛米耶茨的第51集团军继续守卫斯大林格勒正南面各湖泊之间的缺口。

与此同时，叶廖缅科还指示斯大林格勒军区司令员瓦西里·菲利波维奇·格拉西缅科中将——曾在"巴巴罗萨"战役期间指挥过北方方面军的第23集团军[①]——坚守掩护阿斯特拉罕的防线，阻止德军在该地域向伏尔加河的一切推进。8月31日，最高统帅部命令格拉西缅科将斯大林格勒军区司令部及所辖机构改编为第28集团军，9月5日生效，司令部设在阿斯特拉罕。[102]斯大林在阿斯特拉罕地域组建一个新集团军的决定，迫使霍特从集团军预备队调出第16摩步师，以掩护第4装甲集团军从埃利斯塔至阿斯特拉罕这段延伸的右翼，此举进一步削弱了他可以集中到斯大林格勒附近的力量。

叶廖缅科决定将第64集团军撤至后方的新防线，霍特立即对此加以利用，舒米洛夫集团军的部分部队仍守卫着一个巨大的突出部，该突出部伸向西南方的顿河，霍特打算将其切断。为此，肯普夫的装甲军8月31日向北冲去，渡过切尔夫连纳亚河（参见地图64）。冲在最前方的第24装甲师战斗群夺取了巴萨尔吉诺车站（Basargino）以东卡拉奇—斯大林格勒铁路线的一段地区——离斯大林格勒市中心正西面仅有20公里。此时，豪恩席尔德只剩下41辆可用的坦克。[103]舒米洛夫的部队竭力抗击着德军的推进，既要让自己在西面作战的部队向东后撤，退往斯大林格勒，又要为其他部队争取必要的时间，以加强斯大林格勒的内围廓。可是，肯普夫的前进速度和德国空军的猛

---

① 译注：格拉西缅科指挥的是第13集团军，第23集团军当时的司令员是格拉西莫夫中将。

地图 64 第 4 装甲集团军的位置（1942 年 8 月 30 日—31 日）

烈空袭使舒米洛夫的部队根本无法遏止德军向铁路线的推进。除了将舒米洛夫第64集团军切为两半，并构成切断、歼灭该集团军仍位于巴萨尔吉诺车站与顿河之间的部分部队的威胁外，第24装甲师向北的推进还使洛帕京第62集团军守卫卡拉奇—斯大林格勒铁路线以北地域的部分部队（抗击着第6集团军

地图 65 第 4 装甲集团军的位置（1942 年 9 月 1 日—2 日）

第51军辖下的第71步兵师）的态势变得岌岌可危。

　　然而，9月1日，德军第24装甲师没有继续向北突击与第6集团军的部队取得会合，从而包围第64、第62集团军仍在西面战斗的部分部队；相反，豪恩席尔德派第24装甲师的一部转身向东，试图从西面攻入斯大林格勒（参见地图65）。对舒米洛夫来说幸运的是，当天晚些时候，坦克歼击第20旅在斯大林格勒佩先卡郊区的西边挡住了德军这场突袭。豪恩席尔德的装甲师随即后撤，横跨巴萨尔吉诺车站东面和东南面的铁路线，构设起全方位防御阵地，而第29摩步师在南面扎营。尽管第24装甲师的坦克数量几天前只剩下31辆，但到9月1日，该师设法拼凑出56辆坦克。可是，师里主要的几个团实际作战力量不断下降，装甲团只剩1266人，第21和第26装甲掷弹兵团分别剩下1274、1575人。[104]随着第14与第24装甲师之间出现缺口，肯普夫和霍特深感不安——第14装甲师无法击败并消灭前方的敌军，而第24装甲师未能与北面第6集团军的部队取得会合。这预示着：歼灭仍沿顿河作战的苏军以及盘踞在斯大林格勒南部与别克托夫卡之间的敌人非常困难。

尽管如此，红军总参谋部还是记录下霍特向斯大林格勒西部防御的危险进展：

「8月31日」
第64集团军，遵照上级命令于8月30日夜间将其部队撤至新防线。

海军步兵第66旅和步兵第157师奉命后撤，在新彼得罗夫斯基（Novo-Petrovskii）—"伐木"国营农场地域沿埃里克河占据防线。

步兵第204和第138师正撤入集团军预备队。

尚未收悉步兵第126、第208、第29师到达新防线的消息。集团军辖下的其他部队继续坚守原阵地。

坦克第13军的部队和"火炮-机枪"第179、第176营实施防御作战，抗击在纳里曼（Nariman）—安德烈耶夫卡（Andreevka）地域逼近切尔夫连纳亚河的2个敌步兵营和坦克。

「9月1日」
第64集团军，与渗透至齐宾科（Tsybinko，斯大林格勒西南方28公里处）地域的敌坦克（90辆）和步兵展开激战，同时继续将其部队撤至沿切尔夫连纳亚河，位于别列斯拉夫斯基（Bereslavskii，斯大林格勒西南方36公里处）—加夫里洛夫卡（Gavrilovka）—伊万诺夫卡（斯大林格勒以南26公里处）的主防线。

海军步兵第66旅到达别列斯拉夫斯基（含）—齐宾科一线。

步兵第157师与敌坦克激战，撤至齐宾科—加夫里洛夫卡一线。

8月31日全天，步兵第204师沿加夫里洛夫卡—92.0里程碑（加夫里洛夫卡东南方5.5公里处）一线与敌坦克激战。8月31日日终前，敌坦克到达伊阿戈德内（Iagodnyi）—128.0高地（斯大林格勒西南方25公里处）一线。

步兵第138、第126、第29、第38师和海军步兵第154旅，每个师的兵力为500—1000人（没有装备）集结在斯大林格勒西南方10—20公里处。

「9月2日」

第64集团军以激烈的防御作战抗击已渗透至集团军纵深防区的敌坦克和步兵。敌人在旧罗加奇克（Staryi Rogachik）—瓦尔瓦罗夫卡地域成功突破"K"防线，小股坦克力量在沃罗波诺沃（Voroponovo）车站以西地域到达内防线。

海军步兵第66旅、步兵第157师、2个步兵学校学员团在旧罗加奇克—斯克利亚罗夫（Skliarov）—拉科季诺（Rakotino）—克拉夫措夫（Kravtsov）地域的包围圈内战斗。

步兵第138师沿佩先卡峡谷一线构设起第二梯次防御。

坦克歼击第20旅沿阿列克谢耶夫卡—佩先卡一线击退了敌坦克的多次进攻。

坦克第39旅扼守旧杜布罗夫卡（Staro-Dubrovka）—134.4高地一线。

海军步兵第154旅位于叶尔希（Elkhi）地域。

步兵第38师据守152.5高地—克鲁塔亚峡谷（Krutaia）一线。

步兵第29、第126师集结在别克托夫卡—旧奥特拉达（Staraia Otrada）地域。[105]

除了使舒米洛夫第64集团军的右翼发生混乱外，第24装甲师向巴萨尔吉诺车站的渗透也有利于第6集团军辖下第51军的进一步推进，8月31日日终时，该军已突破第62集团军沿罗索什卡河的防御，即将到达新罗加奇克附近的卡拉奇—斯大林格勒铁路线。如果该军实现这一点，很可能彻底切断、歼灭第62和第64集团军在罗索什卡河和切尔夫连纳亚河以西地域半面受围的部队——第62集团军的步兵第131、第112师，第64集团军的步兵第157师、摩托化步兵第20旅、海军步兵第66旅和2个步兵学校学员团。如果这些部队悉数就歼，而第51军继续向东推进的话，该军很可能有足够的力量从西面突入斯大林格勒。

可是，值此关键时刻，舒米洛夫采取的果断行动和保卢斯的错误决策共同阻止了苏军的进一步灾难。首先，为挽救半面受围的部队，叶廖缅科9月1日20点命令第62和第64集团军部分被孤立的部队"尽快撤至新纳杰日达、佩先卡和伊万诺夫卡一线"。[106]与此同时，由于北面科特卢班地域的激烈战斗，行事谨慎的保卢斯不愿派维特斯海姆第14装甲军的部队冒险向南增援第51军，从而切断苏军的后撤路线。尽管集团军群司令魏克斯一再发来电报，但第6集团军司令保卢斯直到9月2日才下达向南进攻的命令，此时洛帕京和舒米洛夫已将他们半面受围的部队撤入了斯大林格勒内围廓。更糟糕的是，保卢斯将第51军辖下第71步兵师的部分部队调往东北方，支援该军主力强渡罗索什卡河的行动，而不是把整个第71步兵师派往南面切断铁路线和苏军撤入斯大林格勒的路径（参见地图63）。[107]

在此期间，经霍特批准，肯普夫9月1日晚给第24装甲师下达了新命令："第24装甲师应于9点动身出发，跨过铁路线，经147.3高地前出至'羊圈'地区—皮托姆尼克（Pitomnik）以东5公里处的BW（不知道这个缩写的具体名称），在那里与第6集团军从东北方而来的部队会合（罗马尼亚第20步兵师应掩护第24装甲师的西翼）。"[108]与8月下旬的进攻行动一样，豪恩席尔德将第24装甲师分成2个战斗群，并留下少量预备队（参见图表20）。[109]

可是，9月2日清晨他们发起进军时，第24装甲师的侦察部队却发现前方没有苏军部队。此时，洛帕京第62集团军的部队已进入新防线，这条新防线环绕斯大林格勒的西郊和北郊，从雷诺克经奥尔洛夫卡、古姆拉克（Gumrak）至佩先卡，而舒米洛夫第64集团军的部队已进入指定防线——从旧杜布罗夫卡经叶尔希至伊万诺夫卡，掩护着斯大林格勒的西郊和西南郊。

但是，仓促组织的退却，特别是城市西部和南部地域的后撤，由于未能构设纵深防御和适当的防御工事，给这些地域的后续防御造成了不利影响。但从积极的一面看，在过去一周激烈的战斗中遭受严重损失后，叶廖缅科的东南方面军8月31日仍拥有101辆坦克，另外还有维修中的114辆坦克，而8月23日时，他们只有88辆坦克。[110]此后，德国人别无选择，只能考虑发起一场猛攻夺取斯大林格勒。从这个角度看，叶廖缅科的斯大林格勒方面军在科特卢班地域对德军第14装甲军所处通道发起的反击，最终获得了巨大的收益。

苏军第62和第64集团军撤退后，9月2日晚些时候，第6集团军第51军辖下的第71步兵师，与第4装甲集团军罗马尼亚第6军辖下的罗马尼亚第20步兵师在沃罗波诺沃火车站西北方会合，沿察里察河设立起两个集团军的分界线（参见

图表20：1942年9月2日，第24装甲师作战编成

"布罗伊希"战斗群，由第24步兵旅旅长，男爵弗里茨·冯·布罗伊希上校率领，辖：
第21装甲掷弹兵团
第89装甲炮兵团（欠第2营）
第53火箭炮团的1个营
第24装甲团第3营，及配属的工兵和高射炮排
第26装甲掷弹兵团第1营，装甲车单位
第670装甲猎兵营
第89装甲炮兵团团部[1]和第10、第11、第12连
第5高射炮营[2]第1营，1个重型和1个轻型高炮连
第800特别连和1个工兵连
"埃德尔斯海姆"战斗群，由第26装甲掷弹兵团团长，帝国男爵马克西米利安·冯·埃德尔斯海姆上校率领，辖：
第40装甲猎兵营，及高射炮排
第89装甲炮兵团第2营
第26装甲掷弹兵团第2营
第602高射炮营（欠第3连）[3]
1个工兵连；第5高射炮营第1连，2个重型高炮连[4]
师预备队，辖：
第86装甲侦察营
第4摩托车营
第40装甲工兵营（欠2个连）

① 译注：应为第4营营部。
② 译注：应为第5高射炮团。
③ 译注：第3连在"布罗伊希"战斗群内。
④ 译注：应为第5高射炮团第1营、营部和2个重型高炮连。

地图65）。起初，第24装甲师的"埃德尔斯海姆"战斗群负责掩护全师的东西两翼，而"布罗伊希"战斗群的任务是向北赶往147.3高地，与第6集团军的部队会合。可是，侦察行动发现敌人沿铁路线的防御非常薄弱，中午后不久，第48装甲军军部命令豪恩席尔德的装甲师"以其位于铁路线，并到达察里察河河口和斯大林格勒以南地域的左翼部队"向东、东北方攻击前进。由于海姆的第14装甲师次日早晨才能加入这场突击，第24装甲师随后接到命令，对察里察河河谷实施侦察，9月3日以位于铁路线以北的左翼部队向东发起进攻，同时，第14装甲师将于当天朝佩先卡攻击前进，而第29摩步师负责掩护全军的右（东）翼。[111]没过几天，赛德利茨第51军（苏军的防御使该军的推进停滞了数日）辖下的第71步兵师就一举夺取了距离斯大林格勒市中心仅有22公里的古姆拉克火车站。保卢斯随即命令该军继续前进，攻入斯大林格勒城。[112]

斯大林格勒城内的情况

洛帕京和舒米洛夫的第62、第64集团军全力扼守斯大林格勒接近地并设法挽救被围的残部时，叶廖缅科和斯大林格勒城防委员会竭尽全力强化着城市的防御。例如，早在8月23日，城防委员会便命令各大小工厂组建工人营，保卫他们的工厂、加强城内防御并维持市内的秩序。与此同时，城内的防空单位、医疗分队和消防队各司其职，为城内指定的"避难所"提供防空警报、医疗救助和救火措施。此时，斯大林格勒城内挤满了逃离顿河大弯曲部战火的难民，以及城内原有的工人、孩子和其他非战斗人员。[113]负责协助东南方面军司令部的总参谋部指挥小组负责人N.V.列兹尼科夫上校在8月20日的报告中描述了城内的状况：

市内拥挤不堪。人们不得不在露天坝、公园、伏尔加河河岸和船上睡觉。交通工具缺乏、疏散机构工作效率低下，导致市内疏散工作受到妨碍。在各疏散点等候运输工具的人们不得不在那里待上五六天……各所学校和体育馆挤满了伤员。医院仍留在城内。灯火管制措施很糟糕。

列兹尼科夫建议，叶廖缅科应宣布全市进入戒严状态并疏散居民，但斯

472

大林不愿引起恐慌，故而拒绝了这个建议。相反，苏联的保卫机构竭力维持秩序，并号召居民加入民兵组织。8月24日，城防委员会再次下达命令，要求将所有妇女、儿童和伤员疏散至伏尔加河东岸。该市的港务部门和伏尔加河区舰队负责执行这项任务。可是，疏散工作开始得太晚，双方在斯大林格勒接近地激战期间，城内仍有大批平民。

8月29日，两个方面军的军事委员会动员起1000名共青团员和共产党员，补充沿察里察河实施防御的苏军部队，次日又调集2500名民兵和工人，并把他们派往前线。城防委员会还命令身强体健的市民在各座工厂及其周边修建街垒、路障和工事，把它们变为一座座堡垒。[114]

令事情复杂的是，负责城内防御的实际是NKVD这个准军事化机构，为加强其主要防御力量，萨拉耶夫的NKVD步兵第10师投入了从乌拉尔山区以东各地调来的各种部队。叶廖缅科统一指挥城内的NKVD和民兵单位时，NKVD与红军之间固有的对立造成了额外的麻烦。尽管如此，叶廖缅科还是将NKVD部队和费克连科的特别战役集群部署在城北，从斯大林格勒方面军和南方面军预备队[①]抽调的部队围绕斯大林格勒构设一道粗略的防线，并为洛帕京和舒米洛夫的部队提供支援。

在此期间，德国人的飞机继续轰炸斯大林格勒。保卢斯和霍特的部队杀向斯大林格勒时，里希特霍芬的战机对该城狂轰滥炸，这也是苏德战争中最密集的轰炸。例如，8月23日（周日），德国第8航空军首次发起一连串空袭，显然是为了消灭城内的守军和居民。经历了多次假警报后，市民起初忽略了空袭警报。但不管怎样，城内的防空洞对居民而言实在是太少了。虽然有些轰炸机针对的是工厂、铁路站场和电话局，但大多数轰炸机将炸弹投在了居民区。城市南部的木制房屋被燃烧弹焚毁。伏尔加河附近的储油罐起火燃烧，熊熊烈火和滚滚浓烟一连持续了数日。街道上满是碎石瓦砾，这给进攻方和防御方都造成了困难。8月25日和后来的许多天里，德国空军来而复返，不分昼夜空袭这座城市。[115]

---

① 译注：应为东南方面军，南方面军7月份撤编后，直到1943年1月才重新组建。

苏联空军并未对这一威胁做好准备。与过度拉伸的德国空军一样，苏联空军为支援斯大林格勒方面军、东南方面军和北高加索方面军而疲于奔命。另外，苏军在夏末刻意减少了空中行动，以便为日后的作战组建、训练新部队。再加上苏联空军许多部队在技战术方面的劣势，空战呈一边倒态势，里希特霍芬得以随心所欲地发起进攻。直到战役后期，苏联空军才对德国空军构成严重威胁。[116] 8月23日发起一连串空袭后，德国空军又在8月末和9月初集中轰炸了"红十月"、"街垒"厂（德国人称之为"红色街垒"）和市中心，斯大林格勒城的大多数地区陷入一片火海。[117]

谢拉菲莫维奇和克列茨卡亚的次要作战行动
8月21日—28日

苏军第62集团军和坦克第4集团军竭力遏止德国第6集团军攻向斯大林格勒，并设法消灭第14装甲军伸向伏尔加河的通道之际，在斯大林格勒方面军的右翼，库兹涅佐夫将军的第63集团军和丹尼洛夫将军的第21集团军沿着顿河，对谢拉菲莫维奇以西沿顿河南岸实施防御的意大利和德国军队发起一场联合进攻。起初，这场进攻是叶廖缅科对第6集团军施加压力的宏大计划的组成部分。这种压力应该能迫使保卢斯放弃向伏尔加河的进军。另外，根据最高统帅部的指示，叶廖缅科还打算在顿河南岸夺取一座登陆场，以便为日后发起进攻行动所用。此时，第21集团军的6个步兵师守卫着从克列茨卡亚西延至霍皮奥尔河的顿河防线，而第63集团军的7个步兵师扼守着从霍皮奥尔河西延至巴甫洛夫卡（Pavlovka）的防线。

8月19日，叶廖缅科下达了进攻令（参见上文和地图57、66），要求两个集团军在谢拉菲莫维奇以西30公里地域以4个师（第63集团军左翼的2个师和第21集团军右翼的2个师）的兵力渡过顿河，向南发起进攻。这股联合力量应在顿河南岸夺取一座20—25公里深的登陆场，可能的话，利用这场攻势，在顿河以南30—50公里处的佩列拉佐夫斯基和马诺伊林地域突入第6集团军左后方。库兹涅佐夫打算以近卫步兵第14师和步兵第197师强渡顿河，这2个师从左至右（由东至西）部署在霍皮奥尔河以西15公里处。丹尼洛夫的计划是投入第96和第304步兵师，从谢拉菲莫维奇西延至霍皮奥尔河这段15公里的区域强渡顿

地图 66 第 63 和第 21 集团军的谢拉菲莫维奇防御作战(1942 年 8 月 20 日—28 日)

21 集

63 集

63 集前进指挥所

霍皮奥尔河

布卡诺夫斯卡亚

格里亚兹诺夫斯基

叶兰河

顿河

步 197 师
8 月 20 日

列比亚亚诺斯基

雷布内

意 9 步师

意 2 山地骑兵师(半数部队)

鲁别扎庄斯基

普列沙科夫斯基

下克里夫斯基

上克里夫斯科伊

伊阿戈德内

步 62 师

步 197 师

意 3 步师

意 2 步师(2/3 部队)

意 23 行进旅(2/3 部队)

巴赫穆特基诺

意 2 山地骑兵师(半数部队)

意 35 军

鲁巴什基诺

步 203 师
8 月 22 日

叶兰斯科伊

下马特维耶夫斯基

叶兰斯基

意 2 步师

近步 14 师
8 月 20 日

近步 14 师
8 月 24 日

济莫夫斯基

博布罗夫斯基

切博塔列夫斯基

杰维阿特卡

卡尔梅科夫斯基

科托夫斯基

意 2 山地博骑兵旅(半数力量)

博利绍伊

步 203 师

意 2 步师(1/3 部队)

近骑 5、6 师

近步 14 师

4 号农场

3 号农场

意 2 山地骑兵师(半数力量)

鲁巴什基诺

下马季耶夫斯基

步 304 师
8 月 20 日

霍普斯基

雷布内

意 3 步师

伊兹布申斯基

79 步师

谢拉菲莫维奇

波波夫

步 304 师

79 步师

意 304 师

22 坦师(半数力量)

图例

8 月 20 日晨的位置

8 月 28 日晚的位置

第 63 和第 21 集团军的进攻方向

比例尺

0 2 4 6 8 千米

河。过河后，两位集团军司令员打算以他们第二梯队的步兵师扩大登陆场；如果进攻顺利，I.A.普利耶夫少将的近卫骑兵第3军（方面军快速部队）将以辖下的近卫骑兵第5、第6师和骑兵第32师向南突击。[118]与竞争对手洛夫一样，伊萨·亚历山德罗维奇·普利耶夫是红军最英勇的骑兵将领之一，"巴巴罗萨"战役期间指挥过精锐的近卫骑兵第3师，1941年末，38岁的普利耶夫出任骑兵军军长。[119]

顿河南岸，意大利第8集团军辖下的第35军，以意大利第2"斯福塞斯卡"步兵师守卫着苏军第63集团军进攻地域对面的防线。4天前的8月15日，意大利人刚刚接防这片地区。在他们右侧，第6集团军的第17军守卫着谢拉菲莫维奇两侧的河岸，对面是即将发起进攻的苏军第21集团军。这片防区属于德军第79步兵师，但该师主力集结在谢拉菲莫维奇及其南面，只留下师属侦察营和一个阻截支队据守该镇以西的15公里防区。[120]这种防御配置意味着1.3个轴心国师，约15000人（守卫河流防线的只有半数兵力），将面对苏军4个师共30000余人的进攻。由于河流形成的障碍，两支苏军突击部队在最初的进攻中都无法投入坦克力量。

8月20日拂晓，苏军发起进攻，第63集团军的突击群立即取得了成功。强渡顿河的苏军打垮了"斯福塞斯卡"步兵师的防御，在南岸夺得一座2—3公里深的登陆场。东面，虽然第21集团军步兵第304师暂时从德军第79步兵师师属侦察营手中夺得南岸的一块立足地，但面对德军第79步兵师在谢拉菲莫维奇的防御，苏军步兵第96师的突击立即发生了动摇。正如8月21日晚些时候，进攻中的各集团军向红军总参谋部报告的那样：

第63集团军以部分兵力在顿河右岸实施进攻作战……

8月20日11点，步兵第197师的先遣部队沿鲁别任斯基（Rubezhinskii）—普列沙科夫斯基（Pleshakovskii）—上马特维耶夫斯基（Verkhnyi Matveevskii，位于顿河南岸）以南3公里一线作战。该师主力继续渡过顿河。

8月20日11点，近卫步兵第14师的先遣部队沿秋科夫诺夫斯基（Tiukovnovskii）—扎通斯基（Zatonskii）—济莫夫斯基（Zimovskii，也位于顿河南岸）一线作战，其主力正渡过顿河。缴（抓）获：63名停虏、6门大

地图 67 谢拉菲莫维奇登陆场的态势（1942 年 8 月 19 日）

炮、15 门迫击炮、23 挺机枪、125000 发子弹和 1 部电台……

第 21 集团军继续以左翼部队在顿河右岸实施进攻，但遭到敌人强有力的阻击火力，没能取得进展，仍位于先前占领的阵地。[121]

接下来的两天，苏军继续推进，第 63 集团军的 2 个突击师很快获得步兵第 203 师和第 21 集团军步兵第 304 师的增援，后 2 个师已渡过顿河。他们随后将登陆场的深度拓展至 2—10 公里，但在谢拉菲莫维奇附近，苏军没能取得进展（参见地图 67）。8 月 22 日晚些时候，两个集团军向总参谋部报告：

第 63 集团军的左翼部队继续在顿河右岸实施进攻……

步兵第 197 师继续拓展其攻势，并攻克鲁别任斯基、208.0 高地和 204.0 高地

（顿河以南5公里处）。

近卫步兵第14师攻占236.0高地—切博塔列夫斯基一线（顿河以南10公里处）。

步兵第203师的1个团到达224.0高地附近，师里的其他部队正渡过顿河。

第21集团军继续进攻，8月22日13点，集团军辖下的步兵第304和第96师沿213.0高地—伊兹布申斯基北郊（Izbushenskii，顿河以南2公里处）—波波夫（Popov）—谢拉菲莫维奇北郊—别利亚夫斯基（Beliavskii，顿河以南0.5公里处）一线作战。[122]

鉴于苏军取得的进展很有限，再加上德国空军持续、有效的空中支援，B集团军群没有向受影响地区派遣任何预备力量，而是依靠"斯福塞斯卡"步兵师和第79步兵师以局部预备队应对眼前的态势。此时，进攻中的苏军缺乏足够的力量进一步扩展登陆场，由于将补给物资运往顿河的工作相当艰巨，他们的弹药也发生了短缺。雪上加霜的是，苏军步兵第203师理应于8月21日—22日晚渡过顿河，但因为缺乏船只，再加上德国空军的积极行动，该师的行动严重滞后，直到8月24日晚些时候才渡过顿河。因此，斯大林格勒方面军命令普利耶夫将军的近卫骑兵第3军在8月22日—23日晚进入登陆场。他的任务是与第63、第21集团军相配合，"攻向213、217和220高地，8月23日日终前进抵217高地附近"，随后便"攻向上福米欣斯基"。[123]可是，渡河设备的缺乏也延误了普利耶夫的行动，他的骑兵军直到8月24日晚才完成这一任务。

随着战斗的持续，德国人8月24日晚发现登陆场内有普利耶夫的骑兵，遂报告道："第17军的防线上……敌骑兵（估计是近卫骑兵第3军的部队）出现在博布罗夫斯基（Bobrovskii，位于霍皮奥尔河河口附近的顿河南岸）……意大利第8集团军的防线上，敌人继续对该集团军的右翼施加强大的压力。"[124]

终于完成在顿河南岸艰难的集结后，8月25日中午，普利耶夫的骑兵和提供增援的步兵第203师投入进攻。苏军的猛烈打击落在意大利"斯福塞斯卡"步兵师与德国第79步兵师的结合部，近卫步兵第14师和步兵第203师（普利耶夫的近卫骑兵第5、第6师位于左翼）向南推进了10公里，构成分割德军各防御师的威胁。红军总参谋部8月25日晚的报告指出：

478

地图 68 谢拉菲莫维奇登陆场的态势（1942 年 8 月 29 日）

第63集团军的右翼和中央继续坚守先前的阵地，并以其左翼部队发起进攻，同时击退敌人的几次反击。敌人实施了顽强抵抗，并向南退却。

步兵第197和第203师在先前的阵地上战斗。

8月25日9点30分，近卫步兵第14师在切博塔列夫斯基地域打垮敌人的抵抗，攻克236.0、209.0高地（切博塔列夫斯基西南方5公里处）和杰维阿特金地域（Deviatkin，顿河以南12公里处）。

8月25日3点，近卫骑兵第5师的2个团到达切博塔列夫斯基（顿河以南20公里处）东南方10公里的道路弯曲部，没有遇到敌人的抵抗。抓获26名意大利俘虏。

近卫骑兵第6师位于博布罗夫斯基（顿河以南15公里处）以西10公里处的193.0高地附近……

8月25日，第21集团军以其右翼的先遣支队在先前的阵地上发起进攻。[125]

苏军的猛烈突击迫使意大利"斯福塞斯卡"步兵师将右翼部队撤至后方的新防御阵地。东面，德军第79步兵师重新部署了位于右翼的第212团，以加强并扩展其左翼，掩护卡尔梅科夫斯基和博利绍伊村的接近地。以此同时，8月25日—26日晚，意大利第8集团军开始强化"斯福塞斯卡"师的防御，首先投入"快速"师，随后又投入"巴尔博"骑兵旅。这些援兵终于在8月28日遏制了普利耶夫和第63集团军的推进（参见地图68）。但是，正如红军总参谋部的每日报告中表述的那样，斯大林格勒方面军的第63集团军、第21集团军和普利耶夫的骑兵军已达成他们的初期主要目标：

第63集团军8月27日继续以其左翼部队实施进攻，右翼和中央部队据守着原先的阵地。尚未收到各部队作战行动和所处位置的报告。

经过顽强的战斗，步兵第203师的部队8月26日19点攻占伊阿戈德内、巴赫穆特基诺（Bakhmutkino）和鲁巴什基诺地域（Rubashkino，谢拉菲莫维奇西南方50公里处）。（尽管没有报告，但近卫骑兵第3军的近卫骑兵第5、第6师仍部署在该师左翼。）

第21集团军，步兵第304师沿卡尔梅科夫斯基西南—伊兹布申斯基—195.0高地一线【霍万斯基（Khovanskii）以南7公里处】掘壕据守。

坦克歼击第1、第21营在谢纽特金（Seniutkin）—波波夫地域战斗。

经过顽强的战斗，步兵第96师攻占谢拉菲莫维奇镇，并于8月26日—27日晚前出至扎通斯基西南方2公里的路口—197.0高地山坡（谢拉菲莫维奇以南2公里处）—韦利亚耶夫斯基（Veliaevskii）一线。

步兵第178师在波德佩申斯基（Podpeshinskii）—拉斯图申斯基（Lastushinskii）（含）地域渡过顿河到达左岸。

步兵第76师在拉斯图申斯基—德鲁日林斯基（Druzhilinskii）地域沿顿河东岸占据防御阵地。

步兵第63师的部分部队为争夺小伊阿基—洛戈夫斯基地域进行着战斗。

步兵第124师集结于新亚历山德罗夫卡西南方树林附近，受领的任务是8月28日晚接替步兵第96师的部队。[126]

此时，合兵一处的苏军突击部队已在谢拉菲莫维奇以西的顿河南岸打出一个50公里宽、25公里深的登陆场。斯大林格勒方面军报告，在战斗中缴（抓）获1200名俘虏（主要是意大利士兵）、30门大炮、65门迫击炮、265挺机枪、1250支步枪、30辆卡车和数吨弹药及其他物资。[127]进入登陆场后，库兹涅佐夫、丹尼洛夫和普利耶夫设立起纵深梯次防御，以近卫骑兵第6师和步兵第96师（以第21集团军的步兵第124师接替）充当两个集团军的预备队。

苏联人后来批评两个集团军没能达成更深远的推进，并将失败归咎于草率的策划、过于宽大的进攻区域、缺乏渡河装备和后勤问题。尽管如此，这场短暂而又激烈的登陆场战役却具有重要影响：除了暴露出轴心国军队沿顿河过度延伸的防御的薄弱，还使苏军最高统帅部注意到意大利军队拙劣的战斗力和脆弱性。从德国人的角度看，他们认为决定性战斗在斯大林格勒方向，注意力完全集中在那里。因此（这一点最终令他们追悔莫及），他们将谢拉菲莫维奇的战斗视为一个无关紧要的地区发生的一起小事件。例如，哈尔德8月25日在日记中写道："意大利人的防御发生纵深突破。"8月27日他又得出结论："事实证明，意大利人防区上达成的突破并不太严重。"[128]但8月29日，这位OKH参谋长不祥地写道："意大利人防区的态势并未恶化，但也没能得到恢复。"[129]没过三个月，德国人便对这种忽视懊悔不已。

东面态势的发展加剧了轴心国军队在谢拉菲莫维奇失利的恶劣后果。在同样被德国人忽视的顿河大弯曲部东北角的苏军登陆场内，莫斯卡连科的近卫第1集团军取得了足以与第63和第21集团军相媲美的战绩。遵照叶廖缅科8月19日的命令，6个步兵师组成的近卫第1集团军应"以3个师从克列缅斯卡亚和绍欣一线（小型登陆场的北半部）攻向布利日尼亚伊亚彼列科普卡、奥斯金斯基和上戈卢巴亚"，以扩大苏军登陆场，将克列茨卡亚以东的整个河流弯曲部包纳其中。[130]莫斯卡连科的计划是以近卫步兵第41、第38和第40师组成突击集群，8月22日拂晓发起进攻，集团军辖下的步兵第23师位于第二梯队，坦克第4集团军各坦克旅以所剩无几的坦克提供支援。

莫斯卡连科主要突击地域的对面，德国第6集团军辖下的第11军第376步兵师、第100猎兵师和第44步兵师的2个团据守的防线，从克列缅斯卡亚以南10公里处的彼列科普斯卡亚跨过登陆场，一路东延至顿河畔的锡罗京斯卡亚。阿佩尔将军的第22装甲师（约60辆坦克）一直在克列茨卡亚以东抗击着苏军第21

集团军的步兵第63师——现在担任第11军的预备队。[131]

8月22日，苏军发起进攻，在接下来5天的激战中，莫斯卡连科的3个近卫步兵师，在步兵第23师和近卫步兵第4师的增援下，迫使德军第11军的部队向南退却了8—10公里（参见地图69、70）。8月24日，为协助击退苏军的进攻，第6集团军和第11军将第204和第129装甲营①投入战斗，第22装甲师也参与其中，但该师8月27日迅速被调往西面以遏止苏军对谢拉菲莫维奇发起的突击。[132]与谢拉菲莫维奇的情况一样，德国人的报告对克列茨卡亚登陆场之战的重要性轻描淡写，只在8月24日稍稍提及：

> 锡罗京斯卡亚以西，第11军前方的敌人发起一场不太奏效的进攻。目前，敌人正以20辆坦克进攻伊阿布隆斯基（Iablonskii）以西地域。在彼列科普斯卡亚以东的宽大正面上，敌人投入2个团展开进攻，取得初步成功后被遏制在彼列科普斯卡亚以南。在第11军左翼，我们肃清了敌人的一些局部小规模渗透。[133]

战斗结束后，第11军的防线拉伸了35公里，从克列茨卡亚东北方10公里处的顿河河段东延至锡罗京斯卡亚的顿河河段，而莫斯卡连科的集团军在顿河南岸获得一个35公里宽、30公里深的登陆场。但苏军最高统帅部和叶廖缅科对该集团军的使用还有更大的计划。战斗结束的两天后，8月31日晚，莫斯卡连科将登陆场内的防区连同他的近卫步兵第38、第40和第41师，一同交给丹尼洛夫的第21集团军。莫斯卡连科随后把近卫第1集团军司令部迁至顿河以东的萨德基（Sadki）地域。9月1日，他的集团军（目前由近卫步兵第4、第37师，步兵第23、第116师组成，并获得罗特米斯特罗夫新锐坦克第7军的加强）准备参加9月初在科特卢班地域发起的新一轮攻势。

第63、第21集团军对谢拉菲莫维奇发起的进攻，近卫第1集团军在克列茨卡亚附近的突击，牵制了德军至关重要的预备力量，特别是第22装甲师和2个装甲营，使他们无法增援保卢斯向伏尔加河的进军。更重要的是，苏军的两场

---

① 译注：疑为第22装甲师辖下的第204装甲团和第129装甲掷弹兵团；因为德军没有第204装甲营这个番号，而第129装甲营隶属于第29摩步师，该师正在霍特麾下作战。

482

地图 70 克列茨卡亚登陆场的态势（1942 年 8 月 29 日）

攻势使斯大林格勒方面军在顿河南岸获得两个战役规模的登陆场，三个月内，苏军最高统帅部就会对这两个登陆场加以利用。但目前，魏克斯的B集团军群和保卢斯的第6集团军都认为这不过是疥癣之疾。

总结

8月份最后10天的战斗在几个方面至关重要，其进程和结果对斯大林格勒战役的后续战斗将如何进行具有重大影响。当然，希特勒和每个德国人都有理由得出结论，"蓝色"行动这一阶段的战斗大获全胜，因为保卢斯与霍特的集团军确实在城市西面取得了会合。这场会合将苏军第62和第64集团军困在沿伏尔加河西岸向南延伸的一条狭窄的陆地通道内。在此过程中，德军的2个集团军彻底歼灭了苏军的1个集团军（坦克第1集团军），并重创另外3个集团军（坦克第4集团军和第62、第64集团军），毙伤、俘虏数万名红军士兵，击毁400余辆苏军坦克。这使红军自7月中旬以来的损失惊人：30多万名士兵和1000辆坦克。德国人现在要做的是消灭第62和第64集团军的残部并夺取斯大林格勒城，或遵照希特勒的决定将这座城市炸为瓦砾，再攻占这片废墟。

但是，深刻反思德国第6集团军和第4装甲集团军8月份下半月的表现，便能对实际发生的情况得出更加清醒的评价——这种评价在几个重要方面与过去对战斗的描述大相径庭。例如，维特斯海姆第14装甲军只用了惊人的三天时间便从顿河挺进至伏尔加河，这番壮举让所有人忘记了该军7月份下半月进军卡拉奇时遭遇的令人尴尬的失利，但维特斯海姆的装甲军到达伏尔加河后，由于实力太过虚弱，既无法进一步突破，也无力守住斯大林格勒北部地域。实际上，该军不是遵照命令夺取城市北部，而是被迫为了自身的生存而顽强战斗。维特斯海姆和胡贝一度要求上级批准他们后撤。

无情的事实是，和以前多次发生过的情况一样，区区200辆坦克构成的突击力量太过薄弱，根本无法执行赋予他们的雄心勃勃的任务。因此，直到第4装甲集团军对城市以南的苏军施加压力，保卢斯位于北面的部队才得以维持一种类似于僵局的状态。在此期间，维特斯海姆第14装甲军每天的损失高达500

人，处于渐渐消耗殆尽的危险。[134]在斯大林格勒南面苦战的霍特第4装甲集团军徒有其名，实际上只有1个装甲军，整体实力同样虚弱，无力完成受领的任务。尽管OKH为霍特调拨了第24装甲师和第297步兵师，但第4装甲集团军最终打垮东南方面军的防御，靠的是一系列进攻冲刺和多次再部署。

虽然保卢斯和霍特的联合力量设法将坦克第1集团军从红军作战序列中抹去，并重创坦克第4集团军和第62、第64集团军，但苏军最高统帅部随即组建2个新的集团军（第24和第66集团军）替代受损的部队，并以第三个集团军（第28集团军）守卫阿斯特拉罕方向。保卢斯和霍特从西面封闭斯大林格勒的门户后没几天，朱可夫就投入第24、第66集团军和近卫第1集团军提醒魏克斯和保卢斯，欲夺取斯大林格勒，必须在城外和城内展开一场大战。

最后一点，上至希特勒，下到德国军队里的普通士兵，所有德国人都把注意力集中在向斯大林格勒进军的高潮上，B集团军群辖内的匈牙利、意大利和德国部队以及第6集团军过度延伸的左翼，不得不忍受斯大林格勒方面军第21、第63集团军和近卫第1集团军沿顿河南岸对其发起的多重攻击。虽说德军的防御相当成功，可还是犯下了极大的错误——使红军在顿河南岸留下了规模可观的登陆场。如果说谢拉菲莫维奇和克列茨卡亚这些陌生、遥远的地名在1942年8月和9月对希特勒、OKH或B集团军群并不意味着什么，那么，到年底时，它们将成为每个苏联人的战斗口号，而每个德国人都对此诅咒不已。另外，卫星国军队丢失的那些登陆场，德军没能将它们重新夺回，这就向希特勒和OKH强调了另一个事实：早在1942年8月和9月，B集团军群已因过度拉伸显得非常薄弱，无力肃清那些登陆场。由于希特勒决心不惜一切代价攻占斯大林格勒，这种情况到11月变得更加严峻，最终给B集团军群造成了致命后果。

总之，正如第6集团军在7月和8月份上半月的作战表现表明的那样，该集团军在8月下旬的推进仍显示出保卢斯缺乏足够的兵力完成赋予他的各项任务。尽管第6集团军在夏末能够凭借意志和毅力弥补这个缺陷，但至关重要却又悬而未决的问题是：毅力能否使他们在秋季继续赢得胜利。斯大林格勒城内的战斗将对此做出回答。

注释

1. 命令全文可参阅海因茨·施勒特尔的《斯大林格勒》（*Stalingrad*，纽约：百龄坛出版社，1958年），第24页；豪普特《南方集团军群：德国国防军在苏联，1941—1945年》第161页。参阅日林的《斯大林格勒战役》第386页。

2. 施勒特尔《斯大林格勒》第24页，日林《斯大林格勒战役》第387页。在进攻的这一阶段，保卢斯采取"保守"的做法是可以理解的，因为他比任何人都清楚第6集团军目前的状况以及部队有可能遭遇到的困难。

3. 施勒特尔《斯大林格勒》第24—25页。

4. 同上，第26—27页；日林《斯大林格勒战役》第387—388页。

5. 施勒特尔《斯大林格勒》第27页。关于这场战斗苏联一方的情况，可参阅日林的《斯大林格勒战役》第383—384、第395、第400、第406、第411页，8月19日—22日坦克第4集团军的每日报告。与德国战地记者的描述相反，虽然苏军给2个德军师造成严重伤亡，但苏军没能摧毁德军的登陆场。苏军最高统帅部派给第62集团军的步兵第98师，8月15日的兵力为11689人。参见伊萨耶夫的《斯大林格勒：伏尔加河后方没有我们的容身处》第102页。

6. 韦尔滕《第16装甲师师史（1939—1945年）》第106页。

7. 关于这场进攻的详情，可参阅日林的《斯大林格勒战役》第309、第315、第321页。苏军第6集团军辖下的近卫步兵第25师，步兵第174、第309师，在坦克第24军和坦克歼击第1师的支援下，对匈牙利第7步兵师发起进攻。

8. 格兰茨《1941—1945年，苏德战争中被遗忘的战役》第三册第66—74页。

9. 罗科索夫斯基的《伏尔加河畔的伟大胜利》第119页。

10. 同上。最高统帅部从预备队抽调步兵第87师增援第62集团军，8月15日时，该师有11429人。参见伊萨耶夫的《斯大林格勒：伏尔加河后方没有我们的容身处》第102页。

11. 罗科索夫斯基的《伏尔加河畔的伟大胜利》第120页。这些炮兵力量包括炮兵第1158、第1105、第1103团，反坦克炮兵第398、第651团。

12. 同上，第120—121页。

13. 坦克第22军的所有坦克（大约20辆）仍分配给辖下的坦克第182旅。

14. 罗科索夫斯基《伏尔加河畔的伟大胜利》第122页。

15. 施勒特尔《斯大林格勒》第28页。

16. 日林《斯大林格勒战役》第406页。

17. 同上，第410页。

18. 伤亡数字来自塔兰特的《斯大林格勒：对这场痛苦的剖析》第51页。

19. 日林《斯大林格勒战役》第417页。

20. 韦尔滕《第16装甲师师史（1939—1945年）》第106页。

21. 海沃德《止步于斯大林格勒：德国空军和希特勒在东线的失败（1942—1943年）》第188页。苏联方面的资料指出，德国空军投入2000多个架次空袭斯大林格勒。

22. 韦尔滕《第16装甲师师史（1939—1945年）》第106页。

23. 同上，第107页。这些高射炮隶属于高射炮第1077团第1连和第5连。参见罗科索夫斯基的《伏尔加河畔的伟大胜利》第127页。

24. 韦尔滕《第16装甲师史（1939—1945年）》第107页。

25. 同上，第106—107页；卡雷尔《斯大林格勒》第124—125页。

26. 韦尔滕《第16装甲师史（1939—1945年）》第107页。

27. 详情可参阅迪克霍夫的《第3步兵师，第3摩步师，第3装甲掷弹兵师》第94—96页。

28. 施勒特尔《斯大林格勒》第28页。

29. 同上。

30. 莫什昌斯基和斯莫里诺夫《保卫斯大林格勒：1942年7月17日—11月18日，斯大林格勒战略防御作战》第32页。

31. 这股力量包括近卫步兵第27师、步兵第84师、刚刚从最高统帅部预备队调来的步兵第298师以及第62集团军的近卫步兵第35师，外加坦克第169旅。

32. 罗科索夫斯基《伏尔加河畔的伟大胜利》第124页。

33. 同上，第125—126页，详细阐述了第62集团军和坦克第4集团军辖下部队8月21日—23日复杂的再部署。

34. 同上，第132页。

35. 8月23日，克拉夫钦科将军的坦克第2军拥有183辆坦克，具体如下：

旅	KV	T-34	T-70	T-60	合计
坦克第26旅	—	37	5	23	65
坦克第27旅	—	42	5	24	71
坦克第148旅	15	—	5	27	47
合计	15	79	15	74	183

8月30日前，坦克第23军仍由哈辛将军指挥，随后被A.F.波波夫将军接替，在7月份沃罗涅日地域的战斗中，波波夫指挥着坦克第11军。8月23日，哈辛的坦克军只有1个坦克旅（第189旅），因为第62集团军已将该军的坦克第56和第99旅调至其他地区，而该军辖下的摩托化步兵第9旅正在重建。因此，哈辛坦克军奉命支援坦克第2军时，只有坦克第189旅的43辆坦克（22辆T-34、16辆T-70、5辆T-60），另外7辆需要修理（4辆T-34、2辆T-70、1辆T-60）。参见伊萨耶夫的《斯大林格勒：伏尔加河后方没有我们的容身处》第108—110页，引自 *TsAMO RF, f. 38, op. 11360, d. 77, l. 31.*

36. 罗科索夫斯基《伏尔加河畔的伟大胜利》第132页。

37. 同上，第133页。

38. 日林《斯大林格勒战役》第418—419页。

39. 韦尔滕《第16装甲师史（1939—1945年）》第107—108页。

40. 施勒特尔《斯大林格勒》第31页。

41. 韦尔滕《第16装甲师史（1939—1945年）》第109页。

42. 齐姆克和鲍尔《从莫斯科到斯大林格勒》第87页。

43. 参见施勒特尔的《斯大林格勒》第31页，韦尔滕的《第16装甲师师史（1939—1945年）》第110—11页，详细阐述了胡贝的困境和第16装甲师奋战至月底的情况。

44. 日林《斯大林格勒战役》第438页。

45. 佐洛塔廖夫《最高统帅部1942》第372—373页，最高统帅部994170号指令，1942年8月24日20点15分签发。

46. 加里宁出生于1890年，第一次世界大战前和战争期间是沙皇军队的一名准尉，1918年参加红军，内战期间担任过政委、旅长和伏尔加河沿岸军区副司令员。他1928年毕业于指挥员进修班，1930年毕业于列宁政治学院，20年代指挥过步兵师，并担任过乌克兰军区副参谋长。30年代，加里宁获得快速升迁，主要是因为他不容置疑的政治可靠性，先后指挥过步兵师和步兵军，担任西伯利亚军区和基辅特别军区副司令员后，1938—1941年，他担任西伯利亚军区司令员。1941年5月，加里宁调至西部，6月份出任第24集团军司令员，苏德战争爆发后，他率领该集团军参加了当年7月和8月初西方面军的斯摩棱斯克防御战。1941年10月，第24集团军被包围在维亚济马地域，全军覆没，但加里宁比较幸运，他在当年8月已改任西方面军副司令员。最高统帅部认为加里宁组织能力出色，1941年11月任命他为伏尔加河沿岸军区司令员，他在这个岗位上一直干到1942年8月组建第66集团军。8月末，集团军司令员一职被马利诺夫斯基接替，加里宁再次担任伏尔加河沿岸军区司令员，1944年3月改任哈尔科夫军区司令员。1944年6月，加里宁倒了大霉，他被解除职务并遭到逮捕，原因不明，很可能遭受到政治诬陷。1946年他被开除出军队，1951年被判处25年徒刑。斯大林1953年去世后，法院在几个月内宣布加里宁无罪，尽管他于次年退役，但军方恢复了他的军衔和退休金。从德寇和斯大林手中侥幸逃生的加里宁去世于1975年。关于他的更多情况，可参阅《伟大卫国战争，集团军指挥员，军事人物志》第87—88页。

47. 罗科索夫斯基《伏尔加河畔的伟大胜利》第134页。科瓦连科出生于1891年，苏德战争爆发前担任过红军步兵副总监，"巴巴罗萨"战役期间指挥步兵第242师。斯大林格勒方面军试图消灭城市西北方德军第14装甲军的通道，科瓦连科组织并率领了一个特别战役集群。1942年9月10日，他被任命为斯大林格勒方面军参谋长。尽管科瓦连科最终晋升为中将，但他在战争期间和战后的其他情况尚不清楚。他去世于1980年。

48. 同上。

49. 同上。什捷夫涅夫出生于1899年，1939—1940年在坦克第15师指挥轻型坦克第55团[①]，1940年6月至苏德战争爆发，他担任坦克第15师师长[②]。德军发动入侵两天后，什捷夫涅夫被任命为南方面军装甲和机械化兵副主任，1942年7月下旬，改任斯大林格勒方面军装甲和机械化兵主任。1943年1—5月，什捷夫涅夫在第38集团军任装甲和机械化兵主任，后又担任乌克兰第1方面军装甲和机械化兵主任。科尔孙-舍甫琴柯夫斯基战役期间，1944年1月29日，什捷夫涅夫死于德军火力。关于他职业生涯和阵亡的详细情况，可参阅德里格的《战斗中的红军机械化军》第700页以及马斯洛夫《陨落的苏军将领》第201—202页。

50. 日林《斯大林格勒战役》第421页。另可参阅红军总参谋部对科瓦连科集团取得暂时性成功的阐述，同上，第417页。

51. 罗科索夫斯基《伏尔加河畔的伟大胜利》第136—137页。

52. 同上，第137—138页。

53. 同上，第138页。

54. 同上，第140页。8月20日时，帕韦尔金的坦克第16军拥有6217名士兵、178辆坦克（24辆KV、

82辆T-34、72辆T-60）、12门76毫米野战炮、3门45毫米反坦克炮、6门37毫米高射炮。8月26日的战斗中，帕韦尔金的坦克军损失了27辆坦克，具体如下：坦克第107旅——12辆KV，其中5辆被烧毁；坦克第109旅——13辆T-34，其中7辆被烧毁；坦克第164旅——2辆坦克在战斗中失踪。到8月29日，坦克第16军只剩下47辆可用的坦克，具体如下：坦克第107旅——4辆KV和7辆T-60，坦克第109旅——6辆T-34和9辆T-70，坦克第164旅——13辆T-34和8辆T-60。米舒林的坦克第4军，8月20日的实力与坦克第16军相近，遭受的损失也差不多。克拉夫钦科的坦克第2军，辖坦克第26和第27旅，在8月24日的战斗中阵亡28人，负伤97人，26辆坦克（24辆T-34、1辆T-60、1辆T-70）被击毁。8月25日获得坦克第56旅的增援，8月26日又获得坦克第99旅（50辆T-34）的加强，8月25日坦克第56旅损失6辆坦克，8月26日该军又损失27辆坦克——坦克第99旅损失18辆T-34，坦克第26旅损失3辆T-34，坦克第27旅损失6辆T-34和1辆T-70。[3] 参见伊萨耶夫的《斯大林格勒：伏尔加河后方没有我们的容身处》第115—116、第118—119、第121页，引自 *TsAMO RF, f. 3414, op. 1, d. 24,1. 5ob.*

55. 韦尔滕《第16装甲师师史（1939—1945年）》第109页。

56. 佐洛塔廖夫《最高统帅部1942》第373页，最高统帅部170588号指令，1942年8月26日3点55分签发。

57. 同上，第374页，最高统帅部994171号指令，1942年8月27日23点20分签发。

58. G.德尔《进军斯大林格勒》（*Pokhod na Stalingrad*，莫斯科：军事出版社，1957年），第48页。这是一部俄文译本，原书是汉斯·冯·德尔少将的《进军斯大林格勒：战役企图概要》（*Der Feldzug nach Stalingrad : Versuch eines operativen Überblickes*，德国，达姆施塔特：米特勒＆佐恩出版社，1955年）。

59. 8月27日—29日的战斗详情，可参阅红军总参谋部这几日的战况总结，日林《斯大林格勒战役》第428、第433—434、第438、第443—444、第449和第458页。8月27日获得步兵第315师的增援后，坦克第2军的坦克第26和第27旅8月28日又获得27辆T-70以弥补战斗中遭受的损失。这使坦克第27旅次日攻向"支柱"国营农场时得以投入47辆坦克（12辆T-34、20辆T-70、15辆T-60）。克拉夫钦科没能同从北面发起进攻的坦克第16军取得会合，8月30日—31日，坦克第2军转入防御。9月1日—2日，第62集团军解散了什捷夫涅夫集群。参见伊萨耶夫的《斯大林格勒：伏尔加河后方没有我们的容身处》第116页。

60. 同上，第449页。

61. 同上，第444页。

62. 韦尔滕《第16装甲师师史（1939—1945年）》第109页。

63. 同上，第110页。书中还生动地描述了苏军的进攻、第16装甲师摩托车营夺回雷诺克以及第64装甲掷弹兵团第2、第3营在斯巴达诺夫卡以北的成功防御。

64. 同上。

65. 参见第6集团军作战处的第13号作战日志第1号态势图集（1942年7—10月）。

---

① 译注：应为轻型坦克第55旅，该旅并不隶属坦克第15师。
② 译注：应为坦克第14师，该师由轻型坦克第55旅改编而成。
③ 译注：怎么算都是28辆。

66. 罗科索夫斯基《伏尔加河畔的伟大胜利》第142页。

67. 完整电文可参阅佐洛塔廖夫的《最高统帅部1942》第373页，最高统帅部170585号指令，1942年8月25日5点15分签发。

68. 罗科索夫斯基《伏尔加河畔的伟大胜利》第143—144页。

69. 同上，书中错误地认为德国人已将铁路线切断，实际上，德军当时仍在铁路线以北2公里处。

70. 同上，第144页。

71. 参见朱可夫的《回忆与思考》第二册第88—89页。

72. 关于第24装甲师的任务和作战行动的详情，可参阅詹森·D.马克的《"跳跃骑士"的覆灭：第24装甲师在斯大林格勒，1942年8月12日—11月20日》（悉尼：跳跃骑士出版社，2003年），第14—44页。

73. 延茨《装甲部队：德国坦克部队的组建和作战部署指南大全，1933—1942年》第248页，提供了第24装甲师的坦克数量。第14装甲师8月12日只有24辆坦克，但随后很可能增加了一倍多。

74. 参见《苏联军队作战编成 第2部分（1942年1—12月）》第172页。塔纳希申的坦克第13军编有坦克第13、第254、第133旅，近卫坦克第6旅和摩托化步兵第38旅。

75. 罗科索夫斯基《伏尔加河畔的伟大胜利》第99—100页。

76. 参见《苏联军队作战编成 第2部分（1942年1—12月）》第172页。

77. 马克在《"跳跃骑士"的覆灭：第24装甲师在斯大林格勒》一书第19页指出，第24装甲师投入5辆指挥坦克、28辆二号坦克、30辆三号短身管主炮坦克、23辆三号长身管主炮坦克、5辆四号短身管主炮坦克、3辆四号长身管主炮坦克。这部开拓性著作是迄今为止出版的关于斯大林格勒战役期间德军师级部队作战行动最详细的专著。

78. 同上，第36页，该师辖下的第24装甲装甲团和第21、第26装甲掷弹兵团领取口粮的人数分别为2411、1875、1943人，而他们的实际作战兵力分别为1385、1418、1531人。

79. 8月20日，苏军第57集团军向总参谋部报告，他们遭到敌人"1个步兵师和150辆坦克"的进攻。日林《斯大林格勒战役》第401页。

80. 同上[①]，第147页；以及第6集团军作战处的第13号作战日志第1号态势图集（1942年7—10月）。

81. 细节可参阅马克的《"跳跃骑士"的覆灭：第24装甲师在斯大林格勒》第19页。

82. 日林《斯大林格勒战役》第407页。

83. 罗科索夫斯基《伏尔加河畔的伟大胜利》第147页。这6个团是反坦克炮兵第738、第500、第612、第1188、第499、第665团。

84. 关于霍特变更部署的详情，可参阅马克的《"跳跃骑士"的覆灭：第24装甲师在斯大林格勒》第49页。

85. 日林《斯大林格勒战役》第412页。

86. 同上，第418页。报告中提及的"K"是该地区战术和作战地图上一个类似于大写字母K的地名。红军指挥员和作战人员经常在地图中以字母作为参照点。

87. 马克《"跳跃骑士"的覆灭：第24装甲师在斯大林格勒》第53—54页。

88. 同上，第58页。剩下的54辆坦克是15辆二号坦克、23辆三号短身管主炮坦克、10辆三号长身管主炮坦克、3辆四号短身管主炮坦克、2辆四号长身管主炮坦克。[②]

89. 同上，第61页。截至8月25日，第24装甲师的坦克数量增加到83辆，包括27辆二号坦克、30辆三号短身管主炮坦克、22辆三号长身管主炮坦克、2辆四号短身管主炮坦克、2辆四号长身管主炮坦克。

90. 罗科索夫斯基《伏尔加河畔的伟大胜利》第149页。

91. 马克《"跳跃骑士"的覆灭：第24装甲师在斯大林格勒》第62页。

92. 同上，第64页。

93. 同上，第150页；以及第6集团军作战处的第13号作战日志第1号态势图集（1942年7—10月）。

94. 马克《"跳跃骑士"的覆灭：第24装甲师在斯大林格勒》第67页。第24装甲师剩下的57辆坦克包括12辆二号坦克、25辆三号短身管主炮坦克、15辆三号长身管主炮坦克、2辆四号短身管主炮坦克、3辆四号长身管主炮坦克。

95. 同上，第71—72页。具体来说，自6月28日以来，第24装甲师已伤亡2601人，第21装甲掷弹兵团的实力下降了36.4%，第26装甲掷弹兵团的实力下降了28%，第24装甲团下降了9.3%。到8月26日，该装甲团能投入战斗的仅有一个实力虚弱的装甲营。

96. 同上，第69页。

97. 罗科索夫斯基《伏尔加河畔的伟大胜利》第150页。

98. 马克在《"跳跃骑士"的覆灭：第24装甲师在斯大林格勒》一书第79页写道，第24装甲师投入13辆二号坦克、18辆三号短身管主炮坦克、16辆三号长身管主炮坦克、2辆四号长身管主炮坦克。第82—91页生动而又细致地描述了第24装甲师的推进，马克将其准确地描述为"坦克蜂拥而入"。第24装甲师当晚报告，他们抓获700名俘虏，缴获5辆坦克（2辆重型坦克）、18门大炮、6具"斯大林管风琴"（喀秋莎）、6门高射炮和50多支反坦克步枪，参见该书第91页。

99. 日林《斯大林格勒战役》第451页。

100. 同上，第458页。

101. 罗科索夫斯基《伏尔加河畔的伟大胜利》第151页。

102. 佐洛塔廖夫《最高统帅部1942》第381页，最高统帅部994186号指令，1942年8月31日7点45分签发。格拉西缅科出生于1900年，1918年参加红军，内战期间，在北高加索和南方战线的战斗中担任过机枪手和副排长。他1927年毕业于明斯克联合军事学校，1931年毕业于伏龙芝军事学院，20年代指挥过一个营，30年代担任过步兵师参谋长和步兵第8军军长。1940年7月，他出任伏尔加河沿岸军区司令员；苏德战争爆发后，1941年6月底至7月，格拉西缅科在西方面军指挥第21集团军；7月份的斯摩棱斯克战役中，他率领第13集团军。在莫斯科的NKO待了一段时间后，格拉西缅科担任预备队方面军副司令员，该方面军当年10月在维亚济马包围圈内覆灭后，他改任红军后勤部长首席助理，后又担任斯大林格勒军区司令员。"蓝色"行动后，格拉西缅科的第28集团军先后在斯大林格勒方面军、南方面军和乌克兰第4方面军辖下作战，直至1943年12月，参加过解放顿巴斯地区和克里木的进攻战役。1943年12月被解除指挥权后，格拉西缅科先后担任过哈尔科夫军区和基辅军区司令员，直至战争结束。战后，他担任波罗的海沿岸军区副司令员，1953年退役，1961年去世。关于他的更多情况，可参阅《伟大卫国战争，集团军指挥员，军事人物志》第

---

① 译注：这里的"同上"，指的是罗科索夫斯基的《伏尔加河畔的伟大胜利》。
② 译注：合计53辆，另一辆是指挥坦克？

42页。

103. 马克《"跳跃骑士"的覆灭：第24装甲师在斯大林格勒》第94页。这41辆坦克中包括11辆二号坦克、15辆三号短身管主炮坦克、12辆三号长身管主炮坦克、1辆四号短身管主炮坦克、2辆四号长身管主炮坦克。据第24装甲师报告，8月24日—30日，他们抓获3500名俘虏，缴获10架飞机、39门大炮、10辆坦克、17门反坦克炮、6门高射炮、78门迫击炮、100支反坦克步枪和7具"斯大林管风琴"。

104. 同上，第107—108页。

105. 日林《斯大林格勒战役》第462、第469、第473—474页。

106. 罗科索夫斯基《伏尔加河畔的伟大胜利》第152页。

107. 参见第6集团军作战处的第13号作战日志第1号态势图集（1942年7—10月）。

108. 马克《"跳跃骑士"的覆灭：第24装甲师在斯大林格勒》第108页。

109. 同上，第108—109页。

110. 莫什昌斯基和斯莫里诺夫《保卫斯大林格勒：1942年7月17日—11月18日，斯大林格勒战略防御作战》第36页，提供了该方面军8月31日各部队坦克力量的详细分类表。

111. 马克《"跳跃骑士"的覆灭：第24装甲师在斯大林格勒》第111页。

112. 齐姆克和鲍尔《从莫斯科到斯大林格勒》第129—131页。

113. 罗科索夫斯基《伏尔加河畔的伟大胜利》第133页。

114. 罗科索夫斯基《伏尔加河畔的伟大胜利》第153页。

115. 海沃德《止步于斯大林格勒：德国空军和希特勒在东线的失败（1942—1943年）》第187—189页。

116. 冯·哈德斯蒂《火凤凰：苏联空军力量的崛起，1941—1945年》（华盛顿特区：史密森学会出版社，1982年），第91—93页。

117. 德军空袭的详细报告可参阅日林的《斯大林格勒战役》第469—470、第474、第481页。

118. 罗科索夫斯基《伏尔加河畔的伟大胜利》第122页。

119. 普利耶夫出生于1903年，1922年参加红军，1926年毕业于列宁格勒骑兵学校，1933年毕业于伏龙芝军事学院，1941年毕业于总参军事学院。1926—1930年在克拉斯诺达尔骑兵学校任教员，普利耶夫在骑兵第5师任作战科长，1936—1938年担任蒙古人民军顾问。1939年9月，入侵波兰东部期间，普利耶夫指挥着骑兵第6师的一个团。"巴巴罗萨"战役爆发后，1941年8月的斯摩棱斯克战役期间，普利耶夫率领西方面军辖下的骑兵第50师，对德军"中央"集团军群后方实施了大胆突袭，并在当年秋季的莫斯科保卫战中表现出色，故此，他的师被授予"近卫骑兵第3师"的荣誉番号。1941年12月，普利耶夫晋升为近卫骑兵第2军军长，并在1941—1942年冬季战役期间率领该军；1942年4—7月，他指挥近卫骑兵第5军；942年7月至1943年11月，他指挥近卫骑兵第3军，1943年11月至1944年11月，他指挥近卫骑兵第4军。这段日子里，他的军在斯大林格勒战役和随后的顿巴斯地区、乌克兰东部、罗马尼亚、匈牙利进攻战役中发挥了重要作用。1944—1945年征服匈牙利和奥地利期间，普利耶夫担任近卫骑兵机械化第1集群司令员，两次获得"苏联英雄"称号。1945年8—9月的满洲战役中，普利耶夫指挥外贝加尔方面军的苏蒙骑兵机械化集群，他的战时军旅生涯到达顶峰。战后，1945—1946年，普利耶夫指挥南军队集群的机械化第9集团军，1947至1955年先后担任第13、第4集团军司令员。1958至1968年，擢升为大将的普利耶夫担任北高加索军区司令员。在此期间，1960—1962年，他还担任过驻古巴苏军集群司令员，在古巴导弹危机事件中发挥了重要作用。作为苏军最著名的骑兵将领，普利耶夫1968年退役，去世于1979年。关于普利耶夫的更多情况，可参阅他的多部著作和回忆录，以及VE第六册，第410页。

120. 参见第6集团军作战处的第13号作战日志第1号态势图集（1942年7—10月）。

121. 日林《斯大林格勒战役》第400页。

122. 同上，第411页。

123. 罗科索夫斯基《伏尔加河畔的伟大胜利》第129页。

124. 日林《斯大林格勒战役》第422页。

125. 同上，第433页。

126. 同上，第442—443页。

127. 罗科索夫斯基《伏尔加河畔的伟大胜利》第129页。

128. 哈尔德《哈尔德战时日记（1939—1942年）》第661—662页。

129. 同上，第663页。

130. 罗科索夫斯基《伏尔加河畔的伟大胜利》第122页。

131. 参见第6集团军作战处的第13号作战日志第1号态势图集（1942年7—10月）。另可参阅罗尔夫·施托弗斯的《第22装甲师，第25装甲师，第27装甲师和第233预备装甲师》（弗里德贝格：波德聪-帕拉斯出版社，1985年），第34—25页。

132. 关于这场战役的每日作战详情，可参阅日林的《斯大林格勒战役》第411、第417、第427、第433、第438页以及莫斯卡连科的《在西南方向上》第一册第303—307页。

133. 日林《斯大林格勒战役》第421页。

134. 施勒特尔《斯大林格勒》第33页。

第九章
侧翼的战斗
1942年7月25日—9月11日

斯大林格勒战役难以言述的痛苦具有极大的吸引力，以至于一些亲身经历者和历史学家往往将注意力集中在这座庞大城市的争夺战上。但只有从更大的战争背景去看，这场战役的实质才会更加清晰。对德国侵略者而言，其他战线的要求不仅延误了他们向斯大林格勒的进军，还占用了赢得胜利所需要的稀缺资源。而对苏联守军来说，这场战役始终是一个协调行动——苏联当局必须投入足够的兵力、武器和弹药，以免这座城市落入德国人之手，同时还要尽量保存资源，以便用于其他地区。因此，描述城市战之前，我们首先要研究德军挺进高加索这场同步发生的攻势（"蓝色"行动的组成部分），以及苏军1942年7月末、8月和9月发动的攻势。

"雪绒花"行动：A集团军群进军高加索

双方的力量

7月下旬，A集团军群司令威廉·李斯特元帅从罗斯托夫向南远眺时，正面临着一项艰巨的任务。7月24日攻占罗斯托夫后，德军脆弱的补给线已拉伸至极限，他现在不得不考虑继续朝更远方推进，越过愈加不利的地形（参见地图71、72）。从罗斯托夫到迈科普油田的直线距离为290公里，而到位于格罗兹尼的车臣炼油厂的距离约为650公里。要夺取巴库（那是里海产油区的"圣

地图 71 高加索地区（西）

"杯"），李斯特的部队必须前进1100多公里，这段距离已超过德军从1941年的出发点赶至罗斯托夫的总里程。另外，德国人的目标横向散布得极为广泛，德军不得不沿一条300多公里宽的战线向前推进。[1]

简单陈述这些遥远的距离并不能说明地形带来的挑战。尽管罗斯托夫以南区域由东向西被宽大的库班河穿过，是最富饶的集体农场区之一，但再往东种植区便迅速减少，成为几乎是一片盐土荒漠的高原。在那里，交战双方需要的不仅仅是食物、弹药和汽油，还有人员和役畜维生必需的水。反过来，那片充满敌意、炎热的荒原使高加索山脉扩展至1100公里长、100—200公里深，山

地图 72 高加索地区（东）

峰的海拔超过5600米，那里的补给路线变得更加稀少，更加宝贵。

在7月23日签发的第45号元首令中，希特勒命令A集团军群向南攻击前进渡过顿河，以两股强有力的铁钳在罗斯托夫以南150公里处的季霍列茨克会合，"包围并歼灭已逃过顿河、到达罗斯托夫以南和东南地域的敌军"。[2]李斯特担任主要突击的东钳由霍特的第4装甲集团军和克莱斯特的第1装甲集团军组成，约450辆坦克，他们将从罗斯托夫以东、顿河对岸的登陆场向南进攻，从北面和东北面对季霍列茨克发起打击。集团军群的西钳是"鲁夫"集团军级集群，由第17集团军和罗马尼亚第3集团军构成，后又获得第11集团军辖下罗马尼亚山地军的加强。这股力量将从克里木向东突击，渡过刻赤海峡进入塔曼半岛，然后从北面和西面攻向季霍列茨克。完成季霍列茨克包围圈后，两个装甲集团军的主力将向南推进，夺取高加索油田，并以部分兵力掩护集团军群的左翼，鲁夫的步兵负责肃清塔曼地域的苏军，占领黑海东海岸，保护集团军群的西翼。

李斯特命令他的东钳（起初由第4装甲集团军的第48、第40装甲军和第1装甲集团军的第3装甲军构成）7月24日发起进攻，在顿河对岸夺取或扩展登陆场，向南推进渡过萨尔河和马内奇河以夺取萨利斯克，并做好向季霍列茨克发起决定性突击的准备。位于东钳左翼的肯普夫第48装甲军应以弗雷梅赖的第29摩步师加强齐姆良斯卡亚登陆场的防御。东钳的中央，施韦彭堡的第40装甲军（辖布赖特的第3装甲师和埃尔温·马克少将的第23装甲师）将从位于尼古拉耶夫斯卡亚的登陆场攻向南面的萨尔河和马内奇河。由于赖歇尔事件的影响，第3装甲军长施韦彭堡刚刚接替施图默出任第40装甲军军长。出于同样的原因，马克将军取代了博伊内布格-伦斯费尔德。位于东钳右翼的是第3装甲军，该军目前由马肯森将军指挥，将夺取并扩展康斯坦丁诺夫斯卡亚以西的登陆场，并以西格弗里德·亨里齐将军的第16摩步师和瓦尔特·赫恩莱因的"大德意志"摩步师打垮苏军沿马内奇河西接近地构设的防御。东钳部队向前部署时，克莱斯特的第1装甲集团军匆匆将基希纳的第57装甲军军部、特劳戈特·赫尔少将的第13装甲师、党卫队中将费利克斯·施泰纳的武装党卫队"维京"摩步师以及第44军辖下的第97步兵师和第101猎兵师从罗斯托夫地域调往东面，增援东钳的突击。

李斯特的装甲部队进入出发阵地，准备向季霍列茨克发起决定性进军时，他的西钳，即鲁夫第17集团军的步兵部队（起初获得第1装甲集团军辖下第57装甲军的支援），将肃清罗斯托夫地域的苏军，并在巴泰斯克夺取顿河以南的一座登陆场——将作为向季霍列茨克发起后续推进的出发阵地。7月26日，鲁夫的部队彻底肃清了罗斯托夫地域的苏军；7月27日在巴泰斯克夺取了

俄国人的登陆场。因此，第13装甲师和武装党卫队"维京"摩步师直到7月29
日才加入东钳的进攻，此时，东钳的装甲部队已渡过萨尔河并到达马内奇河。

面对李斯特的猛攻，实施防御的苏军指挥员面临的地理难题几乎与德国
人遭遇的困难相当。后撤中的红军越来越靠近格罗兹尼的石油供应和美国根据
《租借法案》提供的经伊朗不断运来的援助物资，但这种退却也使他们渐渐远
离苏联的力量中心——部队和弹药的来源地。罗斯托夫至巴库的铁路线上挤
满了运送难民和疏散工厂的火车，结果，苏军和德军都无法使用这条重要的
路线。[3]另外，实施防御的苏军与其对手一样，面临着兵力不足的窘境。罗季
翁·雅科夫列维奇·马利诺夫斯基的南方面军，只有4个集团军在顿巴斯东部
的灾难中相对完整地保存下来——格列奇科的第12集团军、卡姆科夫的第18集
团军、科兹洛夫的第37集团军和雷若夫的第56集团军，总共只有112000名作战
士兵、169门大炮和17辆可用的坦克，并获得130架战机的支援。[4]这些集团军
辖下的师和旅大多只剩下一具空壳，其间夹杂着南方面军已被粉碎的第9、第
24集团军的散兵游勇，方面军司令部命令这2个集团军撤往南面的萨利斯克地
域接受重组和补充。

因此，马利诺夫斯基为了沿顿河及顿河以南地域恢复连贯的防线集结起
的部队寥寥无几，而且这些部队的实力极其虚弱，甚至缺乏最基本的坦克、大
炮和空中支援。在混乱的情况下付出了极大的努力后，马利诺夫斯基得以在7
月25日晚以残缺不全的第18、第12、第37和第51集团军构设起一道半连贯的防
线，这道防线从顿河三角洲以南的卡加利尼克地域（Kagal'nik）沿顿河南岸向
东延伸370公里，直达齐姆良斯卡亚和上库尔莫亚尔斯卡亚地域。与此同时，
他将基本完整的第56集团军撤入叶亚河（Eia）以南的预备阵地，并把实力锐
减的第9、第24集团军的残部撤至更后方萨利斯克附近的集结区。马利诺夫斯
基还从最高统帅部获得了援兵，尽管不多，但很重要——从布琼尼北高加索方
面军抽调的N.Ia.基里琴科少将的新锐骑兵第17军（参见图表21）。尼古拉·雅
科夫列维奇·基里琴科曾在1941年7月的斯摩棱斯克战役中指挥过西方面军的
机械化第26军；1941年7月至1942年1月，指挥独立骑兵第38师；1942年6月10
日，47岁的基里琴科出任骑兵第17军军长。[5]

图表21：1942年7月25日，南方面军和北高加索方面军的防御部署（由东至西）

南方面军（R.Ia.马利诺夫斯基上将）[1]

第18集团军（F.V.卡姆科夫少将）[2]，辖步兵第383、第395、第216师，海军步兵第68旅以及步兵第236师和步兵第16旅的残部，守卫着从顿河河口的卡加利尼克东延至基济捷林卡（Kiziterinka，罗斯托夫东南方20公里处）的50公里防区，位于德国第17集团军对面；

第12集团军（A.A.格列奇科少将），辖步兵第4、第261、第353师以及步兵第176、第341、第349师的残部，守卫着从基济捷林卡（罗斯托夫东南方20公里处）东延至别利亚宁（Belianin，罗斯托夫以东50公里处）的40公里防区，位于第1装甲集团军第3装甲军对面；

第37集团军（P.M.科兹洛夫少将），辖步兵第74、第230、第295师以及步兵第102、第218、第275师的残部，守卫着从罗斯托夫以东50公里处的博盖耶夫斯卡亚（Bogaevskaia）东延至康斯坦丁诺夫斯卡亚（罗斯托夫以东115公里处）的65公里防区，位于第4装甲集团军第40装甲军对面；

第51集团军（科洛米耶茨少将），辖步兵第156、第302、第91、第157、第138师，骑兵第110、第115师以及坦克第135、第155旅，守卫着从康斯坦丁诺夫斯卡亚东延至上库尔莫亚尔斯卡亚（罗斯托夫以东281公里处）的171公里防区，位于第4装甲集团军第48装甲军对面；

第56集团军（A.I.雷若夫少将），辖5个步兵师和3个步兵旅，作为方面军第二梯队部署在叶亚河以南；

第24集团军（V.N.马尔钦克维奇少将）和第9集团军（F.A.帕尔霍缅科少将）在叶戈尔雷克河（Egorlik）和萨利斯克以南接受改编。

北高加索方面军（苏联元帅S.M.布琼尼）

骑兵第17军（N.Ia.基里琴科少将），辖骑兵第12、第13、第15、第116师，并获得第56集团军步兵第30、第385师的加强，为南方面军第18集团军提供支援；

第47集团军（G.P.科托夫少将），辖近卫步兵第32师、步兵第77师、步兵第103旅和独立坦克第126营，守卫着亚速海东岸；

独立步兵第1军（M.M.沙波瓦洛夫上校），辖海军步兵第83旅和步兵第139旅，很快被重新部署以增援南方面军。

※ 资料来源：《苏联军队作战编成 第 2 部分（1942 年 1—12 月）》第 150—151 页。关于独立步兵第 1 军，源自 A.A. 格列奇科的《高加索会战》（莫斯科：军事出版社，1973 年），第 55 页；以及 V.A. 佐洛塔廖夫（主编）的《最高统帅部大本营：1942 年的文献资料》（*Stavka VGK: Dokumenty i materialy 1942*）中的《俄国档案：伟大卫国战争》（*Russkii arkhiv: Velikaia Otechestvennaia*），16（5−2）（莫斯科：特拉出版社，1996 年），第 530 页。

初期的推进，7月25日—31日

就在李斯特的集团军群为攻入高加索的主要突击以及右翼肃清罗斯托夫守军的行动囤积物资时，7月25日8点，东钳3个装甲军中的2个从顿河向南发起

---

① 译注：应为中将。
② 译注：应为中将。

地图 73 A 集团军群的进军（1942 年 7 月 25 日—28 日）

进攻（参见地图73）。[6]第48装甲军辖下的第29摩步师留守齐姆良斯卡亚登陆场周围的防御阵地，抗击苏军第51集团军强有力的反突击。与此同时，施韦彭堡第40装甲军编成内的布赖特第3装甲师，在马克第23装甲师一个战斗群的支援下，从尼古拉耶夫斯卡亚的顿河河段向南突击，冲破第51集团军步兵第302师和骑兵第110师的防御，向南推进了15公里。夜幕降临前，布赖特在萨尔河对岸的加里宁斯基村（Kalininskii，奥尔洛夫卡附近）夺得一座登陆场。[7]

但苏军加强了抵抗，第51集团军步兵第91师的新锐援兵迫使施韦彭堡将他的进军暂停了三天，等待马克装甲师的余部向前部署支援第40装甲军的推进。7月25日拂晓，亨里齐位于第40装甲军右侧（西面）的第16摩步师赶去加入马肯森的第3装甲军，在苏萨茨基（Susatskii，位于顿河与萨尔河交汇处正南方）强渡顿河，从科兹洛夫第37集团军措手不及、丧失斗志的士兵们手中夺得一座登陆场。夜幕降临前，"大德意志"摩步师的先遣部队也进入这座登陆场，2个快速师准备次日拂晓冲出登陆场，向南和东南方攻击前进。

除了在科洛米耶茨第51集团军的防区上冲出一个极大的凹陷，德军第40和第3装甲军的突击还在科兹洛夫第37集团军的防线上撕开一个20公里的缺口。这使第37集团军与右侧的第51集团军相隔离，格列奇科第12集团军的右翼发生偏转，并构成从东面撕裂南方面军整条临时防线的威胁。马利诺夫斯基手上没有预备队，他所能做的只是命令辖下的部队沿萨尔河和马内奇河坚守，并敦促科洛米耶茨的集团军投入一切可用的预备力量（主要是2个新锐坦克旅）发起反冲击，封闭缺口。

没等第51集团军组织起有效的反击，李斯特的装甲部队就在7月26日恢复了向南的冲刺。虽然科洛米耶茨的部队抗击着第40装甲军辖下的第3装甲师，使其沿着萨尔河一线停顿下来，但在西面，第3装甲军辖下的第16和"大德意志"摩步师从顿河对岸的登陆场向南和东南方突击，冲向马内奇河，一举打垮第12和第37集团军残余的防御，苏军这两个集团军辖内的各个师四散奔逃。日终前，赫恩莱因的"大德意志"摩步师沿顿河东岸向南推进10公里，攻占博加耶夫斯卡亚，距离马内奇河下游以北地域不到8公里，迫使格列奇科的第12集团军和科兹洛夫的第37集团军混乱退却。[8]与此同时，亨里齐第16摩步师的装甲掷弹兵向南和东南方散开，在斯沃博达、斯波尔内（Sporny）和新谢列夫卡村（Novoselevka）附近抵达马内奇河北岸，这几个村庄分别位于顿河以东30、40、55公里处。到达马内奇河后，亨里齐的部队面对着苏军第37集团军近卫步兵第2师，步兵第74、第230、第295师和第51集团军骑兵第110师的残部。这些苏军部队不是向东、向南撤退，便是试图沿河流掘壕据守。第16摩步师的第156摩托化掷弹兵团设法在斯沃博达附近夺得一座渡口，并架设起浮桥；师属第165摩托车营也在新谢列夫卡夺得一座渡口。但第116装甲营在斯波尔内遭到敌人猛烈的炮火，德军坦克被迫后撤。亨里齐的部队7月27日重新发起全面进攻时，苏军炸毁附近的一座大坝，洪水淹没河谷，冲毁了下游斯沃博达的桥梁。亨里齐的师直到7月28日拂晓才突破第37集团军在河流南岸的防御，并占领了南面2公里处的卡拉卡舍夫村（Karakashev）。日终前，该师还攻占了韦谢雷村（Veselyi），将三个登陆场合而为一。[9]此时，德军清楚地看见苏军正向南撤退。

"大德意志"和第16摩步师加强位于马内奇河中游和下游的阵地时，东北方，施韦彭堡的第40装甲军终于打破了与科洛米耶茨第51集团军沿萨尔河的僵持状态。7月27日，马克第23装甲师的主力向南推进，在尼古拉耶夫斯卡亚渡过顿河，赶至第3装甲师左侧，使布赖特得以将整个第3装甲师集结在奥尔洛夫卡。马克的推进令第51集团军的骑兵第110师和步兵第302师猝不及防，被迫向东后撤，退往奥尔洛夫卡以东12公里处的大马尔季诺夫卡村（Bol'shaia Martinovka）。[10]

遵照马利诺夫斯基的命令，科洛米耶茨随后组织起一系列猛烈的反突击。第一个行动于7月28日15点在大马尔季诺夫卡以北几公里处的克列皮扬卡村（Krepianka）附近发起，骑兵第115师和新锐坦克第135旅组成的一个战役集群，由北高加索方面军独立骑兵军军长鲍里斯·安德烈耶维奇·波格列博夫少将指挥。[11]这场反击收效甚微，次日早晨，科洛米耶茨投入步兵第302师、骑兵第110师，坦克第135、第155旅，对大马尔季诺夫卡北面马克部队盘踞的阿尔布佐夫村（Arbuzov）发起进攻。尽管马克的装甲部队抢在科洛米耶茨之前投入进攻，并夺取了大马尔季诺夫卡的桥梁，但一场激战接踵而至，双方都宣称自己取得了胜利。德国人声称在近距离战斗中击毁77辆T-34，而据第51集团军报告，他们在两天的战斗中击伤、击毁60辆德军坦克。波格列博夫将军在这场战斗中阵亡。[12]

科洛米耶茨迅速赶到，亲自指挥第51集团军的作战行动，设法遏止马克的第23装甲师继续向东推进。尽管如此，布赖特的第3装甲师还是利用眼前的有利态势再度向南进军。第3装甲师以2个战斗群（"冯·利本施泰因"战斗群和"韦斯特霍芬"战斗群）从萨尔河畔的奥尔洛夫卡向南突击，7月28日打垮了第51集团军的步兵第91师，日终前取得20公里的进展。第3装甲师到达布杰诺夫斯卡亚村（Buddenovskaia），该村位于马内奇河重要渡口普罗列塔尔斯卡亚（Proletarskaia）以北12公里处，距离萨利斯克这个初始目标只剩下27公里。

对马利诺夫斯基来说更糟糕的是，此时，李斯特的西钳终于在顿河以南地域展开了行动。完成对罗斯托夫的占领后，鲁夫第17集团军的先遣部队夺取了顿河上的渡口，开始将部队运至南岸。7月25日—26日晚，"勃兰登堡"团的特种部队在罗斯托夫对面的顿河南岸夺得一个立足点。次日，第49山地军的第73、第125步兵师，第5军的第198步兵师、斯洛伐克快速师将登陆场的深度扩展至5—10公里，并从苏军第18集团军手中夺取了重要的城市巴泰斯克。7月27日晨，德军再度发起进攻，第49山地军的第73步兵师和第4山地师向南、向西散开10公里，一举攻占卡加利尼克，并到达卡加利尼克河，基里琴科的骑兵第17军和卡姆科夫第18集团军的残部被迫退至南岸。[13]

随着从罗斯托夫东延至阿克赛斯卡亚（Aksaiskaia）这片区域的顿河渡口落入德军手中，7月28日晨，第5军的第198、第125步兵师向南推进，跨过卡加利尼克河，打垮了苏联守军。与此同时，第49山地军的第73、第298步兵师和第4山地师，在西面沿卡加利尼克河与苏军骑兵第17军展开激战。在此期间，赫尔第13装甲师和施泰纳武装党卫队"维京"摩步师的172辆坦克日终前渡过顿河，前者准备向东南方推进加入马肯森第3装甲军的进军，后者将与基希纳的第57装甲军会合。[14]

马利诺夫斯基意识到危险加剧，7月27日—28日晚，他命令卡姆科夫、格列奇科和科兹洛夫将第18、第12和第37集团军的残部撤至卡加利尼克河南岸、马内奇运河和马内奇河。可是，由于德国第3装甲师正从普罗列塔尔斯卡亚逼近马内奇河，第16摩步师已在西面渡过该河，马利诺夫斯基的部队无法与前进中的德军脱离接触，也无法有序后撤至南面的新防线。在德军的逼迫下，苏军混乱不堪地向南逃窜，格列奇科第12集团军和科兹洛夫第37集团军司令部失去了对部队的掌控，无法同辖下部队取得联系，甚至不知道自己的部队位于何处。例外是科洛米耶茨的第51集团军仍在东北方战斗，第37集团军辖下的某些师沿马内奇河顽强抵抗，但惊慌失措的苏军士兵未经战斗便丢弃了许多阵地。此时，只有格列奇科的第12集团军和卡姆科夫的第18集团军还有些战斗力，这两个集团军拥有9个步兵师，每个师的作战兵力为300—1200人。科兹洛夫的第37集团军有4个步兵师，每个师500—800人；而第56、第9和第24集团军只剩下一具空壳，除了司令部和后勤机构，作战兵力已寥寥无几。[15]

因此，截至7月28日傍晚，马利诺夫斯基在顿河以南的防御已被打垮，第18集团军的部分部队和第12、第37集团军正仓促退却。只有防线最西部勉强遏制了德军第49山地军沿卡加利尼克河下游的推进。扼守这一部分防线的部队是基里琴科的骑兵第17军以及配属给该军的"迈科普"坦克旅的30辆坦克，第56集团军的步兵第385和第30师，第18集团军的海军步兵第68旅。[16]

7月27日，对马利诺夫斯基的困境深感担心的弗拉基米尔·瓦西列维奇·季霍米罗夫少将（华西列夫斯基在总参谋部的副手）联系了北高加索方面军司令员布琼尼，询问马利诺夫斯基报告德军已攻占巴泰斯克的消息是否属实，并问道："在您看来，我们应该在北高加索的何处构设防御？""南方面军和北高加索方面军是否应该合并？"[17]几个小时前，布琼尼的参谋长阿列克谢·因诺肯季耶维奇·安东诺夫刚刚给最高统帅部发去一份长篇报告，于是，布琼尼重复了报告中的内容。他说，北高加索方面军现有的力量只能以骑兵第17军和第47集团军实施机动防御，由于兵力缺乏，一旦德军渡过马内奇河，就有必要合并南方面军和北高加索方面军。此后，唯一可行的措施是在南面实施迟滞行动，并沿高加索山脉的山峰和向东流入里海的捷列克河构设一道新防线。为守卫这道防线，布琼尼建议最高统帅部把这个任务交给他这个方面军辖下的第47集团军和独立步兵第1军，分别由格里戈里·彼得罗维奇·科托夫少将和米哈伊尔·米哈伊洛维奇·沙波瓦洛夫上校指挥，任务是守卫黑海舰队控制下的新罗西斯克、阿纳帕和图阿普谢港。[18]另外，布琼尼建议最高统帅部组建两个新的共编有14—15个步兵师预备队集团军，第一个集团军守卫格罗兹尼地域，第二个集团军守卫奥尔忠尼启则地域。[19]

季霍米罗夫将布琼尼的报告转告斯大林，7月28日晨，这位独裁者签署了

506

一道新指令，将南方面军和北高加索方面军合并成一个新的、扩充的北高加索方面军，布琼尼任司令员，马利诺夫斯基和I.T.切列维琴科上将担任他的副手，方面军司令部设在阿尔马维尔，任务是"不仅要以顽强的战斗遏止敌人从目前的位置继续向南推进，还要采取积极行动，不惜一切代价重新夺回巴泰斯克并恢复顿河南岸的态势"。另外，布琼尼应"投入部分兵力，沿库班河南岸占据从克拉斯诺达尔防线至捷米日别克斯卡亚（Temizhbekskaia）一线"。[20]

7月29日晚些时候，最高统帅部批准了布琼尼加强方面军指挥工作的建议，将北高加索方面军分成两个独立战役集群：在东面作战的顿河战役集群和位于西面的滨海战役集群，前者由马利诺夫斯基指挥，后者由布琼尼的副手切列维琴科指挥。[21]雅科夫·季莫费耶维奇·切列维琴科是一位经验丰富的指挥员，成为布琼尼的副手前，曾在1941年夏季和秋季指挥过南方面军的第9集团军和西南方面军的第21集团军，1941年11—12月，他率领南方面军在罗斯托夫发起成功的反击。[22]马利诺夫斯基的顿河战役集群负责以第12、第37和第51集团军掩护斯塔夫罗波尔（Stavropol'）的接近地，尽管后者①很快被调给斯大林格勒方面军。方面军防区的西半部，切列维琴科的滨海战役集群将以第18、第56、第47集团军，独立步兵第1军、骑兵第17军守卫克拉斯诺达尔和塔曼半岛的接近地。[23]命令还批准布琼尼以沙波瓦洛夫独立步兵第1军的2个旅守卫库班河防线。[24]

根据布琼尼的建议，最高统帅部7月30日命令I.V.秋列涅夫大将的外高加索方面军，8月7日—8日前沿捷列克河和格罗兹尼、巴库的接近地构设一道防线，以此加强北高加索方面军的防御。现年50岁的伊万·弗拉基米罗维奇·秋列涅夫是一位经验丰富的指挥员，1939—1940年间担任外高加索军区司令员②，战争爆发前夕担任莫斯科军区司令员。苏德战争爆发后，他率领南方面军经历了穿越乌克兰南部的漫长后撤。可是，由于斯大林认为秋列涅夫作为方面军司令员缺乏进取精神，1942—1943年冬季③将他贬为第28集团军（隶属最高统帅部大本营预备队）司令员。斯大林心软下来后，又于1942年2月任命他为外高加索方面

① 译注：指的是第51集团军。
② 译注：应为1938—1940年。
③ 译注：应为1941—1942年冬季。

A 集团军群

4 装集 罗 6 军 顿河

44 军 康斯坦丁诺夫斯卡亚 尼古拉耶夫斯卡亚 齐姆良斯基
谢米卡拉科尔斯卡亚

17 集 44 军 48 装军 萨尔河 杜博夫斯科耶
罗斯托夫 顿河 51 集

52 军 1 装集

巴泰斯克 奥利金斯卡亚
49 山地军

37 集

18 集 57 装军 马内奇河
骑 17 军 5 军 12 集
56 集 37 集

舒库林斯卡亚 44 军 24 集
骑 17 军 库晓夫斯卡亚 97、101 猎师 萨利斯克
马内奇河

18 集 叶亚河 9 集
巴甫洛夫斯科耶 白格利纳
茹科夫斯卡亚 顿河军队集群

季霍列茨克 12 集 51、37、12 集 季丢诺耶

滨海军队集群 23 装师
57 装军 波德列斯诺耶

56、18、47 集 斯洛伐克斯快速师 37 集
骑 17 军 步 10 军 维京师 40 装军

北高加索方面军 克鲁泡特金 12 集 北高加索方面军
至 8 月 1 日 独步 1 军 至 8 月 1 日
乌斯季拉宾斯卡亚 奥特拉多金斯科耶 3 装军
克拉斯诺达尔 北高加索方面军 13 师 斯塔夫罗波尔
56 集 独步 1 军 3 装师

阿尔马维尔 16 摩师

迈科普 苏维埃茨卡亚

北高加索方面军 涅温诺梅斯克 37 集 库拉索夫卡

地图 74 A 集团军群的进军（1942 年 7 月 29 日—8 月 5 日）

军司令员，秋列涅夫在这个岗位一直干到1945年，部分原因是他作为一名卓有
成效的兵力组织者声望卓著，另一个原因是他对该地区的情况了如指掌。[25]

　　为守卫新防线，秋列涅夫投入彼得罗夫将军第44集团军的3个步兵师和2个
步兵旅，外加从方面军其他部队抽调的3个步兵师。[26]次日，最高统帅部指示秋
列涅夫组建两个新的步兵军，近卫步兵第10和第11军，并把他们部署在高加索
山脉以北的另一条防线上，这条防线从奥尔忠尼启则向东延伸，穿过格罗兹尼
直至里海畔的马哈奇卡拉（Makhachkala）。[27]8月6日前，以原近卫步兵第3军的

508

部队组建起近卫步兵第10军，由I.T.扎梅尔采夫少将指挥，辖近卫步兵第5、第6、第7旅；近卫步兵第11军，由康斯坦丁·阿波洛诺维奇·科罗捷耶夫少将指挥，辖近卫步兵第8、第9、第10旅。[28]伊万·捷连季耶维奇·扎梅尔采夫在"巴巴罗萨"战役期间指挥过步兵第255师，自1942年6月31日[①]起指挥近卫步兵第3军，而科罗捷耶夫从1941年10月至1942年4月一直指挥着南方面军的第12集团军。[29]为强调局势的严重性，布琼尼要求各级指挥员向部下宣读斯大林7月28日的第227号令"不许后退一步！"并特别指出："德国侵略者不惜一切代价企图占领库班、盛产石油和其他财富的高加索。"[30]

7月29日，仿佛为了证实这些谨慎防御措施的必要性，李斯特的装甲部队向南冲去渡过马内奇河，只遭到轻微的抵抗（参见地图74）。尽管缺乏燃料，但施韦彭堡第40装甲军辖下的布赖特第3装甲师还是夺取了萨尔河畔的普罗列塔尔斯卡亚，随后在一道围堰后的河流最宽处渡过马内奇河。师里的第一波次在夜色的掩护下顺利渡河，但苏军（包括1个NKVD师和第37集团军的一部）发现了正在渡河的德军第二波次：

苏军炮兵发现了德军的偷袭，各种口径的火炮对渡河船只展开轰击……布赫曼中尉用电台联系（第75装甲炮兵团第9连），该连全力发起还击。当日清晨，师属炮兵发射了近1200发炮弹！……NKVD师的士兵们不肯投降，继续进行着顽强的战斗。伯姆少校身负重伤，和他一同倒下的还有他的副官和其他许多官兵。汤克上尉（第6连连长）接掌了全营。这位26岁的军官承担起指挥任务，率领装甲掷弹兵们冲向俄国人的防御。随着弹药渐渐不济，小伙子们吼叫着"呼啦！"展开了白刃战……装甲掷弹兵们冲入战壕，将敌人的据点逐一肃清。[31]

清晨时，进攻方的弹药几乎已消耗殆尽，但德国空军及时发起打击，这使德军的几辆装甲车得以沿相邻水坝的顶部行进，消灭了侧翼的守军。7月31日日终前，布赖特的装甲部队在普罗列塔尔斯卡亚及其北部夺取了马内奇河对

[①] 译注：6月有31日？

岸的几个登陆场，但苏军的猛烈抵抗使他们无法继续前进。

对李斯特来说幸运的是，这一点无关紧要，因为7月30日拂晓，第13装甲师已从第17集团军位于巴泰斯克以南的登陆场向东发起突击。赫尔的装甲师以109辆坦克向东南方猛冲，两天内前进了80多公里，一举夺取萨利斯克和该镇以西中叶戈尔雷克河（Srednyi Egorlyk）对岸的一座登陆场，并与普罗列塔尔斯卡亚以南、沿马内奇河部署的第3装甲师会合。赫尔装甲部队的身后，施泰纳的武装党卫队"维京"摩步师也向南突击，在中叶戈尔雷克镇附近夺取了中叶戈尔雷克河上的一处渡口。赫恩莱因的"大德意志"师停下脚步，肃清被德军绕过的苏军部队，随后准备再次担任集团军群的预备队，而亨里齐的第16摩步师靠近了位于萨利斯克的第13装甲师后方单位。[32]

第13装甲师与第3装甲师7月31日在萨利斯克会合，次日，李斯特重新部署了克莱斯特第1装甲集团军辖下的部队，第40、第3和第57装甲军保持不变，但第48装甲军和第4军遵照希特勒7月30日的指令调拨给霍特的第4装甲集团军。[33]这场再部署完成后，第1装甲集团军就将迅速向南推进。

李斯特重新部署他的东钳以便最终攻向阿尔马维尔和迈科普油田之际，他的西钳鲁夫的第17集团军正扩大其攻势，冲向南面的克拉斯诺达尔。尽管气温高达40摄氏度，但施泰纳位于东面的武装党卫队"维京"师向中叶戈尔雷克河疾进。为扩大这一战果，第17集团军第5军辖下的第198、第125、第73步兵师7月30日从卡加利尼克河稳步向南推进，打击着苏军逐渐减弱的抵抗，8月1日日终前粉碎了卡姆科夫第18集团军沿叶亚河的防御，在库晓夫斯卡亚（Kushchevskaia）及其东面，从第18集团军步兵第216师手中夺取了数个登陆场。[34]西面，第49山地军辖下的第298步兵师和第41山地师终于打垮了基里琴科骑兵第17军沿卡加利尼克河下游的防御，并向库晓夫斯卡亚以西的叶亚河挺进。鲁夫7月30日签发的第89号令，将第298步兵师划拨给罗马尼亚第1军，并命令第49山地军和第5军向南推进，确保塔曼和克拉斯诺达尔地域。

第1装甲集团军和第17集团军顺利渡过马内奇河、卡加利尼克河、叶亚河、中叶戈尔雷克河后，李斯特的突破战宣告结束，扩大战果的道路已畅通无阻。此时，对希特勒和李斯特来说，至关重要但又悬而未决的问题是：他们的部队还能前进多远？

重要决定和双方的力量

　　李斯特发起突破战期间，新的战略现实——特别是保卢斯第6集团军冲向斯大林格勒途中遭遇的意想不到的顽强抵抗——促使希特勒改变了他的进攻计划。7月30日，希特勒做出决定，保卢斯的推进需要协助。次日，他指示霍特将第4装甲集团军的主力转向东北方，赶往斯大林格勒（参见地图75）。但为了安抚李斯特，元首命令霍特把施韦彭堡的第40装甲军军部以及第3、第23装甲师交给克莱斯特的第1装甲集团军。失去了霍特的装甲集团军，李斯特别无选择，只能修改进攻计划。他放弃了原计划的季霍列茨克包围战，命令克莱斯特的第1装甲集团军和鲁夫的第17集团军向正南方挺进，分别冲向迈科普和克拉斯诺达尔。

　　第4装甲集团军转隶B集团军群，致使李斯特只能以有限的资源占据这片广阔的区域（参见图表22）。[35]

地图 75 A 集团军群修改后的计划（1942 年 8 月）

因此，8月1日时，克莱斯特的第1装甲集团军编有第40、第3、第57装甲军（每个军都辖有机动师），以及第44和第52军（每个军辖2个步兵师）。尽管从字面上看实力依然强大，但第1装甲集团军目前只编有10个师（8月13日后增加到12个师），包括3个装甲师和2个摩步师。到8月中旬，克莱斯特的集团军被进一步削弱，OKH将第22装甲师和"大德意志"摩步师（该师也是集团军群的预备队）分别调至B集团军群和西线。这使克莱斯特只剩下大约350辆坦克，而要征服的地域几乎与法国差不多大。[36]

克莱斯特修改后的计划要求部署在集团军中央地域的马肯森第3装甲军，以辖下的第13装甲师和第16摩步师向南突击穿过阿尔马维尔，夺取迈科普地域及其附近的油田和炼油厂。施韦彭堡第40装甲军辖下的第23和第3装甲师掩护马肯森的左翼，而他们自身的左翼则由第52军辖下的第370、第111步兵师掩护，第23和第3装甲师将向东南方推进，穿过斯塔夫罗波尔，夺取捷列克河源头附近的皮亚季戈尔斯克（Piatigorsk）和基斯洛沃茨克（Kislovodsk）。马肯森的右侧，基希纳第57装甲军辖下的武装党卫队"维京"师和斯洛伐克快速师将向正南方突击，在克鲁泡特金（Kropotkin）渡过库班河，然后向迈科普以西推进，将位于迈科普地域的苏军与西面克拉斯诺达尔的苏军分隔开。一旦夺取迈科普和斯塔夫罗波尔，克莱斯特的部队就将向东南方（与高加索山脉的东部山麓相平行）前进，占领纳尔奇克（Nal'chik）和莫兹多克（Mozdok），渡过捷列克河，夺取格罗兹尼、马哈奇卡拉附近的里海海岸，最终目标是巴库。

克莱斯特的装甲部队向纵深目标进军时，鲁夫处于扩大战果阶段，获得加强的第17集团军（"鲁夫"集团军级集群）将攻占克拉斯诺达尔和黑海东岸，包括新罗西斯克、穿越西高加索山脉的山口以及图阿普谢。以罗马尼亚第3集团军辖下的第1军和骑兵军掩护其从克拉斯诺达尔以东至亚速海海岸的右翼，第17集团军辖下的第5军（最终辖第9、第73、第125、第198步兵师）将攻占克拉斯诺达尔，随后再夺取黑海东岸和苏联黑海舰队位于新罗西斯克的基地。

第17集团军的左（东）翼，第49山地军（最终辖第1、第4山地师和罗马尼亚第2山地师）将抢在9月下旬的降雪封闭山口前，对高加索山脉西端的山口发起突击，并夺取苏呼米（Sukhumi）。与此同时，第44军辖下的第97和第101猎兵师从克莱斯特的装甲集团军转隶第17集团军，他们将从迈科普以南地域至

图表 22：1942 年 8 月 1 日—13 日，A 集团军群作战编成

A集团军群——陆军元帅威廉·李斯特

    第1装甲集团军——埃瓦尔德·冯·克莱斯特大将

        第40装甲军——装甲兵上将莱奥·盖尔·冯·施韦彭堡男爵

            第23装甲师——埃尔温·马克少将（至8月26日），男爵威廉·汉斯·冯·博伊内布格-伦斯费尔德中将（至12月26日）

            第3装甲师——装甲兵上将赫尔曼·布赖特[1]

        第3装甲军——埃伯哈德·冯·马肯森中将[2]

          第16摩步师——装甲兵上将西格弗里德·亨里齐[3]

          第13装甲师——装甲兵上将特劳戈特·赫尔[4]

        第44军——炮兵上将马克西米利安·德·安格利斯

          第101猎兵师

          第97猎兵师

          第373"瓦隆人"营

        第57装甲军——装甲兵上将弗里德里希·基希纳

          武装党卫队"维京"摩步师——武装党卫队中将费利克斯·施泰纳

          斯洛伐克快速师

        第52军——步兵上将欧根·奥特

          第111步兵师

          第370步兵师

        "大德意志"摩步师（8月13日前任集团军群预备队）——步兵上将瓦尔特·赫恩莱因[5]

        第49山地军（8月12日从"鲁夫"集团军级集群转隶）

          第1山地师

          第4山地师

          罗马尼亚第2步兵师

    "鲁夫"集团军级集群（第17集团军）——里夏德·鲁夫大将

        第5军——步兵上将威廉·韦策尔

          第198步兵师

          第125步兵师

          第73步兵师（从8月12日起）

          第9步兵师（从8月12日起）

        第49山地军——山地兵上将鲁道夫·康拉德（8月12日转隶第1装甲集团军）

          第73步兵师（8月12日转隶第5军）

          第9步兵师（8月12日转隶第5军）

          第1山地师

          第4山地师

        罗马尼亚第3集团军——陆军上将彼得·杜米特雷斯库

        罗马尼亚第1军——陆军中将米哈伊尔·拉科维塔

          罗马尼亚第2山地师（8月12日转隶第49山地军）

          第298步兵师

         罗马尼亚骑兵军

          罗马尼亚第5骑兵师

          罗马尼亚第6骑兵师

          罗马尼亚第9骑兵师（8月12日起）

罗马尼亚第2军
第11集团军（调往列宁格勒地域）——埃里希·冯·曼施泰因大将[6]
　"马腾克洛特"集群（第42军）
　　罗马尼亚第7军
　　　罗马尼亚第10步兵师
　　第132步兵师
　　第46步兵师
　　罗马尼亚第19步兵师
　　罗马尼亚第18步兵师
　　罗马尼亚第8骑兵师
　　罗马尼亚第3山地师
　第30军（调离中）
　　第24步兵师
　　第72步兵师
　　第28步兵师
　第54军
　　第50步兵师
预备队
　意大利山地军（8月下旬转隶B集团军群）
　　第4"库内恩斯"山地师
　　第3"茱莉亚"山地师
　　第2"特利登蒂诺"山地师（8月13日前）
　罗马尼亚第9骑兵师（8月12日转隶罗马尼亚骑兵军）
　"大德意志"摩步师（8月13日调离）
集团军群后方地域司令部
　第454保安师
　第445保安师
　第4保安团

※ 资料来源：霍斯特·布格、维尔纳·拉恩、莱因哈德·施通普夫、贝恩德·韦格纳的《德国与第二次世界大战》第四卷《全球战争》（牛津：克拉伦登出版社，2001年），第1030页。

---

① 译注：此时的布赖特是少将，1942年11月升为中将，1943年3月擢升装甲兵上将。
② 译注：应为骑兵上将。
③ 译注：此时的亨里齐是中将，1943年1月升为装甲兵上将。
④ 译注：此时的赫尔是少将，1942年12月升为中将，1943年9月擢升装甲兵上将。
⑤ 译注：此时的赫恩莱因是少将，1943年1月升为中将，1944年11月擢升步兵上将。
⑥ 译注：曼施泰因7月1日已擢升为陆军元帅。

黑海岸边的图阿普谢发起进军，穿越西高加索山脉。因此，在扩大战果期间，第49山地军将把第9和第73步兵师交给第5军，协助该军进攻克拉斯诺达尔，第298步兵师转隶罗马尼亚第3集团军辖下的第1军，支援该军攻入塔曼半岛。

另外，李斯特的集团军群还辖有意大利山地军的3个师以及曼施泰因位于克里木的第11集团军的部分部队。可是，保卢斯第6集团军8月中旬在斯大林格勒接近地遭遇意想不到的抵抗后，OKH当月下旬将意大利山地军调拨给B集团军群。随后，希特勒决定将第11集团军的主力部署至列宁格勒地域，这使李斯特只能从第11集团军得到1个师（第46步兵师）。雪上加霜的是，9月初，OKH决定将罗马尼亚第3集团军北调，掩护B集团军群的左翼，结果，李斯特只剩下第17集团军和第1装甲集团军来完成希特勒雄心勃勃的目标。

到8月1日，南方面军在北高加索地区的防御已土崩瓦解，布琼尼和他身处莫斯科的上级面临着更加严峻的考验。随着最高统帅部7月下旬采取措施恢复高加索地区的防御，包括后勤单位和成千上万名散兵游勇在内，布琼尼的北高加索方面军8月1日时拥有近30万名士兵，原北高加索方面军和外高加索方面军又迅速为其提供了216000名援兵。这使整个高加索地区的红军总兵力达到516000人，外加黑海舰队和亚速海区舰队的87100名水兵（参见图表23）。[37]但是，由于第56、第18、第12和第37集团军的主力已不具备战斗力，面对李斯特的后续突击，布琼尼的方面军只能做做象征性的抵抗。

布琼尼麾下的各个集团军实力太弱，最多只能迟滞、削弱德军的推进，因此，最高统帅部命令秋列涅夫的外高加索方面军以第44集团军、2个新组建的步兵军以及第45和第46集团军所能集结起的一切部队守卫捷列克河、通往格罗兹尼炼油厂的门户、位于马哈奇卡拉的里海海岸以及高加索山脉。[38]

外高加索方面军3个集团军和1个步兵军的指挥员都是经验丰富的将领，特别是彼得罗夫将军，他在敖德萨和塞瓦斯托波尔立下的赫赫战功令其他同僚黯然失色。瓦西里·法杰耶维奇·谢尔加茨科夫出任第46集团军司令员时年仅43岁，一头乌黑的头发令人印象深刻，他是三位集团军司令员中最欠缺经验的一个。尽管他在20年代指挥过步兵团，30年代指挥过步兵师和步兵军，但战争爆发前，他是伏罗希洛夫总参学院的一名高级教员，"巴巴罗萨"战役期间担任过西方面军第28、第30集团军副司令员。[39]第45集团军司令员费奥多尔·尼

图表 23：1942 年 8 月 1 日，高加索地域苏军作战序列

北高加索方面军——苏联元帅S.M.布琼尼
　　滨海战役集群——Ia.T.切列维琴科上将
　　　　第47集团军——G.P.科托夫少将
　　　　　　近卫步兵第32师、步兵第77师、步兵第103旅
独立坦克第126营
　　　　　　第56集团军——A.I.雷若夫少将
　　　　　　步兵第30、第339、第349师和海军步兵第76旅
　　　　　　第151、第158筑垒地域
　　　　第18集团军——F.V.卡姆科夫少将[1]
　　　　　　步兵第216、第236、第353、第383、第395师和步兵第16旅
　　　　　　海军步兵第68旅
　　　　独立步兵第1军——M.M.沙波瓦洛夫上校
　　　　　　海军步兵第83旅、步兵第139旅
　　　　骑兵第17军（8月27日改称近卫骑兵第4军）——N.Ia.基里琴科少将
　　　　　　骑兵第12、第13、第15、第116师
　　　　第69筑垒地域
　　顿河战役集群——R.Ia.马利诺夫斯基上将[2]
　　　　第12集团军——A.A.格列奇科少将
　　　　　　步兵第4、第31、第176、第261师和步兵第109团（步兵第74师）
　　　　　　海军步兵第81旅
　　　　第37集团军——P.M.科兹洛夫少将
　　　　　　近卫步兵第2师和步兵第74、第230、第275、第295、第347师
　　　　　　摩托化步兵第41旅
　　　第51集团军——T.K.科洛米耶茨少将（7月31日调拨给斯大林格勒方面军，但暂时位于战役集群的防区内）
　　　　　　步兵第91、第138、第157、第302师
　　　　　　骑兵第110、第115师
　　　　　　坦克第135、第155旅（共104辆KV坦克，正在途中）
　　　　　　独立坦克第125营
　　　　　　坦克第14军（1612人和15辆坦克）——N.N.拉德科维奇少将
　　　　　　坦克第136、第138、第139旅和摩托化步兵第21旅
　　　　　　近卫坦克第5旅，坦克第2、第15、第63、第140旅和特种摩托化步兵旅
　　　　　　独立坦克第62、第75营
　　　方面军直属部队
　　　　第9集团军（重建中）——F.A.帕尔霍缅科少将
　　　　　　步兵第51、第81、第106、第140、第242、第255、第296、第318师
　　　　　　骑兵第30师
　　　　　　坦克歼击第18、第19旅
　　　　　　独立坦克第132营

---

① 译注：应为中将。
② 译注：应为中将。

图表 23（接上页）

第24集团军——V.N.马尔钦克维奇少将和D.T.科兹洛夫少将（8月）（只有司令部）
空军第4集团军——K.A.韦尔希宁空军少将
歼击航空兵第216、第229、第265师和歼击轰炸航空兵第218师[1]、轰炸航空兵第219师、强击
航空兵第230师
近卫近距离轰炸航空兵第8团、近距离轰炸航空兵第136团和混编航空兵第647、第762、第889团
歼击航空兵第217师（组建中）
空军第5集团军——S.K.戈留诺夫空军中将
轰炸航空兵第132师、强击航空兵第236、第237师、强击航空兵第238师
歼击航空兵第267团、轻型轰炸航空兵第763团、侦察航空兵第742团
工兵第8集团军——I.E.萨拉什琴科上校
工兵第11、23、24、25、26、29、第29、第30旅（辖19个建设营）
方面军的实力——74辆坦克和230架战机

外高加索方面军——I.V.秋列涅夫大将
第44集团军——I.E.彼得罗夫少将
步兵第223、第414、第416师
步兵第9、第10旅
第46集团军——V.F.谢尔加茨科夫少将和K.N.列谢利泽炮兵少将（8月23日起）
山地步兵第3军——K.N.列谢利泽炮兵少将
山地步兵第9、第20师
步兵第389、第392、第394、第406师和步兵第156旅[2]
骑兵第63师
第51筑垒地域
独立坦克第12营
第45集团军——F.N.列梅佐夫中将
步兵第61、第89、第151、第402、第408、第409师
第55筑垒地域
坦克第151旅
方面军直属部队：
步兵第417师、步兵第3旅、独立伞兵突击营
坦克第52、第191旅

※ 资料来源：《苏联军队作战编成 第2部分（1942年1—12月）》第150—151页。

---

[1] 译注：夜间轰炸航空兵。
[2] 译注：应为步兵第155旅，因为步兵第156旅1942年9月才在中亚军区组建。

基季奇·列梅佐夫比谢尔加茨科夫大两岁，指挥经验也更加丰富，战前担任过外贝加尔军区和奥廖尔军区司令员。苏德战争爆发后，列梅佐夫在斯摩棱斯克战役中指挥第13集团军，当年9—10月任北高加索军区司令员，11—12月指挥独立第56集团军参加了胜利击败第1装甲集群的罗斯托夫反击战，出任第45集团军司令员前还担任过南乌拉尔军区司令员。[40]这些指挥员中的最后一位是出生于格鲁吉亚的山地步兵第3军军长康斯坦丁·尼古拉耶维奇·列谢利泽，莫斯科保卫战期间，他作为西方面军第50集团军炮兵主任一战成名。[41]

至于方面军司令员，苏联元帅布琼尼也是内战期间的一名老兵，曾担任过北高加索方向总指挥部司令员，这相当于一个"方面军群"或临时性战区司令部，夏季危机期间改任北高加索方面军司令员。尽管不乏个人勇气并深受前线官兵爱戴，但布琼尼与同时代的铁木辛哥在这场战争中都不太成功。苏军战线后方的稳定再次依靠恐吓。约瑟夫·斯大林是奥赛梯族人，奥赛梯族已濒临灭绝，但他却根据某些原因怀疑外高加索地区的各少数民族可能会投靠德国侵略者，以反抗大俄罗斯压迫者。他派内务人民委员拉夫连季·贝利亚对一切背叛实施镇压。马利诺夫斯基对此提出抗议，贝利亚威胁要逮捕他，因此，马利诺夫斯基8月末被调至斯大林格勒指挥一个预备队集团军时，这位将军无疑会感到高兴。贝利亚身后的NKVD部队杀害、驱逐了数千名车臣人、鞑靼人、伏尔加德意志人、印古什人和其他少数民族。因此，斯大林亲手把他的担心变为了现实，这一点毫不奇怪，德国人被动接受了少数民族的拥护，在某些情况下，甚至获得当地民众的武力支持。[42]

A集团军群向斯塔夫罗波尔、迈科普和克拉斯诺达尔的突击，8月1日—15日

初期拓展，8月1日—5日

8月1日，李斯特的集团军群发起拓展性进攻（参见地图74）。集团军群的左翼，克莱斯特的第1装甲集团军向南推进，以马肯森的第3装甲军和基希纳的第57装甲军冲向阿尔马维尔，施韦彭堡的第40装甲军赶往斯塔夫罗波尔，掩护集团军群的左翼。与此同时，鲁夫第17集团军辖下的第5军和第49山地军，

从库晓夫斯卡亚东面和西面的叶亚河登陆场向南推进，赶往克拉斯诺达尔。赫尔第13装甲师率领第3装甲军的突击，从萨利斯克向南推进了15—20公里，一举攻占佩夏诺科普斯科耶镇（Peschanokopskoe）。第13装甲师身后，亨里齐的第16摩步师进入萨利斯克地域。第3装甲军左侧，施韦彭堡第40装甲军辖下布赖特的第3装甲师在萨利斯克以东前进15公里，夺取了叶戈尔雷克河上的渡口，而马克的第23装甲师将部分兵力留在萨尔河以北，遏制科洛米耶茨的第51集团军，并以师里的其他力量，与第44军辖下的第101、第97猎兵师一同肃清萨尔河和马内奇河以南，第1装甲集团军后方被绕过的格列奇科第12集团军和科兹洛夫第37集团军的残部。第3装甲军右侧，第57装甲军辖下的武装党卫队"维京"摩步师（斯洛伐克快速师在其身后）向中叶戈尔雷克河以南推进15公里，占领了季霍列茨克东北方10公里处的白格利纳（Belaia Glina），离库班河畔的克鲁泡特金只剩下半数路程。

由于苏军的抵抗土崩瓦解，克莱斯特麾下的装甲部队8月2日加快了进军速度。马肯森第3装甲军的先头部队赫尔的第13装甲师，两天内前进了近100公里，经过一番激战，8月3日攻占阿尔马维尔。在其身后，第16摩步师加快了前进速度，8月4日与赫尔的装甲部队会合。在此过程中，亨里齐的装甲掷弹兵俘虏了苏军独立步兵第1军军长沙波瓦洛夫上校和他的大批部下。第3装甲军左侧，施韦彭堡第40装甲军的先头部队布赖特的第3装甲师，到达东面60公里处的斯塔夫罗波尔北郊，经过两天的激战，8月5日从苏军第37集团军手中夺取该城。马克的第23装甲师掩护着第40装甲军长长的左翼，尽管缺乏燃料，但该师还是投入小股战斗群，设立起一道装甲屏障，从马内奇河畔的普罗列塔尔斯卡亚以东地域向南延伸至斯塔夫罗波尔东北方。第3装甲军右侧，基希纳第57装甲军辖下的武装党卫队"维京"摩步师，8月3日到达阿尔马维尔西北方35公里处格里戈里波利斯卡亚（Grigoripolisskaia）附近的库班河。在其右侧，斯洛伐克快速师进抵库班河畔克鲁泡特金的东北接近地。施泰纳的武装党卫队"维京"师沿河流北岸散开时，斯洛伐克快速师8月5日占领了克鲁泡特金，将苏军独立步兵第1军和步兵第318师逐向河流以南地域。[43]

克莱斯特的装甲部队深深插入阿尔马维尔和斯塔夫罗波尔之际，鲁夫的第17集团军【罗马尼亚第3集团军向前推进，沿亚速海海岸掩护其右（西）翼】从叶亚河向东南方发起进攻。第49山地军的第73步兵师和第5军的第198、第125步兵师在库晓夫斯卡亚及其东面向叶亚河以南推进了20公里。尽管如此,基里琴科的骑兵第17军和卡姆科夫第18集团军、雷若夫第56集团军的残部继续在该城以西地域顽强抵抗,阻挡住第49山地军的右翼。但是,德军第1山地师和第9步兵师赶到后恢复了鲁夫的进攻势头。到8月5日,获得加强的第5军向南推进20—30公里,而第1、第4山地师和第73、第9、第125、第198步兵师的侦察支队又前进10公里攻占了季霍列茨克,距离克拉斯诺达尔已不到80公里。[44]

苏军的应对

李斯特的部队发起拓展性进攻时,布琼尼将日趋恶化的态势报告给最高统帅部,并不断请求调派援兵。例如,8月1日,他将他方面军的情况描述为"艰难",并报告敌人已占领萨利斯克、佩夏诺科普斯科耶、库晓夫斯卡亚和亚历山德罗夫卡,正向阿尔马维尔和季霍列茨克推进。他还指出,第37、第12和第18集团军虚弱的残部正设法沿库班河构设防御,他正以独立步兵第1军、乌留平斯克(Uriupinsk)步兵学校的2000名学员和第151筑垒地域的4个"机枪-火炮"营加强位于阿尔马维尔沿库班河西延至克鲁泡特金的防御。但是,他声称他没有兵力掩护阿尔马维尔以东的捷列克河防线。最后,布琼尼指出,他正以第47集团军的步兵第77师、步兵第103旅和近卫步兵第32师守卫从塔曼半岛东延至克拉斯诺达尔的防线。[45]此后不久,最高统帅部同意布琼尼的决定,将近卫步兵第32师调至克拉斯诺达尔,并再次采取1941年夏季使用过的极端措施,批准他以民兵力量组建3个新师加强防御。[46]

8月3日晚些时候,由于防线被德军3个装甲军的200多辆坦克打垮,马利诺夫斯基请求批准他的顿河战役集群退守库班河防线。最高统帅部照准,命令该集群守卫阿尔马维尔,尽管这座城市当日已被德军第13装甲师攻陷。[47]在后卫部队的掩护下,科兹洛夫将支离破碎的第37集团军的残部撤离斯塔夫罗波尔以东和以南。西面,格列奇科的第12集团军也向西南方退却,在阿尔马维尔以西渡过库班河。8月2日,奉命从黑海沿岸向前推进的独立步兵第1军试图在格里戈里波利斯卡亚以东构设防线,但被武装党卫队"维京"师抢占先机,该军被迫渡过库班河西撤。接下来的两天里,独立步兵第1军在阿尔马维尔地域被德军推进中的第13装甲师和第16摩步师击溃，该军军长和大批官兵被俘。

苏军最高统帅部对高加索地区防御的崩溃速度深感震惊，8月5日采取进一步措施加强防御，首先给布琼尼发去一个严重警告："鉴于敌人企图从阿尔马维尔地域发起突击夺取迈科普，随后向黑海岸边的图阿普谢进军，因此，你们必须立即、坚决地守卫迈科普地域和迈科普—图阿普谢公路，无论如何不能让敌人从阿尔马维尔—迈科普方向进抵黑海沿岸。"[48]

最高统帅部随后命令秋列涅夫的外高加索方面军以步兵第89师和坦克第52旅加强山脉以北的防线，方面军主力应做好北调的准备。[49]最后，最高统帅部命令北高加索军区司令部组建第66集团军，以位于捷列克河河谷的部队和从外高加索方面军抽调的其他兵力充实该集团军。军区司令弗拉基米尔·尼古拉耶维奇·库尔久莫夫中将担任该集团军司令员，集团军司令部设在奥尔忠尼启则，受领的任务是以8个新组建的步兵师守卫捷列克河河谷。[50]当天晚些时候，最高统帅部提醒布琼尼负责守卫乌鲁赫河（Urukh）以西的高加索山脉防线，乌鲁赫河从山区向北奔流，在阿尔马维尔东面汇入库班河。为确保与马利诺夫斯基顿河战役集群的联系，最高统帅部还命令布琼尼坚守从阿尔马维尔东延至普罗赫拉德内（Prokhladnyi，普罗赫拉德内是一座重要的铁路中心，位于莫兹多克以西的捷列克河畔）的铁路线，并击退在阿尔马维尔以西到达库班河以南地域的德军。[51]

8月6日深夜，华西列夫斯基和谢尔盖·马特维耶维奇·什捷缅科中将在红军总参谋部用保密电传打字机联系上秋列涅夫，以确定这位外高加索方面军司令员采取了哪些措施。秋列涅夫报告，他已将步兵第89师和坦克第52旅北调，据总部人员组成的一个特别战役集群（由方面军骑兵总监格里戈里·季莫费耶维奇·季莫费耶夫少将率领）报告，德国人在皮亚季戈尔斯克以东的格奥尔吉耶夫斯克（Georgievsk）地域实施了一场伞兵突袭。[52]第66集团军司令部派出一个NKVD营肃清敌人的这场突袭。另外，秋列涅夫还以第9集团军和季莫费耶夫集群收容起格罗兹尼和奥尔忠尼启则地域的所有士兵，第24集团军司令部也以步兵第223师在杰尔宾特地域（Derbent）及其东面从事着同样的工作，并设立起防线。

华西列夫斯基随后指示秋列涅夫在外高加索方面军组建一个北方集群，

由伊万·伊万诺维奇·马斯连尼科夫中将——这位NKVD军官曾担任过加里宁方面军第39集团军司令员——指挥。北方集群辖彼得罗夫的第44集团军和改编后的第9集团军，第9集团军目前的司令员是亚历山大·亚历山德罗维奇·哈杰耶夫少将，他曾担任过第44、第46集团军司令员。[53]另外，华西列夫斯基建议秋列涅夫，将派给第9集团军的3个近卫步兵军留下1个作为强有力的预备队。他还告诉秋列涅夫，外高加索方面军将优先获得第比利斯工厂制造的飞机和《租借法案》经伊朗运来的坦克。[54]

迈科普战役，8月7日—11日

但此时，德军第40装甲军辖下的第3装甲师已从斯塔夫罗波尔向南推进，并一举攻克涅温诺梅斯克（Nevinnomyssk）——这座重要的城市位于阿尔马维尔东南方60公里处的铁路线上，处在阿尔马维尔与矿水城（Mineral'nye Vody）中间。东北方，该军辖下的第23装甲师冲向斯塔夫罗波尔以东60公里处的谢尔吉耶夫斯卡亚（Sergeevskaia）。因此，布赖特和马克的装甲部队已将位于斯塔夫罗波尔西面的切列维琴科滨海战役集群与位于该城东和东南面的马利诺夫斯基顿河战役集群之间的联系切断。为堵住这个缺口，最高统帅部命令布琼尼以军校学员和教导部队组建2个小股支队，并由NKVD步兵第11师提供支援，在季莫费耶夫将军的率领下，粉碎德军沿铁路线向东突破至矿水城的一切企图。[55]

夺取阿尔马维尔和斯塔夫罗波尔，克莱斯特的装甲部队前进了100多公里，深入布琼尼方面军的中央防区，迫使科洛米耶茨第51集团军的残部向东撤退，科兹洛夫的第37集团军退向东南方，而卡姆科夫第18集团军和格列奇科第12集团军的残部实施迟滞作战，并退向西南方的迈科普。但是，克莱斯特和鲁夫的集团军都没能在库班河以北围歼布琼尼的主力。巩固既得战果前，克莱斯特必须将第44军第97、第101猎兵师前调，并以第52军第370、第111步兵师掩护他的左翼。前者正在阿尔马维尔以北逼近库班河，后者仍在北面的普罗列塔尔斯卡亚地域。在希特勒的敦促下，没等这些部队完成靠前部署，李斯特便投入克莱斯特的装甲部队，向高加索深处发起进军。李斯特希望第1装甲集团军长驱直入穿过迈科普，然后以第44军和第49山地军穿越高加索山区，夺取苏呼米和图阿普谢，从而将布琼尼的滨海战役集群包围、歼灭在库班河以南地域。

为此，克莱斯特左翼的第40装甲军，8月7日继续以第23、第3装甲师向前推进，前者从北面攻向矿水城，后者从西面沿铁路线冲向该镇（参见地图76）。施韦彭堡的装甲军面对的是科兹洛夫第37集团军虚弱的残部、布琼尼的2个临时性支队和NKVD步兵第11师。克莱斯特的主要突击从装甲集团军的中央战线发起，第3装甲军辖下的第13装甲师和第16摩步师从阿尔马维尔转身向西，在库尔干纳亚（Kurgannaia）和拉宾斯卡亚（Labinskaia）从格列奇科第12集团军残部手中夺取了拉巴河（Laba）对岸的登陆场。拉巴河是库班河的一条南部支流，位于迈科普以东40公里处。西面，克莱斯特右翼，第57装甲军辖

地图76 阿尔马维尔—迈科普战役（1942年8月6日—17日）

下的武装党卫队"维京"师和斯洛伐克快速师向南推进，渡过库班河，到达迈科普以北的拉巴河，并将苏军独立步兵第1军的残部击溃。尽管第37集团军的临时性支队和NKVD步兵第11师在矿水城接近地的激烈战斗中成功遏制第3和第23装甲师的前进达两天之久，但布赖特的第3装甲师从西南方绕过该镇，8月9日夺取皮亚季戈尔斯克，8月10日又攻占铁路线以南48公里处、皮亚季戈尔斯克以西80公里处的切尔克斯克（Cherkessk）。[56]

西面，第3装甲军辖下的第13装甲师和第16摩步师，以及第57装甲军辖下的武装党卫队"维京"摩步师，从东面和北面攻向迈科普，8月9日和10日夺取了该城和邻近的油田。这个消息令希特勒喜出望外，但后续报告又指出，守军已将大多数井口和贮存设施炸毁，并拆除了炼油厂的关键部件。实际上，8月初的几个晚上，马肯森第3装甲军的推进是以迈科普油田腾起的熊熊火焰为指引。[57]

8月11日，刚刚夺取迈科普，第3装甲军辖下的第13装甲师和第16摩步师以及第57装甲军的武装党卫队"维京"摩步师便派出小股战斗群，沿着山谷向南进入高加索山脉深处，而斯洛伐克快速师掩护着克莱斯特的右翼。克莱斯特随后将第44军的第97、第101猎兵师调入迈科普及其西面的集结区，并命令这2个轻装师在武装党卫队"维京"师和第16摩步师小股战斗群的支援下，穿越西高加索山脉的山口，夺取图阿普谢。

南面，第40装甲军辖下的第3装甲师牢牢控制着皮亚季戈尔斯克，并派出一个战斗群从切尔克斯克向南进入山区，而第23装甲师的一个团完成了肃清矿水城守军的任务。马克装甲师里的其他单位设立起一道装甲屏障，掩护克莱斯特向北延伸至斯塔夫罗波尔以东这条漫长左翼的南半部分。更北面，第52军辖下的第370和第111步兵师终于接替了第1装甲集团军左翼第23装甲师留守后方的单位，第111步兵师的先遣部队8月12日到达埃利斯塔——该地区唯一一座稍具规模的镇子。[58]

由于克莱斯特的纵深推进将格列奇科的第12集团军与科兹洛夫的第37集团军隔开，并切断了他们之间的一切陆地交通，于是，布琼尼将格列奇科集团军转隶切列维琴科的滨海战役集群，这使马利诺夫斯基的顿河战役集群只剩下第37集团军。[59]更糟糕的是，最高统帅部8月10日提醒布琼尼"根据目前的情况，对北高加索方面军和黑海海岸而言，最主要、最危险的是迈科普—图阿普谢方向"，并称：

> 如果敌人到达图阿普谢地域，第47集团军和方面军位于克拉斯诺达尔地域的所有部队都将被切断，最终沦为俘虏……立即将近卫步兵第32师前调，与步兵第236师一同沿迈科普—图阿普谢公路两侧占据3—4道防御地带，无论如何不能让敌人进入图阿普谢，您要对此亲自负责。
>
> 立即将步兵第77师撤离塔曼半岛，并派该师加强新罗西斯克的防御，塔曼半岛的防务交由黑海舰队岸防部队负责。[60]

由于马利诺夫斯基的顿河战役集群只剩下科兹洛夫的第37集团军，最高统帅部8月11日撤销了该战役集群，将第37集团军和马斯连尼科夫的北方集群转隶秋列涅夫的外高加索方面军[①]。最高统帅部还指示秋列涅夫将受损的集团军撤至后方休整补充。[61]次日，秋列涅夫汇报了南方面军和北高加索方面军残余部队岌岌可危的状况：

> 根据对各部队的视察，我确定原南方面军和北高加索方面军被击败部队的后撤极其混乱、无序。各分队根本不知道后撤方向，另外，没人知道自己的作战任务是什么。结果，我在各居民点意外发现了大批非武装人员，他们对此的解释是，没人把他们组织起来。这些人完全没有伪装，也毫无纪律可言。我已采取措施，将各坦克旅失去装备的4500名坦克兵、40个航空支援营、工兵第8集团军（多达28000人）和另一些部队的残部撤至战线后方。[62]

但在8月13日的作战日志中，外高加索方面军从积极的一面描述了部队变更部署并建立可靠防御所采取的措施：

> 外高加索方面军辖下的部队，自方面军司令员决定实施防御之日起（1942年7月30日），便在10—12天内执行了变更部署的任务，1942年8月10日前集结在沿捷列克河南岸和乌鲁赫河的新防线上，并沿整个正面掩护这条防线，首先进行了土木修建工作，并对其加以改善。同时，预备力量由步兵第89、第417

师，坦克第52旅，近卫迫击炮第44、第52团以及前调至格罗兹尼和奥尔忠尼启则地域的其他部队组成，并做好对敌人有可能出现的路线发起反突击的准备。

另外，9个步兵旅（步兵第60、第62、第107、第131、第19、第57、第84、第119、第256旅）和近卫步兵第10军（辖近卫步兵第5、第6、第7旅）的部分部队已到达哈萨维尤尔特地域，这些部队从最高统帅部预备队抽调，已在赶往外高加索方面军的途中。在此期间，方面军司令员从事了大量组织工作……

8月1日，沿捷列克河下游实施防御的只有步兵第9、第10旅，而到8月12日，步兵第9、第10旅和步兵第389师、近卫步兵第11军、步兵第151师、第392师已驻守在那里。步兵第89师、坦克第52旅、近卫迫击炮第44团集结在格罗兹尼地域。步兵第417师和近卫迫击炮第44团[②]集结在奥尔忠尼启则地域。

在这段时间里，8个步兵师撤出北高加索方面军，10个迫击炮营、数个坦克旅和独立坦克营接受紧急补充。同时，一些独立小股分队和后勤单位实施广泛的改编。

方面军各指挥机构积极工作，支持新组建的防御，没有给敌人可乘之机。

现在可以公开宣布，红军总参谋长7月29日通过电传打字机下达给指挥部的任务和最高统帅部7月30日关于守卫捷列克河和乌鲁赫河的指令已顺利完成。[63]

最后，秋列涅夫8月16日向NKVD报告，他的方面军已完成构设防线、掩护外高加索地域接近地的一切必要措施，包括提供劳动力、卡车和拖拉机，监督相关工作，并从巴库抽调2个步兵旅守卫马哈奇卡拉防御地域。[64]

克拉斯诺达尔和库班战役，8月12日—15日

克莱斯特的装甲部队夺取斯塔夫罗波尔、皮亚季戈尔斯克和迈科普之际，西面，鲁夫的第17集团军（右翼已获得罗马尼亚部队的加强）加快了向克拉斯诺达尔的推进（参见地图77）。8月5日，鲁夫重新部署了他的集团军，将第49山地军辖下的第73和第9步兵师交给第5军，并命令第49山地军转身向东，

---

① 译注：马斯连尼科夫的北方集群本来就隶属外高加索方面军。
② 译注：应为第52团。

进入切尔克斯克附近第40装甲军第3装甲师的作战区域，从那里向南进军，在厄尔布鲁士山（Mount Elbrus，这是高加索山脉的最高峰）以西穿越高加索山口，赶往黑海沿岸的苏呼米。目前辖4个步兵师（第198、第125、第9、第73步兵师）的第5军将从北面和东面进攻克拉斯诺达尔，夺取该城，然后转身向西，与罗马尼亚第3集团军相配合，夺取塔曼半岛和新罗西斯克。

推进中的第5军的对面，切列维琴科的滨海战役集群以雷若夫第56集团军和卡姆科夫第18集团军4个虚弱的步兵师守卫着城市接近地，并获得克拉斯诺达尔民兵师的加强。[65]8月10日，第5军发起最后的突击，攻入克拉斯诺达尔这座库班河地域的炼油中心。[66]但入城后，鲁夫的步兵遭到苏军的顽强抵抗，守卫城市东北角帕什科夫斯卡亚地域（Pashkovskaia）的苏军第56集团军步兵第30师，以极大的决心投入喀秋莎、坦克甚至是战机，对德军第308步兵团[①]发起反冲击。待大股部队撤离后，守军在推进中的德军眼前炸毁了库班河上的桥梁。此举迫使德国人等待了两天，然后以冲锋舟渡过河去，直到8月15日才完成对该地域的巩固。[67]

随着斯塔夫罗波尔、皮亚季戈尔斯克、迈科普和克拉斯诺达尔落入手中，李斯特开始拟制歼灭高加索山脉北部地区（特别是塔曼半岛和高加索北山麓）所有苏军的计划，为第1装甲集团军夺取莫兹多克、奥尔忠尼启则、格罗兹尼和巴库地域的深远目标创造条件（参见地图78）。但发起这些行动前，李斯特命令克莱斯特投入马克西米利安·德·安格利斯将军的第44军，在基希纳第57装甲军和马肯森第3装甲军的支援下，展开一场快速突袭，穿过西高加索山脉，直扑黑海海岸的图阿普谢。[68]李斯特的计划要求两个突击群发起进攻，亨里齐的第16摩步师和第97猎兵师从迈科普以南地域突入山区，施泰纳的武装党卫队"维京"摩步师和第101猎兵师从迈科普西北方的别洛列琴斯卡亚地域（Belorechenskaia）沿两个方向攻入山区。亨里齐的装甲掷弹兵将在第97猎兵师的支援下，从迈科普以南20—30公里处的阿巴泽赫斯卡亚（Abadsechskaia）和达乔夫斯卡亚（Dachovskaia）向西突击，前出至黑海海岸的萨穆尔斯卡亚

---

① 译注：该团隶属于第198步兵师。

地图 77 克拉斯诺达尔—库班战役（1942 年 8 月 12 日—15 日）

（Samurskaia）和拉扎列夫斯卡亚（Lazarevskaia）。施泰纳的党卫队摩步师将在第101猎兵师的掩护下，从别洛列琴斯卡亚冲向图阿普谢，前者经阿普歇伦斯基（Apsheronskii）和涅夫捷戈尔斯克（Neftegorsk）向前推进，后者将穿过哈德任斯基（Khadyshenskii）和纳瓦金斯卡亚（Navaginskaia）。如果一切顺利，这场大胆的突击将把雷若夫的第56集团军包围在新罗西斯克地域。[69]

遵照最高统帅部8月10日下达的指示，布琼尼次日开始沿迈科普—图阿普谢方向加强防御。首先，他命令基里琴科将骑兵第17军从克拉斯诺达尔地域调往东南方，沿普希什河（Pshish）西岸设立防御，阻挡德军从迈科普西北地域发起的一切推进。其次，格列奇科的第12集团军在卡姆科夫第18集团军一部的支援下，坚守迈科普西南地域，阻止德军沿两条穿越山区并通往图阿普谢和拉扎列夫斯卡亚的道路到达并突入高加索山脉。最后，近卫步兵第32师搭乘黑海舰队的舰艇从新罗西斯克赶至图阿普谢后，将在普希什河上游的纳瓦金斯卡亚和普希什村附近构设防御，阻止德军沿两条山间道路穿越山口。[70]

在克莱斯特装甲部队的支援下，安格利斯的步兵8月12日发起进攻（参见地图79）。南面，第16摩步师和第97猎兵师8月15日攻占萨穆尔斯卡亚，但苏军猛烈的反冲击将他们阻止在罗热特（Rozhet）附近，随后被迫撤回萨穆尔斯卡亚。北面，武装党卫队"维京"师和第101猎兵师，8月12日从苏军第18集团军步兵第383师和骑兵第17军骑兵第12师手中夺取了别洛列琴斯卡亚。武装党卫队"维京"师和第101猎兵师兵分两路，在赫尔第13装甲师战斗群和亨里齐第16摩步师的支援下迅速向南推进，进入高加索山谷。8月13日日终前，他们攻占了哈德任斯基，并到达苏军近卫步兵第32师位于纳瓦金斯卡亚的防区。次日，赫尔的战斗群占领阿普歇伦斯基，一天后，亨里齐的战斗群打垮了苏军的顽强抵抗，一举攻占涅夫捷戈尔斯克。但是，面对苏军的激烈抵抗和频繁反击，安格利斯的推进8月18日结束了，部队停滞在山中，距离他们的最终目标并不太远。德国方面的记述这样写道：

进攻于8月18日发起。可是，计划在哈德任斯卡亚（Khadyshenskaia）火车站泡了汤。第101猎兵师的进攻停滞在通道内。"黑海集群"司令员I.Y.彼得罗夫将军前一天已将他最精锐的师部署在这片地域，因为这里的通道极为关键。

里 海

巴库

阿斯特拉罕

乌兰霍尔

马哈奇卡拉

3、40 装军

3、40 装军

外高加索方面军

基兹利亚尔

格罗兹尼

奥尔忠尼启则

库拉河

第比利斯

普里尤特诺耶

52 军

40 装军

斯塔夫罗波尔

3 装军

49 山军

北高加索方面军

49 山军

57 装军

A 集团军群

1 装集

巴统

苏呼米

阿德列尔

图阿普谢

44 军

49 山军

克拉斯诺达尔

57 装军

罗斯托夫

17 群

库班河

罗骑兵军

新罗西斯克

亚速海

黑 海

地图 78 A 集团军群修改后的计划（1942年8月中旬）

地图 79 图阿普谢战役（1942 年 8 月 12 日—28 日）

苏军近卫步兵第32师使第101猎兵师来自符腾堡的小伙子们每前进一米都要付出代价。就连侧翼迂回进攻也失败了……利用3号和4号路线（通往拉扎列夫斯卡亚和阿德勒）穿越山脉的尝试被放弃。[71]

这场战斗结束后，北高加索方面军严厉批评基里琴科的骑兵第17军和卡姆科夫的第18集团军没能阻止德军逼近高加索山脉。但是，骑兵第17军在协助阻止德军攻向黑海海岸的战斗中表现出色，证明这种批评毫无道理。为表彰其功绩，最高统帅部8月28日授予基里琴科的骑兵军近卫军称号，改称近卫骑兵第4军①。[72]

克拉斯诺达尔和迈科普即将陷落，再加上整个方面军面临的灾难，促使布琼尼8月13日将方面军的战斗力和防御情况汇报给斯大林：

目前，北高加索方面军和南方面军已遵照最高统帅部1942年7月28日的170534号指令合并，北高加索方面军行动中的各集团军如下：第51集团军位于方面军右翼，沿顿河部署，正在尼古拉耶夫斯卡亚东南地域从事激烈的战斗；第47集团军守卫着塔曼半岛；原南方面军辖下的各集团军纳入北高加索方面军，他们正从顿河继续向南后撤，并占据了大部分防线。必须指出，目前已没有连贯的防线。放弃罗斯托夫后，这些集团军混乱退却，个别部队实施了战斗后撤，但大多数部队以士气低落的状态逃离了前线。

第12和第18集团军共辖9个步兵师，每个师约300—1200名作战士兵，仍有一定的战斗力。第37集团军辖4个步兵师，每个师约500—800名作战士兵，而第56、第9和第24集团军只剩下司令部和后勤单位。目前，可用的坦克不超过15辆，主要是轻型坦克。因此，原南方面军辖下各集团军作战士兵的总数只有12000人。

第12和第18集团军的加强炮兵完好无损，师属炮兵尚存，但其他集团军的损失高达50%，甚至更高。

空军部队仍有126架可用的作战飞机，包括42架夜间飞机。

_____

① 译注：该军的全称是"库班哥萨克近卫骑兵第4军"。

除了骑兵第17军，方面军没有其他预备力量，该军部署在方面军左翼。

兵力状况和缺乏通信设备导致方面军没能完成最高统帅部关于沿顿河恢复态势的指令，以及军事委员会赋予的阻止敌人沿萨利斯克、中叶戈尔雷克河和库晓夫斯卡亚一线继续推进的任务。

部队没能完成这项有限任务，因为他们在敌坦克和飞机的进攻下丧失了战斗力，这些部队继续向南后撤，并实施迟滞作战。

没有完成最高统帅部的指令，继续后撤导致库班地域弃守，其主要原因是方面军缺乏坦克和摩托化部队，空军力量薄弱、步兵部队极度疲惫且数量不足，缺乏预备队、对部队的指挥控制不力以及新组建的方面军司令部与这些部队缺乏联系。这些因素，再加上德军的大规模坦克编队和空中优势，使敌人获得了显著的优势，从而到达我方侧翼。有些时候，敌人抢在我方部队之前到达既设防线，他们先以部分坦克达成突破，然后对突破加以扩大。尽管绵亘的防线目前相当脆弱，但我军仍在战斗，部队的实力很虚弱，只要敌坦克在防线的某处达成突破，距离突破口最近的部队就会产生恐慌，各部队战斗一番后便开始退却。

利用坦克力量的优势，敌人迅速向前推进，出人意料地出现在这里或那里，不仅使前线部队丧失了斗志，还使指挥部人员也士气低落，甚至方面军司令部的个别人员亦频频建议撤至新防线以此来完成任务，实际上是一次次后撤，而不是组织战斗……

总之，方面军各集团军8月12日的兵力如下：

第18集团军——约6000名作战士兵

第12集团军——约3000名作战士兵

第56集团军——约4500名作战士兵

第47集团军——约11000名作战士兵

合计——约24500名作战士兵

除第9、第37集团军已到达的部队，炮兵力量相对完整的是集团军炮兵第377、第380、第368、第374、第1157团，榴弹炮炮兵第1195、第31、第547团，反坦克炮兵第530、第521团和2个迫击炮团。重型火炮团和反坦克炮兵团尚有50%—70%的装备，但无法认为他们已做好战斗准备。迫击炮部队装备齐全。高射炮部队相对完整，目前有24个高炮连。

方面军航空兵力量包括原空军第5集团军的部队。原南方面军编成内的空军第6集团军与马利诺夫斯基集群完全撤入外高加索方面军。8月11日的作战力量为：

——原空军第5集团军所有可用的战机共94架，包括15架伊尔-2、9架DB-3、9架SB、15架伊-15、4架雅克-1、11架拉格-3、16架伊-16、1架佩-2、5架R-5和7架U-2

——另有89架无法投入战斗的战机

北高加索方面军完全没有坦克。

综上所述，很明显，方面军的兵力和武器较少，甚至不足以强化别拉亚河（Belaia）、克拉斯诺达尔地域的库班河以及塔曼半岛的防线。

方面军的主要任务是坚决守卫通往图阿普谢和新罗西斯克的方向。因此，必须扼守掩护图阿普谢和新罗西斯克的山谷，以此来完成任务……

布琼尼 卡冈诺维奇 安东诺夫[73]

早在8月16日，克莱斯特已开始将第3装甲军辖下的第16摩步师和第13装甲师撤离迈科普西南方的山区，实施休整和补充，以便日后将他们投入高加索山脉深处。最终，赫尔的第13装甲师和第3装甲军军部赶往东南方，与施韦彭堡继续冲向格罗兹尼的第40装甲军会合。亨里齐的第16摩步师在斯塔夫罗波尔以东地域停留了一周，8月23日，OKH将其转隶B集团军群，该师受领的任务是在卡尔梅克草原上掩护魏克斯与李斯特集团军群之间的缺口。两天后，亨里齐的摩步师向东调动，在埃利斯塔地域实施机动掩护。此后，安格利斯的第44军在8月下旬多次试图沿图阿普谢公路推进，每次进攻都遭到失败。但此时，李斯特作战行动的重点已转至西面第17集团军向新罗西斯克的进军，更重要的是，A集团军群的进攻重点也转移到克莱斯特装甲先遣部队进入捷列克河地域的行动上。

A集团军群进军高加索山脉，8月16日—9月11日

尽管遭到苏军持续不断的抵抗，但A集团军群还是在这场攻势的前三周取得了极大的战果。然而，8月中旬后，多种因素，包括A集团军群过度延伸的补给线、不断发生的燃料短缺、艰难的半山脉地形以及苏军不断加强的抵抗，严重拖缓了集团军群的前进步伐。雪上加霜的是，保卢斯第6集团军对额外兵力和空中支援贪婪的需求使李斯特的集团军群被削弱，用于完成其雄心勃勃的任务的部队越来越少。例如，意大利山地军辖下的3个师8月中旬刚刚赶到，就很快接到命令，去斯大林格勒西北方加强B集团军群左翼的防御。为满足其他战线的需求，"大德意志"摩步师、第22装甲师以及大多数可用的空中力量也于8月中旬离开A集团军群。月底，第16摩步师又被调离。

面对这种削弱，李斯特8月17日重新部署了他的集团军群，第57装甲军、第44军和第49山地军转隶"鲁夫"集团军级集群，克莱斯特的第1装甲集团军只剩下第3、第40装甲军和第52军，命令于次日生效。8月21日，康拉德将军第49山地军里的登山能手完成了一个毕生的梦想，他们将反万字旗插上厄尔布鲁士峰，这是高加索山脉的最高峰。尽管如此，考虑到克莱斯特装甲部队日后将遭遇到的困难，这番壮举被证明不过是一场宣传而已[①]。[74]

8月17日更改部署后，李斯特命令克莱斯特的第1装甲集团军向与高加索山脉相平行的东南方推进，目标是以施韦彭堡的第40装甲军（后来包括马肯森的第3装甲军）夺取捷列克河河谷以及奥尔忠尼启则、格罗兹尼这两座重要的城市，穿越东高加索山脉的山口，最终目标是巴库。与此同时，李斯特命令"鲁夫"集团军级集群完成一系列任务。罗马尼亚第3集团军辖下的骑兵军将获得德军第298、第46步兵师的加强，后者从克里木发起进攻，肃清叶伊斯克地域（Eisk）和塔曼半岛的苏军。与此同时，第17集团军辖下的第5军负责夺取新罗西斯克，而第44军、第49山地军、第57装甲军将夺取穿越高加索山脉的山口以及黑海港口图阿普谢和苏呼米。[75]因此，8月中旬后，希特勒要求李斯特的集团军群在高加索地区执行三个重要行动：第一是克莱斯特进入捷列克河河谷，第二是鲁夫发起

[①]译注：希特勒事前提醒过，不要攀登厄尔布鲁士峰，因为此举毫无意义。

夺取塔曼半岛和新罗西斯克的进攻，第三是鲁夫的山地部队攻占穿越高加索山脉的山口。李斯特面临的最艰巨的挑战是如何协调这三场同时发起的行动。

莫兹多克战役，8月16日—31日

8月16日，克莱斯特开始了这些行动中最重要的一个，施韦彭堡第40装甲军辖下的第23、第3装甲师从矿水城和皮亚季戈尔斯克地域向东南方进军（参见地图80）。马克的装甲师攻占了格奥尔吉耶夫斯克，前出至距离普罗赫拉德——位于莫兹多克以西50公里处的巴克桑河畔（Baksan）——不到30公里处；西面，布赖特的装甲师到达纳尔奇克以北20公里处，巴克桑河畔的巴克桑，该镇坐落在高加索山脉北麓。克莱斯特的右翼，马肯森的第3装甲军开始将赫尔的第13装甲师和亨里齐的第16摩步师撤出迈科普地域加以休整和补充，然后为第40装甲军的进军提供增援。可是，一周后，OKH将亨里齐的摩步师部署至东北方的埃利斯塔地域，腾出第52军辖下的第370、第111步兵师调往南

地图80 莫兹多克战役（1942年8月16日—31日）

面，支援第40装甲军向捷列克河的进军。

东南方，马斯连尼科夫的北方集群似乎并未做好阻止德军第1装甲集团军突破巴克桑河和捷列克河防线的准备。此时，马斯连尼科夫的集群编有第37、第9和第44集团军，后来又获得一个新组建的集团军的加强——第24集团军（番号随后改为第58集团军）。这3个集团军守卫着一条420公里长的防线。马斯连尼科夫的左翼，科兹洛夫的第37集团军（该集团军刚刚从皮亚季戈尔斯克东南方30公里处的马尔卡河撤离）以不满编的近卫步兵第2师和步兵第275、第295、第393师，NKVD步兵第11师守卫着从纳尔奇克以北至普罗赫拉德内以西的巴克桑河河段，该集团军没有坦克。马斯连尼科夫的中央防区，第9集团军（哈杰耶夫病倒后，V.N.马尔岑科维奇少将担任司令员）以步兵第151、第176、第389师，近卫步兵第11军（近卫步兵第8、第9、第10旅）、海军步兵第62旅，装甲列车第36、第42营沿捷列克河守卫着从普罗赫拉德内东延至莫兹多克的防区。[76]马斯连尼科夫的右翼，彼得罗夫的第44集团军以步兵第414、第416、第223师，步兵第9、第10、第256旅，海军步兵第84旅守卫着从莫兹多克以东至马哈奇卡拉以北里海海岸的捷列克河防线，并获得独立坦克第44营、独立装甲列车第66营和独立17、18号装甲列车的支援。[77]

马斯连尼科夫的预备队包括近卫步兵第10军（近卫步兵第4、第5、第6、第7旅），步兵第89、第347、第417师，坦克第52旅（46辆坦克），独立坦克第249、第258、第563营（配备的是根据《租借法案》提供的英制和美制坦克）。[78]尽管他的北方集群看上去实力强大，但辖内的许多部队严重缺编。步兵第417师只有500支步枪，其他步兵师和步兵旅既没有机枪，也没有大炮。马斯连尼科夫集群只有105辆坦克，却要抗击德军第40和第3装甲军投入的约350辆坦克，因此，他们不得不采取一切防御措施。在这些部队身后，90000名当地居民在马哈奇卡拉和巴库全力构筑防坦克防御。[79]这就是克莱斯特麾下第40装甲军向东推进，跨过干旱的草原，进入高加索山脉的山麓时将要遭遇的苏军。

8月16日，秋列涅夫给马斯连尼科夫的北方集群下达了明确的作战任务。马斯连尼科夫指出，敌人已将第40装甲军的主力（1个摩步师和1个装甲师）投入军校学员队与第37集团军之间的缺口，并以至少1个装甲师沿皮亚季戈尔斯克方向发起纵深推进。因此，他估计敌人将攻向普罗赫拉德内和迈斯科耶

（Maiskoe）。为应对这种威胁，秋列涅夫命令北方集群司令员：

1.做好于1942年8月16日从新巴甫洛夫斯科耶（NovoPavlovskoe）向马林斯卡亚（Mar'inskaia）发起一场短促夜袭、打击敌侧翼和后方的准备，夺取并摧毁敌位于库巴（Kuba）地域的渡口，并从第一克兹布伦（Kyzburun-1）向马尔卡（Malka）实施类似的行动。

2.发起夜袭，拂晓前完成行动。为取得成功，部队必须悄悄进入出发阵地。夜间的调动必须简单——沿已查明的路线发起进攻，可能的话，只要敌人未发现我军的行动，各部队不得开火。[80]

可是，没等秋列涅夫的命令得到执行，克莱斯特的装甲部队便发起猛烈的进攻。8月18日，德军第23、第3装甲师从格奥尔吉耶夫斯克和皮亚季戈尔斯克投入进攻，一举打垮科兹洛夫第37集团军沿马尔卡河实施防御的部队，向东南方疾进，马克的装甲部队到达普罗赫拉德内郊区，布赖特的装甲师逼近巴克桑北郊。这两个装甲师8月20日获得罗马尼亚第2山地师的支援，与科兹洛夫守卫巴克桑河防线的部队展开了一场历时两天的激战。

在此期间，8月18日，第3装甲军辖下的第13装甲师向前疾进，加入第40装甲军的进军，与马尔岑科维奇第9集团军的前哨部队进行了一场短暂但却激烈的战斗后，在格奥尔吉耶夫斯克东北方40公里处的沃龙佐沃-亚历山德罗夫斯科耶（Voronzova-Aleksandrovskoe）夺取了库马河（Kuma）上的渡口。第3和第23装甲师与科兹洛夫的部队沿巴克桑河展开激战之际，赫尔第13装甲师的坦克转身向东，随后又转向南方，试图到达并渡过捷列克河，以便从西面迂回马尔岑科维奇的集团军，并攻占莫兹多克。8月23日，赫尔装甲师的一支侦察队在莫兹多克以东30公里处的伊谢尔斯卡亚（Ishcherskaia）到达捷列克河。[81]8月22日将沿巴克桑河的防区交给罗马尼亚第2山地师后，布赖特的第3装甲师也更改部署向东穿过马克装甲师的后方区域，跨过城市以北的列宁运河，8月23日晚到达莫兹多克地域的捷列克河北岸。在这里，该师开始准备与赫尔装甲师从东面展开的突击相配合，在夜间对莫兹多克城的防御发起进攻。[82]

布赖特的部队到达莫兹多克郊外时，守卫该城的是苏军第9集团军的一个小股前进支队、罗斯托夫炮兵学校的一个学员团和预备步兵第26旅，并获得几辆装甲列车的支援。[83]他们身后的捷列克河宽100—250米，流速非常湍急。8月24日，第3装甲师以2个战斗群（"冯·利本施泰因"战斗群和"韦斯特霍芬"战斗群）对该城发起的数次突击均告失败，8月25日再度发起组织得更加仔细的进攻，这才攻占莫兹多克。[84]但此时，马尔岑科维奇已从科罗捷耶夫的近卫步兵第11军抽调3个步兵旅加强第9集团军在莫兹多克对面、捷列克河南岸的防御，从而将德军的突击阻挡在北岸。次日，赫尔的第13装甲师在莫兹多克下游的伊谢尔斯卡亚，从苏军第9集团军步兵第389师手中夺取了捷列克河对岸的一座登陆场。

夺取莫兹多克和伊谢尔斯卡亚登陆场后，克莱斯特8月25日将第13装甲师转隶第40装甲军。此后，第3和第13装甲师（第23装甲师的主力8月27日加入）接管了守卫捷列克河的任务，其防区从普罗赫拉德内东延至莫兹多克，第3装甲军军部和罗马尼亚第2山地师位于西面的巴克桑镇，第23装甲师的一部位于普罗赫拉德内地域。当天，第13装甲师将部分兵力沿捷列克河调往东面，经过一番激战，在瑙尔斯卡亚（Naurskaia）夺得一座登陆场，从而使他们在捷列克河南岸获得两个立足地。[85]8月25日—26日，第23装甲师留在后方的部队从苏军第9集团军步兵第151师手中夺取普罗赫拉德内。但第23装甲师师长马克将军视察前线时，和师部的几名军官一同阵亡[①]，因赖歇尔事件被解职的原师长博伊内布格–伦斯费尔德将军接任。[86]此时，经过一个多星期混乱的战斗，克莱斯特的第1装甲集团军几乎已陷入停顿。

接下来的一周，克莱斯特忙着集结部队，以结束目前的僵持状态，从而让这些部队从莫兹多克重新发起进攻，渡过捷列克河，向南冲向奥尔忠尼启则。奥特将军第52军辖下的第370和第111步兵师，从埃利斯塔地域向南推进，经过一场令人筋疲力尽的行军后到达莫兹多克地域，在第1装甲集团军的中央战线上接替了第3装甲师。9月份第一周，这两个步兵师展开行动，在莫兹多克以南夺取了捷列克河对岸的登陆场。被步兵师接替后，布赖特对部队加以重组，沿捷列克河北岸向东而去，与第23和第13装甲师的先头部队会合，这股力量沿北岸向东延伸，直至瑙尔斯卡亚，各侦察单位一路向东，到达格罗兹尼以北地域。克莱斯特随后命令赫尔第13装甲师进入莫兹多克以北的集结区，待第52军的步兵部队夺取捷列克河对岸的登陆场后，便从这些登陆场向南突击，冲向奥尔忠尼启则。西面，博伊内布格–伦斯费尔德的第23装甲师将在普罗赫拉德内以南重组部队，准备沿捷列克河河谷向南攻往奥尔忠尼启则。由于第1装甲集团军辖内的部队相当分散，再加上燃料短缺，克莱斯特的部队直到9月11日才向南发起一场协同进攻。在此期间，莫兹多克地域爆发了激烈的战斗，奥特的第52军竭力夺取必要的登陆场，苏军则发起几乎持续不断的反突击。[87]

8月22日，第40装甲军向莫兹多克进军之际，希特勒插手干预，调走了A集团军群辖下一个重要的快速师，严重扰乱了李斯特的计划和部署。希特勒担心苏军集结在阿斯特拉罕以西的部队有可能发起一场反击，因而从第3装甲军辖下抽调亨里齐的第16摩步师掩护集团军群的左翼。尽管此举使李斯特得以将第52军的2个步兵师南调，协助克莱斯特装甲部队的进攻，但第16摩步师赶往罗斯托夫以东250公里卡尔梅克草原的埃利斯塔，进一步拉伸了A集团军群的后勤补给线。事实上，为了将亨里齐的摩步师派往埃利斯塔，克莱斯特不得不从一个装甲师调拨坦克——更糟糕的是，第16摩步师被纳入B集团军群辖下。

接下来的几个月，第16摩步师派出摩托化巡逻队，向东和东南方前进了200公里，直至阿斯特拉罕郊外和里海边缘。[②]一些哥萨克人和流亡的乌克兰人组成的准军事单位为德军巡逻队提供了支援，这些巡逻队有时会封锁高加索与苏联欧洲地区之间的铁路线。但这项任务的规模太大，一个师根本无法完成，这也反映出A集团军群的兵力不足。[88]

苏军重新部署防御

苏军最高统帅部迅速对德军装甲部队攻入普罗赫拉德内和莫兹多克地域造成的威胁做出应对。首先，最高统帅部8月23日命令秋列涅夫组建第24集团

---

① 译注：8月26日，马克视察第128装甲掷弹兵团的前沿防线时，被一发迫击炮弹直接命中，他和3名师部参谋阵亡。

② 译注：第16摩步师成为到达苏联最东端的德军部队，由于该师在卡尔梅克草原收留了一只流浪猎犬，并以它作为师里的新师徽，故此得名"灵缇师"。

军守卫马哈奇卡拉地域。该集团军由前莫斯科防区副司令员瓦西里·阿法纳西耶维奇·霍缅科指挥，辖步兵第328、第337、第317师，马哈奇卡拉NKVD师和步兵第3旅。[89]但8月27日和28日，最高统帅部又取消了这道命令，第24集团军在斯大林格勒以北地域组建，并将霍缅科的集团军改为第58集团军。[90]

其次，最高统帅部9月1日将北高加索方面军和外高加索方面军合并为外高加索方面军，9月4日生效。这道指令将原北高加索方面军改编为黑海军队集群，划归外高加索方面军指挥。最高统帅部还命令倒霉的布琼尼返回莫斯科，由秋列涅夫担任方面军司令员，并任命切列维琴科为黑海军队集群司令员。[91]两天后，根据贝利亚的建议，最高统帅部以"失职"为由解除了马尔岑科维奇第9集团军司令员职务，派康斯坦丁·阿波罗诺维奇·科罗捷耶夫少将——1941年11—12月的罗斯托夫进攻战役中，他曾指挥过南方面军的第12集团军——接任，"巴巴罗萨"战役期间在外高加索方面军指挥步兵第4师的伊万·帕夫洛维奇·罗斯雷少将接替科罗捷耶夫担任近卫步兵第11军军长。[92]

最高统帅部、秋列涅夫和马斯连尼科夫完成了沿巴克桑河和捷列克河防御的再部署后，外高加索方面军北方集群辖下的第37、第9、第44集团军沿一条420公里长的防线，由西向东部署在第一梯队，在马哈奇卡拉地域组建的第58集团军担任第二梯队，康斯坦丁·安德烈耶维奇·韦尔希宁空军中将的空军第4集团军以176架战机为其提供支援。[93]位于马斯连尼科夫左翼，德国第3装甲军第23装甲师和罗马尼亚第2山地师对面的是科兹洛夫沿巴克桑河布防的第37集团军，编有近卫步兵第2师，步兵第275、第392、第295师和NKVD步兵第11师。科兹洛夫的任务是扼守该河，阻止德军攻向南面的纳尔奇克。位于马斯连尼科夫中央防区德军第52军第370和第111步兵师对面的是科罗捷耶夫守卫捷列克河南岸的第9集团军，其防线从普罗赫拉德内以南向东延伸至格罗兹尼西北方。第9集团军编有步兵第151、第176、第389、第417师，海军步兵第62旅以及罗斯雷近卫步兵第11军辖下的近卫步兵第8、第9、第10旅。科罗捷耶夫的任务是守卫莫兹多克东面和西面的捷列克河防线。

位于马斯连尼科夫右翼德国第3装甲师和第52军掩护克莱斯特左翼之部队对面的是，彼得罗夫的第44集团军，守卫着从格罗兹尼西北方向东北方延伸至基兹利亚尔（Kizliar）的捷列克河南岸。彼得罗夫的集团军编有步兵第223、第414、第416师，骑兵第30、第110师，步兵第9、第10、第60、第84和第256旅。2个骑兵师和3辆装甲列车①守卫着从基兹利亚尔北延至阿斯特拉罕的铁路线。马斯连尼科夫的预备力量很可观，辖扎梅尔采夫近卫步兵第10军的近卫步兵第5、第6、第7旅，步兵第89、第347师，坦克第52旅和独立坦克第249、第258营，沿奥尔忠尼启则和格罗兹尼方向集结在纵深处。[94]另外，最高统帅部还将基里琴科的近卫骑兵第4军调离图阿普谢以北的山区，划拨给马斯连尼科夫集群，并把第45和第58集团军的步兵第328、第408师调至图阿普谢方向接替该军的防务。基里琴科的骑兵军负责抗击德军最左翼，埃利斯塔以南卡尔梅克草原上的部队。

凭借这些措施，9月1日时，马斯连尼科夫的部队在兵力上优于克莱斯特，尽管克莱斯特的坦克力量仍占有超过二比一的优势。可是，马斯连尼科夫错误地将他的部队不均衡地分布在整条防线上，只以1个步兵师、2个步兵旅和45辆坦克掩护莫兹多克—马尔戈别克（Malgobek）方向，抗击德军2个装甲师和1个步兵师共191辆坦克组成的突击力量。[95]不过，由于苏军最高统帅部对部队的周密调集，克莱斯特的装甲部队要想取得任何进展绝非易事。

新罗西斯克和塔曼战役，8月19日—9月11日

克莱斯特的装甲部队攻向莫兹多克、纳尔奇克和更远处时，"鲁夫"集团军级集群8月19日恢复了进军。第17集团军辖下的第5军担任集团军级集群的主攻，冲向港口城市新罗西斯克，罗马尼亚骑兵军在1个德国师和1个罗马尼亚师的支援下从克里木发起进攻，在西面实施辅助突击，以肃清塔曼半岛的苏军（参见地图81）。

鲁夫的进攻计划要求威廉·韦策尔将军的第5军在行动中发挥至关重要的作用。该军辖下的第125、第198步兵师将从克拉斯诺达尔地域向南突击，攻向西高加索山脉顶部，而第9、第73步兵师（辖64辆坦克和突击炮，第125步兵师稍后也将加入）转身向西，沿穿过阿宾斯卡亚（Abinskaia）和克雷姆斯卡亚

---

① 译注：应为3个装甲列车营。

步339师一部

切尔卡瑟夫斯基
霍尔姆斯基
阿赫特尔斯卡亚

17集

特格伊茨亚

9步师一部
红波别达
步216师

5军

阿夫斯卡亚
当拉文斯基
罗5骑师一部
戈里什奇内
125步师
克雷姆斯卡亚
73步师
下巴坎斯亚

乌旧伊
沙普苏格斯卡亚

北高加索方面军

NDR=新罗西斯克防御地域

9步师
涅别尔贾耶夫斯卡亚
海步旅1连

47集

舍斯哈里耶
卡巴尔金卡

罗9骑师
罗骑军
罗5骑师
欧巴因夫其连
阿达古姆
格拉文斯基
俄罗斯村
格拉德科夫斯基
下尔尔斯亚
海步83旅
阿马纳特车站
步103旅
步77师
梅福杰夫斯基
新罗西斯克

上巴坎斯基
73步师
步77师
格列波夫卡
斯塔尼奇卡

47集

罗9骑师
罗5骑师
纳图哈耶夫斯卡亚
戈斯塔加耶夫斯卡亚
125步师
海步144、305营
独11126营
海步83旅
拉耶夫斯卡亚
顶山山口
海步255旅
盖杜克
涅别尔贾耶夫斯卡亚
海步83营
津拉基采罗夫
海步2连
瓦西里耶夫卡
博毕列伊
阿布劳久尔索

吉金斯科耶
罗9骑师
阿纳帕

黑海

地图81 新罗西斯克—塔曼战役（1942年8月19日—9月11日）

（Krymskaia）的铁路线，从北面进攻新罗西斯克。西面，拉科维塔将军罗马尼亚骑兵军的第5、第6、第9骑兵师将在克拉斯诺达尔与捷姆留克（Temriuk）的库班河河口之间渡过该河，冲向黑海岸边的阿纳帕港。更西面，第11集团军第42山地军①辖下的德军第46步兵师和罗马尼亚第3山地师将从克里木渡过刻赤海峡，向南、向东推进，前者负责夺取塔曼城，后者将与渡过库班河的罗马尼亚骑兵会合。[96]韦策尔是一名经验丰富的指挥官，自1942年1月12日以来便率领第5军。

德军8月15日夺取克拉斯诺达尔后，滨海战役集群的第18、第12、第56集团军开始向南退却，撤往西高加索山脉的山麓。同时，最高统帅部将守卫塔曼地域的任务交给黑海舰队的几个海军步兵营，并命令科托夫的第47集团军将部队调往东面保卫新罗西斯克。其结果是，最高统帅部8月17日解散了切列维琴科的滨海战役集群，因为该集群已不再是一股完整、连贯的力量。此时，卡姆科夫的第18集团军、格列奇科的第12集团军和雷若夫的第56集团军正实施战斗后撤，退守克拉斯诺达尔和迈科普以南、沿高加索山峰构筑的新防线，以保卫图阿普谢接近地。第47集团军实施后撤以掩护新罗西斯克接近地之际，与第56集团军之间出现了一个40公里宽的缺口，导致第47集团军被孤立在新罗西斯克地域。

苏军最高统帅部决心坚守至关重要的海军基地，8月18日设立起新罗西斯克防御地域。该防御地域由7个不同的防区构成，涵盖了整个塔曼半岛、库班河以南地域、克雷姆斯卡亚以西地域和新罗西斯克地域。最高统帅部命令科托夫的第47集团军负责守卫新罗西斯克防御地域，亚速海区舰队司令员（1956年后出任苏联海军总司令）谢尔盖·格奥尔基耶维奇·戈尔什科夫海军中将②担任他的副手。科托夫掌握的力量，除了他自己的第47集团军，还包括第56集团军的步兵第216师和隶属黑海舰队的海军步兵部队，外加亚速海区舰队，并获得1个混成航空兵集群（航空兵第237师和黑海舰队空军）的支援。[97]科托夫的第47集团军编有步兵第77、第216师，步兵第103旅、海军步兵第83旅、海军

---

① 译注：应为第42军。
② 译注：应为海军少将。

步兵第1混成旅和拥有36辆坦克的独立坦克第126营，总兵力约15000人。科托夫的防御地域奉命以这些部队"阻止敌人从地面和海上攻入新罗西斯克"。[98]尽管工兵和修建部队应该在整个防御地域构筑工事，特别是在新罗西斯克及其周边，但德军发起进攻时，这项工作并未完成。

8月19日日终前，科托夫已为防御地域的7个防区派遣了守卫部队：

第1防区——步兵第216师部署在新罗西斯克东北方20公里处的沙普苏格斯卡亚地域（Shapsugskaia）接任，掩护新罗西斯克的东北接近地；

第2防区——海军步兵第1混成旅部署在新罗西斯克以北18公里处的涅别尔贾耶夫斯卡亚（Neberdzhaevskaia）地域，守卫新罗西斯克的北接近地；

第3防区——步兵第77师和步兵第547团部署在新罗西斯克西北方21公里处的上巴坎斯基地域（Verkhne-Bakanskii），掩护新罗西斯克以北18公里处的狼门山口（Volch'i Vorota）；

第4防区——海军步兵第83旅，先是守卫塔曼沿岸，8月21日后部署至阿宾斯卡亚以西18—30公里处库班河以南的克雷姆斯卡亚、基辅斯科耶（Kievskoe）和格拉德科夫斯卡亚（Gladkovskaia）地域，独立坦克第126营为其提供支援；

第5防区——独立海军步兵第144、第35营和独立炮兵第40营据守库班河河口东北方，从红十月村（Krasnyi Oktiabr'）到卡拉巴特卡（Kalabatka）的库尔卡河（Kurka）河段；

第6防区——新罗西斯克海军基地的部队守卫黑海沿岸，其防线从新罗西斯克以东30公里处的法尔什韦格连日克（Fal'shivyi Gelendzhik）经新罗西斯克至新罗西斯克以西50公里处的阿纳帕；

第7防区——刻赤海军基地的部队以独立海军步兵第305营和独立炮兵第40营的2个连掩护塔曼半岛沿岸。[99]

作为第1、第2、第4、第5防区的前沿守卫部队，从新罗西斯克东北方36公里处的阿宾斯卡亚北延至库班河畔的特罗伊茨科耶（Troitskoe），步兵第103旅部署了连至营级前哨部队，其主力位于阿宾斯卡亚。

　　"鲁夫"集团军级集群辖下的部队8月19日展开进攻，第5军的第9、第73步兵师从克拉斯诺达尔地域攻向西面的阿宾斯卡亚，夺取了数座村庄，但没能将苏军步兵第103旅驱离阿宾斯卡亚。与此同时，罗马尼亚骑兵军第5、第6、第9骑兵师从苏军步兵第103旅的一个前哨连手中夺取了特罗伊茨科耶，但没能在行进间攻占克雷姆斯卡亚火车站。向南突击受挫后，罗马尼亚第5骑兵师转身向西，沿库班河北岸冲向亚速海岸边的捷姆留克，从独立海军步兵第144营手中夺取了红十月村，并向西面的库尔昌斯卡亚（Kurchanskaia）前进了10公里，离捷姆留克仅剩10公里的路程。

　　亚速海区舰队没有足够的预备力量，只能以500名士兵组成的一个混成步兵营守卫库尔昌斯卡亚，在海军炮火的支援下，遏制了罗马尼亚第5骑兵师的推进，并使罗马尼亚人遭受到严重损失。罗马尼亚骑兵军对此的应对是以第9骑兵师发起一场全面突击，经过激战，迫使苏军海军步兵第144、第305营于8月23日日终前放弃了捷姆留克，向西、向南后撤。[100]

　　第5军8月21日继续进攻克雷姆斯卡亚时，科托夫将海军步兵第83旅和独立坦克第126营投入该地域，并以"消灭德国侵略者"号装甲列车提供支援。但当天晚些时候，第5军辖下的第9步兵师打垮了苏军步兵第103旅和海军步兵第83旅在阿宾斯卡亚和克雷姆斯卡亚的防御，迫使这两个旅撤向新罗西斯克以北7—15公里处的米哈伊洛夫斯基（Mikhailovskii）、巴比恰（Babicha）、卡巴尔金斯基（Kabardinskii）、涅别尔贾耶夫斯卡亚和狼门山口。[101]戈尔什科夫随即组建起几个海军支队，与独立海军步兵第142营共同守卫几个山口，黑海舰队的舰艇也准备提供炮火支援。东面，经过两天的激战，第5军辖下的第73步兵师8月23日从苏军步兵第103旅手中夺取了涅别尔贾耶夫斯卡亚车站和新罗西斯克以北12公里处的上巴坎斯基，这使德军炮兵得以炮击新罗西斯克的港口和城市。[102]

　　西面，确定苏军已将其主力撤离塔曼半岛并驰援新罗西斯克后，罗马尼亚骑兵军加快了进军速度，最终于9月1日攻占阿纳帕港。同一天，德军第46步兵师和罗马尼亚第3山地师渡过刻赤海峡，几天后夺取了塔曼城。

　　面对德军即将对新罗西斯克发起的进攻，布琼尼和科托夫8月25日采取果断措施，以黑海舰队的水兵组建起海军步兵第255旅，加强新罗西斯克的防

546

第37集团军司令员彼得·米哈伊洛维奇·科兹
洛夫少将

第51集团军司令员特罗菲姆·卡利诺维奇·科
洛米耶茨少将

第56集团军司令员亚历山大·伊万诺维奇·雷
若夫少将

骑兵第17军(近卫骑兵第4军)军长尼古拉·雅
科夫列维奇·基里琴科少将

第46集团军司令员[1]格里戈里·彼得罗维奇·科托夫少将

第46集团军司令员瓦西里·法杰耶维奇·谢尔加茨科夫少将

第46集团军司令员康斯坦丁·尼古拉耶维奇·列谢利泽少将

第45集团军司令员费奥多尔·尼基季奇·列梅佐夫少将

---

① 译注：应为第47集团军。

第 9 集团军司令员
费奥凡·阿戈诺维
奇帕尔霍缅科少将

御。D.V.戈尔杰耶夫中校指挥的这个旅编有3个海军步兵营，负责守卫涅别尔贾耶夫斯卡亚—新罗西斯克公路和相邻的高地。科托夫还组建了另一个没有番号的预备海军步兵营，并将该营派往西面，加强阿纳帕的防御。[103]

苏军并不满足于被动防御，遵照科托夫的命令，8月25日，步兵第77师对德军第5军第125步兵师的一个团发起反冲击，该团刚刚赶至涅别尔贾耶夫斯卡亚地域增援第73步兵师。尽管苏军通过这场突击重新夺回了火车站，但步兵第77师损失惨重，最终被迫后撤，先退至出发阵地，随后又撤往更后方。[104]以整个第125步兵师加强第73和第9步兵师后，8月29日，鲁夫的部队重新发起进攻，这一次是沿两个集中于一点的方向（上巴坎斯基和涅别尔贾耶夫斯卡亚）推进，第249突击炮旅的50辆突击炮为此提供支援。

尽管防御中的海军步兵第83旅抗击着德军第9步兵师沿"东方向"冲往涅别尔贾耶夫斯卡亚的突击，但沿上巴坎斯基方向进攻的德军第73和第125步兵师迫使苏军步兵第103旅后撤了3—5公里。[105]此时，罗马尼亚骑兵部队正向阿纳帕推进，将苏军第47集团军守卫新罗西斯克地域的部队与守卫塔曼半岛的海军步兵隔开，迫使亚速海区舰队全力将这些部队从海路撤往新罗西斯克。[106]

面对不断恶化的态势，苏军最高统帅部积极采取措施加强新罗西斯克的周边防御。首先，莫斯科8月30日强调了先前下达的命令，要求科托夫的集团军"不惜一切代价"守卫新罗西斯克。[107]随后，9月1日，最高统帅部重新部署了高加索地区的部队，将北高加索方面军（及第12、第18、第47、第56集团军）改编为黑海军队集群，由切列维琴科指挥，该集群隶属于秋列涅夫的外高加索方面军（参见上文）。变更部署后，科托夫的集团军获得方面军预备队步兵第318师的加强，任务是坚守新罗西斯克，特别是穿过城市北面和西北面的涅别尔贾耶夫斯卡亚和上巴坎斯基的防线。[108]另外，离开自己的指挥岗位前，布琼尼9月1日还以步兵第16旅、格列奇科第12集团军海军步兵第81旅的2个营和1个独立海军步兵团支援科托夫的集团军。[109]

9月1日，韦策尔的第5军对新罗西斯克发起最后的进攻，第9、第73、第125步兵师沿涅别尔贾耶夫斯卡亚、上巴坎斯基和拉耶夫斯基（Raevskii）方向向南突击，冲向新罗西斯克北面和西北面的通道。科托夫以海军步兵第255旅守卫涅别尔贾耶夫斯卡亚方向；海军步兵第83旅和海军步兵第16营在步兵第77师和步兵第103旅的支援下，守卫上巴坎斯基和狼门山口；海军步兵第144和第305营守卫城市西北方的拉耶夫斯基方向。[110]在这场战斗中，推进中的德军第9步兵师包围了海军步兵第255旅的一部。德军步兵第73师则包围了据守狼门山口的苏军步兵第77师和步兵第103旅，尽管苏联方面的资料声称大多数被围部队设法突围而出。

经过6天的激战，其间，格列奇科接替科托夫担任第47集团军司令员，第5军辖下的3个步兵师终于突入城市北部，夺取了火车站和港口。但直到9月10日，该军才得以正式宣布彻底占领新罗西斯克。[111]一天前，格列奇科已命令黑海舰队的舰艇撤离港口，转移到南面更安全的基地。此后，激烈、代价高昂的战斗在工厂和市郊的工业区持续，直至9月26日。但是，9月11日到达城市南面的水泥厂后，双方的战线便停滞在那里，直到12月下旬德军放弃库班地域。

尽管存在一些缺点，但科托夫的集团军成功对新罗西斯克的城市和港口实施了坚决防御，迫使鲁夫以他集团军级集群辖内的罗马尼亚部队加强第5军。虽说鲁夫的部队最终攻占了新罗西斯克，但他们行动缓慢、代价高昂，导致李斯特无法从新罗西斯克地域抽调任何部队增援穿越高加索山区这场更加重要的行动，也无法调集部队、补给物资和空中支援深入石油资源丰富的地区。据苏联方面统计，鲁夫的部队在新罗西斯克战役中损失14000人、47辆坦克、95门大炮和迫击炮，尽管科托夫的集团军无疑遭到了更为严重的伤亡。[112]德军夺取新罗西斯克遇到困难，迫使他们抽调兵力，例如第125步兵师，从某种程度上说，这也对第17集团军第44军和第49山地军的行动造成了不利影响，这两个军正穿越高加索山脉，赶往黑海岸边的图阿普谢和苏呼米。

高加索山口之战，8月16日—9月

韦策尔第5军的步兵们竭力夺取塔曼半岛和新罗西斯克，克莱斯特的装甲部队冲入莫兹多克之际，康拉德将军第49山地军辖下的第1、第4山地师和罗马尼亚第2山地师在切尔克斯克地域实施重组后，突然攻入南面的山区，令布琼尼的北高加索方面军猝不及防（参见地图82）。1941年12月19日，50岁的鲁道夫·康拉德出任第49山地军军长。他是一名经验丰富的将领，1938—1940年间先后担任过第18军和第2集团军参谋长，1940—1941年任德国空军总司令的联络官，"巴巴罗萨"战役期间指挥第7山地师。[113]

8月16日日终时，康拉德的山地部队已到达克卢霍里山口（Klukhori Pass），此时据守山口的只有苏军步兵第394师第815团的2个连。[114]这个位置威胁到通往苏呼米港的道路，从而对该山口以北、苏军沿黑海海岸的整个防御构成威胁。[115]西北方，第57装甲军辖下的武装党卫队"维京"师和斯洛伐克快速师仍在迈科普以南地域，支援第17集团军第44军辖下第97、第101猎兵师穿越山脉赶往黑海海岸图阿普谢的行动。

外高加索方面军赋予第46集团军的任务是守卫高加索山脉的中央地带，特别是穿越山口通向苏呼米和奥切姆奇里（Ochemchiri）的道路。8月27日前，第46集团军由瓦西里·法杰耶维奇·谢尔加茨科夫少将指挥，此后由康斯坦丁·尼古拉耶维奇·列谢利泽中将接任。8月1日时，第46集团军编有列谢利泽山地步兵第3军的山地步兵第9、第20师，步兵第389、第392、第394、第406师，步兵第155旅、骑兵第63师、第51筑垒地域、独立坦克第12营和4个装甲列车营。1942年6月下旬，外高加索方面军命令第46集团军掩护从奥塞梯和苏呼米军用公路方向穿越高加索主山脉的山口，并要求该集团军守卫相邻的黑海海

地图 82 高加索山口之战（1942 年 8 月 16 日—9 月）

滨。[116]最后，为加强第46集团军，NKVD步兵第7师也被投入该集团军的防区。

由于第46集团军没有足够的兵力守卫275公里长的山地防线，再加上一些高级指挥员认为，这里的许多山口并不适合军队通行，因而没有在这些山口部署适当的防御。该地域的工兵部队寥寥无几，8月中旬前没能构筑起必要的工事。山地步兵第3军辖下的山地步兵第9、第20师，步兵第394师、骑兵第63师负责守卫这些山口，他们将主力留在西坡，只派出对地形缺乏了解的小股支队进入山区。另外，第46集团军没有对山区实施必要的侦察，缺乏与辖下各部队的通信联系。外高加索方面军忽略了对山口的防御，更糟糕的是，最高统帅部的注意力也集中在捷列克河地域，并将部队和援兵调往该地域，而不是山区。结果，到8月中旬，大多数山口只有连级或营级部队据守，有些山口根本无人守卫。[117]

德军在该地域取得初步成功，苏军防御计划部署缓慢的另一个重要原因是，斯大林的心腹拉夫连季·贝利亚对作战计划横加干涉。作为最高统帅部代表的贝利亚经常扰乱北高加索方面军和外高加索方面军的正常工作，质疑并更改集团军和方面军司令员的决策。

直到8月10日后，方面军和最高统帅部才开始对德军穿越高加索山区的危险重视起来。此时，除了加强山口守军，山地步兵第20师和步兵第394师向山口前方（远达20公里）派出排级或连级侦察支队，从而加大了山口防区的深度。同时，方面军命令第46集团军以预备力量和当地NKVD部队组建10个独立支队，每个支队的编成为50—150人，可以在远离集团军主力的情况下在山区独立作战。但是，集团军对这道训令执行不力。由于缺乏山地作战经验，这些独立支队向前部署时没有实施侦察，也没有构设环形防御，而是以虚弱的线型编队展开行动。

8月16日，即步兵第394师第815团的一个营与沿克卢霍里山口接近地推进的德军发生战斗一天后，第46集团军还报告："前线的情况没有发生变化。"[118]实际上，集团军司令部8月17日才获知双方发生遭遇战的消息。8月17日至9月9日，该地区不断发生类似事件，德军抢在第46集团军之前占领了几座山口，还派出小股部队守卫从厄尔布鲁士山西延至乌姆佩尔山口（Umpyr）这片地域的其他山口，并向克卢霍里和桑恰罗山口（Sancharo）以西10—25公里处派出部队，对苏呼米构成了威胁。

8月12日，OKW将康拉德的第49山地军转隶第17集团军，赋予该军的任务是：夺取穿越高加索主山脉中部和东部及厄尔布鲁士山的山口。按照康拉德的计划，第49山地军左翼的第1山地师应夺取位于捷别尔达河（Teberda）和库班河源头的山口，而其左侧的营应确保巴克桑河河谷和厄尔布鲁士山。第49山地军右翼的第4山地师应夺取位于大拉巴河（Bol'shaia Laba）源头的山口。这些师应以小股快速化支队为前卫，进军初期使用卡车，然后以驮畜运送装备。[119]

两个德军山地师迅速转向东南方，8月11日，其先遣部队前出至切尔克斯克地域；第1山地师到达米高扬沙哈尔镇（Mikoian Shakhar），这扇通往山区的门户位于切尔克斯克以南的捷别尔达河河畔，次日只遭到微弱的抵抗。第1山地师丝毫没有拖延，继续向前推进。8月14日，经过短暂的战斗，师先遣支队攻占了米高扬沙哈尔镇以南30公里处的捷别尔达镇，8月17日占领克卢霍里山口，8月19日—21日，几乎未经战斗便夺取了霍秋泰（Khotiu–Tai）山口和厄尔布鲁士山。[120]德军这场突击遭遇并打垮了苏军第46集团军步兵第394师第815团第1营。8月18日—22日，德军第4山地师也派出先遣支队从东面进入山区，沿大拉巴河河谷向南推进，赶往克卢霍里、霍秋泰、纳哈尔（Nakhar）和瑙尔（Naur）山口。[121]

起初，谢尔加茨科夫的第46集团军以步兵第815团第3营、步兵第394师教导营、苏呼米步兵学校学员支队和NKVD步兵第7师的一个支队加强克卢霍里山口以西的防御。这些部队8月22日到达指定地域，有足够的时间将德军阻挡在山口以西10—12公里处。由于这些部队的实力只能遏止德军的推进，无法将对方击退，故此，谢尔加茨科夫迅速向该地域派遣援兵。8月26日，步兵第394师第810团第3营和山地步兵第9师第121团加入守军。尽管这些部队击退了德军第1山地师发起的几次进攻，但他们随后发起的反冲击失败了，因为苏军总是采用正面进攻。[122]

1942年8月份最后一周开始时，德军山地部队的突然推进终于促使苏军最高统帅部和方面军司令部着手拟定更合理的计划，以守卫至关重要的山区。德国人先行发起进攻的消息令秋列涅夫深感震惊，8月19日，他动身赶往苏呼米，在那里一直待到8月28日，他亲自组织对已丢失的山口实施防御，特别是在克卢霍里山口。次日，最高统帅部下达了一道措辞严厉的指令，批评方面军和集团军，并要求秋列涅夫立即采取行动，沿高加索主山脉的山峰组织起可靠的防御，重点是格鲁吉亚、奥塞梯和苏呼米军用道路以及这些公路穿越的山口。[123]秋列涅夫随即将守卫各条公路及相关山口的任务交给第46集团军辖下的部队。他还命令方面军空军部队对这些公路和山口实施不间断侦察，并指示方面军直属的工兵第27旅沿各条公路和毗邻的山口接近地设置障碍。为更好地指挥防御部队，秋列涅夫指示第46集团军将司令部迁至苏呼米，并以第45集团军（位于后方纵深处）的步兵第61师加强谢尔加茨科夫的集团军，他还命令谢尔加茨科夫组织特别支队，沿山区各个方向独立展开行动。

这些措施生效后，谢尔加茨科夫各部队的防御情况如下：

· 格鲁吉亚军用公路和克列斯托维山口（Krestovyi）以东——投入预备力量和军校学员组成的16个支队，每个支队编有1个步兵连、1个机枪排、1个迫击炮排和1个工兵班；

· 克列斯托维山口——方面军少尉培训班学员组成的教导队；

· 奥塞梯军用公路——步兵第351师；

· 厄尔布鲁士方向及附近的山口——山地步兵第242师；

· 克卢霍里、马鲁赫（Marukh）山口和苏呼米军用公路——步兵第394师；

· 桑恰罗山口——步兵第51旅；

· 普谢阿什哈（Pseashkha）和别洛列琴斯基（Belorechenskii）山口——山地步兵第20师。[124]

这些部队都组建了专门的连、营级山地支队，以加强受到威胁的关键地域，另外还设立了排、连级机动工兵和工程兵支队阻止德军沿公路和山路实施机动。贝利亚不断干涉，8月27日，最高统帅部解除了谢尔加茨科夫的职务，理由是"无法胜任他的工作"，并派步兵第3军军长列谢利泽将军接替。[125]此时，第46集团军相当一部分兵力积极守卫着高加索山脉，但大多数部队仍位于西坡。

8月份最后一周，沿高加索主山脉的山峰及其西部地域设立起更加连贯的防御后，第46集团军辖下的部队渐渐稳住他们的防线，一再击退2个德军山地师沿整条战线反复发起的冲击和试探性进攻。德军最具威胁的进攻发生在苏呼米军用公路和至关重要的马鲁赫山口接近地。9月2日投入行动后，"艾斯格鲁贝尔"战斗群（第1山地师第98团第1、第2营）9月5日对苏军步兵第394师位于山口的防御发起进攻，9月7日从该师第808和第810团手中夺取了山口[①]。面对这种情况，列谢利泽从步兵第155、第107旅和第比利斯第二步兵学校抽调3个营增援步兵第394师。但是，这些部队9月9日发起的反冲击没能击退德军，10月份展开的三次反击同样如此。[126]

西面，德军第4山地师的"施泰特纳"战斗群（第13团第2营和第91团第3营）8月25日对桑恰罗山口苏军步兵第394师第808团的连级守军和NKVD步兵第7师的1个混成支队发起进攻，并夺取了该山口。为反击敌人的冲击，第46集团军组建起"桑恰罗"集群，编有步兵第61师307团、步兵第155和第51旅的2个营、NKVD边防军第25团、NKVD的1个混成团和第比利斯第二步兵学校的1个支队，命令该集群重新夺回山口。[127]

与此同时，第4山地师第13团第2营的另一个支队8月29日攻向附近的普斯胡村（Pskhu），却被逼近中的NKVD混成团击退。苏军试图围歼这股德军，但未能成功，9月6日，"桑恰罗"集群发起一场更加猛烈的反冲击，重新夺回普斯胡村，但没能收复山口。直到10月20日，"桑恰罗"集群才将桑恰罗山口重新夺回。[128]

第46集团军在乌姆佩尔山口组织的防御比较完善。起初，在8月28日的激战中，山地步兵第20师的2个连成功击退德军第4山地师2个营的冲击。但第4山地师随后从乌姆佩尔河和大拉巴河河谷发起迂回进攻，于8月31日攻占乌姆佩尔山口，但没能夺取普谢阿什哈山口。此后，苏军山地步兵第20师第174团一直牵制着德军。[129]

更西面，从8月20日至25日，苏军山地步兵第20师第379团沿迈科普以南的别洛列琴斯基山口接近地抗击着德军第97猎兵师第207团的部队。在这场战斗中，第46集团军以NKVD边防军第23、第33团加强该防区，8月25日，这两个团发起猛烈的反冲击，10月10日前将德军猎兵逐离高加索山脉的各个山口。[130]

9月份第一周结束时，列谢利泽第46集团军辖下的部队已重新夺回高加索

---

① 译注：这里指的是马鲁赫山口。

山区作战行动的主动权，并成功将德军逐向各个山口，月中时，德军已退至克卢霍里山口西端。此后，苏军发起联合攻势重新夺回丢失的山口，即将到来的冬季降雪打破了德国人赶至黑海海岸和格鲁吉亚的一切希望。正如德国方面的记述指出的那样：

从9月中旬到月底，苏军对（德军）山脊上的防御加大了压力。几处前沿阵地不得不放弃。持续数日的降雨和大雾过后，山区的冬季到来了。作战行动冻结在霜雪中。基于高山地域的气候状况，德军指挥部拟定了一个新计划：

1.主山脊应以较少的部队加以守卫；

2.因此，第49山地军可以腾出半数力量突向图阿普谢；

3.这场突破将进入高加索森林（迈科普西南方），那里，五周后才会迎来冬季。

根据这个计划，2个山地师辖下的各个营赶往高加索森林，只留下2个山地兵团守卫全军的防线。[131]

尽管康拉德第49山地军2个山地师的大胆突击差一点实现目标，但苏军最高统帅部和外高加索方面军迅速采取行动，再次避免了一场灾难——虽然有些勉强。德军山地部队的小股快速支队熟练地模仿着德军在草原上采取的装甲战术，穿过狭窄的峡谷和山隘，到达并夺取多个至关重要的山口，实现了惊人的壮举。但是，一旦苏军第46集团军做出强有力的应对便能证明：对类似的地形条件加以利用，同样下定决心的小股部队完全可以阻止前进中的德军。虽然德军成功夺取了这些山口，但这番壮举没有太大的意义，除非他们能继续推进至黑海沿岸。到9月中旬已经很清楚，他们无法做到这一点。[132]

北翼

沃罗涅日战事重启

B集团军群在斯大林格勒焦头烂额，A集团军群在高加索取得全面胜利就差几个营之际，"中央"集团军群和"北方"集团军群也被各自的问题深深困扰。正如第五、第六章阐述的那样，交战双方都计划在这些地区发起有限的进攻，以拉直各自的战线。在战术范畴，双方都没能达成自己的目标，红军遭受到更多的挫败。但从更广泛的战役和战略背景看，苏军从7月下旬至8月发起的一系列进攻将德军的兵力和后勤拉伸至极限，牵制了对方一个个宝贵的师，而此时，斯大林格勒战场急需这些师提供支援。就这一点而言，这些进攻行动对苏军最终在斯大林格勒赢得胜利至关重要。另外，这些进攻（尽管不太成功）的存在实际上对传统的德方观点——苏联红军1942年夏季刻意避免在斯大林格勒和高加索以外地区与德军展开决战——提出了质疑。

如果仅凭毅力便能确保胜利，那么，布良斯克和沃罗涅日方面军将成为打赢苏德战争的胜利者。红军7月初在沃罗涅日附近发起一系列反冲击和反突击，几乎毫不停顿，一直持续到9月下旬。布良斯克方面军副司令员奇比索夫将军7月份没能在沃罗涅日周围（即德军1942年整个攻势的北肩）达成突破。但8月初，苏军最高统帅部为布良斯克方面军提供了新部队，将预备队第4集团军与奇比索夫战役集群的幸存者合编，组成新的第38集团军，由奇比索夫指挥。新组建的第38集团军是一股强大的力量，编有6个步兵师和7个步兵旅，外加4个坦克军和1个骑兵军（坦克第1、第2、第7、第11军，骑兵第8军），可投入的坦克超过400辆。[133]

8月3日，最高统帅部命令奇比索夫集团军8月8日沿顿河西岸向南发起进攻。同时，为支援奇比索夫的突击，沃罗涅日方面军辖下切尔尼亚霍夫斯基的第60集团军和波波夫的第40集团军应向西发起进攻，在沃罗涅日南北两面渡过顿河，并在该城以西地域与奇比索夫的部队会合。一如既往，行动目标是夺取沃罗涅日并歼灭所谓的德军"泽姆良斯克"集群，该集群编有第7军的第340、第385、第387、第168、第57、第75、第323步兵师。[134]但苏军最高统帅部发起这场攻势的真正意图是为了将德军的注意力和兵力牵制在沃罗涅日地域，从而缓解坦克第4集团军遭受的压力，第4集团军正设法守卫斯大林格勒方面军在顿河大弯曲部东北地域最后的立足地。

为完成这些任务，奇比索夫组建起3个突击群，每个突击群编有1个坦克军、1个步兵师和2个步兵旅，额外的炮兵力量要么配备给突击群，要么由集团军直接控制（参见地图83）。各坦克军军长率领坦克部队扩大战果的同时，还

地图 83 布良斯克和沃罗涅日方面军的进攻（1942 年 8 月 12 日—15 日）

要指挥由步兵、步兵支援坦克、炮兵和工兵组成的突击部队。奇比索夫的右（西）翼，罗特米斯特罗夫的坦克第7军投入173辆坦克，并负责协调步兵第240师和2个步兵旅，另获得7个炮兵团和4个近卫迫击炮团的支援。该军担任第38集团军的主要突击，将向南穿过小韦列伊卡村，最终冲向泽姆良斯克切断据守沃罗涅日西北战线突出部的4个德军步兵师的退路。与此同时，位于罗特米斯特罗夫左侧的拉扎列夫坦克第11军将投入98辆坦克，在步兵第237师和2个步兵旅的支援下从中央地域发起进攻。卡图科夫久经沙场的坦克第1军（108辆坦克），将在步兵第167师和1个步兵旅的支援下从左侧发起突击。拉扎列夫和卡图科夫的突击群将从东北面和东面攻向泽姆良斯克。卢涅夫上校获得加强的骑兵第8军辖3个骑兵师和2个步兵旅，负责牵制奇比索夫右翼的德军，并在扩大战果阶段掩护苏军的推进。[135]

这股强大的力量还获得沃罗涅日方面军从东面发起进攻的支援，应该足以粉碎盘踞在该地域的3个德军步兵师，特别是考虑到德军所有可用的坦克已被调去支援其他方向的战斗。但对苏军而言不幸的是，奇比索夫的8月攻势遇到了在过去的战斗中遇到过的同样问题。事实证明，在经验不足、后勤补给有问题以及德国空军不断打击苏军补给线的情况下，发起如此规模的进攻战役，最初给予他们的5天（8月3日—7日）准备时间远远不够。尽管方面军司令员罗科索夫斯基争取到延期，但8月12日发起进攻时，苏军的准备依然不足。

经过13分钟短暂但却猛烈的炮火准备，奇比索夫的各突击群突入德军第一道防线，向前推进了1.5公里，进入到德军精心构设的防御网，随即停滞不前。8月13日，苏军反复试图恢复进攻势头，但没能如愿，德军调集起新锐步兵预备队，并派空军对奇比索夫的部队发起猛烈打击。奇比索夫的各突击群无法熟练协调步兵和坦克部队，从而打破眼前的僵局。例如，卡图科夫突击群的步兵第104旅陷入困境时，一名缺乏经验的坦克旅旅长奉命提供支援，他没有实施侦察便贸然投入战斗，结果遭到惨重的损失。另一个例子是苏军的某坦克支队无法消灭泽姆良斯克以东卡韦列村（Kaver'e）的德军支撑点，因为坦克部队试图肃清该村时没有得到步兵的支援。[136]由于切尔尼亚霍夫斯基第60集团军和波波夫第40集团军对沃罗涅日及其东部地域的德军防御发起的进攻同样没有取得战果，最高统帅部8月15日晚命令罗科索夫斯基停止这场徒劳的攻势。[137]

苏军8月攻势唯一值得称道的是，最高统帅部学会了不勉强继续已明显遭到失败的进攻。命令罗科索夫斯基的部队停止进攻后，最高统帅部将他的3个坦克军中的2个（坦克第7、第2军）调入预备队加以休整和补充，奇比索夫剩下的部队转入防御，守卫他们微薄的既得战果。[138]罗科索夫斯基的进攻既没能吸引德军其他战线上的预备队，也没能阻止德国第6集团军继续推进，因为保卢斯8月15日对苏军坦克第4集团军位于顿河大弯曲部东北部的防御发起了大规模突击。但对保卢斯来说，一个更为不祥的兆头是，苏军最高统帅部8月30日把卡图科夫的坦克第1军也转入预备队，与坦克第26军和步兵第119师合编为坦克第5集团军[①]，该集团军由斯大林亲自掌握。[139]德国人下一次遭遇坦克第5集团军及其编成内的坦克第1军将在11月19日——这让他们后悔不迭。

勒热夫突出部之战，7月30日—8月23日

德国A、B集团军群的部队7月和8月间深入顿河大弯曲部和高加索地区时，斯大林及其属下们的信念并未动摇：德国人最终会恢复对莫斯科的进攻。因此，红军将大批精锐部队留在加里宁和西方面军辖内，这两个方面军的任务是抗击德国陆军元帅京特·冯·克鲁格的"中央"集团军群，保卫莫斯科。例如，1942年5月和7月，克鲁格的集团军群发起一系列有限行动，消灭或驱散去年冬季战役期间被困在德军战线后方数个大口袋里的大股苏军部队。代号为"汉诺威"行动的5月攻势中，德军在"中央"集团军群后方，莫斯科以西地域歼灭了P.A.别洛夫将军位于维亚济马地域的骑兵集群和一支苏军空降兵部队。[140]代号为"赛德利茨"的7月攻势中，德军消灭了加里宁方面军第39集团军和骑兵第11军在维亚济马西北面、"中央"集团军群后方占据的突出部。[141]此后，克鲁格麾下各个低优先级的部队焦急地等待在防线上。

勒热夫位于莫斯科西北偏北方200公里处，是伏尔加河北岸一个至关重要的公路、铁路中心，守卫该地域的是德国第9集团军。由于在"赛德利茨"行动中负伤，第9集团军司令瓦尔特·莫德尔大将正在休假疗养，目前指挥该集团军的是装甲兵上将海因里希·戈特弗里德·冯·菲廷霍夫。[142]勒热夫位于从斯摩棱斯克地域经维亚济马向东北方伸出的一个突出部的北端，是"中央"集团军群与"北方"集团军群之间的基石和支点。这座城市也处在加里宁方面军与西方面军的分界线上，这两个方面军分别由伊万·斯捷潘诺维奇·科涅夫上将和G.K.朱可夫大将指挥。[143]由于勒热夫距离莫斯科太近，苏军最高统帅部认为勒热夫和相邻的突出部形成了一柄伸向莫斯科的匕首。因此，斯大林派他最信任的将领朱可夫指挥至关重要的西方面军。

最高统帅部7月16日批准西方面军和加里宁方面军发起一场攻势，消灭部分突出部，从而吸引德军的注意力，分散其攻向斯大林格勒的兵力，这也是对朱可夫坚信莫斯科方向最具决定性的响应。最高统帅部命令朱可夫方面军右翼各集团军与科涅夫方面军左翼部队相配合，粉碎德国"中央"集团军群

位于"勒热夫—维亚济马"突出部东北端的防御。具体说来，朱可夫和科涅夫的突击群应"肃清盘踞在伏尔加河以北祖布佐夫（Zubtsov）、勒热夫地域，瓦祖扎河（Vazuza）以东祖布佐夫、卡尔马诺沃（Karmanovo）、波戈列洛耶（Pogoreloe）、戈罗季谢地域的敌人，夺取勒热夫和祖布佐夫，前出并固守伏尔加河和瓦祖扎河防线"。[144]

加里宁方面军的第30集团军由德米特里·丹尼洛维奇·列柳申科中将指挥，瓦西里·伊万诺维奇·什韦佐夫少将位于左侧的第29集团军提供支援，他们将于7月28日对德国第9集团军位于勒热夫北面和东北面的防御发起突击，夺取该城，并将德军赶往伏尔加河以南。[145]三天后，朱可夫西方面军辖下的第31和第20集团军（分别由维塔利·谢尔盖耶维奇·波列诺夫少将和马克斯·安德烈耶维奇·列伊捷尔中将指挥），将在安德烈·拉甫连季耶维奇·格特曼少将和米哈伊尔·德米特里耶维奇·索洛马京少将坦克第6、第8军以及弗拉基米尔·维克托罗维奇·克留科夫少将近卫骑兵第2军的支援下，突破德国第9集团军位于波戈列洛耶—戈罗季谢北面和南面的防御，向西推进，在瑟乔夫卡东面和东北面夺取瓦祖扎河对岸的登陆场，并向南推进，攻占卡尔马诺沃。[146]发起进攻后，两个突击集群将以一场庞大的钳形攻势困住祖布佐夫北面和东面的德国守军，在他们撤过伏尔加河和瓦祖扎河之前将其歼灭。

为完成必要的准备工作，将战役发起日期推延了数日后，两个方面军以由北至南的一连串进攻发起了"勒热夫—瑟乔夫卡"战役，试图打垮德军位于勒热夫突出部周围的防御（参见地图84）。[147]7月30日，科涅夫的加里宁方面军以90分钟的炮火准备拉开进攻的帷幕，第30和第29集团军随即向南突击冲向勒热夫。苏军以往曾有过一些看似毫无意义的集结，德军对此放松了警惕，结果被打得措手不及。科涅夫的初步突击撕开了兵力不足的守军的防御，但等德军各级指挥官清醒过来，菲廷霍夫派出预备力量后，苏军的攻势陷入了停滞。

加里宁方面军发起进攻6天后②，朱可夫的部队于8月4日拂晓投入行动，

---

① 译注：还包括坦克第22军。
① 译注：应为5天后。

经过一场猛烈的炮火准备和空中突袭，波列诺夫的第31集团军和列伊捷尔的第20集团军冲向波戈列洛耶—戈罗季谢地域。两个集团军沿30公里宽的战线向前推进，一举突破德军防线，8月5日日终前取得25公里的进展。这场突破为朱可夫投入方面军快速集群（坦克第6、第8军和近卫骑兵第2军）创造了有利条件，他们将向勒热夫以南55公里处的瑟乔夫卡扩大战果。[148] 8月5日晚些时候，苏军最高统帅部授权朱可夫指挥两个方面军，以确保更加密切的协同。[149]

地图 84 加里宁和西方面军的勒热夫—瑟乔夫卡战役（1942年7月30日—8月23日）

朱可夫的快速集群由方面军副司令员伊万·瓦西里耶维奇·加拉宁少将指挥①，拥有约600辆坦克，半数以上是KV–1和T–34型坦克。[150]这支快速集群8月6日投入战斗，日终前穿过已被粉碎的德军第161步兵师的残部，前进了50多公里。[151]另外，朱可夫投入新锐近卫步兵第8军，以加强快速集群的进军，该集群的任务是在8月6日强渡瓦祖扎河和格扎季河（Gzhat'），8月7日夺取奥苏加（Osuga）和瑟乔夫卡一线，切断勒热夫—维亚济马铁路线，并将德国第9集团军切为两段。[152]朱可夫强有力的突击消灭了德军第161步兵师，并在第9集团军第46装甲军第2装甲师与第36摩步师之间打开一个巨大的缺口，第46装甲军守卫着第9集团军位于卡尔马诺沃以北的右翼，而第6军辖下的第14摩步师守卫着勒热夫以东地域。[153]8月6日夜幕降临时，朱可夫的坦克先遣部队距离瓦祖扎河仅剩半数里程，只遭到德军第5装甲师的阻截——菲廷霍夫将该师向前部署，拦截苏军向瓦祖扎河的一切推进。[154]

尽管希特勒的注意力集中在斯大林格勒和高加索地区，但他对勒热夫地域的威胁迅速做出应对，使用了原打算发起一场局部反击的部队。第1、第2、第5装甲师和第78、第102步兵师以及第39装甲军军部得到克鲁格的指示，从南面对苏军的突破发起反击。可是，眼前的态势极其严峻，这些部队无法集结起来发起一场典型的装甲反击战，菲廷霍夫只能把通过铁路运抵的部队零零碎碎地投入战斗。[155]尽管德军据守着勒热夫以北和祖布佐夫以东的防线，但南面的防线已然崩溃，瑟乔夫卡方向缺乏掩护，极易成为朱可夫快速集群的进攻目标。

需要更多援兵的克鲁格8月7日赶至希特勒的大本营，但他在那里惊讶地获悉，哈尔德和希特勒一致认为苏军的攻势已呈强弩之末。希特勒没有为第9集团军提供援兵，反而提出应转入进攻。"旋风"行动是一个现成的计划，旨在消灭勒热夫以南200公里从基洛夫向西伸出的苏军突出部，从而缩短"中央"集团军群的战线（参见地图85）。原计划要求第4集团军向南进攻，突向莫萨利斯克（Mosal'sk），与此同时，第2装甲集团军向北突击，冲向日兹德拉河畔（Zhizdra）的乌里扬诺沃（Ul'ianovo）。这场南北夹击将切断并击败

---

① 译注：加拉宁不是西方面军副司令员，而是"西方面军军队集群"副司令员，当年8—9月出任沃罗涅日方面军副司令员。

西方面军南翼的第10、第16集团军，从而（可能）将苏军的主攻方向调离勒热夫。不幸的是，第4集团军用于这场进攻的部队大多被调去守卫勒热夫，因此，克鲁格命令麾下各集团军司令立即发起"旋风"行动时，第4集团军司令戈特哈德·海因里希回答说，他缺乏执行这一行动的兵力。[156]

在克鲁格的坚持下，"旋风"行动开始执行，但降雨使其推延至8月11日。不过，起初没有为此分配部队，这场攻势只完成很少的一部分。第11和第9装甲师率领鲁道夫·施密特大将第2装甲集团军的进攻，遭到苏军第16集团军精心构设的防御工事，目前指挥第16集团军的是I.K.巴格拉米扬将军，5月份灾难性的哈尔科夫进攻战役中，他担任西南方向总指挥部参谋长（参见第二、第三章）。[157]德军以3个步兵师的先遣团发起进攻，但第9和第19装甲师抢渡日兹德拉河时陷入了困境。[158]

德国人继续攻向基洛夫突出部时，朱可夫的打击落在勒热夫突出部。8月11日，为肃清位于南翼的瑟乔夫卡，朱可夫调整了列伊捷尔第20集团军和索洛马京坦克第8军的方向，在位于格扎茨克（Gzhatsk）附近的伊万·伊万诺维奇·费久宁斯基第5集团军的配合下，攻向卡尔马诺沃。[159]尽管这场进攻最终于8月23日取得了成功，但极大地消耗了苏军的进攻力量。与此同时，朱可夫8月13日又在南面发起另一场突袭：米哈伊尔·谢苗诺维奇·霍津中将获得加强的第33集团军，共计90000人和400辆坦克，攻向沃里亚河河谷（Voria），对德国第3装甲集团军的南翼和维亚济马铁路中心构成了威胁。[160]

当天，从休假中赶回的莫德尔接手指挥受到威胁的第9集团军，他说服希特勒，如果第2装甲集团军进攻失利，便把第9装甲师和第95步兵师抽调给他。但在此期间，莫德尔和克鲁格都没有预备力量应对新的威胁。8月14日与哈尔德的电话交谈中，克鲁格对态势做出"极为严峻的描述"。哈尔德勉强同意正从克里木赶往列宁格勒的第72步兵师改道斯摩棱斯克，运载"大德意志"摩步师的火车也将驶往瑟乔夫卡。8月17日，这两个师开始到达，但希特勒保留对"大德意志"师的控制权，因为他不希望该师卷入防御战。[161]

这就使第9集团军和第3装甲集团军的各位军长不得不在没有外援的情况下阻止朱可夫的攻势。8月15日—16日，德军第31步兵师发起一场局部反突击，攻入霍津第33集团军南翼，迟滞了苏军的推进，遏制了对方的全面突破。

地图 85 "旋风"行动（1942 年 8 月 11 日—24 日）

霍津多次试图攻入德军后方，但没能成功。8月25日—28日，德军第18装甲师和第98步兵师的部分部队在通往格扎茨克的公路上实施了一场合围，切断并歼灭了苏军第33集团军最后一次进攻尝试投入的先遣部队。此时已接替朱可夫担任西方面军司令员的科涅夫，不太情愿地结束了这场攻势，尽管勒热夫地域的战斗一直持续至9月24日。[162]

日兹德拉河战役，8 月 23 日—29 日

朱可夫的勒热夫—瑟乔夫卡进攻战役8月底渐渐停顿之际，9月初，最高统帅部将注意力转向南面。那里的红军并未遭到德军"旋风"行动的打击，反而以另一个新组建的坦克集团军发起了自己的攻势。8月15日，最高统帅部任命坦克第3集团军司令员普罗科菲·洛格维诺维奇·罗曼年科中将为西方面军副司令员，这使罗曼年科除了指挥自己的部队，还有权调动第16和第61集团军发起一场协调一致的反突击，打击德国第2装甲集团军执行"旋风"行动、沿日兹德拉河突破的东翼。[163]

朱可夫策划的日兹德拉河进攻战役（或称为科泽利斯克进攻战役），要求方面军左翼的巴格拉米扬第16集团军、别洛夫的第61集团军和罗曼年科的坦克第3集团军从科泽利斯克（Kozel'sk）以南地域发起一场夹击，歼灭德军沿日兹德拉河部署的所有部队（参见地图86）。别洛夫的集团军，由罗曼年科获得加强的坦克集团军打头阵，将从科泽利斯克东南方的别廖夫地域（Belev）发起进攻，渡过维捷别季河（Vytebet'），夺取德军后方的乌里扬诺沃。巴格拉米扬的第16集团军，将以阿列克谢·瓦西列维奇·库尔金少将的坦克第9军、瓦西里·格拉西莫维奇·布尔科夫少将的坦克第10军和维克托·基里尔洛维奇·巴拉诺夫的近卫骑兵第1军为先锋，从科泽利斯克西南地域发起突击，粉碎德军沿日兹德拉河的防御，与第61集团军在乌里扬诺沃会合，包围德国守军。[164]

完成集结后，罗曼年科的坦克第3集团军，除了辖下分别由谢苗·伊里奇·波格丹诺夫少将和瓦西里·阿列克谢耶维奇·科普佐夫少将指挥的坦克第12、第15军，还掌握着坦克兵少将德米特里·卡波维奇·莫斯托文科获得加强的坦克第3军，共计610辆坦克；另外，支援巴格拉米亚第16集团军的坦克第9、第10军也有100余辆坦克。[165]这股苏军面对的是德军第2装甲集团军第35军和第41装甲军辖下的第134、第52、第56、第26步兵师，第11、第17、第9、第20装甲师和第25摩步师，约200辆坦克和突击炮。[166]8月15日—19日，在这忙乱的四天里，坦克第3集团军搭乘火车赶往科泽利斯克，卸载后准备发起部队成立以来的第一场进攻。罗曼年科拟定了一个令人印象深刻的计划，以他的3个坦克军组成3个突击群。每个突击群除了坦克军外，还获得1个步兵师和非师属炮兵力量的支援——沃罗涅日战役期间也曾采用过这种模式。[167]

可是，由于缺乏策划、空中支援、凝聚力和经验，苏军的进攻又一次失败了。8月22日6点15分，坦克第3集团军投入进攻，但辖下的部队很快陷入了困境。森林、沼泽、雷区、德军精心构设的防御和德国空军的积极干预，使缺乏经验的苏军坦克军付出了代价，3个坦克军取得的进展不超过5公里。8月23日，罗曼年科的进攻稍有起色，他投入经验丰富的近卫摩托化步兵第1师，朝位于坦克第3集团军中央的科普佐夫坦克第15军当面之敌攻击前进。该师将德军第25摩步师击退4公里，进一步压缩了德国人占据的突出部，但8月25日，苏军的进攻再度陷入停顿。罗曼年科重新集结部队，9月2日—3日再次发起进

地图 86 西方面军的日兹德拉攻势（1942 年 8 月 23 日—29 日）

攻，可进展依然令人沮丧。最后的结果是，西方面军无疑击败了德军的"旋风"行动，但与投入的大批兵力相比，获得的战果相当有限。朱可夫为这场血腥的对抗投入700辆坦克，损失高达500辆。[168]

杰米扬斯克包围圈之战，1942年8月

春季指导最高统帅部和各方面军司令员时，斯大林曾命令他们沿着从克里木北延至列宁格勒的整条战线发动数场有限进攻。虽说这些行动都遭到失败，但为夏季战役设立起一种模式。因此，德国A、B集团军群执行"蓝色"行动，"中央"集团军群在勒热夫饱受重压之际，"北方"集团军群也遭到苏军一连串持续但却有些徒劳的攻击。尽管苏军各场进攻的细节有所不同，但其目标始终如一：切断德军第16集团军辖下的守卫着伊尔门湖以南、旧鲁萨（Staraia Russa）以东杰米扬斯克突出部的第2军。该突出部1942年1月形成，红军冬季战役期间，西北方面军将德国第2军包围在该地域。

西北方面军司令员帕维尔·阿列克谢耶维奇·库罗奇金中将两次试图消灭这个突出部，这两次进攻分别在5月5日和7月17日发起。[169]苏军的第一次进攻中，德军发起反击（"赛德利茨"行动），设法打开一条狭窄的通道，与位于旧鲁萨地域的主力相连，而第2军继续守卫突出部。7月份的第二次进攻行动中，库罗奇金试图以方面军辖下的第11、第27集团军发起突击，切断德国人所谓的"拉穆舍沃"通道，孤立并粉碎杰米扬斯克突出部，但经过一周的激战，这个任务未能完成。[170]与5月份的进攻一样，苏军7月攻势遭遇失败的主要原因是进攻部队缺乏足够的炮火支援突破德军防御，因此，除了给守军造成一些伤亡外，苏军没有取得任何进展。[171]

为保持对通道和与之相连的突出部的压力，苏军最高统帅部命令库罗奇金策划第三次进攻，只使用瓦西里·伊万诺维奇·莫罗佐夫中将的第11集团军对"拉穆舍沃"通道北侧发起进攻。[172]库罗奇金拟制的第一份进攻计划非常糟糕，斯大林和华西列夫斯基发来书面训斥，并派铁木辛哥元帅亲自监督进攻的准备工作。最高统帅部的新计划要求第11集团军从北面、弗拉基米尔·扎哈罗维奇·罗曼诺夫斯基中将的突击第1集团军从南面对通道发起一场夹击（参见地图87）。[173]结果，这场进攻直到8月10日才发起，而此时，德军已设立起一

地图 87 西北方面军的杰米扬斯克攻势（1942 年 8 月 10 日—21 日）

个特别指挥部（"克诺贝尔斯多夫"军级集群），并部署了额外的防御以保护这条通道。恶劣的气候和弹药短缺进一步削弱了库罗奇金的机会；经过10天的激战，突击第1集团军在德军防区只取得几百米进展，实施防御的德军部队包括武装党卫队第3"骷髅"摩步师。[174]

侧翼之战：评价

战争结束十年后，德国陆军总参谋长哈尔德的继任者库尔特·蔡茨勒大将，对"蓝色"行动的失利做出总结，这是一份标准的总参谋部辩词：

军事目标必须与实现这一目标所使用的部队和其他手段相对应。为实现目标，仅从纯粹的战术角度着眼是不够的：整合目标同样必不可少。如果做不到这一点，相关部队将疲于奔命，而进攻行动，无论其目标多么诱人，即便没有遭到失败，也已埋下失败的种子。

第一个目标，斯大林格勒，位于1942年春季战线前方近300英里处（480公里）；高加索甚至更远，超过350英里（560公里）……两个行动之间相距350英里。[175]

这个说法很有道理，但值得注意的是，与德国对手一样，为达成不同的目标，红军和红空军的作战行动不得不在恶劣的交通条件下跨越同样广阔的距离。当然，德国人的延伸——打击渐渐成熟的苏军并向前挺进的战略能力以及维持自身推进、为部队提供补给、巩固漫长防线的能力——超出了他们的能力。

鉴于希特勒亲自指导这场战役，他必须为分散兵力的决定承担主要责任——空军和地面力量在克里木、斯大林格勒和高加索地区不断调整，更不必说西欧与斯大林格勒之间的兵力调动了。但在当时，许多（如果不能说绝大多数的话）下属与元首同样乐观。就连在日记中多次表示出怀疑的弗朗茨·哈尔德也在7月30日写道："敌人正在逃命，他们会抢在我装甲部队之前到达高加索北部山麓。"[176]在这种情况下，斯大林格勒似乎是一个良机，不仅能迫使苏军挺身应战，还能让德军赢得一场宣传和心理上的胜利。但是，即便德军在这种情况下有能力赢得胜利，斯大林格勒战役也是一个临时举措，偏离了"蓝色"行动的原定目标——高加索油田。无论夺取油田的原定目标能否实现，仅凭16—18个师的兵力（其他地面部队和空中力量却集中在北面）肯定是无法做到的。

必须在这种背景下（德军已拉伸至崩溃临界点的可能性，实际上，这种可能性非常大）评价苏军在斯大林格勒地域外的进攻行动。根据这个标准，苏军对沃罗涅日肩部反复发起的进攻可谓拙劣的惨败，白白耗费了自身的资源，却未能收复失地，也没能转移德军的注意力。苏军在列宁格勒以南发起的杰米扬斯克进攻战役同样如此：德国"北方"集团军群轻而易举遏制了库罗奇金虚弱无力的突击，德国人在该地域发起的反击只使用了当地的部队。

可能会有人争辩说，沃罗涅日和杰米扬斯克的进攻行动也许使德军无法从较为平静的战区抽调部队。但"可能会怎样"是一个危险的游戏，没有客观的办法评估这种假设。出于同样的原因，如果苏军将这些兵力用于斯大林格勒，是否会赢得一场更快、更具决定性的胜利，这一点也无从猜测。

因此，只有苏军对德国"中央"集团军群的进攻，特别是7月30日—8月23日的"勒热夫—瑟乔夫卡"进攻战役，造成德军1942年的过度拉伸。在极少数情况下，德军才从其他任务中抽调了部队。例如，第9和第11装甲师7月底离开沃罗涅日，任务是在8月份率领"旋风"行动，而不是用于列宁格勒、斯大林格勒和高加索这些规定的优先目标。更重要的是，基于苏军8月攻势中在勒热夫和瑟乔夫卡取得的进展，朱可夫依然坚信莫斯科方向至关重要，如果拥有足够的兵力，西方面军本可以赢得更大的胜利。正如他后来在回忆录中所写的那样：

如果我们（在"勒热夫—瑟乔夫卡"战役中）掌握1—2个集团军，那么与科涅夫将军指挥的加里宁方面军协同，不仅能够粉碎敌勒热夫集团，而且可以粉碎德军的整个"勒热夫—维亚济马"集团，并大大改善整个西方战略方向的作战态势。可惜，最高统帅部错失了这个宝贵的机会。[177]

此后，朱可夫将勒热夫—瑟乔夫卡进攻战役视为一场预演，一旦斯大林为他提供更多部队（这位独裁者11月将为他提供所需要的兵力），他就将发起更加庞大的进攻战役。

另外，对苏军而言，勒热夫—瑟乔夫卡和"旋风"行动也代表着大股部队实施机械化作战的早期实验。加拉宁在瑟乔夫卡以东临时组建的快速集群以及罗曼年科位于科泽利斯克的坦克第3集团军，忘记了以往痛苦经历的提醒，这些经历使红军学会了实施复杂的机动作战，而机动作战主导着苏德战争的下半段战事。

无论苏军攻势牵制德军兵力的程度如何，总之，这些行动加剧了希特勒和德军指挥机构的心理压力。这种压力使德军参谋人员质疑元首的命令变得更加困难，也使希特勒愈发不信任他最具经验的下属，最终解除了他们的职务。但这种心理影响是否值得苏军在兵力和物资方面为此付出巨大的代价，仍是个见仁见智的问题。

1942 年 7 月末，A 集团军群司令威廉·冯·李斯特元帅（中）在罗斯托夫与他的将领们举行会议

1942 年 8 月，指向高加索地区的德军路标

1942 年 8 月，高加索山麓的红军步兵

1942 年 8 月，高加索北部的红军炮兵

1942 年 8 月，守卫新罗西斯克的苏联海军步兵

1942 年 8 月，新罗西斯克及其海港

1942 年 8 月，红军步兵守卫高加索主山脉的山麓

1942 年 8 月，红军在高加索北部发起反冲击

1942 年 8 月，红军在高加索北部发起反冲击

576

1942 年 8 月，红军援兵沿军用公路穿过高加索山脉

高加索山区的一处德军墓地

注释

1. 关于德军计划和行动的细节，可参阅齐姆克和鲍尔的《从莫斯科到斯大林格勒》第367页；威廉·蒂克的《高加索和石油：1942—1943年高加索地区的苏德战事》，约瑟夫·G·威尔士译（温尼伯：J.J.费多罗维奇出版社，1995年）。德军作战序列可参阅第17集团军作战处3号作战日志第9号附件"态势图集"（1942年7月31日—8月13日），（"Lagenkarten. Anlage 9 zum Kriegstagebuch Nr. 3, AOK 17, Ia., 31 Jul-13 Aug 1942," AOK 17. 24411/19, in NAM T-312, Roll 696）；以及第1装甲集团军作战处的态势图集（1942年8月1日—31日），（"Ia, Lagenkarten Pz AOK 1, 1-31 Aug 1942," Pz AOK 1, 24906/14, in NAM T-313, Roll 36）。

2. SVIMVOV，第18册第265页；特雷弗-罗珀《从闪电战到失败：希特勒的战争指令，1939—1945年》第130页。

3. 埃里克森的《通往斯大林格勒之路》第378页。

4. 佐洛塔廖夫，VOV，第一册第370页。A.A.格列奇科《高加索会战》（莫斯科：军事出版社，1973年），第53—54页。7月25日，南方面军辖各集团军的兵力如下：第51集团军——4个步兵师和1个骑兵师，共40000人；第37集团军——17000人；第12集团军——3个步兵师，共17000人；第18集团军——3个步兵师和1个步兵旅，共20000人；第56集团军——5个步兵师和3个步兵旅，共18000人。克里沃舍夫在《揭密：苏联武装力量在战争、作战行动和军事冲突中的损失》一书第224页提出的数字更大些。

5. 基里琴科出生于1895年，第一次世界大战中在沙皇军队担任下级军官，1918年参加红军，内战期间在南方战线指挥过骑兵团和骑兵旅。20年代两次参加红军指挥员培训班，1934年毕业于红军摩托化和机械化学院，20年代末期指挥过一个骑兵旅，30年代在总参情报局任职四年，1938—1941年先后指挥过步兵师和机械化第26军。苏德战争爆发后，基里琴科的军参加了维捷布斯克和斯摩棱斯克地域的战斗，当年8月全军覆没。1941—1942年冬季和整个"蓝色"行动期间，基里琴科先后指挥独立骑兵第38师和北高加索方面军骑兵第17军，由于在抗击克莱斯特第1装甲集团军的战斗中表现顽强，骑兵第17军被授予"近卫骑兵第4军"的荣誉称号。"蓝色"行动后期，基里琴科短暂指挥过第51和第12集团军，红军在高加索地区发起反攻以及1943—1944年的顿巴斯地区进攻战役中，他再次指挥近卫骑兵第4军。1944年11月，他被任命为红军高级骑兵学校校长，在这个岗位上干到1946年。基里琴科1949年退役，去世于1973年。关于他的更多情况，可参阅《伟大卫国战争，集团军指挥员，军事人物志》第90—92页。

6. 第1装甲集团军辖下部队7月25日—8月1日的行动，可参阅第1装甲集团军情报处敌态势图集（1942年6月29日—7月31日），（"Feindlagenkarten, Pz AOK Ic, 29 Jun-31 Jul 1942," Pz AOK 1, 24906/24, in NAM T-313, Roll 38）；第1装甲集团军作战处的态势图集（1942年8月1日—31日），（"Ia, Lagenkarten Pz AOK 1, 1-31 Aug 1942," Pz AOK 1, 24906/14, in NAM T-313, Roll 36）；以及蒂克《高加索和石油：1942—1943年高加索地区的苏德战事》第29—35页。

7. 第51集团军以步兵第138、第91、第157师在齐姆良斯卡亚发起反击。参阅萨尔基西安《第51集团军》（51-ia Armiia），第75页。

8. 详情可参阅汉斯-约阿希姆·荣格的《大德意志装甲团史》，戴维·约翰逊译（温尼伯：J.J.费多罗维奇出版社，2000年），第20页。

9. 蒂克的《高加索和石油：1942—1943年高加索地区的苏德战事》第29—32页。

10. 同上，第34页；萨尔基西安《第51集团军》第77—78页。

11. 波格列博夫出生于1898年，1918年参加红军，内战期间在南方战线指挥过机枪组和骑兵团，1927年毕业于红军骑兵学校，1938年毕业于伏龙芝军事学院，20年代和30年代先后指挥过骑兵旅和骑兵师。苏德战争爆发后，1941年7—8月的斯摩棱斯克战役中，波格列博夫指挥预备队方面军第24集团军的空军力量，1941年秋季担任红军空军学院教员系主任。1941年12月，他出任第61集团军骑兵第7军军长，1941—1942年冬季战役中，在奥廖尔地域率先发起布良斯克方面军的反击。波格列博夫后改任北高加索方面军独立骑兵军军长，在"蓝色"战役中阵亡。波格列博夫的更多情况可参阅两卷本的《军级指挥员，军事人物志》第二册第80—81页。

12. 卡雷尔的《斯大林格勒》第85—86页，豪普特《南方集团军群》第187页，萨尔基西安《第51集团军》第77—78页。卡雷尔声称"一个苏军坦克军"试图伏击第23装甲师，其实是第51集团军的坦克第135和155旅给该装甲师造成重创。

13. 参阅第17集团军作战处3号作战日志第9号附件"态势图集"（1942年7月31日—8月13日）。

14. 蒂克的《高加索和石油：1942—1943年高加索地区的苏德战事》第23—24页。

15. 格列奇科的《高加索会战》第60页。

16. 同上，第76—77页。

17. 完整的对话可参阅佐洛塔廖夫的《最高统帅部1942》第329页。季霍米罗夫出生于1897年，成为华西列夫斯基的副手前，曾担任过步兵第47军和西北方面军第34集团军参谋长，"巴巴罗萨"战役期间指挥过步兵团和步兵旅。"蓝色"行动结束后，1943年4月起，他指挥近卫步兵第93师，1944年1月病故。

18. 科托夫1902年出生，1919年参加红军，内战期间在南方战场指挥一个机枪小组，1921年毕业于莫斯科机枪培训班，1927年完成指挥员培训班的学习，1936年毕业于伏龙芝军事学院。科托夫20年代担任过连长和营长，1938年晋升为远东方面军副参谋长，1939年8—9月的哈拉哈河战役中，他担任该方面军的作战处长，1939—1940年苏芬战争期间，他在西北方面军任第8集团军参谋长。苏德战争爆发时，科托夫在伏龙芝军事学院任教。"巴巴罗萨"战役期间，他指挥步兵第163师，1942年5月的刻赤战役中，他担任克里木方面军第51集团军参谋长，随后出任第47集团军司令员。1942年9月，马利诺夫斯基将军接替他担任第47集团军司令员[1]，当年秋季保卫高加索期间，科托夫指挥外高加索方面军的第44集团军[2]，当年12月，他在捷列克河的战斗中身负重伤。伤愈后，1943年1—12月，科托夫先后担任第58、第46集团军副司令员，1943年12月至1944年11月，他指挥近卫步兵第6军。不幸的是，率领该军参加了红军在乌克兰和罗马尼亚多次进攻战役后，1944年11月7日，美军战机误炸了科托夫设在贝尔格莱德西南地域的军部，科托夫身亡。更多详情可参阅《伟大卫国战争，集团军指挥员，军事人物志》第109—110页；关于科托夫阵亡的情况，可参阅A.A.马斯洛夫和戴维·M.格兰茨的《美军战机误炸科托夫将军的经过和原因》，*JSMS*，总第11期，1998年6月第2期，第142—171页。

沙波瓦洛夫出生于1898年，第一次世界大战中在沙皇著名的骑兵第9师服役，俄国内战和苏波战争期间，他在布琼尼的骑兵第1集团军担任骑兵中队长。沙波瓦洛夫1919年毕业于莫斯科骑兵学校，1922年毕业于哈尔科夫高级指挥员高等学校，1928年毕业于莫斯科高等军事化学学校，1941年毕业于伏龙芝军事学院，沙波瓦洛夫曾在骑兵第651团和G.K.朱可夫上校的"克里木"骑兵第9师[3]内指挥过化学分队，1937年担任符拉迪沃斯托克筑垒地域化学部队指挥员。1937年秋季，沙波瓦洛夫被控为"反苏军事法西斯密谋集团"成员,在NKVD的监狱里关了8个月,后获得释放,1938年担任塞瓦斯托波尔炮兵学校校长,随后在伏龙芝军事学院参加学习。毕业后,1941年8月至1942年6月,沙波瓦洛夫任步兵第320师师长,1942年7—8月,任近卫步兵第1军军长[4]。8月初在阿尔马维尔的战斗中,他被德军第16摩步师俘虏。囚禁期间,他与德国的阿勃维尔机构合作,1943年在华沙的"R"特别总部担任作战处处长,1944年在波兰托伦的一个红军战俘特别营地任指挥官。1944年12月起,沙波瓦洛夫协助原突击第2集团军司令员A.A.弗拉索夫将军组建俄罗斯解放军,这支部队由红军战俘组成,1945年,沙波瓦洛夫担任俄罗斯解放军第3步兵师师长。1945年5月8日,沙波瓦洛夫被捷克游击队处死。更多情况可参阅两卷本的《军级指挥员,军事人物志》第一册第623—624页,马斯洛夫《被俘的苏军将领:被德国人俘虏的苏军将领的命运,1941—1945年》第192—196页。

19. 佐洛塔廖夫《最高统帅部1942》第530—532页,北高加索方面军的报告,1942年7月27日7点51分签发。

20. 同上,第330页,最高统帅部170534号指令,1942年7月28日2点45分签发。

21. 同上,第332页,最高统帅部156400号指令,1942年7月29日17点30分签发,批准了布琼尼建立两个战役集群的决定。

22. 切列维琴科出生于1894年,第一次世界大战中在沙皇军队服役,1918年加入红军,内战期间作为一名红军下级军官参加了战斗。他1924年毕业于列宁格勒骑兵学校,1931年毕业于列宁政治学院[5],1935年毕业于伏龙芝军事学院,20年代指挥过骑兵团和骑兵师,30年代任骑兵第3军军长,苏德战争前夕担任敖德萨军区司令员。战争爆发后不久,切列维琴科被任命为南方面军第9集团军司令员,1941年夏季,他巧妙地策划并率领他的集团军实施作战后撤,向东退过乌克兰,数次避免了被包围和被歼灭的厄运。1941年9月,西南方面军及辖下的第5、第21、第6、第37、第26集团军在基辅包围圈里全军覆没后,最高统帅部任命切列维琴科为新组建的第21集团军司令员,当年10月,该集团军在别尔格罗德以东遏制了德军的推进。10月下旬,切列维琴科出任南方面军司令员,当年11月和12月,他策划并成功实施了罗斯托夫反击战,12月下旬改任布良斯克方面军司令员。可是,红军1941—1942年冬季攻势中,切列维琴科的部队没能在奥廖尔地域击败德国第2装甲集团军,整个1942年春季和"蓝色"行动的大多数时间里,最高统帅部派他担任克里木方面军和北高加索方面军副司令员。德军在斯大林格勒失败后,1943—1944年,切列维琴科任哈尔科夫军区司令员,1945年4月,柏林战役达到高潮时,他重返战场,率领突击第3集团军的步兵第7军。战后,切列维琴科在苏军驻德占领军队集群中指挥一个步兵军直至1948年,后担任塔夫里亚军区副司令员直至1950年退役,他去世于1976年。关于他的更多情况,可参阅《伟大卫国战争,集团军指挥员,军事人物志》第252—253页。

23. 关于红军作战行动的详情,可参阅A.A.格列奇科的《高加索会战》。相关文件可参阅V.A.沙波瓦洛夫(主编)的《文件和资料中的高加索战役》(*Bitva za Kavkaz v dokumentakh i materialov*,斯塔

---

① 译注:接替科托夫的是格列奇科少将。
② 译注:科托夫任副司令员。
③ 译注:朱可夫没有担任过骑兵第9师师长。
④ 译注:应为独立步兵第1军。
⑤ 译注:一长制指挥员政治训练班。

夫罗波尔：斯塔夫罗波尔州立大学，2003年）。

24. 佐洛塔廖夫《最高统帅部1942》第332页，最高统帅部156400号指令，1942年7月29日17点30分签发。

25. *VE*，第八册第163页。

26. 佐洛塔廖夫的《最高统帅部1942》第333—334页，最高统帅部170536号指令，1942年7月30日4点17分签发。

27. 同上，第336页，最高统帅部994139号指令，1942年7月31日3点05分签发。

28. 近卫步兵第5、第6、第7、第9旅从莫斯科派往奥尔忠尼启则和马哈奇卡拉，近卫步兵第10旅以预备空降兵第4旅在奥尔忠尼启则组建而成，近卫步兵第11旅以机动空降兵第4旅在格罗兹尼组建而成。

29. 扎梅尔采夫出生于1899年，1920年参加红军，参加过数个指挥员培训班，20年代和30年代先后担任排级、连级、营级指挥员。1939—1940年苏芬战争期间，他在著名的"彼列科普"步兵第51师指挥第287团，苏德战争爆发前的18个月里，他指挥着第18筑垒地域。德国发动入侵后不久，扎梅尔采夫被派至敖德萨军区指挥步兵第255师，1941年夏季和秋季，他率领该师在南方面军第6集团军辖下实施战斗后撤，穿过乌克兰地区，1941—1942年冬季参加了巴尔文科沃—洛佐瓦亚反击战。1942年5月逃出哈尔科夫包围圈后，他率领近卫步兵第3军（后改为近卫步兵第10军）参加了北高加索方面军1942年夏末的防御作战。由于"没能完成上级赋予的任务"，1942年9月扎梅尔采夫被解除职务，但一个月后，他重新担任军级指挥员，1943年和1944年初，他先后率领步兵第9、第11军参加了西南方面军（乌克兰第3方面军）在乌克兰和罗马尼亚的进攻战役。1944年4月，扎梅尔采夫再次被解除军长职务，后率领近卫第8集团军辖下的近卫步兵第57师参加了白俄罗斯第1方面军1945年1月的维斯瓦河—奥得河战役和1945年4月的柏林战役。战争结束后，1945—1947年，扎梅尔采夫先后指挥近卫步兵第57师、近卫机械化第19师和近卫步兵第88师，1948年毕业于伏罗希洛夫总参学院，后担任第14、第15集团军副司令员，第15集团军司令员、土耳其斯坦军区司令员。扎梅尔采夫1969年退役，1981年去世。更多情况可参阅两卷本的《军级指挥员，军事人物志》第一册第212—214页。

科罗捷耶夫1941年3月担任步兵第55军军长，10月份出任第12集团军司令员时年仅38岁，是红军中最年轻的军长和集团军司令员之一。他出生于1903年，第一次世界大战中是沙皇军队的一名列兵，1918年加入红军，内战期间担任过排长和连长。20年代在几个战术学校接受培训后，科罗捷耶夫1926年毕业于"射击"高级步兵学校，后率领步兵第27师参加了1939年9月对波兰东部的入侵和1939—1940年的苏芬战争。1941年3月，他被任命为基辅特别军区步兵第55军军长，该军随后划拨给第18集团军，1941年夏季，他率领该军在南方面军辖下撤过乌克兰。担任第18集团军后勤主任后，科罗捷耶夫被任命为南方面军第12集团军司令员，并率领该集团军参加了1941年11—12月的罗斯托夫反击战，随后出任方面军副司令员。1942年夏末和秋季的高加索保卫战期间，科罗捷耶夫8—9月指挥第9集团军的近卫步兵第11军，10—11月的奥尔忠尼启则防御战期间指挥第9集团军。此后，科罗捷耶夫指挥过第18、第9、第37、第52集团军，直至战争结束，先后参加过乌克兰、罗马尼亚、波兰、德国和捷克斯洛伐克的进攻战役。战争结束前，科罗捷耶夫获得"苏联英雄"称号，战后，他指挥过一个集团军，1947年毕业于伏罗希洛夫总参学院，任外贝加尔军区司令员至1951年，后任北高加索军区副司令员直至1953年去世。关于他的更多情况，可参阅《伟大卫国战争，集团军指挥员，军事人物志》第104—105页。

30. 格列奇科《高加索会战》第61页。

31. 《第3"柏林-勃兰登堡"装甲师师史，1935—1945年》（柏林：冈特·里希特书店出版社，1947年），第308页。

32. 关于这场战斗的详情，德军的视角可参阅蒂克《高加索和石油：1942—1943年高加索地区的苏德战事》第34—36页。

33. 同上，第37页；第1装甲集团军情报处"敌态势图集"（1942年6月29日—7月31日）；第1装甲集团军作战处的态势图集（1942年8月1日—31日）。

34. 骑兵第17军和第18集团军的防御详情，可参阅格列奇科的《高加索会战》第78页。

35. 另可参阅齐姆克和鲍尔的《从莫斯科到斯大林格勒》第367—371页，豪普特《南方集团军群》第182—183页，布劳《德国对苏战争：策划和行动，1941—1942年》第158—161页。

36. 7月初，第1装甲集团军辖内装甲师和摩步师的坦克数量如下：第3装甲师164辆，第13装甲师103辆，第23装甲师138辆，第16摩步师53辆，武装党卫队"维京"摩步师53辆，斯洛伐克快速师53辆，总计550辆左右。但其中100辆是二号坦克或指挥坦克，再加上7月中旬以来的损失，这个数字下降到350辆左右。参见马克西姆·科洛米耶茨和伊利亚·莫什昌斯基在《前线画刊》发表的《高加索防御战（1942年7—12月）》第8页。延茨在《装甲部队：德国坦克部队的组建和作战部署指南大全，1933—1942年》第251页提供了第13装甲师的实力，从7月29日的129辆坦克下降为9月26日的80辆。

37. 《苏联军队作战编成 第2部分（1942年1—12月）》第150—151页，格列奇科《高加索会战》第67—68页。

38. 朱可夫的《回忆与思考》第二册第81页，齐姆克和鲍尔《从莫斯科到斯大林格勒》第367—370页，埃里克森《通往斯大林格勒之路》第377页。

39. 谢尔加茨科夫出生于1898年，第一次世界大战期间是一名士官，1918年加入红军，内战期间担任过支队长、营长、团长。他1927年毕业于"射击"高级步兵学校，1941年毕业于伏罗希洛夫总参学院，30年代末，在外贝加尔军区先后指挥过步兵第94、第40、第57师，并在伏龙芝、伏罗希洛夫学院任教，1939—1940年在波罗的海沿岸特别军区指挥步兵第63军。1941—1942年冬季，谢尔加茨科夫先后担任预备队方面军第28集团军和加里宁方面军第30集团军后勤主任，1942年4月出任外高加索方面军第46集团军司令员，并率领该集团军参加了高加索保卫战，直到8月下旬被解除职务，他沦为斯大林政治心腹拉夫连季·贝利亚的受害者。尽管被降为第37集团军步兵第351师师长，但谢尔加茨科夫很快就获得晋升，1943年1—3月，他担任第47集团军步兵第3军军长，4—10月任第56集团军步兵第22军军长，后又担任近卫步兵第11军军长，直至1944年1月他由于身体不佳被迫放弃战地指挥员职务。1944年1月至1951年，他在伏龙芝军事学院任战术系主任。谢尔加茨科夫在阿尔巴尼亚人民军顾问的职务上结束了自己的军旅生涯，1961年退役，去世于1975年。关于他的更多情况，可参阅《伟大卫国战争，集团军指挥员，军事人物志》第209—210页。

40. 列梅佐夫出生于1896年，1918年参加红军，内战期间担任过连长和营长。他1932年毕业于伏龙芝军事学院，1931年指挥过一个步兵团，1937年任步兵第45师师长，1938年捷克危机期间，他任日托米尔军队集群司令员，1939年7月至1941年6月战争爆发，他先后担任外贝加尔和奥廖尔军区司令员。1941年7月初，他被任命为西方面军第13集团军司令员，率领该集团军参加了7月沿第聂伯河和8月斯摩棱斯克地域的激战。9月初，列梅佐夫调任北高加索军区司令员，负责组建新锐师和旅，其中包括第56集团军，1941年10月担任该集团军司令员，参加了1941年11月的罗斯托夫反击战和1941—1942年冬季战役。1942

582

年初，他被任命为南乌拉尔军区司令员，再次证明了自己组建、训练新部队的能力。1942年4月至战争结束，列梅佐夫一直担任外高加索方面军第45集团军司令员，他执行的任务非常重要：守卫苏联与土耳其、伊朗的边境线，并确保借道伊朗的《租借法案》通道畅通无阻。结束军旅生涯前，列梅佐夫还担任过伏龙芝军事学院系主任、捷尔任斯基军事学院副院长、莫斯科军区副司令员，他1959年退役，去世于1990年。关于他的更多情况，可参阅《伟大卫国战争，集团军指挥员，军事人物志》第190—191页。

41. 1903年出生的列谢利泽是格鲁吉亚人，1921年参加红军，1922年毕业于格鲁吉亚军校，1925年毕业于第比利斯炮兵学校，1929年毕业于指挥员培训班。20年代初期，列谢利泽为巩固格鲁吉亚的苏维埃政权发挥了突出作用，先后担任过团级和师级炮兵指挥员职务，1941年2月在白俄罗斯特别军区担任步兵军炮兵主任。苏德战争爆发后，列谢利泽担任步兵第2军炮兵主任，1941年11月图拉防御战和12月至次年4月的莫斯科反击战期间任第50集团军炮兵主任。1942年7月，列谢利泽出任第47集团军步兵第3军军长，高加索防御战期间的杰出表现使他获得晋升，先是担任第47集团军司令员，率领该集团军参加了1942—1943年冬季战役，后改任第18集团军司令员，1943年末和1944年，该集团军作为先头部队参加了乌克兰第1方面军在乌克兰地区的进攻战役。列谢利泽在日托米尔—别尔季切夫进攻战役的最后阶段负伤，这位红军中最著名、最具才华的格鲁吉亚裔指挥员死于1944年2月21日，被追授为"苏联英雄"。关于他的更多情况，可参阅《伟大卫国战争，集团军指挥员，军事人物志》第128—129页。

42. 舒克曼《斯大林的将领》第64—65页、第119—120页，埃里克森《通往斯大林格勒之路》第378—379页。

43. A集团军群的每日进展可参阅第17集团军作战处3号作战日志第9号附件"态势图集"（1942年7月31日—8月13日），以及第1装甲集团军作战处的态势图集（1942年8月1日—31日）。

44. 蒂克《高加索和石油：1942—1943年高加索地区的苏德战事》第27—28页、第83页。

45. 佐洛塔廖夫《最高统帅部1942》第533页。

46. 同上，第338页，最高统帅部170544号指令，1942年8月1日16点30分签发。

47. 同上，第340页，最高统帅部170548号指令，1942年8月3日17点05分签发。

48. 格列奇科《高加索会战》第80页。

49. 佐洛塔廖夫《最高统帅部1942》第344页，最高统帅部170553号指令，1942年8月5日4点45分签发。秋列涅夫8月4日发给总参谋长的第587/op号报告中提及德军取得的进展，并建议加强高加索山脉的防御，参见V.A.沙波瓦洛夫的《文件和资料中的高加索战役》第135—136页，红军副总参谋长与外高加索方面军参谋长关于最高统帅部8月5日令的谈话，可参阅第138—139页。

50. 佐洛塔廖夫《最高统帅部1942》第344页，最高统帅部170555号指令，1942年8月5日4点45分签发。第66集团军辖步兵第271、第276、第317、第319、第320、第328、第337、第351师，在马哈奇卡拉、杰尔宾特和巴库组建。

51. 同上，第346—347页，最高统帅部170551、170552号指令，1942年8月5日6点和6点15分签发。

52. 季莫费耶夫出生于1900年，1918年参加红军，内战期间指挥过骑兵中队和骑兵团。他1934年毕业于伏龙芝军事学院，1939年毕业于伏罗希洛夫总参学院指挥班。他在1937年担任骑兵第25师第98团团长，1939年任骑兵第12师师长。1941年3月至6月战争爆发时，他在北高加索军区指挥机械化第103师。"巴巴罗萨"战役期间，季莫费耶夫的机械化师在预备队方面军第24集团军辖下参加了7月份的斯摩棱斯克防御战，此后，NKO任命他为列宁格勒方面军独立骑兵第27师师长。当年10月，他率领该师参加了季赫温保卫战。尽管因为"没有完成受领的任务"而被解职，但1941—1942年冬季，他率领一个步兵旅在沃尔霍夫河的战斗中表现出色，很快便恢复了自己的名誉。1942年1月，他奉命指挥加里宁方面军骑兵第11军，率领该军在维亚济马以北地域、德国"中央"集团军群后方从事了历时5个月的袭击。可是，性情急躁的季莫费耶夫批评他的前任上级科涅夫将他的骑兵军毫无必要地"浪费"在毫无意义的任务上，结果，1942年5月，NKO解除了季莫费耶夫的职务，把他派往外高加索方面军担任骑兵总监，他在这个岗位上一直待到1944年3月。此后，季莫费耶夫担任派驻伊朗的骑兵第15军副军长，1945年3月重返战场，担任著名的近卫库班哥萨克骑兵第4军副军长，1945年3—4月，该军在匈牙利西部和捷克斯洛伐克的进攻战役中担任乌克兰第2方面军的先头部队。重新当上军长的季莫费耶夫在1945年5月的布拉格进攻战役中指挥近卫骑兵第4军。战后，不断激怒上司的季莫费耶夫先后担任过乌里扬诺沃和沃罗涅日地区的军事委员，他1951年退役，去世于1954年。更多情况可参阅两卷本的《军级指挥员，军事人物志》第二册第88—89页。

53. 与大多数集团军司令员不同，马斯连尼科夫这位红军高级将领来自NKVD系统。他出生于1900年，1918年参加红军，内战期间指挥过骑兵中队和骑兵旅。他1926年毕业于红军新切尔卡斯克骑兵学校，1935年毕业于伏龙芝军事学院，1928年转入NKVD边防部队。20年代末，他指挥过一个边防骑兵团，30年代担任格鲁吉亚、阿塞拜疆和白俄罗斯共和国NKVD安全部队训练主任，1939年晋升为内务部（NKVD）副人民委员。苏德战争爆发后，马斯连尼科夫和许多NKVD军官被赋予战地指挥员职务，1941年7—8月的斯摩棱斯克战役中，马斯连尼科夫指挥西方面军的第29集团军，10—11月守卫加里宁地域，12月改任第39集团军司令员，率领该集团军参加了当年12月西方面军和加里宁方面军在莫斯科发起的反击以及随后的1941—1942年冬季战役。1942年7月，他的集团军被德军包围，几乎全军覆没，马斯连尼科夫负伤，伤愈后，最高统帅部8月份任命他为外高加索方面军北方集群司令员。当年秋季，该集群守卫莫兹多克和奥尔忠尼启则，12月在高加索地区发起反击。1943年1月下旬，北方集群改编为新的北高加索方面军，并由马斯连尼科夫担任司令员，该方面军解放了克拉斯诺达尔地域，并孤立了塔曼地域的德军。作为一名出色的组织者和坚定的战士，马斯连尼科夫赢得了声誉，1943年5—12月，他先后担任沃尔霍夫方面军和西南方面军（乌克兰第3方面军）副司令员；1943年12月至1944年3月，担任列宁格勒方面军第42集团军司令员，后担任波罗的海沿岸第3方面军司令员直至1945年5月。1945年8—9月的满洲战役期间，马斯连尼科夫担任远东苏军总司令华西列夫斯基的副手，军旅生涯达到顶峰。战争结束后，1945—1947年，马斯连尼科夫先后担任巴库军区和外高加索军区[1]司令员，协助镇压了当地民众的叛乱，后担任苏联内务部队高级指挥员。由于受到不治之症的折磨，马斯连尼科夫1954年4月自杀身亡[2]。更多情况可参阅《伟大卫国战争，集团军指挥员，军事人物志》第146—147页。

哈杰耶夫出生于1894年，第一次世界大战期间是沙皇军队中的一名下级军官，1917年加入赤卫队，1918年参加红军，经历过内战，1921年参与了镇压反对布尔什维克政权的喀琅施塔得兵变。他1922年毕业于高级军事师范学校，1929年毕业于伏龙芝军事学院[3]，两次世界大战期间担任过从排级到军级的每一级职务，其中包括1939—1940年苏芬战争期间的步兵第138师师长、1941年3月至战争爆发的外高加索军

---

① 译注：应为南高加索军区。
② 译注：普遍的说法是作为NKVD高级官员的马斯连尼科夫卷入贝利亚事件，要他交待贝利亚企图利用NKVD部队发动政变的计划，尽管并不存在这种计划。
③ 译注：应为高级步兵学校。

区步兵第40军军长。战争最初的几个月，哈杰耶夫的步兵军负责守卫苏联–伊朗边境，1941年8月，最高统帅部将该军改编为第44集团军，哈杰耶夫任司令员，隶属外高加索方面军，当年10月转至北高加索地区。哈杰耶夫随后改任第46集团军司令员，负责守卫高加索山脉中央地域。可是，由于哈杰耶夫的健康状况日趋恶化，1942年4月，NKO任命他为外高加索方面军[①]副司令员，负责组建部队，他在这个职位上一直待到战争结束。战后，哈杰耶夫短暂担任过第比利斯军区司令员，1945年末退役，1957年去世。关于他的更多情况，可参阅《伟大卫国战争，集团军指挥员，军事人物志》第239页。

54. 同上[②]，第350—351页；另可参阅第352页，最高统帅部994147号指令，1942年8月8日0点28分签发。由于身体状况不佳，哈杰耶夫指挥第9集团军的时间很短，很快被马尔岑科维奇少将接替。

55. 格列奇科《高加索会战》第74页。这些支队包括罗斯托夫炮兵学校、波尔塔瓦拖拉机学校、新切尔卡斯克骑兵学校、奥尔忠尼启则步兵学校，"射击"高级步校学员组成的摩步营和迫击炮营，摩托化步兵第12教导团，装甲列车第36和第41营（共4辆装甲列车）。

56. 守卫皮亚季戈尔斯克的是NKVD步兵第11师的边防第26团。参见V.A.沙波瓦洛夫的《文件和资料中的高加索战役》第140页，外高加索方面军参谋长向红军副总参谋长报告普罗赫拉德内陷落的情况。

57. 马肯森的《从布格河到高加索，对苏作战中的第3装甲军，1941—1942年》第91—93页，卡雷尔《斯大林格勒》第83—85页，海沃德《止步于斯大林格勒：德国空军和希特勒在东线的失败（1942—1943年）》第157—159页，齐姆克和鲍尔《从莫斯科到斯大林格勒》第370页。关于苏联方面对油田设施的破坏，可参阅格列奇科的《高加索会战》第85页。

58. 要了解第1装甲集团军在这段时间的动向，可参阅第1装甲集团军作战处的态势图集（1942年8月1日—31日），以及蒂克《高加索和石油：1942—1943年高加索地区的苏德战事》第50—65页。

59. 格列奇科《高加索会战》第85页。

60. 佐洛塔廖夫《最高统帅部1942》第357页，最高统帅部170564号指令，1942年8月10日19点55分签发。

61. 同上，第358页，最高统帅部170565号指令，1942年8月11日签发。

62. 参见V.A.沙波瓦洛夫的《文件和资料中的高加索战役》第141页"外高加索方面军司令员致红军副总参谋长的报告"，签发日期为1942年8月12日。库尔久莫夫出生于1895年，第一次世界大战中担任过营长，1918年加入红军，内战期间担任过营长和旅长。库尔久莫夫1925年毕业于伏龙芝军事学院，1929和1930年担任驻沙尼亚和立陶宛的武官，30年代初期指挥过著名的"夏伯阳"步兵第25师，1935—1936年在列宁格勒军区指挥步兵第1军。1937—1939年，库尔久莫夫任红军军训部副部长、部长，1939—1940年苏芬战争期间，他先后担任第8集团军副司令员和第15集团军司令员。苏德战争爆发前夕，库尔久莫夫在西部特别军区担任负责后勤的副司令员，在这个职位上干到1941年11月。为表彰他的组织才能，最高统帅部1941年11月任命库尔久莫夫为南乌拉尔军区司令员，后改任北高加索军区司令员，1942年8月，德军侵入高加索地区，最高统帅部又任命他为外高加索方面军副司令员，负责组建和补充部队。此后，库尔久莫夫又在北高加索军区和西伯利亚军区担任过类似职务，为红军的动员工作发挥了重要作用。战后，他担任西西伯利亚军区司令员直至1947年，后担任苏联陆军副总监察长直至1957年退役，他去世于1970年。更多情况可参阅《伟大卫国战争，集团军指挥员，军事人物志》第123页。

63. 同上，第145—146页，外高加索方面军1942年8月13日的作战日志。

64. 完整的电文，同上，第150页。另可参阅北方集群、工兵第8集团军与NKVD之间8月19日—23

日，关于格罗兹尼和奥尔忠尼启则周边防御状况的后续报告和交谈，同上，第153—163页。

65. 这些部队包括第56集团军的步兵第30、第339、第349师和第18集团军的步兵第216师。

66. 关于克拉斯诺达尔攻防战的详情，可参阅格列奇科的《高加索会战》第80—81页，以及蒂克的《高加索和石油：1942—1943年高加索地区的苏德战事》第83—85页。

67. 卡雷尔《斯大林格勒》第91—93页，豪普特《南方集团军群》第185—187页。

68. 安格利斯1889年出生于奥地利，第一次世界大战和两次大战期间，他是一名炮兵。1938—1941年，他指挥第76步兵师，参加了1940年的法国战役和整个"巴巴罗萨"行动。1942年2月—1944年4月，安格利斯担任第44军军长，保卢斯第6集团军在斯大林格勒全军覆没后，安格利斯还担任过新组建的第6集团军副司令[3]。1944年4—6月指挥第6集团军在罗马尼亚德涅斯特河防线实施成功的防御后，1944年7月—1945年5月，他率领第2装甲集团军在南斯拉夫和奥地利展开防御作战。战争结束后不久，安格利斯被美国人逮捕，1946年引渡给南斯拉夫，随后作为战俘转交给俄国人，1955年获释后返回德国，他去世于1974年。安格利斯的详细情况可参阅"德国陆军将领"网站http://balsi.de/Homepage-Generale/Heer/Heer-Startseite.htm，《骑士铁十字勋章获得者，马克西米利安·德·安格利斯》；以及海贝尔和格兰茨的《希特勒和他的将领》第1111—1112页。

69. 关于图阿普谢战役的详情，可参阅蒂克《高加索和石油：1942—1943年高加索地区的苏德战事》第68—82页，以及格列奇科的《高加索会战》第86—88页。

70. 格列奇科《高加索会战》第86页。

71. 蒂克《高加索和石油：1942—1943年高加索地区的苏德战事》第77页。

72. 格列奇科《高加索会战》第86—87页。

73. 完整报告可参阅V.A.沙波瓦洛夫的《文件和资料中的高加索战役》第142—144页，"北高加索方面军军事委员会致最高统帅和副总参谋长的第65号报告"，1942年8月13日签发。

74. 齐姆克和鲍尔《从莫斯科到斯大林格勒》第372—375页，德军的战略需求可参阅朱克斯的《希特勒的斯大林格勒决策》第52—54页。

75. 德军的作战计划可参阅蒂克的《高加索和石油：1942—1943年高加索地区的苏德战事》。

76. 1942年8月下旬，究竟是谁在指挥第9集团军，关于这个问题存在一些混乱之处。苏联和俄罗斯军事百科全书中指出，K.A.科罗捷耶夫少将自9月1日起指挥第9集团军，完全没有提及哈杰耶夫或马尔岑科维奇担任过该集团军的司令员。科罗捷耶夫指挥近卫步兵第11军至9月1日，马尔岑科维奇被解职后，科罗捷耶夫出任第9集团军司令员。

77. 《苏联军队作战编成 第2部分（1942年1—12月）》第173—174页。

78. 独立坦克第249营有9辆英制MK-Ⅲ"瓦伦丁"式坦克和20辆美制M-3，独立坦克第258营有8辆"瓦伦丁"和20辆M-3，独立坦克第563营有16辆"瓦伦丁"和14辆M-3。参见科洛米耶茨和伊利亚·莫什昌斯基的《1942年7—12月，高加索防御战》第19页。

79. 格列奇科《高加索会战》第109—110页，科洛米耶茨和伊利亚·莫什昌斯基《1942年7—12月，

① 译注：应为外高加索军区。
② 译注：这里的同上指的是佐洛塔廖夫的《最高统帅部1942》。
③ 译注：1944年4—7月，安格利斯临时担任第6集团军司令，没有"副司令"一说。

高加索防御战》第17—18页，什捷缅科《战争年代的总参谋部（1941—1945年）》第一册第123—124页、127页。

80. V.A.沙波瓦洛夫《文件和资料中的高加索战役》第150—151页，"外高加索方面军0490/op号作战令"，1942年8月16日签发。

81. 马肯森《从布格河到高加索，对苏作战中的第3装甲军，1941—1942年》第96—97页。

82. 第1装甲集团军作战处的态势图集（1942年8月1日—31日）。

83. 格列奇科《高加索会战》第112页。关于北方集群防御计划的详细说明，可参阅V.A.沙波瓦洛夫《文件和资料中的高加索战役》第163—169页，"北方集群第036、037号作战令"，1942年8月23日14点签发。

84. 蒂克《高加索和石油：1942—1943年高加索地区的苏德战事》第124页。

85. 同上，第138—142页。

86. 同上。

87. 关于这场战斗的详情，参阅蒂克的《高加索和石油：1942—1943年高加索地区的苏德战事》第149—162页。

88. 齐姆克和鲍尔《从莫斯科到斯大林格勒》第375页，卡雷尔《斯大林格勒》第101—109页。

89. 佐洛塔廖夫《最高统帅部1942》第371—372页，最高统帅部170580号指令，1942年8月23日13点47分签发；V.A.沙波瓦洛夫《文件和资料中的高加索战役》第182—183页，外高加索方面军0137/op号作战令，1942年8月29日签发，命令中批评了马斯连尼科夫沿捷列克河的防御措施。霍缅科出生于1899年，1918年参加红军，内战期间担任过团长和师政委。他1928年毕业于伏龙芝军事学院，20年代初期指挥步兵团在中亚地区镇压巴斯马奇匪帮，30年代任骑兵旅旅长。1935年转入NKVD部队后，霍缅科在列宁格勒军区担任NKVD边防和国内安全部队参谋长直至1940年11月。1940年11月至1941年6月，他先后在摩尔达维亚和乌克兰共和国担任NKVD边防部队副司令员，随后又担任基辅特别军区负责后方地区安全的副司令员，直至战争爆发。1941年7月初，最高统帅部组建后备方面军时，派NKVD高级指挥员担任方面军辖下各集团军司令员，霍缅科也在其中。1941年7—8月，他率领第30集团军参加了西方面军在斯摩棱斯克地域的战斗，1941年秋季，在加里宁方面军辖下参加了勒热夫和加里宁地域的防御作战。由于第30集团军在加里宁地域的战斗中表现出色，1941年12月，最高统帅部任命霍缅科为莫斯科防区副司令员，1942年8月又任命他为第24集团军（后改为第58集团军）司令员。在高加索地区的战斗中，霍缅科先后指挥过第58和第44集团军，南方面军1943年发起的攻势中，霍缅科率领第44集团军向西突击，穿过顿巴斯地区。1944年11月9日，追击德军进入克里木后，他的车队误入德军后方地域，霍缅科被敌机枪火力击中，当场阵亡。更多的情况可参阅《伟大卫国战争，集团军指挥员，军事人物志》第246—247页。关于霍缅科阵亡的确切情况，可参阅马斯洛夫的《陨落的苏军将领》第114—117页。斯大林总是对他的将领们持怀疑态度，他起初猜测霍缅科叛逃到德国人一方。

90. 最高统帅部组建第58集团军的指令为989233号，参见格列奇科的《高加索会战》第114页和科洛米耶茨和伊利亚·莫什昌斯基《1942年7—12月，高加索防御战》第19页。

91. 佐洛塔廖夫《最高统帅部1942》第386页，最高统帅部170596号指令，1942年9月1日14点40分签发，最高统帅部与派出的代表贝利亚商讨了新组建的外高加索方面军的司令员人选问题，参见V.A.沙波瓦洛夫《文件和资料中的高加索战役》第185—186页。

92. 佐洛塔廖夫《最高统帅部1942》第387页，最高统帅部170598号指令，1942年9月3日2点50分签发。贝利亚关于北方集群及辖下各集团军状况的尖刻报告的完整副本，可参阅V.A.沙波瓦洛夫《文件和资料中的高加索战役》第189—193页。罗斯雷出生于1920年[①]，1924年参加红军，1937年毕业于"射击"高级步兵学校，1939年毕业于伏龙芝军事学院。他1936年指挥过一个营，1939年9月入侵波兰东部期间，他指挥步兵第123师第245团。1939—1940的苏芬战争中，罗斯雷所在的师在西北方面军第7集团军辖下担任先遣部队，对曼纳海姆防线发起突击，表现得非常出色，NKO授予罗斯雷"苏联英雄"称号。1940年4月，他被派至外高加索军区担任步兵第4师师长，苏德战争第一年，他的师守卫着苏联与土耳其的边境，但1942年8月，该师北调，奉命守卫高加索山脉。由于他的师实施了坚决的防御作战，作为奖励，外高加索方面军1942年9月任命40岁的罗斯雷担任第9集团军近卫步兵第11军军长。率领该军参加了10—11月的莫兹多克和奥尔忠尼启则战役后，外高加索方面军发起反击的初期阶段，罗斯雷担任第58集团军副司令员，1942—1943年冬季克拉斯诺达尔进攻战役期间，他指挥第46集团军，消灭德军在塔曼半岛的防御时，他指挥步兵第9军。1944年夏季白俄罗斯进攻战役，1945年东普鲁士、柏林和布拉格进攻战役中，罗斯雷指挥着第28集团军辖下的步兵第9军。战后，罗斯雷1948年毕业于伏罗希洛夫总参学院，指挥近卫步兵第16军，直至1957年。他于1961年退役，1980年去世。关于他的更多情况，可参阅《伟大卫国战争，集团军指挥员，军事人物志》第199—200页。

93. 韦尔希宁出生于1900年，1919年加入红军，参加过内战，也参与过1921年对喀琅施塔得兵变的镇压。20年代在步兵部队服役后，韦尔希宁1930年调入刚刚开始建设的红空军，1932年毕业于茹科夫斯基空军学院，1935年毕业于"米亚斯尼科夫"第一飞行员学校，1938年8月担任飞行员高级进修班主任，1941年5月出任校长。苏德战争爆发后，1941年9月—1942年5月，韦尔希宁担任南方面军空军司令员，在1941年11—12月的罗斯托夫反击战和1941—1942年冬季战役中，为支援地面部队的作战行动发挥了重要作用。1942年5月至战争结束，韦尔希宁指挥空军第4集团军，并担任外高加索方面军空军司令员，为方面军1942年秋季的高加索防御作战和1942—1943年冬季进攻战役做出了重要贡献，1943年春季，他的空军力量将德国空军逐出库班地域的上空。战后，1945—1969年[②]，韦尔希宁成为苏联空军总司令兼国防部副部长，其间，1953—1957年，他担任国土防空军总司令。作为苏联最著名的空军将领之一，韦尔希宁1969年退役，1973年去世。关于他的更多情况，可参阅《伟大卫国战争，集团军指挥员，军事人物志》第367—368页。

94. 格列奇科《高加索会战》第115页。

95. V.F.莫佐列夫在VE第5册第196页的《莫兹多克—马尔戈别克战役，1942年》(Mozdok-Malgrobekaia operatsiia 1942)一文。

96. 蒂克《高加索和石油：1942—1943年高加索地区的苏德战事》第87页。

97. 佐洛塔廖夫《最高统帅部1942》第367页，最高统帅部170575号指令，1942年8月18日19点45分签发。

98. 格列奇科《高加索会战》第128—129页；另可参阅I.S.希伊安的《新罗西斯克的功绩》

① 译注：应为1902年。
② 译注：应为1946—1969年。

588

（*Ratnyi podvig Novorossiiska*，莫斯科：军事出版社，1977年），第35—52页，详细阐述了8月和9月初的战斗。

99. 格列奇科《高加索会战》第133页，希伊安的《新罗西斯克的功绩》第37—38页。

100. 格列奇科《高加索会战》第133—134页，马克·阿克斯沃西、科尔内尔·斯卡费什和克里斯蒂安·克拉丘诺尤《第三轴心第四盟友：欧战中的罗马尼亚军队，1941—1945年》（伦敦：兵器和铠甲出版社，1995年），第82页。

101. 关于独立坦克第126营在这场战斗中发挥的作用，可参阅科洛米耶茨和伊利亚·莫什昌斯基的《1942年7—12月，高加索防御战》第31页。截至8月22日，该营的36辆T-26轻型坦克损失了30辆。

102. 希伊安《新罗西斯克的功绩》第41—42页。德军方面的观点可参阅蒂克的《高加索和石油：1942—1943年高加索地区的苏德战事》第88—89页。

103. 希伊安《新罗西斯克的功绩》第43页。海军步兵第255旅辖海军步兵第14、第322、第142营。

104. 同上，蒂克《高加索和石油：1942—1943年高加索地区的苏德战事》第88—89页。格列奇科在《高加索会战》一书第136页指出，第47集团军政委，I.P.阿布拉莫夫旅级政委在步兵第77师的反突击行动中阵亡。

105. 详情可参阅格列奇科的《高加索会战》第137—138页。

106. 同上，第139页。格列奇科在书中指出，亚速海区舰队将6000多名士兵撤往新罗西斯克，后来把他们编为4个海军步兵营守卫新罗西斯克。

107. 佐洛塔廖夫《最高统帅部1942》第379页，最高统帅部170595号指令，1942年8月30日签发。这道指令还将黑海舰队纳入秋列涅夫外高加索方面军辖下，9月1日生效，并要求布琼尼不惜一切代价守住图阿普谢。

108. 希伊安《新罗西斯克的功绩》第46—47页。

109. 同上，第47页。另参见V.A.沙波瓦洛夫《文件和资料中的高加索战役》第193—199页，北高加索方面军0089号报告，1942年9月2日签发，布琼尼在报告中谈及他为保卫新罗西斯克所采取的措施。

110. 参加这场战斗的唯一一支苏军坦克部队是独立坦克第126营，只有6辆T-26和3辆BT-7坦克。参阅科洛米耶茨和伊利亚·莫什昌斯基的《1942年7—12月，高加索防御战》第32页。

111. 这场最终突击的详情可参阅蒂克的《高加索和石油：1942—1943年高加索地区的苏德战事》第95页。直至9月26日的战斗详情可参阅希伊安的《新罗西斯克的功绩》第49—54页，格列奇科《高加索会战》第142—154页。另参阅V.A.沙波瓦洛夫《文件和资料中的高加索战役》第204—209页，外高加索方面军006号指令，1942年9月6日12点30分签发，以及贝利亚关于第47集团军守卫新罗西斯克的尖刻报告。

112. *VE*，第五册第501页，《新罗西斯克战役，1942年》。

113. 康拉德出生于1891年，1935—1936年指挥第100山地团，1936—1940年，他先后担任第2集团军作战参谋、第18军参谋长和第2集团军参谋长，1941年指挥第7山地师。1941年底至1944年，他担任第49山地军军长，后出任马尔加勒滕防区司令和第68军军长直至战争结束。战后被短暂拘押后获释，他去世于1964年。他的粗略生平可参阅"轴心资料手册——德国陆军"，http://www.axishistory.com/index。

114. 步兵第394师第808团8月和9月的详细作战报告，可参阅V.A.沙波瓦洛夫《文件和资料中的高加索战役》第239—244页。

115. 德军向山脉的推进，可参阅蒂克的《高加索和石油：1942—1943年高加索地区的苏德战事》第99—118页，齐姆克和鲍尔《从莫斯科到斯大林格勒》第370页，什捷缅科《战争年代的总参谋部（1941—1945年）》第一册第123页。

116. 这些山口包括厄尔布鲁士山以西库班河上游的霍秋泰和纳哈尔山口，位于捷别尔达河源头的克卢霍里和栋巴伊乌里根（Dombai-Ul'gen）山口，位于马鲁哈河（Marukha）和大泽连丘克河（Bol'shoi Zelenchuk）源头的马鲁赫、瑙尔和阿恰夫恰尔（Achavchar）山口，位于大拉巴河源头的桑恰罗、乌姆佩尔、阿伊什哈（Aishkha）和普谢阿什哈山口，别拉亚河上游的别洛列琴斯基山口。这些山口的称谓通常以形容词性的方式拼写，例如克卢霍尔斯基（克卢霍里）、马鲁赫斯基（马鲁赫）、瑙尔斯基（瑙尔）。

117. 格列奇科《高加索会战》第154—155页。

118. 同上，第156页。

119. 蒂克《高加索和石油：1942—1943年高加索地区的苏德战事》第101页。

120. 同上，第105—106页。

121. 同上，第107—108页。关于步兵第394师在克卢霍里山口的作战行动可参阅V.A.沙波瓦洛夫的《文件和资料中的高加索战役》第152—153页。

122. 格列奇科《高加索会战》第163页。

123. 佐洛塔廖夫《最高统帅部1942》第369—370页，最高统帅部170579号指令，1942年8月20日23点50分签发；另可参阅V.A.沙波瓦洛夫的《文件和资料中的高加索战役》第199—200页，贝利亚发给最高统帅部的电报谈及的山口防御情况。

124. 格列奇科《高加索会战》第160—162页。

125. 佐洛塔廖夫《最高统帅部1942》第375页，最高统帅部994172号指令，1942年8月27日23点30分签发。最高统帅部还以克拉斯诺达尔军校的一个学员团（1200人）增援列谢利泽集团军，以守卫黑海沿岸。第46集团军与外高加索方面军8月27日和28日的往来电报以及对该集团军防御工作的批评，可参阅V.A.沙波瓦洛夫的《文件和资料中的高加索战役》第175—182页、第187—189页。

126. 格列奇科《高加索会战》第164—165页，蒂克《高加索和石油：1942—1943年高加索地区的苏德战事》第110—111页。

127. 格列奇科《高加索会战》第165—166页，蒂克《高加索和石油：1942—1943年高加索地区的苏德战事》第112—113页。

128. 格列奇科《高加索会战》第166页，蒂克《高加索和石油：1942—1943年高加索地区的苏德战事》第112—114页。

129. 格列奇科《高加索会战》第166—167页，蒂克《高加索和石油：1942—1943年高加索地区的苏德战事》第108—109页。

130. 关于第46集团军9月上半月在各山口作战情况的电报和命令，可参阅V.A.沙波瓦洛夫的《文件和资料中的高加索战役》第219—222页、第227—229页。

131. 蒂克《高加索和石油：1942—1943年高加索地区的苏德战事》第117页。

132. 格列奇科《高加索会战》第167—169页，对双方的战术做了颇有见地的评论。

133. 关于当年8月沃罗涅日周边战斗的详情，可参阅格兰茨的《1941—1945年，苏德战争中被遗忘的战役》第三册第66—74页。

134. 第38集团军的具体任务可参阅I.Ia.维罗多夫主编的《为祖国而战：第38集团军在伟大卫国战争中的征途（1941—1945年）》第135—136页。

135. 格兰茨《1941—1945年，苏德战争中被遗忘的战役》第三册第67—68页。

136. 详情可参阅卡图科夫的《主要突击的矛头》第166—168页。

137. 佐洛塔廖夫《最高统帅部1942》第363页，最高统帅部156675号指令，1942年8月15日18点50分签发。

138. 同上，第364、第366页，最高统帅部994165、1036030号指令，1942年8月16日签发。

139. 同上，第376—377页，最高统帅部994176号指令，1942年8月30日3点签发。

140. 关于"汉诺威"行动的详情，可参阅戴维·M.格兰茨的《苏联空降兵史》第145—228页。

141. 关于"赛德利茨"行动的详情，可参阅格兰茨的《1941—1945年，苏德战争中被遗忘的战役》第三册第130—149页。

142. 菲廷霍夫出生于1887年，1935—1938年指挥过第1掷弹兵旅，1939年在波兰战役中指挥第5装甲师。1939—1940年，菲廷霍夫担任第13军军长，"巴巴罗萨"战役期间指挥第2装甲集群辖下的第46摩托化军。1941—1942年冬季[①]的"勒热夫—瑟乔夫卡"攻势中担任第9集团军代理司令后，菲廷霍夫1942年在法国指挥第15集团军[②]，1943和1944年在意大利指挥第10集团军的防御作战。战争的最后两年，他先后担任西南线德军总司令、"库尔兰"集团军群司令、驻意大利C集团军群司令，直至战争结束。菲廷霍夫去世于1952年。他的粗略生平可参阅"轴心资料手册——德国陆军"，http://www.axishistory.com/index。

143. 除了朱可夫元帅，科涅夫可以说是苏德战争期间最负盛名的红军方面军司令员。他出生于1897年，第一次世界大战期间在沙皇军队担任下级军官，1918年加入红军，内战期间在远东作战。科涅夫1934年毕业于伏龙芝军事学院，20年代担任过步兵第17师和步兵第17军政委，两次世界大战期间先后指挥过团、师、军，红旗第2集团军、外贝加尔军区和北高加索军区。德军入侵前不久，科涅夫率第19集团军西调，先驻扎在基辅地域，6月22日后北调至维捷布斯克和斯摩棱斯克地域，他的集团军在激战中损失殆尽。当年10月，灾难性的维亚济马包围战期间，科涅夫指挥着西方面军，1941年秋季的莫斯科保卫战和1941年12月至1942年4月红军发起的莫斯科反击战期间，他指挥加里宁方面军。1942年8—9月，科涅夫的方面军在勒热夫地域实施进攻行动，11—12月又执行了失败的"火星"行动。科涅夫的整个军旅生涯一直得到朱可夫的保护，战争剩下的日子里，他先后指挥过西方面军、西北方面军、草原（乌克兰第2）方面军和乌克兰第1方面军，1944年4月和5月率领红军发起不太成功的罗马尼亚进攻战役，但在1944年乌克兰和波兰东部的进攻战役以及1945年的维斯瓦河—奥得河和柏林战役中发挥了重要作用。战后，1946—1950年，科涅夫指挥派驻捷克斯洛伐克的苏军中央军队集群[③]，并担任苏联陆军总司令、苏联国防部第一副部长和华沙条约联合武装力量总司令，直至1956年。科涅夫是战后斯大林最青睐的将领，部分原因是为了制衡朱可夫，科涅夫在回忆录中频频对朱可夫提出批评，赫鲁晓夫掌握政权后，科涅夫的仕途黯淡下来，他1960年退役，去世于1973年。关于他的更多情况，可参阅《伟大卫国战争，集团军指挥员，军事人物志》第101—102页；以及科涅夫的回忆录《方面军司令员笔记》（莫斯科：呼声出版社，2000年），尽管这是一个未删减版，但与其他苏军将领的传记一样，在很大程度上忽略了1943年前的经历，可能是因为他在战前担任过政委，并与1941和1942年的多次军事失利有关联。

144. 佐洛塔廖夫《最高统帅部1942》第311—312页，最高统帅部170514号指令，1942年7月16日

22点签发。

145. 列柳申科出生于1901年，1918年参加红军，内战期间作为一名骑兵在布琼尼骑兵第1集团军服役。他1927年毕业于红色指挥员骑兵学校，1933年毕业于伏龙芝军事学院，20年代指挥过骑兵第4师第21团，30年代初转入红军机械化部队，30年代中期在实验性的机械化第1和第13旅任参谋。1938和1939年，列柳申科先后指挥过坦克团和坦克旅，并率领坦克旅参加了1939年9月对波兰东部的入侵，1939—1940年，他率领独立坦克第39旅参加苏芬战争，获得"苏联英雄"称号。1940年和1941年初，他指挥精锐的莫斯科无产阶级摩托化步兵第1师，1941年3月，他被任命为列宁格勒军区机械化第21军长，1941年夏季，他率领该军参加了西北方面军在波罗的海地区的防御作战。1941年8月，列柳申科出任红军汽车装甲坦克总部副部长，不久后担任汽车装甲坦克兵组建和补充部部长。在他的协助下，红军取消了机械化军编制，取而代之的是独立坦克旅和坦克营。1941年10月，"台风"行动期间，德军攻向莫斯科，列柳申科率领近卫步兵第1军参加了10月和11月著名的奥廖尔、图拉防御战，11月率领第5集团军守卫莫扎伊斯克，12月的莫斯科反击战和1941—1942年冬季战役大反击期间，他指挥第30集团军。此时的列柳申科被公认为红军中最能打的将领之一，"蓝色"行动到达高潮时，他指挥近卫第1集团军，1943和1944年红军的进攻行动中，他指挥近卫第3集团军，战争最后一年，他指挥（近卫）坦克第4集团军，在波兰战役和1945年4—5月的柏林战役中发挥了重要作用。战后，1945年至50年代初期，列柳申科指挥机械化第4集团军[4]并担任苏军驻德军队集群装甲坦克和机械化兵司令员，1964年退役前还在几个军区担任过司令员。他写过几部回忆录，去世于1987年。关于他的更多情况，可参阅《伟大卫国战争，集团军指挥员，军事人物志》第127—128页。

什韦佐夫出生于1898年，1919年参加红军，内战期间是一名战斗工兵。他1923年毕业于列宁格勒军事学校，1929和1931年参加伏龙芝军事学院的培训班，20年代和30年代，他在多所红军院校任教，包括伏龙芝军事学院，1939年9月担任西伯利亚军区步兵第133师师长。1941年5—6月，他的师向西部署。德军发动入侵后，1941年8—9月，什韦佐夫的师在预备队方面军叶利尼亚战役的胜利中发挥了重要作用。1941年10月，他的部队在维亚济马地域被德军歼灭，什韦佐夫死里逃生；1941年12月至1942年9月，他担任第29集团军司令员，参加了莫斯科战役。1942年2月，第29集团军几乎被德国"中央"集团军群彻底歼灭，什韦佐夫再次幸免于难。1942年8—9月的"勒热夫—瑟乔夫卡"进攻战役中，由于"纵容错误"，最高统帅部解除了他集团军司令员的职务，派他担任突击第3集团军副司令员。1943年2月，第3集团军在大卢基击败德军，什韦佐夫负伤，伤愈后，1943年5—12月担任突击第4集团军司令员，1944年2—7月，在西方面军和列宁格勒方面军辖下担任第21集团军司令员，后改任第23集团军司令员直至战争结束。战后，什韦佐夫指挥第23集团军至1948年，在远东地区指挥第25、第39集团军至1955年，后担任波罗的海沿岸军区第一副司令员，1958年去世。关于他的更多情况，可参阅《伟大卫国战争，集团军指挥员，军事人物志》第268—269页。

146. 波列诺夫出生于1901年，1918年参加红军，内战期间是一名下级军官。他1931年毕业于"射击"步兵学校，1938年毕业于伏龙芝军事学院。20年代和30年代，波列诺夫在NKVD边防部队服役。苏

---

① 译注：菲廷霍夫担任第9集团军代理司令是1941年9—12月。
② 译注：菲廷霍夫担任第15集团军司令是1942年12月—1943年8月。
③ 译注：该集群派驻奥地利和匈牙利，派驻捷克斯洛伐克是1968年的事情。
④ 译注：应为近卫机械化第4集团军，由近卫坦克第4集团军改编而来。

德战争爆发时,他指挥着一个边防军支队。红军迅速组建预备队集团军时,许多NKVD军官被任命为指挥员,波列诺夫1941年7月出任西方面军第31集团军步兵第243师师长,1941年10—11月,在迟滞德国第3装甲集群向莫斯科西北方推进的过程中,他指挥着一个特别战役集群。1941年12月西方面军发起莫斯科反击战期间,波列诺夫的师参加了重新夺回加里宁的行动,1942年1月,NKO擢升他为中将[1],派他担任第29集团军副司令员。1942年2—3月,他的集团军遭到包围,几乎全军覆没,但波列诺夫幸免于难,当年4月出任第31集团军司令员。此后,波列诺夫先后指挥过第31集团军、第5集团军和第47集团军,直至1944年6月。1944年8月至战争结束,他在突击第2集团军指挥步兵第108军。战后,他担任步兵第108军军长至1948年,后在几个军区担任过各种高级职务直至1958年退役,他去世于1968年。关于他的更多情况,可参阅《伟大卫国战争,集团军指挥员,军事人物志》第175—176页。

列伊捷尔出生于1886年,第一次世界大战期间在沙皇军队中官至上校,1919年加入红军,内战和苏波战争期间指挥过步兵团,1921年参加了镇压喀琅施塔得兵变的行动。他1935年毕业于伏龙芝军事学院,20年代初期指挥过一个步兵旅,1929年与中国军队争夺中东铁路控制权期间,他指挥"阿穆尔河沿岸"步兵第2师和步兵第36师。30年代,列伊捷尔在西伯利亚军区指挥步兵第73师,还担任过红军军训部处长。苏德战争爆发后,1941年8月—12月,他先后担任中央方面军和布良斯克方面军后勤部长,12月在叶列茨进攻战役中身负重伤。1942年1月重返战场后,列伊捷尔担任北高加索军区司令员,2月份任西方面军副司令员,3月份出任西方面军第20集团军司令员。8—9月,他的集团军在西方面军的波戈列耶—戈罗季谢进攻战役中一马当先,此后,列伊捷尔出任布良斯克方面军司令员,在1943年1月的沃罗涅日进攻战役中歼灭了匈牙利第2集团军,并重创德国第2集团军。冬季战役后,1943年3月,最高统帅部任命列伊捷尔为新组建的预备队方面军司令员,该方面军很快改编为草原军区,后改为草原方面军,在1943年7月的库尔斯克战役中表现突出。由于身体不佳,列伊捷尔1943年7月离开指挥岗位,改任沃罗涅日方面军副司令员,1943年9月改任南乌拉尔军区司令员直至1946年。列伊捷尔在"射击"高级步兵学校校长的职务上结束了自己的军旅生涯,一直干到1950年去世。关于他的更多情况,可参阅《伟大卫国战争,集团军指挥员,军事人物志》第189—190页。

格特曼出生于1903年,1924年参加红军,20年代指挥过步兵排和步兵连,1937年毕业于红军机械化和摩托化学院后,被派至机械化第7军,临时指挥该军辖下的第31旅。1939年,他被调到远东,当年9月打击日军的哈拉哈河战役期间,他在红旗独立第1集团军担任独立坦克第2旅[2]副旅长。1940年11月至1941年3月,他先后指挥该集团军的轻型坦克第45旅和机械化第17军辖下的坦克第27师,1941年3月担任远东方面军机械化第30军参谋长。格特曼随后出任坦克第112师师长,1941年9月,最高统帅部将该师调往西部。当年12月,格特曼率领该师参加了西方面军在图拉地域击败德国第2装甲集群的战斗,随后投入红军1941—1942年的冬季攻势。由于格特曼在莫斯科保卫战期间表现出色,最高统帅部1942年4月派他指挥新组建的坦克第6军。此后,格特曼指挥坦克第6军(近卫坦克第11军)直至1944年8月,一直隶属于卡图科夫的坦克第1集团军(近卫坦克第1集团军)。他后来担任近卫坦克第1集团军副司令员,直至战争结束。战争的最后两年,格特曼的部队先后参加过库尔斯克战役、第聂伯河登陆场之战以及1944年红军在乌克兰和波兰的多次进攻战役,1945年4月,他的部队参加了柏林战役。战后,格特曼先后指挥过乌拉尔军区和外高加索军区的坦克部队直至1949年,后担任苏军装甲坦克和机械化兵参谋长、司令员[3]直至1954年。格特曼随后指挥一个独立机械化集团军和独立第1集团军,直至1958年。格特曼在喀尔巴阡军区司令员任上结束了自己的军旅生涯,1964年退役。1965年,格特曼获得"苏联英雄"称号,1987年去世。关于他的更多情况可参阅两卷本的《军级指挥员，军事人物志》第一册第125—126页。

索洛马京出生于1894年，作为沙皇军队的一名下级军官参加过第一次世界大战，1918年加入红军，内战期间升为团长，在战斗中两次负伤。他1927年毕业于"射击"高级步兵学校，1930年毕业于伏龙芝军事学院，20年代指挥过一个步兵团，并在"射击"高级步兵学校和一个机械化部队培训班任教。30年代前期，他在红旗独立第1集团军担任步兵第59师师长，后指挥该集团军的坦克和机械化部队[4]。由于遭受诬告，1938年10月他被NKVD逮捕，1939年4月获释，当年4月出任基辅特别军区坦克第25军副军长，1940年3月任机械化第2军摩托化步兵第15师师长，1941年3月任机械化第24军坦克第45师师长。"巴巴罗萨"战役期间，索洛马京的坦克师行动果断，掩护南方面军第6、第12集团军逃出乌克兰西部的包围圈，索洛马京获得红旗勋章。1941年8月，他的师和南方面军第6、第12集团军被推进中的德军包围在乌曼地域，几乎全军覆没，索洛马京带着28名幸存者，经过20天的艰难跋涉才逃回苏军防线。当年10月，索洛马京重返战场，指挥西方面军辖下的坦克第145旅，1941年12月莫斯科反击战期间，他的坦克旅与别洛夫将军的近卫骑兵第1军相配合，在图拉地域击败了德国第2装甲集团军。在这场攻势中，索洛马京负伤，伤愈后，他率领西方面军的坦克第8军参加了1942年8—9月的波戈列洛耶—戈罗季进攻战役，1942年11—12月"火星"战役期间，他指挥加里宁方面军的机械化第1军。在后一场进攻战役中，他再次率领里的残余部队突出德军包围圈，为此获得二级库图佐夫勋章。此后，索洛马京率领机械化第1军直至1944年2月，参加了1943年8月的别尔格罗德—哈尔科夫进攻战役、1943年9月冲向第聂伯河的行动以及1943—1944年冬季乌克兰地区的作战行动。1944年2—8月短暂担任红军装甲坦克和机械化兵副司令员后，索洛马京指挥近卫坦克第5集团军参加了白俄罗斯进攻战役的后期阶段，1944年9月，他出任红军装甲和机械化总局参谋长直至战争结束。在此期间，1945年3—8月，他在远东担任装甲坦克和机械化兵副司令员，准备实施即将发起的满洲战役。战后，索洛马京在白俄罗斯军区指挥机械化第5集团军直至1946年3月，由于身体状况不佳，他随后担任伏罗希洛夫学院和伏龙芝学院的高级教员。由于病情加重，索洛马京1959年退役，但直到1986年才去世。关于他的更多情况，可参阅《伟大卫国战争，集团军指挥员，军事人物志》第297—298页。

克留科夫出生于1897年，是一名经历过第一次世界大战的老兵，1917年参加赤卫队，1918年加入红军，内战期间在南方战场参加战斗。他1924年毕业于列宁格勒骑兵学校，1932年毕业于伏龙芝军事学院，20年代指挥过骑兵中队，在骑兵团和骑兵师担任过参谋，30年代指挥过骑兵第4师第20团。1940年2月至1941年3月，克留科夫指挥步兵第306团，1941年3月至战争爆发，先后指挥过列宁格勒军区的骑兵第8旅[5]和摩托化步兵第198师。战争前6个月，克留科夫在北方面军（后改为列宁格勒方面军）第54集团军辖下作战，1941年8—9月，他的师守卫沃尔霍夫地域，1941年10月协助守卫季赫温，11月末在红军进攻行动中担任先锋，将德军赶回沃尔霍夫河。由于战功显赫，最高统帅部1942年1月任命克留科夫为西方面军骑兵第10军军长，3月改任布良斯克方面军近卫骑兵第2军军长。他率领该军直至战争结束，先后参加

---

① 译注：他1943年2月才获得中将军衔。
② 译注：应为独立机械化第2旅。
③ 译注：应为副司令员。
④ 译注：索洛马京先指挥红旗独立第1集团军的坦克和机械化部队，1937年才出任步兵第59师师长。
⑤ 译注：应为步兵第8旅。

过红军在白俄罗斯、波兰和德国境内的多次进攻战役。1945年后，克留科夫指挥过骑兵军和步兵军，并担任布琼尼高级骑兵学校校长，1942年11月在斯大林最后的大清洗中被逮捕[①]。尽管被剥夺军衔并被关押至1953年8月，但斯大林死后不久，克留科夫获释，获得平反并恢复职务。1954年毕业于伏罗希洛夫军事学院后，克留科夫担任军事司法学院副院长，负责战术和作战训练。他1957年退役，去世于1959年。关于他的更多情况可参阅两卷本的《军级指挥员，军事人物志》第65—66页。

147. 关于这场战役的细节，可参阅齐姆克和鲍尔的《从莫斯科到斯大林格勒》第240—254页；霍斯特·格罗斯曼的《勒热夫：东线的基石》，未出版；约瑟夫·G.威尔士译自德文版《巴特瑙海姆》（ Rshew: Eckpfeiler der Ostfront，西德：波德聪出版社，1962年）；尼古拉·别洛夫和塔蒂亚娜·米哈伊洛娃合著的《勒热夫1942：200高地之战》（ Rzhev, Rshew 1942. Bitva za vysotu, Die Schlacht um Höhe 200，特维尔：2000年），书中详细描述了第30集团军的进攻行动；以及A.M.桑达洛夫的《波戈列洛耶—戈罗季谢进攻战役：1942年8月，西方面军第20集团军的进攻行动》（ Pogoreloe-Gorodishchenskaia operatsiia: Nastupatelnaia operatsiia 20-i armii Zapadnogo fronta v avguste 1942 goda，莫斯科：军事出版社，1960年）。

148. 格兰茨《1941—1945年，苏德战争中被遗忘的战役》第三册第153—157页，齐姆克和鲍尔《从莫斯科到斯大林格勒》第400页，另可参阅哈尔德《哈尔德战时日记（1939—1942年）》第649、第653页OKH对苏军这场进攻的看法。

149. 佐洛塔廖夫《最高统帅部1942》第347—348页，华西列夫斯基1942年8月5日通过电话下达的命令。

150. 加拉宁出生于1899年，1919年参加红军，内战期间是一名普通士兵，1921年参加了镇压喀琅施塔得兵变的行动。1931年毕业于"射击"高级步兵学校，1936年毕业于伏龙芝军事学院后，加拉宁的军旅生涯稳步上升，1939年8—9月打击日军的哈拉哈河战役期间，他在外贝加尔军区指挥步兵第57师，1940年6月至苏德战争爆发，他在基辅特别军区指挥步兵第17军，就此成为朱可夫的亲信。战争爆发后，他的军参加了南方面军第18集团军的战斗后撤，退到乌克兰，逃脱了在乌曼和尼古拉耶夫被包围、歼灭的厄运。1941年8—11月，他率领第18集团军[②]参加了顿巴斯地区的防御作战，季赫温防御战和1941—1942年冬季反攻期间，他在沃尔霍夫方面军指挥第59集团军。1942年4月转入朱可夫的西方面军，当年4—5月，他指挥第16集团军的一个特别战役集群，6—7月担任第33集团军副司令员，8月份出任沃罗涅日方面军副司令员。1942年10月，"蓝色"行动到达高潮时，苏军最高统帅部任命加拉宁为顿河方面军第24集团军司令员。斯大林格勒反击战期间指挥第24集团军后，1943年7—8月的库尔斯克战役中，加拉宁指挥第70集团军。1943年9月至1944年1月进军第聂伯河和乌克兰东部的进攻战役期间，他指挥近卫第4集团军。红军进军乌克兰、罗马尼亚和匈牙利期间直至战争结束，他指挥第53集团军。战争结束后，显然出于对加拉宁作为集团军司令员的表现不满，国防部派他担任某步兵军副军长。加拉宁1946年退役，1958年去世。关于他的更多情况，可参阅《伟大卫国战争，集团军指挥员，军事人物志》第39—40页。

151. 桑达洛夫《波戈列洛耶—戈罗季谢进攻战役：1942年8月，西方面军第20集团军的进攻行动》第74页。

152. VE，第七册第223页，N.M.拉马尼切夫和V.V.古尔欣的《"勒热夫—瑟乔夫卡"战役，1942年》（ Rzhevsko-Sychevskie operatsii 1942 ）。

153. 参见第9集团军情报处的敌态势图和透视图（1942年8月1日—31日）中的每日态势（"Feindlage

maps and overlays, AOK 9, Ic/A.O., 1–31 Aug 1942," AOK 9, 27970/5, Ft 11, in NAM T–312, Roll 304）。

154. 关于第5装甲师的作战详情，可参阅安东·德特勒夫·冯·普拉托的《第5装甲师师史，1938—1945年》（*Die Geschichte der 5. Panzerdivision 1938 bis 1945*，德国，雷根斯堡：瓦尔哈拉和罗马城堡出版社，1978年），第230—240页。

155. 哈尔德《哈尔德战时日记（1939—1942年）》第653—654页，齐姆克和鲍尔《从莫斯科到斯大林格勒》第402—403页。

156. 出生于1886年的海因里希，作为德国国防军内最具成就的防御专家，在苏德战争期间赢得了声望。第一次世界大战凡尔登战役期间，他担任旅副官。30年代初期，他指挥第13步兵团[3]。1937—1940年指挥第16步兵师。1940年的法国战役中，他指挥着一个步兵军。准备入侵英国（"海狮"行动）期间和"巴巴罗萨"战役第一年，他率领第43军。红军发起莫斯科反击战，随后是1941—1942年的冬季大反攻，面对兵力占据优势的苏军，第43军实施了顽强的防御，海因里希声名鹊起。1942年1月接任"中央"集团军群第4集团军司令后，海因里希率领该集团军直至1944年，沿维亚济马、斯摩棱斯克、莫吉廖夫方向一路向西，熟练地实施着防御作战。他的集团军最终在1944年夏季红军白俄罗斯进攻战役中被歼灭，1944年末他率领第1装甲集团军守卫喀尔巴阡山地区，1944年4—5月指挥"维斯瓦河"集团军群守卫奥得河防线和柏林。战后，海因里希被盟军逮捕，1948年获释，去世于1971年。关于他的更多情况，可参阅《双剑饰获得者戈特哈德·海因里希》一文，来自"德国陆军将领"网站，http://balsi.de/Homepage-Generale/Heer/Heer-Startseite.htm；以及"轴心资料手册——德国陆军"，http://www.axishistory.com/index。

157. 施密特出生于1886年，参加过第一次世界大战，1934—1935年指挥第13步兵团，1935—1937年，在魏玛防卫军担任第三军需长。1939年9月的波兰战役中，他率领第1装甲师接受了战火的洗礼，1940年法国战役中，他指挥第39摩托化军，"巴巴罗萨"战役期间，他率领该军在"北方"集团军群辖下攻向列宁格勒。1941年9月初，他的军一举攻克施吕瑟尔堡，将苏军困在列宁格勒。10—11月，在季赫温遭遇败绩后，施密特年底出任第2集团军司令，1942年1月至1943年7月，任第2装甲集团军司令。1943年7月中旬，为奥廖尔突出部的疏散问题，施密特直言不讳地批评了希特勒的策略，结果被解除职务。战争剩下的日子里，他一直无所事事地待在OKW预备役。1947年，苏军反谍报部门在维斯马发现并逮捕了施密特，他被关入苏联战俘营，直到1956年才获释。恶劣的监禁条件使施密特的健康严重恶化，他去世于1957年。关于他的更多情况，可参阅"轴心资料手册—德国陆军"，http://www.axishistory.com/index；以及扎列斯基的《德国国防军：陆军和最高统帅部》第514—515页。

158. 齐姆克和鲍尔《从莫斯科到斯大林格勒》第403—404页，以及《关于西方面军左翼部队作战行动的一些结论》（*Nekotorye vyvody po operatsiiam levogo kryla Zapodnogo fronta*），《战争经验研究资料集》（*SMPIOV*）第5期（莫斯科：军事出版社，1943年），第68页。

159. 费久宁斯基出生于1900年，1919年加入红军，作为一名普通士兵参加了内战。他1931年毕业于

"射击"高级步兵学校，10年后毕业于伏罗希洛夫总参学院，1929年参加了与中国军队争夺中东铁路的战斗。1939年8—9月，打击日军的哈拉哈河战役期间，费久宁斯基指挥摩托化步兵第36师第24团，就此成为朱可夫的亲信。1940年11月至1941年6月，他在外贝加尔军区指挥摩托化步兵第82师，"巴巴罗萨"战役初期，他率领第5集团军步兵第15军参加了西南方面军守卫乌克兰西部的作战行动。被朱可夫召至列宁格勒地区后，费久宁斯基先后指挥第32集团军（1941年8—9月）、第42集团军（1941年9—10月）、第54集团军（1941年10月—1942年4月），短暂担任沃尔霍夫和布良斯克方面军副司令员后，他又指挥第11集团军（1943年6—12月）和突击第2集团军（1943年12月至战争结束）。担任指挥员期间，费久宁斯基的部队在1941年夏季和秋季的列宁格勒保卫战，1942年列宁格勒和沃尔霍夫地区的反击战，1944年解放波罗的海沿岸的战役和1945年4—5月的柏林战役中发挥了重要作用。尽管朱可夫战后失势，但费久宁斯基1946—1947年间担任阿尔汉格尔斯克军区司令员，1948—1951年任近卫第7集团军司令员，1951—1954年任苏军驻德军队集群副总司令。1954—1965年，费久宁斯基先后担任外高加索军区、土耳其斯坦军区司令员，就此结束了他的军旅生涯，退役后，1965年担任苏联国防部总监组军事顾问监察员，1977年去世。关于他的更多情况，可参阅《伟大卫国战争，集团军指挥员，军事人物志》第232—233页。

160. 详情可参阅格兰茨的《1941—1945年，苏德战争中被遗忘的战役》第三册第156—159页。霍津出生于1896年，第一次世界大战期间是沙皇军队的一名士官，1918年加入红军，内战期间先后指挥过营、团、旅。他1925年毕业于伏龙芝军事学院，1930年毕业于列宁政治学院[①]，20年代和30年代先后指挥过步兵第34、第36、第18师和步兵第1军，1939—1941年任伏龙芝军事学院院长。斯大林认为他是最具经验、政治上最可靠的将领之一，1941年8—10月，霍津担任预备队方面军后勤部长和列宁格勒方面军参谋长。1941年10月任第54集团军司令员，1941年10月至1942年4月，任列宁格勒方面军司令员和沃尔霍夫军队集群司令员。在此期间，他率领第54集团军赢得季赫温战役的胜利，但1941—1942年冬季，他率领的方面军没能打破列宁格勒包围圈。1942年6月至1943年2月，他先后指挥西方面军第33和第20集团军，参加了1942年8—9月的波戈列洛耶—戈罗季谢进攻战役和11—12月未成功的"火星"行动。1943年初，他调任西北方面军特别战役集群司令，当年2月协助朱可夫策划了打击列宁格勒地区德军的"北极星"行动，这场攻势遭遇败绩，但3月份，他们设法消灭了敌人占据的杰米扬斯克突出部。1944年初，霍津因"指挥不力"被解除职务，在伏尔加河沿岸军区司令员任上迎来战争的结束。战后，霍津在多所军事院校任教，1963年退役，1979年去世。关于他的更多情况，可参阅《伟大卫国战争，集团军指挥员，军事人物志》第244—246页。

161. 哈尔德《哈尔德战时日记（1939—1942年）》第657页，也可参阅齐姆克和鲍尔《从莫斯科到斯大林格勒》第406—407页。

162. 格兰茨《1941—1945年，苏德战争中被遗忘的战役》第三册第159—167页。

163. 罗曼年科的生平参见本书第四章。

164. 格兰茨《1941—1945年，苏德战争中被遗忘的战役》第三册第118页。库尔金出生于1901年，由于第一次世界大战期间他在沙皇军队刚刚组建的坦克部队服役，因此，20年代和30年代，他成为红军中的坦克专家。他1918年加入红军，内战期间在乌克兰指挥一辆装甲列车，1935年毕业于红军摩托化和机械化学院，1941年毕业于伏罗希洛夫学院。两次世界大战期间，他在哈尔科夫军区指挥重型坦克第4团，30年代在基辅特别军区指挥坦克第17旅，1939年9月入侵波兰东部期间指挥坦克第2旅。苏德战争爆发前两年，苏军组建新机械化军，1940年6月至1941年1月，库尔金指挥机械化第3军辖下的坦克第5师。苏德战争爆发后的前三个月，他指挥机械化第3军，并率领该军完整无损地逃出明斯克包围圈。1941年8月，该军撤编，库尔金担任列柳申科近卫步兵第1军的副军长，参加了10月份的奥廖尔和图拉保卫战，11月奉命指挥该军，随后又临时指挥第26集团军。1942年5月，库尔金出任坦克第9军军长，率领该军直至1942年10月，参加了西方面军的多次进攻行动，以破坏德军的"蓝色"行动。1943年10月底至战争结束，库尔金先后担任草原方面军、乌克兰第2方面军和外贝加尔方面军装甲坦克和机械化兵副司令员、司令员，为库尔斯克、乌克兰、罗马尼亚、匈牙利、奥地利以及1945年8—9月的满洲战役组建和投入坦克部队发挥了重要作用。1945年后，库尔金担任红军装甲坦克和机械化兵总监，直至1948年去世。关于他的更多情况，可参阅《伟大卫国战争，集团军指挥员，军事人物志》第123—124页。关于巴拉诺夫的生平，可参阅本书第四章。

165. 波格丹诺夫的生平可参阅本书第二章。科普佐夫出生于1904年，最终成为红军最年轻的坦克军军长之一，他1918年参加红军，内战期间在南方战线作战，1929年毕业于军政培训班，1931年毕业于列宁格勒坦克指挥员培训班，1930年在太平洋步兵第1师从事政治工作，1932—1933年在坦克第1团指挥一个营。1939年8—9月，他率领机械化第6旅的一个坦克营参加了打击日军的哈拉哈河战役，因作战英勇获得"苏联英雄"称号。1938年7月至1940年11月，他指挥红旗轻型坦克第8旅的一个营，后担任该旅旅长，1941年3月被任命为机械化第21军坦克第46师副师长。1941年夏季，科普佐夫率该师参加了波罗的海沿岸和普斯科夫地域的战斗，1941年秋季，预备队方面军和西方面军沿维亚济马和莫斯科方向实施防御期间，他指挥坦克第6旅[2]，随后参加了西方面军12月发起的莫斯科反击战和1941—1942年的冬季攻势。1942年5月，科普佐夫出任坦克第3集团军坦克第15军军长。38岁的科普佐夫率该军直至1943年2月，参加了红军在"蓝色行动"期间的多次反击，1943年2月在沃罗涅日方面军的哈尔科夫进攻战役中担任先锋。1943年2月末，他的军和坦克第3集团军被德国"南方"集团军群在顿巴斯和哈尔科夫地区发起的反击包围、歼灭，科普佐夫身负重伤，他被撤离战场，3月3日伤重不治。关于他的更多情况可参阅两卷本的《军级指挥员，军事人物志》第二册第141—142页。

166. 同上，第122—124页；A.M.兹瓦尔采夫主编的《近卫坦克第3集团军》（ 3-ia gvardeiskaia tankovaia armiia，莫斯科：军事出版社，1982年），第19—20页。

167. SMPIOV，第5期第70—71页。

168. 格兰茨《1941—1945年，苏德战争中被遗忘的战役》第三册第122—129页，兹瓦尔采夫《近卫坦克第3集团军》第19—24页。

169. 库罗奇金出生于1900年，1918年参加红军，内战期间在北方和西北方战场作战。他1923年毕业于红军高级骑兵学校，1932年毕业于伏龙芝军事学院，1940年毕业于伏罗希洛夫总参学院，1920—1921年苏波战役期间指挥过骑兵营和骑兵团，20年代担任过骑兵团和骑兵师参谋长，30年代指挥过骑兵团和骑兵师。1939年9月，红军入侵波兰东部，库罗奇金任骑兵第2军参谋长，1940年3月，他率领西北方面军的步兵第28军跨过冰冻的芬兰湾，对芬兰城市维堡发起大胆突击。1940—1941年，在外贝加尔军区指挥第1集团军[1]后，库罗奇金出任奥廖尔军区司令员，直至苏德战争爆发。他随后指挥西方面军第20、第43集团

_____

① 译注：一长制指挥员党务和政治训练班。
② 译注：应为坦克第46旅，后改编为近卫坦克第7旅。

军，当年8月调至西北方面军。库罗奇金先担任最高统帅部代表，后担任该方面军司令员、副司令员，随后又被降为第11、第34集团军司令员直至1943年6月。担任方面军和集团军司令员期间，库罗奇金策划并执行了几次消灭德国第2军盘踞的杰米扬斯克突出部的进攻战役，都没有取得胜利，德军最终在1943年2—3月疏散了这个突出部。1943年12月至1944年2月，库罗奇金担任乌克兰第1方面军副司令员，1944年2—4月，率领白俄罗斯第2方面军执行了不太成功的科韦利战役，随后率领乌克兰第1方面军的第60集团军参加了乌克兰西部、波兰和捷克斯洛伐克的进攻战役，直至战争结束。尽管库罗奇金的军旅生涯常有败仗，但因为他熟练地指挥了第60集团军，1945年获得"苏联英雄"称号。战后，库罗奇金先后担任过库班军区司令员、苏军驻德军队集群副总司令、伏罗希洛夫总参学院副院长、伏龙芝军事学院院长，并在华沙条约缔约国联合武装部队司令部担任领导工作。库罗奇金1970年退役，1989年去世。他的更多情况，可参阅尼科弗洛夫的《伟大卫国战争，1941—1945年》第329—330页。

170. 格兰茨《1941—1945年，苏德战争中被遗忘的战役》第三册第178页。

171. G.I.别尔德尼科夫的《突击第1集团军》（*Pervaia udarnaia*，莫斯科：军事出版社，1985年），第106页。

172. 莫罗佐夫出生于1897年，第一次世界大战期间是沙皇军队的一名士官，1918年加入红军，内战期间在库班地域先后指挥过连、营、团。他1923年毕业于红军"射击"高级步兵学校，1925年毕业于指挥员培训班，1937年毕业于列宁政治学院[2]，先后指挥过步兵团、步兵师和步兵军，1940年被任命为波罗的海沿岸军区第11集团军司令员。苏德战争爆发后，尽管莫罗佐夫的集团军在最初几天的战斗中实力锐减，但实施了有效的战斗后撤，在此过程中，7月末，在索利齐地域发起一场反击，重创德军第8装甲师，并将"北方"集团军群向列宁格勒的进军拖延了两周。莫罗佐夫的集团军被迫撤往东面的瓦尔代丘陵，8月中旬，西北方面军在旧鲁萨发起反击，他的集团军担任先锋，这场进攻进一步延缓了"北方"集团军群的推进，甚至阻止了德军攻占列宁格勒。1942年末至1943年4月，莫罗佐夫率领西北方面军辖下的第11集团军和突击第1集团军，对德军盘踞的杰米扬斯克突出部发起数次突击，1943年4月和5月，他率领布良斯克方面军辖下的第63集团军进攻德军的奥廖尔突出部。艰巨的战地指挥工作拖垮了莫罗佐夫的身体，1943年5月至1953年，他先后担任红军几个训练总局局长职务[3]，1962年退役，去世于1964年。关于他的更多情况，可参阅《伟大卫国战争，集团军指挥员，军事人物志》第151—152页。

173. 佐洛塔廖夫《最高统帅部1942》第339页，最高统帅部170546号指令，1942年8月2日2点20分签发；库罗奇金的作战计划可参阅第534—538页。罗曼诺夫斯基出生于1896年，第一次世界大战期间在俄国军队里担任下级军官，1918年加入红军，内战期间在东部和南部战场指挥过连、营和装甲列车。他1931年毕业于列宁政治学院[4]，1935年毕业于伏龙芝军事学院，1924—1925年率领一个特别支队镇压了伊阿库季阿的叛乱，20年代末，在"上乌金斯克"步兵第3团和太平洋步兵第1师担任政工人员和政委，就此开始了他的军政生涯。30年代，罗曼诺夫斯基在列宁格勒军区担任步兵第105团政委，率领土耳其斯坦步兵第10、第11团，在远东任红旗独立第2集团军副司令员。战争爆发前夕，1940年7月至1941年3月，他率领西部特别军区第10集团军，后出任伏尔加河沿岸军区司令员[5]。苏德战争爆发后，1941年6月至1942年4月，罗曼诺夫斯基任阿尔汉格尔斯克军区司令员，动员并部署了第28、第29集团军和许多独立步兵师、步兵旅，守卫至关重要的白海沿岸。1942年4月，他被派往战地，5—12月任西北方面军突击第1集团军司令员，率领该集团军参加了对杰米扬斯克突出部徒劳的进攻。1942年12月至1944年1月，罗曼诺夫斯基在沃尔霍夫和列宁格勒方面军指挥突击第2集团军，[6]1942年夏季，他的集团军在锡尼亚维诺遭遇败绩，几乎全军覆没，但1943年1月他将功折罪，率领部队协助打破了德军对列宁格勒的围困。1944年1—3月，罗曼诺夫斯基担任乌克兰第4方面军副司令员，参加了第聂伯河河曲部的进攻战役。1944年3月，他率领列宁格勒方面军的第42集团军试图突破普斯科夫和奥斯特罗夫的德军"豹"防线，但没能成功。1944年3月至1945年3月，他指挥第67集团军攻入波罗的海沿岸。1945年3—5月，他率领白俄罗斯第2方面军辖下的第19集团军肃清了但泽地域的德军。1945—1946年，罗曼诺夫斯基担任沃罗涅日军区司令员，1947—1948年任近卫第4集团军司令员，在伏罗希洛夫总参学院和伏龙芝军事学院院长任上结束了军旅生涯。[7] 他1959年退役，1967年去世。关于他的更多情况，可参阅《伟大卫国战争，集团军指挥员，军事人物志》第196—197页。

174. 格兰茨《1941—1945年，苏德战争中被遗忘的战役》第三册第180—188页，别尔德尼科夫《第一次突击》（*Pervaia udamaia*）第109页。

175. 弗里丁和理查森《致命的决定》第132页。

176. 哈尔德《哈尔德战时日记（1939—1942年）》第649。

177. 朱可夫《回忆与思考》第2册第86页。

---

① 译注：应为集团军级第1集群。
② 译注：一长制首长训练班。
③ 译注：苏军军事院校部部长、步兵军事院校部部长、莫斯科大学军事教研室主任。
④ 译注：政工人员训练班。
⑤ 译注：司令助理。
⑥ 译注：1942年夏季指挥突击第2集团军的是克雷科夫中将。
⑦ 译注：罗曼诺夫斯基没有担任过总参学院院长，而是伏龙芝军事学院高级速成班主任、伏龙芝军事学院系主任。

第十章
结论：德军的战略失误

鉴于意识形态、地缘政治和经济方面的影响，国家社会主义德国与苏联在四十年代展开一场你死我活的战争可能是无法避免的事。因此，就当时而言，阿道夫·希特勒1941年发起进攻无疑是正确的，适逢红军和红空军处在装备、组织、作战理论和军事指挥的转型期。

但即便我们接受这些前提，德国民事和军事领导人策划1941年的"巴巴罗萨"战役时，还是在后勤和兵力部署方面犯下了根本性错误，次年拟制"蓝色"方案时，他们再次重复了相同的错误。从后勤方面看，德国国防军辖下的部队杂乱无章——有些实现了机械化，但绝大多数部队仍依靠人力和畜力。这样的部队，尽管其战术精妙，但不太可能在交通条件恶劣的苏联欧洲地区广袤的领土上实施一场持续的作战行动。

1940年11月，OKH军需总监爱德华·瓦格纳少将向参谋长哈尔德汇报了为即将发起的战役所做的后勤计算。瓦格纳估计，陆军拥有的燃料可确保军队前进的最大纵深为500—800公里，食物和弹药可供20天作战所用。他的结论是，此后，德军不得不暂停数周，以获得再补给，另外，德军的后续推进将依靠苏联并不充裕的公路和铁路网。[1]瓦格纳的预测，各个细节都得到证实，在某些情况下，对德军战役深度的预测甚至还太乐观了些。装甲先遣部队不得不在前进途中一次次停顿下来等待补给物资和步兵部队赶上，这些停顿不仅浪费了进军势头，还使大批被绕过的苏军士兵得以逃脱并重新投入战斗。

希特勒和他的将领们也知道后勤造成的限制，但他们提出的解决方案是以一系列庞大的合围战将红军歼灭于苏联西部，然后派德军小股部队进入苏联腹地，实施扫荡和占领。因此，"巴巴罗萨"行动要求德国国防军的三个集团军群沿三个战略方向同时向东推进，将红军歼灭在苏联西部边境与德维纳河、第聂伯河之间。此后，他们必须承担一场纵深推进（800—1000多公里），最终夺取列宁格勒、莫斯科和罗斯托夫。

可是，该解决方案基于这样一种假设：红军的规模固定不变，而且将在一场短暂、决定性的战争中被击败。但事实截然相反，德军遭到致力于一场消耗战的敌人，对方投入新部队的速度与德军歼灭其旧部队的速度同样快。苏联的人口不仅远远超过德国，在和平时期接受过军事训练的人口比例也更大，其中包括数百万年长者，他们在德国1935年恢复义务兵役制之前便已服过兵役。

例如，截至1941年12月31日，苏军在战斗中损失了至少450万人（其中310万人阵亡、被俘或失踪），但仍能投入一支超过420万人的大军。战争爆发后悲惨的6个月里，23个苏军集团军，约200个师被强大的德军重创或彻底歼灭。可在这6个月里，苏联令人震惊地组建起55个新集团军，其中的53个部署在苏联西部抗击德军的闪电战，近200个新师和数百个独立步兵和坦克旅投入战斗，其中的100个师调自苏联内地，这使位于西部的红军总实力达到592个师级单位。这个数字远远超出德国人的预计，策划"巴巴罗萨"行动时，他们估计苏联总共能投入300个师。可以肯定，苏军投入的许多新部队缺乏训练和装备，但他们不断阻挠并削弱入侵者。[2]这股力量的出现仅仅是苏联社会和工业实施无情动员的一个方面，但希特勒一直避免在国内采取类似措施，因为这种牺牲也许会不得人心。

正如战争初期进程表明的那样，希特勒赋予德国军队的任务远远超出了他们的能力。侵苏战争前6个月损失近4000辆坦克和突击炮，伤亡超过80万人（占东线德军总兵力的四分之一）后，1941年11—12月，希特勒的军队终于在列宁格勒门前、莫斯科城下和罗斯托夫地域被击败。

尽管德军1941年秋末和1941—1942年冬季遭到前所未有的失败，但1942年春季策划"蓝色"行动时，希特勒和大多数德军官兵仍坚信，他们依然强大的军事机器将赢得胜利。可是，为实现这一目的，他们必须在1942年彻底击败红军，然后夺取对苏联的生存至关重要的经济地区。在元首看来，这意味着征服顿河大弯曲部内的地域、伏尔加河下游地区以及高加索山脉南面和北面的油田。希特勒认为，攻占这些目标，将切断《租借法案》物资从西方国家运抵苏联的一条最重要的通道，并使苏联无法获得至关重要的燃料供应。

为实现这些目标，希特勒将德军主力集结在"南方"集团军群，沿南部战略方向展开行动。他命令博克集团军群发起一场突袭，粉碎并歼灭苏联南部的红军，然后向东扩大战果，夺取斯大林格勒和高加索地区。为达成这些目标，德国国防军和卫星国军队必须沿不是一个，也不是两个，而是三个战略方向向东推进，冲向沃罗涅日的顿河河段，沿顿河向南赶往斯大林格勒的伏尔加河河段，进入并穿越高加索山区，战役纵深达200—1100公里。希特勒知道，每个战略方向必须投入一个完整的集团军群，故而将"南方"集团军群一分为二（博克的A集团军群和李斯特的B集团军群）[1]，并命令前者攻向顿河和伏尔加河畔的斯大林格勒，后者深入高加索山区。但到8月末，这种权宜之策显然已失败，就连希特勒也默然承认，他的两个集团军群实力太过虚弱，无法沿三个战略方向同时展开行动。无奈之下，他只能投入几个卫星国集团军加强德军过度延伸的战线。

策划"蓝色"行动时，希特勒和他的作战规划人员小心翼翼避免着他们在"巴巴罗萨"战役中犯下的错误。他们确信，红军之所以能从1941年灾难性的失败中生存下来，是因为苏联巨大的动员潜力以及公路和铁路交通网的不足。这种不足，再加上艰难的地形和恶劣的气候，将德军后勤体系拉伸至极限，并使德军无法保持必要的作战纵深。因此，德国人不再像一年前的"巴巴罗萨"战役那样发起一场持续突击，1941年7月中旬后，德军便采取了间歇性推进——突击行动持续10天，前进100—160公里后暂停7—10天，以便休整、重组部队，补充弹药和燃料，他们还采取临时性行动，以便及时抓住出现在各处的机会。可即便如此，希特勒还是得出一个结论：苏联红军没有被彻底击败。

"蓝色"行动的策划者力求从四个主要方面补救。首先，他们将诸如

---

[1] 译注：博克指挥的是B集团军群，李斯特率领A集团军群。

"威廉"和"弗里德里库斯"这些先期行动纳入计划，试图重现1941年达成的突然性。通过至少歼灭西南方面军2个靠前部署的集团军，德军的初期行动将在苏联南部的红军战略防线上撕开一个巨大的缺口，重创守军，对西南方面军和南方面军实施迂回，然后将其分别击败。其次，由于红军1941年投入数百万兵力，并在1941年和1942年前6个月伤亡近750万人（约400万人阵亡、被俘或失踪），德军策划者无法想象苏军会以1941年组建并投入的53个集团军守卫各处。第三点，德军沿一个，然后是两个战略方向发起快速推进，必然会抵消苏军组建并部署预备力量所造成的影响。第四点，进攻行动分成几个不同阶段发起（"威廉"、"弗里德里库斯"、蓝色1号、蓝色2号等行动），德军策划者希望苏军因此手忙脚乱，然后粉碎其防御力量，并使其弄不清德军的最终目标，接着击败并歼灭防御中的红军各方面军。

对德军策划者来说凑巧的是，斯大林犯下一个重大战略错误，给了德国人可乘之机。德军的欺骗行动（例如"克里姆林宫"行动）使斯大林相信，莫斯科仍是希特勒1942年夏季的主要战略目标。莫斯科方向的重要性令斯大林寝食难安，他坚持要求红军应将野战部队和战略预备队的主力沿这一方向集结。加剧这个错误的是，斯大林命令红军沿南方向同时发起两场大规模进攻，分散莫斯科方向德军的注意力和兵力。这个决定对希特勒有利，导致红军1942年5月在哈尔科夫和克里木遭到灭顶之灾。6月，"南方"集团军群赢得"威廉"、"弗里德里库斯"行动，扩大了5月份的战果，并为"蓝色"行动夺得出发阵地。德军歼灭了苏军3个集团军，重创另外3个集团军，并消灭了红军西南方面军和南方面军约30万士兵，这些行动的胜利，为7月份彻底击败苏军的两个方面军打下了基础。

前情

正如希特勒预期的那样，德军5月和6月在哈尔科夫和克里木，6月在"威廉"和"弗里德里库斯Ⅱ号"行动赢得的胜利，大大恢复了德军的信心和士气。鉴于苏军1942年5月和6月的拙劣表现，德国人有充分的理由期待一系列轻易取得的胜利会将他们领向最终目标：斯大林格勒和高加索油田。德军面临的危险并不在于战场失利，而是意图中的推进得太远、太快，但兵力太少。大多数德军指挥官和参谋人员都知道他们受到的限制。即便在获得加强的"南方"集团军群，大批德军师一直也没能从去年冬季遭受的损失中恢复过来。另外，"蓝色"行动涉及的广阔距离和后勤问题，几乎与去年夏季的"巴巴罗萨"战役同样艰巨。

简言之，尽管"威廉"和"弗里德里库斯Ⅱ号"行动证明德军仍能攻城略地，并给红军造成惊人的战术失败，但德军能否在战役和战略层面彻底歼灭对手（就像哈尔科夫和克里木战役那样），这一点尚有待观察。这好比美国独立战争期间英军与大陆军的角逐，就算德军能够打赢每一场战役，但只要对手仍在战场上，他们就无法赢得这场战争。

苏军指挥员可能会以这种想法自我安慰，但德军即将到来的进攻会造成怎样的结果，他们对此毫无信心。克里木的陷落、哈尔科夫进攻战役的惨败以及德军在后续行动中轻而易举赢得的胜利，增强了俄国人挥之不去的自卑感。另外，直到1942年6月份的最后一周，苏军主力仍集结在错误的地点。斯大林和华西列夫斯基依然相信德军的夏季主攻将冲向莫斯科，他们把最出色的将领朱可夫和10个集团军派往西方面军就是明证。加剧这一错误的是铁木辛哥麾下的多个集团军在南部被德军歼灭，迫使守军不得不把作战能力低下、训练不足的部队，包括新组建的坦克集团军，过早就投入战场。对双方来说，这是个艰难的夏季——漫长、酷热、极度危险。直到1942年6月27日（此时，希特勒已在苏联南部拼凑起一支庞大的轴心国联军），斯大林谨慎的防范措施能否阻止德军在第二个夏季赢得壮观的胜利，还需要观察。

"蓝色1号"和"蓝色2号"行动

尽管希特勒精心策划了"蓝色"行动，但从一开始，德国人便重复了1941年经历的胜利和失败——其原因也如出一辙。德军再度达成战略突然性，这一次，他们扑向高加索的经济资源，而非政治中心莫斯科。近期重建的德军装甲师再次隆隆向前，对苏军貌似强大实则虚弱的抵抗发起打击。可是，虽然德军起初取得了巨大的进展，但面对漫长的征途和苏军不断加强的抵抗，德军越来越难以维持其进攻势头。因此，到7月末，德军又一次像1941年那样，展开间歇性推进。

但除此之外，德军在1942年进军期间面临的最大问题是其脆弱的左翼。

A、B集团军群向顿河、伏尔加河、斯大林格勒和高加索地区的快速推进无情地拉伸着侧翼的长度。另外两个因素使这个固有、艰巨的问题变得复杂起来。第一，红军的质量远远优于1941年，1942年继续得到快速改善。相比之下，德军没能彻底弥补1941年间人员和装备遭受的损失，因此，"蓝色"行动发起时，德军未做到齐装满员。第二，面对德军出色实施的闪电战，尽管一些经验不足的苏军部队被打垮，但另一些部队的表现可圈可点。实际上，苏军士兵和部分指挥员令人惊叹的作战能力是造成德军先遣部队某些时候进展缓慢、无法像去年那样俘获大批苏军士兵的主要原因。上至集团军群司令，下到普通士兵，战场上的德国人都知道，苏军不断发起反突击，经常给德军造成严重伤亡。因此，1942年11月，第13装甲师被包围在奥尔忠尼启则西面的吉泽利（Gizel），第6集团军被困于斯大林格勒之前很久，一些苏军精锐部队和指挥员便已证明他们有能力对德军构成威胁。

苏军不断增强的作战效能经常被希特勒和他身边的军事顾问忽视，他们不断提出尖刻的批评，申斥德军战地指挥官进展缓慢、没能歼灭苏军重兵集团。因此，苏军的防御虽说参差不齐，有些时候极不熟练，但还是迟滞了德军的推进，并使希特勒对麾下的将领失望不已，最终与他最具经验的战地指挥官们分道扬镳。

尽管存在这些问题，但希特勒和博克还是认为"蓝色1号"行动大获全胜。3个装甲军发起进攻后，"魏克斯"集团军级集群和保卢斯的第6集团军在15天内向东推进了200公里，一举粉碎西南方向总指挥部的防御，包围并歼灭布良斯克方面军第40集团军和西南方面军第21集团军的大部，夺取了位于沃罗涅日地区和沿顿河西岸的既定目标。冲向沃罗涅日的途中，魏克斯和保卢斯的部队歼灭了苏军的6个坦克军、600余辆坦克，逼近该城后，又击溃苏军坦克第5集团军（600多辆坦克），并在该城东面和西北面9天的激战中，使苏军的另2个坦克军陷入困境。

苏军猝不及防，再加上通信中断，戈利科夫的布良斯克方面军和铁木辛哥的西南方面军没能做出迅速应对，赶在德军夺取预定目标前避开初期的灾难并稳定态势。沃罗涅日地域的新威胁刺激了斯大林，他做出积极应对，首先命令前线部队沿连贯的防线实施坚决抵抗，不得将阵地丢给德国人，随后又投入新组建的坦克第5集团军以及预备队第3、第5、第6、7集团军，遏止德军的推进，并以强有力的反突击击退对方。但是，影响到下级指挥部门的指挥控制问题，同样使他无法及时做出部署，挽回已造成的损害。

虽然德军赢得了胜利，但沃罗涅日地域的激战给希特勒造成一种新的困境。首先，元首要求魏克斯和保卢斯完成"蓝色1号"行动所规定的合围。但与此同时，他又坚持要求"南方"集团军群（现已分成博克的A集团军群和李斯特的B集团军群）按计划发起"蓝色2号"行动。沃罗涅日地域的"分散兵力"令希特勒深感不耐烦，他命令博克将霍特第4装甲集团军的主力从该地区腾出，以便与A集团军群的第1装甲集团军相配合深入顿巴斯地区，完成第二场合围。

在速度和深度方面，德军在"蓝色2号"行动期间的推进与"蓝色1号"同样令人印象深刻。不到一周时间，两个集团军群推进中的铁钳几乎夹断了西南方面军第21、第28、第38集团军和南方面军的第9集团军，包围并歼灭了顿巴斯地区的大部分苏军（如果不能说全部的话）。又一次手忙脚乱的苏军最高统帅部命令两个方面军辖下的各集团军——已获得第57和第24集团军的增援——沿莫斯科规定的连贯防线，继续守卫顿巴斯东部地区。可是，B集团军群第4装甲集团军辖下的第40装甲军绕过罗索什和米列罗沃地域，切断了西南方面军第28、第38集团军向东后撤的道路，这主要是因为苏军最高统帅部的坚守令所致。与此同时，第1装甲集团军辖下的第3、第14装甲军向东突击，攻向伏罗希洛夫格勒北面，迫使南方面军第9、第37集团军向东退却，混乱不堪地逃往米列罗沃以南地域。

这场灾难后，斯大林以西南方面军的残部组建起斯大林格勒方面军，并将第62、第63、第64集团军纳入其中，以该方面军掩护斯大林格勒接近地。他指示斯大林格勒方面军沿顿河和奇尔河设立防御，特别是在顿河大弯曲部。与此同时，斯大林命令马利诺夫斯基的南方面军救援被困于米列罗沃地域的部队，并据守从米列罗沃南延至罗斯托夫的防线。但德军的迅速推进使这些措施未能奏效。由于无法突围并加入南方面军，西南方面军第28、第38、第57集团军的残部只能向东逃窜，渡过顿河，丢下南方面军支离破碎的第9、第24、第37、第12、第18、第56集团军，在北高加索方面军第51集团军的支援下，守卫米乌斯河防线和罗斯托夫接近地。

更改的计划

希特勒对近期的胜利欣喜若狂，但又担心顿巴斯东部地区的苏军逃脱，7月12日，他彻底改变了"蓝色"行动第三阶段的计划。元首决定，德军不再攻向正东方——"蓝色3号"行动的最终目标斯大林格勒，而是将他的装甲部队投向东南方，直奔顿河下游和罗斯托夫，歼灭该地区的苏军。博克提出反对意见，希特勒解除了他的职务，以魏克斯取而代之。留下保卢斯的第6集团军掩护顿河战线，霍特的第4装甲集团军（现在转隶A集团军群）和B集团军群辖下的3个装甲军于7月17日—24日向东南方进军，冲向罗斯托夫，而克莱斯特的第1装甲集团军则从西面向罗斯托夫攻击前进。这场联合进攻迂回并击败了南方面军守卫罗斯托夫接近地的部队，攻占该城，并使A集团军群的部队前出至顿河下游。南方面军别无选择，只能仓促后撤至顿河下游的新防线。

希特勒的大胆行动歼灭了南方面军第9、第12、第18、第24、第37和第56集团军，但其中三分之一的部队得以穿过罗斯托夫向南逃脱，尽管混乱不堪。之所以发生这种情况，是因为A、B集团军群的后续步兵师数量太少，无法封锁、歼灭被德军装甲和摩托化师绕过并包围的大股苏军部队。虽说这场行动大获全胜，但分兵罗斯托夫使"蓝色"行动的重心远离斯大林格勒，从而破坏了"蓝色3号"行动的意图。这反过来又使希特勒面临着另一个战略困境：应该继续深入高加索地区，还是恢复向斯大林格勒的进军，或者像他最终决定的那样，兵分两路同时发起行动。

希特勒在7月23日签发的第45号训令命令B集团军群的第6集团军（目前辖第14和第24装甲军）向东突击，穿过顿河大弯曲部，渡过顿河，夺取斯大林格勒，A集团军群以第4、第1装甲集团军的第40、第48、第3装甲军以及第17集团军的步兵部队，在第57装甲军的加强下，向南攻入高加索，夺取迈科普和巴库的石油资源。位于B集团军群左翼的集团军沿顿河守卫不断延长的战线。因此，这道指令要求两个集团军群沿三个独立战略方向展开行动——沃罗涅日地区、斯大林格勒、高加索——而不是两个方向。此举违反了"一个集团军群只应负责一个战略方向"这一长期存在的原则，尽管存在风险，但在元首看来，这种策略合乎情理，因为苏军的战略防御似乎已摇摇欲坠。

实际上，希特勒本可以克服第45号训令中固有的困难（尽管难度很大），只要在稀缺物资和兵力方面给予A集团军群无可争议的优先权。但恰恰相反，1942年4月5日签发的第41号元首令几乎没有提及的城市——斯大林格勒，成了整场战役的主宰。结果，大批部队和物资被调离高加索油田这一原订目标。而第6集团军沿斯大林格勒接近地展开的行动也变得复杂起来，这座城市最终变为一个黑洞，贪婪地吸收了德国人的注意力、物资和兵力，在这个战术环境下，崔可夫实施防御的第62集团军的各个战斗群抵消或抗击着德国对手掌握的大多数战术和技术优势。

进军斯大林格勒

赶往斯大林格勒途中，尽管苏军频频发起反击，但7月底之前，保卢斯第6集团军的两支铁钳在顿河大弯曲部赢得了引人瞩目的战果。构成北钳的第14装甲军成功突入苏军第62集团军右翼的防御，并向顿河河畔的卡拉奇前进了50公里；构成南钳的第24装甲军逼退苏军第64集团军，在卡拉奇西南方的奇尔河对面夺得一座登陆场。可是，苏军新组建的坦克第1、第4集团军和第62、第64集团军实施顽强抵抗的累积效应，再加上他们频繁发起的反突击以及德军长期受到燃料短缺的困扰，终于在距离卡拉奇不远处遏制了保卢斯的推进。这种情况促使保卢斯报告希特勒，除非给他调派援兵，否则他无法渡过顿河攻向斯大林格勒。希特勒明白，只有修改作战计划才能腾出所需的援兵。

因此，7月17日—31日，希特勒逐渐为保卢斯提供了他要求的增援，7月22日派来第16装甲师和第3、第60摩步师，7月25日派来第24装甲师，7月28日又调出霍特第4装甲集团军的第48装甲军——奉命从西南方攻向斯大林格勒。获得这些援兵后，保卢斯发起多场进攻（第一场在7月17日发起，后几场分别在7月23日、8月8日和8月15日展开），终于肃清了顿河大弯曲部的苏军，他没有像希特勒指令中设想的那样"一鼓作气"，从而重复了1941年的问题。这种停停打打的进攻方式需要付出更大的代价，但采用这种打法不仅是因为燃料和弹药一再发生短缺，也是因为保卢斯的集团军与对手相比整体实力偏弱。

第6集团军终于消灭顿河以西的苏军登陆场并夺取卡拉奇之际，霍特的第4装甲集团军向阿布加涅罗沃地域发起壮观的进军。可是，面对苏军第64集团军的顽强抵抗，霍特的部队8月11日陷入停顿。这迫使第6集团军投入另一场进攻，目标是肃清顿河大弯曲部东北角的苏军坦克第4集团军，这样一来，保卢斯的集团军便可以渡过顿河，向斯大林格勒发起期待已久的进军。可是，即便在保卢斯完成这项任务后，霍特的第4装甲集团军仍需要增援才能与第6集团军一同攻向斯大林格勒，这一次，OKH为霍特提供了第24装甲师。

第6集团军进军顿河期间遭到苏军的抵抗远比预期的更加猛烈，遭受的损失也较以往更为严重。保卢斯一直没能获得压倒性兵力优势来执行进军斯大林格勒的光荣使命。相反，他不得不准备并执行四场相互独立的进攻，以突破至斯大林格勒。8月23日，第6集团军辖下的第14装甲军终于到达伏尔加河，但苏军立即发起反击，切断了德军先遣部队，并构成歼灭该军主力的威胁。因此，7月份歼灭或重创苏军的3个集团军（第21、第28、第38集团军），8月份上半月歼灭或重创另外3个集团军（第62、坦克第1、第4集团军）后，月中，第6集团军前方仍有苏军的5个集团军（第63、第21、第62、近卫第1、坦克第4集团军）。面对犹如天降神兵的苏联红军，第6集团军的进军速度从7月份每天55—70公里逐渐下降为8月中旬每天不到10公里[①]，没有理由相信，冲向伏尔加河和斯大林格勒剩下的60—70公里路程会比先前更加容易。

保卢斯的第6集团军给红军造成重创，但自身也遭到严重消耗。例如第24装甲师是一支执行装甲机动作战的出色部队，但战役发起时，该师辖下只有数量很少的步兵和另一些"非车载"单位，他们渐渐被消耗在伏击战和城市作战的小规模战斗中。步兵部队也好不到哪里去，他们承受着城市作战的冲击。例如第94步兵师第276步兵团第2营的阿德尔贝特·霍尔中尉，在1942年初的战斗中负伤。9月23日返回斯大林格勒归队时，营里的每个连都损失了两名指挥官，非死即伤，像霍尔这种经验丰富的军官成为维持部队战斗力的宝贵"商品"。接下来的几个月，霍尔两次负伤，他的部队几次借调给实力虚弱的第24和第16装甲师，在那些部队里，步兵们觉得他们被自己不熟悉的新指挥官牺牲掉了。[3]（平心而论，他们的大批苏军同行无疑也有同样的被牺牲感。）这场代价高昂、旷日持久的战役的最终结果是，第6集团军到达城市前便已遭到严

---

① 译注：这个速度与第七章的叙述完全不同。

重消耗，渐渐陷入停顿，忙于从事一场又一场激烈的战斗，而苏军正准备发起反击，将其一举歼灭。

尽管如此，到达顿河后没几天，第6集团军辖下的第14装甲军便于8月23日向东发起突击，冲向伏尔加河，在顿河与伏尔加河之间打开一条狭窄的通道，并将第62集团军与北面的斯大林格勒方面军主力隔开。9月3日，保卢斯的集团军与霍特的第4装甲集团军在斯大林格勒以西会合，两个集团军终于将苏军第62和第64集团军孤立在斯大林格勒和沿伏尔加河东岸向南延伸的一条狭窄地带。冲向顿河和伏尔加河期间，两个德军集团军毙伤或俘虏成千上万名红军士兵，击毁的苏军坦克多达400辆，致使苏军自7月中旬以来的损失总数超过30万名士兵和1000辆坦克。现在，第6集团军和第4装甲集团军面临的任务是歼灭第62、第64集团军的残部，并夺取斯大林格勒城，但更有可能的是占领该城的废墟。

8月下旬，维特斯海姆的第14装甲军只用了惊人的三天时间便从顿河挺进至伏尔加河，这番壮举让所有人忘记了第6集团军7月份下半月进军卡拉奇时遭遇的失利。但维特斯海姆的装甲部队没能像保卢斯希望的那样，以一场突袭夺取斯大林格勒北半部，面对苏军发起的反突击，他们不得不为自身的生存而战，这为即将到来的战斗埋下了伏笔。维特斯海姆引人瞩目的伤亡（每天高达500人），从最乐观的一面来看是为一场致命消耗战的胜利确定了模式，但从最糟糕的角度说，这不过是一场僵局。雪上加霜的是，保卢斯和霍特的集团军歼灭苏军坦克第1集团军，重创坦克第4集团军和第62、第64集团军后，苏军又投入4个新集团军作为增援（近卫第1、第24、第66、第28集团军）。魏克斯面临的麻烦是，保卢斯和霍特争夺斯大林格勒之际，还不得不抵御苏军在城市以南和以北连续发起的反击，另外还要守卫沿顿河向西北方延伸的漫长左翼。

此后，为腾出德国部队参加城内的决定性战斗，B集团军群别无选择，只能投入匈牙利、意大利、最终是罗马尼亚军队守卫顿河侧翼。8月和9月间，尽管这些卫星国军队获得第6集团军辖下德国部队提供的加强，但斯大林格勒方面军第63、第21集团军和近卫第1集团军连续发起进攻，最终在谢拉菲莫维奇和克列茨卡亚附近的顿河南岸夺得几个至关重要的登陆场，德国人忽略了这些登陆场，没有将其彻底铲除。卫星国军队丢失了这些登陆场，而德军没能将其重新夺回，这就强调了8月底的问题，B集团军群已被拉伸得太过薄弱，这个问题到11月将变得更加严峻。总之，7月和8月的战斗清楚地表明，保卢斯缺乏足够的兵力完成赋予他的各项任务。该集团军从其他地区抽调部队以形成在斯大林格勒城内作战的战斗力之际，越来越依靠纯粹的意志和毅力去完成希特勒提出的要求。

因此，9月初，希特勒（德军夏季的胜利勾起了他的欲望）认为自己即将获得"蓝色"行动允诺的所有酬劳。短短两周内，博克B集团军群的部队向东推进150公里，对西南方面军位于库尔斯克和哈尔科夫以东的防御发起猛攻，重创该方面军辖下的各集团军，迫使其残部仓促退往顿河。在仅仅六周的战斗中，德军又向东挺进350公里，到达并加强了强大的顿河防线（从沃罗涅日南延至斯大林格勒西北接近地），肃清了顿河大弯曲部的苏军，并向东冲往斯大林格勒北面的伏尔加河西岸。到9月3日，德军已将苏军第62集团军困在斯大林格勒城内，而第64集团军被隔断在城市以南一个看似无足轻重的登陆场里。截至9月初，这场纵深500公里、看上去无懈可击的进军使希特勒相信，一旦他下达进攻令，B集团军群辖下的第6集团军和第4装甲集团军就将胜利进入那座以斯大林名字命名的城市。

B集团军群左侧[①]，李斯特的A集团军群实施娴熟的机动，在历时两周多的战斗中前进250公里包围了南方面军，迫使其辖下的各集团军混乱不堪地逃往顿河下游他们认为安全的地方，并夺取罗斯托夫和顿河下游的渡口。这场进军撕开一个进入高加索地区的北部入口。尽管对A集团军群抓获的俘虏少得可怜这一点感到不快，但兴高采烈的元首还是将李斯特的集团军群投入一场令人振奋的进军——冲向南面的高加索主山脉和山那边的巴库油田。接下来六周的战斗中，李斯特的部队前进400公里，攻占克拉斯诺达尔、新罗西斯克和莫兹多克，并到达高加索主山脉的山峰和巴克桑河、捷列克河。由于李斯特的部队能够在两个来月貌似断断续续的战斗中挺进650公里，希特勒故而相信，9月份攻向奥尔忠尼启则和格罗兹尼的80公里路程易如反掌。一旦李斯特攻占这两座城市，通往巴库的道路（尽管这条道路还要向南延伸400公里）就将畅通无阻。

因此，到9月初，元首有充分的理由相信，斯大林格勒和巴库这两个目标

---

① 译注：应为右侧。

已稳操胜算。自6月28日对苏军据守的一条近600公里的战线的16个集团军发起进攻以来，A、B集团军群在短短两个月的时间里击败了苏军的13个集团军（第40、第21、第28、第38、第9、第12、第37、第18、第56、第24、第57集团军、坦克第1、第5集团军），其中大多数被彻底歼灭，另外3个集团军遭到重创（第62、第64、坦克第4集团军）。尽管苏军最高统帅部9月初又设法投入24个集团军（由北至南：第13、第38、第60、第40、第6、第63、第21、第24、近卫第1、第66、第62、第64、第57、第51、第28、第44、第58、第9、第37、第46、第18、第56、第47、坦克第4集团军）抗击德军的2个集团军群，但这些部队据守的防线极为脆弱，从顿河畔的沃罗涅日向南延伸，穿过斯大林格勒和高加索山脉，一路向西直达黑海，其长度超过2000公里。这股力量相当强大，其中12个集团军是在被歼灭部队的基础上重新组建的；其他则是新近动员或更改番号的预备队集团军，由经验丰富的指挥员统率，但士兵大多是稚嫩的应征兵和年长的预备役人员。加剧苏军最高统帅部防御难题的是，守卫高加索山区的7个集团军孤军作战，与北面的补给基地相隔离，主要依靠西方盟国经伊朗运抵的"租借"物资存活。

苏军1942年夏季遭遇到令人沮丧的失败，其防御行动中的三个积极因素也被人遗忘，虽说许多德军下级指挥官敏锐地意识到这一点，但德军高层和许多后来描述这些战役的历史学家基本上对此不甚明了。这些因素被德军夏季赢得的辉煌胜利所掩盖，但预示着前进中的德军最终会在即将到来的秋季遇到更大的困难。

首先，传统观点坚持认为，早在"蓝色"行动的第一周，斯大林便命令位于苏联南部的部队主动后撤，从而使红军避免了1941年夏季那种灾难性损失。作为证明，历史学家们指出，德军1942年夏季的进军大获全胜，但抓获的俘虏寥寥无几。这种说法无疑是错误的。档案文件现在表明，从"蓝色"行动一开始（以及整个战役期间），斯大林做出的应对远比过去认为的更加有力、更加好斗。他没有命令部队后撤，以免被前进中的德军合围，而是要求红军的防御尽可能靠前部署，这个策略失败后，红军又沿着连贯的防线实施了顽强的防御作战。虽说这种策略的确导致一个个集团军陷入重围，几乎全军覆没，但由于德军缺乏步兵力量封闭包围圈，许多苏军士兵得以逃脱，日后再度投入战斗。

其次，作为第一个因素的推论，传统观点必然会得出这样一个结论：苏军最高统帅部主动弃守顿巴斯地区和顿河大弯曲部，从而保存有生力量，并沿更利于防御的战线（主要是顿河和伏尔加河）阻挡德军的猛攻，直到第62、第64集团军被困于斯大林格勒及其南部地域，最高统帅部才决心实施一场坚决防御。很明显，这个结论也是错的。事实上，从"蓝色"行动一开始，乃至整个战役期间，斯大林便命令据守苏联南部的各方面军组织、实施一场场规模越来越大的反突击，挫败德军先遣部队并将对方击退。这些行动开始于7月初，坦克第5集团军在沃罗涅日地区未能奏效的反突击。继而是7月下旬，坦克第1、第4集团军在顿河大弯曲部失败的反击（与沃罗涅日方面军、布良斯克方面军在沃罗涅日重新发起的进攻相配合），这些行动的高潮是斯大林格勒方面军8月末和9月初发起的猛烈反击，意图使被困于斯大林格勒城内的集团军与那些在城市西北方、顿河和伏尔加河之间作战的部队重新建立联系。为破坏德国人的"蓝色"行动，斯大林强有力的对策还包括西北方面军、加里宁方面军、西方面军，在杰米扬斯克、加里宁、勒热夫、日兹德拉和沃尔霍夫地区（约占整个苏德战线的三分之二）发起的一系列进攻、反击和局部攻势。通过在如此广阔的战线上发起的进攻，斯大林分散、削弱了德军的攻势。

第三，传统观点还断言，尽管苏军最高统帅部1942年夏季的确动员了新锐力量，但迟滞、遏制、最终击败德军"蓝色"行动的主力，是那些通过及时后撤逃脱了被歼灭厄运并在夏季重新投入战斗的苏军部队。这个结论同样是错的。正如上文指出的那样，1942年9月初抗击A、B集团军群的25个苏军集团军，其中近半数是通过动员新组建并投入战场的集团军，与之相比，1941年的动员工作相形见绌。另外，这些新组建的集团军中，多达50%（也许更多）的士兵也是动员而来。因此，与去年的"巴巴罗萨"战役一样，德军最高统帅部在"蓝色"行动期间大大低估了苏联最高统帅部组建、投入新锐集团军替代被歼灭部队的能力。

尽管德国人1942年9月初没有意识到这三个因素，大多数历史学家长期以来也忽视了它们，但这些因素共同决定了"蓝色"行动的命运。虽说它们并未在9月初预示德国人即将遭到失败，但在未来的两个月内，它们肯定会证实这一点。

注释

1. 霍斯特·布格等人的《德国与第二次世界大战，第4卷：对苏联的入侵》（埃瓦尔德·奥泽斯和路易斯·威尔莫特译，英国牛津：克拉伦登出版社，2001年），第118—131页、第174—177页。

2. 戴维·M. 格兰茨《苏联和平时期和战时的动员，1924—1942年：调查》，*JSMS*，总第5期，1992年9月第3卷，第345—352页。关于苏军兵力由来的总体性讨论，可参阅格兰茨的《泥足巨人：苏德战争前夕的苏联军队》第205—232页。

3. 阿德尔贝特·霍尔《斯大林格勒的一名步兵：1942年9月24日至1943年2月2日》，詹森·D. 马克和尼尔·佩奇译（澳大利亚，悉尼：跳跃骑士出版社，2005年），第2—5页、第125页、第187页。

附录

布良斯克方面军、西南方面军、南方面军、克里木方面军、最高统帅部预备队（1942年5月1日—7月1日）、斯大林格勒方面军（1942年8月1日）辖下各坦克集团军和坦克军指挥员生平

布良斯克方面军

坦克第1军（5月1日）

米哈伊尔·叶菲莫维奇·卡图科夫少将（1900年9月17日—1976年6月6日）。1941年11月10日，少将；1943年1月18日，中将；1944年4月10日，上将；1959年，装甲坦克兵元帅。两次苏联英雄（1944年9月23日和1945年5月6日）。莫吉廖夫步兵训练班（1922年），"射击"高级步兵学校（1927年），斯大林机械化和摩托化军事学院指挥员进修班（1935年），伏罗希洛夫总参学院高级速成班（1951年）。排长、连长、教导营营长（1922—1937年），机械化第45军参谋长（1937—1939年），坦克第25军轻型坦克第5旅（机械化第134旅）旅长（1939年，波兰），轻型坦克第38旅旅长（1940年7月20日），机械化第9军坦克第20师师长（1940年11月28日—1941年8月29日），坦克第4旅（近卫坦克第1旅）旅长（1941年9月8日—1942年4月2日），坦克第1军军长（1942年3月31日—7月18日），机械化第3军军长（1942年9月18日—1943年1月30日），坦克第1集团军（近卫坦克第1集团军）司令员（1943年1月30日—1945年），机械化第1集团军司令员（1945—1948年），苏军驻德军队集群装甲坦克和机械化兵司令员（1949—1951年），国防部总监局总监（1955—1963年），国防部总监组军事顾问监察员（退役，1963年）。

瓦西里·瓦西里耶维奇·布特科夫上校（1900年12月29日—1981年6月24日，1942年5月3日晋升为少将，1942年9月19日任军长）。1943年6月7日，中将；1958年，上将。苏联英雄（1945年4月19日）。莫斯科诸兵种合成军校（1926年），列宁格勒恩格斯军政培训班（1928年），伏龙芝军事学院（1937年）和伏罗希洛夫总参学院（1954年）。排长、连长、政治军官、营长（1922—1934年），机械化第13旅参谋长（1937—1940年），坦克第17师参谋长（1940年6月—1941年5月），机械化第5军参谋长和副军长（1941年5—8月），红军汽车装甲坦克总局副参谋长（1941年8月—1942年9月），坦克第8军军长（1942

年9月8日—14日），坦克第1军军长（1942年9月19日—1945年5月11日），特别军区（柯尼斯堡）、北高加索军区、莫斯科军区装甲坦克和机械化兵司令员（1946—1950年），近卫机械化第3集团军司令员（1950—1953年），国防部坦克兵总监（1954—1955年），莫斯科军区第一副司令员（1955—1958年），捷克人民军高级顾问（1958—1959年），华沙条约组织派驻捷克斯洛伐克代表（1959—1961年），退役（1961年）。

坦克第4军（5月1日）

瓦西里·亚历山德罗维奇·米舒林少将（1900年4月26日—1967年4月26日）。1941年7月24日，少将；战后升为中将。苏联英雄（1941年7月24日）。季霍列茨克第37期步兵培训班（1923年），政治预备培训班（1928年），伏龙芝军事学院（1936年），伏罗希洛夫总参学院（1944年）。班长、连长、政治军官（1922—1936年），骑兵第29师机械化第29团参谋长（1936—1937年），特别摩托化装甲团团长，后改编为第57特别军摩托化装甲第8旅（1938—1939年，哈拉哈河），机械化第29军坦克第57师师长（1941年3月11日—9月1日），红军汽车装甲坦克总局第一副局长（1941年9月—1942年1月），坦克集群（坦克第23、第26、第27旅）司令员（1941年10—12月），加里宁方面军汽车装甲坦克兵副主任（1942年1月—3月31日），坦克第4军军长（1942年3月31日—9月18日），因"指挥不力"被解除职务（1942年10月），坦克第3集团军独立坦克第173旅旅长（1942年10月12日—1943年6月19日），坦克第3军军长（1944年4月1日—7月4日），近卫第10集团军装甲坦克和机械化兵主任（1944年9月—1945年5月），塔夫里亚军区和东西伯利亚军区装甲坦克和机械化兵主任（1945—1953年），退役（1953年6月）。

安德烈·格里戈里耶维奇·克拉夫钦科少将（1942年9月18日任军长，参见下述坦克第5集团军坦克第2军）。坦克第4军（近卫坦克第5军）军长（1942年9月18日—1944年1月24日），近卫坦克第6集团军司令员（1944年1月20日—1953年9月），远东军区装甲坦克和机械化兵副司令员（1954年1月—1955年10月），退役（1955年10月）。

坦克第16军（7月1日）

米哈伊尔·伊万诺维奇·帕韦尔金少将（1900年9月14日—1955年5月15日）。1940年6月4日，少将；1945年4月19日，中将。指挥员高等学校军事委员系（1923年），列宁格勒装甲坦克兵培训班（1931 年），斯大林机械化和摩托化军事学院（1937 年），伏罗希洛夫总参学院（1948 年）。顿涅茨工人集团军工人第 1、第 3 旅副政委（1921 年），"彼列科普"步兵第 51 师第 453 团政工人员（1922—1923 年），骑兵第 2 军装甲车第 12 营政委（1927 年 10 月—1930 年 11 月），高加索红军坦克第 33 营营长（1932 年 6 月—1933 年 7 月），外贝加尔军队集群（1935 年 3 月改为军区）"外贝加尔"第 36 师坦克第 36 营营长（1933 年 7 月—1936 年 2 月），坦克第 20 军机械化第 6 旅（轻型坦克第 8 旅）旅长（1937 年 9 月—1940 年 11 月）（哈拉哈河），机械化第 5 军副军长（1940 年 11 月—1941 年 3 月 11 日），机械化第 29 军军长（1941 年 3 月 11 日—5 月 7 日），远东方面军、外高加索军区、克里木方面军汽车装甲坦克兵主任（1941 年 5 月 7 日—1942 年 4 月），高尔基坦克中心主任（1942 年 4—6 月），坦克第 16 军军长（1942 年 6 月 1 日—9 月 14 日），莫洛托夫汽车装甲坦克中心主任（1942 年 10 月—1943 年 6 月），科斯捷罗夫坦克防御阵地副主任（1943 年 6 月—1944 年 9 月），哈尔科夫坦克防御阵地主任（1944 年 9 月—1945 年 1 月），乌克兰第 3 方面军装甲坦克和机械化兵主任（1945 年 1—5 月），派驻匈牙利的南军队集群装甲坦克和机械化兵副司令员（1945 年 6 月—1947 年 3 月）[①]，基辅军区装甲坦克和机械化兵主任（1948 年 6 月—1951 年 2 月），捷克人民军装甲坦克和机械化兵高级顾问（1951 年 2 月—1955 年），退役（1955 年 1 月）。

阿列克谢·加夫里诺维奇·马斯洛夫技术兵少将（1901 年 2 月 25 日—1968 年 2 月 21 日，1942 年 9 月 15 日任军长）。1940 年 6 月 4 日获得少将军衔。步兵培训班（1921 年），"射击"高级步兵学校（1926 年），伏龙芝军事学院（1934 年），化学防御学院（1937 年）。"下诺夫哥罗德"步兵第 24 师和"乌法"步兵第 9 师排长（1921—1922 年），步兵第 34 师步兵第 100 团连长、副营长和步兵第 102 团政工人员（1923—1934 年），萨拉托夫装甲坦克学校参谋长、负责训练的副校长（1934—1937 年），步兵第 107 师参谋长（1939—1940 年），机械化第 9 军参谋长（1940—1941 年 7 月 19 日），机械化第 9 军军长（1941 年 7 月 19 日—9 月），第 38 集团军参谋长（1941 年 9 月—12 月 24 日），第 38 集团军司令员（1941 年 12 月 24 日—1942 年 2 月 20 日），第 28 集团军参谋长（1942 年 3—4 月），坦克第 9 军军长（1942 年 4—5 月），第 5 集团军汽车装甲坦克兵副主任（1942 年 5—9 月），坦克第

---

① 译注：此时的南军队集群派驻罗马尼亚和保加利亚，派驻匈牙利的南军队集群1956年才组建。

16 军军长（1942 年 9 月 15 日—1943 年 2 月 24 日），红军近卫迫击炮兵总局副局长（1943 年 4 月—1944 年），红军作战运输车辆补充维修局局长（1944—1945 年），利沃夫军区装甲坦克和机械化兵司令员(1945—1947 年),机械化第23师师长和近卫步兵第3师师长（1947—1949 年），高级指挥员学校校长（1949—1957 年），退役（1957 年）。

坦克第 17 军（7 月 1 日）

尼古拉·弗拉基米罗维奇·费克连科少将(1901 年 10 月—1951 年 10 月 12 日)。1940 年 6 月 4 日，少将; 1943 年 11 月 5 日，中将。斯塔夫罗波尔政工人员培训班（1922 年），军事政治学校（1925 年），骑兵指挥员进修班（1928 年），机械化和摩托化军事学院（1933 年），伏罗希洛夫总参学院（1949 年）。骑兵中队政工人员、中队长、团属学校校长（1921—1930 年），骑兵第 5 师机械化团团长（1933 年），摩托化装甲第 7 旅旅长（1936—1938 年），第 57 特别步兵军军长（1938 年 9 月 8 日—1939 年 6 月 16 日，哈拉哈河），重型坦克第 14 旅旅长（1939—1940 年），机械化第 8 军坦克第 15 师师长（1940 年 6 月—1941 年 3 月 11 日），机械化第 19 军军长（1941 年 3 月 11 日—8 月 15 日），第 38 集团军司令员（1941 年 8 月 15 日—9 月 22 日），1941 年 9 月 22 日被解职，斯大林格勒军区司令员（1941 年 11 月—1942 年 5 月），红军汽车装甲坦克总局副局长（1942 年 5—6 月），坦克第 17 军军长（1942 年 6 月 19 日—7 月 1 日），图拉、斯大林格勒坦克中心主任（1942 年 7 月—1943 年 7 月），草原方面军装甲坦克和机械化兵主任（1943 年 7—12 月），红军装甲坦克和机械化兵总局负责部队组建和训练的主任（1943 年 12 月—1946 年 5 月），苏军装甲坦克和机械化兵参谋、司令员（1946 年 5—9 月），白俄罗斯和喀尔巴阡军区装甲坦克和机械化兵主任（1946 年 9 月—1950 年 4 月），苏军装甲坦克和机械化兵参谋、司令员（1950 年 10—1951 年 7 月），退役（1951 年 7 月）。

伊万·彼得罗维奇·科尔恰金上校（1898 年 8 月 24 日—1951 年 7 月 24 日，1942 年 5 月 3 日晋升为少将，1942 年 7 月 2 日任军长）。1943 年 1 月 18 日晋升为中将。苏联英雄（1943 年 10 月 17 日）。莫斯科第 5 准尉学校（1916 年），"射击"高级步兵学校（1927 年），伏罗希洛夫总参学院（1947 年）。步兵第 312 团和第 258 预备团连长（1917 年），独立第 7 旅"戈罗霍韦茨"步兵团连长、营长（1918 年 8 月—1919 年 5 月），铁路第 501 团连长、营长（1920 年），步兵第 101 旅副参谋长（1921 年 1—6 月），中亚"土耳其斯坦"步兵第 1、第 2 团参谋长（1922 年 9 月—1924 年 12 月），步兵第 2 师"土耳其斯坦"步兵第 4 团参谋长、"土耳其斯坦"

步兵第 5 团团长（1924 年 12 月—1927 年 1 月），山地步兵第 1 师"土耳其斯坦"步兵第 3 团团长（1927 年 1 月—1930 年 11 月，打击巴斯马奇匪帮），列宁格勒军区步兵第 56 师参谋长（1930 年 11 月—1935 年 2 月），列宁格勒军区高级参谋（1935 年 2 月—1936 年 11 月），机械化第 7 军机械化第 31 旅旅长（1936 年 11 月—1937 年 8 月），1937 年 8 月遭到逮捕，1940 年 2 月获释，步兵第 24 军步兵第 121 师步兵主任（1940 年 2—6 月），机械化第 5 军坦克第 17 师副师长（1940 年 6 月—1941 年 3 月），机械化第 5 军坦克第 17 师师长（1941 年 3 月 1 日—8 月 28 日），坦克第 126 旅旅长（1941 年 8 月 17 日—10 月），在维亚济马遭包围后全军覆没，坦克第 36 旅旅长（1941 年 12 月 6 日—29 日），红军汽车装甲坦克车辆管理总局第七处处长（雪橇部队，1941 年 12 月 29 日—1942 年 7 月 2 日），坦克第 17 军军长（1942 年 7 月 2 日—20 日，参见下述坦克第 18 军）。

鲍里斯·谢尔盖耶维奇·巴哈罗夫上校（1902 年 9 月 10 日—1944 年 7 月 16 日，1942 年 10 月 14 日晋升为少将，1942 年 7 月 21 日任军长）。国际联合军校（1926 年），伏龙芝军事学院（1932 年），列宁格勒装甲坦克兵学校（1932 年）。步兵第 20 师政工人员、连长（1926 年 8 月—1929 年 5 月），机械化第 4 旅参谋（1932 年 5 月—1936 年 5 月），白俄罗斯军区机械化第 10、第 18 旅教导营营长（1936 年 5 月—1938 年 10 月），哈尔科夫军区汽车装甲坦克兵主任（1938 年 10 月—1939 年 11 月），哈尔科夫军区独立轻型坦克第 52 旅旅长（1939 年 11 月—1941 年 3 月），机械化第 25 军坦克第 50 师师长（1941 年 3 月 11 日—9 月 17 日），坦克第 150 旅旅长（1941 年 9 月 18 日—1942 年 6 月 15 日），坦克第 17 军参谋长（1942 年 6 月 15 日—7 月 21 日），坦克第 17 军军长（1942 年 7 月 21 日—8 月 6 日），坦克第 18 军军长（1942 年 9 月 11 日—1943 年 7 月 16 日），坦克第 9 军副军长（1943 年 7 月—9 月 2 日），坦克第 9 军军长（1943 年 9 月 2 日—1944 年 7 月 16 日），在白俄罗斯战役中阵亡。

帕维尔·彼得罗维奇·波卢博亚罗夫上校[①]（1901 年 6 月 16 日—1984 年 9 月 17 日，1942 年 11 月 10 日晋升为少将，1942 年 8 月 7 日任军长）。1943 年 3 月 23 日，中将；战后升为上将；1962 年晋升为装甲坦克兵元帅。苏联英雄（1945 年 5 月 29 日）。图拉步兵指挥员训练班（1920 年），装甲汽车高级指挥员学校（1920 年），列宁格勒装甲坦克兵学校（1926 年），斯大林机械化和摩托化军事学院（1928 年）[②]，伏罗希洛夫总参学院（1941 年）。汽车摩托化第 3 团排长（1926 年 10 月—1927 年 10 月），装甲汽车第 12 营教导排排长（1927

年 10 月—1929 年 12 月），步兵第 45 师装甲汽车营营长（1929 年 12 月—1931 年 4 月），
坦克教导团参谋长（1931 年 4 月—11 月），乌克兰军区汽车装甲坦克兵部参谋（1931 年 5 月—
1934 年 11 月），外贝加尔军区汽车装甲坦克兵主任（1938 年 11 月—1940 年 6 月，哈拉哈河），
第 17 集团军汽车装甲坦克兵副主任（1940 年 6—11 月），列宁格勒军区汽车装甲坦克兵主任
（1941 年 1—3 月），波罗的海沿岸特别军区、西北方面军汽车装甲坦克兵主任（1941 年 3 月—
1942 年 3 月），加里宁方面军汽车装甲坦克兵主任（1942 年 3—8 月），坦克第 17 军（近
卫坦克第 4 军）军长（1942 年 8 月 7 日—1945 年 5 月 11 日），近卫坦克第 5 集团军司令员（1945
年 4 月—1946 年 6 月），苏军装甲坦克和机械化兵第一副司令员（1949 年 3 月—1954 年 1
月），苏军装甲坦克兵主任（1954 年 5 月—1969 年 5 月），退役后加入苏联国防部总监组（1969
年 5 月）。

坦克第 24 军（5 月 1 日，南方面军；7 月 1 日，布良斯克方面军）

瓦西里·米哈伊洛维奇·巴达诺夫少将（1895 年 12 月 26 日—1971 年 4 月 1 日）。1941 年
12 月 28 日，少将；1942 年 12 月 26 日，中将。丘古耶夫军事学校（1916 年），指挥员进修
班（1927、1931、1932 年），机械化和摩托化军事学院（1934 年），伏罗希洛夫总参学院（1950
年）。契卡、格别乌部队团和师参谋（1922—1930 年 1 月），萨拉托夫指挥员进修学校机枪
科目负责人（1930 年 1 月—1931 年 5 月），萨拉托夫装甲坦克学校独立坦克营营长（1931 年
5 月—1932 年），波罗的海沿岸特别军区军用汽车技术学校副校长（1932 年—1940 年 1 月），
波尔塔瓦军用汽车技术学校校长（1940 年 1 月—1941 年 3 月），西方面军和中央方面军，机
械化第 25 军坦克第 55 师师长（1941 年 3 月 11 日—8 月 10 日），坦克第 12 旅旅长（1941
年 9 月 2 日—1942 年 3 月 16 日），第 56 集团军副司令员（1942 年 3 月 16 日—4 月 19 日），
坦克第 24 军（近卫坦克第 2 军）军长（1942 年 4 月 19 日—1943 年 6 月 25 日），坦克第 4
集团军司令员（1943 年 6 月 25 日—1944 年 3 月 29 日），在 1944 年 3 月的普罗斯库罗夫—
切尔诺维策战役中身负重伤，红军装甲坦克和机械化兵军训部部长（1944 年 8 月—1946 年 6 月），
中部军队集群装甲坦克和机械化兵司令员（1946 年 6 月—1949 年），苏军装甲坦克和机械化
兵军事院校部部长（1950 年 7 月—1953 年），退役（1953 年）。

---

① 译注：应为帕维尔·巴甫洛维奇·波卢博亚罗夫。
② 译注：应为 1938 年。

西南方面军

坦克第 13 军（7月1日）

彼得·叶夫多基莫维奇·舒罗夫少将（1897年1月5日～1942年7月2日）。1940年6月4日，少将。萨拉托夫步兵学校（1919年），"射击"高级步兵学校（1928年），列宁格勒装甲坦克兵学校（1932年），斯大林机械化和摩托化军事学院（1936年）。"小乌津斯克"步兵第194团和"图拉"步兵第6团排长（1919年），连长、营长、副团长（1920年），谢斯特罗列茨克驻军司令（1921年，镇压喀琅施塔得兵变），步兵第51、第33团营长、副团长（1923—1924年），步兵第10师步兵第29团参谋长（1924年10月—1927年10月），"土耳其斯坦"步兵第4师步兵第10团副团长（1929年11月—1930年3月，镇压巴斯马奇匪帮），步兵第11师第31团团长（1930年3月—1932年6月），机械化第11军军属学校校长（1932年8月—1934年8月），机械化第11军机械化第19旅旅长（1934年8月—1936年8月），乌拉尔装甲坦克兵学校校长（1936年10月—1940年8月），1936年被逮捕，但无罪释放，红军汽车坦克装甲部队副总监（1940年8月—1941年11月），西方面军汽车装甲坦克兵副主任（1941年11月—1942年1月），斯大林格勒坦克训练中心主任（1942年1—5月），坦克第13军军长（1942年5月23日—7月2日），在新奥斯科尔地域的战斗中伤重不治（1942年7月）。

特罗菲姆·伊万诺维奇·塔纳希申上校（1903年1月31日—1944年3月31日，1942年7月17日任军长）。1942年12月7日，少将；1943年8月30日，中将。布琼尼骑兵学校（1928年），列宁格勒装甲坦克兵学校（1931、1935年）。体能训练教官、军事委员（1921—1924年），骑兵第9师骑兵第52、第54团排长（1928年9月—1931年5月），莫斯科无产阶级步兵师装甲列车和摩托化支队指挥员（1931年5—10月），骑兵第11师独立机械化中队中队长（1931年10月—1932年4月），骑兵第11师机械化第11团团长、副参谋长（1934年4—11月），骑兵第11师机械化第11团副参谋长、参谋长、团长（1935年5月—1938年6月），白俄罗斯特别军区坦克第1旅参谋（1938年6月—1940年4月），西方特别军区坦克第21旅副参谋长（1940年4—6月），机械化第6军坦克第4师后勤处长（1940年7月—1941年3月），机械化第14军坦克第30师坦克第60团团长（1941年3—8月），西方面军第5集团军独立摩托车第36团（近卫摩托车第1团）团长（1941年8—12月），莫斯科军区坦克第22军坦克第36旅旅长（1941年12月30日—1942年7月15日），坦克第13军军长（1942年7月17日，参见下述坦克第1集团军坦克第13军）。

坦克第 14 军（6 月 1 日，最高统帅部预备队；7 月 1 日，西南方面军）

尼古拉·尼古拉耶维奇·拉德科维奇上校（1904 年 2 月 22 日—1982 年 4 月 4 日，1942 年 5 月 13 日晋升为少将）。1954 年晋升为中将。彼得格勒汽车装甲兵高等军校（1923 年），斯大林机械化和摩托化军事学院（1937 年），伏罗希洛夫总参学院（1941、1949 年）。红旗第 5 集团军指导员和排长（1921 年—1925 年 1 月），骑兵排排长（1925 年 1 月—1926 年 10 月），列宁格勒装甲坦克兵学校坦克排排长、教导连连长（1926 年 10 月—1932 年 5 月），莫斯科指挥员培训班坦克部队负责人（1932 年 5 月—1933 年），坦克第 5 旅参谋长、旅长（1937 年—1938 年 6 月），西部特别军区汽车装甲坦克兵部第一科科长（1939 年 6 月—1940 年 10 月），预备坦克第 63 团团长（1941 年 6—8 月），坦克第 121 旅旅长（1941 年 8 月 1 日—1942 年 6 月 15 日），坦克第 14 军军长（1942 年 6 月 16 日—9 月 30 日），坦克第 11 军军长（1943 年 6 月 8 日—10 月 21 日），远东方面军、远东军区装甲坦克和机械化兵主任（1943 年 10 月—1948 年 4 月），中部军队集群装甲坦克和机械化兵司令员（1949 年 5 月—1950 年 12 月），苏军装甲坦克总局第一副局长、副局长（1950 年 12 月—1954 年 7 月），匈牙利人民军装甲坦克和机械化兵高级顾问（1954 年 7 月—1956 年 11 月），驻捷克斯洛伐克军事武官（1957 年 3 月—1959 年 3 月），退役（1959 年 3 月）。

1942 年 9 月 30 日改编为机械化第 6 军

谢苗·伊里奇·波格丹诺夫少将（1897 年 8 月 29 日—1960 年 3 月 12 日，1942 年 9 月 26 日任军长）。1943 年 6 月 7 日，中将；1944 年 4 月 24 日，上将；1945 年 6 月 1 日，装甲坦克兵元帅。两次苏联英雄（1944 年 3 月 11 日和 1945 年 4 月 6 日）。北方面军准尉学校（1917 年），高级军事师范学校（1923 年），"射击"高级步兵学校（1930 年），斯大林机械化和摩托化军事学院（1936 年）。排长、连长、营长（1918—1928 年），步兵第 134 团副团长（1928—1930 年），步兵第 134 团团长（1930 年 10 月—1932 年 5 月），机械化第 134 旅旅长（1932 年 5 月—1935 年 10 月），机械化第 9 旅旅长（1937 年 1 月—1938 年 5 月），1938 年 5 月 1 日被捕，1939 年 10 月获释，机械化第 6 军机械化第 29 师师长（1940 年），轻型坦克第 32 旅旅长（1940 年 12 月—1941 年 3 月），机械化第 14 军坦克第 30 师师长（1941 年 3 月 11 日—6 月 30 日），莫斯科军区汽车装甲坦克兵主任（1941 年 7—10 月），莫扎伊斯克筑垒地域司令员，第 5 集团军副司令员（1941 年 10 月—1942 年 5 月），坦克第 12 军军长（1942 年 5 月 19 日—9 月 7 日），机械化第 6 军（近卫机械化第 5 军）军长（1942 年 9 月 26 日—

1943 年 2 月 25 日），坦克第 9 军军长（1943 年 3 月 11 日—8 月 24 日），坦克第 2 集团军司令员（1943 年 9 月 9 日—1944 年 7 月 23 日），住院疗伤，近卫坦克第 2 集团军司令员（1945 年 1 月 7 日—1947 年 6 月 10 日），苏军驻德军队集群装甲坦克和机械化兵司令员（1947 年 6 月），苏军装甲坦克和机械化兵第一副司令员、司令员（1947—1953 年），机械化第 7 集团军司令员（1953 年 4 月—1954 年 5 月），装甲坦克和机械化兵军事学院院长（1954—1960 年），退役（1956 年）。

坦克第 21 军（5 月 1 日）

格里戈里·伊万诺维奇·库兹明少将（1895 年 1 月 2 日—1942 年 5 月 28 日）。1941 年 11 月 9 日晋升为少将。列宁格勒指导员培训班（1919 年）[1]，彼得格勒第 2 体育军校（1923 年），"射击"高级步兵学校（1931 年），莫斯科摩托化和机械化指挥员进修班（1932 年）。红旗预备队第 2 团排长（1918 年 9—10 月），北方面军步兵第 52 团连长（1919 年 5—9 月），被英军俘虏但设法逃脱（1919 年 9—10 月），西方面军步兵第 15 团连长（1920 年，苏波战争），莫斯科军区步兵第 15 团、第 5 团连长（1920—1922 年 1 月），步兵第 85 师步兵第 251 团排长、连长、团属培训学校校长（1924 年 5 月—1931 年），"射击"高级步兵学校营长（1931—1932 年），斯大林机械化和摩托化军事学院机械化教导团参谋长（1933 年 12 月—1937 年 2 月），白俄罗斯军区机械化第 10 旅参谋长、副旅长、代理旅长（1937 年 2 月—1939 年 12 月），汽车运输第 43 旅副旅长（1939 年 12 月—1940 年 10 月），机械化第 2 军坦克第 11 师副师长（1940 年 10 月—1941 年 3 月），机械化第 2 军坦克第 11 师师长（1941 年 3 月 1 日—8 月 27 日），改编为坦克第 132 旅（近卫坦克第 4 旅，1941 年 8 月 27 日—1942 年 4 月 19 日），坦克第 21 军军长（1942 年 4 月 19 日—1942 年 5 月 28 日），在哈尔科夫战役中阵亡。

1942 年 5 月在哈尔科夫被歼灭，6 月份撤编

坦克第 22 军（5 月 1 日）

亚历山大·亚历山德罗维奇·沙姆申上校（1908 年 8 月 25 日—1972 年 9 月 23 日，1942 年 5 月 13 日晋升为少将）。斯大林下诺夫哥罗德步兵学校（1931 年），莫斯科指挥员进修班（1932

---

① 译注：彼得格勒1924年才改称列宁格勒。

年），伏龙芝军事学院（1938年）。1928年9月参加红军。步兵第4师步兵第12团排长（1931年3月—1932年10月），坦克教导第3旅排长、连长、作战参谋（1932年10月—1935年5月），远东，坦克第42旅参谋长（1938年9月—1939年6月），斯大林机械化和摩托化军事学院教员（1939年6月—1940年10月），坦克第39旅参谋长（1940年10月—1941年3月），机械化第16军坦克第39师参谋长（1941年3—9月），摩托化步兵第34旅旅长（1941年9月—1942年4月），坦克第22军军长（1942年4月3日—8月30日，参见下述坦克第4集团军坦克第22军）。

坦克第23军（5月1日）

叶菲姆·格里戈里耶维奇·普希金少将（1899年1月28日—1944年3月11日）。1942年3月27日，少将；1943年1月18日，中将。苏联英雄（1941年11月9日）。奥廖尔骑兵培训班（1919年），第16集团军骑兵培训班（1921年），列宁格勒装甲坦克兵学校（1932年）。塔曼骑兵第2团和骑兵第17团排长、中队长（1919—1920年，苏波战争），土耳其斯坦方面军骑兵第17团中队长（1921—1923年，打击巴斯马奇匪帮），骑兵第52团中队长、团属培训学校校长、参谋长（1925年7月—1932年5月），骑兵第14师机械化第14团参谋长（1932年9月—1938年10月），机械化第4军坦克第32师师长（1941年2—7月），坦克第8师师长（1941年7—9月），坦克第130旅旅长（1941年9月—1942年3月），同时担任南方面军军队集群司令员（1942年1—2月），第18集团军副司令员（1942年3—4月），坦克第23军军长（1942年4月12日—6月4日），该军在哈尔科夫战役中全军覆没，西南方面军装甲坦克兵副司令员（1942年6月4日—8月），坦克第4集团军副司令员（1942年8月—11月29日），坦克第23军军长，第二次组建（1942年11月29日—1944年3月11日），在乌克兰的战斗中阵亡。

阿布拉姆·马特维耶维奇·哈辛上校（1899年1月17日—1967年4月12日，1942年7月21日晋升为少将）。哈尔科夫炮兵培训班（1919年），莫斯科炮兵指挥员进修班（1920年），高射炮兵指挥员进修班（1930年），捷尔任斯基军事技术学院指挥员进修班（1932年），斯大林机械化和摩托化军事学院（1936年）。革命第3集团军排长（1918—1919年），第13集团军连长（1920—1921年），步兵第30师轻型炮兵第2营排长、副连长（1921年3月—1922年4月），塞瓦斯托波尔要塞炮兵连长（1922年4月—1923年9月），在塞瓦斯托波尔担任各种炮兵参谋和指挥员职务（1923年9月—1927年6月），在乌拉尔军区炮兵第121团担任各种参谋和指挥员职务（1927年6月—1930年3月），步兵第90师独立坦克营营长（1937年1月—1938年5月），列宁格勒军区机械化第9旅副旅长、旅长（1938年5月—1940年1月），预备坦克第11团团长（1940年1—7月），机械化第1军摩托化步兵第163师坦克第25团团长（1940年7月—1941年9月1日），第56集团军坦克第1旅（近卫坦克第6旅）旅长（1941年9月1日—1942年6月15日），坦克第23军军长（1942年6月5日—8月25日，参见下述坦克第4集团军坦克第23军）。

阿列克谢·费奥多罗维奇·波波夫少将（1942年8月30日任军长，参见下述坦克第11军）。坦克第23军军长（1942年8月30日—10月15日），坦克第2军（近卫坦克第8军）军长（1942年10月16日—1945年5月9日）。

瓦西里·瓦西里耶维奇·科舍列夫中校（1908年7月19日—1992年10月14日，1942年10月16日任军长）。1943年9月15日，坦克兵少将。列宁政治军官培训班（1938年），斯大林机械化和摩托化军事学院进修班（1941年），伏罗希洛夫总参学院进修班（1942年），伏罗希洛夫总参学院（1948年）。1930年应征入伍。土耳其斯坦骑兵第4军政工人员（1932年12月—1936年），获得列宁勋章（1936年），山地骑兵第18师机械化第4营中队长、装甲列车中队中队长（1938年4月—1940年5月），山地骑兵第18师装甲列车第33营营长（1940年5月—1941年9月，伊朗边境），总参谋部参谋（1942年1—3月），派驻坦克第23军的总参代表（1942年5—10月），坦克第23军参谋长（1942年10月—1943年2月），坦克第23军代理军长（1942年10月16日—11月28日），坦克第2军（近卫坦克第8军）副军长、军长（1943年2月—1945年6月），改编为近卫坦克第8师（1945年6月—1947年1月），塔什干坦克学校校长（1949年3月—1950年3月），近卫机械化第4集团军参谋长（1950年3月—1953年5月），萨拉托夫坦克学校校长（1953年5月—1957年12月），苏军作战训练局处长（1957年12月—1958年8月），苏军作战训练局副局长（1958年8月—1968年3月），退役（1968年3月）。

南方面军
坦克第24军（5月1日，布良斯克方面军，7月1日）

最高统帅部预备队

坦克第 7 军（加里宁方面军，5 月 1 日，6 月 1 日，最高统帅部预备队，7 月 1 日）

帕维尔·阿列克谢耶维奇·罗特米斯特罗夫上校（1901 年 7 月 6 日—1982 年 4 月 6 日，1942 年 7 月 21 日晋升为少将）。1942 年 12 月 29 日，中将；1943 年 10 月 20 日，上将；1962 年晋升为装甲坦克兵主帅。军事科学博士（1956 年），军事科学教授（1958 年）。苏联英雄（1965 年 5 月 7 日）。斯摩棱斯克第 3 步兵学校(1921 年)，第一联合军事学校(1924 年)，伏龙芝军事学院（1931 年），伏罗希洛夫总参学院（1953 年）。步兵第 149、第 51 团政工人员（1919—1921 年，镇压喀琅施塔得兵变），列宁格勒军区步兵第 11 师步兵第 31 团排长、连长、副营长（1924—1928 年），外贝加尔步兵第 31 师和红旗独立远东集团军参谋（1931—1937 年 7 月），步兵第 21 师步兵第 63 团团长（1937 年 7—10 月），斯大林机械化和摩托化军事学院战术系教员（1937 年 12 月—1939 年），轻型坦克第 35 旅坦克营营长、旅参谋长（1939—1940 年 12 月，苏芬战争），波罗的海沿岸特别军区机械化第 3 军坦克第 5 师师长、军参谋长（1940 年 12 月—1941 年 9 月初，逃出斯摩棱斯克包围圈），坦克第 8 旅（近卫坦克第 3 旅）旅长（1941 年 9 月 14 日—1942 年 4 月 26 日），坦克第 7 军（近卫坦克第 3 军）军长（1942 年 4 月 17 日—1943 年 2 月 22 日），近卫坦克第 5 集团军司令员（1943 年 2 月 22 日—1944 年 8 月），苏军装甲坦克和机械化兵副司令员（1944 年 8 月—1945 年 6 月），苏军驻德军队集群装甲坦克和机械化兵司令员（1945 年 6 月—1947 年 5 月），远东装甲坦克和机械化兵司令员（1947 年 5 月—1948 年 4 月），伏罗希洛夫总参学院坦克和机械化兵战略战术系主任（1948 年 8 月—1964 年 4 月），苏联国防部部长助理（负责训练，1964 年 4 月—1968 年 6 月），退役后加入苏联国防部总监组（1968 年 6 月）。

1942 年 12 月 29 日改编为近卫坦克第 3 军

坦克第 18 军（7 月 1 日）

伊万·丹尼洛维奇·切尔尼亚霍夫斯基上校（1906 年 3 月 26 日—1945 年 2 月 18 日，1942 年 5 月 3 日晋升为少将）。1943 年 2 月 14 日，中将；1944 年 3 月 5 日，上将；1944 年 8 月，大将。两次苏联英雄（1943 年 10 月 17 日和 1944 年 7 月 29 日）。基辅炮兵学校（1928 年），斯大林机械化和摩托化军事学院（1936 年）。排长、政工人员、副连长、连长（1928—1931 年），机械化第 8 旅坦克第 1 营参谋长、营长（1936—1938 年 5 月），独立轻型坦克第 9 旅旅长（1938 年 5 月—1940 年 6 月），机械化第 3 军坦克第 2 师副师长（1940 年 6 月—

1941 年 3 月），波罗的海沿岸特别军区（西北方面军）机械化第 12 军坦克第 28 师师长（1941 年 3 月 11 日—8 月 27 日），步兵第 241 师师长（1941 年 12 月 13 日—1942 年 6 月 5 日），坦克第 18 军军长（1942 年 7 月 15 日—25 日），第 60 集团军司令员（1942 年 6 月 25 日—1944 年 4 月），西方面军司令员（1944 年 4 月），白俄罗斯第 3 方面军司令员（1944 年 4 月 14 日—1945 年 2 月 18 日），在东普鲁士战役中阵亡。

伊万·彼得罗维奇·科尔恰金少将（1942 年 7 月 26 日任军长，参见上述坦克第 17 军）。坦克第 18 军军长（1942 年 7 月 26 日—9 月 10 日），近卫坦克第 3 集团军机械化第 2 军（近卫机械化第 7 军）军长（1942 年 9 月 8 日—1945 年 5 月），近卫机械化第 7 军（师）军长（师长，1945 年 5 月—1946 年 5 月），南军队集群装甲坦克和机械化兵司令员（1947 年 4 月—1948 年 2 月），机械化第 8 集团军司令员（1948 年 2 月—1950 年 9 月），国防部汽车拖拉机总局副局长（1951 年 4—7 月），去世（1951 年 7 月）。

鲍里斯·谢尔盖耶维奇·巴哈罗夫上校（1902 年 9 月 10 日—1944 年 7 月 16 日，1942 年 10 月 14 日晋升为少将，1942 年 9 月 11 日任军长）。国际联合军校（1926 年），伏龙芝军事学院（1932 年），列宁格勒装甲坦克兵学校指挥员进修班（1932 年）。步兵第 20 师第 59 团连、团政治军官（1924—1929 年），机械化第 4 旅参谋（1932 年 5 月—1936 年 5 月），机械化第 10、第 18 旅教导营营长（1936 年 5 月—1938 年 10 月），哈尔科夫军区汽车装甲坦克兵主任（1938 年 10 月—1939 年 11 月），轻型坦克第 52 旅旅长（1939 年 11 月—1941 年 3 月），基辅特别军区机械化第 25 军坦克第 50 师师长（1941 年 3 月 11 日—9 月 17 日），坦克第 150 旅旅长（1941 年 9 月 18 日—1942 年 6 月 15 日），坦克第 17 军参谋长（1942 年 6—7 月），坦克第 17 军军长（1942 年 7 月 21 日—8 月 6 日），坦克第 18 军军长（1942 年 9 月 11 日—1943 年 7 月 25 日），坦克第 9 军军长（1943 年 9 月 2 日—1944 年 7 月 16 日），在白俄罗斯进攻战役中阵亡。

坦克第 25 军（7 月 1 日）

彼得·彼得罗维奇·巴甫洛夫少将（1898 年 1 月 12 日—1962 年 9 月 4 日）。1942 年 5 月 3 日晋升为少将。新切尔卡斯克骑兵指挥员进修班（1929 年），列宁格勒装甲坦克兵学校（1932 年），伏罗希洛夫总参学院（1947 年）。排长、独立骑兵中队中队长（1918—1919 年），独立骑兵第23、第24团中队长（1923年1月—1925年2月），马内奇骑兵第19团中队长、团副参谋长、团属培训学校校长（1925年2月—1928年12月），马内奇骑兵第19团副参谋长（1929年9月—1930年11月），列宁格勒骑兵第4师参谋（1930年11月—1931年5月），萨利斯克骑兵第23团团属培训学校校长（1931年5—11月），下诺夫哥罗德坦克学校教员（1932年3月—1937年7月），基辅特别军区轻型坦克第38旅副旅长（1939年1月—1940年8月8日），红军装甲坦克部队副总监（1940年8月8日—9月10日），轻型坦克第38旅旅长（1940年9月10日—1941年3月），机械化第22军坦克第41师师长（1941年3月11日—9月9日），沃尔霍夫方面军第4集团军坦克第46旅副旅长（1941年9月9日—1942年2月），第59集团军装甲坦克和机械化兵副主任（1942年2月—7月13日），坦克第25军军长（1942年7月13日—1943年3月15日），在顿巴斯地区的战斗中负伤被俘，关押在德国（1943年3月—1945年4月），被美军解救后遣返回苏联，接受NKVD机构的甄别（1945年5月—1946年3月），苏军装甲和机械化部队总局局长（1947年3—5月），近卫步兵第36军装甲坦克和机械化兵副军长（1947年5月—1950年6月），退役（1950年6月）。

坦克第5集团军（布良斯克方面军，7月2日，最高统帅部预备队，7月底）

亚历山大·伊里奇·利久科夫少将（1900年3月26日—1942年7月23日）。1942年1月10日晋升为少将。苏联英雄（1941年8月5日）。斯摩棱斯克炮兵指挥员进修班（1919年），列宁格勒装甲坦克兵学校（1923年），伏龙芝军事学院（1927年）。列宁格勒坦克指挥员进修班、军事技术学院教员（1922—1933年1月），莫斯科军区独立坦克第3营营长、独立重型坦克团团长（1933年1月—1934年），独立重型坦克第6旅旅长（1936年3月—1937年），1938年被捕，1940年获释，机械化第17军坦克第36师副师长（1941年3—6月），鲍里索夫驻军参谋长（1941年6—7月），鲍里索夫战役集群参谋长、司令员（1941年中—7月），红旗莫斯科摩托化步兵（坦克）第1师师长，第二次组建（1941年8月18日—9月22日），1941年9月22日改编为近卫莫斯科摩托化步兵第1师，近卫莫斯科摩托化步兵第1师师长（1941年9月22日—11月30日），第20集团军副司令员（1941年11月30日—12月31日），近卫步兵第2军军长（1941年12月31日—1942年4月4日），1942年4月改编为坦克第2军，坦克第2军军长（1942年4月15日—5月28日），坦克第5集团军司令员（1942年6月5日—7月15日），坦克第2军军长（1942年7月15日，参见下述坦克第2军）。

坦克第 2 军（最高统帅部预备队，5 月 1 日，布良斯克方面军，6 月 1 日，坦克第 5 集团军，7 月 1 日）

谢苗·彼得罗维奇·马尔采夫上校（1901 年 4 月 7 日—1943 年 2 月 6 日，1942 年 5 月 28 日任军长）。步兵学校（1931 年），斯大林机械化和摩托化军事学院（1936 年），伏罗希洛夫总参学院（1941 年）。1922 年 9 月参加红军。汽车摩托化第 3 团连政工人员、团属培训学校政工人员（1925 年 3 月—1927 年 11 月），乌克兰军区步兵第 23 师宣传科指导员（1927 年 11 月—1931 年 1 月），巴拉克列亚第 29 炮兵仓库、巴拉克列亚军工厂军事委员（1931 年 1 月—1933 年 2 月），独立机械化第 8 旅参谋（1937 年 1—11 月），机械化第 8 旅坦克营营长（1937 年 11 月—1939 年 6 月），机械化第 8 旅副旅长（1939 年 6—11 月），坦克第 11 军和坦克第 9 师参谋长（1941 年 7 月—1942 年 3 月），红军预备队教导营营长（1942 年 3—5 月），坦克第 2 军参谋长（1942 年 5 月），坦克第 2 军军长（1942 年 5 月 28 日—6 月 9 日），在战斗中阵亡（1943 年 2 月 6 日）。

伊万·加夫里诺维奇·拉扎列夫少将（1898 年 1 月 7 日—1979 年 9 月 27 日，1942 年 6 月 10 日任军长）。1940 年 6 月 4 日，少将；1943 年 6 月 7 日，中将。彼得格勒炮兵培训班（1918 年），高级炮兵学校（1922 年），伏龙芝军事学院（1929 年）。炮兵连长（1918—1919 年），炮兵团连长、团副参谋长、斯大林机械化和摩托化军事学院教员（1922—1935 年），机械化第 16 旅（轻型坦克第 22 旅）旅长（1935—1939 年），列宁格勒军区机械化第 1 军副军长、军长（1940 年 12 月—1941 年 3 月 11 日），机械化第 10 军军长（1941 年 3 月 11 日—1941 年 7 月 20 日），卢加战役集群司令员（1941 年 7 月 20 日—8 月初），被逮捕，8 月份获释，纳尔瓦、斯卢茨克—科尔皮诺军队集群司令员（1941 年 8 月），第 55 集团军司令员（1941 年 9 月 1 日—11 月 17 日），汽车装甲坦克总局副总监，西北方向总指挥部装甲坦克和机械化兵副司令员（1941 年 12 月—1942 年 5 月），坦克第 2 军军长（1942 年 6 月 10 日—7 月 1 日），坦克第 11 军军长（1942 年 7 月 22 日，参见下述坦克第 11 军）。

亚历山大·伊里奇·利久科夫少将（1942 年 7 月 15 日—23 日，参见上文坦克第 5 集团军）。1942 年 7 月 23 日在沃罗涅日地域的战斗中阵亡。

安德烈·格里戈里耶维奇·克拉夫钦科上校（1899 年 11 月 18 日—1963 年 10 月 18 日，1942

年 7 月 21 日晋升为少将，1942 年 7 月 23 日任军长）。1943 年 6 月 7 日，中将；1944 年 9
月 13 日，上将。两次苏联英雄（1944 年 8 月 10 日和 1945 年 9 月 8 日）。波尔塔瓦步兵学校
（1923 年），伏龙芝军事学院（1928 年），伏罗希洛夫总参学院（1949 年）。连长、营长、
参谋长、团长、列宁格勒装甲坦克兵学校培训班和萨拉托夫装甲坦克兵学校教员（1922—1936
年），步兵第 173 师参谋长（1939 年 5 月—1940 年 6 月，苏芬战争），机械化第 2 军坦克第
16 师参谋长（1940 年 6 月—1941 年 3 月），机械化第 18 军参谋长（1941 年 3—8 月），西
方面军坦克第 31 旅旅长（1941 年 9 月 9 日—1942 年 1 月 10 日），第 61 集团军汽车装甲坦克
兵主任（1942 年 2—3 月），坦克第 1 军参谋长（1942 年 3 月—7 月 2 日），坦克第 2 军军长
（1942 年 7 月 2 日—9 月 13 日），坦克第 4 军军长（1942 年 9 月 18 日，参见上文）。

阿布拉姆·马特维耶维奇·哈辛少将（1899 年 1 月 17 日—1967 年 4 月 12 日，1942 年 9 月
14 日任军长，参见上文）。坦克第 2 军军长（1942 年 9 月 14 日—10 月 15 日），坦波夫坦克
中心主任，红军装甲坦克和机械化部队训练局局长（1943 年 1—8 月），机械化第 8 军军长（1943
年 8 月 9 日—1944 年 1 月 10 日），列宁格勒方面军、波罗的海沿岸第 2 方面军装甲坦克和机
械化兵副主任（1944 年 3 月—1945 年 5 月），红军装甲坦克和机械化兵参谋（1945 年 10 月—
1946 年 6 月），南军队集群机械化第 19 师师长（1946 年 6—11 月），退役（1946 年 6 月）。

坦克第 11 军（布良斯克方面军，6 月 1 日，坦克第 5 集团军，7 月 1 日）
阿列克谢·费奥多罗维奇·波波夫少将（1896 年 3 月 30 日—1946 年 10 月 12 日）。1940
年 6 月 4 日，少将；1943 年，中将。炮兵第 112 旅训练中心（1916 年），彼得格勒骑兵指挥
员进修班（1918 年），塔甘罗格骑兵学校（1924 年），新切尔卡斯克骑兵指挥员进修班（1929 年），
列宁格勒装甲坦克兵指挥员进修班（1939 年）。骑兵第 2 师"萨拉托夫"骑兵第 1 团支队长、
排长、中队长（1919—1920 年），骑兵第 5 师"阿穆尔"第 25 团排长、团属培训学校校长、
中队长（1922 年 9 月—1928 年 10 月），骑兵第 5 师"塔曼"第 28 团副参谋长、参谋长（1929
年 9 月—1932 年 5 月），乌克兰区、基辅特别军区骑兵第 5 师机械化第 5 团参谋长、团长（1932
年 5 月—1938 年 7 月），红旗第 1 集团军汽车装甲坦克兵主任（1938 年 7 月—1941 年 3 月），
机械化第 30 军坦克第 60 师师长、独立坦克第 30 师师长（1941 年 3 月 11 日—1942 年 1 月
20 日），车里雅宾斯克坦克中心主任（1942 年 1—5 月），坦克第 5 集团军坦克第 11 军军长
（1942 年 5 月 19 日—7 月 21 日），坦克第 23 军军长（1942 年 8 月 30 日—10 月 15 日），

坦克第 2 军（近卫坦克第 8 军）军长（1942 年 10 月 16 日—1946 年 5 月 9 日），机械化第
9 集团军副司令员（1946 年 5 月 9 日—9 月），1946 年 10 月病故。

伊万·加夫里诺维奇·拉扎列夫少将（1942 年 7 月 22 日任军长，参见上述坦克第 2 军）。

坦克第 11 军军长（1942 年 7 月 22 日—1943 年 6 月 7 日），坦克第 20 军军长（1943 年
7 月 7 日—1945 年 5 月 9 日），喀尔巴阡军区机械化第 8 集团军副司令员（1945 年 6 月—
1947 年 8 月），列宁政治学院装甲坦克和机械化兵系主任（1947 年 8 月—1958 年 2 月），
退役（1958 年 2 月）。

斯大林格勒方面军（8 月 1 日）

坦克第 1 集团军（7 月 26 日，撤编，8 月 6 日）

基里尔·谢苗诺维奇·莫斯卡连科炮兵少将（1902 年 5 月 11 日—1985 年 6 月 17 日）。
1940 年 6 月 4 日，少将；1943 年 1 月 19 日，中将；上将，1955 年擢升为苏联元帅。哈尔
科夫指挥员联合学校（1922 年），炮兵指挥员进修班（1928 年），捷尔任斯基军事学院（1939
年）。两次苏联英雄（1943 年 10 月 23 日和 1978 年 2 月 21 日）。"琼加"骑兵第 6 师炮
兵排长、连长、营长（1922 年—1933 年 3 月），远东集团军外贝加尔军队集群独立骑兵师骑兵一
炮兵团参谋长、团长（1933 年 3 月—1935 年），红旗独立远东集团军滨海集群机械化第 23
旅炮兵主任（1935 年—1936 年 11 月），基辅特别军区机械化第 2 军机械化第 133 旅步兵团
团长（1936 年 11 月—1938 年），"彼列科普"步兵第 51 师炮兵主任（1939 年 6 月—1940
年 5 月，苏芬战争），步兵第 35 军炮兵主任（1940 年 5 月—9 月，比萨拉比亚），敖德萨军
区机械化第 2 军炮兵主任（1940 年 9 月—1941 年 5 月），基辅特别军区第 5 集团军摩托化
反坦克炮兵第 1 旅旅长（1941 年 5 月—9 月），西南方面军第 5 集团军步兵第 15 军军长（1941
年 9 月—12 月初），第 13 集团军"骑兵—机械化"集群司令员（1941 年 12 月），第 6 集团
军代理司令员（1941 年 12 月中旬—1942 年 2 月 12 日），骑兵第 6 军军长（1942 年 2 月 12 日—
3 月 5 日），第 38 集团军司令员（1942 年 3 月 5 日—7 月 26 日），坦克第 1 集团军司令员（1942
年 7 月 26 日—8 月），近卫第 1 集团军司令员（1942 年 8—10 月），第 40 集团军司令员（1942
年 10 月—1943 年 10 月），第 38 集团军司令员（1943 年 10 月—1945 年 5 月），集团军司
令员（1945 年 6 月—1948 年），莫斯科防空地域（后改为防空区）司令员（1948—1953 年），
莫斯科军区司令员（1953—1960 年），苏联国防部副部长兼战略火箭军总司令（1960—1962 年），
国防部总监兼国防部副部长（1962—1983 年），退役后加入国防部总监组（1983 年）。

坦克第 13 军

特罗菲姆·伊万诺维奇·塔纳希申上校（1942 年 12 月 7 日晋升为少将，参见上文坦克第 13 军）。坦克第 13 军（近卫机械化第 4 军）军长（1942 年 7 月 17 日—1944 年 3 月 31 日），在敖德萨战役中阵亡。

坦克第 28 军（1942 年 7 月 13 日组建）

格奥尔吉·谢苗诺维奇·罗金上校（1897 年 11 月 19 日—1976 年 1 月 6 日，1942 年 8 月 4 日晋升为少将）。1943 年 6 月 7 日，中将。奥廖尔步兵培训班（1919 年），罗斯托夫指挥员培训班（1923 年），"射击"高级步兵学校（1925 年），红军指挥员技术进修班（1934 年）。步兵第 55 师第 32 预备团、"科捷利尼科夫斯基"第 219 团排长（1916—1917 年），库班第 9 集团军预备团、奥廖尔混成团、奥廖尔步兵培训班和库班第 18 集团军步兵第 2 团排长、连长、侦察副参谋（1918—1921 年），第 9 集团军步兵第 2、第 115、第 65 团排长、副连长、副营长（1921—1926 年 12 月），步兵第 234 团副团长、团长（1930 年 12 月—1933 年 12 月），步兵第 25 师独立坦克营营长、装甲兵主任（1933 年 12 月—1938 年 4 月），白俄罗斯特别军区坦克第 21 旅坦克第 27 营营长（1939 年 5 月—1940 年 1 月，苏波战争），坦克第 24 师坦克第 24 团团长（1940 年 1 月—12 月，苏芬战争），独立轻型坦克第 23 旅旅长（1940 年 12 月—1941 年 3 月），机械化第 18 军坦克第 47 师师长（1941 年 3 月 11 日—10 月 7 日），在战斗中负伤，坦克第 142 旅旅长（1941 年 10 月 7 日—1942 年 1 月 29 日），坦克第 52 旅旅长（1942 年 3 月—6 月），坦克第 28 军（机械化第 4 军）军长（1942 年 7 月 13 日—10 月 10 日），西南方面军装甲坦克和机械化兵主任（1942 年 10 月 10 日—1943 年 3 月），坦克第 30 军（近卫坦克第 10 军）军长（1943 年 3 月 28 日—1944 年 3 月 15 日），因指挥不力被解除职务，坦克教导第 6 旅旅长（1944 年 4 月 25 日—1945 年 5 月），白俄罗斯坦克中心主任（1945 年 6 月—1946 年 7 月），退役（1946 年 7 月）。

1942 年 10 月 10 日改编为机械化第 4 军

瓦西里·季莫费耶维奇·沃利斯基少将（1897 年 3 月 22 日—1946 年 2 月 22 日，1942 年 10 月 11 日任军长）。1940 年 6 月 4 日，少将；1943 年 2 月 7 日，中将；1944 年 10 月 26 日，上将。伏龙芝军事学院（1926 年），指挥员进修班（1929 年），坦克指挥员进修班（1930 年）。政工人员、团政委、师政委（1919—1920 年），骑兵连连长、骑兵团团长（1921—1929 年），机械化团团长、独立机械化第32旅旅长（1930—1932年），红军机械化和摩托化总局参谋（1932年），独立机械化第6旅旅长（1932年），斯大林机械化和摩托化军事学院副院长（1939年5月—1941年），第21集团军汽车装甲坦克兵副主任（1941年6月—7月），西南方面军汽车装甲坦克兵副主任（1941年7—9月），汽车装甲坦克总部副总监（1942年1月—4月），克里木方面军和北高加索方面军负责坦克兵的副司令员（1942年4月—10月），机械化第4军（近卫机械化第3军）军长（1942年10月11日—1943年1月3日），1943年3月—6月患病，红军坦克和机械化兵副司令员（1943年6月—1944年8月），近卫坦克第5集团军司令员（1944年8月—1945年3月），由于健康状况不佳，离开指挥岗位住院治疗（1945年3月—1946年2月），病逝（1946年2月22日）。

坦克第4集团军（8月1日，改编为第65集团军，10月22日）

瓦西里·德米特里耶维奇·克留琴金少将（1894年1月13日—1976年6月10日）。1940年4月6日，少将；1943年6月28日，中将。基辅联合军事学校（1923年），指挥员进修班（1926年），伏龙芝军事学院骑兵指挥员进修班（1941年），伏罗希洛夫总参学院速成班（1943年）。骑兵团排长、连长、副团长、团长（1918—1920年），骑兵团团属培训学校校长、副团长、团长（1921—1938年），基辅特别军区骑兵第5军骑兵第14师师长（1938年6月10日—1941年11月28日），骑兵第5军（近卫骑兵第3军）军长（1941年11月28日—1942年7月3日），第28集团军司令员（1942年7月3日—8月1日），坦克第4集团军司令员（1942年8月1日—10月22日），第69集团军司令员（1943年3月—1944年4月），第10集团军司令员（1944年4月），第33集团军司令员（1944年4—7月），由于健康状况不佳离开指挥岗位，白俄罗斯第1方面军军事委员会参谋（1944年12月—1945年1月），第61集团军副司令员（1945年1—2月），白俄罗斯第1方面军副司令员（1945年3—5月），顿河军区副司令员（1945年6月—1946年），退役（1946年）。

坦克第22军

亚历山大·亚历山德罗维奇·沙姆申少将（参见上述坦克第22军）。坦克第22军（机械化第5军）军长（1942年4月3日—8月30日），坦克第9军军长（1942年10月19日—1943年3月10日），红军装甲坦克和机械化兵作战训练局局长（1943年4—12月），坦克第2集团军坦克第3军军长（1943年12月17日—1944年2月28日），伏尔加沿岸军区装甲坦克和机械化兵主任（1944年9月—1946年7月），机械化第27师副师长（1946年7月—1948年11月），斯大林装甲坦克兵学院战术教员（1948年11月—1957年5月），退役（1957年5月）。

1941年11月2日改编为机械化第5军

米哈伊尔·瓦西里耶维奇·沃尔科夫少将（1942年11月2日任军长）。1943年11月5日，中将。彼得霍夫第2准尉学校（1916年），莫斯科步兵培训班（1925年），伏龙芝军事学院（1935年），伏罗希洛夫总参学院速成班（1942年），伏罗希洛夫总参学院（1950年）。第62预备团连长（1917年），负伤（1917—1918年），步兵第1团、"伏尔加河"步兵第9团连长（1919年5—12月），"伏尔加河"步兵第10团后勤主任（1919年12月—1920年5月），第80步兵机枪学校教员、第27"伊万诺沃—沃兹涅先斯克"步兵学校和第11"斯大林—下诺夫哥罗德"步兵学校指挥班教员（1920年5月—1928年5月），莫斯科军区步兵第18师步兵第52团营长、团参谋长，步兵第17师步兵第50团参谋长、团长（1928年5月—1935年5月），步兵第17师师长（1935年5月—1937年5月），接受NKVD调查（1937年5月—1938年11月），阿塞拜疆山地步兵第77师副参谋长（1938年11月—1940年2月），山地步兵第63师参谋长（1940年2—6月），外贝加尔军区科长、处长（1940年6月—1941年8月），步兵第52团团长、步兵第18师师长、山地步兵第77师师长（1941年10月9日—1942年3月2日），机械化第5军（近卫机械化第9军）军长（1942年11月2日—1945年6月20日），近卫机械化第9师师长（1945年6月20日—1948年1月），近卫机械化第5集团军副司令员（1948年1月—1949年4月），苏军装甲坦克和机械化兵作战训练局副局长（1949年12月—1957年8月），全苏摄影协会军事系主任（1957年8月—1959年8月），退役（1959年8月）。

坦克第23军

阿布拉姆·马特维耶维奇·哈辛少将（1942年6月5日—8月25日任军长）。坦克第5集团军坦克第2军军长（1942年9月14日，参见上述坦克第2军）

※资料来源：N.I.尼科弗洛夫等人主编的《伟大卫国战争，1941—1945年：作战部队》（Velikaia Otechestvennaia voina 1941—1945 gg.: Deistvuiushchaia armiia，莫斯科：勇气出版社和库奇科沃原野出版社，2005年），《伟大卫国战争，集团军指挥员，军事人物志》，《军级指挥员，军事人物志》，《1941—1945年，伟大卫国战争期间苏联武装力量军、师级指挥员》（Komandovanie korpusnogo i divizionnogo zvena Sovetskikh Vooruzhennykh Silperioda Velikoi Otechestvennoi voiny, 1941—1945 gg.，莫斯科：伏龙芝军事学院，1964年），叶夫根尼·德里格《战斗中的红军机械化军：1940—1941年红军汽车装甲坦克兵史》（Mekhanizirovannye korpusa RKKA v boiu: Istoriia avtobronetankovykh voisk Krasnoi Armii v 1940—1941 godakh，莫斯科：译文出版社，2005年），I.I.库兹涅佐夫《将军们的命运：1940—1953年的红军高级指挥员》（Sud'by general skie: Vysshie komandnye kadry Krasnoi Armii v 1940—1953 gg.，伊尔库茨克：伊尔库茨克大学出版社，2002年），戴维·M. 格兰茨《红军指挥员，1941—1945年，第一册：方向总司令部、方面军、集团军、军区、防御区和快速军指挥员》【Red Army Command Cadre (1941—1945), Volume 1: Direction, Front, Army, Military District, Defense Zone, and Mobile Corps Commanders，宾夕法尼亚州卡莱尔：自费出版，2002年】和《第二册：主要方向、方面军、集团军和军级指挥部简介》（Volume 2: Profile in Command at Main Direction, Front, Army, and Corps Level，宾夕法尼亚州卡莱尔：自费出版，2004年）。

注：所有将级军衔均为"坦克兵"，除非另作说明。

参考资料

缩略语表

JSMS: Journal of Slavic Military Studies（《斯拉夫军事研究》杂志）

TsAMO: Tsentral'nyi arkhiv Ministerstva Oborony（国防部中央档案馆）

TsPA UML: Tsentral'nyi partiinyi arkhiv Instituta Marksizma-Leninizma（马列主义研究院中央党务档案馆）

VIZh: Voenno-istoricheskii zhurnal（《军事历史》杂志）

VV: Voennyi vestnik（军事通报）

原始文献

德国第 6 集团军作战日志（*Kreigstagebuch*）：国家档案馆微缩胶片，序列号 T-312，第 1453 卷。

苏军作战日志（*Zhurnal boevykh deistvii*）：

第 62 集团军，1942 年 9—11 月

步兵第 95 师

步兵第 112 师

步兵第 138 师（*138-ia Krasnoznamennaia strelkovaia diviziia v boiakh za Stalingrada*）（斯大林格勒战役中的红旗步兵第 138 师）

步兵第 284 师

步兵第 308 师

近卫步兵第 37 师

近卫步兵第 39 师

步兵第 10 旅

步兵第 42 旅

"Anlage 3 zum Tätigkeitsbericht, AOK 17, Ic, 20 Jul–25 Jul 1942," AOK17, 24411/33. *National Archives Microfilm (NAM) series T-312, Roll 679*.（1942 年 7 月 20 日—25 日，第 17 集团军情报处作战报告第 3 号附件；国家档案馆微缩胶片，序列号 T-312，第 679 卷）

Sbornik voenno-istoricheskikh materialov Velikoi Otechestvennoi voiny, Vypusk 15（《伟大卫国战争军事和历史资料集》第 15 期）（莫斯科：军事出版社，1955 年）中的 *"Boevye deistviia voisk Brianskogo i Voronezhskogo frontov letom 1942 na Voronezhskom napravlenii"*（《1942 年夏季，布良斯克和沃罗涅日方面军的部队沿沃罗涅日方向的作战行动》）。

"Boevye rasporiazhenie i boevye doneseniia shtaba 28 Armii (12.5-12.7.1942)"（1942 年 5 月 12 日—7 月 12 日，第 28 集团军司令部的作战部署和作战报告），*TsAMO, Fond* [总类] (f.) *382, crpis*（子类）*(op.) 8452, ed. khr.*（普通文件）*37,1. 53.*

Boevoi sostav Sovetskoi armii, Chasf 2 (ianvar-dekabr 1942 goda)（《苏联军队作战编成 第 2 部分（1942 年 1—12 月）》）（莫斯科：军事出版社，1966 年）

V.V. 杜申金主编的 *Vnutrennye voiska v Velikoi Otechestvennoi voine 1941- 1945 gg.:*

Dokumenty i materially（《1941—1945 年，伟大卫国战争中的内卫部队：资料和文件》）（莫斯科：法律文献出版社，1975 年）

"Feindlagenkarten, PzAOK 1, Ic, 31 May-28 Jun 1942." PzAOK 1, 24906/23. National Archives Microfilm (NAM) series T-313, Roll 37.（《1942 年 5 月 31 日—6 月 28 日，第 1 装甲集团军情报处敌态势图集》；国家档案馆微缩胶片，序列号 T-313，第 37 卷）

"Feindlagenkarten, PzAOK 1, Ic, 29 Jun-31 Jul 1942." PzAOK 1, 24906/24.; National Archives Microfilm (NAM) series T-313, Roll 38.（1942 年 6 月 29 日—7 月 31 日，第 1 装甲集团军情报处敌态势图集；国家档案馆微缩胶片，序列号 T-313，第 38 卷）

"Friedericus, 1' Anlagenmappe 1 zum KTB Nr. 8, PzAOK 1, Ia, 27 Mar-14 May 1942." ;PzAOK 1, 25179/3. National Archives Microfilm (NAM) series T-313, Roll 5.（1942 年 3 月 27 日 5 月 14 日，第 1 装甲集团军作战处第 8 号作战日志 1 号附件集，"弗里德里库斯 I 号"行动；国家档案馆微缩胶片，序列号 T-313，第 5 卷）

GKO（国防委员会）法令，*TsPA UML. f. 644, op. 1, delo*（文件）*(d), 23, listy*（页数）*(11.) 127-129* 和 *f. 644, op. 1, d. 33,11. 48-50.*

"Ia, Lagenkarten Nr. 1 zum KTB Nr. 13, Jul-Oct 1942. AOK 6, 23948/Ia." National Archives Microfilm (NAM) series T-312, Roll 1446.（1942 年 710 月，第 6 集团军作战处第 13 号作战日志第 1 号态势图集；国家档案馆微缩胶片，序列号 T-312，第

1446 卷）

　　"Ia, Lagenkarten zum KTB 12, May–Jul 1942." AOK 6, 22855/Ia. National Archives Microfilm (NAM) series T–312, Roll 1446.（1942 年 5—7 月，第 6 集团军作战处第 12 号作战日志态势图集；国家档案馆微缩胶片，序列号 T–312，第 1446 卷）

　　Kommandovanie korpusnovo i divizionnogo svena Sovetskikh vooruzhennijkh sil perioda Velikoi Otechestvennoi voiny 1941–1945 g.（《1941—1945 年，伟大卫国战争期间苏联武装力量军、师级指挥员》）（莫斯科：伏龙芝军事学院，1964 年）

　　Kriegstagebuch des Oberkommandos der Wehrmacht (Wehrmachtfuhrungsstab), 1940–1945（《1940—1945 年，德国国防军最高统帅部作战日志》），第二册（法兰克福，1963 年）

　　"Lagenkarten Pz. AOK 1, Ia (Armee-Gruppe v. Kleist), 1–29 Jun 1942." PzAOK 1, 24906/12. National Archives Microfilm (NAM) series T–313, Roll 35.（1942 年 6 月 1 日—29 日，第 1 装甲集团军作战处态势图集（"冯·克莱斯特"集团军级集群）；国家档案馆微缩胶片，序列号 T–313，第 35 卷）

　　"Lagenkarten, 8 July–5 October 1942." AOK II, Ia, 25851207a. National Archives Microfilm (NAM) series T–312, Roll 1207.（1942 年 7 月 8 日—10 月 5 日，第 2 集团军作战处态势图集；国家档案馆微缩胶片，序列号 T–312，第 1207 卷）

　　"Lagenkarten. Anlage 9 zum Kriegstagebuch Nr. 3, AOK 17, Ia., 31 Jul–13 Aug 1942." AOK 17. 24411/19. National Archives Microfilm (NAM) series T–312, Roll 696.（1942 年 7 月 31 日—8 月 13 日，第 17 集团军作战处第 3 号作战日志第 9 号附件，态势图集；国家档案馆微缩胶片，序列号 T–312，第 696 卷）

　　"Lagenkarten Pz AOK 1, Ia, 1–31 Aug 1942." PzAOK 1, 24906/14. National Archives Microfilm (NAM) series T–313, Roll 36.（1942 年 8 月 1 日—31 日，第 1 装甲集团军作战处态势图集；国家档案馆微缩胶片，序列号 T–313，第 36 卷）

　　"Lagenkarten PzAOK 1, Ia, 1–30 Sep 1942." PzAOK 1, 24906/15. National Archives Microfilm (NAM) series T–313, Roll 36.（1942 年 9 月 1 日—30 日，第 1 装甲集团军作战处态势图集；国家档案馆微缩胶片，序列号 T–313，第 36 卷）

　　"Lagenkarten PzAOK 1, Ia, 1–31 Oct 1942." PzAOK 1, 24906/16. National Archives Microfilm (NAM) series T–313, Roll 36.（1942 年 10 月 1 日—31 日，第 1 装甲

集团军作战处态势图集；国家档案馆微缩胶片，序列号 T-313，第 36 卷）

"Lagenkarten zum KTB. Nr. 5 (Teil III.), PzAOK 4, Ia, 21 Oct-24 Nov 1942." PzAOK 4, 28183/12. National Archives Microfilm (NAM) series T-313, Roll 359.（1942 年 10 月 21 日—11 月 24 日，第 4 装甲集团军作战处第 5 号作战日志（第Ⅲ部分）态势图集；国家档案馆微缩胶片，序列号 T-313，第 359 卷）

"Nekotorye vyvody po operatsiiam levogo kryla Zapodnogo fronta"（《关于西方面军左翼部队作战行动的一些结论》），Sbornik materialov po izucheniiu opyta voiny, No. 5（《战争经验研究资料集，第 5 期》）（莫斯科：军事出版社，1943 年）

Sbornik materialov po izucheniiu opyta voiny, No. 4 (Ianvar-fevral 1943 g.)【《战争经验研究资料集第 4 期（1943 年 1—2 月）》】（莫斯科：军事出版社，1943 年）

Sbornik materialov po izucheniiu opyta voiny, No. 6 (Aprel-mai 1943 g.)【《战争经验研究资料集，第 6 期（1943 年 4—5 月）》】（莫斯科：军事出版社，1943 年）

Sbornik voenno-istoricheskikh materialov Velikoi Otechestvennoi voiny, Vypusk 14（《伟大卫国战争军事和历史资料集，第 14 期》）（莫斯科：军事出版社，1954 年）

Sbornik voenno-istoricheskikh materialov Velikoi Otechestvennoi voiny, Vypusk 15（《伟大卫国战争军事和历史资料集，第 15 期》）（莫斯科：军事出版社，1955 年）

Sbornik voenno-istoricheskikh materialov Velikoi Otechestvennoi voiny, Vypusk 18（《伟大卫国战争军事和历史资料集，第 18 期》）（莫斯科：军事出版社，1960 年）

V.A. 沙波瓦洛夫（主编），Bitva za Kavkaz v dokumentakh i materialov（《文件和资料中的高加索战役》）（斯塔夫罗波尔：斯塔夫罗波尔州立大学，2003 年）

V.A. 日林（主编），Stalingradskaia bitva: Khronika, fakty, liudi v 2 kn.（《斯大林格勒战役：编年史、真相和人物》两卷本）（莫斯科：奥尔玛出版社，2002 年）

V.A. 佐洛塔廖夫（主编），General'nyi shtab v gody Velikoi Otechestvennoi voiny: Dokumenty i materialy 1942（《伟大卫国战争中的总参谋部：1942 年的文献资料》），刊登在 Russkii arkhiv: Velikaia Otechestvennaia（《俄罗斯档案：伟大卫国战争》），第 23 册（12-2）（莫斯科：特拉出版社，1999 年）

V.A. 佐洛塔廖夫（主编），Prikazy narodnogo komissaraoborony SSSR, 22 iiunia 1941 g-1942,（《苏联国防人民委员部命令，1941 年 6 月 22 日—1942 年》），刊登在 Russkii arkhiv: Velikaia Otechestvennaia [voina], 13 (2-2)，（《俄罗斯档案：伟

大卫国战争》)第 13 册（2-2）（莫斯科：特拉出版社，1997 年）

V.A. 佐洛塔廖夫（主编），*Stavka VGK: Dokumenty i materialy 1942*（《最高统帅部大本营：1942 年的文献资料》），刊登在 *Russkii arkhiv: Velikaia Otechestvennaia [voina], 16 (5-2)*（《俄罗斯档案：伟大卫国战争》）第 16 册（5-2）（莫斯科：特拉出版社，1996 年）

二手资料：书籍

弗谢沃洛德·阿布拉莫夫，*Kerchenskaia katastrofa 1942*（《1942 年的刻赤灾难》，莫斯科：亚乌扎－艾克斯摩出版社，2006 年）

N.I. 阿法纳西耶夫，*Ot Volgi do Shpree: Boevoi put' 35-i gvardeiskoi strelkovoi Lozovskoi Krasnoznamennoi, ordena Suvorova i Bogdan Khmel'nitskogo divizii*（《从伏尔加河到施普雷河：荣获苏沃洛夫勋章和波格丹·赫梅利尼茨基勋章的近卫红旗洛佐瓦亚步兵第 35 师的征途》）（莫斯科：军事出版社，1982 年）

哈罗德·舒克曼（主编）的《斯大林的将领》一书第 239—254 页，维克托·安菲洛夫撰写的《谢苗·康斯坦丁诺维奇·铁木辛哥》（伦敦：韦登费尔德＆尼科尔森出版社，1993 年）

马克·阿克斯沃西、科尔内尔·斯卡费什和克里斯蒂安·克拉丘诺尤，《第三轴心第四盟友：欧战中的罗马尼亚军队，1941-1945 年》（伦敦：兵器和铠甲出版社，1995 年）

Iu.P. 巴比奇，*Podgotovka oborony 62nd Armiei vne soprikosnovaniia s protivnikom i vedenie oboroniteVnoi operatsii v usloviiakh prevoskhodstva protivnika v manevrennosti (po opytu Stalingradskoi bitvy)*【《第 62 集团军在近敌处的防御准备和在敌占据机动优势的情况下实施的防御行动（基于斯大林格勒战役的经验）》】（莫斯科：伏龙芝军事学院，1991 年）

Iu.P. 巴比奇 和 A.G. 巴耶尔，*Razvitie vooruzheniia i organitzatsii Sovetskikh sukhoputnykh voist v gody Velikoi Otechestvennoi voiny*（《伟大卫国战争中，苏联军备和地面部队编制的发展》）（莫斯科：伏龙芝军事学院，1990 年）

I.Kh. 巴格拉米扬，*Tak shli my k pobeda*（《我们这样走向胜利》）（莫斯科：军事出版社，1977 年）

康瑞利·伯内特（主编），《希特勒的将领》（纽约：格鲁夫·韦登费尔德出版社，

642

1989 年）

奥马尔·巴托夫，《东线，1941—1945 年：德国军队和战争的野蛮化》（纽约：圣马丁出版社，1986 年）

P.I. 巴托夫，*V pokhodakh i boiakh*（《在行军和战斗中》）（莫斯科：呼声出版社，2000 年）

安东尼·比弗，《斯大林格勒：决定命运的围攻，1942—1943 年》（纽约：维京出版社，1998 年）

尼古拉·别洛夫和塔蒂亚娜·米哈伊洛娃，*Rzhev, Rshew 1942. Bitva za vysotu, Die Schlacht um Höhe 200*（《勒热夫 1942：200 高地之战》）（特维尔：2000 年）

帕维尔·A·别洛夫，*Za nami Moskva*（《我们的背后就是莫斯科》）（莫斯科：军事出版社，1963 年）

G.I. 别尔德尼科夫，*Pervaia udarnaia*（突击第 1 集团军）（莫斯科：军事出版社，1985 年）

V.V. 别沙诺夫，*God 1942—"Uchebnyi"*（《1942 年——"锻炼"》）（明斯克：丰收出版社，2002 年）

Bitva pod Stalingradom, chast' 1: Strategicheskaia oboronitel'naia operatsiia（《斯大林格勒战役，第一部：战略防御作战》）（莫斯科：伏罗希洛夫总参学院，1953 年）

Bitva za Stalingrad（《斯大林格勒战役》）（伏尔加格勒：伏尔加河下游出版社，1973 年）

乔治·E·布劳，《德国对苏战争：策划和行动，1941—1942 年》，陆军部手册，No：20-261a（华盛顿特区：陆军部，1955 年）

A.M. 布利佐纽科，*Na bastionakh Sevastopolia*（《在塞瓦斯托波尔要塞》）（明斯克：波利米亚出版社，1985 年）

霍斯特·布格、尤尔登·弗斯特、约阿希姆·霍夫曼等人，《德国与第二次世界大战，第 4 卷：入侵苏联》（埃瓦尔德·奥泽斯、迪安·S·麦克默里和路易斯·威尔莫特译，英国牛津：克拉伦登出版社，2001 年）

德莫特·布拉德利、卡尔-弗里德里希·希尔德布兰德、马库斯·勒韦坎普，*Die Generale des Heeres 1921-1945*（《陆军将领，1921—1945 年》）（奥斯纳布吕克：文献记录出版社，1993 年）

亚历克斯·布赫纳，*Sewastopol: Der Angriff auf die stärkste Festung der Welt 1942*（《塞瓦斯托波尔：1942 年对世界上最强大的堡垒的进攻》）（弗里德贝格：波德聪 – 帕拉斯出版社，1978 年）

保罗·卡雷尔，《斯大林格勒：德国第 6 集团军的败亡》，戴维·约翰斯顿译（宾夕法尼亚州阿特格伦：希弗出版社，1993 年）

I.M. 奇斯佳科夫，*Sluzhirn otchizne*（《为祖国服役》）（莫斯科：军事出版社，1975 年）

I.M. 奇斯佳科夫（主编），*Po prikazu Rodiny: boevoi put' 6-i gvardeiskoi armii v Velikoi Otechestvennoi voine*（《奉祖国之命：伟大卫国战争中近卫第 6 集团军的战斗历程》）（莫斯科：军事出版社，1971 年）

瓦西里·I·崔可夫，《斯大林格勒战役》，哈罗德·西尔弗译（纽约：霍尔特、莱因哈特和温斯顿出版社，1964 年）

威廉·克雷格，《兵临城下：斯大林格勒战役》（纽约：读者文摘出版社，1973 年）

V.A. 德明和 R.M. 波尔图加利斯基，*Tanki vkhodiat v proryv*（《坦克进入突破口》）（莫斯科：军事出版社，1988 年）

G. 德尔，*Pokhod na Stalingrad*（《进军斯大林格勒》）（莫斯科：军事出版社，1957 年）

格哈德·迪克霍夫，*3. Infantrie-Division, 3.Infantrie-Division (mot), 3. PanzerGrenadier-Division*（《第 3 步兵师，第 3 摩步师，第 3 装甲掷弹兵师》）（德国库克斯港：高级教师格哈德·迪克霍夫，1960 年）

理查德·L·迪纳多，《德军装甲部队》（康涅狄格州韦斯特波特：格林伍德出版社，1997 年）

D.A. 德拉贡斯基（主编），*Ot Volgi do Pragi*（《从伏尔加河到布拉格》）（莫斯科：军事出版社，1966 年）

A. 杜卡切夫，*Kurs na Sevastopol'*（《通往塞瓦斯托波尔之路》）（辛菲罗波尔：塔夫里亚出版社，1974 年）

A.I. 叶廖缅科，*Stalingrad: Uchastnikam Velikoi bitvy pod Stalingradom posviatshchaetsia*（《斯大林格勒：斯大林格勒光荣会战中的一位参与者》）（莫斯科：AST 出版社，2006 年）

A.I. 叶廖缅科，*Stalingrad: Zapiski kornanduuishchevo frontoni*（《斯大林格勒：方面军司令员笔记》）（莫斯科：军事出版社，1961 年）

约翰·埃里克森，《通往斯大林格勒之路：苏德战争，第一卷》（纽约：哈珀＆罗出版社，1975 年）

西摩·弗里丁和威廉·理查森（合编），《致命的决定》（纽约：威廉·斯隆联合出版社，1956 年）

安德烈·加卢什科和马克西姆·科洛米耶茨，*"Boi za Kharkovv mae 1942 god"*（《1942 年 5 月的哈尔科夫战役》），刊登在 *Frontovaia illiustratsiia*（《前线画刊》）（莫斯科：KM 战略出版社，1999 年）

莱因哈德·盖伦，《盖伦将军回忆录》，戴维·欧文译（纽约：世界出版社，1972 年）

克劳斯·格贝特（主编），《陆军元帅费多尔·冯·博克：战时日记，1939—1945 年》，戴维·约翰逊译（宾夕法尼亚州阿特格伦：希弗出版社，1996 年）

Geroi Sovetskogo Soiuza, tom 1（《苏联英雄，第一册》）（莫斯科：军事出版社，1987 年）

Geschichte der 3. Panzer-Division, Berlin-Brandenburg 1935-1945（《第 3 "柏林－勃兰登堡"装甲师师史，1935—1945 年》）（柏林：冈特·里希特书店出版社，1947 年）

戴维·M. 格兰茨，《蓝色行动地图集：德军进军斯大林格勒，1942 年 6 月 28 日—11 月 18 日》（宾夕法尼亚州卡莱尔：自费出版，1998 年）

戴维·M. 格兰茨，《巨人重生：大战中的苏联军队》（劳伦斯：堪萨斯大学出版社，2005 年）

戴维·M. 格兰茨，《1941-1945 年，苏德战争中被遗忘的战役》，第二册，《冬季战役》（1941 年 12 月 5 日—1942 年 4 月）（宾夕法尼亚州卡莱尔：自费出版，1999 年）

戴维·M. 格兰茨，《1941-1945 年，苏德战争中被遗忘的战役》，第三册，《夏季战役》（1942 年 5 月 12 日—11 月 18 日）（宾夕法尼亚州卡莱尔：自费出版，1999 年）

戴维·M. 格兰茨，《苏联空降兵史》（伦敦：弗兰克·卡斯出版社，1994 年）

戴维·M. 格兰茨，《哈尔科夫，1942 年：对一场军事灾难的剖析》（纽约，罗克维尔中心：萨耳珀冬出版社，1998 年）

戴维·M. 格兰茨，*Red Army Command Cadre (1941-1945), Volume 1: Direction,*

Front, Army, Military District, Defense Zone, and Mobile Corps Commanders（《红军指挥员，1941-1945 年，第一册：方向总司令部、方面军、集团军、军区、防御地域和快速军指挥员》）（宾夕法尼亚州卡莱尔：自费出版，2002 年）

戴维·M. 格兰茨，《二战期间，情报在苏联军事战略中的作用》（加利福尼亚州诺瓦托：要塞出版社，1990 年）

戴维·M. 格兰茨，《中欧和东欧，地形对军事行动的战略和战术影响》（宾夕法尼亚州卡莱尔：自费出版，1998 年）

戴维·M. 格兰茨，《泥足巨人：苏德战争前夕的苏联军队》（劳伦斯：堪萨斯大学出版社，1998 年）

戴维·M. 格兰茨，《尼古拉·费多罗维奇·瓦图京》，刊登在舒克曼（主编）的"斯大林的将领"一书第 287-300 页。

戴维·M. 格兰茨和乔纳森·M·豪斯，《巨人的碰撞：红军是如何阻止希特勒的》（劳伦斯：堪萨斯大学出版社，1995 年）

瓦尔特·格尔利茨，《保卢斯与斯大林格勒：陆军元帅弗里德里希·保卢斯传，他的笔记、书信和文件》，R.H. 史蒂文斯译（纽约：城堡出版社，1963 年）

F.I. 戈利科夫，*"V Oborona Stalingrada"*（《保卫斯大林格勒》），刊登在 A.M. 萨姆索诺夫的 *Stalingradskaia epopeia*（《斯大林格勒的史诗》）一书中（莫斯科：科学出版社，1968 年）。

S.G. 戈尔什科夫，*Na Iuzhnom flange, osen 1941 g.–vesna 1944 g.*（《1941 年秋季至 1944 年春季，在南翼》）（莫斯科：军事出版社，1989 年）

罗尔夫·格拉姆斯，*"Die 14. Panzer-Division 1940-1945"*（《第 14 装甲师，1940—1945 年》）（西德，巴特瑙海姆：汉斯－亨宁·波德聪出版社，1957 年）

A.A. 格列奇科，*Bitva za Kavkaz*（《高加索会战》）（莫斯科：军事出版社，1973 年）

A.A. 格列奇科，《高加索会战》①（莫斯科：进步出版社，1971 年）

A.A. 格列奇科（主编），*Istoriia Vtoroi Mirovoi voiny 1939-1945 v dvenadtsati tomakh, tom piatyi*（《1939—1945 年，第二次世界大战史，12 卷本，第 5 卷》）（莫斯科：

---

① 译注：英文版。

军事出版社，1975年）

A.I. 格 林 科，*Kogda goreli kvartaly: Chasti NKVD v ulichnykh boiakh za Voronezh*（《街区燃烧之际：沃罗涅日巷战中的NKVD部队》）（莫斯科：军事出版社，1987年）

A.I. 格林科，*V boiakh za Voronezh*（《在沃罗涅日的战斗中》）（沃罗涅日：中央黑土地图书出版社，1985年）

霍斯特·格罗斯曼，《勒热夫：东线的基石》，未出版[①]，约瑟夫·G·威尔士译自德文版 *Rshew: Eckpfeiler der Ostfront*（巴特瑙海姆，西德：波德聪出版社，1962年）

"库兹马·阿基莫维奇·古罗夫"，刊登在 *Voennaia Entsiklopediia v vos'mi tomakh, 2*（八卷本苏联军事百科全书，第二卷）第534页，该书由P.S. 格拉乔夫主编，莫斯科军事出版社1994年出版。

弗朗茨·哈尔德，《哈尔德战时日记，1939—1942年》（加利福尼亚州诺瓦托：要塞出版社，1988年）

冯·哈德斯蒂，《火凤凰：苏联空军力量的崛起，1941—1945年》（华盛顿特区：史密森学会出版社，1982年）

维尔纳·豪普特，《南方集团军群：德国国防军在苏联，1941—1945年》，约瑟夫·G·威尔士译（宾夕法尼亚州阿特格伦：希弗出版社，1998年）

乔尔·S·A·海沃德，《止步于斯大林格勒：德国空军和希特勒在东线的失败，1942-1943年》（劳伦斯：堪萨斯大学出版社，1998年）

卡尔·汉斯·赫尔曼，*Die 9. Panzerdivision, 1939-1945*（《第9装甲师，1939—1945年》）（弗里德贝格：波德聪－帕拉斯出版社，2004年）

阿德尔贝特·霍尔，《斯大林格勒的一名步兵：1942年9月24日至1943年2月2日》，詹森·D·马克和尼尔·佩奇译（澳大利亚，悉尼：跳跃骑士出版社，2005年）

E.A. 伊格纳托维奇，*Zenitnoe bratstvo Sevastopolia*（《塞瓦斯托波尔的防空部队》）（基辅：乌克兰政治书籍出版社，1986年）

阿列克谢·伊萨耶夫，*Kogda vnezapnosti uzhe ne bylo*（《不出意料》）（莫斯科：

[①] 译注：指英文版。

亚乌扎－艾克斯摩出版社，2005 年）

阿列克谢·伊萨耶夫，*Kratkii kurs Istorii Velikoi Otechestvennoi voiny: Nastuplenie Marshala Shaposhnikova*（《伟大卫国战争中一段短暂的历史：沙波什尼科夫元帅的攻势》）（莫斯科：亚乌扎－艾克斯摩出版社，2005 年）

阿列克谢·伊萨耶夫，*Stalingrad: Zabytoe srazhenie*（《斯大林格勒：被遗忘的战役》）（莫斯科：AST 出版社，2005 年）

Istoricheskii podvig Stalingrada（《斯大林格勒的历史性胜利》）（莫斯科：思想出版社）

I.I. 卢什丘克，*Odinnatsatyi Tankovyi Korpus v boiakh za Rodinu*（《为祖国而战的坦克第 11 军》）（莫斯科：军事出版社，1962 年）

托马斯·L·延茨，《装甲部队》（宾夕法尼亚州阿特格伦：希弗出版社，1996 年）

杰弗里·朱克斯，《希特勒的斯大林格勒决策》（伯克利：加州大学出版社，1985 年）

杰弗里·朱克斯，《亚历山大·米哈伊洛维奇·华西列夫斯基》，刊登在舒克曼（主编）《斯大林的将领》一书中（伦敦：韦登费尔德＆尼科尔森出版社，1993 年），第 275—286 页。

汉斯－约阿希姆·荣格，《大德意志装甲团史》，戴维·约翰逊译（温尼伯：J.J. 费多罗维奇出版社，2000 年）

M.E. 卡图科夫，*Na ostrie glavnovo udara*（《主要突击的矛头》）（莫斯科：军事出版社，1976 年）

M.I. 卡扎科夫，*Nad kartoi bylykh srazhenii*（《回顾以往的战斗》）（莫斯科：军事出版社，1965 年）

曼弗雷德·克里希，*Stalingrad: Analyse und Dokumentation einer Schlacht*（《斯大林格勒：战役分析和相关文件》）（斯图加特：德意志出版社，1974 年）

沃尔夫·凯利希，*Die Generale des Heeres*（《陆军将领》）（巴特瑙海姆：波德聪出版社，1983 年）

威廉·凯特尔，《为帝国服务》，戴维·欧文译（纽约：斯坦＆戴出版社，1966 年）

伊萨克·科贝良斯基，《从斯大林格勒到皮劳：一名红军炮兵指挥员对伟大卫国战争的记忆》（劳伦斯：堪萨斯大学出版社，2008 年）

马克西姆·科洛米耶茨和亚历山大·斯米尔诺夫，"*Boi v izluchine Dona, 28 iiunia-23 iiulia 1942 goda*"（《1942 年 6 月 28 日—7 月 23 日，顿河大弯曲部之战》），刊登在《前线画刊》2002 年第 6 期（莫斯科：KM 战略出版社，2000 年）。

M.M. 科兹洛夫（主编），*Velikaia Otechestvennaia voina 1941–1945: Entsiklopediia*（《1941—1945 年，伟大卫国战争：百科全书》）（莫斯科：苏联百科全书出版社，1985 年）

马克西姆·科洛米耶茨和伊利亚·莫什昌斯基，*"Oborona Kavkaza (iiul'-dekabr' 1942 goda)"*（《1942 年 7—12 月，高加索防御战》），刊登在《前线画刊》2000 年第 2 期（莫斯科：KM 战略出版社，2000 年）。

Krasnoznamennyi Chernomorskii Flot（《红旗黑海舰队》）（莫斯科：军事出版社，1987 年）

G.F. 克里沃舍夫（主编），*Grif sekretnosti sniat: Poteri vooruzhennykh sil SSSR v voinakh, boevykh deistviiakh, i voennykh konfliktakh*（《揭密：苏联武装力量在战争、作战行动和军事冲突中的损失》）（莫斯科：军事出版社，1993 年）

G.F. 克里沃舍夫（主编），*Rossiia i SSSR v voinakh XX veka: Poteri vooruzhennykh sil, Statistichqskoe issledovanie*（《二十世纪战争中的俄国和苏联：武装部队的损失，调查统计》）（莫斯科：奥尔玛出版社，2001 年）

G.F. 克里沃舍夫（主编），《二十世纪苏联的伤亡和作战损失》[1]（伦敦和梅卡尼克斯堡：希弗出版社，1997 年）

N.I. 克雷洛夫，*Stalingradskii rubezh*（《斯大林格勒战线》）（莫斯科：军事出版社，1984 年）

乔治·W·S·库恩，《地面部队伤亡率图表：经验证据，FP703TR1 报告》（马里兰州贝塞斯达：后勤管理署，1989 年 9 月）

A.V. 库兹明和 I.I. 克拉斯诺夫，*Kantemirovtsy: Boevoi put' 4-go gvardeiskogo tankovogo Kantemirovsko go ordena Lenina Krasnoznamennogo korpusa*（《坎捷米罗夫卡人：荣获列宁勋章的近卫红旗坎捷米罗夫卡坦克第 4 军的征途》）（莫斯科：军事出版社，1971 年）

I.A. 拉斯金，*Na puti k perelomu*（《通往转折点之路》）（莫斯科：军事出版社，1977 年）

P.P. 列别坚科，*V izluchine Dona*（《在顿河河曲部》）（莫斯科：军事出版社，1965 年）

---

① 译注：此书应为上书的英译版。

Ia.A. 列别捷夫和 A.I. 马柳金, *Pomnit dnepr-reka: Vospominaniia veteranov 193-I strelkovoi Dneprovskoi ordena Lenina, Krasnoznamennoi, ordena Suvorova i Kutuzova divizii*（《牢记第聂伯河：荣获列宁勋章、苏沃洛夫勋章和库图佐夫勋章的红旗第聂伯河步兵第 193 师老兵的回忆》）（明斯克：白俄罗斯出版社，1986 年）

约阿希姆·莱梅尔森等人，《第 29 师：第 29 步兵师，第 29 摩步师，第 29 装甲掷弹兵师》（西德，巴特瑙海姆：波德聪出版社，1960 年）

I.I. 柳德尼科夫, *Doroda dlinoiu v zhizn*（《生活的道路是漫长的》）（莫斯科：军事出版社，1969 年）

O.A. 洛西科，"*StroiteVstvo i boevoe primenenie Sovetskikh tankovykh voisk v gody Velikoi Otechestvennoi voiny*"（《伟大卫国战争中，苏联坦克部队的组建和作战使用》）（莫斯科：军事出版社，1979 年）

艾伯哈德·冯·马肯森, *Vom Bug zum Kaukasus. Das III. Panzerkorps im Feldzug gegen Sowjetrußland 1941/42*（《从布格河到高加索，对苏作战中的第 3 装甲军，1941—1942 年》）（内卡尔格明德：库尔特·福温克尔出版社，1967 年）

曼施泰因，《失去的胜利》，安东尼·G·鲍威尔译（芝加哥：亨利·莱格尼里出版社，1958 年）

詹森·D·马克，《"跳跃骑士的覆灭：第 24 装甲师在斯大林格勒，1942 年 8 月 12 日—11 月 20 日》（澳大利亚悉尼：跳跃骑士出版社，2003 年）

詹森·D·马克，《烈焰岛：斯大林格勒"街垒"火炮厂之战，1942 年 11 月—1943 年 2 月》（澳大利亚悉尼：跳跃骑士出版社，2006 年）

V. 马尔特诺夫和 S. 斯帕霍夫, *Proliv v ogne*（《烈焰中的海峡》）（基辅：乌克兰政治文献出版社，1984 年）

马斯洛夫，《陨落的苏军将领》，（伦敦：弗兰克·卡斯出版社，1998 年）

威廉·麦克科罗登，《二战德国陆军编成：集团军群、集团军、军、师和战斗群》，五卷本，未出版，年代不详。

弗雷德里希·W·冯·梅伦廷，《我所知道的二战德军将领》（诺曼：俄克拉荷马大学出版社，1977 年）

苏伦·米尔佐扬, *Stalingradskoe Zarevo*（《斯大林格勒战火》）（埃里温：阿纳斯坦出版社，1974 年）

I.K. 莫罗佐夫，"Na iuzhnom uchaske fronta"（《在前线的南部地区》），刊登在 Bitva za Volge（《伏尔加河之战》）一书中（斯大林格勒：图书出版社，1962 年）。

伊利亚·莫什昌斯基和谢尔盖·斯莫里诺夫，"Oborona Stalingrada: Stalingradskaia strategicheskaia oboronitel naia operatsiia, 17 iiulia-18 noiabria 1942 goda"（《保卫斯大林格勒：1942 年 7 月 17 日—11 月 18 日，斯大林格勒战略防御作战》），刊登在《军事编年史》杂志（莫斯科：BTV 出版社，2002 年），2002 年第 6 期。

K.S. 莫斯卡连科，Na iugo-zapadnom napravlentii（《在西南方向上》）（莫斯科：科学出版社，1969 年）

V.F. 莫佐列夫，"Mozdok-Malgrobekaia operatsiia 1942"（《莫兹多克 – 马尔戈别克战役，1942 年》），刊登在"八卷本苏联军事百科全书"，第五册，I.N. 谢尔盖耶夫编，第 196—197 页（莫斯科：军事出版社，2001 年）

罗尔夫 – 迪特尔·米勒和格尔德·R·乌贝夏尔，《希特勒的东线战争，1941—1945 年：批评性评估》（英国牛津普罗维登斯：博格翰图书出版社，1997 年）

维克托·穆拉托夫，《高加索之战》（莫斯科：新闻出版社，1973 年）

威廉姆森·穆雷，《德国空军》（巴尔的摩：航海和航空出版社，1985 年）

汉斯·内德哈特，Mit Tanne und Eichenlaub: Kriegschronik der 100. Jäger-Division vormals 100. leichte Infanterie-Division（《松树和橡树叶：第 100 猎兵师（原第 100 轻步兵师）战史》）（格拉茨 – 斯图加特：利奥波德斯托克出版社，1981 年）

"Novorossiiskaia operatsiia 1942"（《新罗西斯克战役，1942 年》），刊登在"八卷本苏联军事百科全书"，第五册，I.N. 谢尔盖耶夫编，第 501-502 页（莫斯科：军事出版社，2001 年）

安东·德特勒夫·冯·普拉托，Die Geschichte der 5. Panzerdivision 1938 bis 1945（《第 5 装甲师师史，1938—1945 年》）（德国，雷根斯堡：瓦尔哈拉和罗马城堡出版社，1978 年）

R.M. 波图加尔斯基，Analiz opyta nezavershennykh nastupatelnykh operatsii Velikoi Otechestvenoi voyny. Vyvody i uroki（《分析伟大卫国战争期间未完成的进攻战役，结论和教训》）（莫斯科：科学院出版社，1991 年）

P.N. 波斯佩洛夫，Istoriia Velikoi Otechestvennoi voiny Sovetskogo Soiuza 1941-1945 v shesti tomakh, tom vtoroi（《1941—1945 年，伟大卫国战争史，六卷本，

第二册》），（莫斯科：军事出版社，1961 年）

M.M. 波瓦利伊，Vosemnadtsataia v srazheniia za Rodiny（卫国战争中的第 18 集团军）（莫斯科：军事出版社，1982 年）

N.M. 拉马尼切夫和 V.V. 古尔欣，"Rzhevsko-Sychevskie operatsii 1942"（《"勒热夫—瑟乔夫卡"战役，1942 年》），刊登在"八卷本苏联军事百科全书"，第七册，S.B. 伊万诺夫编，第 233-234 页（莫斯科：军事出版社，2003 年）

克劳斯·莱因哈特，《莫斯科—转折点：1941—1942 年冬季，希特勒在战略上的失败》，卡尔·基南译（英国，牛津 & 罗得岛州，普罗维登斯：牛津大学出版社，1992 年）

K.K. 罗科索夫斯基，Soldatskii dolg（《军人的天职》）（莫斯科：呼声出版社，2000 年）

K.K. 罗科索夫斯基（主编），Velikaia bitva na Volge（《伏尔加河畔的伟大胜利》）（莫斯科：军事出版社，1965 年）

帕维尔·A·罗特米斯特罗夫，Stalnaia gvardiia（《钢铁近卫军》）（莫斯科：军事出版社，1984 年）

奥列格·勒热舍夫斯基，《鲍里斯·米哈伊洛维奇·沙波什尼科夫》，刊登在哈罗德·舒克曼（主编）的《斯大林的将领》（伦敦：韦登费尔德 & 尼科尔森出版社，1993 年）一书第 217-232 页。

I.A. 萨姆丘克，Trinadtsataia gvardeiskaia（《近卫步兵第 13 师》）（莫斯科：军事出版社，1971 年）

A.M. 萨姆索诺夫，Stalingradskaia bitva（《斯大林格勒战役》）（莫斯科：科学出版社，1983 年）

A.M. 萨姆索诺夫，Stalingradskaia epopeia（《斯大林格勒的史诗》）（莫斯科：科学出版社，1968 年）

A.M. 桑达洛夫，Pogoreloe-Gorodishchenskaia operatsiia: Nastupatelnaia operatsiia 20-i armii Zapadnogo fronta v avguste 1942 goda（《波戈列洛耶—戈罗季谢进攻战役：1942 年 8 月，西方面军第 20 集团军的进攻行动》）（莫斯科：军事出版社，1960 年）

S.M. 萨尔基西安，51-ia Armiia（《第 51 集团军》）（莫斯科：军事出版社，1983 年）

海因茨·施勒特尔，Stalingrad（《斯大林格勒》）（纽约：百龄坛出版社，1958 年）

海因茨·施勒特尔，*Stalingrad: "... bis letzten Patrone."*（斯大林格勒："……直至最后一颗子弹"）（伦格里希：克莱恩印务出版社）

费迪南德·冯·森格尔·翁德·埃特林，*Die 24. Panzer-Division vormals 1. Kavallerie-Division 1939-1945*（《第 24 装甲师（原第 1 骑兵师），1939—1945 年》）（内卡尔格明德：库尔特·福温克尔出版社，1962 年）

I.S. 希伊安，*Ratnyi podvig Novorossiiska*（《新罗西斯克的功绩》）（莫斯科：军事出版社，1977 年）

S.M. 什捷缅科，《战争年代的总参谋部，1941-1945 年》，第一册，罗伯特·达格利什译（莫斯科：军事出版社，1985 年）

肯尼斯·斯列普扬，《斯大林的游击战：二战中的苏联游击队》（劳伦斯：堪萨斯大学出版社，2006 年）

M.K. 斯摩利内，*7000 kilometrov v boiakh i pokhodakh: Boevoi put' 161-i strelkovoi Stanislavskoi Krasnoznamennoi ordena Bogdana Khmel'nitskogo divizii 1941-1945 gg.*（《行军和战斗中的 7000 公里：荣获波格丹·赫梅利尼茨基勋章的红旗斯坦尼斯拉夫步兵第 161 师的征途》）（莫斯科：军事出版社，1982 年）

《关于使用战争经验的苏联文件，第三册：1941—1942 年的军事行动》，哈罗德·S·奥伦斯坦译（伦敦：弗兰克·卡斯出版社，1993 年）

赫尔穆特·施佩特尔，《大德意志装甲军军史，第一册》，戴维·约翰斯顿译（温尼伯：J.J. 费多罗维奇出版社，1992 年）

阿尔贝特·施佩尔，《第三帝国内幕》，理查德、克拉拉·温斯顿译（纽约：麦克米伦出版社，1970 年）

瓦尔特·J·施皮尔贝格尔和乌韦·费斯特，《四号坦克：德军装甲部队的主力》（伯克利：费斯特出版社，1968 年）

Stalingradskaia epopeia: Vpervye publikuemye dokumenty, rassekrechennye FSB RF（《斯大林格勒的史诗：首次出版的俄罗斯联邦安全局解密文件》）（莫斯科：叶翁尼察 -MG 出版社，2000 年）

罗尔夫·施托弗斯，*Die gepanzerten und motorisierten deutschen Grossverbande: 1935-1945*（《德国大编制装甲和摩托化部队，1935—1945 年》）（弗里德贝格：波德聪 - 帕拉斯出版社，1986 年）

罗尔夫·施托弗斯，《第 22 装甲师，第 25 装甲师，第 27 装甲师和第 233 预备装甲师》（弗里德贝格：波德聪 – 帕拉斯出版社，1985 年）

A.La. 苏哈列夫（主编），*Marshal A. M. Vasilevsky—strateg, polkovodets, chelovek*（《A.M. 华西列夫斯基元帅—战略家、军事统帅和男子汉》）（莫斯科：老兵协会出版社，1998 年）

《机动部队战术：武装党卫队第 5 "维京"装甲掷弹兵师在罗斯托夫和迈科普油田的作战行动（1942 年夏季）》（德国海德堡：美国陆军欧洲司令部历史处外军研究科，OCMH MS＃D–248）

V.E. 塔兰特，《斯大林格勒：对这场痛苦的剖析》（伦敦：利奥·库珀出版社，1992 年）

威廉·蒂克，《高加索和石油：1942—1943 年高加索地区的苏德战事》，约瑟夫·G·威尔士译（温尼伯：J.J. 费多罗维奇出版社，1995 年）

《谢苗·康斯坦丁诺维奇·铁木辛哥》，刊登在 *Sovetskaia Voennaia Entsiklopediia v vos'mi tomakh*（八卷本苏联军事百科全书），第八册，第 43–44 页，N.V. 奥加尔科夫编

I.V. 秋列涅夫，*Krakh operatsii "Edel'veis"*（《"雪绒花"战役的失败》）（奥尔忠尼启则：Ir 出版社，1975 年）

休·R·特雷弗 – 罗珀（主编），《从闪电战到失败：希特勒的战争指令，1939—1945 年》（纽约，芝加哥：霍尔特、莱因哈特＆温斯顿出版社，1964 年）

《浴血 200 天：斯大林格勒战役亲历者和目击者的记述》（莫斯科：进步出版社，1970 年）

阿纳托利伊·乌特金，*Sorok vtoroi god*（1942 年）（斯摩棱斯克：俄罗斯人出版社，2002 年）

G.I. 万涅耶夫，*Chernomortsy v Velikoi Otechestvennoi voine*（《伟大卫国战争中的黑海舰队水兵》）（莫斯科：军事出版社，1978 年）

G.I. 万涅耶夫、S.L. 叶尔马什、I.D. 马拉霍夫斯基、S.T. 萨赫诺和 A.F. 赫列诺夫，*Geroicheskaia ohorona Sevastopolia 1941-1942*（《1941—1942 年，塞瓦斯托波尔的英勇防御》）（莫斯科：军事出版社，1969 年）

A.M. 华西列夫斯基，*Delo vsei zhizni*（《毕生的事业》）（莫斯科：政治书籍出版社，1983 年）

B.S. 文科夫和 P.P. 杜季诺夫，*Gvardeiskaia doblest': Boevoi put' 70-i gvardeiskoi*

654

strelkovoi glukhovskoi ordena Lenina, dvazhdy krasnoznamennoi, ordena Suvorova, Kutuzova i Bogdana Khmel'nitskogo divizii（《英勇近卫军：荣获列宁勋章、两枚红旗勋章、苏沃洛夫勋章、库图佐夫勋章和波格丹·赫梅利尼茨基勋章的近卫红旗格卢霍夫步兵第70师的征程》）（莫斯科：军事出版社，1979年）

伊奥阿卡希姆·维杰尔，*Stalingradskaia tragediia: Za kulisami katastrofy*（《斯大林格勒的悲剧：灾难背后的真相》），A. 列别捷夫和N. 波尔图加洛夫译（莫斯科：亚乌扎－艾克斯摩出版社，2004年）

Voennaia entsiklopediia v vos'mi tomakh, 1（八卷本苏联军事百科全书，第一册），I.N. 罗季奥诺夫编（莫斯科：军事出版社，1997年）

A.A. 沃尔科夫，*Kriticheskii prolog: Nezavershennye frontovye nastupatelnye operatsii pervykh kampanii Velikoi Otechestvennoi voiny*（《关键的序幕：伟大卫国战争初期阶段未完成的前线攻势》）（莫斯科：阿维阿尔出版社，1992年）

N.I. 沃罗斯特诺夫，*Na ognennykh rubezhakh*（《在发射阵地上》）（莫斯科：军事出版社，1983年）

I.Ia. 维罗多夫（主编），*V srazheniiakh za Pobedu: Boevoi put' 38-i armii v gody Velikoi Otechestvennoi voyny 1941-1945*（《为祖国而战：第38集团军在伟大卫国战争中的征途，1941—1945年》）（莫斯科：科学出版社，1974年）

瓦尔特·瓦利蒙特，《德国国防军大本营，1939—1945年》，R.H. 巴里译（加利福尼亚州诺瓦托：要塞出版社，1964年）

沃尔夫冈·韦尔滕，*Geschichte der 16. Panzer-Division 1939-1945*（第16装甲师师史，1939-1945年）（弗里德贝格：波德聪－帕拉斯出版社，1958年）

汉斯·J·韦杰斯，《斯大林格勒战役：工厂之战，1942年10月14日—11月19日》（荷兰海伦芬：自费出版，2003年）

理查德·沃夫，《崔可夫》，刊登在哈罗德·舒克曼主编的《斯大林的将领》一书第67-76页（伦敦：韦登费尔德&尼科尔森出版社，1993年）。

理查德·沃夫，《罗科索夫斯基》，刊登在哈罗德·舒克曼主编的《斯大林的将领》一书第177-198页（伦敦：韦登费尔德&尼科尔森出版社，1993年）。

蒂莫西·A·雷，《坚守：二战期间德军在东线的防御学说，战前至1943年》（堪萨斯州利文沃思堡：作战研究协会，1986年）

Iu.D. 扎哈罗夫，*General armii Vatutin*（《瓦图京大将》）（莫斯科：军事出版社，1985 年）

史蒂夫·扎洛加和彼得·萨森，《T-34/76 中型坦克，1941—1945 年》（伦敦：鱼鹰/芦苇出版社，1994 年）

N.M. 扎米亚京、F.D. 沃罗比约夫，*Oborona Sevastopolia*（《保卫塞瓦斯托波尔》）（莫斯科：军事出版社，1943 年）

A.S. 扎多夫，*Chetyre goda voyny*（《战争的四年》）（莫斯科：军事出版社，1978 年）

G. 朱可夫，《回忆与思考》，第二册（莫斯科：进步出版社，1985 年）

厄尔·F·齐姆克，《德国在东线的失败》（华盛顿特区：美国陆军军事历史办公室，1987 年）

厄尔·F·齐姆克和麦格纳·E·鲍尔，《从莫斯科到斯大林格勒》（华盛顿特区：美国陆军，军事历史中心，1987 年）

V.A. 佐洛塔廖夫（主编），*Velikaia Otechestvennaia voina 1941-1945, Kniga 1: Surovye ispytaniia*（《伟大卫国战争，1941—1945 年，第一册：严酷的考验》）（莫斯科：科学出版社，1998 年）

A.M. 兹瓦尔采夫（主编），*3-ia gvardeiskaia tankovaia armiia*（《近卫坦克第 3 集团军》）（莫斯科：军事出版社，1982 年）

二手资料：文章

V. 阿诺什金和 N. 瑙莫夫，"*O stabilizatsii fronta oborony na luzhnom strategicheskom napravlenii letom 1942 goda*"（《关于 1942 年夏季南方向防线的稳定性》），*VIZh*，第 10 期（1982 年 10 月），第 18-24 页。

M.M. 邦达尔，"*4-ia Istrebitel'naia Brigada v boiakh pod Kastornym*"（《卡斯托尔诺耶战役中的歼击第 4 旅》），*VIZh*，第 7 期（1986 年 7 月），第 49—54 页。

G. 布鲁辛和 G. 涅霍诺夫，"*Oborona ostrova Zaitsevskii*"（《保卫宰采夫斯基岛》），*VIZh*，第 3 期（1964 年 3 月），第 113—117 页。

F. 丹尼洛夫，"*Bitva za Kavkaz*"（《高加索战役》），*VIZh*，第 7 期（1967 年 7 月），第 117-123 页。

戴维·M. 格兰茨，《苏联和平时期和战时的动员，1924—1942 年：调查》，*JSMS*，总第 5 期，1992 年 9 月第 3 册，第 345—352 页。

A.I. 戈洛博罗多夫，"Kontrudar 5-i tankovoi armiii pod Voronezhem"（《坦克第5 集团军在沃罗涅日附近的反突击》），"Voennaia mysl"（《军事思想》）第 4 期，第42—48 页，1993 年 4 月。

瓦林·T·戈尔特－格伦维克和米哈伊尔·N·苏普伦，《少数民族和北极战线的战事，1939—1945 年》，JSMS，2000 年 3 月第 1 册，总第 13 期，第 127—142 页。

A.N. 格里列夫，"Nekotorye osobennosti planirovaniia letne-osennei kampanii 1942 goda"（《1942 年夏秋季战役的一些策划特点》），VIZh，第 9 期（1991 年 9 月），第 4—11 页。

V. 古尔金，"'Dom Pavlova'—symbol doblesti i geoistva sovetskikh voinov"（《"巴甫洛夫大楼"——苏军士兵勇气和英勇气概的象征》），VIZh，第 2 期（1963 年 2 月），第 48-54 页。

V. 古尔金，"214-ia strelkoviai diviziia v bitva na Volge"（《伏尔加河战役中的步兵第 214 师》），VIZh，第 7 期（1964 年 7 月），第 97—100 页。

V.V. 古尔金，"Liudskie poteri Sovetskikh Vooruzhennykh sil v 1941-1945 gg.: Novye aspekty"（《1941—1945 年，苏联武装力量的人员损失：新观念》），VIZh，第 2期（1999 年 3—4 月），第 2—13 页。

V.V. 古尔金和 A.I. 克鲁格洛夫，"Oborona Kavkaza. 1942 god"（《保卫高加索，1942 年》），VIZh，第 10 期（1942 年 10 月），第 11—18 页。

乔尔·S·A·海沃德，《希特勒寻求石油：经济因素对军事战略的影响，1941—1942年》，《战略研究》杂志总第 18 期，1995 年 12 月第 4 期，第 94—135 页。

亚历山大·希尔，《英国"租借"的坦克与莫斯科战役，1941 年 11—12 月：研究报告》，JSMS，2006 年 6 月第 2 册，总第 19 期，第 289—294 页。

S.A. 伊利延科夫，《关于苏联武装力量战时无法挽回之损失的统计，1941—1945 年》，JSMS，1996 年 6 月第 2 册，总第 9 期，第 440—442 页。

P. 伊林，"Boi za Kalach-na-Donu"（《顿河畔卡拉奇之战》），VIZh，第 10 期（1961年 10 月），第 70—81 页。

S.I. 伊萨耶夫，"Vekhi frontovogo puti"（前路的里程碑），VIZh，第 10 期（1991 年10 月），第 24—25 页。

V. 伊斯托明，*"Inzhenernye voiska v bitve za Kavkaz"*（《高加索战役中的工兵》），*VIZh*，第 10 期（1963 年 10 月），第 86—90 页。

戴维·卡恩，《情报案例研究：奥苏加河防御战，1942 年》，《航天历史》杂志总第 28 期，1981 年 12 月第 4 期，第 242—252 页。

M. 卡扎科夫，*"Na Voronezhskom napravlenii letom 1942 goda"*（《1942 年夏季，在沃罗涅日方向》），*VIZh*，第 10 期（1964 年 10 月），第 27—44 页。

A. 哈里东诺夫，*"Na gornykh perevalakh Kavkaza"*（《在高加索的山口》），*VIZh*，第 7 期（1970 年 8 月），第 57—59 页。

A. 哈尔科夫，*"Sovetskoe voennoe iskusstva v bitva za Kavkaz"*（《高加索战役中的苏联军事艺术》），*VIZh*，第 3 期（1983 年 3 月），第 21—28 页。

V. 哈尔科夫，*"112-ia strelkovaia diviziia v Bitva za Stalingradom"*（《斯大林格勒战役中的步兵第 112 师》），*VIZh*，第 3 期（1980 年 3 月），第 36—43 页。

I.V. 库兹米切夫，*"Shtafniki"*（《惩戒部队》），《军士》杂志，2006 年第 14 期，第 25—34 页。

P.N. 拉什琴科，*"Prodiktovan surovoi neobkhodimost'iu"*（《规定的严厉措施》），*VIZh*，1988 年 8 月第 8 期，第 76—80 页。

Iu. 洛斯库托夫，*"Boevye deistviia 308-i strelkovoi divizii 10-25 sentiabria 1942 goda"*（《1942 年 9 月 10 日—25 日，步兵第 308 师的作战行动》），*VIZh*，第 8 期（1982 年 8 月），第 40—48 页。

A. 卢钦斯基，*"Na tuapinskom napravlenii"*（《在图阿普谢方向》），*VIZh*，第 11 期（1967 年 11 月），第 69—75 页。

D. 穆里耶夫，*"Kontrudar pod g. Ordzhonikidze"*（《在奥尔忠尼启则的反突击》），*VIZh*，第 11 期（1967 年 11 月），第 125—128 页。

"Nakanune Stalingradksoi bitvy"（《斯大林格勒战役前夕》），*VIZh*，第 8 期（1982 年 8 月），第 27—31 页。

B.I. 涅夫佐罗夫，*"Mai 1942-go: Ak Monai, Enikale"*（《1942 年 5 月：阿克莫奈和叶尼卡列》），*VIZh*，1992 年 8 月第 8 期，第 32—42 页。

V. 尼基福罗夫，*"Sovetskaia aviatsiia v bitva za Kavkaz"*（《高加索战役中的苏联航空兵》），*VIZh*，第 8 期（1971 年 8 月），第 11—19 页。

"Operatsiia 'Kreml'" （《"克里姆林宫"行动》），VIZh，第 8 期（1961 年 8 月），第 9—90 页。

"Operatsiia neispol'zovannykh vozmozhnostei" （《未能实现的行动》），VIZh，第 7 期（1965 年 7 月），第 117—124 页。

I. 帕罗特金，"O plane letnei kampanii Nemetsko-Fashistskogo komandovaniia na Sovetsko-Germanskom fronte v 1942 godu" （《关于德国法西斯统帅部 1942 年在苏德战场的夏季攻势》），VIZh，第 1 期（1961 年 1 月），第 31—42 页。

F. 波普雷科，"Geroi bitvy za Kavkaz"（《高加索战役中的英雄》），VIZh，第 3 期（1983 年 2 月），第 57—60 页。

K.K. 罗科索夫斯基，"Soldatskii dolg"（《军人的天职》），VIZh，第 2 期（1990 年 2 月），第 47—52 页。

V. 鲁诺夫，"Ot oborony—k reidu"（《从防御到突袭》），VV（军事通报），第 5 期（1991 年 4 月），第 42—46 页。

I.Iu. 斯德维日科夫，"Kak pogib i gde pokhoronen general liziukov? （《利久科夫将军是如何阵亡的，他被安葬于何处？》），Voenno-istoricheskii arkhiv（《军事历史档案》）2006 年第 9 期，总第 81 期，第 149-165 页；以及 2006 年第 10 期，总第 82 期，第 39—56 页。

N. 什特科夫，"V boiakh za platsdarmy na Verkhnem Donu" （《顿河上游登陆场之战》），VIZh，第 8 期（1982 年 8 月），第 32—39 页。

亚历山大·斯塔蒂耶夫，《武装力量中的丑小鸭：罗马尼亚装甲部队，1919—1941 年》，JSMS，1999 年 6 月第 2 册，总第 12 期：第 225—240 页。

亚历山大·斯塔蒂耶夫，《一支军队沦为"仅仅是个负担"时：罗马尼亚的国防政策和战略，1918—1941 年》，JSMS，2000 年 6 月第 2 册，总第 13 期，第 67—85 页。

F. 斯维尔德洛夫，"Boi u Volga i na Kavkaze (Sentiabr 1942 goda)" （《伏尔加河和高加索之战》），VV（军事通报），第 9 期（1992 年 9 月），第 35—36 页。

F. 斯维尔德洛夫，"Prichiny neudach (Oktiabr 1942 goda)" （《1942 年 10 月失败的原因》），VV（军事通报），第 10 期（1992 年 10 月），第 49—52 页。

F. 乌坚科夫，"Nekotorye voprosy oboronitel'nogo srazheniia na dalnykh podstupakh k Stalingradu"（《关于斯大林格勒远接近地防御作战的一些问题》），VIZh，第 9 期（1962

年 9 月），第 34—48 页。

A. 华西列夫斯基，*"Nekotorye voprosy rukovodstva vooruzhennoi bor'boi letom 1942 goda"*（《关于 1942 年夏季作战方向的一些问题》），*VIZh*，第 8 期（1965 年 8 月），第 3-10 页。

A. 华西列夫斯基，*"Nezabyvaemye dni"*（《难忘的日子》），*VIZh*，第 10 期（1965 年 10 月），第 13—24 页。

V. 扎伊采夫，*"Stalingrad – Sud'ba moia"*（《斯大林格勒——我的命运》），*Na boevom postu—Zhurnal Vnutrennykh voisk*（《在战斗岗位上——内卫部队杂志》），1992 年 2 月第 2 期，第 3—8 页。